ENSEIGNER LA BIOLOGIE ET LA GÉOLOGIE

À L'ÉCOLE ÉLÉMENTAIRE

RAYMOND TAVERNIER – JEANNE LAMARQUE

GUIDE DES PROFESSEURS DES ÉCOLES

I.U.F.M.

Nouvelle édition

- Conforme aux nouveaux programmes de l'école élémentaire (B.O. spécial de mars 1995), voir page 5.

- Conforme aux nouveaux textes officiels relatifs à l'épreuve de Biologie et Géologie du concours de recrutement des Professeurs des Écoles (voir page 443).

BORDAS

SOMMAIRE

Les indications CP (Cours préparatoire), CE (Cours élémentaire), CM (Cours moyen), proposées dans ce sommaire, ont pour objet de faciliter le choix des sujets d'étude, en conformité avec les programmes actuellement en vigueur.

I.S.B.N. 2-04-028418-4

Tous les documents de ce livre sont extraits
des manuels de la collection TAVERNIER
publiés aux ÉDITIONS BORDAS.

PRÉFACE

A qui s'adresse ce livre ?

A l'origine, ce livre a été écrit, comme le précise son titre, à l'intention des étudiants en IUFM. Mais, la lecture du sommaire montre qu'il peut apporter une aide à tous les enseignants de l'école élémentaire qui souhaitent trouver, dans un ouvrage unique, des informations jusqu'à présent dispersées.
Cet ouvrage est conçu pour être outil de travail facile à utiliser. Il apporte sur **tous** les sujets qui figurent aux programmes de l'école élémentaire :

— **une mise au point des connaissances** (l'objectif des paragraphes intitulés "Des connaissances utiles pour l'enseignant" est simple : présenter, dans un langage aussi accessible que possible, toutes les notions importantes, et donner de la Biologie et de la Géologie une idée moderne, globale, cohérente) ;

— **une liste des notions accessibles** aux élèves de l'école élémentaire (aucun enseignant, soucieux de donner à son travail la meilleure efficacité possible, ne peut éluder la question : "quels objectifs dois-je viser ?" C'est un point essentiel de l'acte pédagogique) ;

— **des suggestions d'activités** (elles résultent toutes de l'expérience vécue dans différentes classes par divers enseignants).

Pourquoi ce livre ?

Dans les IUFM, l'horaire accordé à la Biologie – Géologie est nécessairement limité. Un temps aussi bref (nous ne sommes pas les seuls à l'avoir constaté) permet très difficilement d'assurer, de manière satisfaisante, d'une part "la mise à niveau" des connaissances (le programme est vaste et, même en restant raisonnable sur le niveau exigé, il faut beaucoup de temps pour le réaliser), d'autre part la formation pédagogique de ces futures enseignants.
Ce constat a fait naître l'idée de créer un outil qui, pour l'étudiant, limite la prise de notes et facilite le travail autonome, permettant ainsi aux formateurs de consacrer le maximum de temps à la formation professionnelle.
Dans le cadre de la préparation au concours de recrutement (celui-ci comprend en effet une partie – notée sur 12– qui permet de "verifier que le candidat maîtrise les connaissances nécessaires à l'enseignement à l'école élémentaire"), le livre que vous avez entre les mains peut servir de support à l'action des professeurs chargés de la formation en IUFM.

L'illustration du livre

Elle a pour objet de fournir :

— **des documents** (de collège et de lycée pour la plupart) qui, non seulement apportent une **information scientifique** indispensable, mais aussi proposent des exemples de **documents à analyser** (la première partie du concours s'appuie en effet sur l'analyse d'une documentation) ;

— **des documents utilisables avec des enfants** de l'école élémentaire.

Chacun sait que le reproduction des documents des manuels scolaires est interdite. Ceci explique que les documents de ce livre ne proviennent que de manuels des Editions Bordas de l'école élémentaire, du collège et du lycée (voir bibliographie à la fin de l'ouvrage).

LES TEXTES OFFICIELS DE L'ÉCOLE PRIMAIRE

Les horaires

L'arrêté du 22 février 1995 (J.O. du 2 mars 1995) fixe les horaires des écoles maternelles et élémentaires.

Article 1 – La durée hebdomadaire moyenne de la scolarité des élèves à l'école maternelle et à l'école élémentaire est fixée à vingt-six heures. Les modifications d'horaires liées à l'aménagement de la semaine scolaire ne peuvent avoir pour effet de modifier ni l'équilibre entre les champs disciplinaires, excepté dans les conditions particulières définies à l'article 3, ni la durée totale annuelle des horaires d'enseignement.

Article 2 – Sous réserve des dispositions prévues aux articles 3, 4 et 5, les horaires d'enseignement à l'école élémentaire sont répartis par champs disciplinaires comme suit :

Cycle 2 : Cycle des apprentissages fondamentaux (GS, CP, CE1)

Champs disciplinaires	Semaine de 26 h
Français	9 h*
Mathématiques	5 h
Découvertes du Monde Education civique	4 h
Education artistique EPS	6 h
Etudes dirigées	2 h

** Une heure de langues vivantes peut être prise sur cet horaire au cours de la dernière année du cycle.*

Cycle 3 : Cycle des approfondissements (CE2, CM1, CM2)

Champs disciplinaires	Semaines de 26 h
Français	9 h*
Français et langues vivantes*	9 h
Mathématiques	5 h 30
Histoire-Géographie Education civique Sciences et technologie	4 h
Education artistique EPS	5 h 30
Etudes dirigées	2 h

** L'enseignement des langues vivantes peut être assuré dans ce cadre dans la limite d'une heure trente.*

Article 3 – La répartition des horaires par champs disciplinaires sur plusieurs semaines et selon des rythmes différents est possible, sous réserve qu'on puisse s'assurer périodiquement que l'horaire global par champ disciplinaire est respecté.

Article 4 – L'horaire moyen consacré aux récréations est de 15 minutes par demi-journée. Cet horaire doit s'imputer de manière équilibrée dans la semaine sur l'ensemble des disciplines.

Article 5 – L'enseignement de la langue et de la culture d'origine, quand il est prévu par des accords internationaux, ou celui de la langue et de la culture régionales, est dispensé dans le cadre de l'horaire, dont l'aménagement est décidé par l'inspecteur d'académie, après consultation du conseil d'école.

Les programmes de sciences et technologie

(B.O. spécial n°5 du 9 mars 1995)

Article 1 – Les programmes de l'école maternelle et de l'école élémentaire sont fixés conformément aux dispositions annexées au présent arrêté.

Article 2 – L'arrêté du 15 mai 1985 est abrogé.

Article 3 – Le présent arrêté prend effet selon le calendrier suivant :
— rentrée scolaire 1995 : école maternelle, première année de l'école élémentaire, première année du cycle des approfondissements
— rentrée scolaire 1996 : dernière année du cycle des apprentissages fondamentaux, deuxième année du cycle des approfondissements
— rentrée scolaire 1997 : troisième année du cycle des approfondissements.

Article 4 – Le directeur des écoles est chargé de l'exécution du présent arrêté.

Fait à Paris, le 22 février 1995
Le ministre de l'Education nationale
François BAYROU

A. École maternelle

L'école a un rôle irremplaçable d'initiation au monde et à la culture.

L'enfant y découvre le monde proche, celui de la vie et des objets. Il apprend à le connaître et à le respecter. Il le décrit, raconte ses aventures et ses rencontres. Il pose des questions et cherche des réponses. Il apprend à conduire ses actions, à en prévoir les résultats, à anticiper les événements et à les expliquer par la parole ou un codage.

Une pédagogie d'enrichissement de l'expérience à l'école maternelle repose sur quelques données simples :

• le maître suscite toutes les occasions d'une découverte active du monde et de ses représentations et il veille à ce que les connaissances se forgent tant par l'activité et son observation que par la verbalisation de l'expérience et par son examen critique ;

• le partage de la culture de l'écrit et de celle de l'image, découvertes dans une relation forte avec l'adulte qui lit, explique, commente et, le cas échéant, écrit, constitue un moyen important d'enrichir les connaissances de l'enfant à condition, toutefois, que celles-ci puissent être rapprochées d'expériences vécues ;

• progressivement, l'enfant apprend à se représenter les savoirs qu'il rencontre ou construit; dans ce but, il apprend à dessiner, à produire des représentations schématiques, à construire des textes (dictées à l'adulte) qui rendent compte de son activité ;

• dès que l'enfant en a la possibilité, ses connaissances sont ordonnées, grâce à un questionnement des évidences ou des savoirs implicites qui se sont constitués.

DÉCOUVRIR LE MONDE

Découverte du monde des objets

• Utilisation d'objets techniques variés dans des situations fonctionnelles (vie de l'école, alimentation et cuisine, communication interne et externe, jeux, ateliers de fabrication...) ;

• jeux de construction ;

• montage et démontages d'objets ;

• fabrication d'objets : projet de réalisation d'un objet, choix des outils et des matériaux adaptés à la situation, actions techniques spécifiques (plier, couper, coller...).

Découverte du monde de la matière

• Découverte de quelques propriétés de matériaux naturels (bois, terre, pierre...) ;

• première approche de l'existence de l'air (vent...) ;

• première approche de l'eau (liquide, pluie, neige, glace...) ;

• observation des effets de la lumière (jeux d'ombre).

Découverte du monde vivant

• Découverte de son corps : dans sa globalité et ses différentes parties ;

• observation des caractéristiques du vivant (naissance, croissance, développement, vieillissement et mort) ;

• première approche des grandes fonctions du vivant (croissance, locomotion, nutrition, reproduction) par l'observation dans des milieux divers (dans la classe ou lors de sorties dans l'environnement proche : étang, haie, parc animalier...) ou grâce à des documents audiovisuels.

Découverte des espaces naturels et humains ; sensibilisation aux problèmes de l'environnement

• Appréciation visuelle des formes et des dimensions ;

• découverte, observation et description de la nature (plantes, animaux), de l'environnement proche, d'espaces moins familiers ;

• activités pratiques : jardinage, soins aux animaux ;

• identification de milieux diversifiés : campagne, mer, montagne, plaine, forêt, cours d'eau, ville...

• observation des constructions humaines : maisons, commerces, routes...

• prise de conscience de l'importance des déchets...

• repérage des nuisances : bruits, odeurs...

Sensibilisation aux problèmes d'hygiène et de consommation, éducation à la sécurité

• Observation et prise de conscience des rythmes de vie (rôle du sommeil, du repos) ;

• approche concrète de l'hygiène de l'alimentation (régularité des repas, composition...) ;

• apprentissage des règles élémentaires d'hygiène ;

• développement des capacités sensorielles (goût, toucher, odorat, ouïe, vue) ;

• première approche des problèmes de consommation ; les différents types de commerce (grandes surfaces, marchés), publicité ;

• prise de conscience des risques de la rue, de la route, de l'environnement familier (objets dangereux et produits toxiques) ; éducation aux conduites sauvegardant la sécurité, intégration de quelques règles élémentaires du code la route.

Le temps qui passe

• Découverte des rythmes temporels (journée, saisons, année) ;

• appréciation progressive des durées ;

• acquisition des systèmes simples de repérage du temps (jours de la semaine, quantièmes, mois, années) ;

• utilisation et fabrication de calendriers, agendas, chronologies ;

• organisation du passé proche et du passé plus lointain (repérage des événements les uns par rapport aux autres) ;

• construction de généalogies simples ;

• découverte et observation du patrimoine proche (sites ou objets conservés dans la ville, dans le quartier ou dans la famille) ;

• questionnement sur des événements du passé, initiation simple à la lecture documentaire, à l'interview de témoins.

Le monde de l'image

Dès son plus jeune âge, l'enfant est mis en présence d'un grand nombre d'images :

• images fixes (affiches, photographies, albums...) ;

• images animées (vidéo, télévision, cinéma...).

Il est important de le préparer à recevoir cette abondance d'images : il les perçoit d'abord en fonction de sa sensibilité, de son histoire, de son milieu culturel ; il est amené progressivement à les percevoir en fonction de son intelligence, en s'exerçant à faire des choix.

B. Cycle des apprentissages fondamentaux (GS, CP, CE1)

Le monde environnant est l'objet d'un premier apprentissage méthodique. L'enfant approfondit la connaissance amorcée à l'école maternelle, de l'espace, du temps et de l'environnement qui lui sont familiers. Il apprend à s'y repérer en prenant appui sur des images ou sur des situations qui lui sont proches.

Le maître aidera les élèves à appréhender le milieu dans lequel ils vivent et les matériaux disponibles autour d'eux, à développer leur goût de l'invention, leur sens de l'innovation. Il les amènera progressivement à élaborer de petits projets techniques.

L'élève manipule et construit ; il observe, compare et classe. Peu à peu il acquiert et utilise un vocabulaire et une syntaxe mieux maîtrisés. Il apprend à connaître des espaces plus divers et éloignés, d'autres époques, des phénomènes du monde de la matière et du vivant. Ces connaissances préparent une structuration progressive en domaines disciplinaires distincts.

DÉCOUVERTE DU MONDE

L'espace et la diversité des paysages

• Milieux familiers - paysages, activités - et contrastes avec d'autres milieux et espaces plus lointains.

• Observation du temps qu'il fait : données météorologiques et climatiques élémentaires.

• Première découverte de la carte, du globe, des grands éléments du cosmos (le soleil, les planètes, le jour et la nuit...).

Le temps dans la vie des hommes

• L'heure, la journée, la semaine, le mois, l'année ; rythmes naturels et mesure sociale du temps.

• Éléments de la vie quotidienne : le cadre de vie, le patrimoine et sa conservation, les générations, événements et commémorations.

• Évocation de modes de vie plus anciens à partir d'images marquantes de l'histoire ou d'exemples significatifs (les châteaux forts, par exemple). Utilisation de diverses sources d'information et mise en ordre chronologique.

Le monde de la matière et des objets

La matière

• L'eau dans la vie quotidienne : la glace, l'eau liquide, la vapeur d'eau ; l'existence de l'air.

• Utilisation du thermomètre dans quelques situations de la vie courante.

Les objets et les matériaux

• Utilisation d'objets techniques usuels (jouets, objets ou appareils appartenant à l'environnement de l'enfant à la maison ou à l'école).

• Démontage et remontage d'objets techniques simples ; fabrications diverses et réalisations technologiques élémentaires à caractère utilitaire ou ludique ; maniement d'outils et d'ustensiles appropriés ; propriétés de quelques matériaux usuels.

• Utilisation d'appareils alimentés par des piles (lampes de poche, jouets, magnétophone...).

Le monde du vivant

Le corps de l'enfant et l'éducation à la santé

• Le corps de l'enfant (notions simples de physiologie et d'anatomie).

• Importance des règles de vie : hygiène (habitudes quotidiennes de propreté, d'alimentation, de sommeil, de rythme de vie...).

Les manifestations de la vie animale et de la vie végétale

• Les animaux et les végétaux sont vivants : animaux familiers, élevages ; plantes typiques de la région ou connues des enfants (jardin de l'école, cultures en classe...).

Les êtres vivants dans leur milieu

• Les animaux et les végétaux dans leur milieu.

• Modification des milieux selon les saisons.

C. Cycle des approfondissements (CE2, CM1, CM2)

L'analyse du monde met progressivement en œuvre des connaissances appartenant à des domaines relevant de disciplines scientifiques distinctes et portant sur des objets et des situations plus complexes.

L'élève, par la mise en œuvre de certains aspects de la démarche scientifique, apprend à formuler des questions, à proposer des solutions raisonnées à partir d'observations, de mesures, de mises en relation de données et d'exploitation de documents. De même, par la mise en œuvre de la démarche technologique, il apprend à concevoir, fabriquer et transformer selon une progression raisonnée. Il acquiert quelques compétences élémentaires en informatique.

Il utilise pour ces travaux divers modes de communication et de représentation (écrits, dessins, schémas, graphiques…).

Le maître veillera, chaque fois que cela est possible, à ce que ces activités soient aussi, dans les domaines de la langue et des mathématiques, le support de nouveaux apprentissages ou d'un réinvestissement des compétences acquises.

Ces activités aident l'élève à se donner les moyens d'organiser peu à peu, à partir de situations choisies dans son environnement immédiat, un ensemble de connaissances et de compétences qui lui permettront de comprendre progressivement le monde dans lequel il vit et d'agir sur lui.

SCIENCES ET TECHNOLOGIE

Unité et diversité du monde vivant

• Le développement d'un être vivant (végétal ou animal) : naissance, croissance, âge adulte, vieillissement, mort.

• Les divers modes de reproduction animale ; la sexualité et la reproduction des humains.

• L'approche écologique à partir de l'environnement proche : rôle et place des êtres vivants, notions de chaînes et de réseaux alimentaires.

• Des traces de l'évolution des êtres vivants : quelques fossiles typiques.

Le corps humain et l'éducation à la santé

• Les mouvements corporels dans le sport et le travail.

• Les fonctions de nutrition.

• Conséquences à court et à long terme de notre hygiène (actions bénéfiques ou novices de nos comportements).

• Principes simples de secourisme.

Le ciel et la terre

• Le mouvement apparent du soleil ; la rotation de la Terre sur elle-même ; les points cardinaux et l'utilisation de la boussole ; le système solaire et l'Univers : l'aventure spatiale.

• Lumière et ombre.

• Mesure du temps : unités de mesure, principe de quelques méthodes de mesure (clepsydre, cadran solaire, appareils mécaniques, utilisation d'appareils électroniques).

• Séismes et éruptions volcaniques.

La matière et l'énergie

• L'eau : ébullition et évaporation, congélation ; le cycle de l'eau dans la nature. Etat liquide, état gazeux, état solide.

• Exemples de mélanges et de solutions réalisables en classe.

• La qualité de l'air et de l'eau.

• Exemples simples de source et de production d'énergie ; consommation et économie d'énergie.

Objets et réalisations technologiques

• Montages électriques :
— réalisation de circuits électriques simples alimentés uniquement à l'aide de piles ; rôle de la pile ; ses deux pôles ;
— principes élémentaires de sécurité des personnes et des biens dans l'utilisation de l'électricité.

• Mécanismes :
— leviers et balances ; réalisation de l'équilibre ;
— objets mécaniques et électromécaniques ; transmission et transformation de mouvements.

• Objets et produits :
— montage et démontage d'objets techniques simples ;
— réalisations technologiques d'objets usuels ou de maquettes.

Informatique

• Quelques utilisations de l'informatique à l'école et dans l'environnement quotidien.

• Utilisation raisonnée d'un ordinateur et de quelques logiciels (traitement de texte, tableur et logiciels spécifiques à l'école primaire) dans le cadre de l'enseignement des champs disciplinaires ; approche des principales fonctions des micro-ordinateurs (mémorisation, traitement de l'information, communication).

Les compétences transversales

Construction de la personnalité, acquisition de l'autonomie et apprentissage de la vie sociale.

Cycle 1

Dans un milieu différent du milieu familial, l'enfant continue de construire sa personnalité et découvre la vie collective :

• il affirme son autonomie dans l'espace par rapport aux objets, aux personnes ; il connaît son corps, adapte ses comportements à l'activité exercée et manifeste de l'aisance corporelle ;

• il adapte son comportement dans une situation où il n'est pas seul ; il coopère, établit des relations de plus en plus nombreuses, reconnaît l'autre, l'écoute et le respecte ;

• il accepte et respecte le rythme et les règles de la vie collective, y compris ses contraintes, il comprend et accepte des jeux à règle ;

• il imagine et crée des histoires, des situations, des jeux, des objets ; il peut se situer délibérément dans le réel ou dans l'imaginaire ;

• il est sensible à des valeurs esthétiques et exprime ses préférences, y compris dans des productions.

Cycle 2

L'enfant a découvert au cycle des apprentissages premiers un univers différent de celui du milieu familial ; la confrontation avec d'autres enfants et d'autres adultes l'a amené à acquérir un certains nombre de comportements qui ont fait l'objet de précisions antérieures. Il convient au cycle des apprentissages fondamentaux de renforcer ces comportements qui seront acquis à l'issue de ce cycle. C'est ainsi qu'il pourra :

• écouter les autres et le maître ;

• prendre la parole à bon escient ;

• respecter les règles de vie au sein de la classe y compris celles liées aux contraintes de certaines activités.

L'enfant identifie divers aspects de son patrimoine ; il connaît l'existence d'autres civilisations et d'autres cultures.
Il enrichit ses références artistiques ; il développe son sens esthétique et manifeste son besoin de créer.

Cycle 3

L'horizon de l'enfant s'élargit avec d'autres civilisations, d'autres cultures ; il découvre d'autres modes de vie, il prend conscience de sa dimension de citoyen et des grands éléments de la vie démocratique.

Il connaît et exerce des responsabilités personnelles et peut énoncer des règles.

Il peut identifier quelques grands problèmes du monde (les guerres, la faim, la santé, la protection de l'environnement, les droits de l'homme, les droits des enfants…) et manifester une sensibilité à leur égard.
Il affirme ses choix et ses goûts esthétiques ; il peut les expliquer et les faire partager ; il développe sa créativité.

Il se montre inventif, curieux de toutes formes d'arts, désireux d'acquérir les repères culturels.

Au terme du cycle des approfondissement, l'élève aura pu également être sensibilisé à diverses formes d'arts, tels que le cinéma et la photographie, l'architecture, la danse, le théâtre et l'expression dramatique.

L'élève sera capable de comprendre et respecter, à l'école et hors de l'école, les règles de vie qu'auront développées l'éducation à l'environnement, l'éducation à la santé, ainsi que l'éducation à la consommation et à sa sécurité. Ces domaines, qui ne sauraient êtres érigés en disciplines sont abordés dans le cadre de plusieurs champs disciplinaires, notamment en sciences, histoire, géographie, éducation physique et sportive, éducation civique.

Extraits de «*Les Cycles à l'école primaire*» – CNDP.

COMMENT PRÉPARER UNE SÉQUENCE DE CLASSE ?

Nous ne prétendons pas, dans ce chapitre, faire une étude complète des problèmes pédagogiques posés par l'enseignement de la biologie et de la géologie à l'école élémentaire (pour cela, diverses publications existent, dont celles de l'INRP, Institut National de la Recherche Pédagogique). Nous souhaitons simplement, **à partir de l'expérience vécue dans les classes**, apporter **quelques suggestions concrètes** utiles à la préparation des séquences de classe.

Les objectifs

L'enseignement de la biologie et de la géologie vise deux catégories d'objectifs différents :

— l'acquisition de connaissances scientifiques ;

— le développement de savoir-faire.

1 | L'acquisition de connaissances scientifiques

Pour préparer une séquence de classe, quel que soit le sujet, l'enseignant doit avant toute chose avoir une idée claire des notions scientifiques visées (c'est-à-dire de ce qu'il veut que les élèves comprennent et retiennent).

Deux recommandations :

— se limiter à **quelques notions fondamentales qui doivent être formulées en termes simples ;**

— éviter l'accumulation de mots scientifiques nouveaux qui font souvent obstacle à l'acquisition de connaissances véritables (c'est-à-dire de connaissances qui permettent de comprendre les phénomènes).

Voici un exemple permettant d'illustrer ce propos. L'étude des os et du squelette au Cours Moyen débouche sur les notions suivantes :

• les os sont des baguettes rigides, articulées entre elles ;

• les os sont vivants, ils grandissent et se réparent en cas de fracture.

Ceci n'exclut pas l'acquisition d'un vocabulaire scientifique limité à des mots essentiels (souvent appelés "mots clés") : articulation, ligament, cartilage de croissance.

L'étude du squelette ne vise ni une description de l'os (épiphyse, diaphyse...), ni une nomenclature de noms d'os (humérus, radius, cubitus...).

Pour chacun des sujets qui figurent au programme de l'école élémentaire, vous trouverez dans cet ouvrage une liste des notions accessibles aux élèves de l'école élémentaire.

2 | Le développement de savoir-faire

Les activités scientifiques ne visent pas seulement une acquisition de connaissances. Elles doivent développer chez les enfants un certain nombre de savoir faire. Par exemple :

— "lire" un schéma ;

— réaliser un schéma ;

— faire un dessin d'observation ;

— construire un compte rendu écrit ;

— interpréter un graphique, un tableau, un diagramme ;

— présenter des données sous forme de tableaux ou de graphiques ;

— lire un texte scientifique simple ;

— comprendre une situation expérimentale et discuter de sa validité ;

— concevoir une expérience ;

— formuler en face d'un problème simple une ou des hypothèses plausibles permettant de le résoudre ;

— mettre en relation logique des éléments entre eux ;

— communiquer oralement ;

— différencier l'essentiel de l'accessoire ;

— rédiger un résumé, faire une synthèse ;

— conduire un élevage, une culture ;

— réaliser l'observation continue d'un phénomène ;

— utiliser un ouvrage de détermination ;

— etc.

Les activités scientifiques sont, par ailleurs, des activités privilégiées pour développer certaines "attitudes" : créativité, responsabilité, autonomie, sociabilité, esprit critique, objectivité, confiance en soi...

Pour développer les savoir-faire et les attitudes que nous venons de citer, il est évident que la bonne volonté de l'enseignant ne suffit pas. L'enfant construit sa personnalité et **développe sa pensée à partir de l'action**. Cela suppose que :

— il soit intellectuellement actif ;

— il soit le plus possible en situation d'autonomie et puisse prendre des responsabilités ;

— il ait des occasions de s'étonner, de s'interroger, d'imaginer des hypothèses, de chercher des éléments de réponse,..., c'est-à-dire d'élaborer une démarche de pensée rationnelle, applicable à des situations diverses ;

— il coordonne son activité avec celle d'autrui par le travail en équipe, par la communication et les échanges.

En d'autres termes : l'activité de l'enfant ne doit pas se limiter à écouter passivement la "leçon" du maître. L'enseignement ne peut se réduire à des cours dogmatiques ; il doit mettre en œuvre une **démarche pédagogique** qui rende les élèves **actifs**, qui les place dans des situations de recherche favorables à leur développement, qui favorise le travail autonome, les communications entre enfants et permet de modifier le climat de la classe en établissant de nouvelles relations entre maître et élèves.

Les démarches pédagogiques

A. Rendre les enfants actifs

Les données les plus récentes de la psychologie, et la connaissance des processus d'apprentissage montrent que **l'enfant n'apprend qu'en agissant physiquement et intellectuellement**. L'assimilation de nouvelles connaissances et, surtout, le développement des fonctions intellectuelles exigent une **activité personnelle** du sujet, **un effort de la pensée** appliquée à la résolution d'un problème. Il apparaît de plus en plus clairement que l'école élémentaire doit faire une large place **au travail autonome, individuel et de groupe**.

Il faut aussi que l'enfant puisse **confronter ses découvertes, hypothèses, interprétations,** avec celles des autres. En effet, la communication au sein d'un groupe provoque une puissante motivation affective à la recherche. De plus, la confrontation avec les autres aide chaque enfant à dépasser l'égocentrisme primitif et à adopter une attitude objective : respect d'autrui, goût de la preuve, acquisition du sens de la relativité...

Comment concilier les deux exigences : activité personnelle de chaque enfant et étroite communication entre tous les élèves ?

Le plus souvent, au cours d'une séquence de classe, l'enseignant fait **alterner les moments de travail autonome et les phases de bilans collectifs**. Au cours de ces bilans, l'intervention du maître est très importante : il favorise les communications entre enfants, facilite la formulation de synthèses partielles et de questions opératoires.

B. Quelques exemples

Les exemples qui suivent relatent des situations vécues et permettent d'illustrer concrètement des propos qui pourraient paraître bien théoriques. Il ne s'agit évidemment **pas de fournir des modèles** d'activité. Par ailleurs, ces exemples ne sont que des **moments isolés** dans un ensemble de séquences qui ne sont pas présentées dans leur globalité.

1 | Que devient l'eau d'arrosage ?

• De la situation vécue au problème à résoudre :
Nous arrosons les plantes qui poussent dans la classe, et quelques jours plus tard il faut recommencer. Que devient l'eau d'arrosage ? Les enfants du C.M. répondent : "les plantes boivent l'eau". La réponse est juste (même si elle est mal exprimée), et on pourrait en rester là. Mais le maître ajoute "vous avez peut-être raison, mais lorsque je regarde une plante, je ne vois pas qu'elle boit de l'eau. Pouvez-vous imaginer une expérience qui prouverait que ce sont bien les plantes qui absorbent l'eau ?". Inventer une expérience est donc ici le problème à résoudre.

• L'activité de recherche
Les enfants sont disposés par groupes de quatre. Cependant, la recherche débute par un **travail individuel**. Chaque enfant imagine une expérience à proposer et traduit sa réflexion par un schéma de montage (la première "production" est individuelle). Un quart d'heure plus tard, l'enseignant précise : "Chaque groupe dispose de quatre propositions, elles sont peut-être différentes les unes des autres. Parmi ces propositions, choisissez celle qui paraît la plus intéressante. Modifiez-la entre vous si c'est nécessaire. (Chaque groupe ne proposera donc qu'une seule expérience à la classe.) Représentez-la par un schéma que vous afficherez au tableau et qui sera "lu" par les autres groupes" (la deuxième "production" est donc une réalisation collective). Cette deuxième consigne du maître amène les enfants de chacun des groupes à analyser les propositions individuelles, à faire un choix justifié, à enrichir la proposition retenue, à la représenter de façon schématique (il faudra être compris des autres groupes).

• La confrontation des propositions
Quand le travail est terminé (15 à 20 minutes), les groupes affichent leur production. Les enfants de la classe ont donc sous les yeux, **en même temps, une grande diversité de propositions**. Ceci est très important : chaque enfant va s'enrichir de la réflexion des autres. Le maître propose alors : "Parmi toutes les propositions affichées au tableau, laquelle choisissez-vous ? Il faudra bien sûr justifier votre choix. Avant de répondre, mettez-vous d'accord dans les groupes".
Il naît alors une nouvelle discussion dans les groupes,

suivie d'une confrontation collective au cours de laquelle une analyse critique des montages permet de dégager des notions essentielles.

A ce stade du travail, dans l'exemple décrit ici, le maître affiche au tableau "son" schéma de montage. "J'ai trouvé dans un livre de sciences ce schéma de montage. Comparez-le à l'expérience que vous avez choisie. Recherchez ce qui est pareil et ce qui est différent". Le schéma des scientifiques va servir de référence et améliorer les propositions des enfants (ils n'avaient pas pensé à faire un montage témoin; ils n'avaient pas, non plus, pensé à éviter l'évaporation de l'eau contenue dans le tube...).

• **La réalisation des expériences et l'interprétation des résultats**. Les expériences sont réalisées, et les résultats analysés deux jours plus tard. C'est l'occasion de poser de **nouveaux problèmes** (la plante conserve-t-elle toute l'eau qu'elle absorbe ? Pourquoi, dans certains montages, la quantité d'eau absorbée est-elle plus importante que dans d'autres ? etc.).

Ce sujet, riche et intéressant, est présenté dans le chapitre "la nutrition des végétaux chlorophylliens".

2 | Quel est le bois le plus dur, le bois le moins dur ?

• **De la situation vécue au problème à résoudre**
Au cours d'un travail sur la forêt et sur les diverses utilisations du bois, des élèves de C.M. (répartis par groupes de quatre) disposent d'un sachet contenant cinq ou six morceaux de bois d'espèces différentes (chêne, sapin, teck, peuplier...), d'une pointe métallique et de papier de verre. Les enfants doivent rechercher les ressemblances et les différences entre les morceaux de bois.

Après cette phase de travail autonome, un premier bilan collectif est organisé. Les enfants font remarquer que les morceaux de bois n'ont pas tous la même couleur, que certains semblent plus lourds que d'autres, que certains sont plus durs que d'autres (on peut rayer plus ou moins facilement avec la pointe métallique). L'aspect dureté est intéressant. Peut-on ranger ces différentes espèces de bois du plus dur au moins dur ? C'est le problème à résoudre.

• **L'activité de recherche**
Cette consigne du maître déclenche une dizaine de minutes de recherche autonome très active : les enfants ont un problème précis à résoudre ensemble. Pour y parvenir, ils vont, au sein de chaque groupe, inventer des méthodes et les appliquer dans une manipulation effective.

Les résultats sont présentés par écrit à la convenance des élèves. La diversité des présentations permettra une discussion intéressante.

• **Confrontation des résultats**
Il y a presque toujours des divergences dans les résultats. Pourquoi tous les groupes n'ont-ils pas trouvé la même chose ? Quelles méthodes pourrait-on employer pour apprécier **avec plus de précision** la dureté du bois ?

Cette question déclenche une nouvelle recherche autonome en groupes. Dans chacun de ceux-ci on discute, on fait des projets d'expériences plus précises, on tâtonne, on dessine,... en vue d'une nouvelle mise en commun. Les diverses propositions sont à nouveau discutées. Elles peuvent être essayées en classe ou en dehors de la classe par les enfants qui le veulent. Mais **l'essentiel est d'avoir ressenti le besoin d'utiliser des méthodes plus précises**, d'en avoir cherchées.

Remarque importante :

Que se serait-il passé si, dans la classe, un seul enfant ou un seul groupe avait cherché à ranger les morceaux de bois "du plus dur au moins dur" ? Certes, il y aurait eu un tâtonnement intéressant, mais il est évident que les enfants du groupe se seraient contentés de leurs résultats et les auraient considérés comme satisfaisants. Ainsi est-il souvent important que tous les groupes de la classe travaillent sur le même sujet.

3 | Les grandes étapes de l'apparition des êtres vivants sur la Terre

• **Le problème à résoudre**
La maîtresse distribue aux élèves le document 2 p.379 présenté dans le chapitre "Les grandes étapes de la vie sur la Terre". Que représente ce document ?
Quel titre pourrait-on lui donner ? Après une discussion dans les groupes, une première confrontation est organisée.

La maîtresse propose alors le problème suivant : découper les étiquettes et les coller, à la convenance des enfants, sur une grande feuille de papier afin de rendre la disposition sur l'affiche "la plus parlante possible". Une deuxième consigne est ajoutée : illustrer l'affiche.

• **L'activité**
La consigne précédente déclenche une vingtaine de minutes d'activité réelle : discussion, choix de la présentation, nature du dessin à faire, etc...

Quand les "productions" sont prêtes, elles sont toutes affichées en même temps.

• **La confrontation des productions**
Pour chacune des affiches, la maîtresse demande au groupe producteur de se taire ; les autres doivent essayer d'imaginer les raisons qui ont conduit le groupe à adopter sa présentation. Ils peuvent aussi faire des propositions pour améliorer la production.

Il est facile de comprendre que c'est la diversité des "affiches" qui fait la richesse de la discussion et qui permet d'atteindre les objectifs visés: il n'y a pas qu'une seule manière de disposer les étiquettes. Peu importe que leur rangement se lise de gauche à droite, de haut en bas ou en spirale ; ce qui est important, c'est d'avoir vu qu'il s'agissait d'événements successifs et d'avoir respecté la chronologie. L'analyse des dessins d'illustration est également pleine d'intérêt et d'enrichissement mutuel.

4 | En résumé

On pourrait multiplier les exemples, vous en trouverez beaucoup d'autres dans les chapitres qui suivent.
La figure ci-dessous résume (de façon schématique) la démarche pédagogique présentée dans les exemples précédents.

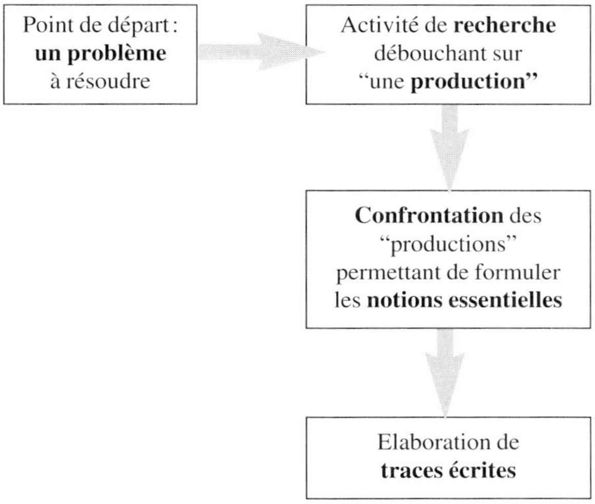

Insistons sur plusieurs points:

— Il ne peut y avoir d'activité, s'il n'y a pas de **problème à résoudre** clairement posé et compris de tous.

— Pour chacune des phases du travail, les enfants doivent savoir exactement **ce qu'ils ont à faire**.

— L'activité de réflexion doit se traduire par une "**production**", c'est-à-dire par quelque chose de concret (un schéma, un dessin, un graphique, une détermination, une exposition, un rangement d'objets, une maquette, un texte court...).

— La confrontation des "productions" est un moment de mise en commun extraordinairement riche. C'est le moment au cours duquel les enfants découvrent que, tout en réfléchissant au même problème, les autres ont trouvé d'autres éléments de réponse, ont eu d'autres idées qu'ils peuvent à leur tour enrichir. Ainsi, chaque enfant s'enrichit au contact des autres, d'abord dans son groupe, ensuite avec l'ensemble de la classe. Il apporte de l'aide aux autres. Il a alors envie de s'exprimer, de se faire comprendre de tous.

— Le moment de mise en commun doit conduire à dégager quelques notions fondamentales, et là, le rôle de l'adulte est évidemment important.

— C'est le moment où l'**on fait le point**, où l'on s'impose de **distinguer l'essentiel de l'accessoire**, où l'on dégage les **grandes notions**, où l'on s'interroge sur la meilleure façon de garder une trace simple mais précise des propositions, où l'on choisit celle qui paraît la meilleure.

— Le passage **aux "traces écrites"** n'a pas automatiquement lieu à la fin de chaque séquence. Nous reviendrons sur ce point.

C. Quelles activités proposer ?

Lorsqu'on prépare une séquence de classe, il faut, quel que soit le sujet, "**réfléchir en terme d'activité**", c'est-à-dire se poser la question: quel travail feront les enfants ?

Pour qu'il y ait activité, et travail en groupes, il ne suffit pas que les tables des élèves soient disposées en vis-à-vis. Il faut que les enfants aient **quelque chose de concret et de précis à faire** en commun: un inventaire, un dessin, une proposition d'expérience... Là où le travail est le plus fructueux, c'est lorsque la nature même de la tâche oblige le groupe à s'organiser, à prendre des décisions, à se partager les responsabilités pour réaliser l'œuvre commune.

Quelle que soit la tâche, elle doit aboutir à une **production du groupe** (texte, dessin, schéma, montage...). Dans certains cas, cette production est le but explicite de l'activité de groupe.

Pour rester très concret, voici d'autres exemples d'activité:

• **Au cours d'une sortie en forêt**, les élèves répartis en groupes de trois ou quatre

— récoltent le plus grand nombre possible d'espèces différentes de champignons;

— déterminent combien il y a d'espèces d'arbres, ou d'espèces de mousses,...;

— font l'inventaire de ce qu'on trouve dans une branche pourrie;

— etc...

Chacune de ces recherches motive des moments de travail autonome suivis de confrontations collectives.

• **Après une sortie au bord d'une mare** (ou d'un "trou d'eau" en forêt) et une récolte d'animaux aquatiques, les élèves installent leurs pensionnaires dans les meilleures conditions possibles. On peut provoquer des recherches autonomes immédiates en demandant aux enfants:

— de préciser combien ils ont récolté d'animaux différents;

— de rechercher le nom exact de ces animaux (pour cela, il faut fournir un document de détermination adapté) ;

— de décrire la façon de nager de ces divers animaux (certains se servent de leurs pattes comme de rames, d'autres nagent par ondulation du corps,...) ;

— d'établir une liste des animaux qui restent à la surface ou qui remontent régulièrement à la surface, et une liste de ceux qui ne remontent jamais ;

— de chercher à voir quels sont les prédateurs et quels sont les végétariens ;

— d'observer avec attention ces prédateurs pour préciser comment ils découvrent, comment ils capturent, comment ils mangent leurs proies (les vers de vase achetés chez un marchand d'articles de pêche sont mis à la disposition des élèves pour cette recherche).
Quelques jours plus tard, un bilan collectif permet de faire le point des découvertes et de lancer de nouvelles recherches.

• **Pour réaliser des semis de graines**, on peut mettre à la disposition des enfants des bouteilles en plastique coupées dans le sens de la longueur, des boîtes en polystyrène peu profondes, un mélange de terreau et de sable, des cuillères à soupe (servant de pelle), des bouteilles d'eau, des graines de différentes espèces, et demander aux enfants, sans donner d'autre indication, de faire des semis. Si, après une dizaine de minutes de travail autonome, on invite les élèves à expliquer ce qu'ils ont fait, on constate que certains pensent avoir mis trop d'eau, d'autres pas assez. Un problème se trouve ainsi posé :

quelle est la quantité d'eau optimale nécessaire pour faire germer les graines ? Les enfants vont alors inventer des expériences qui permettront de répondre à cette question. La recherche donne lieu à une phase de travail autonome en petits groupes, suivie d'une mise en commun des propositions.

• **Après la projection d'un film** présentant une éruption volcanique, on peut demander aux enfants de faire une coupe schématique du volcan pour expliquer ce qu'ils ont vu. Peu importe les erreurs qu'ils vont faire, puisque leurs dessins seront analysés et critiqués, et que le schéma des scientifiques leur sera ensuite proposé.

D. *Travail en groupes ou travail individuel ?*

Le travail de groupe est très formateur : au sein d'un petit groupe, les interactions sont plus faciles et plus fréquentes, de nombreuses inhibitions disparaissent chez les sujets timides. Le groupe oblige chaque enfant à coordonner son activité avec celle d'autrui ; il lui apprend à écouter, à argumenter, à coopérer. En favorisant les échanges, le groupe stimule la créativité de chacun et aide à la construction d'une pensée objective. De plus, le travail en équipe permet à l'élève de mener une activité et de communiquer avec ses camarades sans être à chaque instant sous le contrôle du maître. Cette formule favorise donc la **prise d'initiative** et de **responsabilité**.
Cependant, malgré son grand intérêt pédagogique, le travail de groupe ne peut être considéré comme l'unique forme de travail autonome. Certaines activités se prêtent mieux à une recherche individuelle. De plus, il est également important que chaque enfant apprenne à organiser lui-même l'ensemble d'une tâche et à la mener de bout en bout.

Des préalables importants

1 | Connaître les représentations des enfants

Avant d'entreprendre l'étude sur un sujet nouveau, il est souvent intéressant de connaître les représentations des enfants sur le sujet. Pour les recueillir, on peut avoir recours à des dessins, des questionnaires à remplir, des définitions à formuler. Connaître les représentations permet non seulement d'évaluer le niveau des connaissances déjà acquises (avant l'étude qui sera faite en classe), mais aussi de détecter les confusions et les erreurs qu'il conviendra de rectifier (cf. représentation d'un volcan p. 417). **Important :** pour éviter de fixer des erreurs, il est utile de redonner aux élèves, à la fin de l'étude, leur "représentation initiale" pour qu'ils fassent eux-mêmes l'inventaire de ce qui est inexact.

Les figures ci-après proposent à titre d'exemples des représentations globales du corps humain. Pour les obtenir, on a demandé aux enfants de dessiner l'intérieur de leur corps, sans autre précision. Tantôt les silhouettes étaient polycopiées d'avance (dessins de Pascale, de Bertrand, de Josée), tantôt l'enfant devait dessiner aussi les contours du "bonhomme" (dessins de Patricia, de Bruno).

2 | Préciser la nature des traces à conserver

Lorsque les élèves ont terminé leurs recherches sur un sujet (observations, manipulations, constructions,...), il est nécessaire de faire le point avec eux :
— Quelle(s) notion(s) fondamentale(s) peut-on dégager de notre étude ?

Le dessin de Pascale (CP)

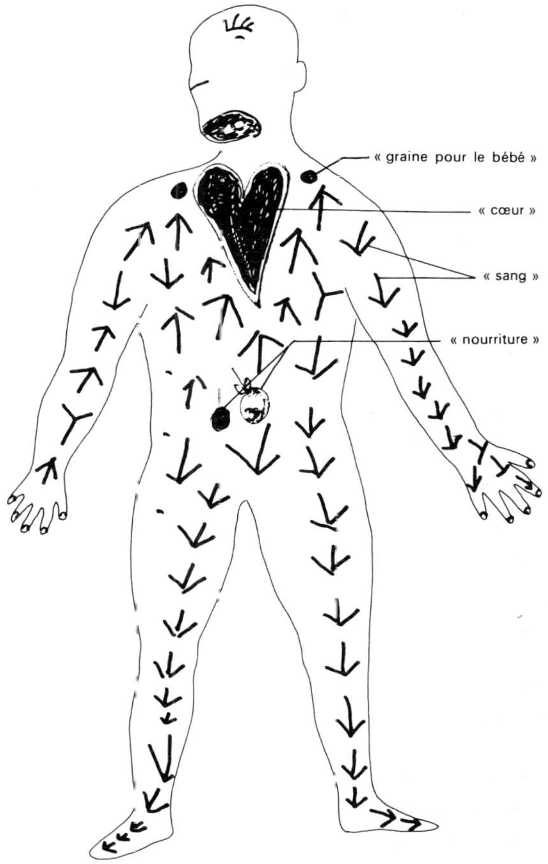

Les légendes ont été inscrites par la maîtresse sur les indications de l'enfant. On peut faire plusieurs observations :
Les éléments retenus sont ceux qui sont le plus chargés d'affectivité : le sang, la nourriture, les "graines pour le bébé", le cœur représenté immense. Presque tous les enfants le dessinent dès le C.P. Le mot est connu dès le plus jeune âge car il entre dans de très nombreuses locutions : "avoir mal au cœur", "aimer de tout son cœur", "serrer sur son cœur", "savoir par cœur", "le cœur de la ville"... D'autre part, le cœur est un organe facile à localiser : à la Maternelle, on apprend à écouter et sentir battre le cœur. Ces battements en font un organe étrange et curieux pour le jeune enfant.
L'enfant est conditionné par les stéréotypes sociaux (le cœur a la forme conventionnelle et fausse des graffitis et des jeux de cartes) et par les images diffusées par les media, en particulier la télévision (les flèches sont empruntées à une publicité pour une eau minérale).
Certaines représentations viennent d'un "savoir" inculqué par la famille. Nombreuses sont encore les mères qui expliquent que le bébé se forme à partir d'une "graine" qui se développe près du "cœur" de la maman. Ces explications, métaphoriques pour l'adulte, sont prises à la lettre par l'enfant.
Le dessin est ici vécu comme un moyen de communication, un langage destiné à être compris par autrui. (Si la nourriture est représentée par des fruits entiers avec leur queue et leurs feuilles, il ne faut pas en déduire que l'enfant ignore qu'il mastique les aliments avant de les avaler... Il y a là une symbolisation, l'utilisation d'un véritable code).
Le sexe n'est pas dessiné. Est-ce qu'il est un organe externe alors qu'on demandait de représenter l'intérieur du corps ? ou est-ce parce qu'il est déjà l'objet d'un tabou ? (on remarque que l'enfant a dessiné l'œil et les ongles qui sont aussi des organes externes).

Le dessin de Bertrand (C.M.2)

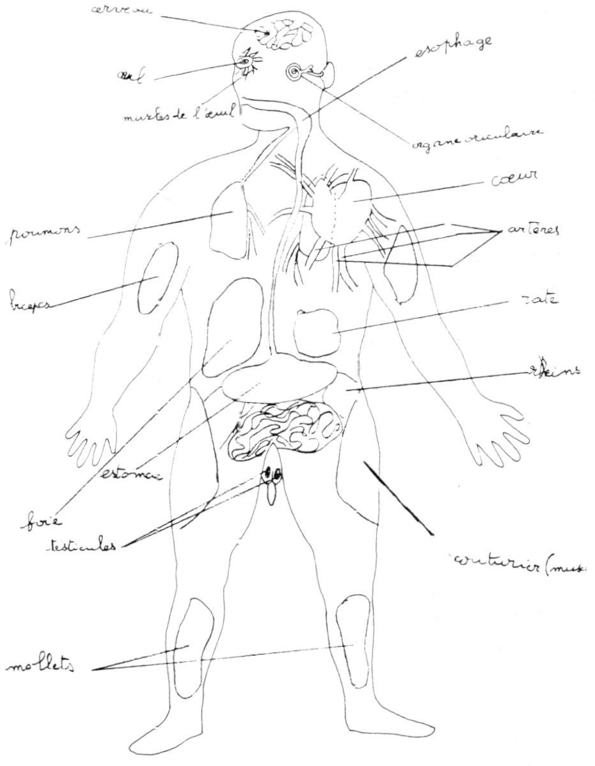

A première vue, on serait tenté de penser que Bertrand a des connaissances d'un bon niveau : les organes sont correctement localisés et dénommés, la notion de "tube" digestif semble acquise. En fait, lorsqu'on regarde de plus près, on constate que ce savoir est décousu et ne correspond pas à une compréhension réelle.
La représentation de certains organes indique qu'il s'agit de souvenirs visuels de planches anatomiques (l'œil, le cerveau, l'oreille interne, le cœur, le poumon gauche à demi masqué...).
L'enfant utilise des mots savants trouvés très probablement dans un livre et qui l'ont frappé parce qu'il en connaissait une autre signification ("couturier", organe "auriculaire").
Le fonctionnement des organes n'est pas compris : la jonction n'est pas indiquée entre l'estomac et l'intestin, des "artères" partent en grand nombre de n'importe quel point du cœur et n'aboutissent nulle part, le foie, la rate, les reins... sont "flottants" sans relation avec d'autres organes...
Signalons que la mère de Bertrand est infirmière.

Le dessin de Josée (CE2)

Contrairement à Bertrand, Josée n'a aucune connaissance livresque du corps humain. Ses notions viennent, semble-t-il, essentiellement du vécu.
Le sang n'est pas représenté dans l'ensemble du corps mais seulement dans les membres que Josée a coloriés en rouge (en pointillé sur la figure). Or les petites blessures courantes, chez les enfants, sont celles des doigts, des genoux, des coudes. De même la mention "vaisseau dans le nez" indique que Josée a vu un camarade saigner du nez, ou a elle-même saigné du nez. Elle sait en outre que le sang "circule", mais ne se représente pas cette circulation. Des vaisseaux sont suggérés sur les mains (où les veines sont souvent visibles), dans les jambes (a-t-elle vu des varices ?), et bien sûr dans le nez. Mais ces vaisseaux n'ont aucune relation avec le cœur.
Les os sont stéréotypés (os de chien de bande dessinée). Le rôle des os et des articulations est manifestement ignoré. Des os sont indiqués au niveau des hanches : on les sent facilement sous les doigts.
Les viscères sont l'objet d'une représentation extrêmement pauvre. Le tube digestif est, semble-t-il, confondu avec une trachée-artère peut-être vue sur un poulet... Le "foie" et le "ventre" sont la localisation courante de troubles digestifs divers.
Les muscles représentés par Josée, comme par la plupart des enfants, sont les biceps. On peut remarquer l'étrange forme de bracelet qu'elle leur a donnée.
Josée n'a probablement jamais eu l'occasion de feuilleter un dictionnaire médical ou une encyclopédie.

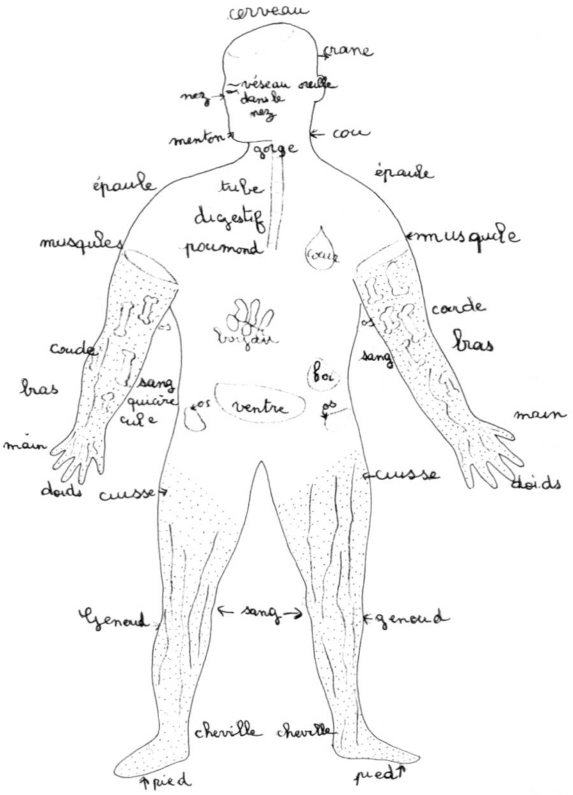

Le dessin de Bruno (11 ans 7 mois Classe de perfectionnement).

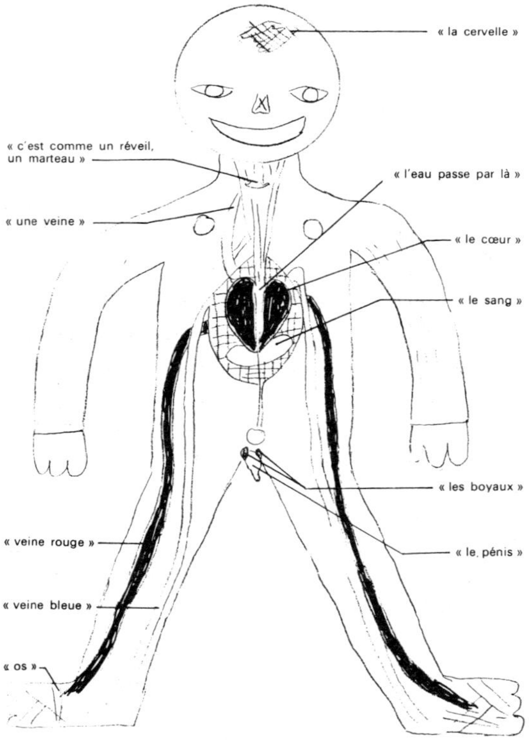

Le dessin de Patricia (11 ans 2 mois Classe de perfectionnement).

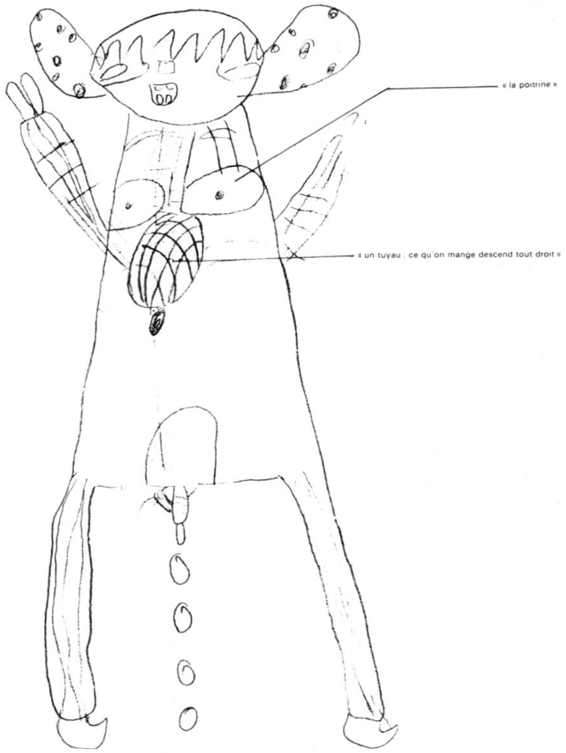

— Quelles traces écrites peut-on garder dans le cahier (un dessin, un court texte, les deux,...) ?

A ce stade, des propositions différentes peuvent apparaître ; on discute de leurs avantages et de leurs inconvénients et on établit ensemble un bilan. Quand celui-ci est élaboré, il est intéressant de voir si l'on n'a pas oublié certains aspects importants. Pour cela, en lisant les courts textes "Pour faire le point sur" qui figurent dans certains manuels, les enfants confrontent leurs résultats à ceux de scientifiques avertis.

Ces bilans ne sont évidemment pas des résumés à apprendre, mais une présentation, en quelques lignes, des grandes notions auxquelles les élèves peuvent arriver après l'étude d'un sujet. Généralement les enfants ne liront ces bilans qu'après avoir eux-mêmes dégagé les notions générales d'une étude.

Le texte du Bulletin officiel de l'éducation nationale (B.O.E.N.) de septembre 1980 précise par ailleurs à propos des traces écrites au C.M. :
A cet effet, les moyens déjà utilisés au cycle élémentaire seront privilégiés : textes, croquis, schémas, tableaux, graphiques... D'autres moyens d'expression ou de représentation pourront aussi être occasionnellement utilisés : compte rendu oral enregistré au magnétophone, maquettes, montages audio-visuels, etc.

Chaque enfant constituera ainsi sa propre documentation, reflet du travail personnel et collectif. Toute trace écrite devant être motivée et réinvestie, il s'agira, non d'imposer un résumé (forme), mais d'arriver à un document construit par la classe. En effet, ces productions auront d'autant plus de portée éducative que le maître n'imposera pas de forme stéréotypée, mais que les enfants prendront en charge la responsabilité de veiller à ce qu'elles correspondent à des besoins bien déterminés.

3 | Choisir les formes d'évaluation des acquis

L'acquisition d'une connaissance est, pour un enfant, l'appropriation d'une clé qui ouvre de nouvelles portes. Contrôler une connaissance revient donc à vérifier si l'enfant est capable d'utiliser cette clé dans des situations nouvelles. En d'autres termes, un exercice de contrôle ne consiste pas à faire "réciter" une notion précédemment acquise, mais à proposer une nouvelle situation à analyser, pour laquelle il est nécessaire d'utiliser certains acquis antérieurs. La réponse à de tels exercices n'est pas nécessairement individuelle ; elle peut faire l'objet d'une recherche en groupes, suivie d'une confrontation des réponses proposées. Il ne s'agit pas de mettre une note individuelle mais de se faire une idée des aptitudes de compréhension (d'une consigne, d'une information, d'une question, d'un problème), d'imagination, d'interprétation (dessin, graphique, tableau, photographie, ..), d'expression et de communication (orale ou écrite), de réflexion...

Le B.O.E.N. de septembre 1980 précise pour l'évaluation :
Le maître ne peut connaître de façon précise les objectifs réellement atteints que par un contrôle des acquisitions des élèves, c'est-à-dire de leurs connaissances et de leur savoir faire. Cette évaluation aide aussi chaque enfant à se situer par rapport aux objectifs visés et à prendre conscience de ses progrès, de l'exactitude et de la précision de ses connaissances, de ses possibilités d'action.

Cette activité peut intervenir au cours du déroulement même des activités (les comportements des enfants au cours d'une séquence témoignant de la portée de séquences précédentes). Elle peut faire l'objet d'exercices particuliers. Il s'agit de vérifier ce que les élèves ont retenu de ce qu'ils ont fait ou vu, leur compréhension d'une notion, leur capacité à réutiliser cette notion dans une situation nouvelle. D'autres situations, fortuites ou délibérément aménagées, permettront d'évaluer l'acquisition de méthodes ou de techniques ; par exemple connaissant un dispositif expérimental, l'enfant est invité à préciser le but de ce dispositif, à l'utiliser, ou à déceler des erreurs dans les interprétations.

Cette phase d'évaluation des acquisitions est indispensable au maître pour établir le bilan du travail de sa classe et pour maîtriser et adapter la progression des activités dans ce domaine.

4 | Choisir un sujet d'étude

L'enseignant ne peut traiter n'importe quel sujet d'étude : il doit respecter les programmes. Il a cependant une certaine liberté et peut choisir l'ordre dans lequel il aborde les divers points du programme.

En activités scientifiques, l'intérêt pour un sujet d'étude naît généralement de **situations concrètes vécues** par la classe : apport de matériel par les enfants ou par le maître, installation d'un élevage, projet de la classe (aménagement d'une balançoire, préparation d'une classe de découvertes, organisation et mise en culture du jardin de l'école...), événement local ou national, découvertes et récoltes réalisées au cours d'une sortie, émission de télévision, lecture d'un document écrit... Les points de départ sont donc divers et il n'est jamais très difficile de créer une motivation sur un sujet intéressant.

Mais le maître ne doit pas se contenter d'exploiter l'occasionnel. Il doit aussi créer des situations riches et variées, et donc prendre des initiatives dans le choix du sujet si les occasions attendues ne se présentent pas. Il doit aussi favoriser le "déclic" (en manifestant son étonnement, en provoquant...), et bien souvent transformer les questions des élèves en véritables problèmes à résoudre.

Dans une même école, pour des raisons faciles à comprendre, une répartition des sujets entre les maîtres du CE1 et du CE2 d'une part, entre les maîtres du CM1 et du CM2 d'autre part est indispensable. De même une programmation annuelle doit être établie. Chaque maître doit ensuite faire un choix parmi les sujets retenus et décider, en fonction de la vie de sa classe, de l'ordre dans lequel il les abordera.

Il appartiendra donc au maître de choisir la situation de départ en fonction des intérêts des enfants, mais aussi en fonction des objectifs qu'il se propose de poursuivre selon une programmation et une progression qu'il aura lui-même soigneusement établies. (BOEN, 1980).

La fiche de préparation

1 | Avant de préparer une séquence de classe

— Choisir les **notions** à faire acquérir, les **savoir-faire** à développer.

— Rassembler le **matériel** en quantité suffisante (documents divers,...).

— Rechercher éventuellement les **pré-requis** nécessaires et s'assurer que les enfants les possèdent.

— Recueillir éventuellement les **représentations** des enfants sur le sujet (à l'aide de dessins, de questionnaires à remplir, de définitions à formuler...).

— Faire l'inventaire des **travaux concrets** (manipulations, observations, lectures...) que pourraient faire les enfants, et choisir en fonction des objectifs poursuivis.

— Envisager toutes les **productions** (finales ou intermédiaires) que pourraient réaliser les enfants (affiche, dessin, schéma, tableau, graphique, texte, exposé oral, montage expérimental...) et choisir en fonction des objectifs poursuivis.

— Prévoir des modalités d'**évaluation des acquisitions** au niveau des savoir ou des savoir-faire :
- à court terme,
- à long terme.

2 | Que peut-on écrire sur la fiche ?

— Titre et niveau.
— Notions scientifiques visées (exprimées en termes simples).
— Savoir-faire développés.

— Matériel nécessaire pour la séquence
- collectif,
- individuel,
- par groupe.

— Les différentes phases de l'activité.

Les individualiser avec précision et, pour chacune d'elles, préciser
- la forme de travail,
- le type de travail (recherche, confrontation, bilan de recherche, évaluation...),
- la consigne donnée ("travailler" avec soin la formulation, elle doit préciser ce que les enfants ont à **FAIRE**),
- le matériel précis mis à la disposition des enfants,
- les objectifs de la phase.

— Les traces écrites
Envisager les modalités de la **structuration des acquisitions** (par le maître, par les élèves...) et les **traces écrites** qui resteront les témoins de cette séquence de classe.

— L'évaluation (préciser ses formes et son contenu).

1 LES ÊTRES VIVANTS SE NOURRISSENT

1 Les principaux concepts

Tous les êtres vivants (les animaux, les végétaux, les bactéries) se maintiennent en vie en consommant des aliments. Une partie de ces aliments est utilisée comme **matériaux de construction**, c'est-à-dire **devient la matière vivante** de l'organisme.

Pour comprendre ce qui se passe, il est utile de :

— rappeler que les êtres vivants sont constitués de **cellules** (les aliments absorbés par un être vivant sont en effet utilisés au niveau de chacune des cellules) ;

— connaître la composition chimique de la **matière vivante**.

1 TOUS LES ÊTRES VIVANTS SONT CONSTITUÉS DE CELLULES

A. Unicellulaires et pluricellulaires

Tous les êtres vivants sont constitués de **cellules**.

• **Certains, généralement microscopiques, ne possèdent qu'une cellule ;** ce sont les **organismes unicellulaires :** des champignons microscopiques (la levure de bière par exemple), des animaux microscopiques (appelés protozoaires), des végétaux chlorophylliens (certaines algues), l'ensemble des bactéries.

• **Les autres sont pluricellulaires**. Parmi ces derniers, certains sont composés de plusieurs millions de milliards de cellules. Ainsi, on évalue à 10^{17} le nombre total de cellules d'un organisme humain.

Remarque : En dépit de leur taille microscopique, les organismes unicellulaires représentent plus de la moitié de la **biomasse** totale de la Terre (la biomasse est la masse de l'ensemble des êtres vivants).

B. La coopération entre cellules

1 Toutes les cellules proviennent de la division de cellules préexistantes

• **Les 10^{17} cellules du corps humain** proviennent toutes d'une cellule initiale (la **cellule oeuf**) et ont été obtenues par d'innombrables divisions cellulaires. En dépit de leur origine commune, ces cellules, tout en conservant le même plan d'organisation, présentent une **grande diversité**.

• **On distingue environ 200 types cellulaires différents :** cellules nerveuses, cellules du foie, cellules osseuses, cellules adipeuses, cellules musculaires, globules blancs... On appelle **tissu** un ensemble de cellules semblables qui assurent une même fonction.
Différents tissus peuvent participer à la constitution d'un **organe**, entité anatomique jouant un rôle bien défini.

Les figures 1 et 2 rappellent que :

— des milliards de cellules naissent chaque jour, même chez un adulte ;

— des remaniements moléculaires ont lieu en permanence, même dans les cellules apparemment définitives.

2 Des sociétés de cellules

Le corps d'un animal pluricellulaire peut être comparé à une **société de cellules** qui fonctionnent en relation les unes avec les autres et communiquent entre elles grâce à trois réseaux de communication interconnectés : le système nerveux, le système hormonal, le système immunitaire. Sans ces communications intercellulaires complexes il n'y aurait pas de vie possible pour l'organisme entier.

Des milliards de cellules naissent chaque jour

• Certaines cellules du corps humain ont une **durée de vie limitée** :
— Les **globules rouges** du sang ne vivent en moyenne que 120 jours. De ce fait, 150 à 200 milliards de globules rouges meurent quotidiennement et, puisque leur nombre reste constant, il en naît autant chaque jour dans la moelle rouge des os. Ceci représente 5 à 6 millions de milliards de globules rouges au cours d'une vie d'homme.
— Les cellules qui tapissent l'intérieur de la **paroi intestinale** vivent environ 36 heures. Plus d'un milliard de ces cellules (environ 250 g !) meurent chaque jour et sont remplacées.
— Des cellules de l'**épiderme** disparaissent chaque jour et sont remplacées par de nouvelles cellules provenant d'une couche cellulaire qui se divise en permanence. Le renouvellement complet de l'épiderme se fait en 30 jours environ.
• Certaines cellules ne sont pas renouvelées : les cellules du système nerveux, les cellules musculaires... Ces cellules vivent donc 80 ans ou plus !

FIG. 1

On pourrait penser que lorsque la taille adulte est atteinte, il n'y a plus de multiplication cellulaire. Ce n'est pas le cas pour de nombreuses cellules.
Par contre, certaines cellules ne se divisent plus après la naissance. Ainsi un enfant naît avec environ 10 milliards de cellules nerveuses : un stock pour toute la vie.

Extrait de *Biologie 3*ᵉ.

« Même chez un adulte, tous les constituants cellulaires sont renouvelés, naturellement à des vitesses et à des taux qui diffèrent selon le type de composants auxquels on s'intéresse. Mais tout est renouvelé, et les équilibres réalisés ne sont en fait que des équilibres dynamiques. Il y a constamment destruction et reconstitution de molécules, destruction et reconstitution de structure cellulaire ; elles se font et se défont. Si vous voulez une image, on peut prendre celle d'un mur qui serait constamment démoli et reconstruit. Vu de loin, le mur apparaîtra stable comme tout mur qui se respecte. Si vous vous en approchez vous constaterez que cette stabilité, qui est réelle, est sous-tendue par une instabilité. C'est-à-dire que des briques sont à tout instant ôtées et remplacées par d'autres qui leur sont identiques. »

D'après J. Tavlitzki, « *12 clés pour la Biologie* ». Éd. Belin.

FIG. 2

On devine aisément que, chez un enfant en cours de croissance, il y a "construction de nouvelle matière", mais on ne sait pas toujours que le corps humain est le siège d'un renouvellement incessant, même chez un adulte.
Ce renouvellement, évident pour les cellules à durée de vie limitée, existe aussi pour les cellules qui subsistent toute la vie (cellules nerveuses, cellules cardiaques) car les molécules qui les constituent se renouvellent en permanence.

Extrait de *Biologie 3*ᵉ.

Les animaux unicellulaires réalisent leurs échanges avec le milieu liquide (eau de mer ou eau douce) qui les environne complètement. Bien que nous vivions en milieu terrestre, nos cellules sont placées dans des conditions assez comparables. Elles baignent dans un liquide, la **lymphe interstitielle**, dans lequel elles puisent leurs aliments et rejettent leurs déchets. Ce **milieu de vie** de toutes les cellules de l'organisme est situé à l'intérieur du corps, aussi lui donne-t-on le nom de **milieu intérieur**.
Ce milieu, qui représente environ le quart du poids du corps, se renouvelle sans cesse : issu du sang, puis drainé par des vaisseaux lymphatiques, il retourne au sang. Bien que le sang ne soit jamais en contact direct avec les cellules de nos organes, puisque la lymphe sert toujours d'intermédiaire, il est normal de considérer le milieu intérieur comme constitué par l'ensemble de ces deux liquides.

FIG. 3

Le "milieu intérieur" est le milieu de vie des cellules.

Extrait de *Biologie 3*ᵉ.

3 Le milieu de vie des cellules animales

• **Les figures 3 et 4 soulignent une idée importante :** les cellules des animaux pluricellulaires “baignent” dans un liquide, la lymphe interstitielle, qui constitue le **milieu intérieur** de l’organisme. Ce milieu liquide représente environ le quart du poids du corps chez l’homme !

• **Deux remarques importantes doivent être faites :**

— **La lymphe interstitielle**, qui est l’intermédiaire obligatoire entre le sang et les cellules, est constamment renouvelée grâce à la circulation et contient donc toujours des molécules nutritives (glucose, acides aminés...).

— La composition du **milieu intérieur** reste relativement constante en dépit de nombreuses causes de variations. Par exemple, chez l’homme, sa teneur en glucose est voisine de 1 gramme par litre aussi bien en pleine période d’absorption intestinale que très loin du dernier repas.
Ainsi, les cellules de l’organisme sont **constamment “alimentées”** et vivent dans un **milieu de composition constante**.

C. Un même plan d’organisation

• **L’observation au microscope optique** de cellules animales et végétales (fig. 5) montre que, en dépit de leur grande variété, les cellules sont toutes construites selon un même plan d’organisation. On trouve dans toute cellule :

— un **noyau**,

— le **cytoplasme** présentant différentes inclusions,

— la **membrane cytoplasmique** qui entoure toute la cellule.

Cependant, les cellules végétales diffèrent des cellules animales sur quelques points :

— la membrane cytoplasmique est revêtue sur sa face externe d’une paroi plus ou moins rigide constituée de cellulose,

— le cytoplasme contient, outre les inclusions d’une cellule animale, des chloroplastes (dans les cellules chlorophylliennes) et des vacuoles (cavités remplies de liquide) de très grande taille.
Si toutes les cellules d’un organisme ont la même organisation, elles ne sont cependant pas toutes identiques et présentent des caractères particuliers en rapport avec les fonctions qu’elles exercent.

• **L’observation au microscope électronique de cellules animales et végétales** permet de retrouver les constituants fondamentaux déjà mis en évidence par l’observation au microscope optique : noyau, cytoplasme et membrane cytoplasmique. Elle permet en outre de préciser la structure des inclusions du cytoplasme :

— certaines interviennent de manière active dans le fonctionnement cellulaire (mitochondries, reticulum endoplasmique, appareil de Golgi...) (fig. 6),

— d’autres sont des formes de stockage ou d’accumulation (enclaves lipidiques ou glucidiques par exemple).

• **La cellule des bactéries** présente des caractéristiques très particulières :

— elle n’a pas de véritable noyau mais un chromosome bactérien qui n’est pas séparé du cytoplasme par une membrane ;

— elle est dépourvue de certaines inclusions cytoplasmiques (mitochondries, appareil de Golgi, reticulum endoplasmique...) ;

— elle ne présente pas de mobilité intracellulaire.

Connaissez-vous

LE SENS DE CES MOTS OU EXPRESSIONS

- **organisme unicellulaire**
- **organisme pluricellulaire**
- **biomasse**
- **organe**
- **tissu**
- **milieu intérieur**
- **cellule**
- **cytoplasme**
- **noyau**
- **membrane cytoplasmique**
- **organite**
- **substance minérale**
- **substance organique**
- **protides**
- **glucides**
- **lipides**
- **acides aminés**
- **protéines**
- **macromolécule**
- **holoprotéine**
- **hétéroprotéine**
- **oses**
- **diosides**
- **polyosides**
- **hydrolyse**
- **féculent**
- **nucléotide**
- **ADN**
- **ARN**
- **hétérotrophe**
- **autotrophe**
- **digestion**
- **assimilation**
- **photosynthèse**
- **chimiosynthèse**
- **homéothermes**
- **hétérothermes**
- **énergie chimique potentielle**
- **respiration cellulaire**
- **mitochondrie**
- **ATP**
- **fermentation**

FIG. 4

Les capillaires sanguins ont un diamètre d'environ 10 micromètres. Ils sont donc plus fins que des cheveux (en latin capillus = cheveu). Leur paroi mince est faite d'une seule couche de cellules aplaties, agencées comme les pièces d'un puzzle. Sous l'effet de la pression, du plasma la traverse. Par ailleurs, en se déformant, des globules blancs peuvent passer entre les cellules qui la constituent. Ainsi se forme la lymphe interstitielle qui baigne toutes les cellules de l'organisme.

Extrait de *Biologie 3e*.

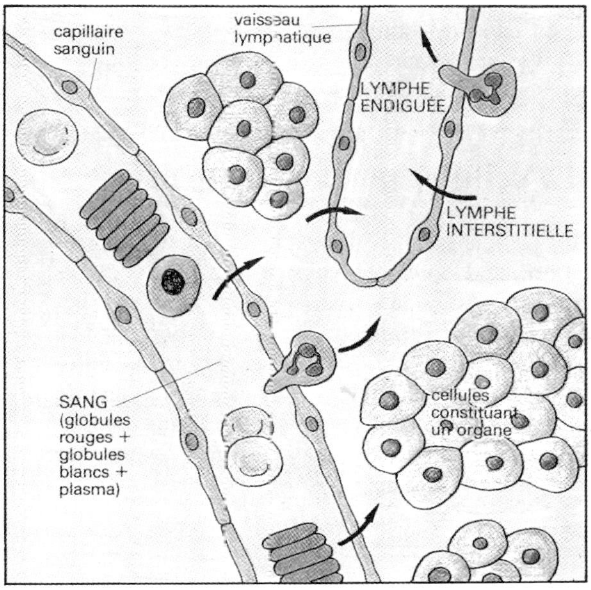

FIG. 5

Les cellules animales et végétales ont un même plan d'organisation, mais diffèrent sur quelques points.

Extrait de *Biologie Terminales A et B*.

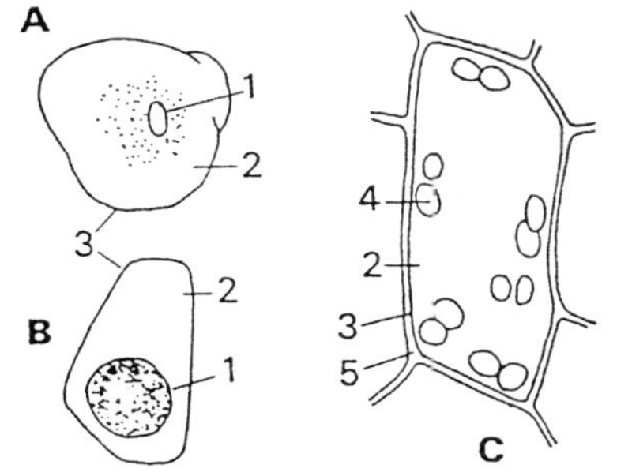

1. noyau
2. cytoplasme
3. membrane cytoplasmique
4. chloroplaste
5. paroi cellulosique

A. épithélium buccal
B. foie
C. élodée (plante)

FIG. 6

L'observation de cellules animales ou végétales au microscope électronique révèle l'existence de nombreux organites intracellulaires (mitochondries, réticulum endoplasmique, ribosomes, appareil de Golgi...). Chacun d'eux a un rôle précis dans le fonctionnement cellulaire.
Ce schéma de cellule animale a seulement pour objet de montrer que l'organisation cellulaire est désormais bien connue.

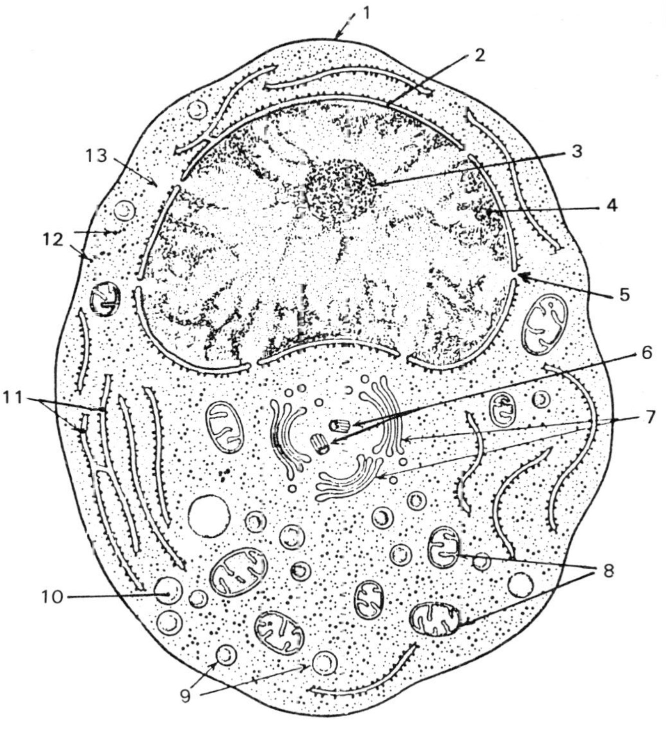

1- membrane plasmique. 2 - membrane nucléaire. 3 - nucléole. 4 - chromatine. 5 - pore nucléaire. 6 - centriole. 7 - appareil de Golgi. 8 - mitochondries. 9 - gouttelettes lipidiques. 10 - lysosomes. 11 - réticulum endoplasmique. 12 - ribosomes. 13 - cytosol.

• **Les virus**, plus petits que les bactéries, n'ont , au premier abord, rien qui puisse rappeler une cellule. Ce sont des parasites obligatoires de cellules vivantes. Pour vivre et se reproduire, ils empruntent toute la "machinerie" de la cellule qu'ils parasitent.

D. La cellule : une véritable usine

Il n'est pas question ici d'aborder le fonctionnement d'une cellule. Contentons-nous de dire que les divers **organites** observés dans une cellule ont des rôles spécifiques et qu'ils participent de manière coordonnée à l'ensemble de l'activité cellulaire. Ainsi, les mitochondries sont de véritables centrales énergétiques de la cellule, et il est important de souligner que la mitochondrie se retrouve chez tous les êtres vivants, des protozoaires à l'homme.

2 LES COMPOSANTS CHIMIQUES DES ÊTRES VIVANTS

Tous les êtres vivants (un homme, une puce, un éléphant, une abeille, un ver de terre, un chêne, un roseau, une bactérie...) ont à peu près la **même composition chimique** (fig. 7). Cette caractéristique est un aspect fondamental de l'unité des êtres vivants.

• **Trois idées importantes doivent être soulignées :**

— Un être vivant est composé **d'une série limitée d'éléments chimiques** dont six (carbone, hydrogène, oxygène, azote, phosphore et soufre) constituent plus de 99% de son poids !

— La substance la plus abondante d'un être vivant n'a absolument rien de spécial: il s'agit de l'**eau**, mais l'eau possède des propriétés uniques.

— La matière vivante est caractérisée par l'association en **grosses molécules organiques** des éléments carbone, hydrogène, oxygène, azote. Parmi tous les éléments chimiques de la Terre, le carbone a un caractère exceptionnel: la capacité à former avec d'autres éléments de très grosses molécules; ainsi la chimie des êtres vivants est fondée sur celle des composés carbonés.

• **La matière vivante est formée :**

— de **substances minérales** (eau et sels minéraux) qui existent à la fois dans le monde inerte et dans le monde vivant,

— de **substances organiques**, constituants riches en carbone, caractéristiques de la vie, car toujours élaborées par des êtres vivants.

A. Les substances minérales

• **L'eau** représente 70 à 80% du poids frais de la plupart des organismes. Une partie importante de l'eau est dite libre (eau du sang, de la lymphe, des sucs digestifs, des vacuoles des cellules...). Le reste est lié aux autres molécules de la matière vivante.

• **Les sels minéraux** (chlorures, sulfates, phosphates, sels de calcium...) peuvent facilement être mis en évidence dans le sérum sanguin, l'urine, le petit-lait...

B. Les substances organiques

D'après leur composition chimique et leurs propriétés, on classe les substances organiques en trois groupes : les **protides**, les **glucides**, les **lipides**.

1 Les protides

Les molécules de protides sont formées par l'association de quatre éléments chimiques : carbone, hydrogène, oxygène et azote auxquels s'ajoutent des éléments complémentaires tels que soufre et phosphore. Parmi les protides, on distingue les **acides aminés** et les **protéines**.

• **Les acides aminés**

Ce sont les molécules protidiques les plus simples.

A titre d'illustration, voici la formule chimique d'un acide aminé, l'alanine.

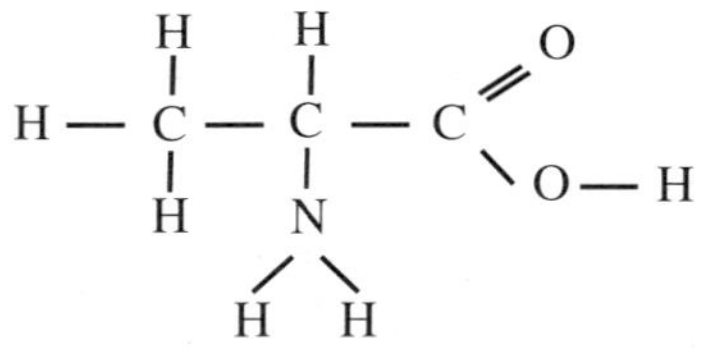

Fait capital : La matière vivante ne contient que **20 acides aminés différents**, les mêmes dans tout le monde vivant. A titre d'information, voici les plus courants : glycine, alanine, valine, leucine, isoleucine, sérine, thréonine, acide aspartique, asparagine, acide glutamique, glutamine, lysine, arginine, tryptophane, tyrosine, cystéine.

• **Les protéines**

De même qu'une maison est construite avec des briques et du ciment, on peut dire qu'un être vivant est constitué de protéines. Le mot "protéine" vient du grec *protos* = premier.

Les protéines sont en effet les constituants les plus caractéristiques des êtres vivants : aucune autre catégorie de molécules organiques n'a, dans l'organisme

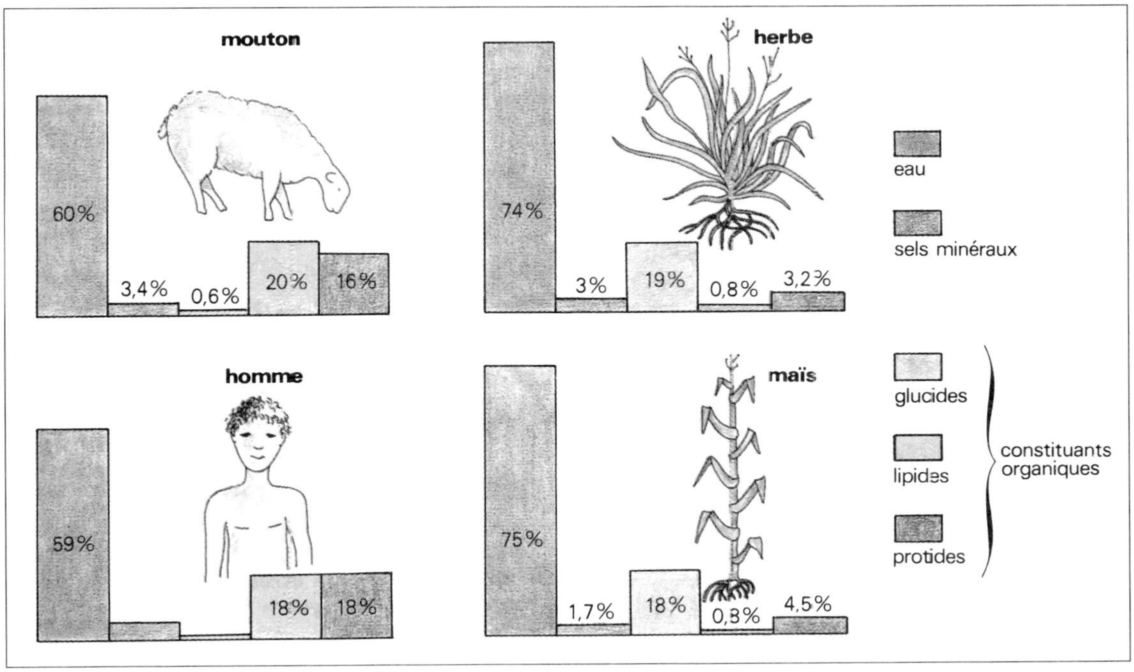

FIG. 7

Les êtres vivants ont une même composition chimique. Ils sont formés de deux types de substances: des substances minérales et des substances organiques.

Extrait de *Biologie 6e*.

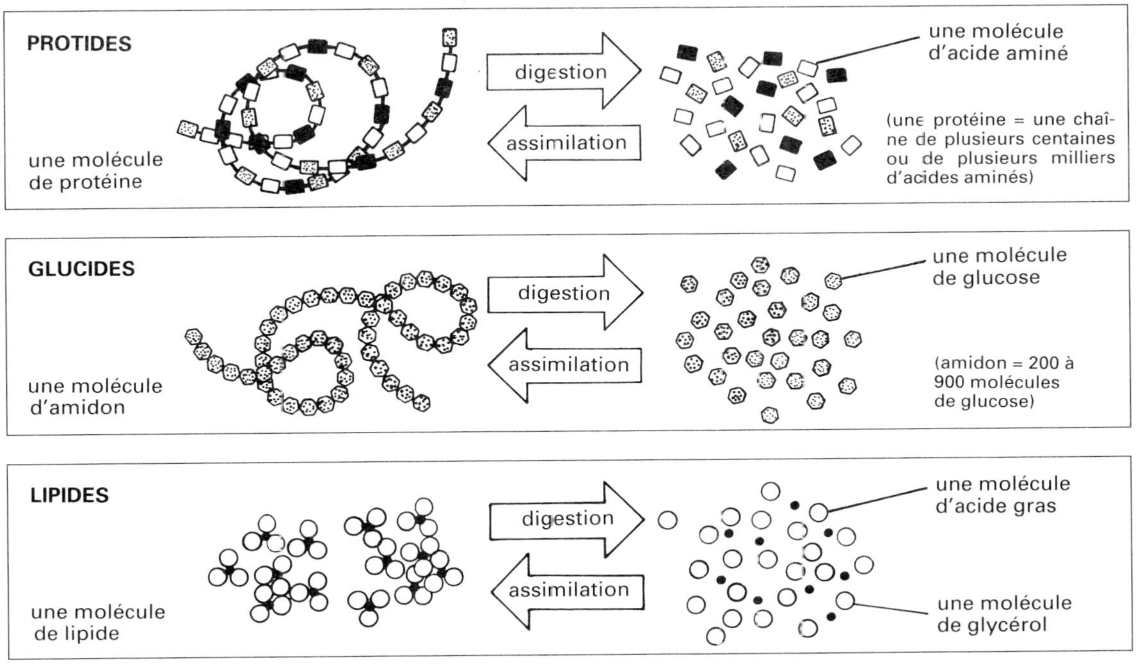

FIG. 8

Cette représentation symbolique des trois grands types de molécules organiques fait apparaître les molécules simples dont l'assemblage donne ces macromolécules.

vivant, autant de fonctions. Selon leur rôle physiologique, on distingue :

— des **protéines de réserve** (par exemple celles que l'on trouve dans les graines),

— des **protéines de structure** qui constituent en quelque sorte la "charpente" de l'être vivant,

— des **protéines fonctionnelles** qui ont des interactions avec d'autres molécules ; les plus importantes sont les enzymes (ce sont les catalyseurs des réactions chimiques qui se déroulent dans l'organisme), les hormones, les anticorps, les protéines de transport...

Les protéines sont des **molécules géantes** (on dit des **macromolécules**) ; ce sont les plus grosses molécules de la matière vivante. Elles sont formées de l'enchaînement d'une dizaine, d'une centaine ou même de milliers d'acides aminés (fig. 8). La masse moléculaire est souvent de l'ordre de 100 000 (masse moléculaire des albumines), elle peut dépasser le million (pour les globulines par exemple).

Dans une cellule humaine, il existe probablement **20 000 protéines différentes**. Bien entendu, une protéine donnée existe souvent en un très grand nombre d'exemplaires, et chaque type de protéine a un rôle déterminé. Ajoutons que toutes les protéines de tous les êtres vivants dans le monde, quelles que soient leur taille et leur fonction, sont constituées des mêmes 20 acides aminés. On retrouve partout ces 20 "briques" de construction.

Fait capital : Les différentes protéines (albumines, collagène, insuline, hormone de croissance, anticorps, caséine du lait, kératine des ongles, hémoglobine...) diffèrent les unes des autres par le **nombre** des acides aminés qui les composent et par **l'ordre** de leur enchaînement. L'ordre dans lequel s'enchaînent ces acides aminés détermine la structure de la protéine (et donc sa forme) et confère à chaque protéine sa fonction (la fonction dépend de la structure).

Pour un être vivant, **synthétiser une protéine** consiste donc à assembler des acides aminés dans un ordre correct, toujours le même pour une protéine donnée (fig. 9) et ceci dans toutes les cellules où a lieu cette synthèse (une seule erreur dans l'ordre des acides aminés peut avoir des conséquences dramatiques). Comment cet enchaînement rigoureux est-il possible ? On sait aujourd'hui qu'il existe dans chaque cellule d'un organisme vivant des **"plans de fabrication"** des protéines (on pourrait dire aussi des **"plans de montage"**). Les mêmes plans existent dans toutes les cellules et il y a autant de "plans de montage" qu'il y a de protéines différentes. Nous retrouverons cet aspect important de la biologie dans la partie "Les êtres vivants se reproduisent".

Remarques :

1. On distingue deux groupes de protéines :

— les **holoprotéines** constituées uniquement d'une chaîne d'acides aminés ;

— les **hétéroprotéines** formées d'une ou de plusieurs chaînes d'acides aminés associées à d'autres substances. C'est le cas, par exemple de l'hémoglobine (une substance riche en fer, appelée **hème**, est associée à des molécules protéiques appelées **globines**).

2. On appelle **peptides** des chaînes courtes d'acides aminés (oligopeptides si le nombre d'acides aminés est inférieur à 10, polypeptides si le nombre est plus élevé).

2 Les glucides

Les glucides sont formés par l'association de trois éléments chimiques : le carbone, l'hydrogène, l'oxygène. La figure 10 présente les trois groupes de glucides avec leur représentation symbolique.

— Les **oses** (parmi lesquels il faut connaître le glucose, dont la formule chimique est $C_6H_{12}O_6$) sont des **sucres** solubles, directement assimilables (ingérés par l'homme, ils franchissent sans transformation la paroi intestinale et passent donc dans le sang).

— Les **diosides** (parmi lesquels le saccharose, poudre blanche que l'on utilise pour sucrer les aliments) sont des sucres solubles, non directement assimilables : ils passent dans le sang après rupture de la molécule en deux molécules d'oses selon la réaction

$$\underset{\text{sucre non directement assimilable}}{\text{dioside}} + H_2O \rightarrow \underset{\text{sucres assimilables}}{\text{2 molécules d'oses}}$$

$$\underset{\text{saccharose}}{C_{12}H_{22}O_{11}} + H_2O \rightarrow \underset{\text{glucose}}{C_6H_{12}O_6} + C_6H_{12}O_6$$

La réaction chimique qui vient d'être écrite fait intervenir une molécule d'eau, c'est une réaction d'**hydrolyse**.

— Les polyosides ou glucides à "grosses molécules", non solubles, sont formés par le regroupement de *n* molécules d'oses. Par exemple pour l'**amidon**, *n* varie de 200 à 900 selon qu'il s'agit de l'amidon de la pomme de terre ou de l'amidon de blé.

Les molécules de polyosides ne sont évidemment pas directement assimilables. Au cours de la **digestion**, chaque molécule se fragmente en *n* molécules d'oses (fig. 8). Voici la réaction, à titre d'exemple :

$$\underset{\substack{\text{amidon}\\\text{(non soluble non assimilable)}}}{(C_6H_{10}O_5)n} + n\,H_2O \rightarrow \underset{\substack{\text{glucose}\\\text{(soluble-assimilable)}}}{n\,C_6H_{12}O_6}$$

Cette réaction de fragmentation est encore une réaction d'hydrolyse.

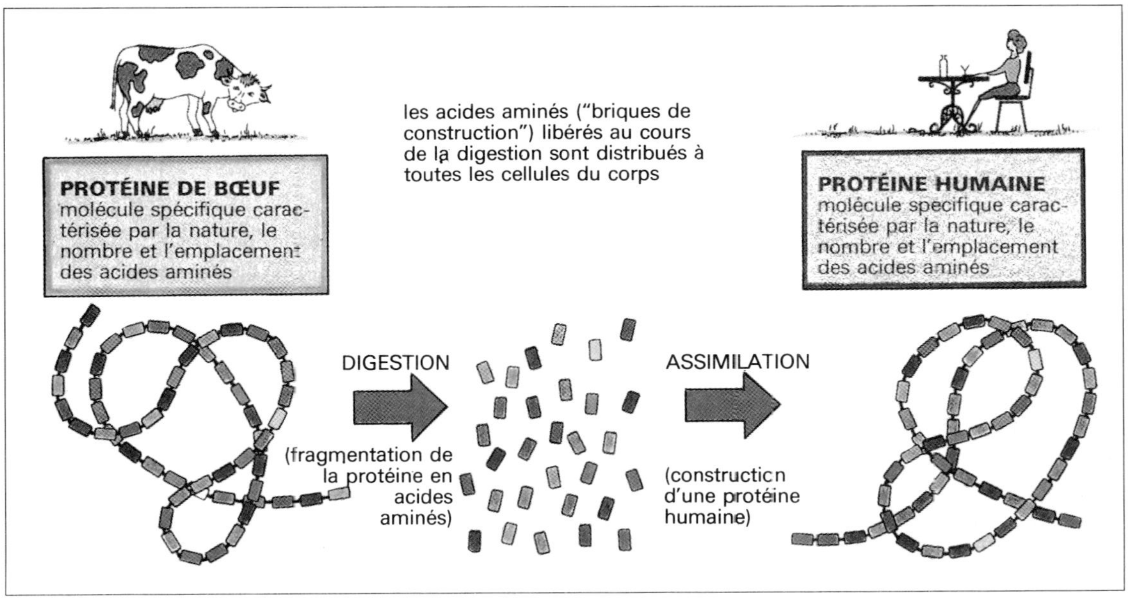

FIG. 9

Les protéines du bœuf (mais aussi du mouton, du pain, des œufs...) et les protéines humaines sont constituées des mêmes acides aminés mais ceux-ci sont "enchaînés" dans un ordre différent.

Extrait de *Biologie 3*^e^.

	Formule chimique	Principaux glucides	Localisation
OSES	$C_6H_{12}O_6$ représentation symbolique 	glucose fructose	dans les fruits
		galactose	dans le lactose du lait
DIOSIDES	$C_{12}H_{22}O_{11}$ représentation symbolique 	saccharose	sucre de la betterave et de la canne à sucre
		maltose	sucre de l'orge germé
		lactose	sucre du lait
POLYOSIDES	$(C_6H_{10}O_5)$ *n* représentation symbolique 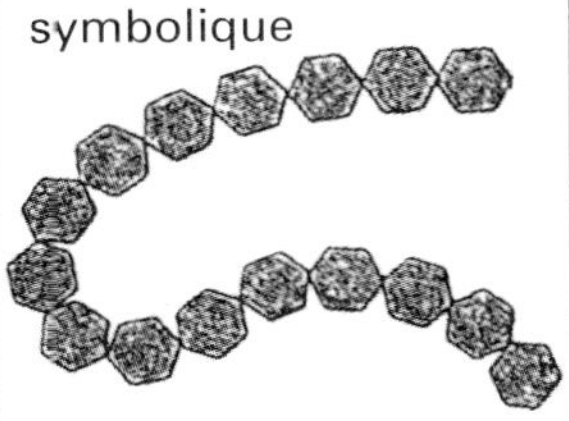	amidon	réserve des végétaux (pomme de terre, céréales...)
		cellulose	paroi des cellules végétales
		glycogène	réserve des cellules animales

FIG. 10

Les grands groupes de glucides.

Remarques:

— L'amidon de la pomme de terre est appelé **fécule**. De ce fait, par extension, on appelle **féculents** toutes les substances alimentaires riches en amidon.

— Le **glycogène** est le glucide de réserve des cellules animales. Il a la même formule que l'amidon, c'est pourquoi on l'appelle parfois "amidon animal".

— Les glucides sont les "molécules alimentaires" des cellules et plus précisément leur "carburant" comme nous allons le voir plus loin.

3 Les lipides

Les lipides sont, comme les glucides, formés essentiellement de carbone, d'hydrogène et d'oxygène. Ce sont les **corps gras**, c'est-à-dire les huiles et les graisses d'origine animale ou végétale. Ils se caractérisent surtout par leurs propriétés physiques: insolubilité dans l'eau, solubilité dans certains solvants tels que le benzène.

Par hydrolyse, les lipides se transforment en glycérol et acides gras (acide oléique, acide palmitique, acide stéarique - fig. 8).

Des substances plus complexes, telles que le cholestérol, la lécithine du jaune d'oeuf, sont également classées parmi les lipides.

La fonction la plus importante des lipides est liée à la place qu'ils occupent dans la constitution des membranes cellulaires.

En résumé

L'un des aspects importants de l'unité des êtres vivants est l'**unité de composition chimique** que l'on peut résumer ainsi: d'abord les mêmes atomes pour tous, ensuite l'assemblage en molécules et les mêmes types de molécules pour tous.

Ces molécules sont groupées en **sociétés de molécules** qui constituent les cellules (une petite goutte de cytoplasme est en grande partie constituée de protéines, molécules les plus caractéristiques des êtres vivants).

La matière vivante est constituée pour plus de 90% de carbone, d'hydrogène, d'oxygène et d'azote: des atomes de nature bien banale et sans grande "valeur". Et pourtant, cette matière vivante peut être un enfant qui joue, chante, rit ou pleure, et qui n'a bien sûr pas de prix à nos yeux. Pourquoi cette différence entre la "matière première" et la "construction" terminée ? La richesse de la matière vivante repose essentiellement sur:

— la **grande diversité** des espèces moléculaires qui composent une cellule,

— la grande complexité de ces molécules qui exercent des **fonctions précises** (défense de l'organisme contre les microbes ou les virus dans le cas des anticorps, catalyse des réactions chimiques dans le cas des enzymes...),

— les **communications** entre ces molécules qui assurent le fonctionnement de l'ensemble.

Remarque:
Nous n'avons pas parlé d'une autre famille de molécules organiques, les **nucléotides**. Ce sont les constituants de base de molécules chimiques dont nous verrons l'importance ultérieurement: l'**ADN** (acide désoxyribonucléique) et l'**ARN** (acide ribonucléique). Nous verrons en particulier que l'ADN contient les "plans de montage" des molécules de protéines; elle a donc un rôle considérable dans la conservation de l'information biologique.

3 LA CONSTRUCTION DE LA MATIÈRE VIVANTE

Pour construire leur matière organique, tous les êtres vivants consomment des aliments. Mais si l'on considère les **besoins alimentaires**, il existe **deux mondes très différents:**

— d'une part l'homme, les animaux et les champignons (ce sont des végétaux non chlorophylliens),

— d'autre part les végétaux chlorophylliens (c'est-à-dire les végétaux qui possèdent de la chlorophylle).

Les premiers sont dits **hétérotrophes**, les seconds **autotrophes**.
Que signifient ces mots ?

A. Les hétérotrophes

1 Les animaux

Quel que soit leur régime alimentaire, les animaux se nourrissent en mangeant d'autres animaux ou des végétaux. Ils construisent donc leur matière organique en mangeant de la **matière organique** préexistante, c'est-à-dire fabriquée par d'autres êtres vivants. Comment cela se passe-t-il ? Au cours de la **digestion**, les protéines (grosses molécules insolubles) contenues dans les aliments se fragmentent en acides aminés (petites molécules solubles). Les acides aminés passent dans le sang (c'est l'**absorption**) et sont distribués par le sang à toutes les cellules du corps. Ces dernières les utilisent comme des "briques" pour construire leurs protéines: c'est l'**assimilation** (fig. 9).

Nous avons vu précédemment que ces "briques" (il s'agit des 20 acides aminés) sont les mêmes pour tous les animaux: dans le sang du lapin, du mouton, du loup circulent les mêmes acides aminés, mais chaque animal a sa manière à lui de les associer.

On comprend ainsi qu'avec la même "matière herbe" le mouton fabrique de la "matière mouton" et le lapin de la "matière lapin". Une telle constatation implique que chaque être vivant possède un plan de construction qui lui est propre.

2 Les êtres humains

Les hommes se nourrissent en mangeant des aliments d'origine végétale (pomme de terre, riz, pain...) et des aliments d'origine animale (viande, lait, fromage...). Ils construisent donc leur matière organique en mangeant de la matière organique préexistante.

Les hommes comme les animaux sont donc des **hétérotrophes** (en grec *hetero* = autre, *trophê* = nourriture). Ils construisent leur matière organique à partir des constituants organiques d'**autres** êtres vivants.

3 Les champignons

A première vue, on pourrait supposer qu'un arbre de la forêt et un champignon qui pousse dans le voisinage ont la même alimentation. En réalité, les champignons ont des besoins alimentaires comparables à ceux des animaux. Ainsi une **moisissure** (les moisissures sont des champignons) qui pousse sur un citron "mange" du citron, une moisissure qui pousse sur du pain "mange" du pain... On pourrait dire que ces champignons sont "végétariens". En revanche, le penicillium qui pousse sur un camembert (il s'agit d'un champignon "semé" par le fabricant pour donner du goût au fromage) "mange" du camembert; comme le montre l'observation courante, le fromage est progressivement digéré et se liquéfie. On pourrait alors dire que ce penicillium est "carnivore".

Dans la nature :

— certains champignons se nourrissent de feuilles mortes, de bois mort ;

— d'autres **vivent en parasite** sur les plantes et se nourrissent de la matière organique de leur hôte ;

— d'autres **vivent en symbiose** avec les arbres (la symbiose est une association à bénéfices réciproques) et empruntent à l'arbre des constituants organiques.

Ainsi, quel que soit leur mode de vie, les champignons ont une alimentation comparable à celle de l'homme et des animaux : ils construisent leur matière organique en utilisant la matière organique prélevée sur d'autres êtres vivants. Les champignons sont donc des hétérotrophes.

B. Les autotrophes

1 L'autotrophie par photosynthèse

• **Les végétaux chlorophylliens** (c'est-à-dire tous les végétaux à l'exception des champignons) ont un mode de nutrition très différent de celui des êtres vivants précédents : ils ne "mangent" pas d'autres êtres vivants mais font la **synthèse de leur matière organique à partir** de substances minérales simples : eau, sels minéraux et dioxyde de carbone. Ce mode de nutrition est appelé l'**autotrophie** (en grec *auto* = soi-même, *trophê* = nourriture).

• **L'équation simplifiée de cette synthèse** (appelée **photosynthèse** = synthèse de matière organique grâce à l'énergie des photons présents dans la lumière) est la suivante :

$$CO_2 + H_2O \rightarrow \text{amidon} + O_2 \nearrow$$

Cette équation, très simplifiée, ne laisse pas apparaître la complexité du phénomène. De plus, la synthèse d'amidon n'est que la première d'un ensemble de réactions qui conduisent à la synthèse des acides aminés (glucide + sels minéraux) puis des lipides et des protides.

• **Cette équation simplifiée** a le mérite de souligner que la nutrition des plantes chlorophylliennes s'effectue grâce à des **échanges gazeux** entre le végétal et le milieu dans lequel il vit, l'air pour les végétaux aériens, l'eau pour les végétaux aquatiques. Les végétaux chlorophylliens réalisent :

— une absorption de dioxyde de carbone,

— un rejet d'oxygène.

Le rejet d'oxygène est un "déchet" de la nutrition des végétaux chlorophylliens.

• **Une source d'énergie** est nécessaire pour réaliser la synthèse de matière organique. Cette énergie est celle de la lumière solaire captée par la chlorophylle. Une conséquence évidente : les échanges gazeux de la photosynthèse n'ont lieu que pendant le jour.

2 L'autotrophie par chimiosynthèse

Une mention doit être faite pour les **bactéries**. Certaines se nourrissent comme les champignons et sont donc hétérotrophes ; d'autres sont capables de faire la synthèse de leur matière organique sans en trouver dans leur alimentation, elles sont alors **autotrophes**. Pour réaliser cette synthèse, ces bactéries utilisent uniquement des molécules minérales (eau, dioxyde de carbone, sels minéraux). Leur source d'énergie n'est pas celle de la lumière mais celle d'une réaction chimique qu'elles provoquent (d'où le mot **chimiosynthèse** utilisé pour caractériser leur mode de nutrition).

4 NUTRITION ET ÉNERGIE

A. Pas de vie possible sans source d'énergie

Tous les êtres vivants, même les plus petits microbes, ont en permanence besoin d'**énergie** pour:

— réaliser la **construction** de leur matière vivante (construire coûte cher en énergie !),

— assurer les **remaniements incessants** de cette matière vivante (dans un organisme adulte, dont le poids reste constant, il y a constamment destruction et construction de nouvelle matière),

— assurer la remise en ordre dans chacune des cellules.

De plus, chez les animaux s'ajoutent d'importantes dépenses énergétiques pour réaliser les **déplacements** (le travail mécanique est coûteux du point de vue énergétique) et maintenir constante la température du corps dans le cas des **homéothermes** (animaux dont la température interne du corps est constante).

En conclusion, chaque **cellule** d'un organisme vivant a en permanence besoin d'énergie. Comment se procure-t-elle cette énergie ? C'est ce que nous allons voir.

B. Les molécules organiques contiennent une énergie potentielle

Chacun sait qu'il est facile de faire brûler du bois, des feuilles d'arbre, de l'huile, du sucre... En brûlant, ces diverses matières organiques dégagent de la **chaleur.** Celle-ci représente l'énergie libérée par l'oxydation complète des matières organiques (une combustion est une oxydation puisque l'oxygène est indispensable à la réaction chimique).

Deux idées importantes doivent être retenues:

• Toutes les molécules organiques (glucides, lipides, protides) possèdent une certaine quantité d'énergie. Les scientifiques disent qu'elles possèdent une **énergie chimique potentielle.**

• Toutes les molécules organiques libèrent l'énergie qu'elles contiennent au cours de réactions chimiques particulières qui portent le nom de:

— combustion,

— respiration cellulaire,

— fermentation.

Seules les deux dernières existent chez les êtres vivants et nous allons donc les étudier avec plus de précision.

Pour les combustions (du sucre, de l'huile ou encore du carbone, du gaz naturel, etc.), précisons seulement que la libération d'énergie se fait sous forme de **chaleur dégagée**.

Les réactions de combustion peuvent s'écrire ainsi:

carbone + oxygène → dioxyde de carbone + chaleur

glucose + oxygène → dioxyde de carbone + eau + chaleur

gaz naturel + oxygène → dioxyde de carbone + eau + chaleur

Une combustion est donc une réaction de **dégradation totale du combustible** qui nécessite la présence d'un comburant (l'oxygène). Dans tous les cas, on retrouve le carbone (atome carbone) du carburant dans le dioxyde de carbone rejeté.

C. Quatre processus énergétiques

Il existe dans le monde vivant quatre processus énergétiques différents:

— deux processus **libèrent** l'énergie stockée dans les molécules organiques. Ce sont, nous l'avons déjà dit, la **respiration cellulaire** et les réactions de **fermentation ;**

— deux processus, à l'inverse des précédents, font la "mise en boîte" d'énergie en fabriquant des molécules organiques à partir de substances minérales. Il s'agit de la **photosynthèse** et de la **chimiosynthèse**.

Compte tenu de leur importance, la respiration et la photosynthèse feront l'objet de chapitres particuliers. La présentation qui suit est donc volontairement sommaire.

1 La respiration cellulaire

• **Chez les êtres vivants (animaux et végétaux), dans toutes les cellules de l'organisme**, l'**énergie des molécules organiques est libérée** au cours de phénomènes d'oxydation qui se produisent **par étapes** et constituent la **respiration cellulaire**. Ces phénomènes d'oxydation sont très différents d'une combustion. Cependant l'énergie libérée est à peu près la même que celle qui apparaît au cours d'une combustion.

Voici, à titre indicatif, des valeurs moyennes:

1 g de lipides libère 38kJ,
1 g de glucides libère 17 kJ,
1g de protides libère 17 kJ.

• **La respiration cellulaire n'est possible** que si les cellules sont **constamment ravitaillées en oxygène**. L'oxydation des molécules organiques (glucose,

Bilan d'oxydation d'un glucide : le glucose

$$C_6H_{12}O_6 + 6\ O_2 \longrightarrow 6\ CO_2 + 6\ H_2O$$

6 moles — 6 moles

Énergie libérée : 2 860 kJ

Bilan d'oxydation d'un lipide : la trioléine

$$C_{57}H_{104}O_6 + 80\ O_2 \longrightarrow 57\ CO_2 + 52\ H_2O$$

80 moles — 57 moles

Énergie libérée : 35 160 kJ

FIG. 11

On sait évaluer expérimentalement l'énergie libérée par l'oxydation complète des molécules organiques. Bien que dans l'organisme cette oxydation se fasse par étapes, on admet que la quantité globale d'énergie libérée par molécule est la même que dans le cas expérimental.

Extrait de *Biologie - Géologie 1ère* S.

$$\text{ADP} + \text{P} + 30\ \text{kJ} \underset{2}{\overset{1}{\rightleftarrows}} \text{ATP}$$

adénosine diphosphate — **phosphate** — **adénosine triphosphate**

ATP = "accumulateur" chargé en énergie

ADP = "accumulateur" déchargé en énergie

Réaction 1 : "l accumulateur" se charge en énergie.
Celle-ci provient d'une réaction productrice d'énergie (respiration, fermentation, photosynthèse, chimiosynthèse). L'énergie non convertie en ATP est dissipée sous forme de chaleur.

Réaction 2 : "l'accumulateur" se décharge en énergie, c'est-à-dire libère l'énergie accumulée.
Celle-ci est utilisée par la cellule pour réaliser une réaction exigeant de l'énergie (synthèse d'une molécule, mouvements, échanges cellulaires...).

FIG. 12

L'ATP est une molécule essentielle pour assurer les transferts d'énergie à l'intérieur des cellules de tous les êtres vivants.

1. Un champignon microscopique : la levure de bière

Il suffit de mettre un peu de levure de bière achetée chez un boulanger dans une goutte d'eau entre lame et lamelle pour observer au microscope optique des globules arrondis. Chaque globule, dont le diamètre est d'environ 1/100 de mm, est un végétal non chlorophyllien: la levure. Ce champignon microscopique se reproduit rapidement par bourgeonnement quand les conditions sont favorables.

Dans la nature, il vit sur les grains de raisin et divers fruits. Il y trouve le sucre qui lui sert de nourriture. De telles levures se retrouvent dans le jus de raisin, le jus de pomme..

2. Les deux modes de vie de la levure

Mettons un peu de levure dans l'eau sucrée d'une assiette et observons au microscope quelques heures plus tard. La présence de nombreux bourgeons montre que la multiplication est active dans de telles conditions: milieu bien aéré et nourriture abondante. Les levures *respirent* normalement, c'est-à-dire prélèvent de l'oxygène et rejettent du dioxyde de carbone.

Si, au lieu de mettre le jus sucré contenant des levures dans une assiette largement aérée, on le place dans un flacon fermé, la respiration devient impossible dès que l'oxygène dissous est épuisé.

Dans de telles conditions, alors que la plupart des êtres vivants meurent par asphyxie, les levures ne meurent pas. Pour elles commence une vie sans air: la **fermentation alcoolique**. Ce phénomène se caractérise par

— un abondant dégagement de dioxyde de carbone, révélé par le bouillonnement de la fermentation (en latin *fervere* = bouillir);
— la formation d'alcool,
— la consommation de sucre.

La formation d'alcool est directement liée à la disparition du sucre: les levures transforment le sucre en alcool pour y trouver l'énergie nécessaire à leur survie. La réaction de fermentation est la suivante

glucose → d oxyde de carbone + alcool + énergie.

La fermentation alcoolique est donc une **dégradation incomplète** d'une molécule organique (le glucose) libérant de l'énergie (utilisée par la levure) et un résidu qui contient encore beaucoup d'énergie chimique potentielle.

3. L'utilisation des levures par l'homme

• La fabrication du vin, du cidre...
Il n'est pas nécessaire d'ajouter des levures au jus de raisin, de pomme... pu squ il y en a sur les fruits. Cependant, les vignerons utilisent parfois des levures cultivées, sélectionnées pour obtenir des résultats plus précis.

• La fabrication du pain
Lorsque la pâte du boulanger «lève», les levures contenues dans celle-ci n'ont pas d'oxygène à leur disposition; elles ne peuvent pas respirer, elles fermentent. Le dioxyde de carbone dégagé est prisonnier de la pâte et forme alors des bulles qui la font «lever».

Il y a production d'alcool, mais ce dernier s'évapore au moment de la cuisson.

• La fabrication de la bière
La préparation de la bière est assez complexe. Le phénomène essentiel (la fermentation alcoolique) est le même que pour la production du vin. Notons seulement quelques différences:

-le «jus sucré» que l'on fait fermenter est fabriqué à partir de grains d'orge;

-les levures indispensables n'existent pas à l'état naturel, il faut donc en fournir. On ensemence avec des levures cultivées dans ce but.

FIG. 13

Quelques données complémentaires sur les fermentations.

lipides...) s'accompagne d'une production de **déchets** (eau et dioxyde de carbone) que les cellules rejettent à l'extérieur (c'est-à-dire dans le "milieu intérieur" pour les cellules animales).

Au niveau de l'être vivant, la respiration se traduit donc par un **prélèvement d'oxygène** dans l'environnement et par un **rejet de dioxyde de carbone**. Le maintien de la vie est d'ailleurs lié à ces échanges gazeux : l'impossibilité de respirer entraîne la mort dans un délai généralement bref (pas de vie possible sans énergie, donc sans oxygène).

• Les réactions de la respiration cellulaire **ne sont pas des combustions**. En effet, dans une combustion, l'oxygène utilisé se retrouve dans le dioxyde de carbone rejeté alors que, dans la respiration, l'oxygène se retrouve dans l'eau rejetée. La respiration est cependant bien une oxydation, mais une oxydation par **déshydrogénations** des molécules organiques auxquelles s'ajoutent des **décarboxylations** (rejet de dioxyde de carbone).

• La plus grande partie de ces réactions complexes se déroule dans des structures hautement spécialisées, les **mitochondries**, appelées de ce fait "centrales thermiques" de la cellule.

• L'énergie libérée au cours de ces dégradations (fig. 11) n'est pas directement utilisée par les cellules mais permet la synthèse de molécules spéciales dont l'énergie potentielle est élevée, les **molécules d'ATP** (fig. 12). Ces molécules sont des "accumulateurs" d'énergie qui se "déchargent" quand la cellule a besoin d'énergie et se "rechargent" quand la cellule dégrade une molécule organique. L'existence de l'ATP méritait d'être signalée car on trouve des molécules d'ATP chez tous les êtres vivants. Ce sont des "accumulateurs d'énergie", universels dans le monde vivant, et la seule source d'énergie directement utilisable par les cellules.

2 La fermentation

Certains êtres vivants microscopiques (des bactéries, des champignons microscopiques...) sont capables de vivre en absence totale d'oxygène, c'est-à-dire sont capables de vivre sans respirer. Comment trouvent-ils leur énergie ? Le "carburant" est le même que dans la respiration à savoir les molécules organiques. Mais la dégradation se fait sans oxygène. Ce phénomène s'appelle une **fermentation**. La figure 13 en donne quelques exemples.

La fermentation est un autre processus de libération de l'énergie chimique potentielle des molécules organiques.

Cependant, toutes les fermentations ne réalisent qu'une **dégradation très partielle** des molécules organiques ; le déchet rejeté est encore riche en énergie (l'oxydation du "carburant" est incomplète). Les réactions de fermentation sont donc moins efficaces sur le plan énergétique que celles de la respiration.

3 La photosynthèse

Nous avons vu précédemment que les végétaux chlorophylliens faisaient la synthèse de constituants organiques à partir de substances minérales, en utilisant l'énergie de la lumière. Ils fabriquent ainsi de l'amidon à partir de dioxyde de carbone et d'eau.

Le dioxyde de carbone et l'eau ne "brûlent" pas (ils ont une énergie chimique nulle) alors que l'amidon peut brûler et possède une énergie chimique élevée. La réaction est donc une véritable "mise en boîte" de l'énergie solaire. Au cours de la photosynthèse, l'énergie lumineuse captée par la chlorophylle est convertie en énergie potentielle des molécules organiques synthétisées.

La **photosynthèse** est le troisième grand processus énergétique de la vie.

Trois idées méritent d'être soulignées :

— La photosynthèse et la respiration sont deux processus énergétiques inverses l'un de l'autre : stockage d'énergie solaire pour le premier, libération de l'énergie pour le second.

— Pour les hétérotrophes, les aliments sont à la fois les **matériaux de construction** et le **"carburant"**. De plus, si on remonte à la source première de fabrication de ces aliments, on peut dire que la source d'énergie des hétérotrophes est l'**énergie solaire** stockée sous forme d'énergie chimique potentielle : les hommes, les animaux, les champignons "fonctionnent", d'une certaine façon, à l'énergie solaire.

— Pour les végétaux chlorophylliens, les aliments sont uniquement des **matériaux de construction**. Mais les molécules synthétisées dans les cellules chlorophylliennes sont utilisées par toutes les cellules du végétal à la fois comme matériaux de construction et comme source d'énergie.

N'oublions pas, en effet, que la respiration cellulaire existe aussi pour ces cellules végétales.

4 La chimiosynthèse

Nous avons vu précédemment que certaines bactéries du sol fabriquaient leur matière organique à partir de substances minérales. Ces bactéries trouvent l'énergie nécessaire à leurs synthèses en utilisant l'énergie libérée par des réactions chimiques qu'elles provoquent. Il y a, en quelque sorte, non pas "mise en boîte" d'énergie solaire, mais "mise en boîte" d'énergie chimique. D'où le mot **chimiosynthèse**.

Remarque : Au point de vue de l'énergie stockée, photosynthèse et chimiosynthèse n'ont pas du tout la même importance. La photosynthèse est de très loin le phénomène le plus important.

2 Que mangent les animaux?

Que mangent les animaux ? Cette simple question peut être le point de départ de nombreuses activités au Cours Préparatoire ou au Cours Elémentaire. Le sujet est en effet aisément accessible aux jeunes enfants.

1 INFORMATIONS UTILES POUR L'ENSEIGNANT

1 Les animaux n'ont pas tous le même régime alimentaire

• Selon leur espèce, les animaux se nourrissent soit de végétaux, soit d'autres animaux, soit encore des deux à la fois (fig. 1). On a l'habitude de distinguer trois grands **régimes alimentaires :**

— **le régime végétarien** pour ceux qui ne mangent que des végétaux,

— **le régime carnivore** pour ceux qui se nourrissent d'autres animaux,

— **le régime omnivore** pour ceux qui se nourrissent d'aliments d'origine animale et d'aliments d'origine végétale.

• Le régime alimentaire est parfois **très spécialisé**. On peut alors distinguer des sous-groupes :

— parmi les végétariens, les **herbivores** (qui mangent de l'herbe), les **granivores** (des graines), les **frugivores** (des fruits), les **nectarivores** (du nectar des fleurs) ;

— parmi les carnivores, les **insectivores** (qui se nourrissent d'insectes), les **piscivores** (de poissons)...
De plus, d'après la manière de capturer la nourriture, on distingue, parmi les carnivores, **les prédateurs** (qui attaquent leurs proies), des **charognards** (qui se nourrissent de cadavres). D'autres animaux, le hareng ou la moule, par exemple, se nourrissent uniquement d'animaux ou de végétaux microscopiques ; ce sont des **microphages**. Certains animaux ne consomment pas d'êtres vivants entiers mais se contentent de débris ou de matière organique en décomposition ; ce sont des **détritivores**. Les débris consommés peuvent être soit d'origine animale, soit d'origine végétale.
En dépit de la diversité des régimes alimentaires, une constatation importante doit être faite : les **aliments consommés par les animaux sont tous d'origine animale ou d'origine végétale** (hormis l'eau, toujours indispensable).

2 Les animaux choisissent leur menu

Les animaux font un choix parmi les divers aliments disponibles. Ils n'en consomment que certains et dans des proportions assez constantes : ils manifestent alors des **préférences alimentaires** (fig. 2).
Etudier les régimes alimentaires des animaux présente un aspect non seulement **qualitatif** mais aussi **quantitatif**. On dira cependant que tel ou tel animal a un régime carnivore même s'il mange une très faible quantité de nourriture végétale.

3 A l'intérieur d'une même espèce, les régimes alimentaires peuvent varier

Les régimes peuvent varier selon :

— **l'âge** : ainsi le têtard est végétarien et la grenouille carnivore ;

— **le sexe** : le moustique femelle se nourrit de sang alors que le mâle consomme du nectar ;

— **les régions** : la nourriture disponible n'est pas la même partout ;

— **le mode de vie** : le chat sauvage est strictement carnivore alors que le chat domestique s'adapte à la consommation d'autres aliments ;

— **les besoins de l'animal** : de nombreux oiseaux omnivores ou même végétariens deviennent carnivores pendant la période de nourrissage des jeunes ;

— **la saison** : de nombreux animaux changent de régime selon les saisons (fig. 3).
La quantité de nourriture varie selon les **saisons** (abondance des insectes en été et en automne, absence presque totale en hiver) et l'animal s'adapte à ces variations saisonnières en changeant de régime. Il existe aussi d'autres solutions à un tel problème : certains oiseaux, comme la bondrée apivore qui mange surtout des guêpes et des abeilles, effectuent des **migrations** lorsque leurs aliments habituels se raréfient ou disparaissent. D'autres, comme le geai, font des provisions pour l'hiver. D'autres réduisent leur consommation de nourriture en s'endormant (hibernation).

4 Pourquoi est-ce utile de connaître ce que mangent les animaux ?

Déterminer le régime alimentaire des animaux présente non seulement **un intérêt scientifique** évident (par exemple pour comprendre la répartition des espèces dans un milieu, la prolifération ou la disparition de certaines espèces...) mais aussi **un intérêt pratique** certain (pour savoir si un animal cause ou non des préjudices, ou pour favoriser le développement de certaines espèces...).

5 Comment découvrir ce que mangent les animaux ?

Diverses méthodes sont utilisées :

— l'observation directe du comportement des animaux par des guetteurs munis de jumelles ou par des pêcheurs sous-marins,

— l'analyse des restes de repas (plumes, os...) observés sur le territoire de l'animal,

— l'examen du contenu de l'estomac d'individus capturés ou trouvés morts,

— l'observation des excréments,

— l'analyse de réjections, c'est-à-dire du contenu de l'estomac vomi naturellement par l'animal ; les pelotes de réjection des rapaces (chouette, buse, faucon, hibou...) fournissent ainsi des renseignements précis.
Par exemple, lorsqu'une chouette mange un campagnol, un mulot ou une musaraigne, elle l'avale en entier. Dans son estomac, les chairs de l'animal sont digérées, par contre les poils et les os sont agglomérés en une boule noirâtre qui est rejetée par la bouche quelques heures après le repas. L'analyse du contenu de cette pelote de réjection indique non seulement le nombre mais aussi l'espèce des proies consommées au cours d'un seul repas.

La mise en élevage des animaux, quand elle est possible, fournit des informations complémentaires sur leur régime alimentaire, notamment sur les quantités de nourriture consommée.

Connaissez-vous

LE SENS DE CES MOTS OU EXPRESSIONS

- **régime alimentaire,**
- **carnivore, végétarien, omnivore,**
- **carnivore (insectivore, piscivore)**
- **végétarien (herbivore, granivore, nectarivore),**
- **prédateur, charognard, détritivore,**
- **préférences alimentaires,**
- **variation saisonnière,**
- **pelote de réjection.**

2 DES ACTIVITÉS PÉDAGOGIQUES POSSIBLES

1 Les animaux de la classe

Les élevages d'animaux dans la classe constituent un bon moyen d'aborder les problèmes liés à leur alimentation. Que mangent-ils ? Mangent-ils beaucoup ? Préfèrent-ils certains aliments à d'autres ?... Ainsi, prendre en charge l'alimentation des animaux mis en élevage dans la classe, permet de :

— faire la liste des aliments qu'ils mangent, de ceux qu'ils préfèrent, de ceux qu'ils ne mangent pas,

— réaliser des "menus décorés" avec des dessins, des collages..., en adoptant des dispositions variées afin de montrer ce que mange un animal donné,

— établir des comparaisons entre les menus des animaux,

— comparer avec sa propre alimentation.
On peut aussi réaliser des études quantitatives et faire des expériences simples. En voici deux exemples.

• **Premier exemple :**
Une classe de CE1 vient d'installer un cochon d'Inde. Spontanément, les enfants disent qu'ils doivent donner à l'animal des carottes, du pain, des épluchures de légumes... Mais ils ne tardent pas à constater que l'ani-

L'animal	Les principaux aliments							
Le balbuzard pêcheur	Poissons d'eau douce ou marins							
Le bec-croisé	Graines de conifères (sapin, pin, épicéa)							
La bondrée apivore	Abeilles et guêpes	Petits rongeurs	Serpents Petits oiseaux	Fruits				
La chouette effraie	Petits rongeurs	Musaraignes	Grenouilles Petits oiseaux					
Le colibri	Nectar des fleurs							
La couleuvre à échelons	Petits rongeurs	Insectes Oiseaux Reptiles						
La couleuvre de Montpellier	Reptiles (lézards, vipères)	Insectes Petits mammifères Oiseaux						
Le geai des chênes	Glands	Fruits	Insectes	Œufs poussins				
Le léopard	Antilopes	Singes	Petits carnivores	Oiseaux	Rongeurs	Grands ongulés (Zèbres)		
Le loup	Grands ongulés	Lièvres Castors	Petits rongeurs	Carnivores	Amphibiens Reptiles Oiseaux	Charognes	Baies et autres fruits	
La pie bavarde	Insectes	Petits rongeurs	Œufs Poussins	Escargots Lézards				
Le vautour	Charognes (cadavres de Mammifères)							
En plus des aliments précédents, tous les animaux consomment de l'eau								

FIG. 1

Ce tableau fournit non seulement des informations qualitatives mais aussi une évaluation quantitative des aliments consommés par quelques vertébrés. Quelles questions pourrait-on poser aux élèves pour les aider à exploiter ce document ?

Extrait de *Biologie 6*e.

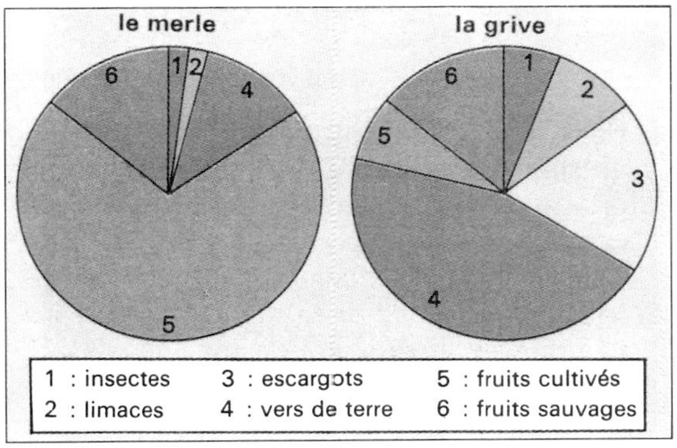

FIG. 2

La grive et le merle consomment les mêmes aliments mais n'ont pas les mêmes préférences alimentaires.
Définissez cette expression d'après l'exemple proposé.

Extrait de *Biologie 6*e.

mal ne touche pratiquement pas certains aliments (pomme, pomme de terre...) alors qu'il se précipite sur d'autres. Avec l'aide de l'enseignant, ces constatations deviennent aisément des problèmes.

"A-t-il des aliments préférés ? Lesquels ? Que peut-il manger ? Que refuse-t-il ?..."

La recherche des réponses aux questions précédentes peut comprendre :

— une brève discussion, collective ou par groupe, pour définir la façon de procéder,

— des travaux précis et organisés qui peuvent conduire à faire des pesées (aliments donnés au cochon d'Inde et restes),

— la discussion des résultats quelques jours plus tard. Divers modes de représentation des résultats sont utilisés : textes rédigés, dessins des aliments, images découpées dans des magazines ou des publicités...

- **Deuxième exemple :**

Les élèves d'un CE2 sont invités à apporter en classe des aliments variés pour le couple de tourterelles mis en élevage. Parmi tous les aliments apportés (pommes, oranges, feuilles de salade, viande, graines de nature variée, pain...) ils constatent que les tourterelles ne mangent que les graines. Ils cherchent ensuite quelles sont les graines qu'elles préfèrent : blé, millet, tournesol, lentilles, haricots... Pour cela, ils remplissent des pots de yaourt avec, dans chacun, une catégorie de graines déterminée. Pour éviter que les tourterelles ne renversent les pots, ils sont amenés à fixer ces derniers sur une planche. La comparaison entre les quantités de graines consommées peut se faire soit en évaluant le volume restant soit en pesant.
Si on dispose de plusieurs tourterelles et de plusieurs cages, les enfants peuvent vérifier si la préférence alimentaire constatée est liée à l'espèce ou à l'individu.

Des travaux analogues pourraient être conduits avec des animaux familiers : chat, chien...

2 L'analyse de documents

Pour construire la notion de régime alimentaire, on ne peut, pour différentes raisons, se contenter de l'étude des animaux de la classe. Le recours à des documents est donc indispensable. Il permet d'établir des comparaisons et fournit certains aspects qui n'ont pas été abordés précédemment. Les figures 3 et 4 sont des exemples de documents possibles. Ils donnent l'occasion de "lire" différents modes de représentation de la quantité de nourriture consommée par les animaux. Cette compétence doit être développée à l'école élémentaire chaque fois que l'occasion se présente.

A titre d'exemple, le document 3 montre que le régime alimentaire du renard varie au cours des saisons, et permet de prendre conscience que, dans la nature, les animaux s'adaptent à la nourriture disponible.

L'analyse du document peut être guidée à l'aide de questions :

Quels aliments le renard mange-t-il en grande quantité au printemps ? en été ? en automne ? en hiver ?

En quelle saison mange-t-il le plus de fruits ? Pourquoi ?

Est-il exact de dire que le renard est un animal surtout carnivore ?

En coloriant en vert les secteurs correspondants à des aliments d'origine végétale et en rouge les secteurs correspondants aux aliments d'origine animale, les enfants constateront qu'en été et en automne le renard est autant végétarien que carnivore.

NOTIONS VISÉES

à l'école élémentaire

- Pour vivre, les animaux ont besoin de manger mais ils ne mangent pas n'importe quoi. Certains mangent des végétaux : ce sont des végétariens. D'autres mangent des animaux : ce sont des carnivores. Les animaux qui mangent à la fois des aliments d'origine animale et d'origine végétale sont des omnivores.

- Pour définir le régime alimentaire d'un animal, il faut tenir compte, pour chaque type d'aliment, de la quantité consommée.

- **Mots clés**
végétarien, carnivore, omnivore, régime alimentaire, préférence alimentaire.

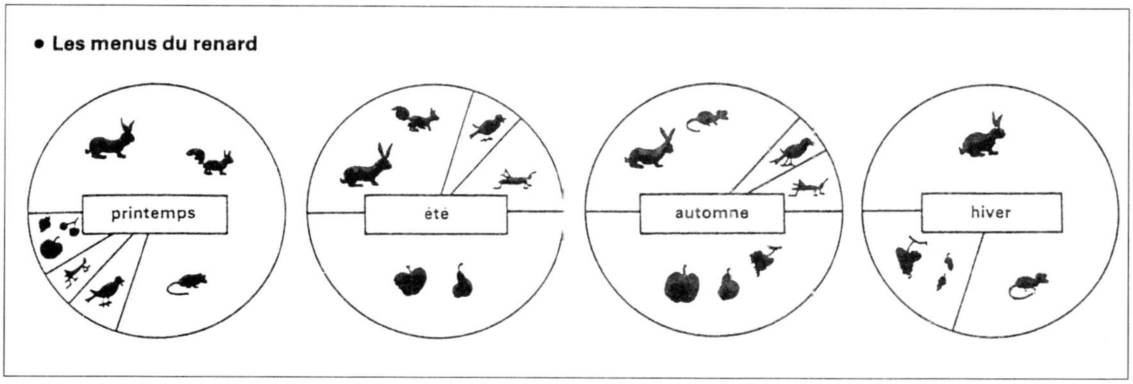

FIG. 3

Que mange le renard ? D'après ce document, quelle réponse peut-on faire à la question précédente ?

Extrait de *Biologie 6e*.

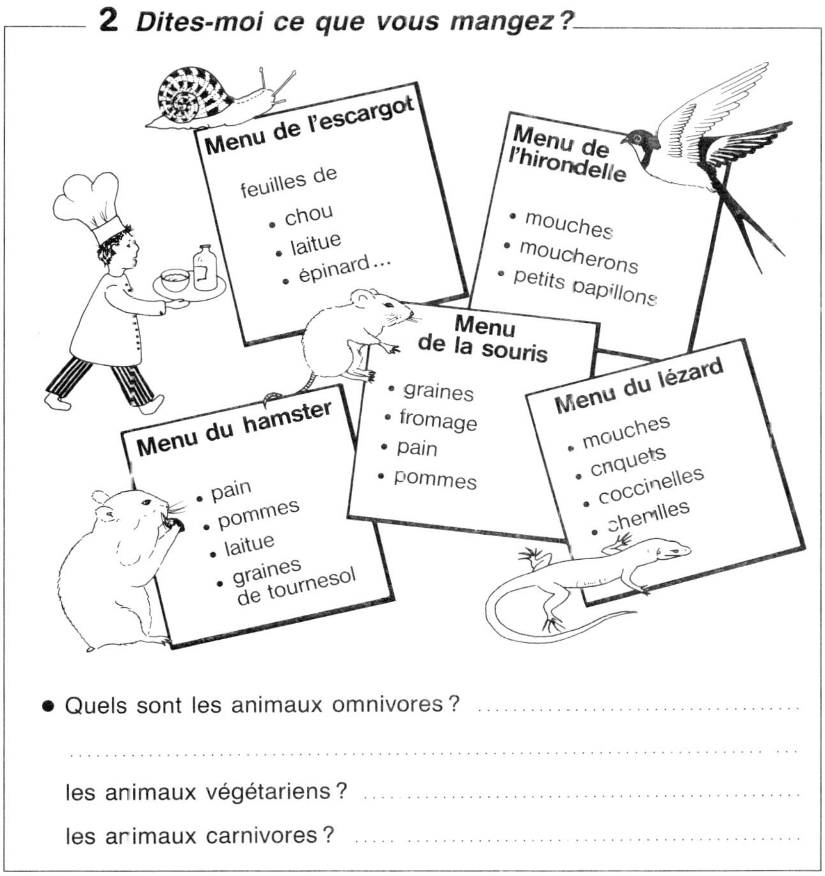

FIG. 4

Comparer les menus de plusieurs animaux, permet d'exprimer qu'il existe trois grands types de régimes alimentaires. Proposez pour ce document des utilisations pédagogiques possibles. A quel moment l'intégrer dans une étude sur l'alimentation des animaux ? Parmi les diverses informations fournies, quelles notions les enfants doivent-ils retenir ? ...

Extrait de *Cahier d'activités CE1, Biologie*.

CE

3 Les comportements alimentaires des animaux

Ce titre, un peu sévère, recouvre des notions scientifiques importantes mais qui peuvent s'exprimer de façon très simple. Par ailleurs, les enfants sont toujours **très intéressés** par cet aspect de la vie des animaux. Ces deux raisons expliquent que ce sujet d'étude soit, d'après les programmes, placé au Cours Elémentaire.

1 INFORMATIONS UTILES POUR L'ENSEIGNANT

1 Qu'appelle-t-on "comportement alimentaire" ?

Pour se procurer ses aliments, un animal réalise une succession d'actions qui constituent son comportement alimentaire.

• **La plupart des animaux carnivores** se nourrissent de proies capturées vivantes : ce sont des **prédateurs**. Comment font-ils pour repérer leurs proies, s'en approcher, les capturer, les manger ?
La plupart d'entre eux s'approchent de leurs proies en utilisant des **techniques de chasse** efficaces (chasse à l'affût, approche camouflée, chasse à courre, chasse en maraude). Certains chassent en solitaire, d'autres en groupe.
Selon les organes des sens et les armes dont ils disposent, les prédateurs utilisent telle ou telle technique bien définie (fig. 1). Lors de la **chasse à l'affût**, l'action est brève et économique. En revanche, lors de la **chasse à courre**, l'action exige un effort prolongé. Ces deux techniques nécessitent donc à certains moments des qualités différentes. De plus, on constate que, chassant en groupe, les prédateurs peuvent capturer des proies de très grande taille, ce qu'ils ne pourraient pas faire seuls.

• **Pour les végétariens**, les problèmes sont d'une tout autre nature : leurs aliments ne se sauvent pas, ils sont généralement plus faciles à découvrir mais ils sont peu nutritifs et relativement difficiles à digérer.

Les solutions adoptées par les végétariens pour se procurer leur nourriture diffèrent selon les espèces. Ainsi, chez les ruminants (vache, mouton, chèvre, bouquetin...), les animaux prélèvent une importante quantité d'herbe et l'avalent précipitamment sans mastiquer. Quand la provision est suffisante, ils se couchent puis, par une sorte de régurgitation naturelle, font remonter une à une des boulettes d'aliments dans leur bouche. L'herbe est alors longuement mastiquée : c'est la **rumination** (fig. 2).

• **La recherche de nourriture représente une part importante de l'activité des animaux.** Les carnivores passent plus de temps à la recherche de la nourriture qu'au repas. Pour les végétariens, c'est le contraire.

2 Les outils des prédateurs

Les prédateurs disposent "d'outils" particulièrement bien adaptés à chacune des phases de la chasse.

• **Les organes de repérage**
Tout prédateur dispose de plusieurs organes des sens mais, le plus souvent, un seul joue un rôle capital dans la détection des proies (fig. 3 et 4) : vue pour les rapaces diurnes qui sont capables d'évaluer avec précision la distance qui les sépare de leur proie, ouïe pour les rapaces nocturnes, odorat pour le loup ou le renard qui pistent leur proie bien avant de la voir ou de l'entendre, perception des vibrations de l'eau pour le brochet ou le requin...

• **Les "outils" pour capturer et tuer**
— Certains prédateurs **tuent leurs proies avant de les manger**.

Par exemple, les félins (chat, lion...) saisissent leurs proies avec leurs pattes et les tuent avec leurs crocs. On

Type de chasse / Différentes phases	Chasse à l'affût du léopard		Chasse à courre des loups	
	Comportement observé	Aptitude présentée	Comportement observé	Aptitude présentée
Attente ou recherche	Longue attente, immobile à partir d'un point qui permet de surveiller tout un territoire.	Possibilité de camouflage (couleur et aspect du pelage).	Longue recherche, en groupe, pendant plusieurs dizaines de kilomètres.	Organisation d'une vie en groupe.
Repérage	L'animal regarde, écoute, guette.	Ouïe très fine, vision parfaite même en faible lumière.	Les animaux flairent les traces laissées par le passage d'une proie.	Odorat très développé.
Approche	Approche réduite à quelques bonds, donc très rapide (quelques secondes parfois).	Aptitude au saut avec détente brusque et puissante.	Longue poursuite parfois pendant des kilomètres.	Endurance à la course.
Capture et mise à mort	Proie saisie par les griffes des pattes antérieures et mise à mort par les crocs.	Griffes acérées, crocs puissants fonctionnant comme des poignards.	Proie mordue par de nombreux loups ; une fois affaiblie par ces graves blessures, elle est achevée.	Crocs infligeant de profondes blessures.
Repas	Proie transportée dans un endroit sûr (sur un arbre, par exemple) où le repas s'effectue lentement.	Musculature puissante pour le transport, molaires tranchantes pour déchirer la viande.	Proie dévorée sur place, rapidement.	Molaires tranchantes pour déchirer la viande.

FIG. 1

Ce tableau permet non seulement de comparer deux techniques de chasse (celle d'un chasseur solitaire comme le léopard, et celle d'animaux chassant en groupe comme les loups) mais aussi de rapprocher le comportement observé et les “outils” ou les aptitudes de l'animal.

Extrait de *Biologie 6e*.

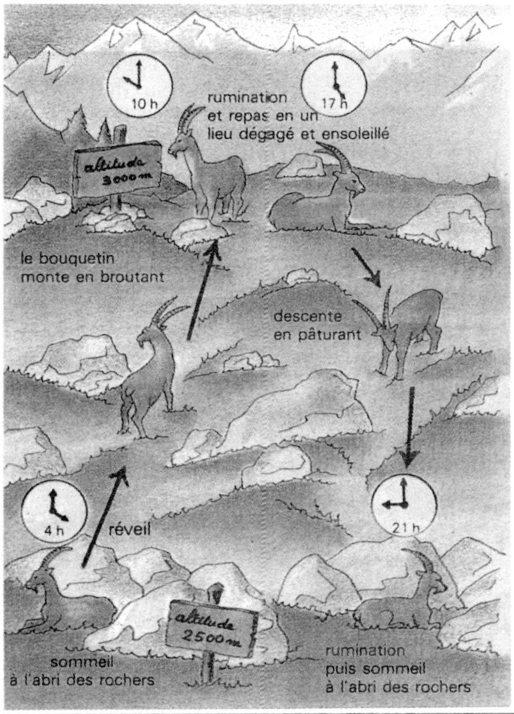

Le bouquetin, exclusivement végétarien, se nourrit l'été dans les pâturages d'altitude. Il prélève une importante quantité d'herbe et l'avale précipitamment sans mastiquer. Quand il en a fait une provision suffisante, il se couche et, par une sorte de régurgitation naturelle, fait remonter une à une des boulettes d'aliments dans sa bouche. L'herbe est alors longuement mastiquée : le bouquetin *rumine*.
Les ruminants consacrent un temps très long à la seule récolte de leurs aliments qui s'effectue généralement en milieu découvert, mais ce temps serait presque doublé s'ils devaient broyer leur nourriture au fur et à mesure de son ingestion. La rumination se fait plus tard, tranquillement, à l'abri. Ainsi, tout se passe comme si les ruminants vivaient dans une crainte permanente de leurs prédateurs.

(Dessin d'après B. Fischesser, *Richesses de la nature*. Ed. Horizons de France)

Extrait de *Biologie 6e*

FIG. 2

Une journée de bouquetin en été. Pour un animal constamment menacé par ses prédateurs, ruminer présente un avantage certain.

retrouve des “outils” très comparables avec les serres et le bec des rapaces (on parle alors de **convergence** de forme).
Certains serpents, comme la vipère, disposent d'une arme chimique. Une vipère tue grâce à deux dents en forme de crochets, reliées chacune à une glande à venin. Les crochets, couchés vers l'arrière dans la gueule fermée, se redressent vers l'avant quand la bouche s'ouvre.

— D'autres prédateurs **avalent leurs proies vivantes**. Certains chasseurs d'insectes (grenouilles...) capturent leurs proies avec leur langue visqueuse qu'ils peuvent projeter en avant.
Dans ce cas, les proies sont de taille très réduite par rapport à celle des prédateurs.

• **Les “outils” pour dépecer et broyer**
Beaucoup de prédateurs, comme les félins ou les rapaces, détachent des morceaux de viande au moyen de leurs crocs ou de leur bec fonctionnant comme des lames de ciseaux. Les insectivores, comme le hérisson, écrasent leurs proies entre leurs molaires. D'autres prédateurs avalent leurs proies en entier ; ainsi la bouche de la vipère peut s'agrandir démesurément permettant d'avaler une souris entière.

3 Les outils des végétariens

On retrouve aussi chez les végétariens des “outils” adaptés à leur régime, en particulier :
— une denture spécialisée,
— un tube digestif adapté.

Voici deux exemples parmi les végétariens les plus communs :

• **Chez les ruminants**, la rumination est possible grâce à un estomac spécial formé de quatre poches (fig. 5). Au moment de la récolte, l'animal avale précipitamment, sans la mastiquer, une importante quantité d'herbe qu'il accumule dans la panse utilisée alors comme “sac à provision”. Quelques heures plus tard, des boulettes d'herbe remontent par le bonnet jusque dans la bouche où se réalise la mastication. Les molaires, aux crêtes d'émail saillantes, portées par la mâchoire supérieure et par la mâchoire inférieure, frottent alors les unes sur les autres grâce à des mouvements latéraux de la mâchoire inférieure. Lorsque le broyage de l'herbe est suffisant, celle-ci gagne directement le feuillet et la caillette puis l'intestin sans repasser par la panse, en suivant une sorte de tube, la gouttière oesophagienne.
Ainsi, le temps consacré à la récolte de l'herbe est séparé de celui consacré au broyage. De plus, les aliments subissent plusieurs phases de transformations :
— un ramollissement et un broyage mécanique dans la bouche et dans la panse,
— une décomposition chimique dans la panse sous l'action de milliards de micro-organismes,
— une nouvelle transformation chimique sous l'action de sucs digestifs secrétés par la paroi de la caillette,
— la poursuite des transformations chimiques dans l'intestin particulièrement long (25 m chez un bouquetin alors que celui d'un homme est de 7 m en moyenne).

• **Chez les rongeurs** (lapin, lièvre, mulot, campagnol...), le dispositif de récolte des aliments est caractéristique. De longues incisives, taillées en biseau comme un ciseau de menuisier et constamment aiguisées par l'usure (elles sont à croissance continue), sont capables de ronger, c'est-à-dire de prélever de petits copeaux de nourriture même dans des matières très dures. Ces fragments sont ensuite cisaillés entre les molaires supérieures et inférieures, hérissées de crêtes d'émail, qui frottent les unes contre les autres grâce à des déplacements de la mâchoire inférieure s'effectuant de droite à gauche.

Remarque : le mot rongeur ne désigne pas un régime alimentaire puisque certains rongeurs sont végétariens, d'autres sont omnivores (souris, rat). Mais, quel que soit leur régime, tous les rongeurs ont les mêmes dents.

4 En résumé

Les animaux possèdent des moyens très divers pour capturer (ou récolter) puis consommer leurs aliments. Dans tous les cas, on constate que les “outils” utilisés sont **adaptés** non seulement à la nature de l'aliment (solide ou liquide, proie mobile ou aliment immobile...), mais aussi à la technique employée pour leur capture (chasse à l'affût ou chasse à courre...).
Des “outils” de forme très voisine, peuvent être observés chez des animaux appartenant à des groupes très divers.

Connaissez-vous

LE SENS DE CES MOTS OU EXPRESSIONS

- **comportement alimentaire**
- **prédateur**
- **technique de chasse**
- **chasse à courre, chasse à l'affût**
- **chasse solitaire, chasse en groupe**
- **adaptation**
- **convergence de forme**
- **organes de repérage**
- **“outils” pour capturer et tuer**
- **ruminant**
- **rongeur**

A. Le problème à étudier

La chouette repère avec exactitude la position d'une proie dans une obscurité totale. Quels organes des sens utilise-t-elle?

B. Des expériences pour comprendre

1re expérience : Une chouette est installée dans un local totalement obscur dont le sol est jonché de feuilles mortes. Si on lâche une souris, la chouette tourne immédiatement la tête en direction du nouvel arrivant et se laisse tomber sur sa victime avec une extraordinaire précision.

2e expérience : A l'aide d'un fil, on tire un petit objet inodore sur le sol. La chouette localise immédiatement l'objet et l'attaque.

3e expérience : On bouche les deux oreilles de la chouette et on recommence la première expérience. L'oiseau est devenu incapable de capturer la souris.

4e expérience : On bouche l'une des deux oreilles de la chouette et on recommence la première expérience. L'oiseau fait alors d'importantes erreurs de localisation.

C. Un dispositif expérimental ingénieux

Le dispositif ci-dessous, mis au point par des chercheurs, permet de mesurer la précision avec laquelle la chouette réagit. Dès qu'elle entend un bruit, elle tourne la tête en direction de la source sonore.

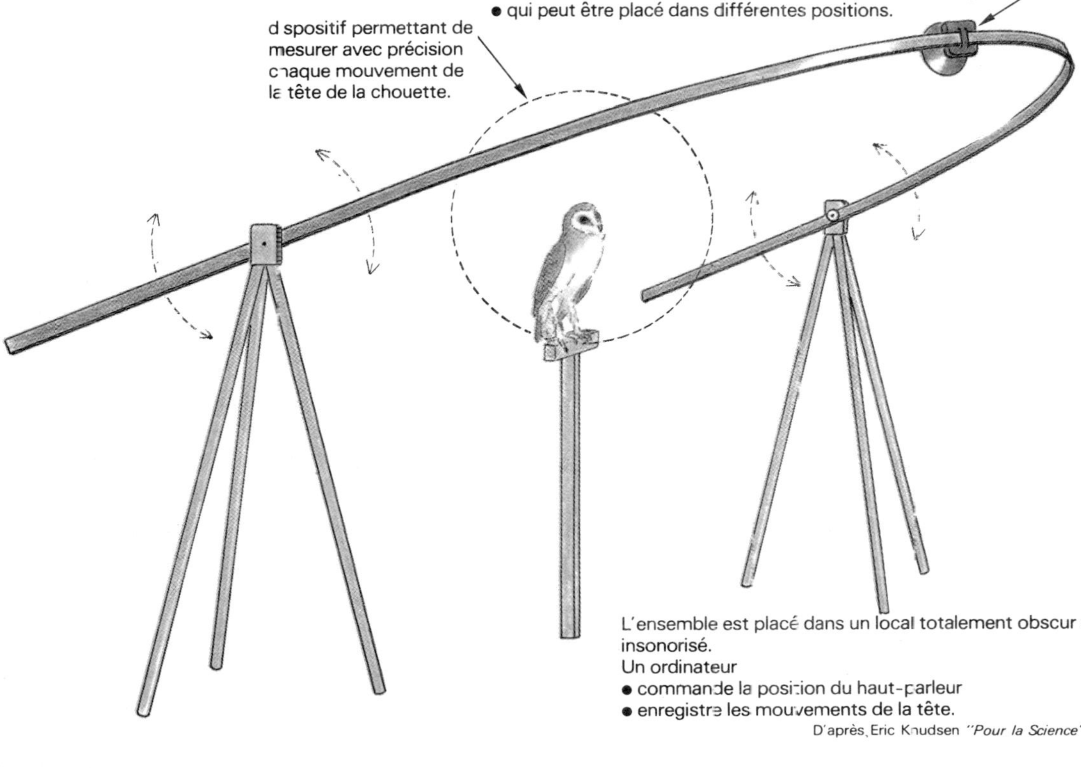

D'après Eric Knudsen *"Pour la Science"* n° 52.

FIG. 3

La chouette est capable de repérer des proies dans une obscurité totale. Comment y parvient-elle ? Des expériences récentes ont été réalisées et l'analyse de leurs résultats permet de répondre à cette question.

Extrait de *Biologie 6e*.

2 DES ACTIVITÉS PÉDAGOGIQUES POSSIBLES

1 A chacun sa manière de chasser

• **Les élevages en classe** peuvent fournir des occasions d'observer des animaux capturant leurs proies : araignée des jardins, mante religieuse, grenouille, poisson, certains insectes aquatiques... Mais ces occasions assez exceptionnelles ne permettent pas toujours l'organisation d'un travail collectif.

• **L'observation du comportement d'animaux domestiques** est souvent intéressante : par exemple, l'observation d'un chat dans un jardin. Il est couché dans l'herbe, l'air distrait. Soudain ses oreilles se dressent. Il vient d'entendre un oiseau qui s'est posé à quelques mètres de lui. Il le surveille quelques instants et s'en approche discrètement...

— La télévision présente de nombreuses scènes sur la vie des animaux ; ainsi des enregistrements correctement sélectionnés peuvent être du plus grand intérêt.

• **Le recours à des documents** (fig. 6 par exemple) constitue un moyen supplémentaire à ne pas négliger.

Une recommandation : ne pas étudier qu'un seul comportement.
L'analyse comparée de deux techniques peut déboucher sur la construction d'un tableau établi sur le même principe que celui de la figure 1.

2 Des dents pour chaque menu

Le chat tue et mange des souris, le lapin ronge des carottes.
Ont-ils les mêmes dents? Cette simple question conduit à une recherche intéressante. Mais l'observation de documents photographiques ou de dessins ne suffit pas, il est nécessaire que chaque élève puisse non seulement voir mais aussi toucher les dents, faire "jouer" l'articulation de la mâchoire. Il est facile de se procurer des têtes osseuses de lapin, des morceaux de mâchoires de mouton... et de les préparer pour une longue conservation.
L'étude des dentures spécialisées du lapin, du chat... est plus facile si les enfants savent comment fonctionnent leurs propres dents (sur le devant, des dents capables de couper un morceau de pomme ou de sandwich ; sur l'arrière, des dents qui écrasent les aliments et les réduisent en bouillie). Il est donc préférable de n'aborder l'étude des dents des animaux qu'après avoir fait celle des dents des enfants. Deux remarques sont par ailleurs importantes :

— Une étude simultanée (donc comparée) de la denture de deux, ou même trois animaux, est préférable à des études successives suivies d'une comparaison.

— L'étude de la denture des animaux a pour but de faire découvrir que les dents sont des "outils" adaptés au régime alimentaire ; ainsi, le lapin qui mange de l'herbe et des carottes n'a pas les mêmes "outils" que le chat qui doit tuer ses proies avant de détacher de petits morceaux de viande crue. Ceci n'est possible que si, au préalable, les élèves ont compris par exemple qu'on peut déchiqueter un morceau de carotte crue avec une râpe à légumes, mais que la même méthode est inefficace avec un morceau de viande non cuite. Dans ce cas, pour obtenir des petits morceaux, il vaut mieux prendre une paire de ciseaux, c'est-à-dire qu'il faut couper.
En d'autres termes, l'adaptation des dents ne peut être comprise que si les enfants ont préalablement manipulé avec des outils spécialisés, c'est-à-dire ont essayé divers outils pour réduire en petits fragments un morceau de viande, une carotte, un morceau de pomme...

• **Comparer globalement les dentures de plusieurs animaux** afin de découvrir qu'ils n'ont pas tous les mêmes dents. Dans un premier temps, l'analyse reste superficielle.

• **Rechercher le pourquoi de ces différences.** A ce stade, deux questions peuvent être formulées : Que mangent ces animaux ? Manger qu'est-ce que c'est ?

— Pour un lapin, c'est :

1° détacher dans une carotte un petit morceau qui est ensuite introduit dans la bouche,

2° réduire ce petit morceau en minuscules fragments.

— Pour un chat (qui vivrait à l'état sauvage), c'est :

1° tuer une proie,

2° détacher des morceaux de viande.

• **Choisir dans un lot d'outils** (une paire de ciseaux, un pilon, un ciseau à bois de menuisier, une râpe à carottes ou à fromage...) ceux qui conviennent le mieux pour faire le même travail que les animaux précédents.

• **Essayer de comprendre comment "fonctionnent" les dents** des animaux choisis comme exemples. Pour cela, effectuer un retour à l'observation des têtes osseuses (avec l'idée de comprendre le fonctionnement des dents par comparaison avec les outils que l'on vient d'utiliser).
Si vous n'avez à votre disposition que des têtes osseuses de lapin, des photographies ou des dessins seront fournis dès la première phase pour servir de documents de substitution.

• Les conclusions ayant été formulées, on pourra utiliser le document de la figure 8 pour contrôler ou consolider les acquisitions.

3 Des becs adaptés à chaque menu

L'étude des dentures peut être complétée par celle des becs d'oiseaux. Il n'est évidemment pas utile que les

FIG. 4

Les chauves-souris ont une manière bien singulière de repérer leurs proies. Cet ensemble documentaire permet de montrer qu'une connaissance scientifique ne s'impose pas d'emblée mais se construit progressivement par l'observation et l'expérimentation.

Extrait de *Biologie 6ᵉ*.

COMMENT LA CHAUVE-SOURIS REPÈRE-T-ELLE SES PROIES ?

A. Des hypothèses anciennes

■ Il y a 200 ans, le savant italien Spallanzani pense que les chauves-souris ne voient pas leurs proies mais disposent d'un sixième sens dont il ignore la nature.

■ En 1920, un scientifique attribue aux chauves-souris un mode de détection comparable à celui des radars : la réflexion, sur les obstacles, d'ultra-sons émis par l'animal.

B. Des expériences pour vérifier

Des chercheurs ont mis au point un dispositif expérimental très ingénieux présenté ci-contre. Chaque fois que la chauve-souris heurte un fil, une lampe s'allume.

■ ***1ʳᵉ expérience :*** Une chauve-souris est lâchée dans la chambre noire, elle évite tous les fils.

■ ***2ᵉ expérience :*** Une chauve-souris, les yeux bandés, est introduite dans la chambre noire ; elle évite tous les fils.

■ ***3ᵉ expérience :*** Une chauve-souris, les oreilles bouchées à l'aide d'un bonnet bien hermétique, est lâchée dans la chambre noire ; elle heurte fréquemment les fils.

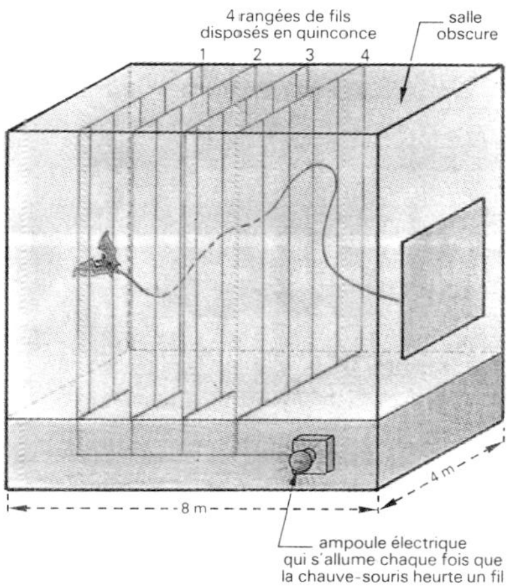

C. Des organes spécialisés

La chauve-souris produit constamment des sons inaudibles à l'oreille humaine appelés **ultra-sons** qui se réfléchissent sur toute surface rencontrée et sont ensuite captés par ses oreilles. Ce procédé la renseigne sur la place exacte des obstacles et des proies. La distance est évaluée par le temps séparant l'émission de l'ultra-son du retour de l'écho ; la direction est appréciée par le décalage constaté entre les réceptions par les deux oreilles.

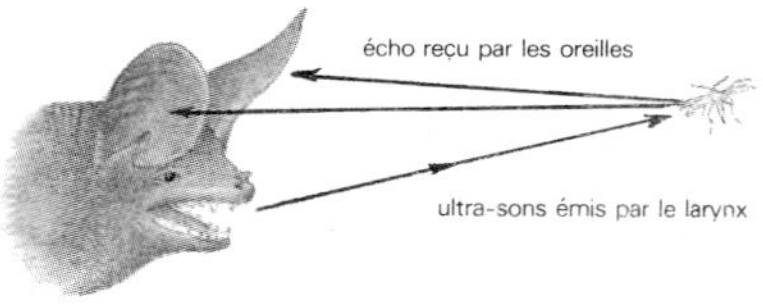

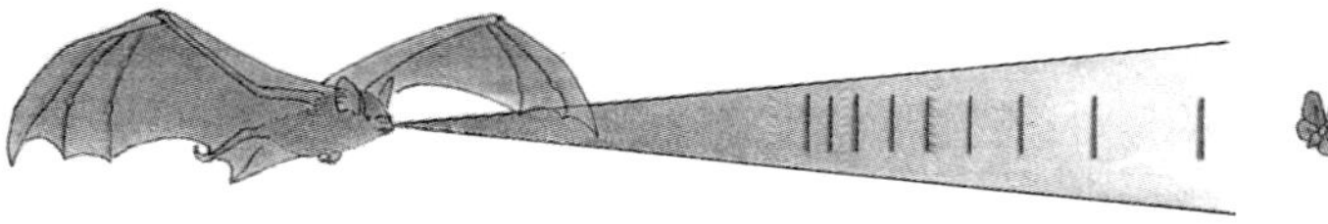

Quand une proie est détectée, le rythme des émissions d'ultra-sons s'accélère au fur et à mesure que la chauve-souris se rapproche de la proie.

D'après *"Les prédateurs et leurs proies"*, Delachaux et Niestlé.

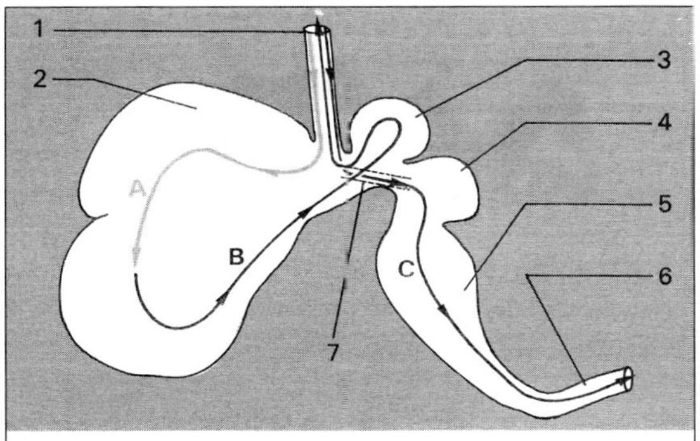

1. œsophage – 2. panse – 3. bonnet – 4. feuillet – 5. caillette – 6. intestin grêle – 7. gouttière œsophagienne.

FIG. 5

L'estomac d'un ruminant est formé de quatre poches qui ont des fonctions différentes. La flèche indique le trajet suivi par l'herbe. On peut le décomposer en trois phases :

A – remplissage de la panse au moment du pâturage.

B – retour de l'herbe dans la bouche au moment de la rumination.

C – envoi de l'herbe mastiquée dans les deux dernières poches de l'estomac puis dans l'intestin.

Extrait de *Biologie 6ᵉ*.

enfants connaissent au préalable les animaux cités dans le document (voir cahier d'activités CE 2, p. 9). Celui-ci propose de développer l'aptitude à faire un choix raisonné et à le justifier. Le choix doit se faire après une comparaison précise des différents dessins et une lecture attentive des "cartes d'identité". Dans certains cas, il peut y avoir hésitation et même erreur. La discussion au sujet des différentes réponses proposées n'en sera que plus riche.

NOTIONS VISÉES

à l'école élémentaire

- Pour capturer leurs proies, les animaux chasseurs utilisent des techniques qui diffèrent selon les espèces.
- Qu'ils soient végétariens ou carnivores, les animaux possèdent tous des "outils" adaptés à leur régime alimentaire.

- **Mots clés**
prédateur, chasse à courre, chasse à l'affût, chasse solitaire, chasse en groupe, adaptation.

FIG. 6

Mettre un titre à chacune de ces scènes, rechercher les avantages de la chasse collective, comparer cette chasse à courre à une chasse à l'affût... constituent les différentes phases d'une activité très riche au niveau d'un Cours Elémentaire.

Extrait de *Pour découvrir les animaux.*

FIG. 7

Ce document présenté sous une forme différente de celui de la figure 6 permet d'analyser une chasse à l'affût non seulement en identifiant la succession des actes du comportement alimentaire mais aussi en recherchant les "outils" employés par l'animal lors de chacune des phases de la chasse.

Extrait de *Cahiers d'activités CE2, Biologie.*

1 *Un chasseur à l'affût*

Perchée sur un piquet, une buse, parfaitement immobile, surveille son territoire de chasse. Soudain, elle se redresse : elle vient d'apercevoir un campagnol qui sort de la haie. Ce petit rongeur examine les environs et se hasarde à découvert. La buse reste immobile. Lorsque le campagnol atteint le milieu de la prairie, la buse s'élance puis, d'un vol rapide, fond sur lui. Les griffes du rapace s'enfoncent dans le corps de la proie qui est tuée sur le coup. Grâce à son bec crochu, la buse déchire les chairs et mange sa proie.

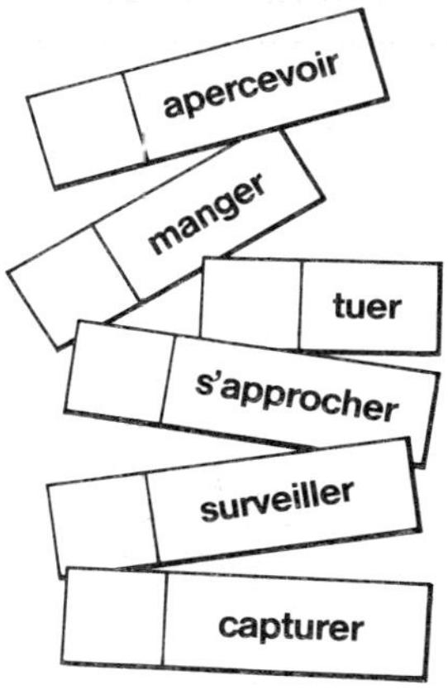

2 *Les dents des animaux*

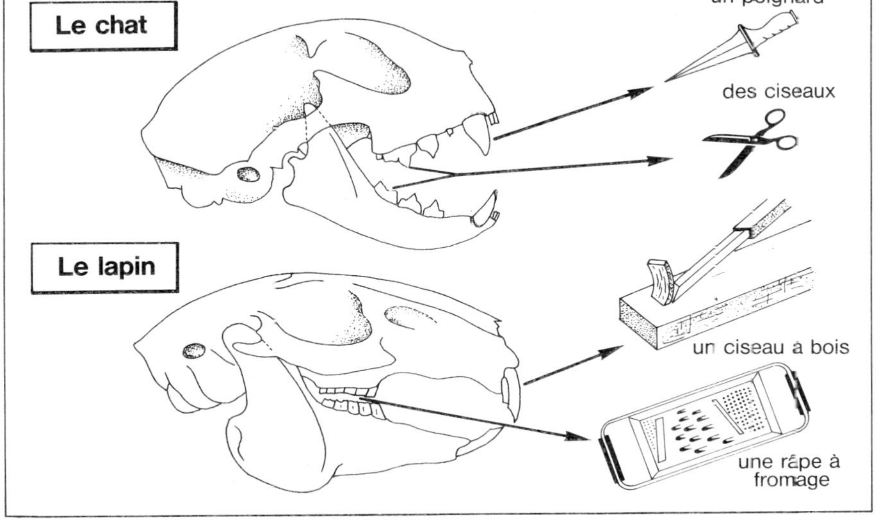

FIG. 8

Cet exercice ne doit être réalisé qu'après des manipulations réelles de têtes osseuses ainsi que d'outils divers servant à broyer des aliments. Il constitue alors un moyen de contrôler que les enfants ont bien compris que les dents sont des "outils" adaptés au régime alimentaire.

Extrait de *Cahier d'activités CE2, Biologie.*

4 Les relations alimentaires

S'il n'y avait pas de végétaux (les arbres, les carottes, l'herbe...), les animaux (aussi bien les végétariens que les carnivores) ne pourraient pas se nourrir. C'est une découverte étonnante pour des enfants. Elle peut s'exprimer, comme on le voit, de façon très simple et il n'est pas indispensable d'employer les expressions "chaîne alimentaire", "réseau alimentaire".
La notion précédente est essentielle. Elle permettra de comprendre de nombreux problèmes écologiques (équilibre d'un milieu et sa fragilité...) et d'aborder certains grands problèmes qui se posent aux hommes ; par exemple, le problème de la faim dans le monde. Nourrir tous les hommes de la planète, c'est **augmenter la production végétale** dans les pays qui souffrent de la faim.

1 INFORMATIONS UTILES POUR L'ENSEIGNANT

Dans un milieu donné, d'étroites **relations alimentaires** s'établissent entre les différents animaux et végétaux qui y vivent. Les figures 1 et 4 présentent des exemples de relations alimentaires :

— une **chaîne alimentaire** à trois maillons (fig. 1) ;

— un **réseau alimentaire** très simplifié (fig. 4).

Qu'est-ce qu'une chaîne alimentaire ? et un réseau alimentaire ?
Que signifient ces expressions ?

1 Les réseaux alimentaires

Lorsqu'on établit les relations alimentaires entre les êtres vivants d'un milieu (forêt, prairie, haie, étang...), on peut toujours faire les mêmes constatations :

— Chaque proie a plusieurs prédateurs différents, chaque prédateur consomme plusieurs proies d'espèces différentes. Il s'établit ainsi un véritable réseau de relations que les scientifiques appellent réseau trophique (en grec "trophos" signifie nourriture) ou réseau alimentaire.

— Quel que soit le milieu, les animaux se nourrissent en mangeant des plantes ou d'autres animaux. En revanche, les plantes chlorophylliennes ne "mangent" pas d'autres êtres vivants ; elles fabriquent leurs constituants, à la lumière, à partir d'eau, de sels minéraux et de dioxyde de carbone.

2 Les chaînes alimentaires

Une **chaîne alimentaire** est la relation alimentaire la plus simple : une suite d'êtres vivants dans laquelle chaque individu mange celui qui le précède.

Deux remarques sont importantes :

— le nombre des **maillons** peut varier d'une chaîne à l'autre,

— chaque chaîne débute par un végétal chlorophyllien.

On dit que des organismes appartiennent au même **niveau trophique** quand ils sont séparés des végétaux chlorophylliens par le même nombre de maillons.

• **Ce mode de représentation des relations alimentaires** a l'avantage de faire apparaître le **transfert de matière** d'un être vivant à un autre, d'un maillon de la chaîne au suivant.
De "mangeur" en "mangé", on remonte toujours au même **point de départ : les plantes chlorophylliennes** capables de produire de la matière organique à partir de substances minérales.

• **Les plantes chlorophylliennes, premiers maillons** des chaînes alimentaires, sont appelées les **producteurs**, ce qui signifie "producteur de matière

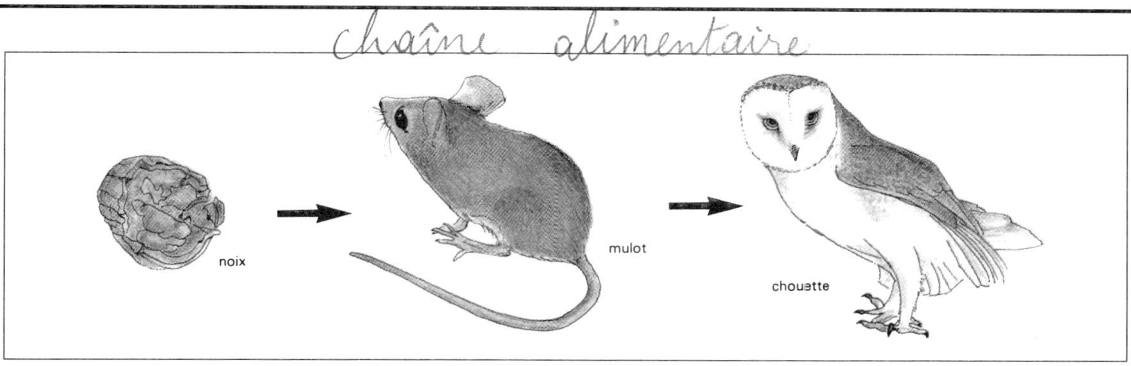

FIG. 1

Une chaîne alimentaire à trois maillons. Que signifie cette expression ?

Extrait de *Biologie 6e*.

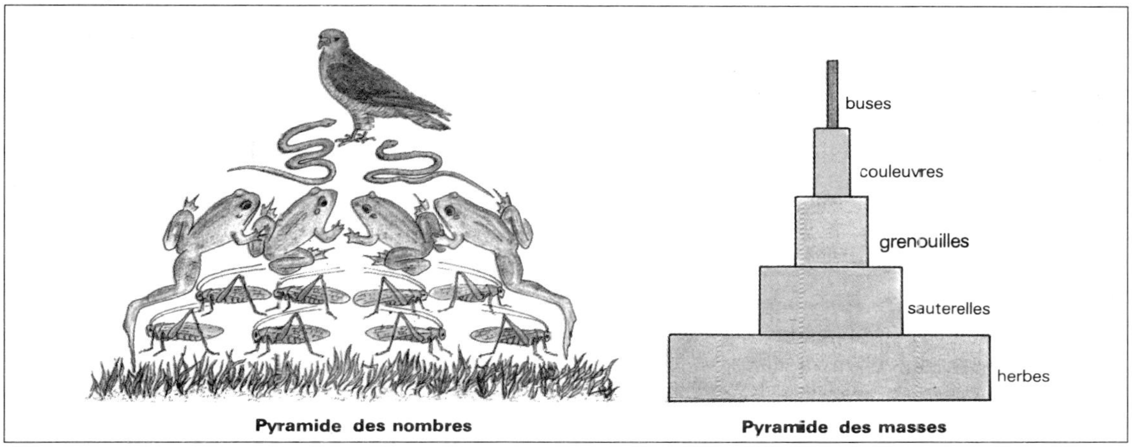

FIG. 2

Dans un milieu donné et à un instant donné, le nombre et la masse des êtres vivants présents diminue d'un maillon à l'autre d'une chaîne alimentaire donnée. Ce phénomène est habituellement représenté sous forme d'une pyramide alimentaire.

Extrait de *Biologie 6e*.

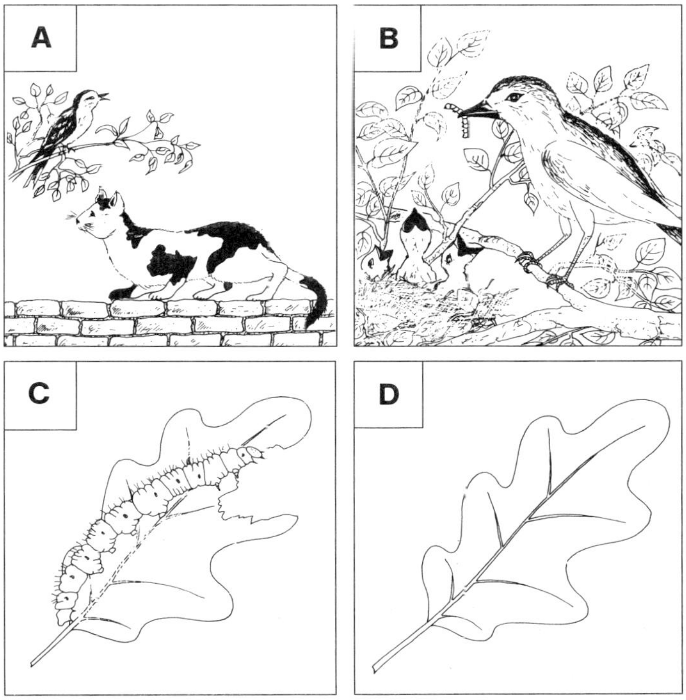

FIG. 3

Une chaîne alimentaire ne s'écrit pas n'importe comment. Elle doit indiquer le trajet de la nourriture depuis les plantes jusqu'aux animaux carnivores. Ce document peut permettre à des enfants de Cours Elémentaire de se familiariser avec le code à employer pour exprimer cette notion.

Extrait de *Cahier d'activités CE1, Biologie*.

organique à partir de matière minérale". Les animaux sont appelés des **consommateurs**, ce qui signifie "consommateur de matière organique animale ou végétale". Quelle que soit leur place dans la chaîne alimentaire, tous les animaux, qu'ils soient végétariens ou carnivores, dépendent des plantes vertes pour se nourrir. La matière organique produite par les végétaux chlorophylliens est, pour les animaux, source de matière et d'énergie.

3 Une perte de matière d'un maillon à l'autre

Il est facile, avec un animal d'élevage, de connaître la quantité de nourriture qu'il consomme pendant une période donnée et l'augmentation de masse de son corps pendant le même temps. La comparaison des deux valeurs montre une perte importante. Le même constat peut être fait avec des animaux vivant à l'état sauvage dans la nature. Pourquoi ces différences entre les deux valeurs ?

Pour un animal, les aliments constituent non seulement la **matière première** utilisée dans la fabrication de leur corps mais aussi une **source d'énergie**. De plus, une partie des aliments ingérés est éliminée dans les excréments. La figure 5 fournit des données quantitatives précises dans le cas de deux animaux pris comme exemples. On constate que :

— la masse de matière construite est toujours réduite par rapport à la masse des aliments consommés,

— la part des aliments ingérés non utilisés est plus importante chez les végétariens que chez les carnivores,

— les pertes par respiration sont plus importantes chez les animaux qui maintiennent leur corps à température constante que chez les animaux dont la température du corps est proche de celle du milieu extérieur.

4 Une représentation "en pyramide"

Dans un milieu donné, le nombre des êtres vivants et leur masse ne sont pas quelconques. La figure 2 en fournit, sous forme de **pyramide**, une représentation quantitative aux différents niveaux d'une chaîne alimentaire prise comme exemple. La diminution du **nombre** des individus et celle de la **masse** de matière vivante, d'un maillon à l'autre, s'expliquent par l'emploi d'une partie des aliments comme source d'énergie.

Ainsi, lorsqu'une grenouille mange des sauterelles, une partie seulement de la "matière sauterelle" sert à faire de la "matière grenouille", l'autre servant de "carburant". Sur le plan quantitatif, on constate donc une perte considérable de la masse des êtres vivants, d'un maillon à l'autre. Cependant, dans un **milieu en équilibre**, la masse des différentes espèces d'un même niveau trophique reste stable.

Connaissez-vous

LE SENS DE CES MOTS OU EXPRESSIONS

- chaîne alimentaire
- réseau alimentaire
- réseau trophique
- niveau trophique
- maillon
- transfert de matière
- producteur
- consommateur
- source de matière
- source d'énergie
- pyramide alimentaire

2 DES ACTIVITÉS PÉDAGOGIQUES POSSIBLES

Ce sujet qui figure au programme du Cours Elémentaire est plus facile à aborder au CE2 qu'au CE1.

1 Qui mange l'autre ?

Si on demande à des enfants d'inventer un code pour représenter les relations alimentaires qui existent entre un oiseau et un chat, ils utilisent plus spontanément une flèche qui signifie "mange" (c'est le sens du déplacement du chat vers l'oiseau) que la flèche employée par les scientifiques et qui signifie "est mangé par". Comment peut-on les familiariser avec cette représentation insolite mais obligatoire ?

Voici une proposition :

• Dans quel ordre faut-il placer ces quatre images ?

— Découper les quatre images du document 3 (sans fournir le texte). Que représente chacune d'elles ?

— Supposons que les événements présentés sur ces images aient eu lieu successivement dans le même jardin. Dans quel ordre se sont-ils produits ?

FIG. 4

Un milieu naturel tel qu'une forêt abrite de nombreux êtres vivants. Le dessin en présente quelques-uns et les flèches indiquent les relations alimentaires qui s'établissent entre eux. Quelle notion fondamentale peut-on dégager de ce document ?

Extrait de *Biologie 6e*.

• **Comment les scientifiques écrivent-ils une telle histoire ?**
L'histoire fait intervenir successivement quatre acteurs. Les scientifiques l'écrivent ainsi :

feuille→chenille→oiseau→chat

Que signifie la flèche dans cette manière d'écrire ?

• **Ecrivons comme les scientifiques.**
Proposer d'autres histoires (par exemple celles de la figure 6) et les faire écrire en utilisant les flèches "est mangé par".

2 Représenter un ensemble de chaînes entremêlées

Avec le document de la figure 7, l'enfant doit écrire des chaînes alimentaires. Il n'a pas à les inventer. Les informations données dans le tableau lui indiquent ce que mange chacun des animaux représentés. Il doit donc :

— employer un code imposé,

— utiliser les informations fournies dans le tableau,

— traduire ces informations sur le dessin,

— écrire les chaînes alimentaires représentées sur le dessin.

Cet exercice permet la prise de conscience de notions d'écologie importantes, en particulier de découvrir que **toutes les chaînes alimentaires débutent par une plante chlorophyllienne**. De plus, cet exercice permet de réaliser une révision de la notion de régime alimentaire en faisant distinguer les animaux carnivores de ceux qui sont végétariens ou omnivores.

Cet exercice conduit à écrire 11 chaînes alimentaires dont voici la plus longue et une des plus courtes :

laitue→escargot→ scarabée→ grive→ buse,
laitue→ escargot→ hérisson.

Le réseau alimentaire obtenu par ce dessin donne une idée de l'**étroite interdépendance de tous les êtres vivants** du jardin.

Remarque : D'après ce qui précède, on constate que les enfants de CE2 peuvent découvrir les relations alimentaires entre les êtres vivants sans savoir comment se nourrissent les plantes chlorophylliennes. Ce sujet, difficile, sera abordé ultérieurement.

NOTIONS VISÉES

à l'école élémentaire

- S'il n'y avait pas de plantes, les animaux végétariens ne pourraient pas se nourrir. De ce fait, les animaux carnivores ne trouveraient plus à manger. Tous les animaux d'un milieu dépendent donc des plantes pour leur nourriture.
- Une chaîne alimentaire indique le trajet de la nourriture depuis les plantes (premier maillon de la chaîne) jusqu'aux animaux carnivores.
- Dans un milieu, les chaînes alimentaires sont entremêlées et forment un réseau alimentaire.
- **Mots clés**
chaîne alimentaire, maillon.

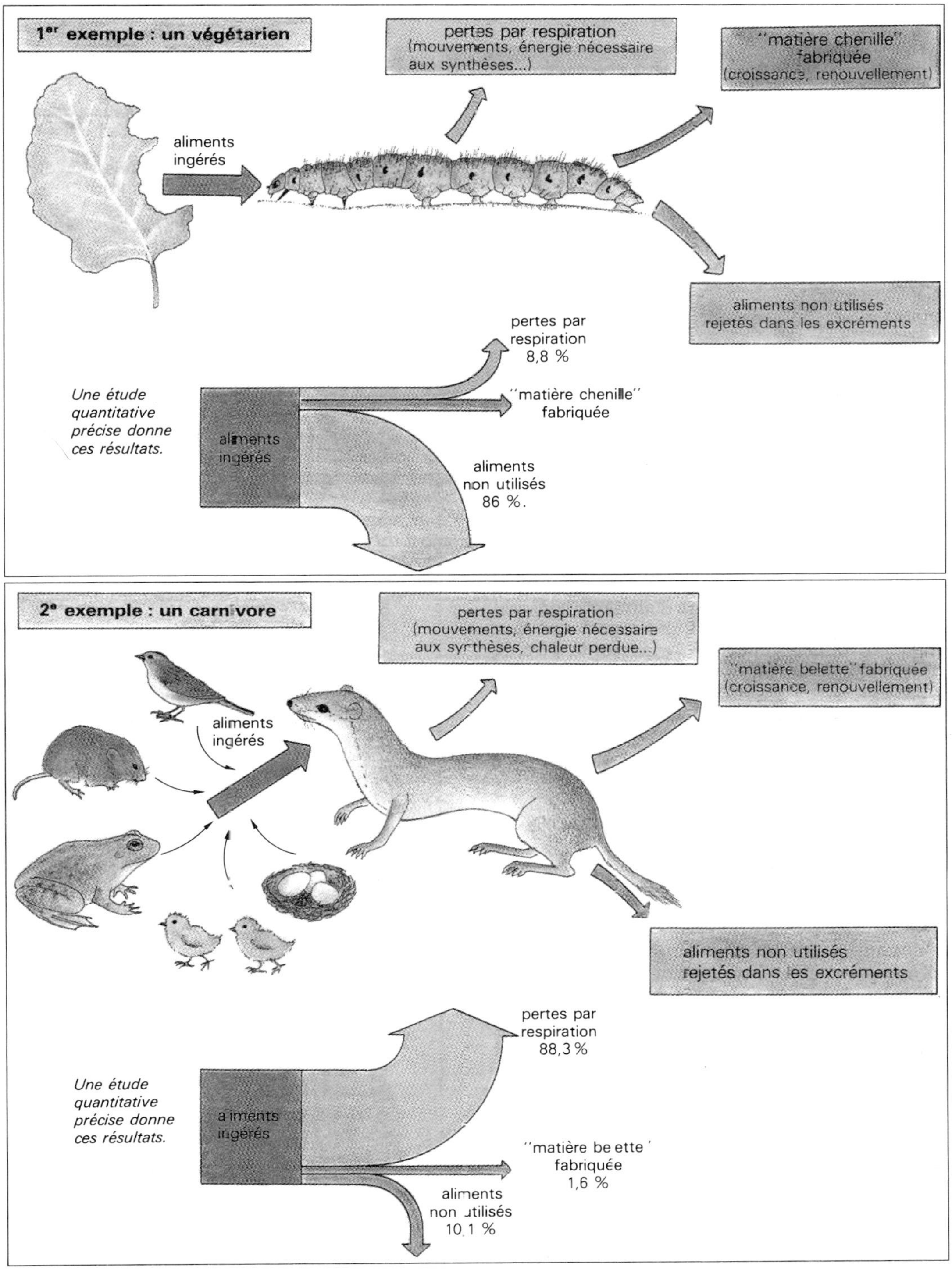

FIG. 5

Une chenille fabrique sa "matière chenille" en mangeant des végétaux ; une belette fabrique sa "matière belette" en mangeant divers animaux. Dans l'un et l'autre de ces exemples, les aliments consommés ne servent pas uniquement à la fabrication de leur propre matière. Comparez les données quantitatives fournies pour chacun de ces animaux et exprimez clairement les notions scientifiques visées.

Extrait de *Biologie 6e*.

Mangeurs puis mangés **24**

Ecris ces deux chaînes alimentaires.

FIG. 6

Si les enfants ont déjà écrit des chaînes alimentaires, ce document est utilisé pour contrôler qu'ils maîtrisent bien le code obligatoire pour écrire une chaîne alimentaire. Dans le cas contraire, il peut servir de point de départ pour la découverte de cette notion.

Extrait de *Matrices CE, Biologie.*

Les ogres du jardin 26

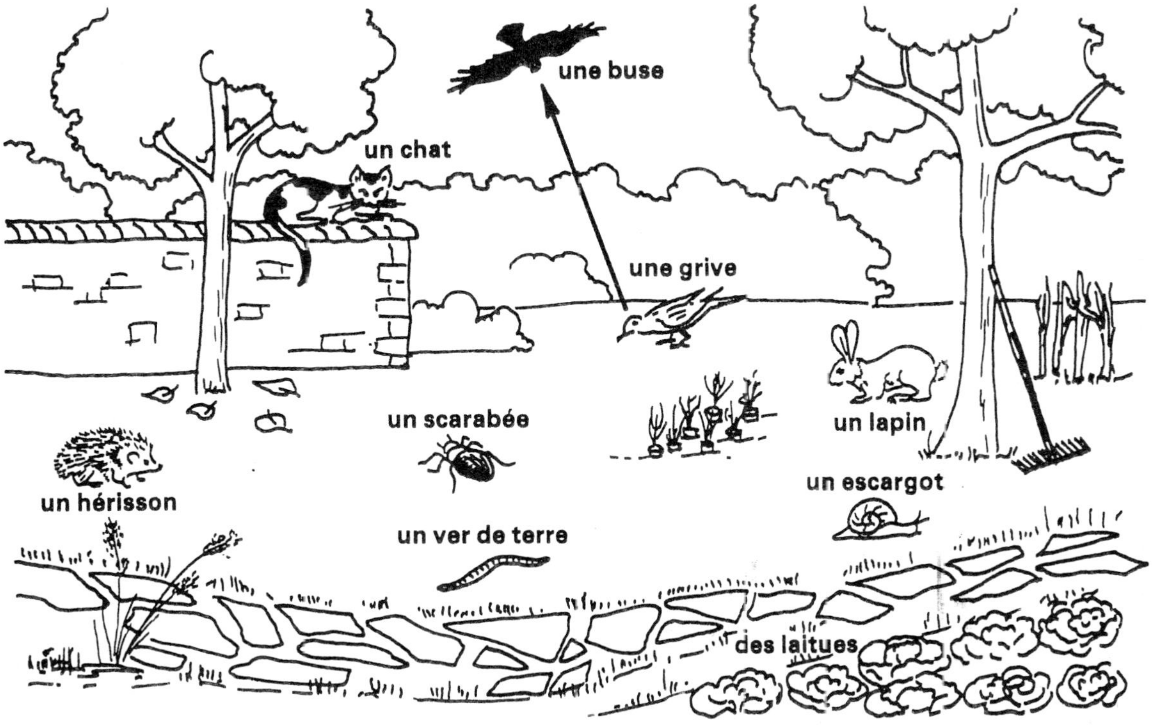

1. Sur le dessin, entoure le nom des animaux en utilisant trois couleurs pour carnivore, végétarien, omnivore.

2. Une flèche est tracée entre la grive et la buse. Que signifie-t-elle ? Sur le dessin, trace les autres flèches qui ont la même signification.

Voici ce qu'ils mangent...	
La buse	campagnols, vers de terre, lapins, oiseaux.
Le chat	souris, oiseaux.
L'escargot	laitues, herbes.
La grive	insectes, vers de terre, escargots, fraises.
Le hérisson	insectes, vers de terre, œufs, escargots.
Le lapin	végétaux divers.
Le scarabée	escargots, débris animaux.
Le ver de terre	fragments de feuilles tombées.

3. Ecris sur une feuille différentes chaînes alimentaires.
Ecris ici la plus longue de ces chaînes : . . . .
Ecris la plus courte : . . . .

4. Que trouve-t-on au début de chacune de ces chaînes ? : . . . .

5. Les animaux carnivores pourraient-ils continuer à se nourrir s'il n'y avait plus de plantes ? Justifie ta réponse.

FIG. 7

Cet exercice plutôt réservé au Cours Elémentaire 2e année en raison de sa longueur conduit à établir un réseau alimentaire qui donne une idée de l'étroite interdépendance des êtres vivants d'un milieu.

Extrait de *Matrices CE, Biologie.*

5 Les secrets d'une bonne alimentation

L'alimentation humaine est un sujet très important pour de nombreuses raisons.

— Dans sa famille, l'enfant est parfois contraint de limiter la consommation de ses aliments préférés et obligé de manger des aliments qu'il n'apprécie guère.

Il est important de lui faire comprendre la raison de cette discipline imposée et de lui faire **découvrir le bien-fondé de certaines règles de diététique**.

— Une meilleure connaissance des besoins alimentaires contribue à l'**éducation du consommateur ;** elle lui apprend à rechercher la qualité des produits et à ne pas se laisser guider par n'importe quelle publicité.

— L'enfant croit facilement que le meilleur ou même le seul bon comportement alimentaire est celui qui se pratique dans son milieu. Il est nécessaire de lui faire découvrir la relativité des régimes et des habitudes, et de l'aider ainsi à analyser de manière critique ses propres comportements.

— Tout comme il ne mange pas n'importe quoi, l'homme ne mange pas n'importe quand, ni n'importe où, ni n'importe comment.

Pour lui, se nourrir n'est pas seulement un acte physiologique, c'est un **acte social fondamental**, un moyen de s'exprimer, un langage. Le choix des aliments, la manière de les manger sont réglés par un code qui évolue en fonction des époques, des civilisations... Le repas est donc un moment important dans l'éducation.

De très nombreuses activités sont possibles dès l'école maternelle.

1 INFORMATIONS UTILES POUR L'ENSEIGNANT

1 Des principes généraux pour avoir une alimentation équilibrée

Une alimentation équilibrée doit à la fois couvrir les dépenses énergétiques de l'organisme (c'est-à-dire satisfaire les **besoins quantitatifs**) et apporter les "matériaux" indispensables à son bon fonctionnement (c'est-à-dire satisfaire les **besoins qualitatifs**).

Pour répondre à ce principe général, il faut donc :

— connaître les besoins de l'organisme à la fois sur le plan qualitatif et sur le plan quantitatif,

— connaître la composition des aliments et leur valeur énergétique.

2 Les besoins de l'organisme

• **Les besoins énergétiques** varient selon l'âge, l'activité physique, la température extérieure (fig. 1 et 2)... Un sujet allongé, immobile, moyennement vêtu, à la température de 20° C et à jeun, a une dépense énergétique minimale, appelée **métabolisme de base,** que l'on exprime en kilojoules (fig. 3 et 4). Ce métabolisme de base correspond "au service physiologique minimal" (contraction du coeur et des muscles respiratoires, vie des cellules...). A ces besoins énergétiques de base s'ajoutent les dépenses exigées par les différentes activités du sujet (activités musculaires, maintien de la température du corps...). Les scientifiques savent les évaluer avec précision.

• **Les besoins qualitatifs** ont été étudiés par différents moyens (méthode des bilans, expériences sur les animaux, analyse de carences alimentaires...).

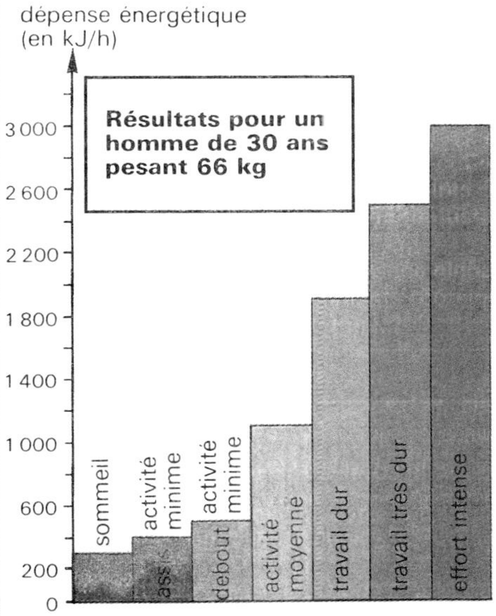

Activité	Homme (kJ/24 h)	Femme (kJ/24 h)
légère	11 300	8 400
modérée	12 500	9 200
forte	14 600	10 900
exceptionnelle	16 700	12 300

Ces valeurs sont fournies pour un homme et une femme de 25 ans pesant 65 et 55 kg et vivant sous un climat tempéré.

Valeurs moyennes communiquées par le Comité FAO/OMS.

	Masse (kg)	kJ/24 h
enfants		
0-1 an	7,3	3 380
1-4 ans	13,5	5 650
4-7 ans	20	7 650
7-10 ans	28	9 150
filles		
10-13 ans	38	9 800
13-16 ans	50	10 400
16-20 ans	54	9 650
garçons		
10-13 ans	37	10 850
13-16 ans	51	12 100
16-20 ans	63	12 850

FIG. 1

Les besoins énergétiques de l'organisme humain varient beaucoup non seulement selon l'activité physique (plus l'activité est intense, plus il faut de "carburant") mais aussi en fonction de la masse corporelle, du sexe, de l'âge.

Extrait de *Biologie 3ᵉ*.

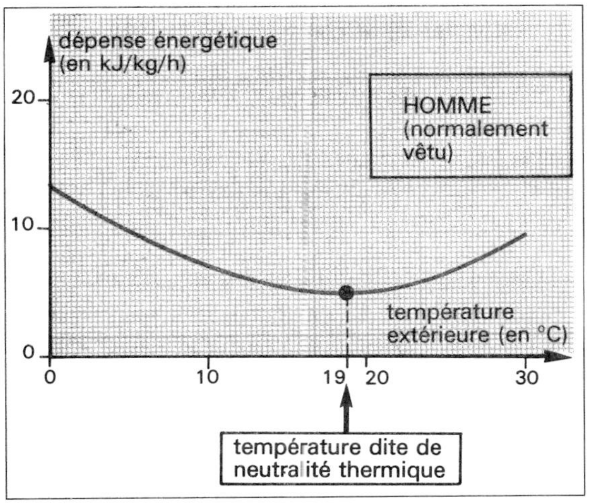

FIG. 2

Pour maintenir constante la température de son corps, l'homme utilise du "combustible" ; avec celui-ci, il va non seulement résister à un refroidissement, mais également lutter contre une température élevée.
Ce dernier point peut surprendre. Une image permet de comprendre : un réfrigérateur consomme de l'énergie pour refroidir les aliments.
La dépense effectuée pour maintenir constante la température interne du corps est nulle à la température de neutralité thermique, soit 20° C pour un sujet moyennement habillé.

Extrait de *Biologie 3ᵉ*.

FIG. 3

Une voiture immobile ne consomme pas d'énergie. Ce n'est pas le cas d'un être vivant. A quoi correspond cette dépense permanente ?

Extrait de *Biologie 3ᵉ*.

Un sujet allongé, immobile, moyennement vêtu, à la température de 20 °C et à jeun depuis 15 heures environ, a une dépense énergétique minimale. On l'appelle **métabolisme de base.** Elle est de 1 600 kilocalories par jour pour un adulte moyen soit 6 700 kilojoules environ. Elle varie avec l'âge et le sexe.
Cette dépense énergétique minimale correspond au « service physiologique minimal » : travail du cœur et des muscles respiratoires, activité permanente du cerveau, des reins, réactions de synthèse dans les « usines » que sont les cellules, vaporisation de l'eau. Pour évaluer les besoins énergétiques quotidiens, on ajoute à cette valeur minimale les dépenses exigées par les différentes activités du sujet.

On a pu ainsi définir:
— les besoins en eau ;
— les besoins en sels minéraux (et notamment en oligo-éléments, substances telles que l'iode, le manganèse, le zinc... dont les apports, bien que très faibles, sont absolument indispensables) ;
— les besoins en protides (avec notamment la découverte des acides aminés indispensables) ;
— les besoins en lipides (il y a trois acides gras essentiels) ;
— les besoins en vitamines (certaines sont solubles dans l'eau, d'autres dans les graisses, mais toutes sont indispensables à très faibles doses).

3 L'apport alimentaire

• **D'abord connaître la composition des aliments**. Les emballages d'aliments fournissent de plus en plus souvent des “informations consommateurs” précisant la composition de l'aliment ainsi que sa valeur énergétique (fig. 5). Il existe aussi des tables qui donnent ces mêmes informations pour les aliments les plus courants (fig. 7).

Le regroupement des aliments qui fournissent qualitativement les mêmes nutriments fait apparaître des possibilités **d'équivalence :** à l'intérieur d'un même **groupe**, les aliments peuvent ainsi se remplacer permettant de varier l'alimentation. Par exemple, les oeufs peuvent remplacer la viande ou le poisson car ils apportent à l'organisme les mêmes matériaux.

D'après leur composition, on peut aussi regrouper les aliments en fonction de leur rôle dans l'organisme :
— **les aliments bâtisseurs** (par exemple, la viande fournissant des protéines, le lait apportant du calcium...) interviennent plus particulièrement dans “la construction” de la matière vivante ;
— **les aliments énergétiques** (par exemple le beurre, le sucre...) constituent la source d'énergie de l'organisme ;
— **les aliments fonctionnels** (parfois appelés “**protecteurs**”) qui jouent un rôle dans le bon fonctionnement de l'organisme par leur richesse en vitamines et en fibres (par exemple les légumes et les fruits).

• **Etablir ensuite une ration alimentaire adaptée**. La ration alimentaire quotidienne, c'est-à-dire la composition de l'ensemble des repas d'une journée doit couvrir les besoins en matière et les besoins en énergie. Mais il ne peut être question de faire de chaque individu un nutritionniste ou un diététicien. A partir d'un certain nombre de règles simples et de conseils faciles à appliquer (fig. 6, 8 et 9), chacun doit savoir prendre en charge son propre équilibre alimentaire en fonction de son mode de vie, de ses goûts, de ses habitudes alimentaires familiales ou régionales.

Un des grands principes de la diététique est d'adapter la consommation aux besoins de manière à maintenir l'équilibre.

Ainsi sont proposées des rations pour enfants, pour adultes sédentaires, pour sportifs, pour personnes âgées...

• **Penser aux besoins en vitamines**. Les vitamines sont des **substances** organiques que l'organisme ne peut synthétiser.

Elles sont :
— nécessaires à son fonctionnement et à sa croissance,
— efficaces à très faible dose (de 0,01 à 75 mg par jour suivant la vitamine considérée),
— dépourvues de valeur calorique,
— présentes en très faible quantité dans les aliments.

Leur découverte ne date que de la fin du 19e siècle alors que les maladies dues à leur **carence** (appelées avitaminoses) sont connues depuis l'Antiquité.
L'organisme, étant incapable de réaliser la synthèse des vitamines, doit nécessairement les trouver préfabriquées dans l'alimentation.

4 Les maladies d'origine nutritionnelle

• **Les maladies de la faim**. Le problème de l'alimentation est capital pour la santé des hommes. Il se pose bien sûr avec une acuité particulière pour le milliard d'êtres humains sous-alimentés, dont les besoins alimentaires ne sont satisfaits ni sur le plan quantitatif ni sur le plan qualitatif. Les enfants sont les plus atteints et les dommages produits sont le plus souvent irréversibles. Dans les “pays de la faim”, la mauvaise alimentation est responsable de la mort de 30% des enfants de moins de 5 ans.

La **sous-nutrition** est la conséquence d'une ration énergétique trop faible par suite d'une alimentation quantitativement insuffisante. La **malnutrition** est due à un défaut qualitatif de l'alimentation. Ainsi la quantité absorbée peut être suffisante sans que le régime alimentaire apporte les acides aminés indispensables. Sous-nutrition et malnutrition coexistent souvent.

Les conséquences biologiques de la faim sont très graves. Les enfants qui souffrent de la faim présentent à la fois une maigreur excessive et un gonflement caractéristique du ventre dû à un oedème.

La sous-nutrition peut avoir des effets irréversibles. Un être humain qui reçoit moins de 6 200 kJ par jour meurt rapidement.

S'il ingère moins de 8 300 kJ, il vit dans un état de jeûne chronique qui l' empêche de travailler et le rend vulnérable à de nombreuses maladies. S'il consomme plus de 8 300 kJ mais moins de 10 000 kJ, il souffre de

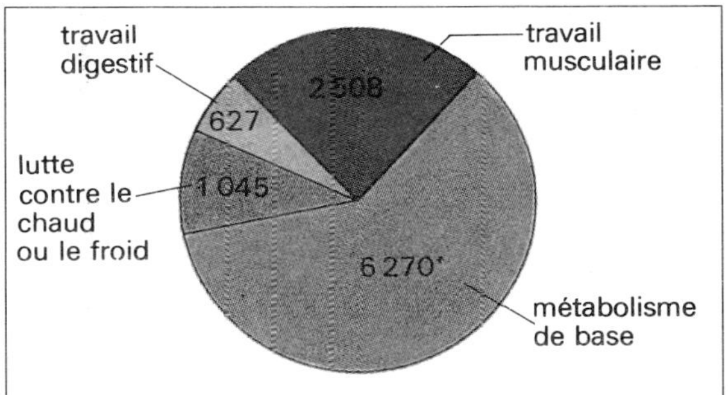

*les valeurs numériques expriment, en kilojoules, la dépense énergétique quotidienne

FIG. 4

Pour un adulte ayant une activité physique modérée (vie sédentaire), la part du métabolisme de base (dépense incompressible) dépasse 50%.

Extrait de *Biologie 1ère A et B.*

INFORMATIONS CONSOMMATEURS

Valeur nutritionnelle moyenne de 100 g de purée préparée selon le mode d'emploi indiqué :

GLUCIDES	LIPIDES	PROTIDES	VALEUR ENERGETIQUE
12,7 g	1 g	2,1 g	68 Calories (284 kJ)

Une assiette de purée Flodor constitue un aliment de bonne valeur énergétique, par la présence de sucres à absorption lente et de protéines de très bonne qualité biologique.

FIG. 5

Les étiquettes d'emballages de produits alimentaires fournissent de très nombreuses informations.
La plupart des aliments contiennent à la fois des protides, des glucides et des lipides : ce sont des aliments composés.

Extrait de *Biologie 3e*

UNE FORMULE SIMPLE : 421 = GPL

« Dans cette formule :
— G représente la famille des glucides,
— P représente la famille des protides,
— L représente la famille des lipides.
Les chiffres 4, 2 et 1 représentent le nombre de portions de chacune des familles G, P et L qui doivent obligatoirement rentrer dans la composition de chacun des trois repas, y compris et surtout l'indispensable petit déjeuner qui en France est souvent un repas délaissé.
La formule 421 = GPL n'est peut-être pas idéale, mais elle a l'avantage d'être simple. Elle permet d'éviter les erreurs d'hygiène alimentaire les plus fréquentes et les plus grossières car elle est fondée sur la diversification, donnée essentielle de l'équilibre alimentaire.
Elle est depuis le 20 septembre 1985 approuvée et recommandée par le ministère de la Jeunesse et des Sports, par l'Unesco... »

A.-F. Creff. *La Diététique « Que sais-je ? »*. PUF.

FIG. 6

Les nutritionnistes emploient parfois des formules choc pour sensibiliser le public et réaliser une éducation nutritionnelle de la population.

Extrait de *Biologie 3e*.

COMPOSITION DE QUELQUES ALIMENTS

1. LAIT ET PRODUITS LAITIERS

Aliments (100 g)	kJ	P	L	G
Lait entier	272	3,5	3,5	5
Lait demi-écrémé	205	3,5	1,7	5
Beurre	3 177	1	84	0
Beurre allégé	1 714	7	41	1
Crème fraîche	1 254	3	30	4
Crèmes glacées	795	4	10	20
Fromage blanc 0%	184	8	0	3
Fromage blanc 40%	485	8	8	3
Yaourt nature (unité)	230	5	1,2	6
Yaourt à 0% (unité)	184	5	0	6
Yaourts aux fruits (unité)	418	5	0	20
Brie	1 128	17	21	3,5
Camembert	1 304	20	24	4
Crème de gruyère	1 170	18	22	2,5
Emmenthal	1 734	28	33	1,5
Roquefort	1 693	23	35	2
Saint-Paulin	1 526	24	29	2

2. VIANDES, POISSONS, ŒUFS

	kJ	P	L	G
Agneau côtelette	1 380	15	30	0
Bœuf entrecôte	836	17	15	0
Canard	1 250	20	25	0
Cheval	460	22	2,5	0
Dinde escalope	1 087	22	19	0
Lapin domestique	556	22	5	0
Porc côte	1 380	15	30	0
jambon	1 254	18	22	6
Poulet	627	21	7	0
Veau escalope	715	18	11	0
Rillettes	2 500	22	57	3
Saucisse	1 750	15	40	0
Saucisson sec	2 340	25	50	0
Cabillaud	330	18	0,5	0
Limande, sole	326	15	2	0
Merlan	376	16	3	0
Poisson pané	731	16	9	7
Sardine fraîche	522	20	5	0
Sardine à l'huile	1 066	23	17	0
Thon à l'huile	1 170	25	20	0
œuf entier (unité)	334	7,5	5,5	0

3. LÉGUMES ET FRUITS

	kJ	P	L	G
Avocat	836	1,7	20	6
Betterave	188	1,6	0,1	9,5
Champignon	117	3	0	4
Choucroute	121	1,3	0,4	5
Chou-fleur	134	2,4	0,3	5
Concombre	54	1	0	2
Endive	84	1	0	4
Haricot vert	167	2,5	0	7
Laitue	75	1,2	0	3
Petit pois	293	4	0	12
Tomate	84	1	0	4
Ananas frais	213	0,5	0	12
en conserve	401	0,4	0	23
Banane	376	1,5	0	20
Datte	1 296	2,2	0,6	75
Noix	2 759	15	60	15
Orange	167	1	0	9
Pêche au sirop	472	0,4	0,08	20
Pêche fraîche	196	0,5	0,1	11
Pomme	217	0,3	0	12
Raisin	338	1	1	17
Raisin sec	1 354	3	1,3	75
Chocolat au lait	2 299	5	34	56
Confiture	1 170	0	0	70
Miel	1 333	0,3	0	79,5
Sucre	1 672	0	0	100

4. PAIN, CÉRÉALES, POMMES DE TERRE ET LÉGUMES SECS

	kJ	P	L	G
Biscottes	1 630	10	5	75
Biscuits	1 714	7	10,5	72
Brioche	1 613	7	22	40
Chips	2 383	5	39	50
Flageolet	501	8	0,5	21
Lentille	1 413	24	2	56
Pain	1 066	7	0,8	55
Pain complet	960	8	1,2	50
Pâtes	376	20	0	20
Pizza	836	5	10	2
Pomme de terre	376	2	0	
frite	1 756	3	20	57
Riz cuit	376	2	0	20

5. MATIÈRES GRASSES

	kJ	P	L	G
Beurre	3 177	1	84	0
Beurre allégé	1 714	7	41	1
Huiles	3 762	0	99	0
Margarine	3 156	1	83	1

6. BOISSONS

	kJ	P	L	G
Bière (une canette)	648	0	0	11,5
Café	4	0,4	0	0,4
Coca-cola	184	0	0	11
Jus de raisin	318	0	0	19
Limonade	196	0	0	12,5
Thé	< 1	0,1	0	0
Vins	234-300	0	0	0

P : protides
L : lipides
G : glucides.

FIG. 7

Les aliments sont au nombre de plusieurs milliers. Comment faire le bon choix pour établir une ration équilibrée ? Les nutritionnistes ont regroupé ensemble les aliments présentant la même valeur nutritionnelle. Ainsi est née la notion de groupes d'aliments.

Extrait de *Biologie 3e*.

LES APPORTS EN PROTIDES

A. Les problèmes à résoudre

Les diverses protéines offrent une richesse très inégale en différents acides aminés, en particulier en **acides aminés indispensables**. Lorsque la composition d'une protéine en acides aminés est proche de celle de l'organisme humain, sa valeur biologique est très bonne. C'est le cas des protéines d'origine animale et notamment des œufs, du lait, de la viande, du poisson. En revanche, les protéines d'origine végétale ne contiennent pas tous les acides aminés indispensables. Cependant, il faut savoir que les protéines animales sont généralement accompagnées de « graisses cachées » ; ainsi, la viande de porc contient entre 30 et 40% de lipides, la viande de mouton 20%...
De plus l'organisme ne fait pas de réserves de protéines. Tous les acides aminés en excès sont dégradés et donnent naissance à des substances de déchets dont l'augmentation peut entraîner une fatigue rénale.

B. Les réponses des nutritionnistes

— L'alimentation doit apporter des protides d'origine animale et des protides d'origine végétale en quantités sensiblement égales.
— La ration journalière doit être suffisante (pour que tous les acides aminés indispensables y figurent en quantité convenable) mais ne doit pas dépasser (en masse) 14% de la ration totale. La **variété des menus** est la meilleure recette pour parvenir à un bon apport en acides aminés.

FIG. 8

La meilleure recette pour parvenir à un bon apport en acides aminés n'est-elle pas de varier les menus et surtout d'équilibrer l'apport entre protides d'origine animale et protides d'origine végétale ?

Extrait de *Biologie 3e*.

LES APPORTS EN LIPIDES

Dans le régime actuel moyen des Français, les lipides sont fournis en trop grande quantité. Ceci explique le fort pourcentage occupé par les maladies cardio-vasculaires dans les causes de mortalité. Afin d'apporter à l'organisme les **acides gras essentiels** tout en évitant les pathologies vasculaires, un équilibre entre les corps gras polyinsaturés (P) et saturés (S) doit être respecté. Les nutritionnistes conseillent un rapport P/S compris entre 0,5 et 0,7.
— Aliments riches en acides gras saturés : charcuterie, viande, foie, œufs, huile d'arachide, fromages, lait entier, beurre, crème... et d'une façon générale les graisses d'origine animale.
— Aliments riches en acides gras polyinsaturés : huiles de tournesol, de maïs, de colza, de soja... et margarines fabriquées à partir de ces huiles. Leur consommation paraît avoir un rôle protecteur pour le taux de cholestérol du sang.

FIG. 9

Les aliments contenant des lipides ne sont pas tous équivalents. En effet, l'organisme humain est incapable de synthétiser certains acides gras dits essentiels qui doivent donc être apportés par l'alimentation et dont certains n'existent que dans les huiles végétales.

Extrait de *Biologie 3e*.

• Le **marasme**, fréquent dans les milieux urbains, s'observe surtout pendant la première année de la vie. La maladie se manifeste par une maigreur extrême, l'absence de graisse sous-cutanée, une véritable fonte des masses musculaires qui laisse voir les os. Le poids peut descendre jusqu'à 60% de la valeur normale.
Cette maladie est due à une **carence globale en aliments**, non seulement en aliments protéiques mais aussi en aliments énergétiques.

• **Le kwashiorkor** est une maladie fréquente chez des enfants de populations rurales, alimentés correctement pendant 18 mois à 2 ans grâce à l'allaitement maternel et qui, après sevrage, ne se nourrissent plus que de patates douces, de manioc ou de mil. Le corps présente des œdèmes importants (ventre et membres inférieurs gonflés, visage bouffi) ; la peau craquelée pèle facilement.
Dans certaines régions particulièrement défavorisées, la maladie est responsable de la mort de 30% des enfants de moins de 5 ans. Elle est absente des populations qui fournissent à leurs enfants, même en faible quantité, de la viande ou du poisson.
Cette maladie est essentiellement due à une **déficience quantitative et qualitative en protéines**.

FIG. 10

La France et de nombreux pays d'Europe ont connu autrefois ces famines terriblement meurtrières. Le problème de la faim n'est donc pas nouveau. Ce qui est nouveau, c'est son ampleur, son étendue géographique, l'extraordinaire inégalité qui existe entre des hommes "malades" parce qu'ils mangent trop et des hommes qui meurent de faim, l'élargissement du "fossé" qui sépare les pays riches des pays pauvres. Marasme et kwashiorkor sont les deux aspects les plus fréquents des maladies de la faim.

Extrait de *Biologie 3e*.

faim relative et le déséquilibre de son régime provoque de nombreuses maladies de dégénérescence.

Lorsqu'elle n'entraîne pas la mort, une sous-alimentation importante et prolongée provoque, chez les jeunes enfants, un ralentissement du développement physique (réduction de la dimension du cerveau, altération de sa composition cellulaire) ; les dommages sont le plus souvent irréversibles. Ni une alimentation compensatoire ni l'éducation ne pourront ultérieurement restaurer ce qui a été perdu.

• **Les maladies par excès**. Paradoxalement, dans les pays "riches", l'alimentation constitue aussi un grave problème de santé publique. L'évolution des habitudes alimentaires au cours des dernières décennies (marquée essentiellement par une surconsommation de viandes souvent riches en "graisses cachées") est en effet responsable de nouvelles **maladies (cardio-vasculaires** notamment) qui entraînent une mortalité importante. A titre d'exemple, un taux de cholestérol sanguin qui passe de 1,80 g/l à 2,80 g/l multiplie par 7 les risques d'apparition de pathologie coronarienne ! Or, les maladies cardiaques sont, rappelons-le, la première cause de mortalité en France.

Connaissez-vous

LE SENS DE CES MOTS OU EXPRESSIONS

- **besoins quantitatifs**
- **besoins qualitatifs**
- **métabolisme de base**
- **groupes d'aliments**
- **équivalence**
- **aliments bâtisseurs**
- **aliments énergétiques**
- **vitamine**
- **carence**
- **sous-nutrition**
- **malnutrition**

2 DES ACTIVITÉS PÉDAGOGIQUES POSSIBLES

A l'école maternelle

De très nombreuses séquences sont nécessaires, en petite, moyenne et grande section, pour découvrir ce que nous mangeons. Voici quelques exemples d'activités possibles :

— Préparer certains aliments dont l'origine est mal connue :

(blé→pain ;
lait→crème→beurre ;
lait→fromage ;
pomme→jus de pomme→cidre ;
raisin→jus de raisin→vin→vinaigre ;
fabrication de yaourt, de sucre, de sel...).

— Préparer des "plats cuisinés" (gâteaux, purée, compote, confiture, potage...).

— Cultiver des radis, des carottes, des pommes de terre, des pois, des haricots... et les manger.

— Réaliser des visites chez les commerçants (boucher, pâtissier, grande surface, marché...), dans une ferme (lait, oeufs, poulet...), chez un jardinier...

— Travailler sur des menus.

— Classer des aliments (selon la nature, la provenance, le goût...).

— Découvrir les différents états d'un même produit (fruits frais et fruits secs, oeufs frais et oeufs durs, légume cru ou cuit, fromage en morceau ou râpé, sucre en morceaux ou en poudre...).

— Jouer à la marchande (emballages divers, fruits et légumes fabriqués en pâte à sel, images découpées dans des catalogues de fruits ou de légumes...).

Au Cours Préparatoire

1 Que mange Eric ?

Les enfants observent les dessins du document 11 et identifient à haute voix les objets et aliments proposés. Si vous le jugez nécessaire, la première question peut même être traitée oralement, puis les enfants y répondent individuellement par écrit.

La distinction entre les aliments qui proviennent des animaux et ceux qui proviennent des plantes est souvent difficile.

Certains aliments (oeufs, pain, confiture...) posent des problèmes. Une discussion collective permet de trouver une réponse pour certains d'entre eux. Dans d'autres cas, une enquête auprès des parents ou des activités complémentaires s'imposent. Ce n'est qu'au terme de ces entretiens que les enfants pourront faire le travail demandé dans la deuxième question.

La troisième question ne sera pas obligatoirement réalisée par tous les enfants ; elle aura l'avantage d'occuper les plus rapides.

2 Classer les aliments

En découpant, dans des publicités, des catalogues ou sur des emballages, des photographies ou des dessins

Que mange Eric ? **4**

- Eric mange une pomme.
Montre par d'autres flèches ce qu'il peut encore manger ou boire.

- Entoure, en rouge, les aliments qui proviennent des animaux.
Entoure, en vert, les aliments qui proviennent des plantes.

- Écris une chose qu'Eric ne mange pas : ....

....

FIG. 11

Ce document de travail, destiné aux élèves du Cours Préparatoire, permet de faire le point sur l'origine de nos aliments.

Extrait de *"Matrices CP, Biologie"*.

d'aliments, on peut réaliser divers classements (cuits/crus, sucré/salé, plats cuisinés/aliments "bruts"...).

3 Composer un menu

A partir d'un classement d'aliments comme celui de la figure 12 et avec la règle: "Il faut manger à chaque repas un aliment de chaque famille", on peut :

— composer un menu équilibré,

— contrôler si un menu est équilibré.

4 D'où viennent les aliments ?

A partir d'aliments découpés dans des revues, des catalogues ou des publicités (jambon, pâté, huile, saucisson, pain, biscuits, pâtes, farine, beurre, confiture...), on peut rechercher d'où viennent ces aliments.

Les enfants ne savent pas toujours d'où viennent la farine ou le jambon. Une discussion est alors nécessaire, complétée par une brève enquête auprès des parents ou de l'entourage. Pour certains aliments (fromage blanc, beurre, farine, pain, confiture...) il est possible de les fabriquer en classe.

Au Cours Moyen

Au Cours Moyen, le travail sur l'alimentation humaine doit aborder d'une part l'aspect qualitatif (variété des aliments, composition d'un menu, notion d'équivalence entre les aliments d'un même groupe...), d'autre part l'aspect quantitatif.

1 Chercher différentes façons de classer les aliments

Vous pouvez faire l'inventaire de ce que les enfants ont mangé au cours du dernier repas de midi et les inviter ensuite à chercher différentes manières de classer ces aliments.
Ils n'inventeront pas la classification des diététiciens, mais l'exercice est intéressant à plusieurs titres :

— il permet de constater qu'on a autant de classements possibles que de critères choisis (aliments cuits/aliments crus ; aliments d'origine animale/aliments d'origine végétale ; aliments produits localement/aliments produits dans d'autres pays ; aliments salés/aliments sucrés...) ;
— il permet de dire clairement que tout ce que nous mangeons est d'origine animale ou d'origine végétale (l'homme fabrique sa matière vivante à partir d'autre matière "vivante" animale ou végétale).

2 Composer un menu qui respecte les règles des diététiciens

Que représente le dessin de la figure 12 ? un classement d'aliments proposé par des médecins. Pour assurer correctement les besoins de l'organisme, il faut quotidiennement trouver dans son alimentation un représentant de chacun des groupes et, si possible, pour chacun des repas de la journée. Il n'est pas nécessaire d'en savoir plus pour appliquer la règle et imaginer des menus. Chaque équipe d'enfants compose un menu pour chacun des trois repas d'une journée. Les propositions de menus sont écrites sur une grande feuille de papier et sont ensuite soumises à la réflexion critique de l'ensemble de la classe.

3 A quoi servent les aliments que nous mangeons ?

Si vous posez cette question aux enfants, ils fourniront, après quelques minutes de réflexion, deux réponses intéressantes : "les aliments servent à nous faire grandir" (c'est-à-dire servent à fabriquer notre corps) ; "les aliments servent à nous faire bouger" (c'est-à-dire sont l'équivalent de l'essence d'une voiture, la source d'énergie de nos mouvements).

Demandez alors aux enfants d'essayer de comprendre ce qu'apportent les divers groupes d'aliments : matériaux de construction ? énergie ? autre chose ?
Une comparaison intéressante peut être approfondie : la comparaison entre la construction du corps et la construction d'une maison.

— La construction d'une maison nécessite des matériaux variés (briques, sable, ciment, plâtre...) ; elle consomme de l'énergie (essence, électricité...) pour le fonctionnement de certaines machines ; elle nécessite l'emploi d'outils (grues, truelles...).

— La construction du corps humain nécessite l'emploi de matériaux (les protéines, le calcium...) ; elle consomme de l'énergie et exige la présence de certains "outils" de fonctionnement (vitamines...).

Une différence fondamentale avec la construction d'une maison : la construction du corps humain n'est jamais terminée. Tout au long de la vie, certaines "briques" qui constituent le mur sont remplacées par d'autres. Il y a remaniement constant, même si celui-ci passe totalement inaperçu. Ce remaniement (qui ne cesse qu'avec la mort) consomme de l'énergie (c'est-à-dire utilise une partie des aliments pour couvrir les besoins). Ce remaniement constant est l'une des principales caractéristiques de la vie et explique que nous mangions presqu'autant tout au long de notre vie, et pas seulement au moment de la croissance.

FIG. 12

Les enfants ne peuvent inventer ce regroupement des aliments par familles. Ceci constitue donc un document à leur fournir pour leur faire ensuite découvrir les secrets d'une bonne alimentation.

Extrait de *Cahier d'activités CP, Biologie.*

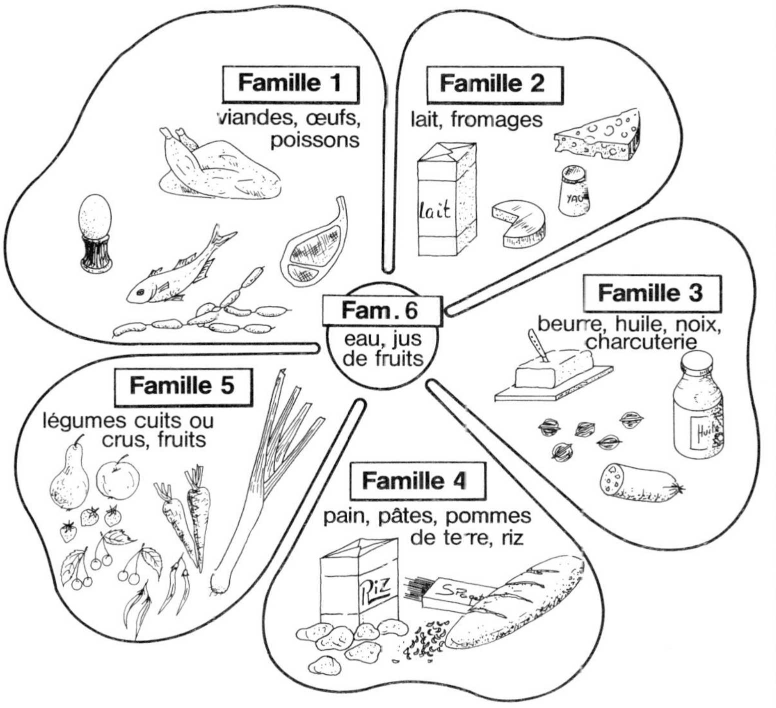

- Dessine au bon endroit : un fromage de chèvre, du jambon, de la crème fraîche.

2 *La consommation varie*

Consommation de la voiture (1)

- 6 litres aux 100 km à la vitesse de 90 km/h.
- 7 litres aux 100 km à la vitesse de 120 km/h.

(1) exprimée en litres d'essence.

Consommation de Corinne (2)

assis	marche	vélo	cross
15 g	40 g	60 g	90 g

(2) exprimée en g de chocolat pour 1 heure d'activité.

- La consommation de Corinne est-elle constante ? Que constates-tu ?

....

....

CHOCOLAT NOIR AU LAIT
valeur énergétique pour 100 g :
500 calories
(2 090 kilojoules)

- La consommation d'une automobile est exprimée en litres d'essence. Celle d'un homme n'est pas habituellement exprimée en g de chocolat mais en calories (ou en kilojoules). Quelle est, en calories, la dépense énergétique de Corinne quand elle fait
  - 1 heure de vélo ....
  - 2 heures de marche ....

FIG. 13

Ce document complète celui de la figure 14. Les besoins alimentaires sont non seulement variables avec l'âge mais aussi avec l'activité physique. En restant assis ou en courant, l'organisme n'a pas les mêmes besoins. Une alimentation adaptée doit en tenir compte.

Extrait de *Cahier d'activités CM1, Biologie.*

4 Il faut manger suffisamment

Le document proposé par la figure 14 permet de découvrir l'aspect quantitatif de nos besoins alimentaires : il faut manger en quantité suffisante pour couvrir les dépenses énergétiques et un apport minimum en protides est nécessaire.

L'exercice de calcul proposé apprend à utiliser les informations fournies par le tableau et permet de prendre conscience que tous les aliments n'ont pas la même valeur alimentaire.

5 Les dépenses énergétiques varient

La figure 13 donne l'exemple d'un document fournissant l'occasion de confirmer une notion que les enfants possèdent intuitivement : en courant ou en faisant du vélo, je dépense plus d'énergie qu'en restant assis. L'alimentation doit donc couvrir les dépenses énergétiques en s'adaptant aux besoins.
A la suite de ces travaux, les enfants peuvent aborder les problèmes de "la faim dans le monde" en comprenant mieux les conséquences d'une alimentation insuffisante.

NOTIONS VISÉES

à l'école élémentaire

Au cycle 2 (Cours Préparatoire)

—Les aliments sont de nature variée mais ils sont toujours d'origine animale ou végétale.
—Les aliments que nous consommons peuvent avoir subi diverses transformations (le beurre et les fromages proviennent du lait, la confiture est obtenue à partir de fruits et de sucre qui ont cuit ensemble...).

Au cycle 3 (Cours Moyen)

—Les aliments sont à la fois les matériaux de construction de notre corps (en mangeant du poulet, des carottes, du fromage... nous fabriquons notre matière vivante) et le "carburant" qui fournit l'énergie nécessaire à son fonctionnement (à la manière d'un moteur qui a besoin de combustible pour produire travail et chaleur).
—Avoir une alimentation équilibrée, c'est fournir au corps les matériaux dont il a besoin d'une part en qualité (on ne peut manger n'importe quoi n'importe quand), d'autre part en quantité (trop manger ou manger insuffisamment est une erreur).
—Les dépenses énergétiques du corps (besoins en "carburant") varient beaucoup en fonction de l'activité et de l'âge.
—A chaque activité et à chaque âge correspond une ration alimentaire appropriée.

Mots clés

aliments, matériaux de construction, "carburant", alimentation équilibrée.

Bien manger, qu'est-ce que c'est? 11

Les aliments fournissent:
— les matériaux de construction du corps (protides, calcium,...),
— l'énergie nécessaire à la vie (on l'exprime en kilojoules).
Pour rester en bonne santé, l'alimentation doit les fournir en quantité suffisante.

1 - Françoise et Isabelle sont des jumelles âgées de 11 ans. Le tableau ci-dessous indique ce qu'elles ont mangé en une journée. Complète-le.

Aliments	Energie (en kilojoules)	Protides (en g)
Pain (300 g)	3210	21,6
Bœuf (1 part)	798	18
Lait (1 tasse)	731	8,7
Sucre (3 morceaux)	334	0
Pommes de terre (1 part)	869	6,8
Carottes (1 part)	338	2,3
Pâtes (1 part)	974	8,7
Beurre (10 g)	305	0
Orange (1 fruit)	234	1
Pomme (1 fruit)	305	0,5
Chocolat (20 g)	418	1,2

ALIMENTS	FRANCOISE			ISABELLE		
	Quantité	Apport en kilojoules	Apport en protides	Quantité	Apport en kilojoules	Apport en protides
Pain	300 g			300 g		
Bœuf rôti	0			1 part		
Lait	0			1 tasse		
Sucre	3 morceaux			3 morceaux		
Pommes de terre	1 part			1 part		
Carottes	1 part			1 part		
Pâtes	1 part			1 part		
Beurre	20 g			30 g		
Oranges	2			2		
Pommes	3			2		
Chocolat	200 g			20 g		
TOTAL						

2 - A 11 ans, un enfant a besoin chaque jour de 10 032 kilojoules et de 70 grammes de protides. Quelles remarques peux-tu faire sur l'alimentation de Françoise qui refuse de manger certains aliments?

FIG. 14

Une bonne alimentation doit non seulement respecter des règles qualitatives mais aussi s'adapter aux besoins quantitatifs de l'organisme.

Extrait de *Matrices CM, Biologie.*

6 La digestion

Les enfants du Cours Moyen connaissent l'existence de certains organes (foie, estomac, intestins...), mais ils ignorent la situation exacte de ces organes et surtout leurs rapports entre eux. Quelques-uns ont vu des dessins d'anatomie et ont été frappés par des détails : ainsi l'intestin grêle a l'aspect d'une énorme masse de tubes emmêlés ; les enfants n'en voient pas la continuité, ils le dessinent sans rapport avec l'estomac ni avec le gros intestin (fig. 11).

On peut donner aux élèves du Cours Moyen une idée correcte de ce qu'est la digestion à la condition de se limiter aux notions essentielles.

1 INFORMATIONS UTILES POUR L'ENSEIGNANT

Les aliments que nous mangeons sont utilisés comme **matériaux de construction** ou comme **"carburant"** par les différentes cellules de notre corps. Mais il est évident que les morceaux de viande, de pain ou de fromage que nous mettons dans notre bouche ne sont pas transportés sous cette forme jusqu'aux muscles de nos jambes ou jusqu'à notre cerveau. Quelles transformations subissent-ils avant d'être distribués dans l'ensemble du corps ?

Dès qu'on introduit un aliment dans la bouche, un gâteau sec par exemple, il subit des transformations évidentes : il est humidifié et ramolli par la salive, écrasé par les dents. Cette fragmentation en petits morceaux se poursuit dans l'estomac. Aussi, pendant très longtemps, la digestion a-t-elle été considérée comme une simple **trituration mécanique**. L'existence de **transformations chimiques** n'a été établie que depuis deux siècles grâce aux travaux de **Réaumur** (fig. 1). Ses expériences sur les oiseaux lui ont permis de montrer que, dans l'estomac, les aliments peuvent se liquéfier en dehors de toute action mécanique.

1 Les premières digestions expérimentales hors de l'organisme

Elles furent réalisées par **Spallanzani** (fig. 1). Celui-ci a montré que le suc gastrique des animaux et de l'homme (produit par des glandes situées dans la paroi de l'estomac) provoque la **liquéfaction** de certains aliments, même en dehors de l'organisme : c'est une **digestion "in vitro"**.

En quoi consiste cette "liquéfaction" ? Comment se produit-elle ? L'analyse d'une digestion "in vitro" permet de le préciser.

2 Analyse d'une digestion "in vitro"

L'expérience présentée sur la figure 2 fournit un exemple simple de digestion "in vitro" : la digestion de l'amidon par la salive. L'analyse des résultats permet de conclure que la salive fraîche transforme chimiquement l'amidon cuit en sucre réducteur de la liqueur de Fehling.

• **Quelle est la signification de cette transformation chimique ?** Des études précises faites par les biochimistes montrent que les grosses molécules d'amidon se fragmentent, sous l'action prolongée de la salive, en petites molécules d'un sucre, le maltose (une molécule d'amidon peut donner environ 300 molécules de maltose).

Cette fragmentation de grosses molécules en molécules plus petites constitue la **digestion chimique**. Ce n'est ni un broyage mécanique ni une simple dissolution : c'est la transformation chimique d'un constituant complexe en un constituant plus simple.

La naissance d'une idée

Il y a un peu plus de deux siècles, la digestion était considérée comme un phénomène strictement mécanique. Comment les travaux historiques de Réaumur, puis ceux de Spallanzani ont-ils permis de faire naître l'idée de digestion chimique ?

1 ***Pourquoi Réaumur enferme-t-il la viande dans un tube de fer ? A quoi voit-il qu'il y a digestion chimique ?***

Réaumur (1683-1757), naturaliste et physicien français, a réalisé les premières expériences sur la digestion. Voici l'une d'elles, faite sur un rapace qui rejette par son bec tout ce qui n'est pas digéré par son estomac.

« Une buse, à qui j'avais seulement arraché quelques plumes des ailes pour la laisser vivre en liberté dans mon jardin, fut destinée à des expériences. Je plaçai dans un gros tube de fer blanc ouvert par les deux bouts, un morceau de viande. Le tube ainsi garni fut donné à la buse pour son premier déjeuner. Ce ne fut que le lendemain que je trouvai le tube qu'elle venait de rendre : il avait toute sa rondeur, on ne découvrait sur sa surface extérieure aucune trace de frottements. Le morceau de viande avait été réduit peut-être au quart de son premier volume ; ce qui en restait était couvert par une espèce de bouillie, venue probablement de celles de ses parties qui avaient été dissoutes. »

Extrait de *« Observations sur la digestion des oiseaux »*, Réaumur.

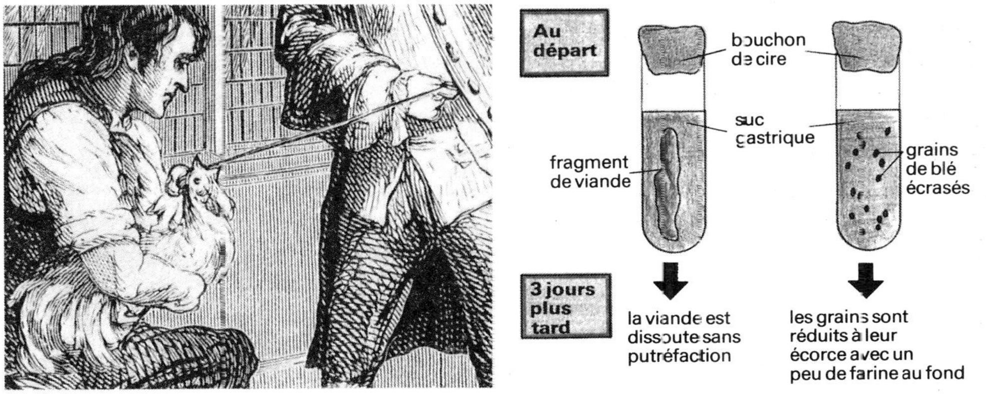

L'abbé Spallanzani (1729-1799) fut le premier biologiste à tenter des digestions expérimentales hors de l'organisme (digestions « in vitro »). Il se procure du suc gastrique (sécrété par les glandes de la paroi de l'estomac) sur des oiseaux à jeun (poules, oies...). Avec le suc gastrique ainsi recueilli, il réalise une expérience devenue célèbre et résumée par le dessin ci-dessus.

Pour que ces tubes soient maintenus à une température constante, proche de celle du corps, Spallanzani, qui n'avait pas d'étuve, les place pendant trois jours sous ses aisselles.

2 ***Expliquez en quoi consiste l'expérience de Spallanzani. Pourquoi l'appelle-t-on expérience « in vitro » ? Que montrent ses résultats ?***

3 ***Précisez quelles sont les différentes étapes de l'expérimentation qui a permis à Spallanzani d'étudier la digestion chez l'homme.***

Pour étudier la digestion humaine, Spallanzani expérimente sur lui-même. Voici ce qu'il écrit en 1787 :

« Il s'agissait de prendre par la bouche une petite bourse de toile contenant 52 grains (1) de pain mâché. Je gardai cette bourse pendant 23 heures sans éprouver aucun mal avant de la rejeter par les selles. Elle ne contenait plus de pain. Il n'y avait aucune déchirure de la toile, de sorte qu'il était évident qu'elle n'avait subi aucune altération. Le succès de cette expérience m'encouragea à en faire d'autres. J'enveloppai dans une bourse de toile 60 grains de la chair d'un pigeon cuite et mâchée. Cette bourse ne resta que 18 heures dans le corps, mais les chairs étaient absolument digérées. »

(1) 1 grain = 54 mg.

FIG. 1

Il y a un peu plus de deux siècles, la digestion était considérée comme un phénomène strictement mécanique. Comment les travaux historiques de Réaumur, puis ceux de Spallanzani ont-ils permis de faire naître l'idée de digestion chimique ?

Extrait de *biologie 3e*.

1. L'expérience

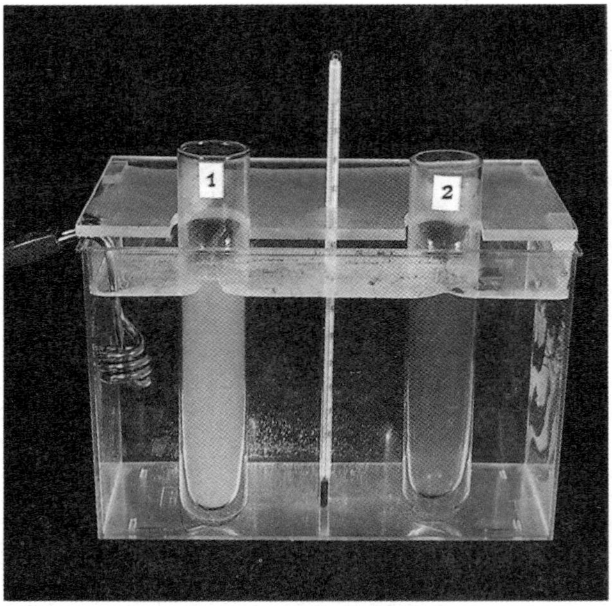

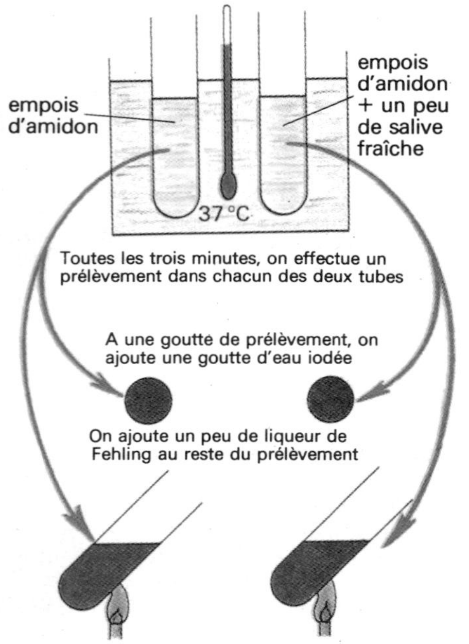

2. Le résultat

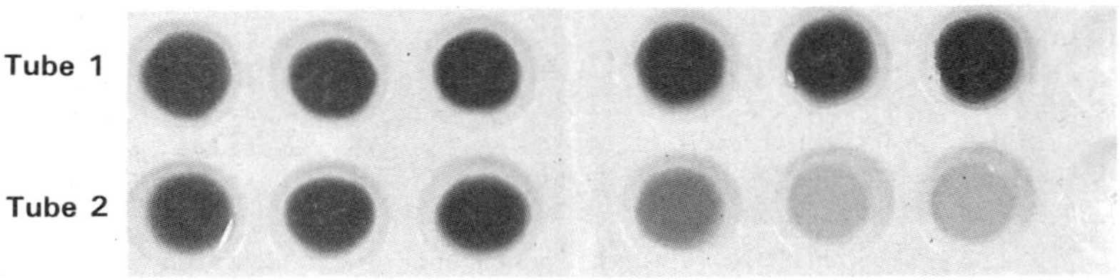

Tube 1	Temps (en minutes)				
	0	3	6	9	12
Eau iodée	+	+	+	+	+
Liqueur de Fehling	–	–	–	–	–

Tube 2	Temps (en minutes)				
	0	3	6	9	12
Eau iodée	+	+	rouge violacé	–	–
Liqueur de Fehling	–	–	–	+	+

POUR ANALYSER LES RÉSULTATS :

1. **Coloration à l'eau iodée**
   - **réaction** + (couleur bleue) indique la présence d'amidon.
   - **réaction** – (couleur jaunâtre de l'iode) indique l'absence d'amidon.
   - la couleur rouge violacée indique la présence de dextrines.
2. **Réaction à la liqueur de Fehling.**
   - **réaction** + (précipité rouge brique) indique la présence d'un sucre réducteur.
   - **réaction** – (pas de précipité rouge brique) indique l'absence de sucre réducteur.

FIG. 2

La digestion "in vitro" de l'amidon par la salive. Parmi les éléments du protocole expérimental, on notera la présence du tube témoin ainsi que la possibilité, pour l'expérimentateur, de suivre l'évolution dans le temps de la transformation de l'amidon .

Extrait de *Biologie 3*[e].

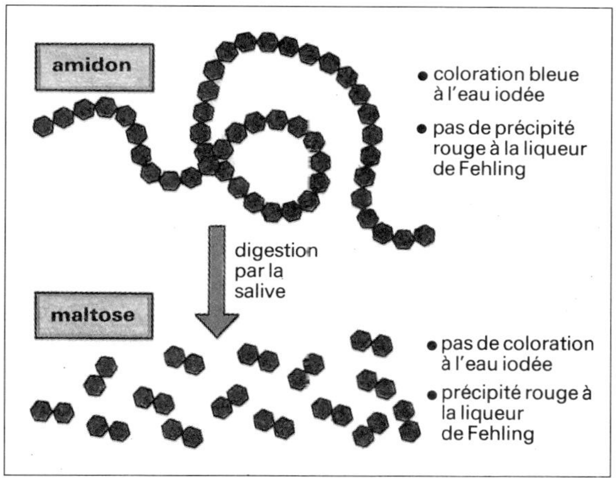

FIG. 3

Cette représentation schématique des molécules d'amidon et de maltose permet de comprendre que la digestion chimique est une simplification moléculaire : une macromolécule, telle que celle de l'amidon, est fragmentée en petites molécules, telles que celles du maltose.

Extrait de *Biologie 3ᵉ*.

1 - Mise en route de l'expérience.

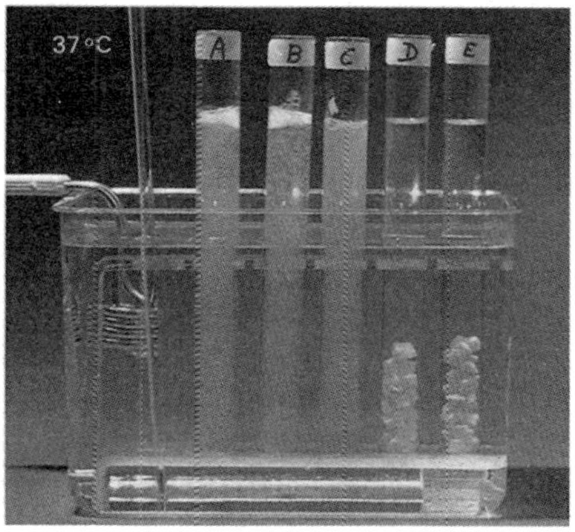

A : Fines particules de blanc d'œuf en suspension dans l'eau (1) + une pincée de pepsine (2) + quelques gouttes d'acide chlorhydrique très dilué.

B : Même contenu que **A**, mais sans pepsine.

C : Même contenu que **A**, mais sans acide chlorhydrique.

D : Petits cubes de blanc d'œuf + eau + une pincée de pepsine + quelques gouttes d'acide chlorhydrique.

E : Même contenu que **D**, mais sans pepsine.

(1) Mélangez un blanc d'œuf à un litre d'eau. Portez le liquide obtenu à ébullition : les fines particules de blanc d'œuf coagulent à la chaleur et forment une suspension d'albumine dans l'eau. Filtrez.
(2) La pepsine est extraite du suc gastrique (suc digestif sécrété par l'estomac). On peut en acheter chez un pharmacien.

2 - Quelques heures plus tard.

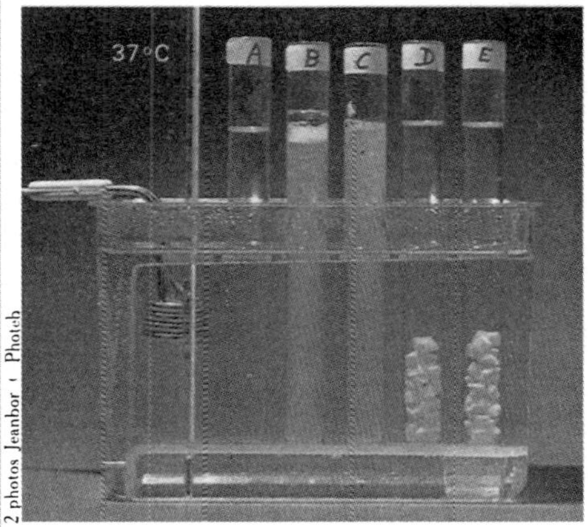

2 photos Jeanbor / Photeb

Quel rôle joue l'enzyme ?

Dans un tube qui contient de l'empois d'amidon **sans salive**, des molécules de sucre apparaissent cependant au bout de quelques jours. Quelques dizaines d'années plus tard, tout l'amidon aurait disparu. Ainsi l'enzyme **accélère** considérablement une réaction qui pourrait se produire spontanément sans elle,mais qui serait extrêmement lente. Certaines réactions chimiques sont ainsi accélérées plusieurs milliards de fois par la présence d'une enzyme. Ajoutons deux choses importantes :
— l'enzyme **n'est pas détruite** au cours de la réaction et est immédiatement disponible pour de nouvelles actions ;
— l'enzyme est active même à très faible concentration (elle ne représente que le 1/1 000ᵉ du volume de la salive).
Les chimistes appellent **catalyseurs** les substances qui, à faible dose, accélèrent ainsi les réactions chimiques. Un catalyseur n'étant pas modifié peut resservir indéfiniment.

FIG. 4

Qu'est-ce qu'une enzyme ? Pourquoi dit-on que les enzymes sont des catalyseurs de réactions chimiques ? des catalyseurs biologiques ?

Extrait de *Biologie 3ᵉ*.

FIG. 5

Cette expérience de digestion "in vitro" est réalisée avec de la pepsine, suc digestif sécrété par la paroi de l'estomac. L'analyse des résultats montre que la digestion est plus rapide sur des particules d'albumine fines et dispersées que sur des cubes de blanc d'œuf.

Extrait de *Biologie 3ᵉ*.

• **Comment la salive agit-elle?** La fragmentation chimique de l'amidon est réalisée en présence de salive à 37° C en cinq minutes. La salive accélère la fragmentation de l'amidon tout en agissant dans des conditions de température compatibles avec la vie: elle joue le rôle d'un catalyseur.
On a pu extraire de la salive la substance chimique qui sert de catalyseur. Une telle substance élaborée par un être vivant, présente en particulier dans les sucs digestifs et qui accélère le déroulement de certaines réactions chimiques, est appelée **enzyme** (fig. 4).

Toutes les enzymes possèdent les caractéristiques suivantes:

— leur action est très puissante (action rapide à la température ordinaire);

— elles sont détruites par la chaleur;

— elles ont un maximum d'efficacité vers 37° C (la température du corps);

— elles ne catalysent qu'une réaction déterminée (elles sont spécifiques);

— elles n'agissent que dans des conditions d'acidité ou d'alcalinité précises (pH). Ainsi, la salive n'est active qu'en milieu neutre alors que les enzymes du suc gastrique le sont en milieu acide, celles du suc intestinal et du suc pancréatique en milieu basique;

— elles ne sont pas modifiées par la réaction chimique qu'elles catalysent.

• **L'intérêt présenté par le broyage des aliments.** Les expériences présentées sur la figure 5 montrent qu'en présence de pepsine (une enzyme du suc gastrique), il y a digestion de l'albumine du blanc d'œuf en milieu acide. Mais la réaction chimique est plus rapide sur de très fines particules d'albumine en suspension que sur les cubes de blanc d'œuf (il faudrait 24 à 36 heures pour liquéfier entièrement ces derniers). La fragmentation mécanique (broyage) qui précède la digestion chimique est donc une phase importante de la digestion.

3 Le chemin des aliments

Tout au long de leur progression dans le tube digestif, les aliments subissent des transformations chimiques analogues à celles que nous avons vues précédemment. Ces transformations s'effectuent grâce à l'action d'enzymes contenues dans les liquides (sucs digestifs) sécrétés par les glandes digestives. Pour arriver à une vue d'ensemble de la digestion, il convient donc de suivre le trajet des aliments.

• **L'appareil digestif comprend** un tube et des glandes digestives.

— **Le tube digestif,** long de 8 mètres environ chez l'adulte, est formé successivement de la cavité buccale, du pharynx, de l'œsophage, de l'estomac, de l'intestin grêle et du gros intestin.

— **Les glandes digestives** sont de deux sortes. Les premières, microscopiques, sont contenues dans la paroi même du tube digestif (estomac et intestin grêle); les secondes, plus volumineuses, sont à proximité du tube et leur sécrétion s'y déverse par de fins conduits: glandes salivaires, foie, pancréas.

• **La progression des aliments** s'effectue grâce à la contraction des muscles de la paroi du tube digestif. Dans l'estomac, où ils séjournent plusieurs heures, les aliments sont longuement brassés.

4 Les grandes étapes de la digestion

La figure 7 présente les différentes étapes de la digestion. Celle-ci comporte deux sortes d'actions complémentaires:

— des **phénomènes mécaniques** (mastication, brassage dans l'estomac) qui non seulement réduisent les aliments en une bouillie très fine et les mélangent aux sucs digestifs mais aussi assurent leur progression dans le tube digestif;

— des **phénomènes chimiques** qui se produisent sous l'action des enzymes des divers sucs digestifs en fragmentant les grosses molécules alimentaires en molécules plus petites.
La bile, qui ne contient pas d'enzymes, n'est pas un suc digestif. Toutefois, elle facilite la digestion des graisses en les émulsionnant, c'est-à-dire en les divisant en gouttelettes très fines. Nous avons vu, à propos de l'albumine du blanc d'œuf (fig. 5), que les aliments sont d'autant plus sensibles à l'action des enzymes qu'ils leur offrent une plus grande surface d'attaque, c'est-à-dire qu'ils sont plus divisés. Ainsi, la bile facilite-t-elle indirectement la digestion des graisses.
La figure 6 résume l'action des divers sucs digestifs sur les glucides, les protides et les lipides. L'eau, les sels minéraux et les vitamines ne sont pas modifiés par les sucs digestifs.

5 Le résultat de la digestion

La digestion s'achève dans l'intestin grêle; les aliments ingérés (à l'exception des fibres végétales cellulosiques) sont transformés en un liquide blanchâtre formé d'**eau** et de **substances dissoutes:**

— les **sels minéraux** (qui existaient dans les aliments et n'ont pas subi de transformation);

— les **sucres simples** résultant de la digestion des glucides;

— les **acides aminés** provenant de la digestion des protéines;

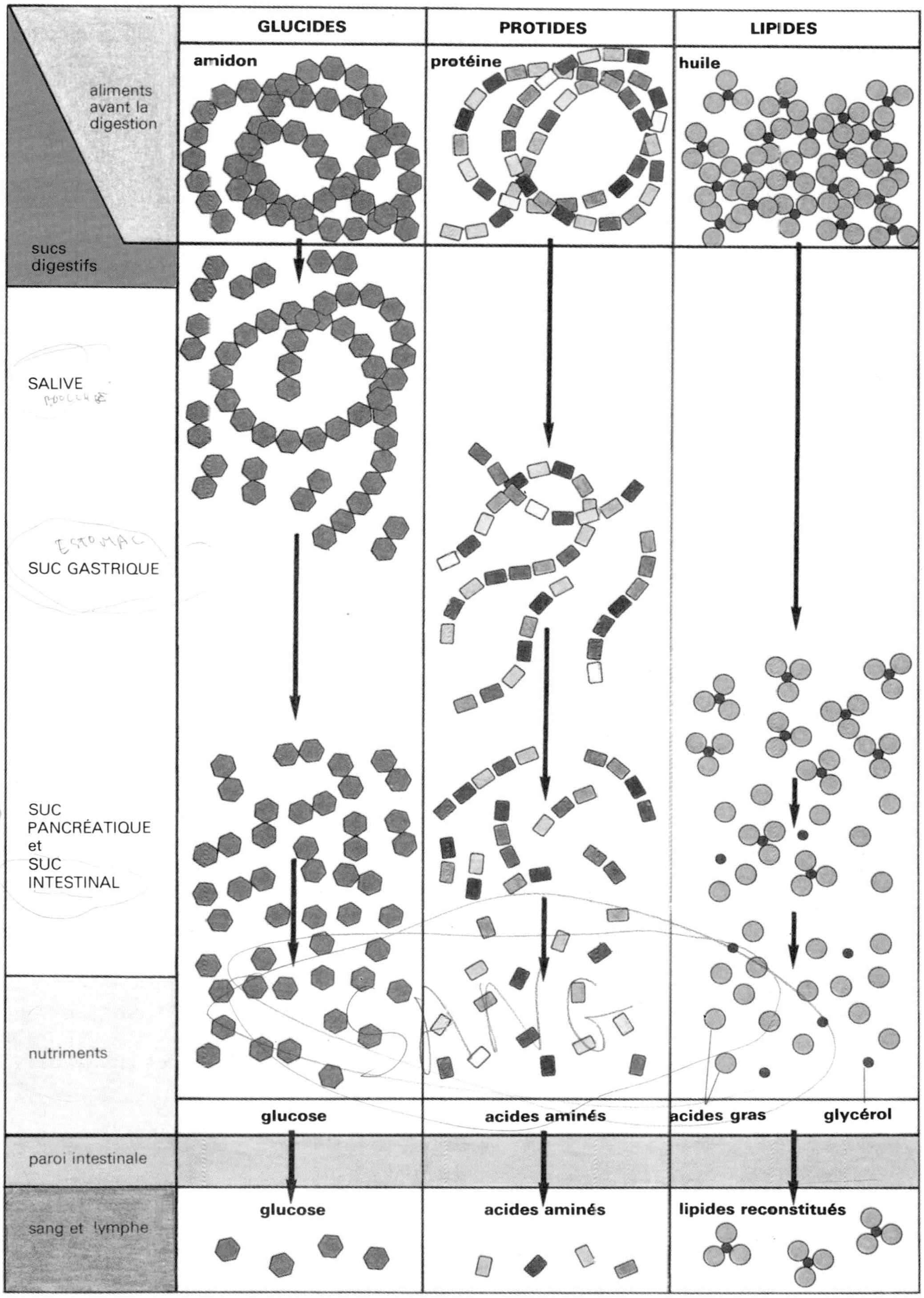

FIG. 6

La fragmentation des macromolécules, contenues dans les aliments, en petites molécules résulte de l'action successive des différentes enzymes contenues dans les sucs digestifs. Ce véritable travail à la chaîne est illustré sur ce schéma.

Extrait de *Biologie - Géologie 1ère S.*

— les **acides gras** et le **glycérol**, résultant de la digestion des lipides.

Toutes ces substances sont utilisables directement par l'organisme, ce sont des **nutriments;** au niveau de l'intestin grêle, elles vont passer dans le sang, c'est l'**absorption intestinale**.

6 L'absorption

• **Au niveau de l'intestin grêle.** L'intestin grêle présente intérieurement de nombreux replis lamelleux recouverts de millions de petites saillies, appelées **villosités**, qui donnent à sa surface interne un aspect velouté caractéristique (fig. 8). On obtient ainsi une surface considérable au niveau de laquelle les aliments digérés vont passer:

— soit dans le sang (eau, sels minéraux, sucres simples, acides aminés);

— soit dans la lymphe (produits de la digestion des lipides).

L'absorption est à peu près terminée lorsque le contenu intestinal arrive dans le gros intestin. Celui-ci reçoit donc une bouillie liquide qui contient des aliments ayant échappé à la digestion: quelques traces de protides et de glucides, de la cellulose que les sucs digestifs ne peuvent pas transformer.

• **Dans le gros intestin.** Le gros intestin est le siège:

— d'une importante absorption d'eau; ainsi les résidus de la digestion deviennent de plus en plus solides et forment la matière fécale;

— de transformations chimiques d'une partie de la cellulose (la moitié environ) sous l'action de bactéries de la flore intestinale (ces fermentations bactériennes produisent du glucose qui est absorbé);

— de putréfaction des protides avec production de produits malodorants.

Les bactéries qui pullulent dans le gros intestin se multiplient très rapidement et constituent une part importante des selles.

7 L'utilisation des nutriments

Les produits de la digestion, qui, grâce à l'absorption intestinale, sont passés dans le sang ou dans la lymphe, sont ainsi distribués à tous les organes du corps. Ils constituent:

— une source d'énergie (les aliments sont par exemple le "combustible" de la contraction musculaire);

— la matière première nécessaire à la synthèse de la matière vivante nouvelle (croissance, entretien, réparation); il y a alors **assimilation;**

— des réserves.

8 Les nutriments mis en réserve

Au moment de l'absorption, une importante quantité de nutriments est déversée dans le sang. Or des analyses montrent que la composition du sang varie très peu (par exemple la teneur en glucose du sang, appelée glycémie, est relativement constante, environ 1 g/l).

Ainsi, malgré l'apport massif de nutriments, leur concentration sanguine est relativement stable. Il y a donc des lieux de stockage. Quel est l'intérêt de ces mises en réserve ?

• **Du point de vue chimique,** il existe seulement deux catégories de réserves:

— **les réserves glucidiques** localisées dans le foie et dans les muscles, sous forme de glycogène (glucide ayant une formule chimique voisine de celle de l'amidon);

— les **réserves lipidiques** situées principalement dans les cellules adipeuses.

Il n'y a pas de réserves de protides.

• **Du point de vue des conditions de leur utilisation ultérieure,** il faut distinguer deux cas:

— les réserves utilisées seulement par la cellule qui les a stockées, c'est le cas du glycogène des cellules musculaires;

— les réserves déversées dans le sang au fur et à mesure des besoins et mises ainsi à la disposition de toutes les cellules de l'organisme, c'est le cas du glycogène stocké dans le foie et des réserves des cellules adipeuses.

Ainsi, en dépit d'une alimentation discontinue (3 repas par jour, les cellules ont toujours des nutriments à leur disposition (24 heures sur 24).

Connaissez-vous

LE SENS DE CES MOTS OU EXPRESSIONS

- digestion
- transformation mécanique
- transformation chimique
- digestion "in vitro"
- enzyme
- appareil digestif
- tube digestif
- glande digestive
- nutriment
- absorption intestinale
- villosité intestinale
- assimilation
- incisive, canine, molaire
- dent de lait, dent définitive

	Durée	Phénomènes mécaniques	Phénomènes chimiques	
1 Dans la bouche	quelques secondes	• **Mastication :** les dents coupent et écrasent les aliments qui s'imprègnent de salive.	• **Action de la salive** sur l'amidon cuit (elle se poursuit dans l'estomac tant que l'aliment n'est pas acidifié).	Digestion
2 De la bouche à l'estomac	10 à 20 s	• **Déglutition,** puis voyage très rapide.		Digestion
3 Dans l'estomac	2 à 8 h	• **Brassage** qui complète la mastication. • Évacuation du « réservoir » par jets successifs.	• **Action du suc gastrique,** (en milieu acide) sur les protides surtout.	Digestion
4 Dans l'intestin grêle	7 à 8 h	• **Brassage.** • Progression 2 cm par min. • Passage des aliments digérés dans le sang et la lymphe (absorption).	• **Action combinée de deux sucs digestifs** (suc pancréatique et suc intestinal) et de la bile sur les glucides, lipides et protides.	Digestion / Absorption
5 Dans le gros intestin	15 h	• Progression en une quinzaine d'heures. • Déshydratation des résidus qui forment les excréments.	• **Fermentations bactériennes** (transforment une partie de la cellulose en glucose qui est absorbé).	Absorption / **Excréments**

FIG. 7

La digestion est le résultat d'une étroite collaboration entre les phénomènes mécaniques et les phénomènes chimiques qui se déroulent dans les différentes parties du tube digestif.

Extrait de *Biologie 3e*.

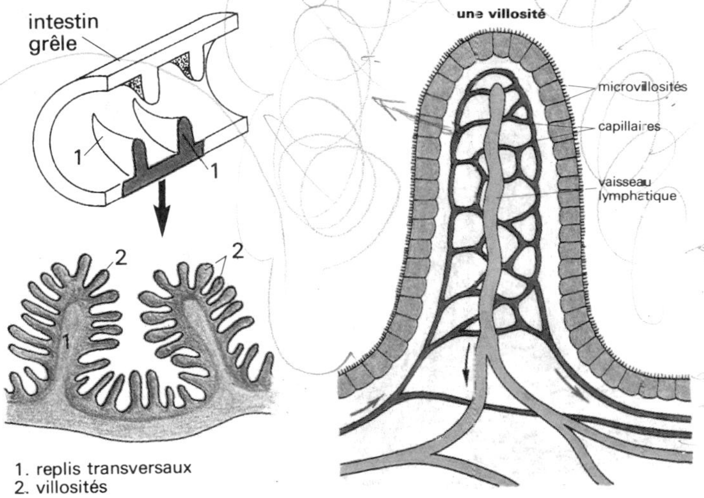

L'intestin grêle a une longueur de 7 à 8 mètres. Il présente des plis internes au nombre de 8 à 900 qui triplent presque sa surface intérieure. Celle-ci est encore augmentée par la présence de villosités, au nombre de 10 millions. Il s'agit de petites digitations d'un demi-millimètre de longueur, serrées les unes contre les autres, qui donnent à l'intérieur de l'intestin un aspect velouté.

Les contractions des muscles de la paroi de l'intestin brassent continuellement son contenu liquide. Les villosités qui plongent dans ce liquide se contractent plusieurs fois par minute. De plus, la surface de chaque villosité est recouverte de microvillosités. La combinaison des plis internes, des villosités et des microvillosités fait que la surface interne de l'intestin est 600 fois plus grande que sa surface externe. On estime à plus de 100 m² la surface totale développée de l'intestin grêle de l'homme (surface d'un court de tennis).

Enfin le sang et la lymphe ne sont séparés du contenu liquide de l'intestin que par une mince couche de cellules.

FIG. 8

La paroi de l'intestin grêle présente un certain nombre de caractéristiques qui en font une surface d'échange remarquablement adaptée.

Extrait de *Biologie 3e*.

Remarque importante : les nutriments mis en réserve sont essentiellement utilisés comme source d'énergie et non comme matériaux de construction.

9 En résumé

• Au cours de leur progression dans le tube digestif, les aliments subissent une fragmentation mécanique (par humidification, broyage et brassage) et des transformations chimiques (sous l'action des enzymes des sucs digestifs). Les grosses molécules insolubles dans l'eau sont transformées en petites molécules solubles (les nutriments) qui traversent la paroi de l'intestin et passent dans le sang et la lymphe.

• Les différentes cellules du corps y prélèvent les nutriments dont elles ont besoin soit pour construire de la matière organique nouvelle, soit pour produire de l'énergie, éventuellement pour former des réserves.

2 DES ACTIVITÉS PÉDAGOGIQUES POSSIBLES

L'étude des dents

Plusieurs séquences de classe peuvent être organisées sur ce sujet.

1 A quoi servent les dents ?

• **Croquer une pomme** et préciser ce qui se passe. Manger une pomme ou un morceau de pain consiste :

1° à détacher un morceau en coupant avec les incisives,
2° à réduire en bouillie en mastiquant avec les molaires avant de déglutir.

• **Faire la même chose** (c'est-à-dire couper un morceau de pomme, puis le réduire en bouillie) avec des **outils de cuisine** (pour couper, il faut une lame coupante ; pour écraser, il faut placer l'aliment entre deux objets durs et assez larges).

• **Les dents sont des "outils" efficaces.** Si les molaires étaient placées sur le devant et les incisives situées à la place des molaires, le système fonctionnerait moins bien. L'adaptation des dents, c'est donc non seulement l'adaptation de leur forme mais aussi celle de leur position sur les mâchoires.

Les dents sont donc des organes très durs qui, selon leur forme et leur position, jouent des rôles différents : elles portent aussi des noms différents (incisives, canines, molaires).

2 As-tu déjà compté tes dents ?

Les enfants peuvent :

— observer leurs dents dans un miroir ; combien en comptent-ils ? combien trouvent-ils de sortes différentes ? où sont-elles placées ?

— noter toutes les observations et remarques faites,

— faire le moulage de leurs dents (avec de la pâte à modeler bien propre, préparer deux galettes plates ; les placer l'une sur l'autre en les séparant par une feuille de carton mince ; mordre dedans — attention, pour obtenir de belles empreintes, il faut mordre une seule fois et d'un coup sec),

— dessiner l'empreinte de manière simplifiée en reconnaissant la trace de chaque type de dents,

— comparer les empreintes entre elles ; tous les enfants de la classe ont-ils les mêmes dents ?
Un document tel que celui de la figure 9 peut servir de support complémentaire à cette activité ou permettre de traduire les résultats.

3 Mes dents sont vivantes... et fragiles

L'analyse de radiographies de dents permet de "voir" l'intérieur de la dent et de comprendre qu'il ne s'agit pas d'un "organe mort" mais au contraire d'un organe bien vivant dont il faut prendre soin.
Plusieurs activités peuvent être réalisées :

— Dessiner, à l'aide d'un papier calque, la radiographie d'une molaire saine. Indiquer à la bonne place les mots émail, ivoire, pulpe dentaire en utilisant un dessin fourni. Attention ! la molaire de la radiographie a deux racines.

— Dessiner des dents cariées soignées par le dentiste. La comparaison fait apparaître que l'une des caries n'atteignait pas la pulpe dentaire (la carie n'était pas douloureuse) et la dent soignée est encore vivante ; l'autre carie atteignait la pulpe dentaire (elle était donc douloureuse). Le dentiste a dû "tuer" le nerf, détruire la pulpe et obstruer complètement la cavité dentaire. Après le traitement, cette dent morte est plus fragile. On la protège souvent par un revêtement métallique appelé couronne.

4 Quand une dent de lait tombe, une autre pousse

Que se passe-t-il dans ce cas ? La réponse sera fournie par l'observation de radiographies de mâchoire

1 *Regarde d'abord tes dents*

- Sur le dessin ci-contre indique avec une croix les dents que tu possèdes.
- Colorie en bleu les incisives, en rouge les canines et en vert les molaires. Remplis aussi les étiquettes.

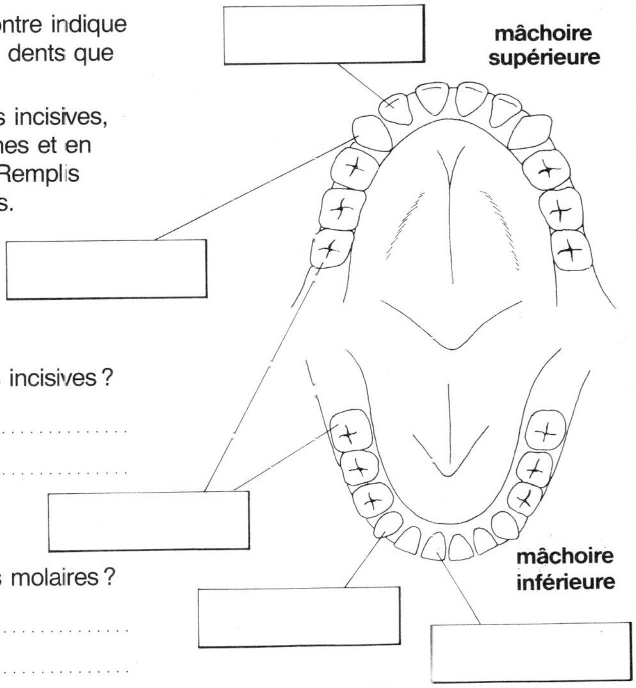

- À quoi servent tes incisives?

  ....

  ....

- À quoi servent tes molaires?

  ....

  ....

FIG. 9

L'utilisation de ce document, bien adapté à des élèves de CE2, doit être précédée de l'observation des dents dans un miroir et éventuellement de la réalisation d'empreintes dans de la pâte à modeler.

Extrait de *Cahier d'activités CE2, Biologie*.

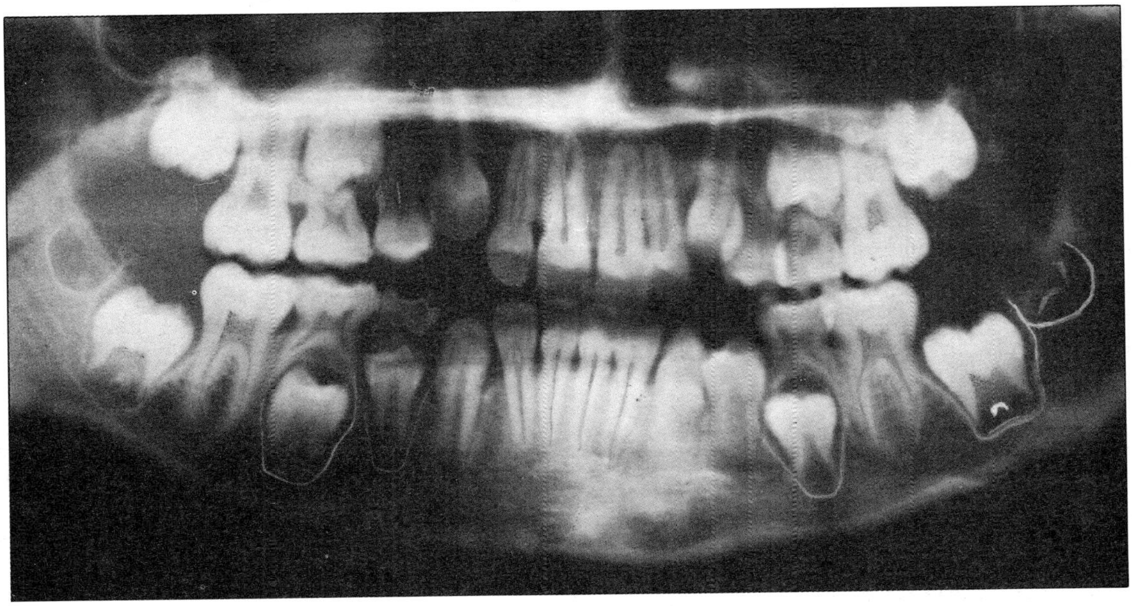

FIG. 10

Une radiographie intéressante. Les élèves du C.M. peuvent tracer sur papier calque le contour des dents de la mâchoire inférieure et colorier différemment les dents définitives, les dents de lait, les bourgeons dentaires.

Extrait de *Activités scientifiques CE2*.

d'enfant montrant des bourgeons dentaires et des dents déjà développées.

La denture de lait est progressivement remplacée par une denture définitive. Les dents définitives se développent à partir de bourgeons dentaires situés initialement sous les dents de lait. Ensuite, les dents définitives ne pourront plus être remplacées.

Si les enfants apportent des dents de lait en classe, ils constatent qu'elles n'ont plus de racine; celle-ci a été progressivement "digérée" au cours du développement du bourgeon dentaire de la dent de remplacement.

Le document de la figure 16 peut éventuellement remplacer l'examen de radiographies présentant des bourgeons dentaires. (Il faut toutefois que les enfants aient déjà observé des radiographies de dents du type de celles de la figure 10).

Ce document (fig. 16) exige que l'enfant sache :

— interpréter une radiographie,

— transposer la représentation en vue latérale (donnée par la radio) sur un dessin des mâchoires tel que celui qu'on trouve sur une feuille de sécurité sociale.

Cet exercice contrôle donc la maîtrise d'une bonne représentation spatiale et une latéralisation correcte. Nadine est évidemment une fillette puisque sa radio montre encore des bourgeons dentaires. On distingue aisément dents de lait et dents définitives. Chaque fois qu'une dent possède un bourgeon dentaire en profondeur, c'est une dent de lait; dans le cas contraire, c'est une dent définitive.

Le calendrier d'apparition des dents mérite d'être analysé avec soin. Il faut d'abord reconnaître les différents types de dents (dents de lait indiquées par des lettres en minuscule, dents définitives en majuscule) et surtout ne pas confondre l'âge d'apparition des dents de lait avec l'âge de leur chute.

Il faut ensuite indiquer sur la radiographie de Nadine les dents présentes en utilisant le code fourni sur le calendrier. La demi-mâchoire de Nadine a une incisive définitive I1 (qui apparaît entre 6 et 8 ans) et une molaire M3 (qui apparaît entre 6 et 7 ans). Nadine a donc entre 6 et 7 ans.

La digestion

Si l'on agite un morceau de viande dans un verre d'eau, on constate qu'il n'est pas soluble. La digestion de ce morceau de viande consiste à le rendre soluble. Où se passent ces transformations? Que devient ensuite la viande digérée? Au niveau d'une classe de Cours Moyen, il ne s'agit pas d'étudier les transformations chimiques des aliments, mais simplement:

— d'établir le trajet suivi de la bouche à l'anus,

— de constater que, dans le tube digestif, les aliments se liquéfient,

— de préciser que les aliments digérés sont transportés par le sang aux différentes parties du corps.

1 Le chemin des aliments

Examiner des radiographies de l'appareil digestif et tenter de les localiser à partir d'un schéma du tube digestif constitue une activité intéressante. La représentation du tube digestif fournie sur la figure 13 est, bien sûr, très éloignée de la réalité. Il s'agit d'un schéma, c'est-à-dire d'un dessin qui, bien évidemment, présente des inexactitudes mais qui veut faire apparaître certaines notions. Dans ce cas particulier, il s'agit de la notion de tube ouvert aux deux extrémités.

2 Une information complémentaire indispensable

La figure 15 apporte des informations complémentaires sur les glandes digestives (celles-ci n'avaient pas été représentées sur le schéma de la figure 13). La transformation des aliments en nutriments est le phénomène fondamental de la digestion. Cependant il n'est pas nécessaire d'étudier les transformations chimiques des aliments pour aborder cet aspect essentiel; il peut être fourni sous forme d'une information: les aliments sont liquéfiés par l'action des sucs digestifs et passent dans le sang qui les distribue aux organes.

3 Un problème à résoudre : d'où vient l'urine ?

Nous consommons des aliments solides et des aliments liquides. Beaucoup d'enfants croient que, si pour ces deux types d'aliments il y a un seul orifice d'entrée (la bouche), il existe par contre deux orifices de sortie (l'un pour l'urine, l'autre pour les selles). Beaucoup croient que ce sont les liquides bus qui donnent directement l'urine grâce à un tube "parallèle" au tube digestif et allant de la bouche à l'orifice urinaire. En réalité, l'urine ne provient pas directement des liquides que nous avalons. Quelle est donc son origine?

L'urine est, pour l'organisme, l'un des moyens d'excréter les déchets accumulés dans le sang et provenant de la vie des organes (les autres voies d'excrétion étant les poumons, les glandes sudoripares et le foie). Les constituants de l'urine existent dans le sang mais à des doses très faibles. Les reins jouent à la fois un rôle de filtre (ne laissant passer que les substances dont l'accumulation dans le sang serait toxique) et un rôle de concentration de ces substances.

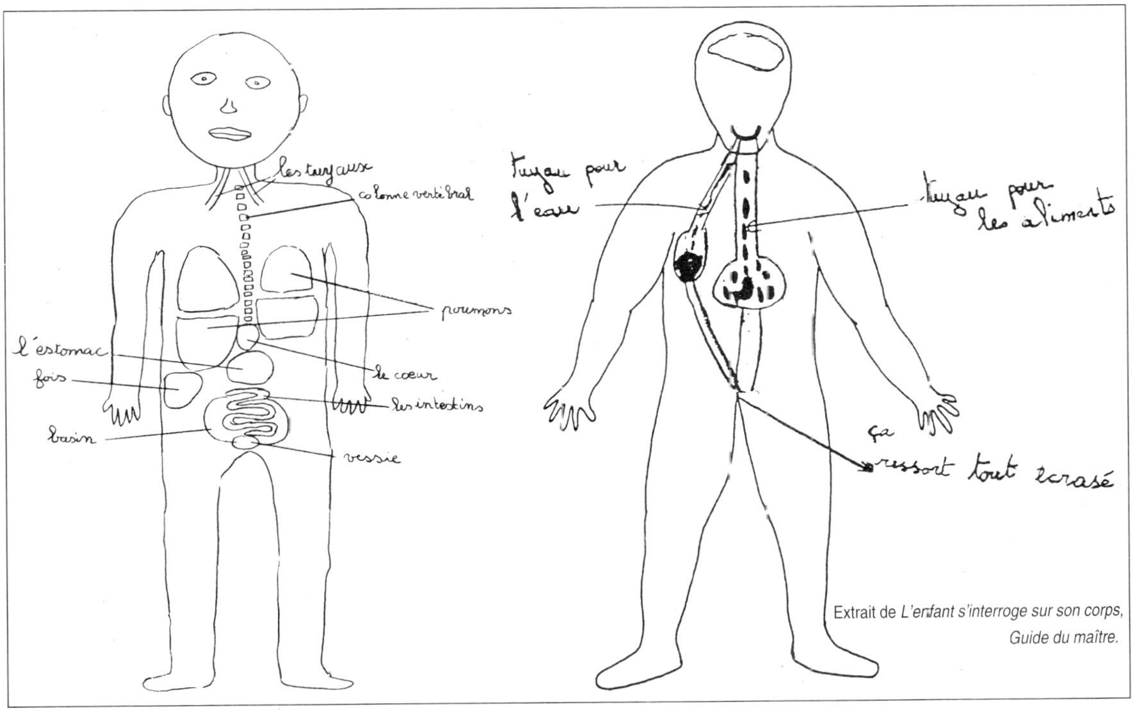

Extrait de *L'enfant s'interroge sur son corps, Guide du maître.*

FIG. 11

Deux enfants ont représenté l'intérieur de leur corps avant toute étude sur la digestion. Quelle représentation chacun d'eux a-t-il de l'appareil digestif ?

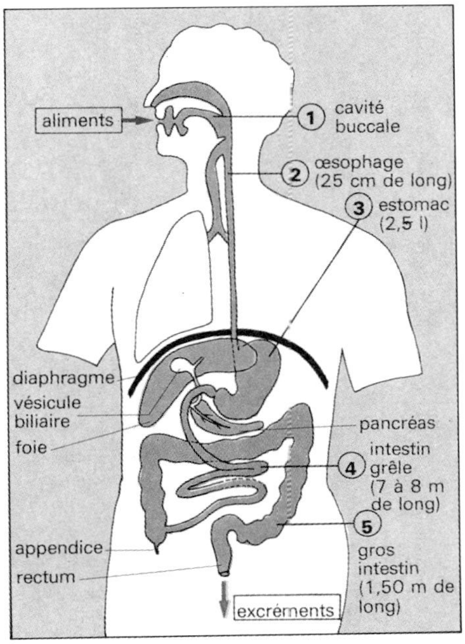

FIG. 12

Schéma d'appareil digestif (classe de 3e).

Extrait de *Biologie 3e*.

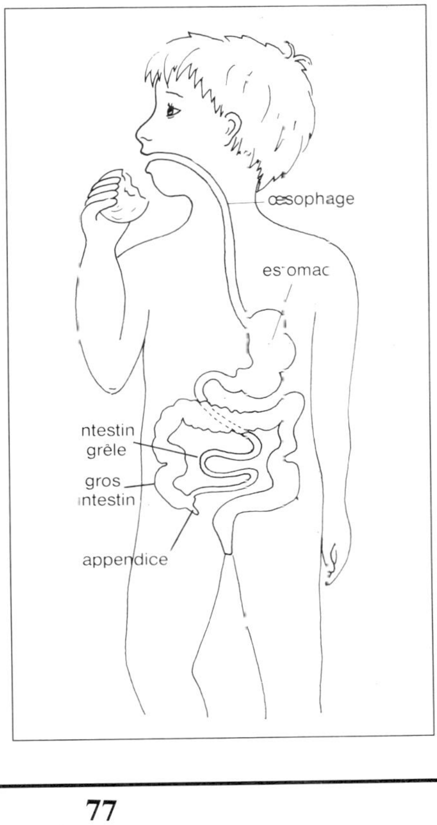

FIG. 13

Schéma d'appareil digestif (classe de CM).

Extrait de *Cahier d'activités CM2, Biologie*.

NOTIONS VISÉES

à l'école élémentaire

Nos mâchoires portent plusieurs sortes de dents : à l'avant des dents coupantes (les **incisives**) ; à l'arrière de larges dents, à surface bosselée, qui servent à broyer (les **molaires**) ; entre les deux, des **canines** pointues dont le rôle est réduit.

— Le nombre des dents varie avec l'âge. Progressivement, les **dents de lait** sont remplacées par des **dents définitives**.

— Chaque dent est un organe vivant qu'il faut soigneusement brosser chaque jour afin d'éviter les caries.

Dans le **tube digestif**, les aliments que nous mangeons sont transformés en substances nutritives solubles appelées **nutriments** : c'est la digestion. Les nutriments traversent ensuite la paroi de l'intestin grêle et passent dans le sang : c'est l'**absorption**. Le sang les distribue alors à tous les organes du corps.

Les substances contenues dans les aliments qui ne sont pas digérées (fibres végétales surtout) continuent leur trajet dans le gros intestin et constituent les selles expulsées par l'anus.

L'eau que nous buvons passe dans le sang avant d'être rejetée par l'urine.
Les reins débarrassent le sang de ses déchets. Dissous dans l'eau, ces déchets forment l'urine.

Mots clés
incisive, canine, molaire, dent de lait, dent définitive, carie, tube digestif, nutriment, digestion, absorption.

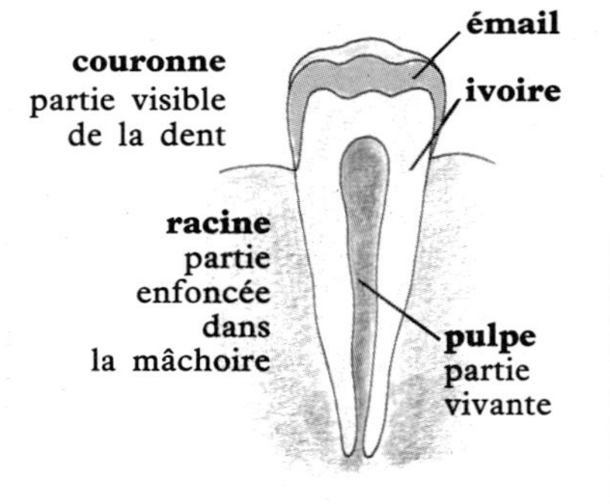

FIG. 14

Une dent est un organe vivant.

Extrait de *Sciences et technologie CM.*

FIG. 15

Ce document permet de parler des transformations chimiques des aliments et de rectifier quelques erreurs véhiculées par le langage courant (pour beaucoup d'enfants, le foie est traversé par les aliments "puisque le chocolat fait mal au foie").

Extrait de *Cahiers d'activités CM2, Biologie.*

Les glandes digestives

Les glandes salivaires, le foie, le pancréas... sont des glandes digestives.
Ces glandes produisent des liquides appelés **sucs digestifs** qui jouent un très grand rôle dans la transformation chimique des aliments, donc dans leur digestion.

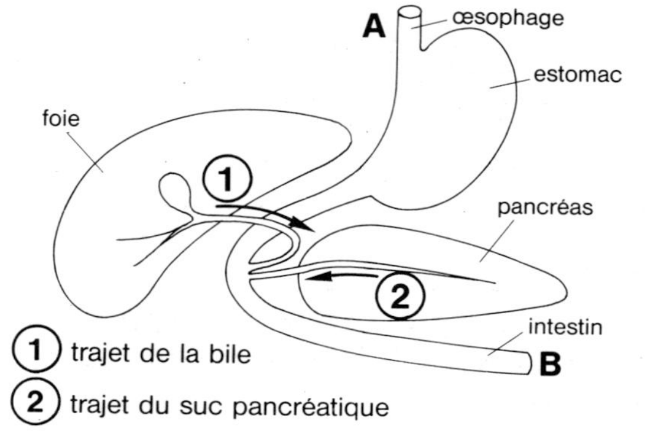

Jouons au dentiste (1) 12

1 - Le dentiste a pris une radiographie des mâchoires de Nadine au niveau de sa joue droite. Le deuxième dessin montre l'ensemble de ses dents telles qu'on les voit quand elle ouvre la bouche.

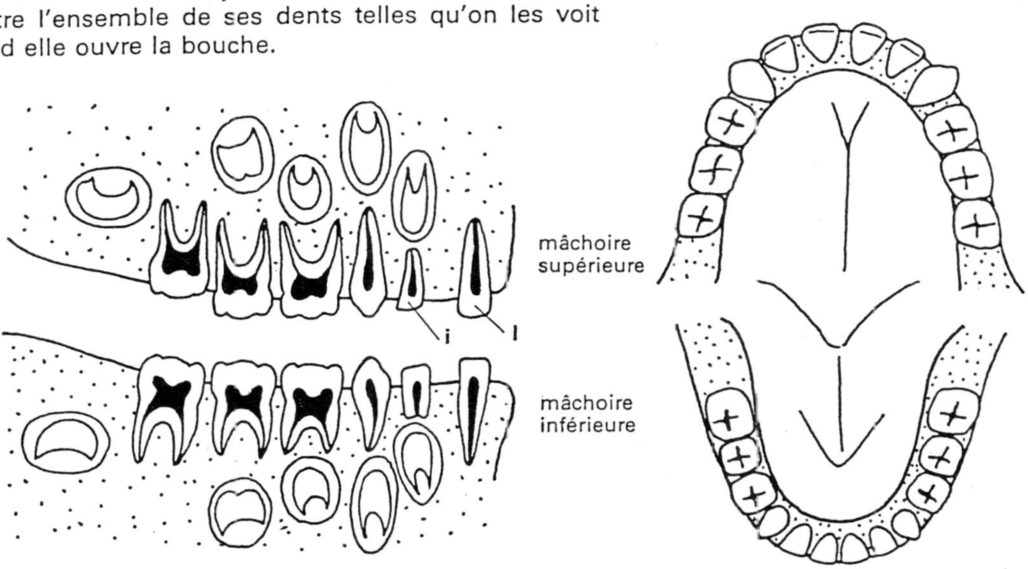

- Sur le dessin de la radiographie, colorie en jaune les bourgeons dentaires, en rose les dents de lait, en marron les dents définitives. Colorie de la même façon les dents visibles dans la moitié droite de la bouche de Nadine.
- Sur les deux dessins, désigne chaque dent par l'initiale de son nom, en utilisant des minuscules pour les dents de lait, des majuscules pour les dents définitives (i=incisive de lait, I=incisive définitive, c=canine de lait, M= molaire définitive, etc.).
- Nadine est-elle une femme ou une fillette? Peux-tu indiquer approximativement son âge?

Les dents de lait sortent à ...
i_1 : 6mois
i_2 : 8 mois
c : 12-18 mois
m_1 : 8-10 mois
m_2 : 18-21 mois

Les dents de lait tombent à...
i_1 : 6-7 ans
i_2 : 7-8 ans
c : 10-12 ans
m_1 : 9-11 ans
m_2 : 10-12 ans

Les dents définitives sortent à...
I_1 : 6-8 ans
I_2 : 7-9 ans
C : 10-12 ans
M_1 : 9-11 ans
M_2 : 11-12 ans
M_3 : 6-7 ans
M_4 : 12-13 ans
M_5 : 17-21 ans

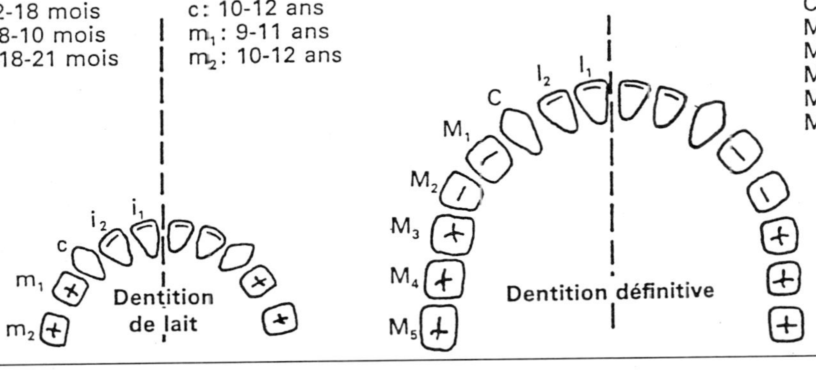

FIG. 16

Les enfants sont toujours étonnés lorsqu'ils perdent leurs premières dents. L'analyse de radiographies présentant des bourgeons dentaires peut se prolonger par l'exploitation d'un tel document. Il fournit en outre un "calendrier" des deux dentitions.

Extrait de *Matrices CM Biologie*.

7 Les êtres vivants respirent

Le sujet intitulé “La respiration” figure au programme du cours moyen. Il développe essentiellement la respiration humaine que nous traiterons dans le chapitre suivant. Mais il est évident qu'on ne peut laisser supposer aux enfants que l'homme est seul à respirer. De plus, il est facile d'exploiter certaines circonstances de la vie d'une classe pour évoquer des problèmes concernant la respiration: par exemple l'installation d'un “bulleur” dans un aquarium pour faciliter la respiration des poissons, l'observation de certains insectes, récoltés dans une mare, qui montent régulièrement à la surface de l'aquarium, la découverte des mouvements respiratoires d'un animal, le fait de vouloir faire des trous dans une boîte pour permettre à des insectes de respirer...

Le présent chapitre a pour objet de fournir des informations générales sur la respiration des êtres vivants.

1 INFORMATIONS UTILES POUR L'ENSEIGNANT

Les êtres vivants se procurent l'**énergie** dont ils ont besoin en “brûlant” une partie des aliments consommés (voir p. 36). Ce phénomène appelé **respiration cellulaire** (qui n'est pas une combustion mais une dégradation progressive)

— se déroule au niveau de chaque cellule,

— consomme de l'oxygène,

— produit des déchets (dioxyde de carbone en particulier).

Etudier la respiration d'un être vivant revient donc essentiellement à comprendre comment l'oxygène de l'air, ou l'oxygène de l'eau, **parvient à chacune des cellules de son corps**.

1 Comment met-on en évidence les échanges gazeux respiratoires ?

• **Mise en évidence du dégagement de dioxyde de carbone chez les animaux.**

La figure 1 propose divers montages mettant en évidence le dégagement du dioxyde de carbone. Dans les deuxième et troisième expériences, qui comportent toutes deux l'emploi d'un manomètre, il est nécessaire d'utiliser un bain thermostatique pour pouvoir affirmer que la dépression observée est due à l'absorption d'un gaz et non à une variation de température.

• **Mise en évidence de la consommation d'oxygène.**

La consommation d'oxygène est plus délicate à montrer. Cependant il existe actuellement des oxymètres électroniques qui affichent directement le pourcentage d'oxygène de l'air ou de l'eau placé au contact du capteur (fine membrane) d'une sonde (fig. 2).

• **Mise en évidence de la respiration des végétaux.**

Le marronnier du jardin respire-t-il ? Et les plantes en pot de l'appartement ? Posez ces questions et vous serez surpris des réponses. Certains diront peut-être que les plantes respirent la nuit, mais pas le jour; d'autre hésiteront. En effet, si la respiration des animaux ne fait aucun doute pour personne, il n'en est pas de même de celle des végétaux. Chez ces derniers, aucun mouvement respiratoire n'est décelable et cependant ils réalisent des échanges gazeux que l'on peut mettre en évidence en employant les techniques déjà utilisées pour les animaux. Mais, pour les mettre en évidence, il faut prendre certaines précautions, et, dans le cas des plantes chlorophylliennes, il faut les placer à l'obscurité (fig. 3). Il ne faudrait surtout pas en déduire que les végétaux chlorophylliens ne respirent qu'à l'obscurité. Des expériences montrent que les échanges respiratoires sont indépendants de la présence ou non de lumière et se produisent pendant toute la vie du végétal même lorsqu'il est à l'état de vie ralentie (pendant l'hiver, sous forme de graine...).

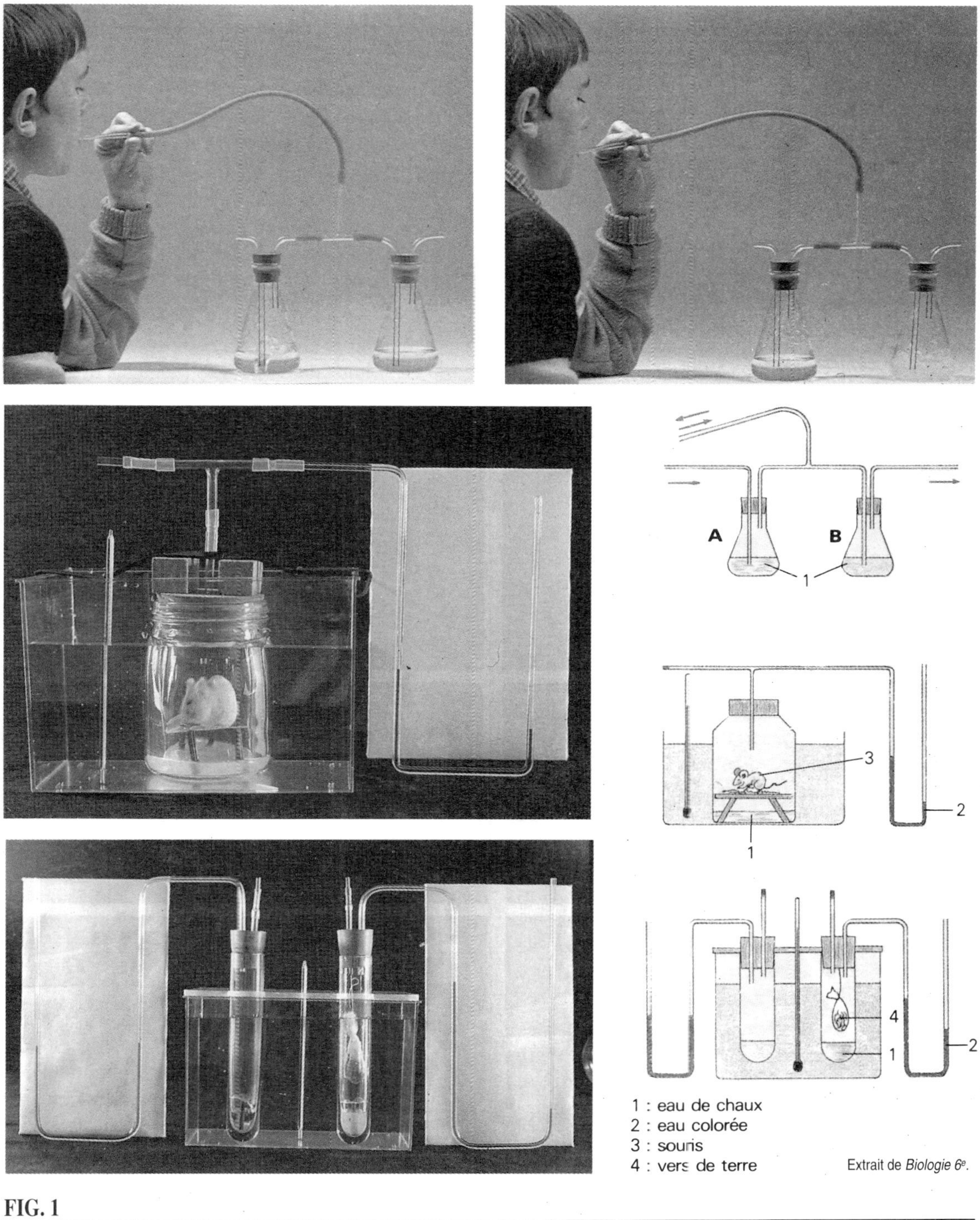

Extrait de *Biologie 6ᵉ*.

FIG. 1

Ces montages expérimentaux simples permettent la mise en évidence du dégagement de dioxyde de carbone chez l'homme et chez quelques animaux. L'analyse précise des montages est intéressante.

- Que cherche-t-on à montrer dans chacune des expériences ? Comparez les résultats.
- L'air expiré par l'enfant barbote dans le flacon B alors que l'air qu'il inspire traverse le flacon A. En quelques minutes l'eau de chaux du flacon B est trouble, celle du flacon A demeure limpide. Que montre cette expérience ?
- A quoi voit-on, dans les deuxième et troisième expériences, que la souris et les vers de terre rejettent du dioxyde de carbone ? Pourquoi le volume d'air diminue-t-il dans les récipients qui contiennent les animaux ? A quoi sert le récipient témoin ?

Les échanges gazeux respiratoires existent aussi chez les végétaux non chlorophylliens, champignons par exemple ; leur mise en évidence ne nécessite pas de les placer à l'obscurité (fig. 4).

On peut donc, comme pour les animaux, donner une première définition de la respiration végétale : tout organisme végétal vivant, chlorophyllien ou non, réalise avec le milieu extérieur (air ou eau) des échanges gazeux respiratoires (absorption d'oxygène, dégagement de dioxyde de carbone).

• **Mise en évidence des échanges gazeux d'un fragment d'organe.** Un organe est constitué de cellules. Or, un fragment d'organe vivant, isolé, consomme de l'oxygène et libère du dioxyde de carbone ; cette respiration, réalisée par les cellules qui le constituent, découverte par Paul Bert en 1870, peut être mise en évidence par un montage expérimental du type de celui de la figure 5. On peut réaliser une expérience semblable en utilisant des cellules isolées, cellules de levure de bière par exemple, placées dans une solution glucosée très diluée et convenablement oxygénée.

2 Qu'appelle-t-on respiration aérienne et respiration aquatique ?

• **Un homme ne peut respirer en gardant la tête dans l'eau ;** un poisson au contraire ne tarde pas à mourir asphyxié si on le sort de l'eau. En effet, les poissons utilisent pour leur respiration l'oxygène dissous dans l'eau (ils ont une **respiration aquatique**) alors que l'homme ne peut utiliser que l'oxygène de l'air (il a une **respiration aérienne**). Ainsi, certains animaux ne peuvent pas respirer dans l'eau, d'autres ne peuvent pas respirer en dehors de l'eau. Mais en dépit de ces différences, tous respirent et il va de soi que la respiration est le même phénomène dans les deux cas : au cours de la respiration, tous les animaux prélèvent de l'oxygène dans le milieu extérieur (l'air ou l'eau) et y rejettent du dioxyde de carbone.

Un fait est à signaler : beaucoup d'animaux aquatiques (grenouille, crocodile, éléphant de mer, de nombreux insectes de la mare...), même excellents nageurs, ont une respiration aérienne : ils sont obligés de remonter régulièrement, leurs narines ou leurs orifices respiratoires affleurant juste au-dessus de la surface de l'eau.

• **On trouve pour les végétaux** des conditions de vie analogues : certains vivent dans l'air, d'autres dans l'eau (eau douce ou eau de mer). Les échanges gazeux respiratoires entre un végétal terrestre et son milieu s'effectuent essentiellement au niveau de la partie aérienne, mais des échanges ont également lieu au niveau des organes souterrains (il y a de l'air dans le sol).

Pour les végétaux aquatiques, les échanges s'effectuent entre les gaz dissous dans l'eau et les différentes parties immergées du végétal.

3 Chez les animaux, les mouvements respiratoires sont parfois visibles

Les animaux respirent sans aucune interruption, de leur naissance à leur mort. Pour beaucoup d'entre eux, la respiration peut se repérer grâce à l'existence de **mouvements respiratoires**.

Ainsi, l'observation attentive de divers animaux terrestres (souris, lapin, criquet...) ou aquatiques venant respirer en surface (grenouille, insectes aquatiques...) montre l'existence de mouvements respiratoires rythmés comparables à ceux de la cage thoracique chez l'homme.

• **Chez les animaux terrestres**, chaque augmentation du volume du corps s'accompagne d'une pénétration d'air, chaque diminution correspond à une sortie d'air.

• **Des mouvements rythmés sont également visibles chez des animaux qui vivent constamment dans l'eau** tels que les poissons. Ces mouvements se réalisent en deux temps : fermeture de la bouche et soulèvement des opercules (volets qui cachent les branchies) puis ouverture de la bouche et application des opercules contre le corps. Ces mouvements provoquent un courant d'eau qui, entrant par la bouche, sort au niveau des ouïes (orifices de la cavité contenant les branchies et cachée par les opercules).

La respiration se manifeste donc par des **mouvements rythmés** auxquels correspondent :

— chez les animaux terrestres une **entrée** et une **sortie d'air**,

— chez les animaux aquatiques une **circulation d'eau**.

4 Chez les animaux, il existe différents systèmes respiratoires (fig. 9)

Les êtres vivants unicellulaires (protozoaires, champignons microscopiques, algues microscopiques...) n'ont pas d'**appareil respiratoire** et pourtant ils respirent. Les échanges gazeux se font directement entre l'unique cellule et le milieu.

C'est aussi le cas de certains organismes pluricellulaires très simples tels que les hydres, les éponges, les méduses... dont le corps est constitué d'un nombre limité de cellules, toutes en contact avec l'eau.

En revanche, pour les organismes complexes, les cellules, dans leur immense majorité, ne sont pas au contact de l'air ou de l'eau et ne peuvent pas prélever directement l'oxygène dans le milieu extérieur : elles sont alors ravitaillées par le sang qui, selon les espèces, s'approvisionne :

— au niveau des **poumons** (la respiration est alors dite pulmonaire),

FIG. 2

Avec un oxymètre électronique, on peut évaluer très facilement la teneur en oxygène de l'air: l'appareil affiche directement le pourcentage d'oxygène de l'air qui est au contact de la sonde.

Extrait de *Biologie 6e*.

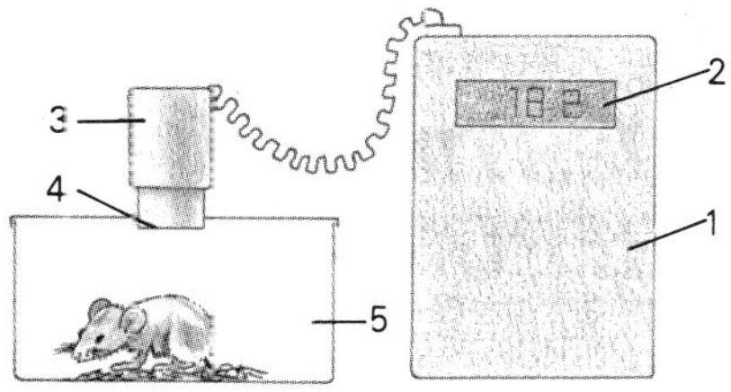

1. oxymètre électronique. 2. affichage direct de la teneur en oxygène de l'air (exprimée en %). 3. sonde. 4. fine membrane (capteur). 5. boîte contenant l'animal.

FIG. 3

Bien qu'aucun mouvement respiratoire ne soit visible, les végétaux respirent 24 heures sur 24, comme les animaux. Dans le cas des végétaux chlorophylliens, on ne peut mettre en évidence les échanges gazeux respiratoires (absorption d'oxygène et dégagement de dioxyde de carbone) qu'à une condition: les placer à l'obscurité. Pouvez-vous expliquer pourquoi ?

Expérience réalisée avec deux plantes chlorophylliennes identiques.

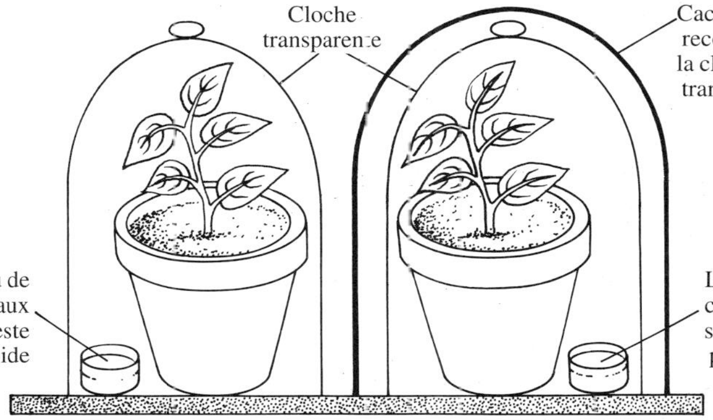

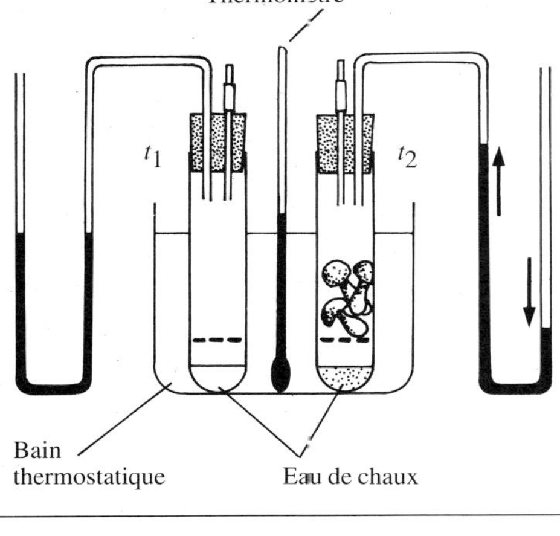

- t_2 contient des champignons
- t_1 est vide (tube témoin)

Une heure plus tard :

— l'eau de chaux s'est troublée en t_2

— le manomètre de t_2 indique qu'il y a consommation d'un gaz

FIG. 4

Les champignons, végétaux non chlorophylliens, conviennent bien pour mettre en évidence l'existence d'échanges gazeux respiratoires (absorption d'oxygène et dégagement de dioxyde de carbone), comme chez les animaux. Interprétez cette expérience. Un montage identique, réalisé avec des rondelles de carottes, donne les mêmes résultats. La respiration est donc un phénomène qui se produit au niveau des organes.

— au niveau des **branchies** (**respiration branchiale**),

— au niveau de la peau (**respiration cutanée**).

• **La respiration pulmonaire** est le mode respiratoire des mammifères (fig. 6), des oiseaux, des reptiles, des amphibiens adultes, c'est-à-dire celui de tous les vertébrés à l'exception des poissons et des larves d'amphibiens. Certains invertébrés terrestres (escargot – fig. 7) ont aussi une respiration pulmonaire.

Les **poumons**, remplis d'air, sont les organes d'échanges entre l'air (du milieu extérieur) et le sang. Des analyses précises du sang qui irrigue le poumon montrent que :

— le sang entrant dans le poumon est pauvre en oxygène et riche en dioxyde de carbone,

— le sang sortant du poumon est riche en oxygène et pauvre en dioxyde de carbone.

• **La respiration branchiale** existe chez les poissons, les larves d'amphibiens et de nombreux invertébrés marins ou d'eau douce (moule, seiche, huître, écrevisse...).

Les **branchies** sont les organes d'échanges respiratoires entre l'eau et le sang. Un courant d'eau permanent (provoqué par le mouvement des opercules chez les poissons, par les battements des cils vibratiles fixés sur les branchies de la moule ou de l'huître, par l'agitation des lamelles branchiales de la balane...) favorise ces échanges.

Des analyses montrent que :

— l'oxygène dissous dans l'eau est partiellement retenu par le sang qui traverse les branchies,

— le dioxyde de carbone, contenu dans le sang qui arrive aux branchies, est rejeté dans l'eau.

Remarque :
Les poumons et les branchies ont le même rôle : ce sont des organes d'**échanges** au niveau desquels le sang s'enrichit en oxygène et s'appauvrit en dioxyde de carbone.

L'analogie ne s'arrête pas là. On retrouve dans les deux cas :

— une **surface d'échanges** très grande (on l'évalue à 200 m^2 environ pour les deux poumons chez l'homme),

— une **irrigation sanguine** très riche,

— une **faible épaisseur** séparant sang et air ou sang et eau,

— un **renouvellement constant** du milieu extérieur (air dans la respiration pulmonaire, eau dans la respiration branchiale),

— une **surface d'échanges** constamment humide car les gaz ne traversent les minces parois que dissous dans l'eau ; une substance liquide maintient la paroi de l'alvéole pulmonaire constamment humide ; les branchies des poissons baignent dans l'eau et deviennent imperméables aux gaz hors de l'eau (d'où l'asphyxie du poisson).

• **La respiration cutanée** est un mode respiratoire moins répandu que les précédents. Nous avons vu (fig. 1) qu'un ver de terre respire. Mais il meurt asphyxié dès qu'il se dessèche. Si on dissèque un ver mort, on n'observe pas d'appareil respiratoire. Comment respire-t-il ? Les échanges gazeux respiratoires se font à travers la "peau" très mince, maintenue constamment humide et parcourue par de nombreux vaisseaux sanguins. Dans ce mode de respiration, appelé **respiration cutanée**, les échanges se font — comme dans la respiration pulmonaire — entre l'air et le sang.

La mort par asphyxie d'un ver de terre qui se dessèche (s'il se trouve hors de la terre humide) est identique à la mort par asphyxie d'un poisson sorti de l'eau ; dans les deux cas, les échanges gazeux à travers la surface d'échanges sont bloqués.

La respiration cutanée existe chez d'autres animaux. Elle a par exemple une grande importance chez la grenouille ; cet animal à peau fine, maintenue humide par la sécrétion d'un mucus, possède cependant des poumons. Dans la respiration cutanée de la grenouille, les échanges gazeux se font soit entre l'air et le sang, soit entre l'eau et le sang. Ce dernier mode est le seul qui existe en hiver, la grenouille passant la mauvaise saison au fond de la mare où aucune respiration pulmonaire n'est possible.

• **En résumé**, chez les animaux pluricellulaires, les cellules, dans leur immense majorité, ne sont pas au contact de l'air ou de l'eau et ne peuvent donc pas prélever directement l'oxygène dans le milieu extérieur. Leur ravitaillement en oxygène et leur rejet de dioxyde de carbone se font dans leur "milieu de vie", c'est-à-dire dans la lymphe interstitielle ; deux systèmes intermédiaires assurent le relais entre milieu extérieur et lymphe :

— l'**appareil respiratoire** qui permet les échanges gazeux entre le "milieu extérieur" et le sang,

— l'**appareil circulatoire** qui assure par le sang le transport des gaz jusqu'à la lymphe.

5 Un système respiratoire très particulier : les trachées

• **Les échanges d'oxygène et de dioxyde de carbone** se font dans les exemples précédents,

— soit entre le **sang** et l'**air** à travers la paroi du **poumon** ou à travers la **peau ;**

— soit entre le **sang** et l'**eau** au niveau des **branchies**.

Dans les deux cas, le sang transporte les gaz respiratoires aux organes.

FIG. 5

Mise en évidence de la respiration d'un fragment de tissu. Expliquez le principe de cette expérience.

Extrait de *Biologie-Géologie 1ere S.*

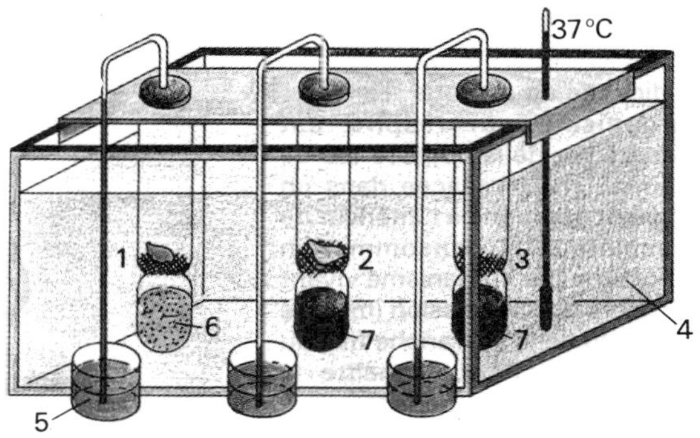

1. fragment de muscle frais
2. fragment de muscle tué
3. témoin
4. bain thermostatique
5. manomètre à liquide coloré
6. eau de chaux troublée
7. eau de chaux limpide

FIG. 6

Sur ces schémas, le poumon est représenté de manière très simplifiée. Il signale surtout les différences entre l'expiration et l'inspiration (trajet de l'air, volume du poumon, position du diaphragme qui repousse le poumon lors de l'expiration...).

Extrait de *Biologie 6e*.

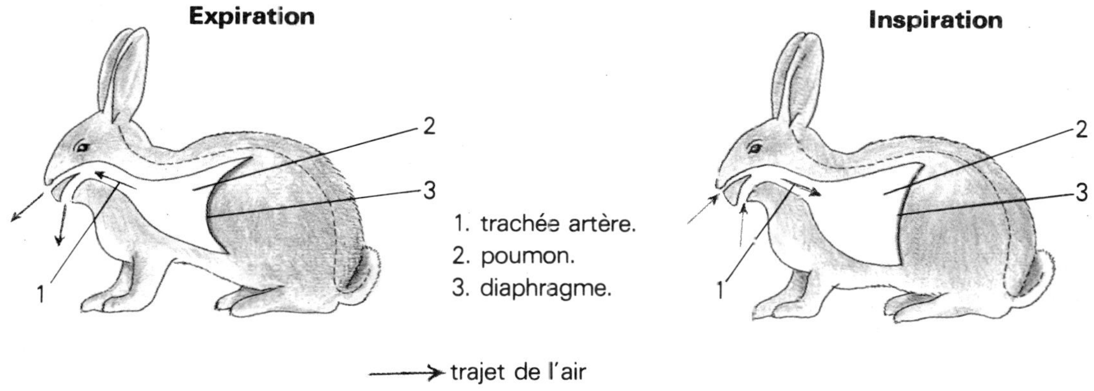

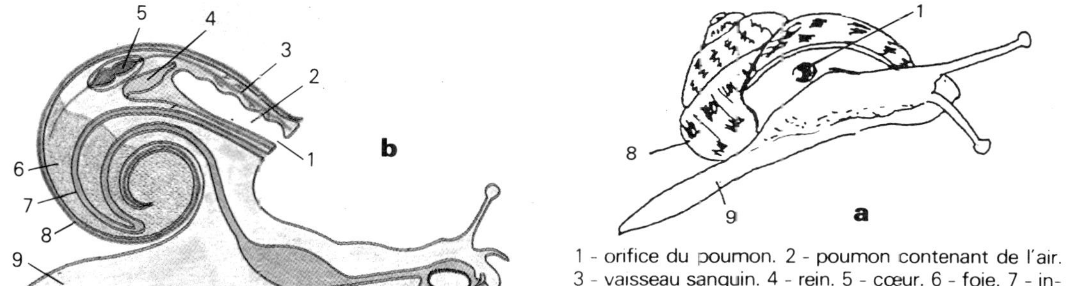

FIG. 7

Un poumon caché sous la coquille. Quand on retourne un escargot et qu'on regarde près du bord de la coquille, on observe un orifice qui s'ouvre et se ferme rythmiquement. Cet orifice donne accès à une cavité qui se remplit d'air et dont la paroi est très riche en vaisseaux sanguins.
a : la coquille a été basculée pour voir l'orifice du poumon. b : coupe schématique montrant seulement quelques organes.

Extrait de *Biologie 6e*.

Il existe un mode de distribution différent dans lequel le sang n'est pas le transporteur. L'air est conduit directement aux organes par des tubes ramifiés appelés **trachées**. Ce mode est à peu près limité au groupe des insectes et à quelques animaux voisins; mais compte tenu de l'importance numérique des insectes, un grand nombre d'espèces animales est concerné par ce système particulier.

• **Du point de vue de la respiration**, on peut distinguer trois groupes d'insectes (fig. 8):

— ceux qui **vivent dans le milieu aérien** et ont **une respiration aérienne**, par exemple, le criquet;

— ceux qui **vivent dans l'eau** mais ont cependant une **respiration aérienne;** c'est le cas du dytique, de la larve de moustique, de la nèpe...

— ceux qui **vivent dans l'eau** et **respirent dans l'eau;** c'est le cas de la larve d'éphémère.

On retrouve dans les trois cas le même **système de distribution:** grâce aux trachées l'air est conduit **directement** aux organes.

L'entrée et la sortie des gaz respiratoires dans le réseau trachéen se font de deux façons différentes:

— par un ou plusieurs orifices appelés **stigmates** chez les insectes à respiration aérienne,

— au niveau des **trachéo-branchies** chez les insectes à respiration aquatique; au niveau de celles-ci, l'oxygène dissous dans l'eau passe sous forme gazeuse dans les trachées; un trajet en sens inverse existe pour le dioxyde de carbone.

6 Comment les végétaux respirent-ils?

Les végétaux respirent "comme les animaux", mais la circulation des gaz respiratoires à l'intérieur d'une plante ne se fait par aucun des moyens découverts chez les animaux (il n'y a pas de sang chez les végétaux). L'air entre et sort par de petits orifices appelés **stomates** (situés notamment à la surface des feuilles) et pénètre dans des espaces remplis d'air entre les cellules. Les plantes contiennent donc de l'air. Celles qui vivent dans l'eau en contiennent aussi. Dans ce dernier cas, les échanges gazeux s'effectuent entre l'air contenu dans la plante et les gaz dissous dans l'eau du milieu environnant.

On constate donc que les échanges gazeux des végétaux rappellent un peu ceux que nous avons vus chez les insectes. Chez ces derniers, l'air pénètre à l'intérieur du corps par un réseau de tubes, les trachées; chez les végétaux, l'air pénètre et circule à l'intérieur par un réseau de lacunes remplies d'air. Dans les deux cas, l'entrée et la sortie des gaz dans le réseau se font par des orifices (stigmates pour les insectes, stomates pour les végétaux).

7 Des variations de la consommation d'oxygène à interpréter

Chez les animaux, deux facteurs influencent l'intensité des échanges gazeux respiratoires et du même coup la consommation d'oxygène: l'activité musculaire d'une part, la température extérieure d'autre part.

• L'**activité musculaire** entraîne pour les animaux comme pour l'homme;

— une augmentation du rythme respiratoire,

— un accroissement de la consommation d'oxygène et du dégagement de dioxyde de carbone,

— une accélération du rythme cardiaque.

Les faits sont faciles à interpréter: l'activité musculaire s'accompagne d'une augmentation de la consommation d'énergie, donc d'oxygène.

• **Une baisse de la température du milieu** entraîne:

— une augmentation de la consommation d'oxygène et du dégagement de dioxyde de carbone chez les **homéothermes** (animaux dont la température interne du corps est constante),

— une baisse de la consommation d'oxygène chez les **hétérothermes** (animaux dont la température du corps est variable et proche de la température extérieure).

L'augmentation de consommation d'oxygène s'explique aisément dans le premier cas: pour maintenir la température du corps à sa valeur constante, ces animaux augmentent leur production d'énergie.

Connaissez-vous

LE SENS DE CES MOTS OU EXPRESSIONS

- respiration
- respiration cellulaire
- échanges gazeux respiratoires
- respiration aérienne
- respiration aquatique
- mouvements respiratoires
- respiration pulmonaire
- respiration branchiale
- respiration cutanée
- poumons
- branchies
- surface d'échange
- trachées
- trachéo-branchies
- stigmate
- stomate
- métabolisme
- homéotherme
- hétérotherme

1. Insectes terrestres

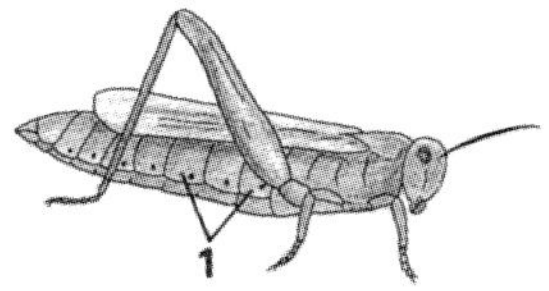

criquet

chenille

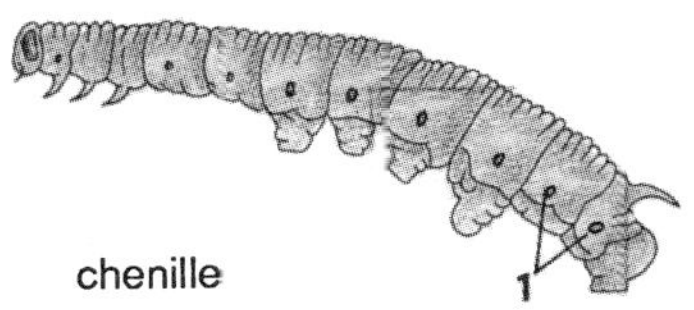

De chacun des orifices visibles latéralement (1) sur le corps de ces insectes partent des tubes minuscules appelés *trachées* qui conduisent directement l'air aux organes.

2. Insectes aquatiques à respiration aérienne

dytique

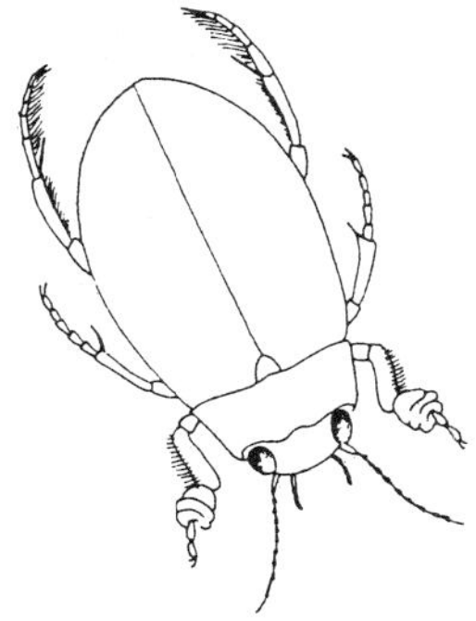

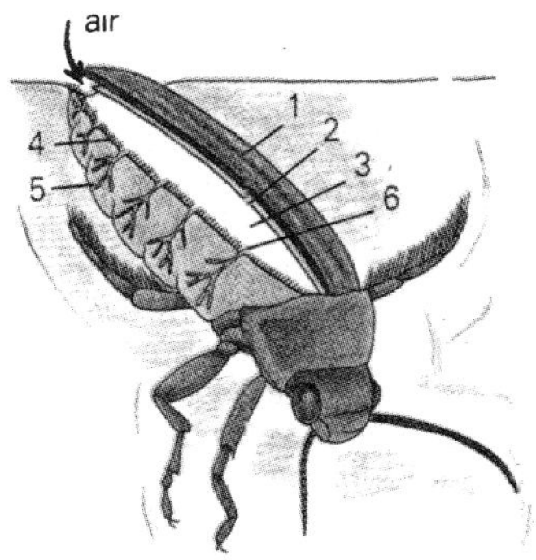

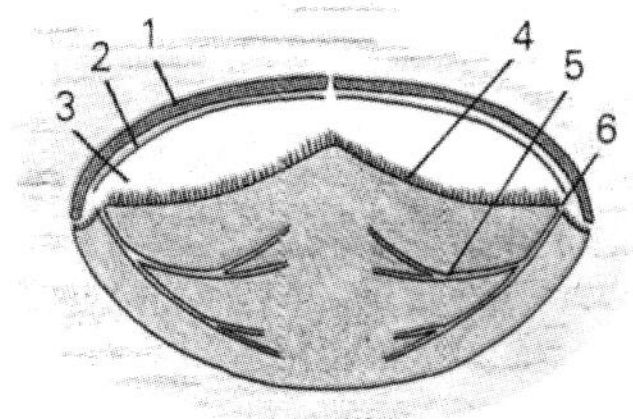

1. élytre
2. aile membraneuse
3. provision d'air
4. poils non mouillables
5. trachées
6. orifice respiratoire

Ces insectes interrompent régulièrement leurs déplacements en remontant à la surface de l'eau pour faire une provision d'air.

3. Insectes à respiration aquatique

larve d'éphémère

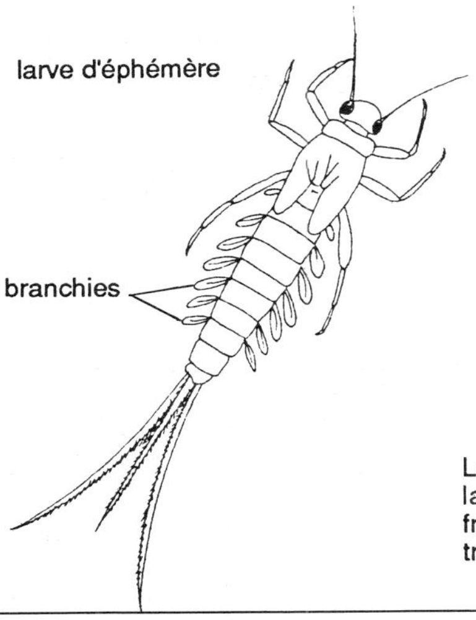

branchies

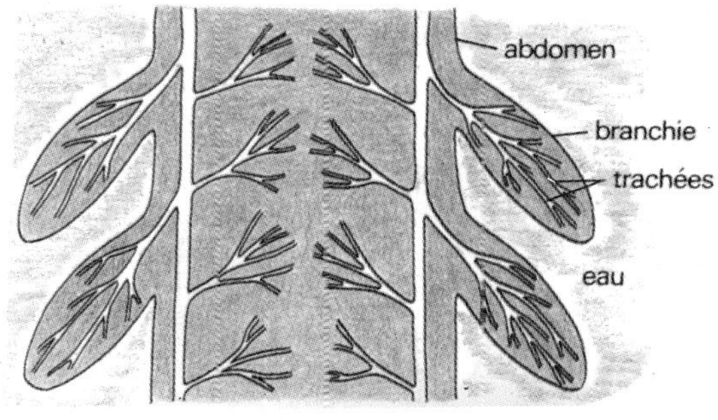

La larve d'éphémère utilise l'air dissous dans l'eau de la mare grâce aux lamelles plumeuses qu'elle porte latéralement et qu'elle agite fréquemment. Il s'agit de branchies. Les scientifiques les appellent des trachéo-branchies.

FIG. 8

Les trois types de respiration trachéenne chez les insectes.

La baisse de consommation d'oxygène dans le second cas est liée au fait que, lorsque la température baisse, les animaux hétérothermes cessent de se déplacer et de s'alimenter. Leurs besoins énergétiques sont donc diminués.

Ces faits sont importants : les réactions chimiques qui se produisent dans un organisme vivant (on les appelle réactions du métabolisme) sont influencées par la température du corps. Une baisse de la température les ralentit. Pour des températures très basses, les animaux ont un **métabolisme** très faible : ils sont alors à l'état de vie ralentie (ils ne se déplacent pas, ils ne se nourrissent pas, ils respirent très faiblement).

• **Un cas particulier** mérite d'être signalé pour la respiration des végétaux. Les **graines**, organes très déshydratés, ont des échanges respiratoires infimes ; on dit que les graines sont à l'état de vie ralentie. La reprise des échanges respiratoires a lieu au moment de la germination avec le retour à la vie active.

2 DES ACTIVITÉS PÉDAGOGIQUES POSSIBLES

L'étude des différents appareils respiratoires des animaux et de la respiration des végétaux figure au programme des collèges. Il est alors nécessaire d'envisager les différents cas possibles. Il n'en est pas de même à l'école élémentaire. Cependant, diverses occasions de la vie de la classe permettent de parler de la respiration des animaux. Ces situations ne peuvent toutefois donner lieu à des travaux très approfondis.

Les enfants savent qu'ils ne peuvent pas s'empêcher de respirer et n'ignorent pas que l'arrêt de la respiration entraîne la mort. Par analogie, ils admettent volontiers que tous les animaux respirent.

1 La présence d'animaux vivants dans la classe

Les élevages d'animaux (escargots, tourterelles, lapins...) permettent de faire des observations en réponse à des questions telles que :

— comment respirent ces animaux ?

— où sont leurs orifices respiratoires ?

— ont-ils des mouvements rythmés en relation avec la respiration ?

— ces mouvements sont-ils lents ou rapides ? (on peut en évaluer le rythme).

2 Comment respire le poisson de l'aquarium ?

Le poisson ouvre puis ferme sa bouche régulièrement. Une observation plus attentive montre que, lorsque la bouche se ferme, les opercules se soulèvent ; quand la bouche s'ouvre, les opercules se rabattent.

3 Ils vivent dans l'eau mais respirent en surface

• Les animaux récoltés dans la mare ou dans l'étang ont été installés dans l'aquarium. On constate que certains remontent régulièrement à la surface tandis que d'autres ne remontent jamais.

• L'observation de photographies ou de dessins d'animaux qui vivent dans l'eau (fig. 10) permet de constater qu'ils ont tous des comportements identiques lorsqu'ils viennent respirer à la surface. Seuls les yeux et les narines affleurent. Les attitudes prises par ces animaux sont très comparables d'une espèce à l'autre. On peut alors évoquer la respiration d'animaux aquatiques qui respirent dans l'eau, utilisant l'oxygène dissous (poisson, écrevisse, crabe...).

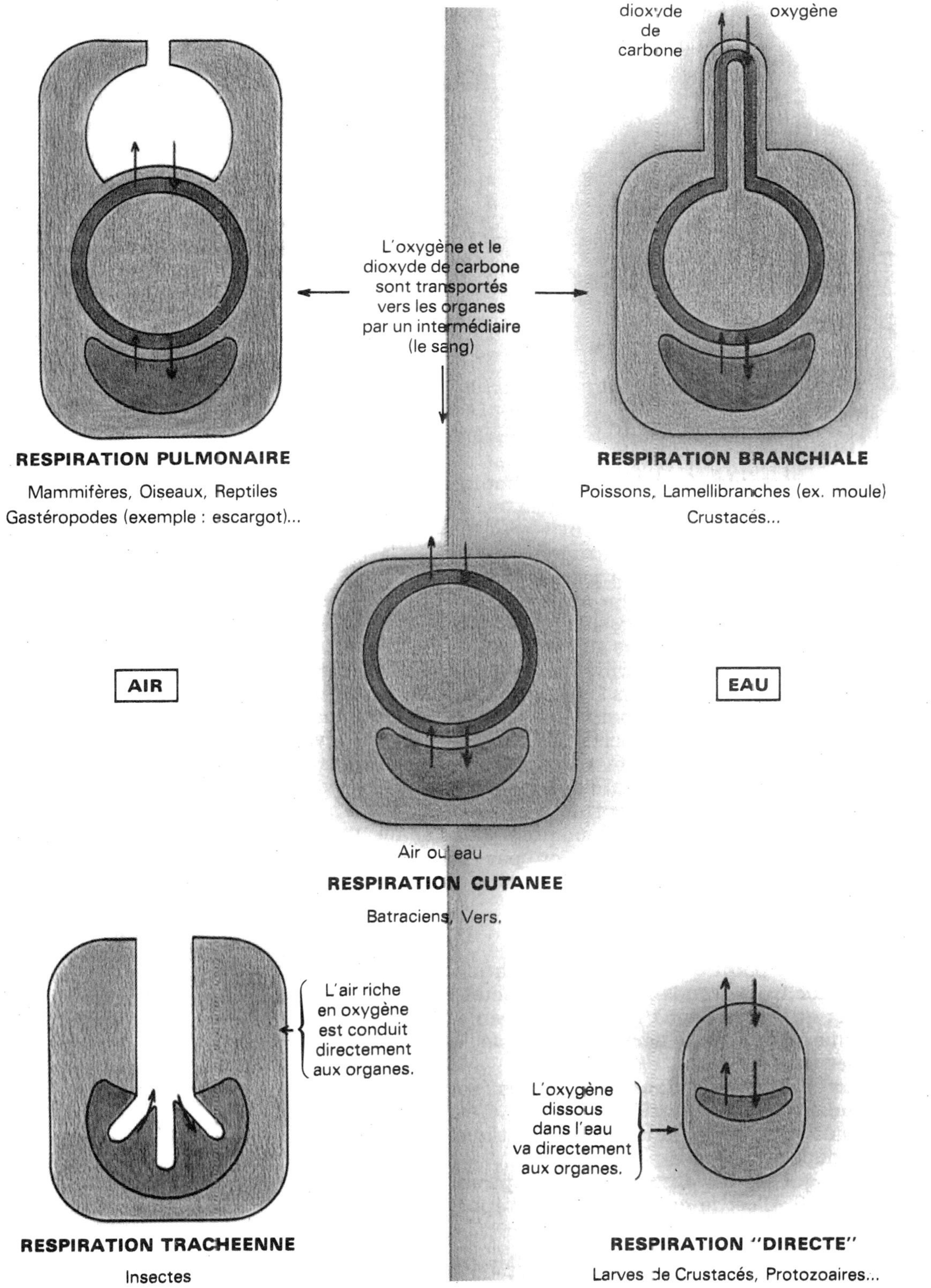

FIG. 9

Les différents systèmes respiratoires chez les animaux.

Extrait de *Biologie 6ᵉ*.

NOTIONS VISÉES

à l'école élémentaire

Certains animaux respirent dans l'eau (c'est le cas des poissons), d'autres ne peuvent respirer que dans l'air.
Un grand nombre d'animaux qui vivent dans l'eau sont obligés de remonter régulièrement à la surface pour respirer. Ils ont donc, comme les animaux terrestres, une respiration aérienne.

Chez certains animaux on voit, comme chez l'homme, des mouvements en rapport avec la respiration. Par exemple, on observe chez le poisson des mouvements rythmiques : ouverture puis fermeture de la bouche et, en même temps, fermeture puis ouverture des ouïes.

Au niveau des poumons, l'oxygène de l'air passe dans le sang qui le distribue aux différents organes du corps.
Dans la respiration aquatique, l'oxygène dissous dans l'eau passe dans le sang au niveau des branchies.

Toutes les plantes respirent 24 heures sur 24, c'est-à-dire rejettent du dioxyde de carbone et absorbent de l'oxygène.

Mots clés
respiration aérienne, respiration aquatique, branchies, poumons, oxygène, dioxyde de carbone.

FIG. 10

D'étonnantes ressemblances entre des animaux si différents à première vue. Tous viennent régulièrement en surface pour respirer.

Extrait de *Sciences et technologie CP.*

8 La respiration humaine

1 INFORMATIONS UTILES POUR L'ENSEIGNANT

1 Une alternance d'inspirations et d'expirations

Le volume de la cage thoracique augmente à chaque pénétration de l'air (ou **inspiration**) et diminue à chaque rejet (ou **expiration**). L'alternance régulière des mouvements d'inspiration et des mouvements d'expiration définit le **rythme respiratoire** (fig. 1). Celui-ci s'accélère considérablement lors d'un effort physique, diminue pendant le sommeil et varie selon l'âge.

2 Un schéma pour comprendre

Les **poumons** ne sont pas de simples ballons creux ; ils ont une organisation très spécialisée (fig. 3).
Les poumons sont des organes mous, spongieux, élastiques, très légers. Chacune des **bronches** qui entre dans un poumon se ramifie en bronches plus petites ; celles-ci, à leur tour, se ramifient en **bronchioles** de plus en plus fines. Les plus petites bronchioles (dont le diamètre est de 1 à 2 dixièmes de millimètre) se terminent dans de minuscules sacs, les **alvéoles pulmonaires**. On évalue leur nombre à 700 millions pour les deux poumons.

3 Quel volume d'air les poumons peuvent-ils contenir ?

A chaque inspiration normale, 0,5 l d'air entre dans les poumons. Le volume d'air qui pénètre "en plus" au cours d'une **inspiration forcée** est de 2,5 à 3 l.

En fin d'expiration normale, on peut encore "chasser en plus" 1 l d'air ; on effectue alors une **expiration forcée**.

En fin d'expiration forcée, il reste encore 1,5 l d'air dans les poumons ; on ne peut donc jamais les vider complètement.

4 Les échanges gazeux de la respiration

La figure 2 présente un montage simple de mise en évidence du rejet de **dioxyde de carbone**. Les scientifiques savent faire des dosages précis (fig. 4).

• **L'interprétation des résultats** proposés par la figure 4 montre que la respiration se traduit par une absorption d'oxygène. En 24 heures, l'organisme humain absorbe environ 500 litres d'**oxygène** et rejette 400 litres de dioxyde de carbone !

• **Les prélèvements de sang au niveau de l'artère pulmonaire** (sang qui arrive aux poumons) et de la veine pulmonaire (sang qui sort des poumons) montrent que le premier contient moins d'oxygène et plus de dioxyde de carbone que le second (fig. 4B).

En passant dans les poumons, le sang s'enrichit en oxygène et s'appauvrit en dioxyde de carbone. Ainsi, au niveau des poumons :

— une partie de l'oxygène contenu dans l'air inspiré passe dans le sang,

— du dioxyde de carbone passe du sang dans l'air.

• **Des prélèvements de sang au niveau de n'importe quel organe du corps** montrent que :

— le sang qui arrive à un organe est riche en oxygène et pauvre en dioxyde de carbone,

— le sang qui sort d'un organe est riche en dioxyde de carbone et pauvre en oxygène.

Dans les organes, le sang s'enrichit en dioxyde de carbone et s'appauvrit en oxygène.

Nombre de mouvements respiratoires par minute pour un sujet au repos			
à la naissance	à 5 ans	à 12 ans	à l'âge adulte
40 à 50	25	20	16
Le rythme respiratoire s'accélère considérablement lors d'un effort physique. Il diminue pendant le sommeil.			

FIG. 1

Qu'appelle-t-on "rythme respiratoire" ? Quelles variations du rythme constate-t-on à partir des données de ce tableau ? Existe-t-il d'autres facteurs de variation du rythme respiratoire ?

Extrait de *Biologie 3e*.

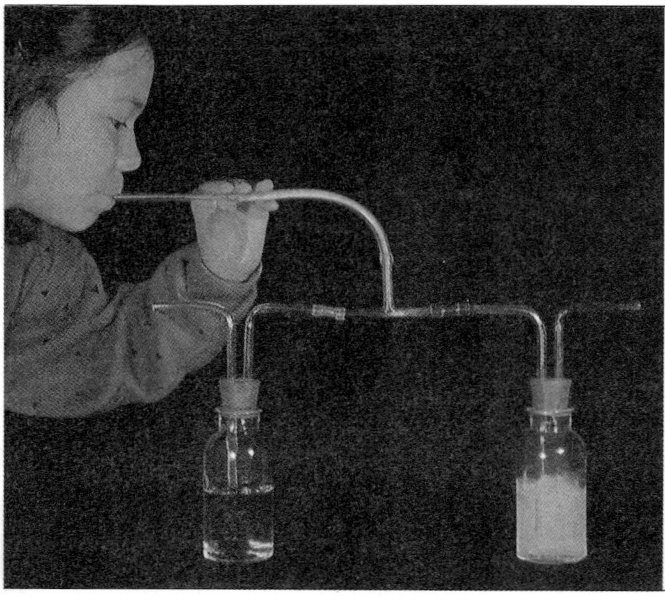

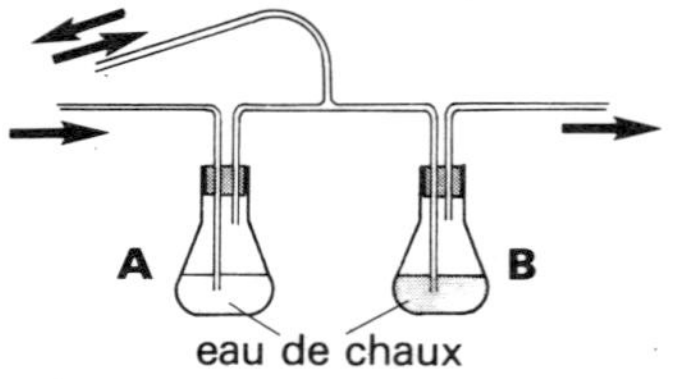

Au départ, l'eau de chaux est limpide dans les deux flacons. Mais, lorsque l'enfant respire (par la bouche), l'air expiré barbote dans le flacon B alors que l'air inspiré traverse le flacon A.
Résultat : en quelques minutes, l'eau de chaux du flacon B se trouble, alors que celle du flacon A reste limpide.

FIG. 2

Cette expérience, facile à réaliser, met en évidence que l'air expiré contient plus de dioxyde de carbone que l'air inspiré.

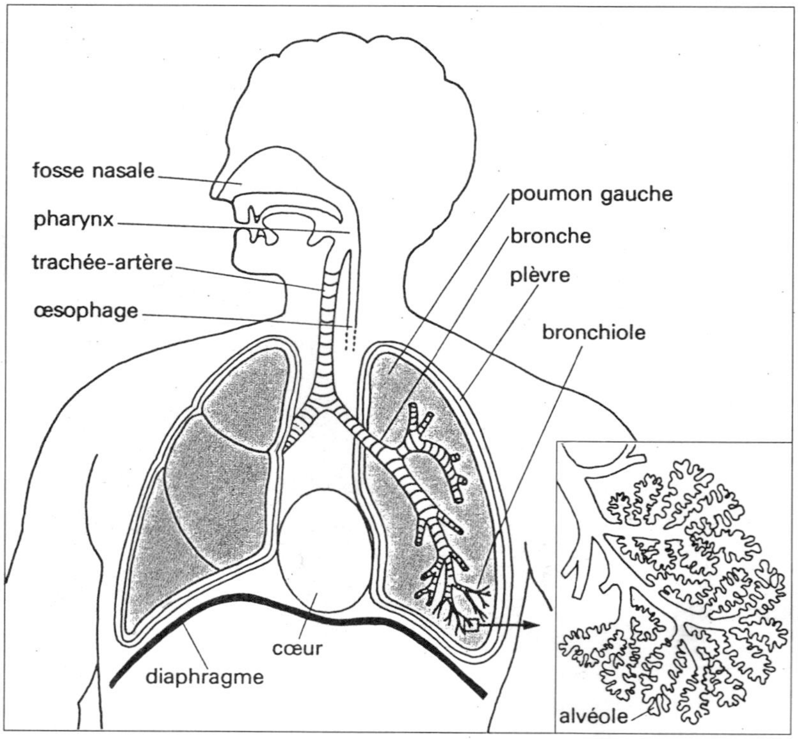

FIG. 3

Schéma simplifié de l'appareil respiratoire humain (classe de Collège).

Extrait de *Biologie 3e*.

A	Air inspiré	Air expiré
Oxygène	21	16
Dioxyde de carbone	0,03	5
Azote	79	79

Ces valeurs sont exprimées en ml pour 100 ml d'air.

B	Sang à l'arrivée dans les poumons	Sang à la sortie des poumons
Oxygène	14	20
Dioxyde de carbone	60	50
Azote	2	2

Ces valeurs sont exprimées en ml de gaz contenus dans 100 ml de sang

FIG. 4

Analysez le tableau A, puis le tableau B. La comparaison entre ces deux tableaux permet de préciser la nature des échanges entre l'air et le sang au niveau des poumons.

Extrait de *Biologie 3e*.

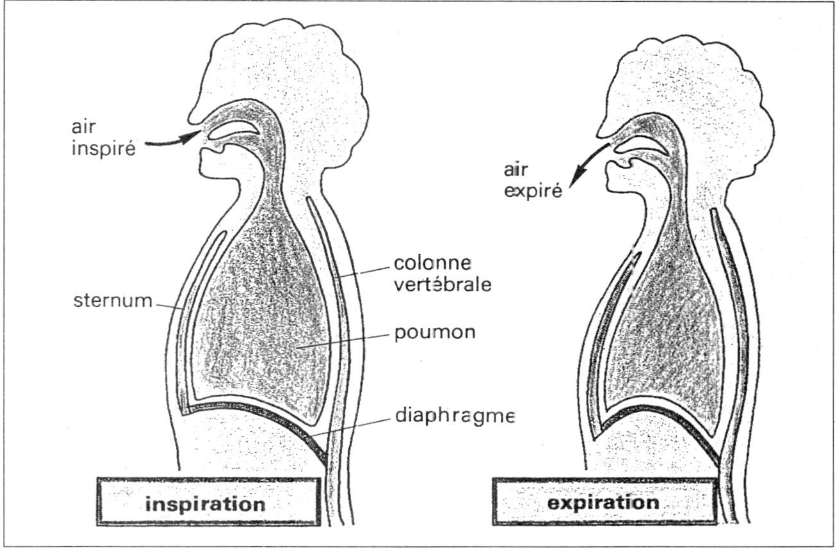

FIG. 5

Le diaphragme est une cloison musculaire de forme convexe au repos. Quand il se contracte, il s'aplatit et le volume de la cage thoracique augmente. Que se passerait-il si le diaphragme était bombé vers le bas au lieu de l'être vers le haut ?

Extrait de *Biologie 3e*.

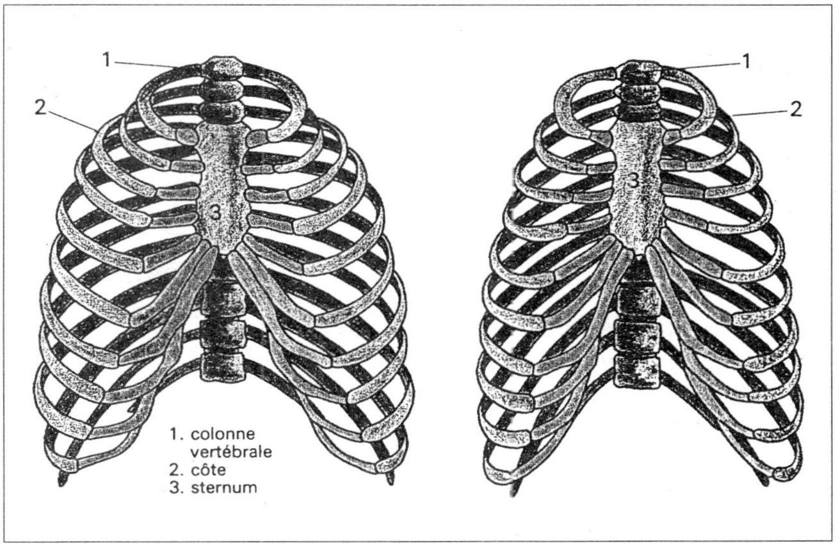

FIG. 6

Au cours d'une inspiration, l'augmentation de volume de la cage thoracique provoque l'entrée de l'air dans les poumons.
Qu'appelle -t-on exactement "cage thoracique" ?

Extrait de *Biologie 3e*.

5 Une surface d'échanges remarquable

C'est au niveau des alvéoles pulmonaires qu'une partie de l'oxygène contenu dans l'air inspiré passe dans le sang et qu'une partie du dioxyde de carbone contenu dans le sang passe dans l'air expiré (fig. 7).

Les échanges entre le sang et l'air alvéolaire sont favorisés par :

— l'existence d'une **surface d'échange** importante (on l'évalue à 200 m^2 environ pour l'ensemble des deux poumons) ;

— la **finesse de la paroi de l'alvéole** et des **capillaires** (moins d'un micromètre d'épaisseur) ;

— la présence d'une **substance liquide** qui assure une protection de la paroi alvéolaire tout en la maintenant perméable.

Ainsi, l'efficacité des échanges est due non seulement au renouvellement permanent de l'air alvéolaire et à la circulation du sang entre les alvéoles, mais aussi au fait que la surface d'échange est tout à fait remarquable.

6 Comment se font les mouvements respiratoires ?

Lorsqu'on gonfle un ballon, il augmente de volume : c'est l'entrée de l'air qui provoque l'augmentation de volume. On pourrait croire que le phénomène est le même dans la respiration, c'est-à-dire que l'air qui pénètre dans les poumons provoque l'augmentation de volume de la cage thoracique. Ce n'est pas le cas et c'est même le contraire qui se passe.

• **La cage thoracique** (fig. 6), formée par les côtes, la colonne vertébrale et le sternum, n'est pas une enceinte à claire-voie. En effet, les espaces entre les côtes sont occupés par les muscles intercostaux. Par ailleurs, le diaphragme, muscle aplati légèrement bombé, forme le plancher de cette cage entièrement close (fig. 5).

Ajoutons une idée essentielle : les poumons sont "collés" à la cage thoracique par la plèvre (ensemble de deux membranes séparées par le liquide pleural). Ainsi, quand la cage thoracique augmente de volume, les poumons suivent. Cette augmentation de volume entraîne l'entrée de l'air.

• **Les muscles intervenant dans les mouvements respiratoires** sont nombreux. Deux mouvements complémentaires accroissent le volume de la cage thoracique et provoquent l'inspiration normale :

— la contraction du **diaphragme**,

— la contraction de **muscles intercostaux** qui élèvent les côtes.

L'inspiration normale est un phénomène actif alors que l'expiration normale est un phénomène passif : les muscles précédemment contractés se relâchent et l'élasticité des poumons fait le reste.

Dans l'inspiration forcée, le diaphragme se contracte davantage ; de nouveaux **muscles élévateurs des côtes** entrent en jeu et complètent l'action des intercostaux.

Dans l'expiration forcée, la contraction de **muscles** dits **"expirateurs"** s'ajoute au relâchement des muscles élévateurs. Ainsi une contraction des muscles abdominaux comprime les viscères ("on rentre le ventre") ce qui refoule le diaphragme vers le haut et accentue la diminution de volume de la cage thoracique.

La respiration normale est involontaire et inconsciente alors que les mouvements d'inspiration et d'expiration forcées sont volontaires.

7 Comment l'oxygène est-il transporté par le sang ?

Plus de 98% de l'oxygène véhiculé par le sang est transporté par l'**hémoglobine** des globules rouges (fig. 8). Ce pigment respiratoire a donc un rôle essentiel dans la respiration. Ce rôle s'explique par

— l'aptitude de l'hémoglobine à se combiner à l'oxygène pour donner de l'oxyhémoglobine (une molécule d'hémoglobine est capable de se lier à quatre molécules d'oxygène; la réaction inverse de libération de l'oxygène est facile à obtenir) ;

— l'abondance de l'hémoglobine dans les globules rouges (chaque globule rouge contient plusieurs millions de molécules d'hémoglobine ; dans un litre de sang, il y a 150 g d'hémoglobine) ;

— le grand nombre des **globules rouges** (5 millions par millimètre cube de sang) ;

— la surface des hématies (évaluée à 3000 m^2 soit 500 fois la surface du corps).

Le transport de l'oxygène par le plasma est quantitativement très faible mais cependant très important puisque c'est l'oxygène **dissous dans le plasma** qui passe dans la lymphe interstitielle, intermédiaire obligatoire entre les hématies et les cellules.

8 Comment le dioxyde de carbone est-il transporté par le sang ?

Le dioxyde de carbone est 30 fois plus soluble dans l'eau que l'oxygène. Malgré sa très grande solubilité, il n'est pas seulement présent sous forme **dissoute dans le plasma** du sang. Il est en effet transporté sous des formes diverses, à la fois **dans le plasma** (pour la partie la plus importante) et **dans les globules rouges** (pour le quart environ). Nous ne préciserons pas en détail ces divers modes de transport dont certains sont

FIG. 7

Les plus fines ramifications des bronches se terminent par une grappe de petits sacs, les alvéoles pulmonaires. Celles-ci sont recouvertes d'un abondant réseau de capillaires sanguins. Que se passe-t-il à ce niveau ?

Extrait de *Biologie 3e*.

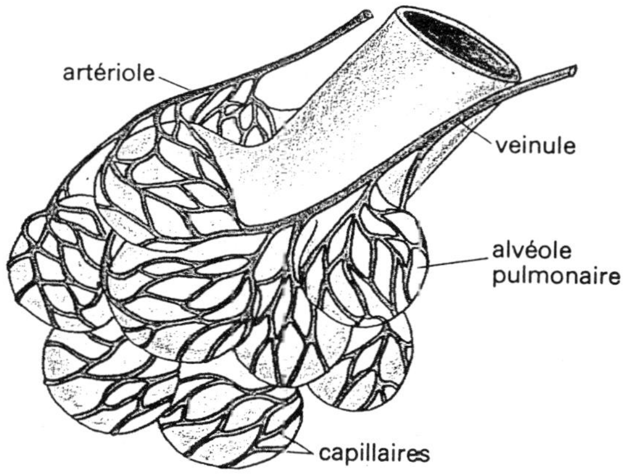

D'après Mackean.

Lors d'une activité physique modérée, il passe dans les poumons environ 10 000 litres d'air et 800 litres de sang par 24 heures.

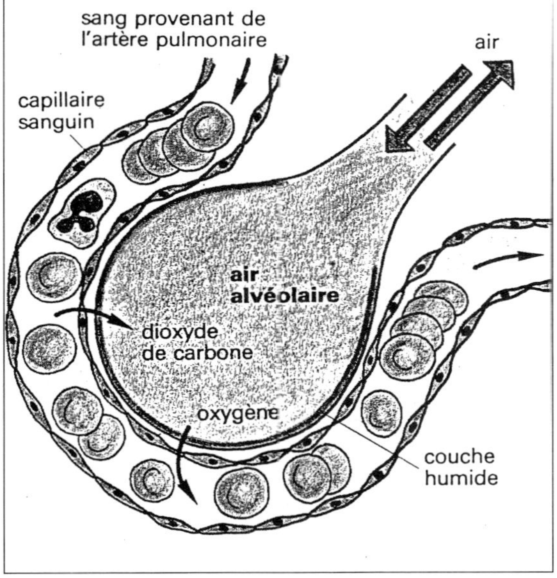

FIG. 8

Les échanges gazeux entre l'air et le sang s'effectuent au niveau des alvéoles pulmonaires. L'oxygène est surtout transporté par l'hémoglobine contenue dans les globules rouges alors que le dioxyde de carbone est transporté non seulement par les globules rouges mais aussi dans le plasma.

Extrait de *Biologie 3e*.

assez complexes. Le sens des échanges s'explique comme pour l'oxygène par des différences de concentration entre deux milieux (air et sang).

9 La respiration cellulaire

Les cellules du corps humain, comme celles des autres animaux, ont besoin d'oxygène pour dégrader les nutriments et trouver ainsi l'énergie nécessaire aux diverses réactions chimiques (synthèse de matière notamment) dont elles sont le siège.

• **Le glucose est le métabolite le plus utilisé;** sa molécule est complètement dégradée en dioxyde de carbone et en eau. L'énergie totale libérée correspond à celle qui résulte d'une combustion totale du glucose. La dégradation d'une molécule de glucose au cours de la respiration cellulaire peut se traduire globalement par cette équation:

glucose + oxygène → dioxyde de carbone + eau + énergie

• **Les lipides sont également un carburant de choix**. Ils sont aussi dégradés en dioxyde de carbone et eau.

L'équation suivante traduit globalement le phénomène:

lipide + oxygène → dioxyde de carbone + eau + énergie

• **Les acides aminés peuvent aussi être dégradés** avec production d'énergie. Dans ce dernier cas, un déchet azoté (l'urée) est rejeté en plus du dioxyde de carbone et de l'eau. Soulignons la remarque suivante: l'**urée** qui est un produit de déchet de la respiration cellulaire est rejeté dans l'**urine** et non au niveau des poumons.

La dégradation d'une molécule d'acide aminé au cours de la respiration cellulaire peut se traduire globalement par l'équation:

acide aminé + oxygène → dioxyde de carbone + eau + déchets azotés + énergie

Si l'on compare les trois réactions de dégradation, on constate que les protides sont, par suite de la présence des déchets azotés, un moins bon "carburant" que les glucides ou les lipides. Une image simple: pour effectuer une longue marche en montagne, il faut ajouter à la ration alimentaire des glucides (ou des lipides) mais pas des protides.

10 L'adaptation à l'effort physique

Lors d'exercices physiques, les muscles consomment beaucoup plus d'oxygène qu'au repos (fig. 9). Cette demande supplémentaire d'oxygène est satisfaite de deux manières complémentaires:

— une accélération du **rythme respiratoire** et donc une augmentation du volume de l'air qui passe dans les poumons,

— une **augmentation du volume du sang qui parcourt** d'une part les **poumons**, d'autre part les **muscles** en fonctionnement. Ce dernier phénomène est assuré par l'adaptation du système capillaire et par l'augmentation du débit cardiaque, c'est-à-dire de la quantité de sang éjecté par le cœur chaque minute. Elle est elle-même obtenue grâce à une accélération du rythme cardiaque proportionnelle à l'intensité de l'effort (cette accélération pouvant atteindre 190 battements à la minute constitue le mécanisme le plus important) et à une augmentation de la quantité de sang éjecté à chaque contraction.

11 Quelle ressemblance y a-t-il entre un homme et une automobile ?

La comparaison faite sur la figure 11 a pour objet de souligner certaines ressemblances existant entre le fonctionnement d'une automobile et celui de l'organisme humain:

— ils consomment un "carburant" qui sera source d'énergie (aliments ou essence);

— ils utilisent de l'oxygène et rejettent du dioxyde de carbone;

— ils fournissent un travail et de la chaleur.

Mais attention! des différences fondamentales existent:

— lorsqu'une voiture est à l'arrêt, elle ne consomme pas de carburant alors que l'organisme vivant en consomme toujours (métabolisme de base);

Connaissez-vous

LE SENS DE CES MOTS OU EXPRESSIONS

- inspiration
- expiration
- inspiration forcée
- expiration forcée
- mouvements respiratoires
- poumons
- bronches
- alvéoles pulmonaires
- cage thoracique
- diaphragme
- échanges gazeux respiratoires
- respiration cellulaire
- métabolite

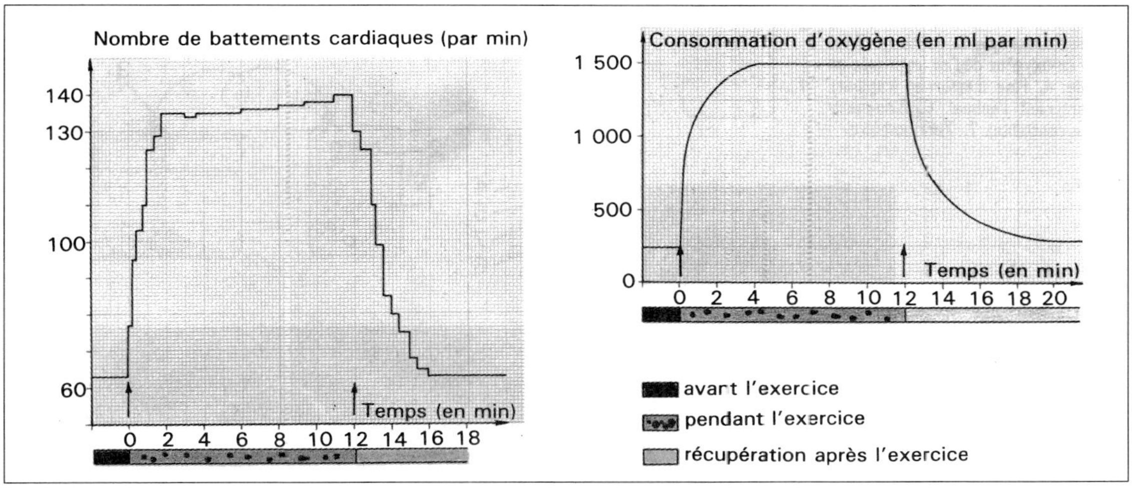

FIG. 9

Des mesures précises ont été réalisées au cours de l'activité musculaire d'un sportif. Quelles informations fournissent ces résultats en ce qui concerne l'adaptation à l'effort de l'appareil respiratoire et de l'appareil circulatoire ?

Extrait de *Biologie 5e*.

2 *Des précisions importantes*

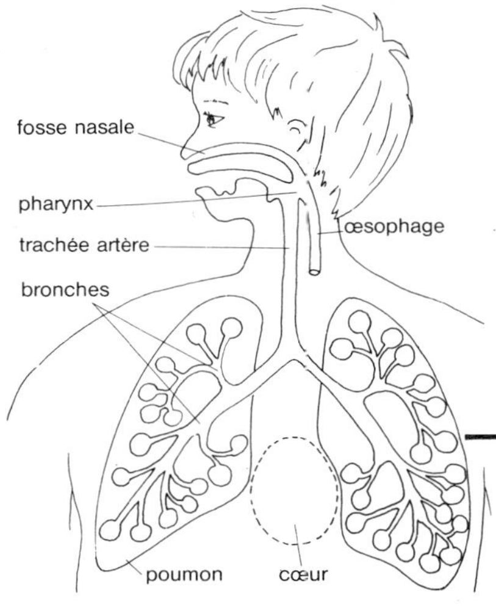

Composition de 100 cm³ d'air		
	air inspiré	air expiré
oxygène	21 cm³	16 cm³
dioxyde de carbone	traces	4 à 5 cm³
azote	79 cm³	79 cm³

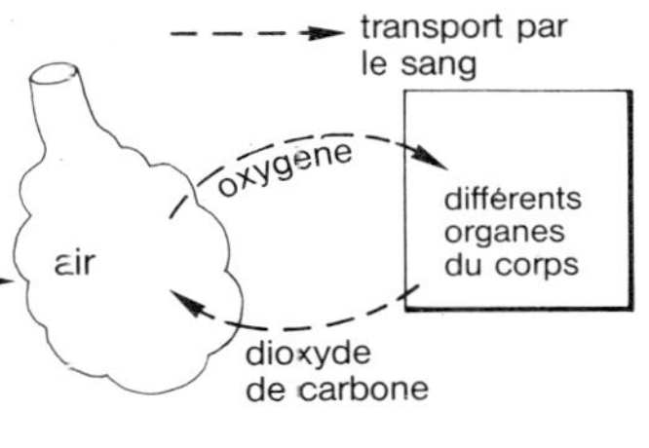

- Colorie en jaune l'air contenu dans l'appareil respiratoire.
- Fais un trait rouge pour montrer le trajet suivi par l'oxygène et un trait bleu pour montrer le trajet suivi par le dioxyde de carbone.
- Colorie les étiquettes pour montrer ce qui « va ensemble ».

moins de dioxyde de carbone | air expiré | air inspiré | plus d'oxygène | plus de dioxyde de carbone | moins d'oxygène

FIG. 10

Les enfants, ayant "imaginé" à quoi ressemble un poumon, en font un dessin et le comparent ensuite à celui-ci (qui est un schéma simplifié de l'appareil respiratoire). Le document fournit en outre des résultats d'analyse permettant de comparer la composition de l'air inspiré à celle de l'air expiré.

Extrait de *Cahiers d'activités CM2, Biologie*.

— un organisme vivant réalise la synthèse de nouvelle matière ce que, bien sûr, la voiture ne fait pas.

12 En résumé

La respiration est une fonction cellulaire: les cellules tirent leur énergie de réactions chimiques complexes qui s'accompagnent d'une consommation d'oxygène et d'un rejet de dioxyde de carbone. Ces échanges gazeux sont rendus possibles par la **coopération de deux appareils spécialisés** fonctionnant en relais: l'"appareil respiratoire et l'appareil circulatoire". Soulignons en particulier l'existence d'une surface d'échanges très étendue entre le milieu extérieur et le sang; ce dernier constitue, dans la respiration, un liquide de transport particulièrement efficace.

2 DES ACTIVITÉS PÉDAGOGIQUES POSSIBLES

La respiration est un phénomène complexe. Il est cependant abordé dès le cours préparatoire de façon simplifiée, mais évidemment très incomplète.

Pour un enfant du CP, respirer c'est faire entrer de l'air dans sa poitrine, puis le rejeter (alternance d'inspirations et d'expirations). L'air entre par les narines ou par la bouche. On ne peut pas s'empêcher de respirer.

Le champ des connaissances va s'élargir considérablement au CM. A ce niveau, on abordera en particulier les problèmes suivants:

— où va l'air que nous respirons?

— quelles modifications de composition subit l'air inspiré (la respiration apparaît alors comme un échange d'oxygène et de dioxyde de carbone entre le corps et le milieu extérieur)?

— à quoi sert l'oxygène prélevé, d'où vient le dioxyde de carbone rejeté?

En d'autres termes, au CM, on constate que la respiration n'est pas un simple phénomène pulmonaire mais un phénomène qui a lieu dans chaque organe du corps (les muscles respirent, le cerveau respire...).

1 Quelques constatations

Peut-on respirer si on garde la bouche fermée et si on se pince le nez? Combien de temps peut-on rester sans respirer? Peut-on respirer uniquement par la bouche?...

Combien de fois respire-t-on en une minute quand on est assis? quand on a couru très vite?

2 Où va l'air inspiré ?

Différentes étapes peuvent être successivement franchies pour répondre à cette question:

— Un enfant, torse nu, effectue des séries d'inspirations forcées et d'expirations forcées. Que voit-on?

— On peut mesurer avec un mètre de couturière le périmètre de la cage thoracique en fin d'inspiration et en fin d'expiration. Que constate-t-on? On peut faire la même chose après une inspiration forcée et une expiration forcée.

— On observe des radiographies de poumon.

— On fait un schéma pour expliquer comment l'air qui entre par la bouche ou par le nez arrive dans chacun des deux "gros ballons" que sont les poumons (cette activité a pour but de faire "imaginer" l'organisation de l'appareil respiratoire).

— On compare "sa proposition" à un schéma réalisé par des scientifiques (fig. 10). Ce dernier montre que l'air inspiré pénètre bien dans les poumons ; mais chaque poumon n'est pas une simple cavité, il contient des milliers de petits sacs, les alvéoles pulmonaires, en relation les uns avec les autres grâce à de fins canaux ramifiés comme les branches d'un arbre.

3 L'air expiré a-t-il la même composition que l'air inspiré ?

Il ne serait pas satisfaisant de laisser croire aux enfants que la respiration "c'est seulement de l'air qui entre dans les poumons et qui en sort". La respiration correspond à l'approvisionnement du corps en oxygène et au rejet de dioxyde de carbone.

Pour aborder cette question on peut :

— faire des expériences simples (souffler sur le réservoir du thermomètre, souffler dans de l'eau de chaux, souffler sur une vitre froide) permettant de constater qu'au cours de son passage dans les poumons, l'air se modifie: il se réchauffe et s'enrichit en dioxyde de carbone et en vapeur d'eau; l'air qui sort est donc différent de l'air qui entre (si on a la possibilité de le réaliser, le montage de la figure 2 le montre bien);

— comparer des résultats d'analyse entre l'air inspiré et l'air expiré (fig. 10) et montrer ainsi que la respiration comporte aussi une absorption d'oxygène.

4 Où va l'oxygène absorbé ?

Quelques explications très simples (voir ci-après "notions visées à l'école élémentaire") doivent être fournies et ne peuvent donner lieu à des activités de recherche. Si la comparaison avec une "combustion" n'est pas, sur le plan scientifique, totalement satisfaisante, à ce niveau elle semble indispensable pour comprendre le phénomène.

FIG. 11

Quelle ressemblance y a-t-il entre un homme et une automobile ?

Extrait de *Biologie 5e*.

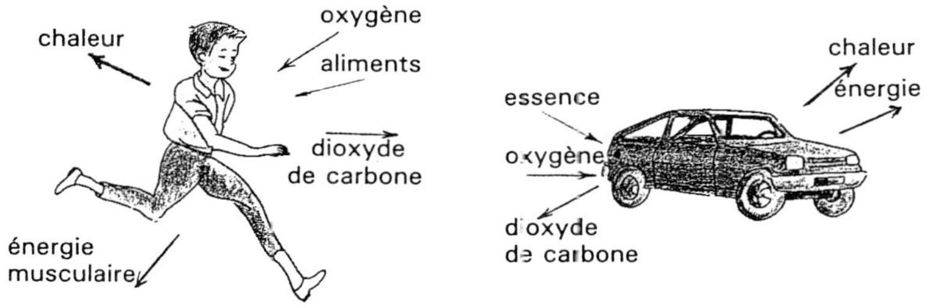

« Dans un moteur d'automobile, l'énergie qui fait bouger les pistons est fournie par la combustion d'un mélange adéquat d'essence et d'oxygène. De la même façon, l'organisme humain doit continuellement recevoir de l'énergie pour accomplir ses nombreuses fonctions. En plus de l'énergie destinée à la contraction musculaire et au maintien de sa température, l'homme dépense une énergie considérable pour d'autres formes de travail biologique. Cela va de l'énergie nécessaire à la digestion, l'absorption et l'assimilation des aliments, au fonctionnement des diverses glandes, à la transmission des signaux qui vont du cerveau aux muscles, au fonctionnement du cœur et à la contraction des muscles respiratoires... à l'énergie nécessaire à la synthèse de nouveaux composés chimiques aussi bien à l'intérieur du corps d'un enfant en période de croissance que dans le corps d'un adulte ».

D'après F.I. Katch, professeur, Université du Massachusetts et W.D. Mc Ardle, professeur, Université de New York.

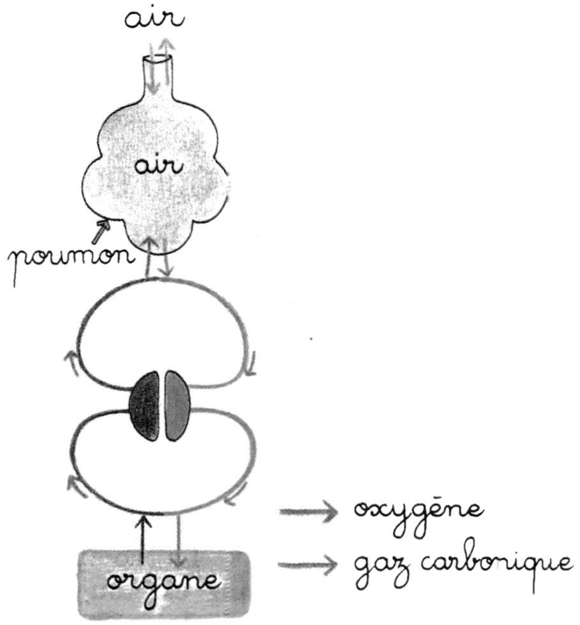

FIG. 12

Ce schéma très simplifié veut faire passer une seule notion : l'oxygène puisé dans l'air au niveau du poumon est conduit aux organes qui en ont besoin ; ceux-ci rejettent dans le sang le dioxyde de carbone qui est conduit vers le poumon où il passe dans l'air. Les représentations du poumon et de l'appareil circulatoire sont volontairement très simplifiées.

Extrait de *Sciences et Technologie, CM*.

5 Quand je cours, je respire plus vite. Pourquoi ?

Deux activités sont possibles :
— évaluer le rythme respiratoire en comptant le nombre d'inspirations pendant un temps donné (une minute par exemple), dans des situations différentes, d'abord au repos (assis par exemple) puis après une course plus ou moins longue ;
— analyser un document tel que celui de la figure 12. L'interprétation qui doit en être dégagée est la suivante : les muscles qui travaillent ont besoin d'énergie ; pour la trouver, ils consomment davantage de "carburant" donc d'oxygène indispensable à sa "combustion".

Pour en savoir plus

• Qu'est-ce que la cage thoracique ?
Pour aborder cette question on peut, après avoir examiné des radiographies pulmonaires (sur lesquelles les côtes sont bien visibles), utiliser le document de la figure 6.

Le renouvellement de l'air dans les poumons est obtenu grâce à la contraction de muscles respiratoires qui font varier le volume de la cage thoracique dans laquelle sont logés les poumons. Solidaires de cette paroi thoracique par l'intermédiaire des plèvres, les poumons augmentent de volume à chaque inspiration, ce qui entraîne une entrée d'air. Inversement, à chaque expiration, lorsque les muscles respiratoires se relâchent, la cage thoracique s'affaisse et élimine de l'air hors des poumons.

En cas d'inspiration ou d'expiration forcées, d'autres muscles se contractent.

• Attention ! Danger !
L'usage du tabac agit principalement sur l'appareil respiratoire. Ce grave problème de santé publique mérite d'être abordé avec des enfants du cours moyen car les statistiques montrent que les jeunes fument de plus en plus tôt. Fournir des bases scientifiques pour expliquer les méfaits du tabac constitue un des moyens de prévention.

NOTIONS VISÉES

à l'école élémentaire

- Tout au long de la vie, jour et nuit, de l'air entre dans nos poumons et en ressort.
  — A chaque inspiration normale, un demi-litre d'air entre dans les poumons ; à chaque expiration, le même volume d'air en sort.
  — Une partie de l'oxygène contenu dans l'air inspiré passe dans le sang qui le distribue à tous les organes du corps.

- De même que le carburant d'une voiture est "brûlé" pour dégager de l'énergie, les aliments sont "brûlés" dans les divers organes du corps. Cette "combustion" ne peut se faire que s'il y a de l'oxygène. En réalité ce ne sont donc pas les poumons qui respirent mais tous les organes du corps.

- **Mots clés**
inspiration, expiration, poumon, oxygène, dioxyde de carbone, échanges respiratoires, air inspiré, air expiré.

9 Le rôle du sang

Le sang est un liquide connu des enfants (il s'en écoule à la moindre écorchure) et plein de mystère pour eux. Le "rôle du sang" est l'un des sujets d'étude figurant au programme du cours moyen.

1 INFORMATIONS UTILES POUR L'ENSEIGNANT

L'**appareil circulatoire** comprend un ensemble de vaisseaux sanguins (dans lesquels le sang circule) et une pompe, le cœur, responsable de cette circulation. L'ensemble cœur - vaisseaux forme un couple indissociable.

1 Un système entièrement clos

Le sang circule dans un ensemble entièrement clos de vaisseaux. Une goutte de sang qui part du ventricule gauche par l'aorte est conduite à un organe par une artère qui se ramifie en artérioles de plus en plus petites, qui se divisent à leur tour en capillaires plus fins que des cheveux. Les capillaires se regroupent ensuite en veinules de petit diamètre ; celles-ci se rassemblent en veines plus grosses qui ramènent le sang à l'oreillette droite ; il passe alors dans le ventricule droit qui l'envoie dans un poumon par une artère pulmonaire. A la sortie du poumon la goutte de sang est conduite à l'oreillette gauche puis au ventricule gauche ; elle est alors revenue à son point de départ.

2 Un double circuit

Le réseau sanguin comprend deux circuits qui prennent naissance et se terminent dans le cœur (fig. 1) :

— la **circulation pulmonaire** (ou petite circulation) qui a pour fonction d'oxygéner le sang dans les poumons ;

— la **circulation générale** (ou grande circulation) qui irrigue tous les organes du corps (à l'exception des poumons) et assure diverses fonctions étudiées dans les chapitres précédents (transport des nutriments, des gaz et des déchets mais également transport d'hormones...).

Signalons, par ailleurs, l'existence du système porte hépatique, système vasculaire qui fait la jonction entre les réseaux de capillaires de l'intestin et du foie. Ainsi, tout le sang qui sort de l'intestin, traverse le foie avant de regagner le cœur.

3 Le sang circule à des vitesses différentes

Il faut trois secondes environ à une goutte de sang pour aller du cœur à la pointe du pied, mais au niveau des capillaires la vitesse du sang est réduite à 0,5 mm/s environ. Le retour au cœur se fait à une vitesse assez rapide (20 cm/s).

La diminution de vitesse s'explique par l'augmentation de la section totale des vaisseaux depuis la grosse artère jusqu'aux capillaires, alors que le débit (volume de sang écoulé par minute) est évidemment égal tout au long de l'arbre artériel. Dans les veines, au contraire, le regroupement des vaisseaux conduit à l'augmentation de la vitesse du sang qui va des organes au cœur (fig. 2).

4 Le sang circule sous pression

Dans les grosses artères la pression du sang oscille régulièrement entre un maximum (qui correspond à la phase de contraction des ventricules) et un minimum

Les couleurs bleue et rouge généralement utilisées dans les schémas sont **conventionnelles**. La couleur bleue correspond à un sang appauvri en oxygène après passage dans les organes. Vous constaterez que :
— dans la circulation générale, les artères contiennent du sang riche en oxygène ;
— dans la circulation pulmonaire, les artères contiennent du sang appauvri en oxygène.
C'est évidemment le contraire pour les veines.

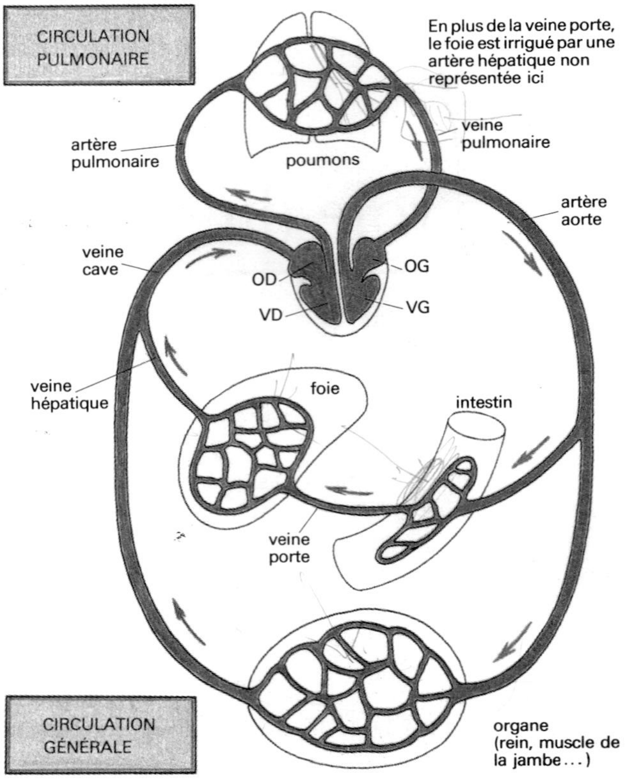

LEXIQUE
- **Artère** : Ce nom est donné à tout vaisseau dans lequel le sang circule du cœur vers les divers organes du corps.
- **Veine** : Ce nom est donné à tout vaisseau dans lequel le sang circule d'un organe vers le cœur.

FIG. 1

Schéma général de l'appareil circulatoire. En suivant le trajet possible d'une goutte de sang qui part du ventricule gauche et passe par l'intestin avant de traverser un peu plus tard le rein ou un autre organe, on constate que cette goutte de sang revient à son point de départ après avoir parcouru deux circuits.

Extrait de *Biologie 3*ᵉ.

Chez un homme adulte, il y a des milliers de kilomètres de capillaires. Chacun de ceux-ci a environ 1 mm de long et 6 à 12 µm de diamètre.

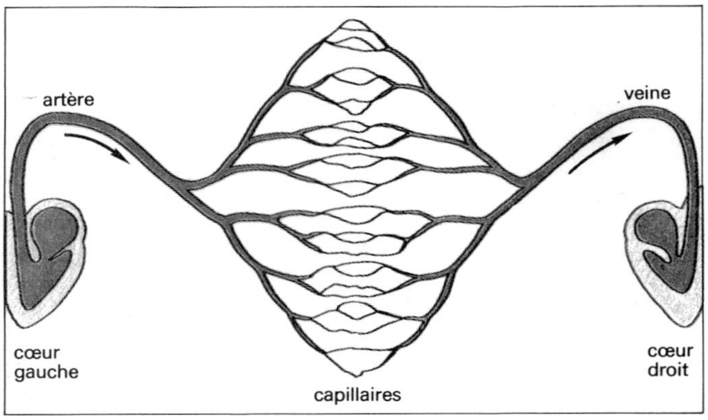

FIG. 2

Le volume du sang qui se trouve à chaque instant dans les capillaires est évalué à 5% du volume sanguin total (soit environ 250 ml). Ces 5% représentent la seule quantité de sang qui intervient réellement, à un moment donné, dans les échanges avec les cellules. Tous les autres éléments de l'arbre vasculaire sont "au service" des capillaires.

Extrait de *Biologie 3*ᵉ.

*« A l'intérieur d'un organe, une **artère** se divise en artères de plus en plus petites. Les dernières de ces ramifications s'appellent **artérioles**. Chaque artériole se divise elle-même en un grand nombre de vaisseaux très petits et très fins : les **capillaires**. Puis les capillaires se rassemblent pour former des vaisseaux plus gros, les **veinules**. Celles-ci se rassemblent à leur tour et donnent des vaisseaux de plus en plus gros et de moins en moins nombreux : ce sont les **veines**. »*

D'après A.-J. Vander.

FIG. 3

La lymphe interstitielle, dans laquelle baignent les organes, est en relation avec la lymphe circulante à travers la paroi des capillaires lymphatiques. Les vaisseaux lymphatiques constituent un réseau réparti dans l'ensemble du corps, mais la circulation de la lymphe ne s'effectue que dans un seul sens, des organes vers le cœur. La progression à sens unique est, comme pour certaines veines, facilitée par la présence de valvules.

Extrait de *Biologie 3e*.

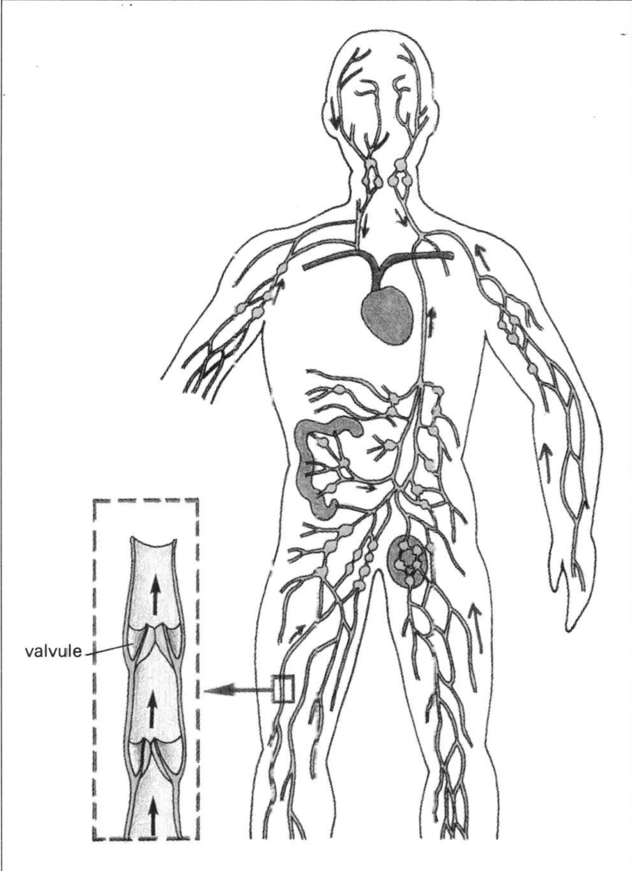

FIG. 4

Pour comprendre comment les contractions cardiaques assurent la circulation du sang, il est nécessaire de connaître l'organisation du cœur. On parle parfois de "cœur droit" et de "cœur gauche". En effet les deux moitiés du cœur n'ont entre elles aucune communication; chacune d'elles assure la circulation dans l'un des deux circuits: la moitié droite assure la circulation pulmonaire et la moitié gauche la circulation générale (voir fig.1).

Extrait de *Biologie 3e*.

LES CARACTÉRISTIQUES DU « MOTEUR »

- Le cœur est un **muscle creux** à **quatre cavités** : deux oreillettes et deux ventricules. Vide de sang, il pèse 270 g.
- Les parois des ventricules sont **épaisses** et forment une **masse charnue importante** ; les parois des oreillettes sont **minces** et **flasques** (lorsque le cœur est vide, elles sont rabattues sur les ventricules comme des oreilles sur la tête d'un éléphant ; d'où leur nom).
- La **moitié droite** et la **moitié gauche** du cœur ne communiquent pas entre elles.
- Chaque oreillette communique avec le ventricule situé du même côté ; mais des **valvules** ne laissent passer le sang que des oreillettes vers les ventricules :
  — la **valvule mitrale** (valvule du cœur gauche) est formée de deux lames ;
  — la **valvule tricuspide** (valvule du cœur droit) en a trois.
- Le cœur reçoit le sang par les **veines** et envoie le sang dans les **artères.**
- Les **valvules sigmoïdes** placées à la base des artères empêchent le sang de refluer des artères dans les ventricules.

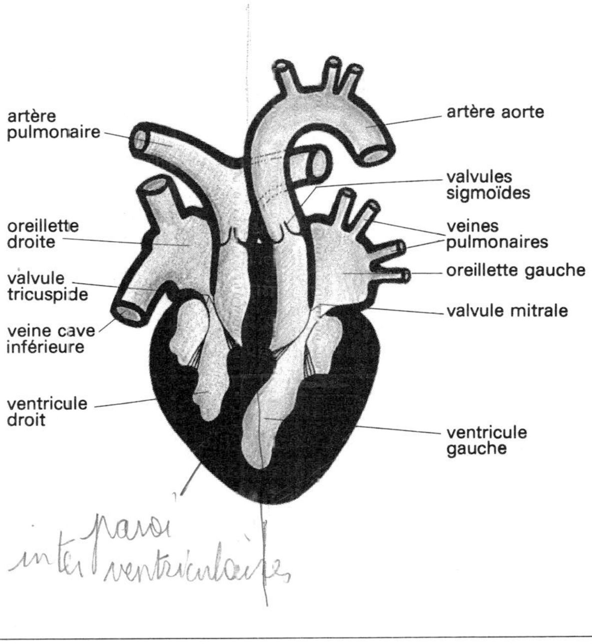

(qui correspond à la phase de repos du cœur). Cette différence entre le maximum et le minimum s'atténue dans les artérioles et s'annule au niveau des capillaires. Les à-coups du débit sanguin sont ainsi supprimés. Par ailleurs :

— la pression est plus élevée dans la circulation générale (aorte et ses ramifications) que dans la circulation pulmonaire (en effet, la puissance du ventricule gauche est plus forte que celle du ventricule droit) ;

— la pression présente des variations physiologiques. Chez un même sujet, la pression artérielle fluctue selon l'activité physique (travail, repos, sommeil...) ; d'autre part, elle augmente irréversiblement avec l'âge.

5 Les vaisseaux sont des "tuyaux" actifs

Les vaisseaux ne sont pas des tubes inertes mais, par leurs propriétés spécifiques, ils participent activement à la circulation :

— **Les grosses artères sont élastiques.** Cette élasticité a pour effet de transformer le débit intermittent, dû à la contraction discontinue du cœur, en un débit continu.

En raison de cette élasticité, si une artère est accidentellement sectionnée, l'orifice reste béant et le sang s'écoule entraînant une hémorragie grave qui nécessite une compression manuelle immédiate.

— **Les petites artères et les artérioles sont contractiles.** Leur diamètre est donc réglable grâce aux fibres musculaires contenues dans leur paroi. Cette propriété joue un rôle très important dans l'adaptation du débit sanguin aux besoins d'un organe.

— **Les veines ont une paroi mince extensible et sont munies de valvules** qui empêchent tout retour du sang veineux vers les capillaires. Nous savons par ailleurs que les capillaires lymphatiques forment un réseau qui accompagne les capillaires sanguins. Ils assurent le retour dans le circuit veineux de la lymphe qui imbibe les divers organes. Comme les veines, les vaisseaux lymphatiques présentent des valvules qui jouent un rôle très important dans la progression de la lymphe (fig. 3).

6 Une zone d'échanges efficace

C'est au niveau des capillaires que se font les échanges entre le sang et les organes par l'intermédiaire de la lymphe interstitielle. Plusieurs propriétés des vaisseaux et de la circulation facilitent les échanges à ce niveau.

— **La surface d'échanges est énorme.** On estime que, mis bout à bout, les capillaires auraient une longueur de 150 000 km, soit quatre fois le tour de la Terre ou près de la moitié de la distance Terre-Lune. Ils sont si nombreux que la moindre piqûre d'épingle en déchire quelques-uns et laisse échapper une goutte de sang. La surface de contact entre le sang des capillaires et la lymphe interstitielle est évaluée à 6 500 m^2.

— **La paroi des capillaires est très mince.** Le sang et la lymphe ne sont séparés que par la paroi du capillaire dont l'épaisseur ne dépasse pas un micromètre.

— **Le sang y circule lentement (0,5 mm/s) et à une pression faible.**

— **Des dispositifs très perfectionnés** permettent d'activer ou de fermer provisoirement la circulation dans un territoire donné selon les besoins. Il s'agit de muscles circulaires qui font office de vannes à l'entrée du champ capillaire. Lorsque les muscles précapillaires sont relâchés, le sang circule activement dans les capillaires qui se dilatent (quand le diamètre double, le débit est multiplié par 16). Cette régulation constitue une adaptation immédiate aux besoins locaux d'un organe.

7 Le fonctionnement de la pompe

• **Le cœur est un muscle creux** divisé en deux parties qui ne communiquent pas entre elles : le cœur droit et le cœur gauche (fig. 4). Chacun de ces deux cœurs comprend deux cavités (une oreillette et un ventricule) qui communiquent entre elles. Les parois de ces quatre cavités sont constituées de muscles qui peuvent se contracter.

• **Le sang circule toujours dans le même sens** aussi bien dans le cœur droit que dans le cœur gauche. Deux raisons expliquent ce phénomène :

— chacun des orifices auriculo-ventriculaires est pourvu d'une **valvule** qui interdit le retour du sang du ventricule dans l'oreillette ;

— les oreillettes et les ventricules se contractent successivement.

• **Le fonctionnement des deux pompes accolées** (cœur droit et cœur gauche) **est parfaitement synchrone**. La même succession de phénomènes se reproduit régulièrement (systoles auriculaire et ventriculaire, puis diastole) : c'est la **révolution cardiaque** (fig. 5).

Deux idées importantes doivent être soulignées :

— le cœur est un organe **automatique** qui peut se contracter sans intervention du système nerveux (ce dernier intervient dans la régulation du rythme) ;

— le travail cardiaque n'est pas continu. Après chaque phase de contraction il y a une phase de repos ; ainsi le cœur se repose pendant plus de la moitié du temps.

• **Le volume de sang** pompé par chaque ventricule par minute est appelé le **débit cardiaque ;** il est évi-

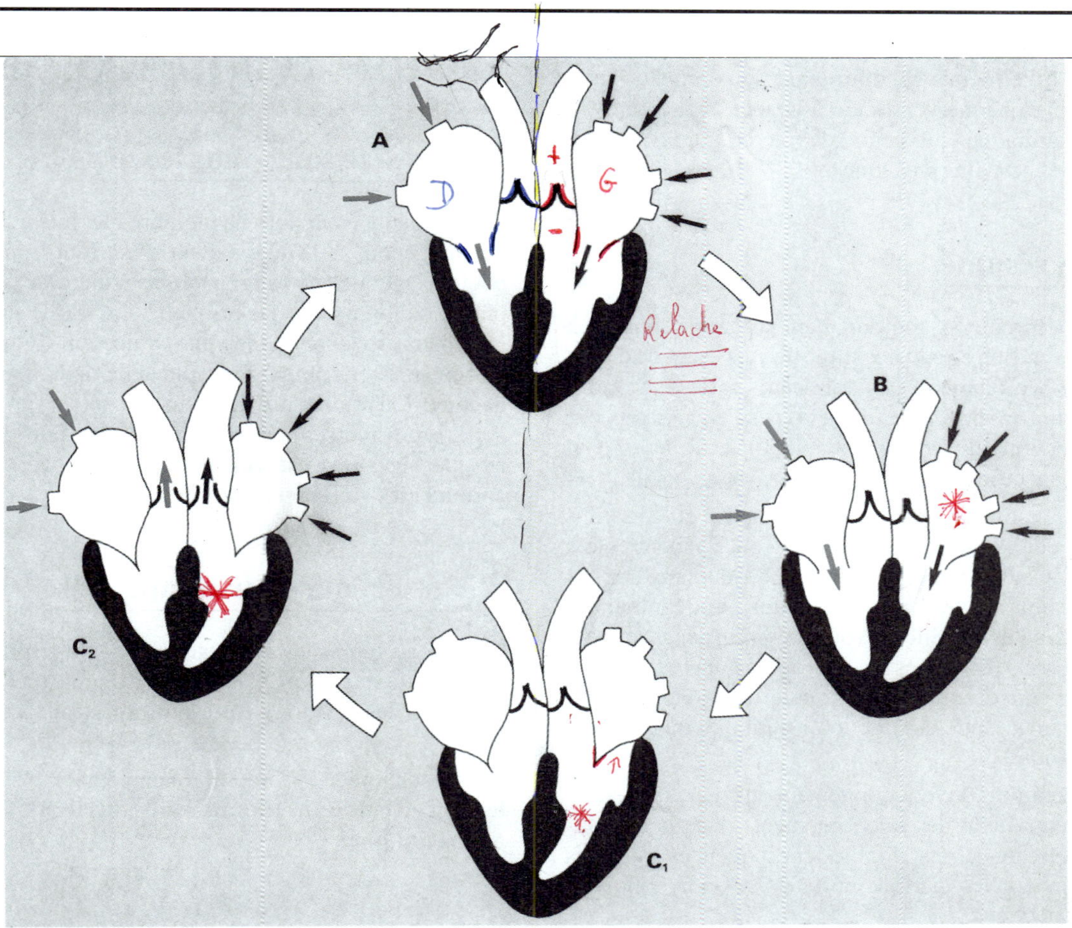

A. Fin de la diastole

• Oreillettes et ventricules sont relâchés.
• Les valvules auriculo-ventriculaires sont ouvertes.
• Les valvules sigmoïdes sont fermées.
• Venant des veines caves et pulmonaires, le sang passe des oreillettes dans les ventricules (les ventricules reçoivent du sang pendant toute la diastole ; environ 80% du remplissage ventriculaire se fait avant la contraction des oreillettes).

B. Systole auriculaire (1/10 de seconde)

• Les oreillettes se contractent et un petit volume de sang s'ajoute au contenu des ventricules.

C. Systole ventriculaire (3/10 de seconde)

• Les ventricules se contractent et compriment le sang qu'ils contiennent.
• Presque immédiatement, les valvules auriculo-ventriculaires se ferment sous l'effet de l'augmentation de la pression sanguine.
• Pendant une brève période, les valvules sigmoïdes restent fermées et les ventricules ne se vident pas en dépit de la contraction (dessin C_1).
• Quand la pression dans les ventricules dépasse la pression dans les artères correspondantes, les valvules sigmoïdes s'ouvrent : le sang est envoyé sous pression dans les artères (dessin C_2).
• Les ventricules ne se vident pas complètement.

D. Début de la diastole

• Les muscles ventriculaires se relâchent.
• Les valvules sigmoïdes se ferment.
• Les valvules auriculo-ventriculaires s'ouvrent et le remplissage des ventricules commence.

QUELQUES CHIFFRES SURPRENANTS

Au cours d'une vie humaine le cœur se contracte 4 à 5 milliards de fois et expulse plusieurs centaines de millions de litres de sang.
Avec un débit de 5 litres de sang par ventricule et par minute chez un sujet au repos, le cœur fournit un travail quotidien équivalent à celui qui est nécessaire pour élever quinze tonnes à un mètre de hauteur !

FIG. 5

Au cours d'une révolution cardiaque, une succession de phénomènes se reproduit régulièrement, toujours dans le même ordre. Ce schéma en donne les principales phases et permet en outre de comprendre comment l'ouverture et la fermeture des différentes valvules assurent le sens unique de la circulation du sang dans le cœur.

Extrait de *Biologie 3e*.

demment le même pour le cœur droit et le cœur gauche. Le débit cardiaque est déterminé en multipliant la **fréquence cardiaque** par le volume de sang éjecté par chaque ventricule à chaque battement. Ce débit cardiaque augmente de façon importante au cours des activités physiques.

8 En résumé

Le sang circule — toujours dans le même sens — à l'intérieur d'un circuit constitué de vaisseaux de divers calibres (le diamètre des vaisseaux varie de 1 cm à 0,001 mm environ). Ces divers types de vaisseaux ont des fonctions différentes en relation avec leurs propriétés spécifiques.

Le cœur est un organe musculaire contractile assimilable à deux pompes accolées qui fonctionnent côte à côte. Chacune de ces pompes reçoit du sang par les veines qui arrivent aux oreillettes. La contraction simultanée des oreillettes, puis des ventricules envoie le sang dans les artères : le ventricule gauche propulse le sang dans l'aorte, le ventricule droit dans l'artère pulmonaire. Cette contraction rythmique du cœur est automatique.

Des altérations du fonctionnement du cœur et des vaisseaux entraînent des ralentissements dans la circulation, voire des arrêts, dont les conséquences sont plus ou moins graves, parfois mortelles selon la région du corps concernée.

Connaissez-vous

LE SENS DE CES MOTS OU EXPRESSIONS

- **appareil circulatoire**
- **circulation générale**
- **circulation pulmonaire**
- **artère, veine, capillaires**
- **valvule**
- **cœur**
- **révolution cardiaque**
- **systole auriculaire**
- **systole ventriculaire**
- **diastole**
- **rythme cardiaque**
- **débit cardiaque**

2 DES ACTIVITÉS PÉDAGOGIQUES POSSIBLES

1 Où est le sang dans le corps ?

La plus petite écorchure, la moindre blessure à la main ou au genou, à la tête ou au pied font apparaître quelques gouttes de sang. L'observation d'artériographies (radiographies sur lesquelles les vaisseaux sanguins sont rendus visibles par l'injection d'une substance appropriée), par exemple celle de la main, fait découvrir les vaisseaux sanguins.
A partir de diverses observations, on peut alors conclure que **le sang est contenu dans un réseau de canaux : les vaisseaux sanguins.**

2 Un schéma pour comprendre

Chercher à représenter les vaisseaux ou interpréter un schéma (dont la figure 6 fournit un exemple) permet de découvrir les relations entre gros vaisseaux et capillaires.

Ainsi est abordée une notion fondamentale :
le sang circule dans les vaisseaux ; la circulation est à sens unique.

3 Le cœur envoie le sang dans tout le corps

- **Jouons au médecin.** En plaçant l'oreille sur la poitrine d'un camarade, on entend battre le cœur. On peut alors compter le nombre de battements pendant une minute et déterminer ainsi le rythme cardiaque.

- **D'autres pulsations.** Il est facile de repérer des "battements" en différents points du corps (poignet, base du cou, tempe...). Ils ont le même rythme que les battements cardiaques.

- **Comment fonctionne le cœur ?** En essayant de comprendre les informations fournies par la figure 7, on découvre le rôle du cœur. Le cœur est comparable à deux poires en caoutchouc accolées l'une à l'autre et dont la paroi peut se contracter. Dans le cœur, il se passe la même chose que lorsqu'on appuie sur une poire en caoutchouc évidemment un peu plus compliquée, en particulier à cause de la présence d'un "tuyau de sortie" et d'un "tuyau d'entrée". Il faut aussi expliquer le sens unique, celui-ci est réalisé grâce à un système de vannes (les valvules) qui empêchent le sang de revenir en arrière.

Les notions acquises s'expriment ainsi :
le cœur est une pompe qui fait circuler le sang dans les vaisseaux de l'appareil circulatoire.

1 *150 kilomètres de vaisseaux*

Les artères de la main sont rendues visibles sur cette radiographie grâce à un traitement spécial. ▼

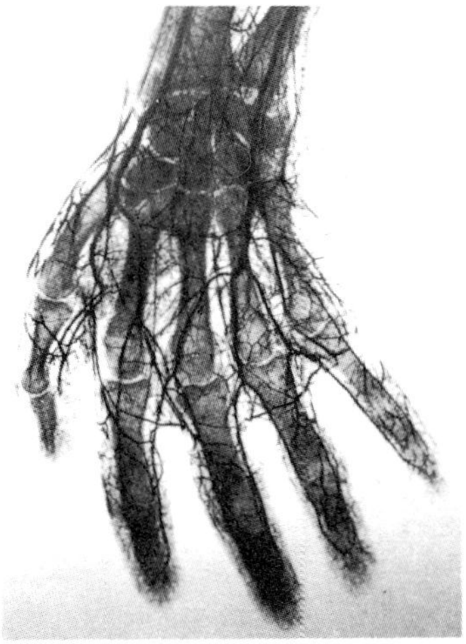

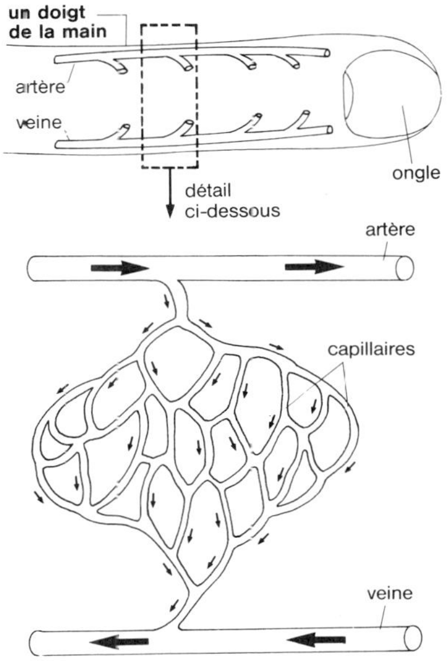

- Sur le dessin, colorie le sang en rouge.
- Qu'indiquent les flèches sur le dessin ? ....

Ph. © Palais de la Découverte - Archives Photeb/ T.

FIG. 6

Ce schéma permet d'une part de comprendre les relations existant entre les gros vaisseaux et les capillaires, d'autre part de souligner l'existence d'une circulation "à sens unique".

Extrait de *Cahier d'activités CM2, Biologie.*

2 *Toutes les routes sont à sens unique*

- **Vrai ou faux ?**
  - Une artère conduit le sang du cœur vers un organe (la main par exemple). ☐
  - Une veine ramène le sang d'un organe vers le cœur. ☐
  - Une goutte de sang venant de la main (ou de la tête...) passe obligatoirement par les poumons avant de repartir vers un autre organe. ☐

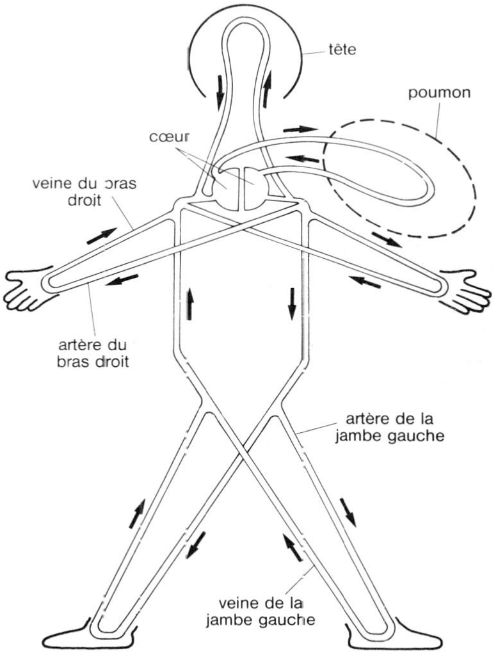

- Quel est le rôle du cœur ? ....
- Chacun de nous n'a qu'un seul cœur. Pourquoi alors parle-t-on de cœur droit et de cœur gauche ? Explique oralement.

FIG. 7

Pour comprendre les notions importantes à connaître sur la circulation du sang (circuit fermé, sens unique, passage obligatoire par les poumons...), il faut proposer un schéma de la circulation très simplifié et donc très éloigné de la réalité.

Extrait de *Cahier d'activités CM2, Biologie.*

4 Livraison à tous les organes

La figure 8 propose un schéma très simplifié d'appareil circulatoire. Le muscle représenté peut aussi bien être un muscle de la jambe ou du bras qu'un organe quelconque du corps. Comment cet organe reçoit-il l'oxygène dont il a besoin ? Comment reçoit-il les aliments digérés ? La réponse à ces questions peut s'exprimer en suivant le trajet obligatoire pour le sang des poumons à l'organe ou de l'intestin à l'organe.

Ainsi, **le sang transporte à tous les organes du corps l'oxygène et tous les aliments dont ils ont besoin**.

5 Quand je cours, mon cœur bat plus vite

Les enfants peuvent :

— compter les battements cardiaques dans différentes circonstances (assis, couché, debout, après une marche brève, après une, deux, cinq minutes de course rapide, après un repos de quelques minutes) ;

— présenter leurs résultats par écrit ;

— comparer avec les valeurs obtenues par les camarades.

Les échanges organisés au sein de la classe permettent d'aboutir à l'expression d'une nouvelle notion :

Au cours d'un exercice physique, le cœur bat plus vite et le rythme respiratoire s'accélère ; ainsi est assuré un ravitaillement suffisant des muscles qui travaillent.

6 Qu'est-ce que le don du sang ?

Les enfants connaissent généralement les camions ou les caravanes qui stationnent périodiquement sur certaines places ou parkings et portent la mention "Centre de transfusion sanguine". Mais ils n'y ont pas souvent pénétré et ignorent exactement ce dont il s'agit. Cependant le don du sang est un geste de solidarité si important, qui peut sauver tant de vies humaines, qu'il est souhaitable d'en parler à l'école afin de sensibiliser très tôt les élèves au problème de l'entraide collective et de participer ainsi à leur éducation morale et civique. Lorsque l'occasion s'en présente, invitez-les à faire une petite enquête auprès du personnel du Centre de transfusion ainsi qu'auprès de quelques donneurs. Vous pouvez aussi leur proposer d'écrire au Centre de transfusion sanguine de votre région qui vous enverra des dépliants d'information ou de propagande en faveur du don du sang.

NOTIONS VISÉES

à l'école élémentaire

- Le sang circule, toujours dans le même sens, à l'intérieur d'un circuit entièrement clos, formé de 150 000 kilomètres de vaisseaux sanguins de divers calibres. Certains vaisseaux, les capillaires, sont beaucoup plus fins que des cheveux.
  Les vaisseaux sanguins sont répartis dans tout le corps. Le sang peut ainsi transporter l'oxygène et les aliments à tous les organes du corps.
- Le sang circule dans les vaisseaux à des vitesses différentes : 40 centimètres par seconde dans une grosse artère ; 0,5 millimètre par seconde dans un capillaire.
- Les contractions du cœur assurent la circulation du sang comme le ferait une pompe sur une canalisation. En réalité, le cœur est formé de deux pompes qui fonctionnent côte à côte et se contractent en même temps.
- **Mots clés**
  sang, vaisseaux sanguins, capillaires, cœur, circulation.

1 *Le sang est un transporteur*

Quelques chiffres

- Dans les poumons, il passe environ 8 000 litres de sang par 24 heures.
- Dans le même temps, environ 1 650 litres de sang traversent les reins.

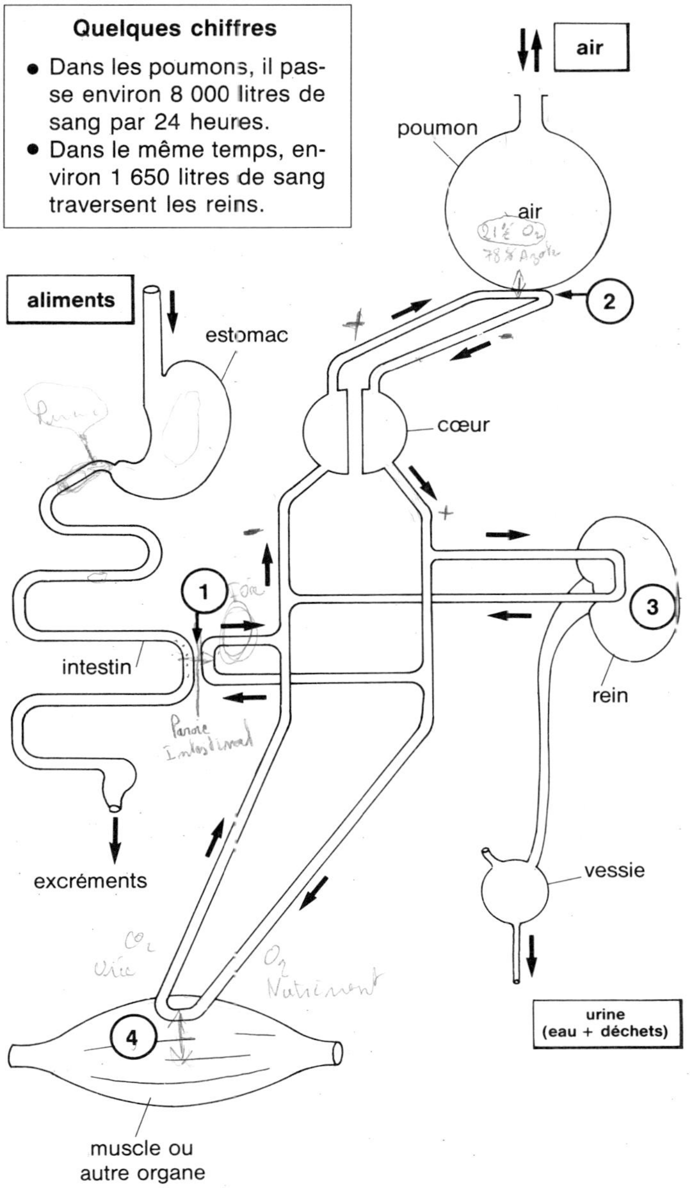

– En (2), le sang se débarrasse de son dioxyde de carbone et s'enrichit en oxygène.

– En (1) le sang s'enrichit en nutriments et reçoit une grande partie de l'eau contenue dans les aliments.

– En (4), le sang distribue l'oxygène et les nutriments nécessaires au fonctionnement des muscles. En même temps, il récupère le dioxyde de carbone et les déchets (urée) qui résultent de l'activité de tout organe vivant.

– En (. . .), le sang se débarrasse de ses déchets et de son excès d'eau ; l'urine (de l'eau contenant des déchets) est fabriquée par les reins.

- Sur ce schéma, colorie le sang en rouge.
- Souligne dans le texte qui accompagne le dessin le nom des substances transportées par le sang.
- Indique dans ce texte le chiffre qui convient (1, 3 ou 4).

FIG. 8

Ce schéma simplifié permet d'illustrer le rôle du sang comme transporteur des aliments des gaz respiratoires et des déchets.

Extrait de *Cahier d'activités CM2, Biologie.*

10 La nutrition des végétaux chlorophylliens

Que "mangent" les plantes en pot de la classe ? Que "mangent" les arbres de la cour ? Posez ces questions et les réponses vous surprendront.

Le sujet est en effet difficile et cependant il fait partie des programmes de l'école élémentaire. Pourquoi faut-il donc aborder un tel sujet ? La réponse est simple : connaître les besoins alimentaires des plantes vertes est capital si l'on veut comprendre les relations alimentaires existant entre tous les êtres vivants d'un milieu.

En fait, si on aborde le sujet de manière très simple, il permet, à l'école élémentaire, de réaliser des séquences riches et pleines d'intérêt.

1 INFORMATIONS UTILES POUR L'ENSEIGNANT

1 Qu'appelle-t-on "plantes chlorophylliennes" ?

• **Les plantes chlorophylliennes** sont des plantes qui contiennent de la **chlorophylle** dans leurs feuilles et dans leurs jeunes tiges. Il s'agit, bien évidemment, des arbres, des arbustes, des plantes herbacées (blé, carotte, primevère, "herbe" du gazon...) mais font aussi partie des végétaux chlorophylliens, les mousses, les lichens, les fougères, les algues. Parmi ces dernières, il ne faut pas oublier les algues microscopiques qui vivent, selon les espèces, non seulement dans les étangs et les rivières mais aussi dans la mer. Elles constituent le plancton végétal (ou phytoplancton) dont l'importance écologique est considérable.

Les parties chlorophylliennes de tous ces végétaux contiennent non seulement de la chlorophylle mais aussi d'autres pigments qui, dans certains cas, peuvent modifier la couleur verte ou même parfois la masquer. Ainsi, les algues rouges et les algues brunes qui sont respectivement rougeâtres ou brunâtres possèdent, en plus de la chlorophylle verte, des pigments rouges pour les premières et bruns pour les secondes.

• **Une observation au microscope** de fragments d'organes chlorophylliens montre que la chlorophylle est localisée dans des organites cellulaires appelés **chloroplastes** (voir fig. 5, page 29). Les cellules des parties non chlorophylliennes (racines, pétales de fleurs, tiges âgées, graines...) sont dépourvues de chloroplastes.

2 Les plantes chlorophylliennes ont besoin d'eau

• **Si l'on oublie d'arroser** des plantes d'appartement, elles ne tardent pas à flétrir puis à mourir. On sait, par ailleurs, que les agriculteurs arrosent leurs cultures pour augmenter le rendement agricole.

• **Les plantes qui possèdent des racines** absorbent l'eau par ces racines. Le dispositif de la figure 1 permet de mesurer la quantité d'eau absorbée pendant un temps donné.

Des expériences (fig. 2) montrent même que l'absorption d'eau se réalise surtout dans les dernières ramifications des racines qui sont couvertes de très fins **poils absorbants** (fig. 3). Dans la nature, grâce au réseau de racines très ramifiées, les **poils absorbent** l'eau retenue entre les particules du sol.

• **Pour certains végétaux terrestres** dépourvus de racines, comme les mousses ou les lichens, ainsi que pour les végétaux aquatiques, notamment les algues, l'absorption d'eau est réalisée par la totalité du végétal.

FIG. 1

Un tel dispositif permet non seulement de mettre en évidence l'absorption d'eau par une plante mais aussi de mesurer la quantité d'eau absorbée.

Extrait de *Biologie 6e*.

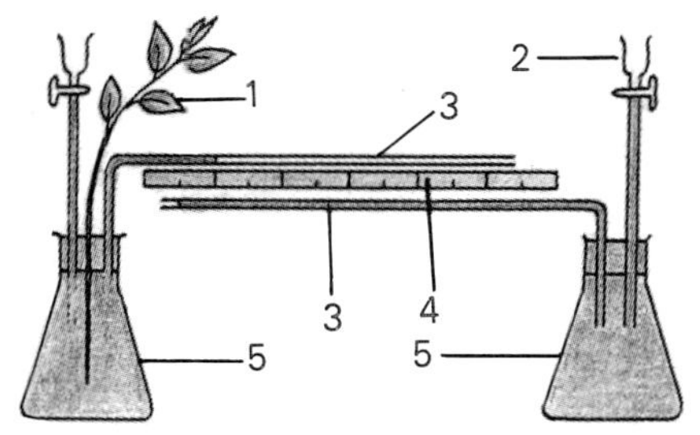

1. plante - 2. système de remplissage - 3. tube fin - 4. règle - 5. flacon plein d'eau

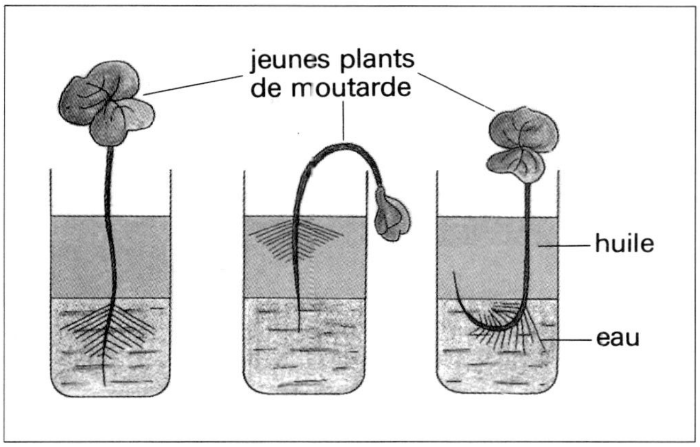

FIG. 2

Que met-on en évidence en réalisant une telle expérience ? Analysez les résultats.

Extrait de *Biologie-Géologie 1ereS*.

FIG. 3

Pour voir des poils absorbants, il suffit de faire germer des graines. Certaines espèces sont plus favorables que d'autres. En voici quelques-unes.

Extrait de *La vie des plantes, Guide du maître*.

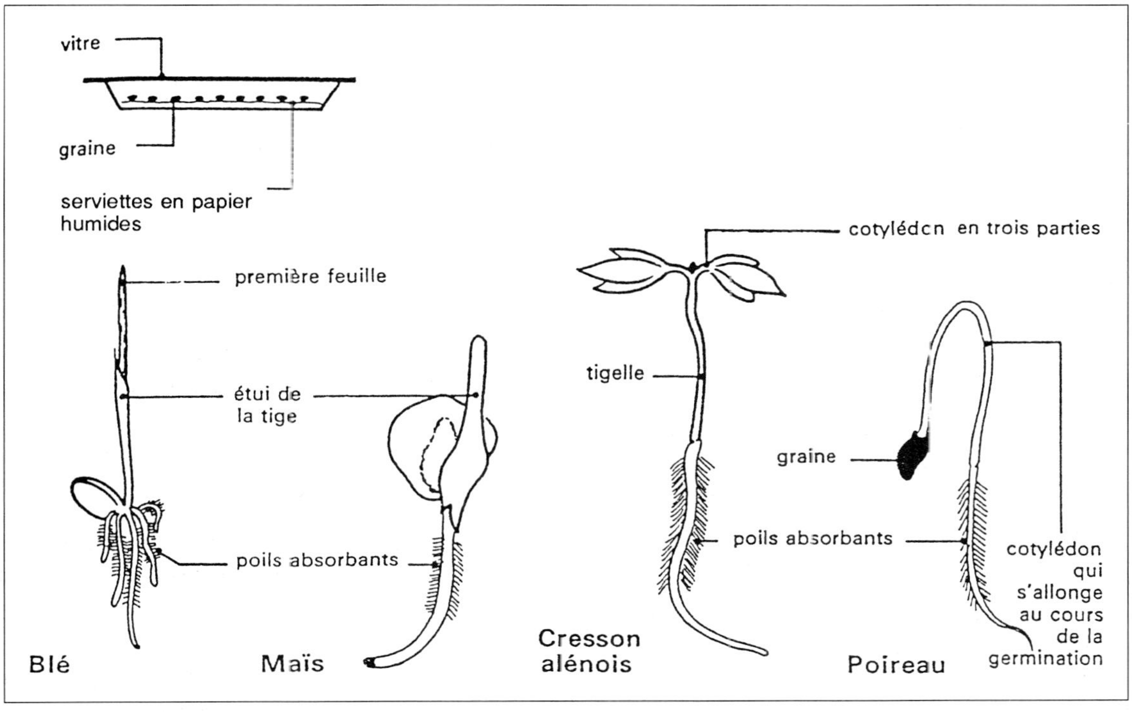

3 Les plantes chlorophylliennes ont besoin de sels minéraux

Pour obtenir une meilleure croissance de leurs cultures et un rendement supérieur, les agriculteurs répandent des **engrais** sur le sol. Si on regarde leur composition, on constate que ces engrais sont des **sels minéraux** (nitrates, phosphates...).

• **Les sels minéraux sont indispensables.** Si une plante est cultivée dans un récipient contenant seulement de l'eau distillée, on constate l'arrêt de sa croissance ; si l'expérience est prolongée un certain temps, la plante ne tarde pas à mourir (fig. 4). Si la même expérience est réalisée en ajoutant à l'eau distillée des sels minéraux appropriés, la plante se développe normalement.

• **Les plantes puisent leurs sels minéraux dans le sol.** L'eau du sol contient des sels minéraux dissous. D'où proviennent-ils ? Dans les champs cultivés, au fur et à mesure des récoltes, la teneur du sol en certains sels minéraux diminue par suite de leur absorption par les plantes. Il convient alors de compenser les pertes en répandant des engrais. En revanche, dans une forêt, l'apport d'engrais n'est pas nécessaire. En effet, la décomposition des feuilles, des branches tombées entraîne le retour au sol des minéraux précédemment absorbés par les plantes.

• **Les plantes aquatiques** (non seulement les algues mais aussi les lentilles d'eau, l'élodée... qui ne sont pas enracinées au fond de l'étang ou de la rivière) trouvent dans l'eau (eau de mer ou eau douce selon les cas) les sels minéraux qui leur sont nécessaires.

De même les lichens (végétaux terrestres qui se développent sur les troncs d'arbre, les murs, les rochers...) prélèvent les sels minéraux disponibles sur leur support.

4 Un aliment invisible absorbé par les feuilles : le dioxyde de carbone

• **Des expériences réalisées au laboratoire** montrent qu'il suffit de supprimer le dioxyde de carbone de l'air pour arrêter le développement d'une plante. Inversement, l'augmentation de la teneur en dioxyde de carbone de l'air accroît la croissance des plantes. Certains maraîchers, pour augmenter le rendement de leurs récoltes, pratiquent la "fumure carbonique", qui consiste à enrichir l'atmosphère des serres en dioxyde de carbone.

• **Le dioxyde de carbone est absorbé au niveau des feuilles ;** il pénètre par de petits orifices appelés **stomates**. Ceux-ci servent également à la transpiration, c'est-à-dire à l'élimination de la plus grande partie de l'eau absorbée par les racines.

• **Un fait important** est à souligner : l'**ouverture des stomates** est **réglable**. En cas de sécheresse ou d'arrosage insuffisant, les stomates se ferment limitant ainsi la perte d'eau par transpiration. Du même coup, l'entrée de dioxyde de carbone dans les feuilles se trouve réduit et la plante est sous-alimentée. C'est pourquoi les agriculteurs pratiquent l'arrosage des champs en été. Ainsi, tout en apportant de l'eau aux plantes, ils évitent la fermeture des stomates et donc la sous-alimentation en dioxyde de carbone.

• **Les plantes chlorophylliennes aquatiques prélèvent le dioxyde de carbone dissous dans l'eau.**

5 La feuille verte est une usine de production de matière organique

Les animaux fabriquent leur matière organique à partir des constituants organiques apportés par leurs aliments d'origine animale ou végétale. Les plantes chlorophylliennes fabriquent aussi leur matière organique à partir de leurs aliments mais ceux-ci sont uniquement de nature minérale (eau, sels minéraux, dioxyde de carbone). Comment de la matière organique peut-elle être élaborée à partir de matière minérale ?

• **Des expériences montrent que :**

— de la matière organique est élaborée dans les feuilles uniquement dans les **zones chlorophylliennes exposées à la lumière** (il n'y a pas de synthèse si les feuilles sont maintenues à l'obscurité) ;

— le **dioxyde de carbone** absorbé par les feuilles entre dans la constitution de cette matière organique ;

— l'**eau** et les **sels minéraux** absorbés au niveau des racines sont les deux autres matières premières de la fabrication de matière organique.

• **Chaque feuille et chaque partie verte d'un végétal chlorophyllien** peuvent dont être comparées à une usine qui, **à la lumière**, utilise des matières premières (les substances minérales : eau, sels minéraux, dioxyde de carbone) pour fabriquer des substances organiques (fig. 5).

Sans entrer dans le détail, mais pour mieux se faire comprendre, précisons que, **dans les cellules chlorophylliennes**, la synthèse de matière organique se fait en deux étapes :

Première étape : synthèse de glucides

dioxyde de carbone (CO_2) + eau (H_2O) $\rightarrow$ glucides + oxygène (O_2) qui est libéré

Rappelons que les glucides (sucres et amidon) ne contiennent que trois éléments chimiques (carbone, hydrogène, oxygène). Précisons en outre que l'oxygène libéré n'est pas celui du dioxyde de carbone mais celui de l'eau.

FIG. 4

Cette expérience met en évidence certains “aliments” d’une plante chlorophyllienne. Précisez lesquels.

Extrait de *Cahiers d’activités CE2, Biologie.*

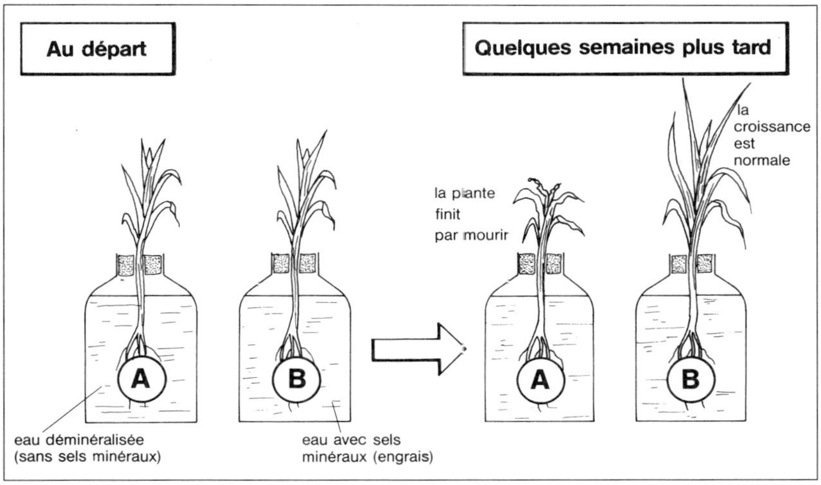

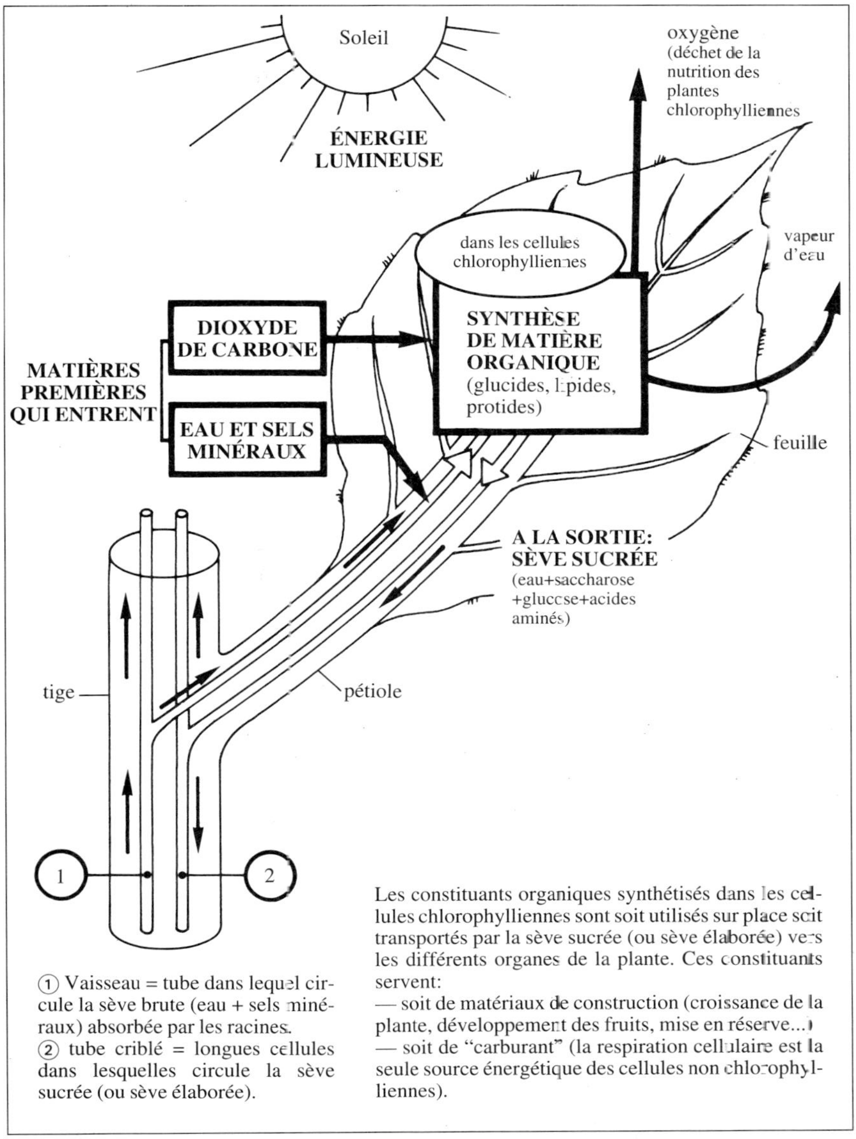

① Vaisseau = tube dans lequel circule la sève brute (eau + sels minéraux) absorbée par les racines.
② tube criblé = longues cellules dans lesquelles circule la sève sucrée (ou sève élaborée).

Les constituants organiques synthétisés dans les cellules chlorophylliennes sont soit utilisés sur place soit transportés par la sève sucrée (ou sève élaborée) vers les différents organes de la plante. Ces constituants servent:
— soit de matériaux de construction (croissance de la plante, développement des fruits, mise en réserve...)
— soit de “carburant” (la respiration cellulaire est la seule source énergétique des cellules non chlorophylliennes).

FIG. 5

La feuille verte peut être comparée à une usine de production de matière organique. Quelles sont les matières premières de cette production ? Quelle est la source d’énergie utilisée pour produire la matière organique ?

Deuxième étape: synthèse des autres composés organiques (protides et lipides).

Les lipides contiennent les mêmes éléments chimiques que les glucides. On comprend donc que la synthèse des lipides à partir des glucides puisse se faire à l'intérieur des cellules.

En revanche, les protides contiennent non seulement du carbone, de l'hydrogène et de l'oxygène mais aussi de l'azote et du phosphore. Leur synthèse à partir des glucides nécessite l'apport de sels minéraux (nitrates, phosphates...). La synthèse des protides peut donc s'écrire de façon très simplifiée

glucides + sels minéraux → acides aminés → protéines

La synthèse de matière organique dans les cellules chlorophylliennes peut être résumée de la façon suivante :

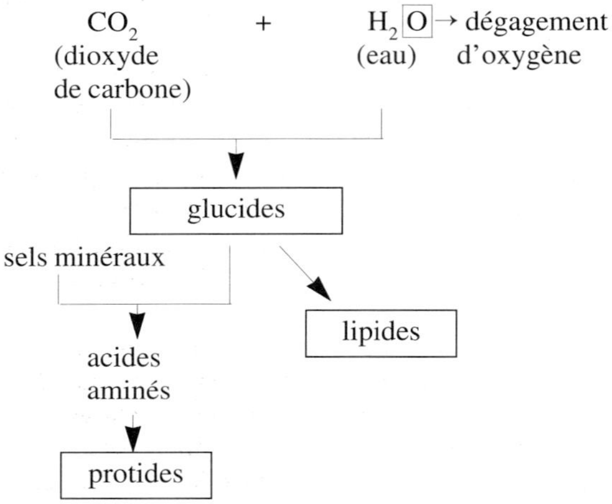

6 La lumière est indispensable. Quel est son rôle ?

Des plantes chlorophylliennes cultivées en absence de lumière se décolorent, ne se nourrissent pas normalement et finissent par mourir. La lumière n'est cependant pas un aliment.

• **La lumière constitue la source d'énergie** utilisée par les végétaux chlorophylliens pour effectuer les synthèses de matière organique. On parle pour cette raison de **photosynthèse** (synthèse utilisant l'énergie des **photons**, c'est-à-dire de la lumière).

• **La chlorophylle absorbe de la lumière** et la feuille joue donc le rôle de **capteur de l'énergie solaire**. Les feuilles vertes présentent d'ailleurs les caractères d'un capteur solaire : surface plane, orientée vers la lumière et d'assez faible épaisseur.

• **La matière organique produite** par les végétaux chlorophylliens peut brûler et représente donc une source d'**énergie**. Nous pouvons donc dire que la photosynthèse est un **stockage de l'énergie solaire sous forme chimique.**

7 Une autre différence fondamentale entre animaux et végétaux chlorophylliens

• **Chez les animaux**, les aliments sont à la fois les matériaux de construction de leur propre matière et leur unique source d'énergie.

• **Chez les végétaux chlorophylliens**, les aliments, puisés dans le milieu extérieur, sont les matières premières avec lesquelles ils fabriquent les matériaux de construction de leur propre matière mais ils ne sont pas leur source d'énergie.

8 La libération d'oxygène

La production de matière organique par les végétaux chlorophylliens s'accompagne d'une libération d'oxygène dans le milieu environnant. Cette production gazeuse équilibre la consommation permanente d'oxygène dûe à la respiration des animaux et des végétaux.

Remarque: la libération d'oxygène ainsi que l'absorption de dioxyde de carbone, liées à la nutrition des végétaux chlorophylliens, n'ont lieu que pendant le jour.

9 La construction de matière organique dans les cellules non chlorophylliennes

Les premières substances organiques, produites par photosynthèse, peuvent demeurer dans les feuilles ou être transportées vers les divers organes de la plante (fig. 5). Dans les deux cas, ces substances sont utilisées pour construire la matière organique du végétal. Ainsi, il y a croissance de tiges ou de racines, stockage dans des tubercules, éclosion de bourgeons, formation de fruits...

Remarque: Les plantes chlorophylliennes fabriquent chacune leur propre matière végétale ; la "matière tournesol" n'est pas exactement identique à la "matière fraisier" ou à la "matière maïs". Une telle constatation implique que chaque végétal, comme chaque animal, possède un **plan de construction** qui lui est propre.

10 Photosynthèse et respiration

Nous avons vu que les plantes chlorophylliennes respirent 24 heures sur 24 comme les animaux, mais elles réalisent des échanges gazeux pour la photosynthèse seulement à la lumière.

• **Sur le plan des échanges gazeux,** photosynthèse et respiration apparaissent comme deux phénomènes inverses l'un de l'autre :

— au cours de la photosynthèse, les plantes absorbent du dioxyde de carbone et rejettent de l'oxygène ;

— au cours de la respiration, elles absorbent de l'oxygène et rejettent du dioxyde de carbone.

Globalement, bien qu'ils n'aient lieu que pendant la journée, les échanges gazeux de la photosynthèse l'emportent largement sur ceux de la respiration. C'est pourquoi, pour mettre en évidence les échanges respiratoires d'une plante chlorophyllienne, il est indispensable de la placer à l'obscurité.

• **A quoi sert la respiration ?** La respiration végétale a la même signification que celle des animaux : elle constitue la dégradation des constituants organiques, grâce à l'oxygène, avec libération d'énergie et d'une substance de déchet, le dioxyde de carbone. L'énergie ainsi libérée est notamment utilisée par la plante pour la synthèse de sa matière spécifique.

11 Sève brute et sève élaborée

• **On appelle sève brute** le liquide puisé dans le sol par les poils absorbants des racines et circulant vers les feuilles à l'intérieur de tubes situés dans le bois (souvent appelés vaisseaux du bois).

A son arrivée dans les feuilles, la sève brute perd une grande partie de son eau par transpiration.

• **De la feuille repart** un liquide visqueux, riche en substances organiques, appelé sève sucrée ou sève élaborée. La sève élaborée, contenant les produits élaborés par photosynthèse, circule des feuilles aux autres organes à l'intérieur de tubes situés entre l'écorce et le bois des tiges et des troncs (ce sont les tubes du liber).

Remarque : Les mousses et les algues, qui ont une organisation très simple, sont dépourvues de vaisseaux. La sève brute comme la sève élaborée circulent d'une cellule à l'autre.

12 Peut-on dire que les plantes chlorophylliennes ne se nourrissent que le jour ?

Les échanges gazeux de la nutrition et les synthèses initiales de matière organique n'ont lieu que le jour mais l'absorption d'eau et de sels minéraux a lieu même la nuit.

L'absorption d'eau subit d'énormes variations en fonction de la température extérieure, de la quantité d'eau disponible dans le sol, du degré hygrométrique de l'air... Les quantités d'eau absorbée sont considérables : 500 litres par jour en moyenne pour un arbre adulte, 2 500 000 litres pour un hectare de blé depuis la germination jusqu'à la moisson.

13 En résumé

Qu'ils soient terrestres ou aquatiques, les végétaux **chlorophylliens** se nourrissent différemment des animaux. Leurs aliments sont l'**eau**, les **sels minéraux** et le **dioxyde de carbone**.

L'eau et les sels minéraux sont absorbés par les poils absorbants des racines, le dioxyde de carbone pénètre au niveau des feuilles.

La synthèse de matière organique à partir de ces substances minérales simples a lieu en deux étapes :

— au niveau des feuilles chlorophylliennes, fabrication des "briques" de construction (glucides et acides aminés) ;

— au niveau des divers organes, utilisation des matériaux précédents pour élaborer la matière végétale selon un plan de construction propre à chaque végétal.

La première étape utilise l'**énergie solaire** captée par la chlorophylle (photosynthèse au sens strict),

La deuxième étape utilise l'énergie stockée dans les premiers matériaux formés et libérée lors de la respiration.

Une image à retenir : un chêne, un lapin et un homme fabriquent leur matière vivante de la même manière, c'est-à-dire en utilisant **les mêmes briques** de construction : les acides aminés. Une différence capitale cependant : le chêne fabrique lui-même les "briques" dont il a besoin à partir de constituants minéraux, en utilisant l'énergie solaire ; les êtres vivants non chlorophylliens ne peuvent pas fabriquer leurs "briques" de construction : ils trouvent ces briques dans leur alimentation.

Connaissez-vous

LE SENS DE CES MOTS OU EXPRESSIONS

- **plante chlorophyllienne**
- **chlorophylle**
- **chloroplaste**
- **poil absorbant**
- **sels minéraux, eau, dioxyde de carbone**
- **stomate**
- **photosynthèse**
- **capteur solaire**
- **matière végétale spécifique**
- **plan de construction**
- **sève brute**
- **sève sucrée ou élaborée**

2 DES ACTIVITÉS PÉDAGOGIQUES POSSIBLES

Les besoins en eau des plantes ainsi que leurs besoins en sels minéraux peuvent donner lieu à des études expérimentales intéressantes. Cependant, on ne doit pas laisser croire que l'eau et les sels minéraux sont les seuls aliments des plantes chlorophylliennes. Aussi ces activités doivent-elles être complétées par une information qui peut être faite en donnant par exemple un document tel que celui de la figure 10.

Les plantes ont besoin d'eau

Les élèves savent tous qu'une plante en pot, non arrosée se fane, se dessèche et meurt. Mais, s'ils ont conscience globalement que les plantes ont besoin d'eau pour vivre, ils ignorent ce que devient l'eau d'arrosage. Ce sujet se prête bien à une étude expérimentale, avec un matériel simple, facile à se procurer. L'étude peut se dérouler en plusieurs étapes et nécessite plusieurs séquences de classe (au CE2 ou au CM).

1 Quelle expérience peut-on faire pour montrer que les plantes absorbent de l'eau ?

Une constatation s'impose: on arrose régulièrement les plantes en pot de la classe et pourtant, quelques jours après l'arrosage, la terre est à nouveau sèche.

La question "Qu'est devenue l'eau d'arrosage ?" conduit à la réponse "Les plantes ont bu l'eau". Si vous faites alors remarquer que la terre d'un pot dans lequel il n'y a pas de plante se dessèche également, l'affirmation énoncée par les enfants devient supposition et la nécessité de prouver que "les plantes absorbent de l'eau" se fait sentir. Quelles expériences peut-on faire pour cela ?

Les élèves doivent alors imaginer une expérience et traduire leur proposition à l'aide d'un schéma (fig. 7).

La confrontation entre les diverses propositions fait apparaître la nécessité

— de prévoir une expérience témoin,

— d'avoir des récipients hermétiquement fermés (pour éviter l'évaporation),

— de bien repérer le niveau d'eau initial (le plus simple est de remplir totalement le tube).

Des expériences, dont la figure 8 donne un exemple, sont alors réalisées, et les résultats interprétés deux jours plus tard. L'eau "qui manque" a été absorbée par la plante.

2 Les plantes gardent-elles toute l'eau absorbée ?

Une telle question est importante sur le plan scientifique et fait rebondir la recherche. Comment faire pour le savoir ? L'eau absorbée par une plante est rejetée sous forme de vapeur d'eau (gaz invisible) au niveau des feuilles. Mais si l'on enferme la plante dans un sachet, la vapeur se condense sous forme de gouttelettes sur les parois froides du sac. On voit donc l'intérêt de réaliser l'expérience présentée sur la figure 9. On peut alors formuler la conclusion suivante: les plantes rejettent par évaporation au niveau des feuilles l'eau qu'elles ont absorbée par les racines.

Les plantes ont besoin de sels minéraux

Si les enfants connaissent l'existence des engrais, ils se trompent le plus souvent sur leur rôle: ils les considèrent plutôt comme un "fortifiant" ou un "médicament" que comme un aliment: "ça aide à pousser", "ça fortifie les plantes"... En fait, toutes les plantes, les arbres de la forêt comme les légumes du jardin, puisent dans le sol par leurs racines, non seulement de l'eau, mais aussi des substances chimiques dissoutes, analogues aux engrais du fleuriste ou de l'agriculteur.

1 De l'engrais, qu'est-ce que c'est ?

En demandant aux enfants d'apporter en classe des engrais utilisés habituellement pour les plantes d'appartement, vous obtiendrez une grande variété de couleurs et de conditionnements: engrais liquides, en granulés, en poudre, en bâtonnets...

La lecture des indications portées sur les emballages, ou celle des notices de mode d'emploi, donne lieu à un exercice mettant en œuvre la maîtrise de la lecture, l'apprentissage d'un nouveau vocabulaire, la compréhension d'un texte...

La lecture des notices révèle en outre la composition des engrais et permet de dégager les informations suivantes:

— les engrais contiennent plusieurs substances chimiques (il est bien sûr inutile de détailler la nature de ces composés chimiques),

— tous les engrais contiennent à peu près les mêmes constituants, en particulier azote (N), phosphore (P) et potassium (K),

— les engrais sont solubles dans l'eau (ainsi les bâtonnets d'engrais se dissolvent peu à peu dans l'eau contenue dans le sol ou dans l'eau d'arrosage).

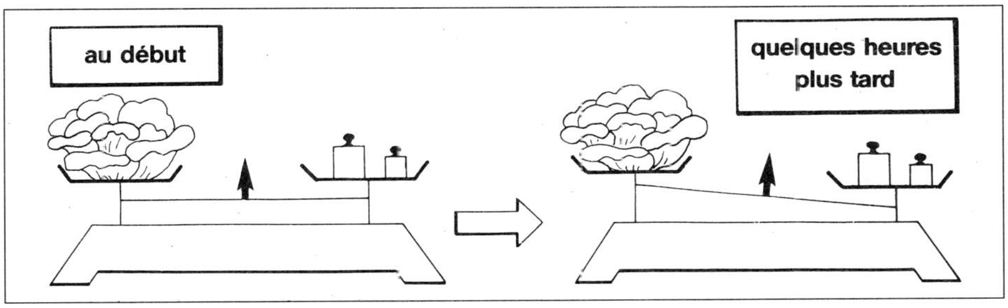

FIG. 6

Une expérience très simple. Que met-elle en évidence ? Comparez-la à l'expérience de la figure 9. Quels sont les avantages et les inconvénients des deux méthodes ?

Extrait de *Cahier d'activités CE2, Biologie.*

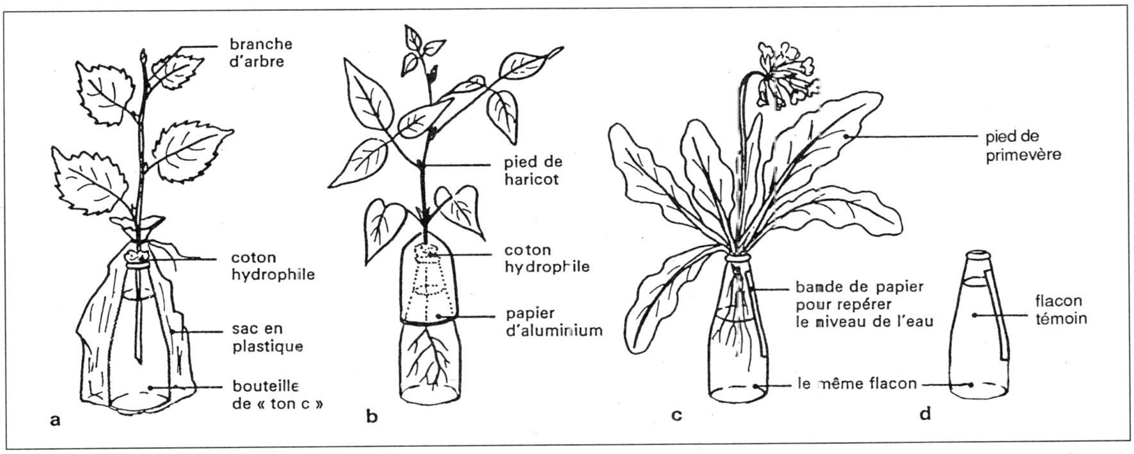

FIG. 7

Ces expériences ont été proposées par des élèves de cours moyen pour montrer que les plantes absorbent de l'eau.
a et b : en supprimant l'évaporation ; c et d : en utilisant un montage témoin.

Extrait de *La vie des plantes, Guide du maître.*

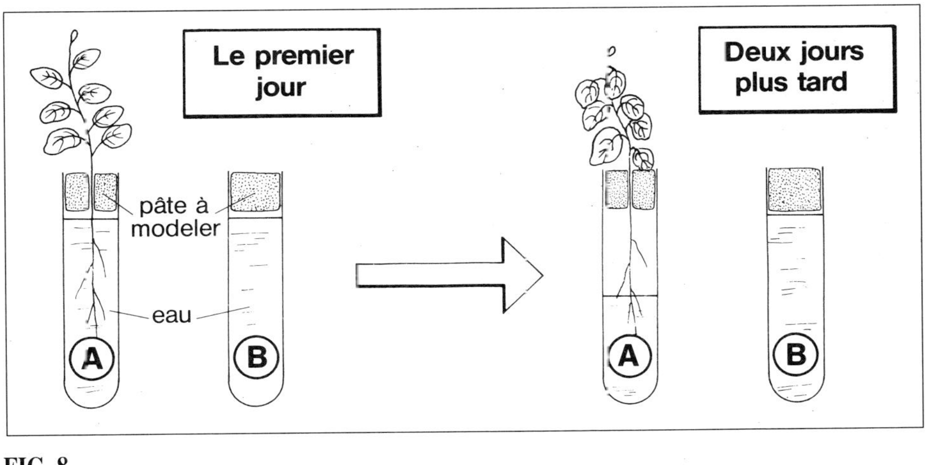

FIG. 8

Une expérience facile à réaliser pour montrer qu'une plante absorbe de l'eau.

Extrait de *Cahier d'activités CE2, Biologie.*

2 Comment les plantes peuvent-elles "manger" des granulés ?

Pour aborder cette question, il faut que les enfants connaissent :

— les propriétés dissolvantes de l'eau (le sel, le sucre sont solubles dans l'eau, la farine ne l'est pas),

— l'absorption d'eau par les racines.

Il reste ensuite à mettre en évidence que les engrais (en granulés, en poudre, en bâtonnets) sont solubles dans l'eau. Il existe d'ailleurs des engrais liquides qui sont des solutions dans l'eau des substances qu'on trouve aussi dans les granulés, les bâtonnets...

Les plantes absorbent donc les engrais (c'est-à-dire les sels minéraux) en même temps que l'eau au niveau des racines.

3 Des essais sur la pelouse de l'école

Il peut être intéressant de faire des essais d'engrais "en vraie grandeur" (c'est d'ailleurs ce que font les industries chimiques qui mettent au point les engrais). Il faut cependant disposer, dans le jardin de l'école, d'un espace de gazon. On peut, par des piquets et des ficelles, délimiter quatre carrés (de 1 m de côté) et faire des essais de dosage avec de l'engrais pour gazon :

— sur un carré pas d'engrais du tout.

— sur le second, une dose.

— sur le troisième, une double dose.

— sur le quatrième, une triple dose.

Les enfants arrosent les quatre carrés régulièrement et de la même façon et comparent le développement du gazon de chaque parcelle. On peut ainsi montrer que

— les engrais améliorent la croissance des plantes ;

— des doses trop importantes d'engrais peuvent être toxiques pour les plantes.

4 "En forêt, on ne met pas d'engrais"

"Dans la forêt, on ne met jamais d'engrais" — "Ce sont les feuilles qui pourrissent et ça fait comme du fumier" — "Dans les jardins, on utilise aussi du fumier, celui des chevaux ou des chèvres" — "Des épluchures et toutes sortes de choses, ça pourrit et ça fait du terreau" — "Mon papa fait brûler les herbes et les épluchures et après il répand les cendres dans le jardin"...

Les enfants citent souvent le fumier parmi les engrais. Comment les plantes utilisent-elles le fumier ou les feuilles mortes ? Certains enfants ont déjà constaté que le fumier "disparaît dans la terre" ; "on ne le retrouve pas". Ils soupçonnent que ces débris végétaux ou animaux deviennent solubles en se décomposant. Confirmez-le : les plantes ne consomment pas directement le fumier. Celui-ci n'est pas plus soluble que les feuilles mortes mais, en se décomposant, tous deux donnent des substances chimiques solubles comparables aux engrais, et appelées sels minéraux.

Un aliment invisible, le dioxyde de carbone

Les enfants ne peuvent découvrir seuls la nécessité du dioxyde de carbone comme aliment indispensable. On ne peut aborder cette question à l'école élémentaire qu'en donnant l'information. Le document de la figure 10 le permet. Il donne, en même temps, l'occasion d'insister sur la nécessité de la lumière.

Les plantes vertes ont besoin de lumière

Les enfants savent, en général pour l'avoir observé fortuitement, que l'herbe, maintenue longtemps à l'abri de la lumière, se décolore. Ils ont constaté aussi qu'une plante d'appartement peu éclairée prend une direction oblique et s'oriente vers la fenêtre... Des expériences peuvent être faites en classe pour vérifier et compléter ces observations, mais il est hors de question de vouloir expliquer le rôle de la chlorophylle et de la lumière. Il suffit de préciser que la lumière est la source d'énergie qu'utilise la plante verte pour fabriquer de la matière végétale, donc pour vivre et se développer.

FIG. 9

Les plantes rejettent par évaporation au niveau des feuilles l'eau absorbée par les racines : c'est le phénomène de transpiration.

Extrait de *Cahier d'activités CE2, Biologie.*

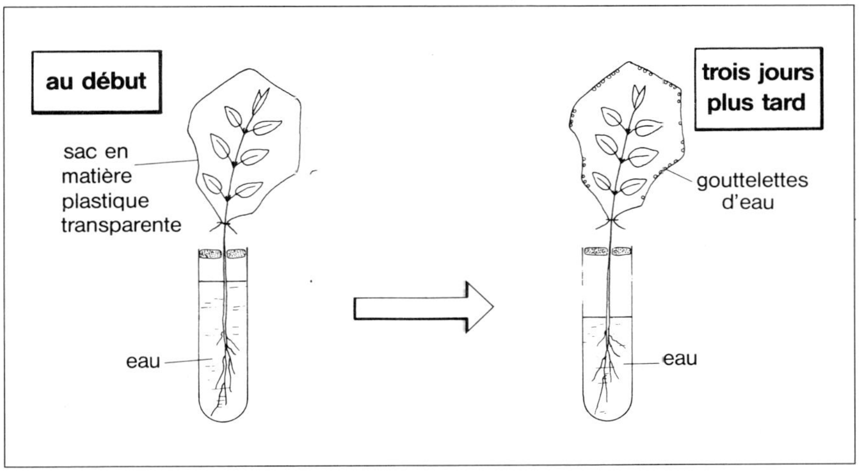

3 *Un aliment invisible est puisé dans l'air*

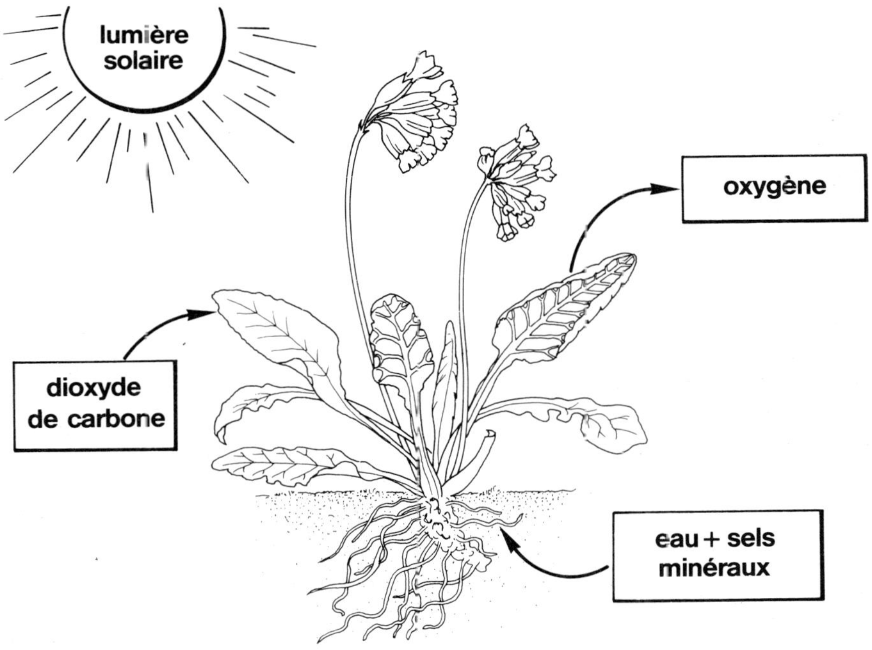

- Pour se nourrir, les plantes chlorophylliennes puisent
  - dans le sol, par leurs racines : ....
  - dans l'air, par leurs feuilles : ....

FIG. 10

Ce document permet d'aborder avec des enfants cet aspect fondamental de la nutrition des plantes chlorophylliennes : à la lumière, avec l'eau et les sels minéraux absorbés par les racines d'une part, le dioxyde de carbone capté par les feuilles d'autre part, une plante chlorophyllienne fabrique sa propre substance.

Extrait de *Cahier d'activités CE2, Biologie.*

NOTIONS VISÉES

à l'école élémentaire

Les plantes sont des êtres vivants et, comme tous les êtres vivants, elles ont besoin d'aliments.
On sait que les animaux et les hommes se nourrissent en mangeant des végétaux ou des animaux, c'est-à-dire d'autres êtres vivants.
La nutrition des plantes chlorophylliennes (c'est-à-dire des végétaux qui possèdent de la chlorophylle tels que les arbres, les plantes herbacées — tulipe, radis, maïs... —, les fougères, les mousses et les algues) est très nettement différente : elles se nourrissent en absorbant
— de l'eau et des sels minéraux par leurs racines,
— du dioxyde de carbone par leurs feuilles.

Avec ces trois aliments, elles fabriquent leur matière vivante.
La lumière est nécessaire à cette fabrication ; elle fournit l'énergie. La chlorophylle joue le rôle de capteur solaire.

Mots clés
plante chlorophyllienne, chlorophylle, sels minéraux, engrais, lumière.

Les feuilles des plantes sont des usines

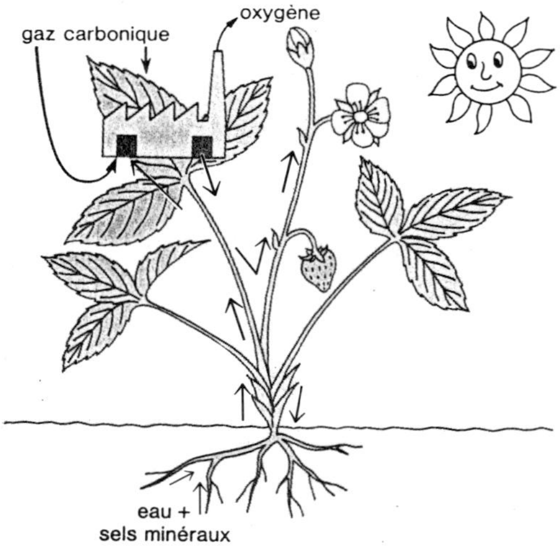

- *On compare souvent les feuilles à des usines. Regarde ces dessins et explique.*
- *Où le fraisier puise-t-il ses aliments ? Comment la fraise fait-elle pour grossir ?*
- *Pourquoi cette usine fonctionne-t-elle le jour et non la nuit ?*

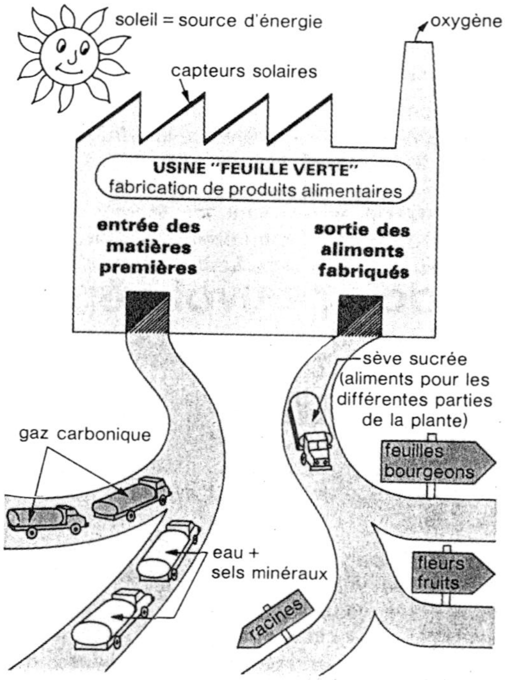

FIG. 11

Un schéma bilan à interpréter.

11 La nutrition des végétaux non chlorophylliens

Les **champignons** sont des végétaux dépourvus de **chlorophylle**. Ils sont donc incapables d'utiliser l'énergie de la lumière pour faire la synthèse de leur matière organique à partir de substances minérales. L'étude de leur nutrition est donc intéressante sur le plan biologique.

Les champignons occupent par ailleurs une place importante dans la nature : ce sont, dans la forêt, des **décomposeurs** actifs de matière organique morte. Ils assurent en effet (avec d'autres décomposeurs que nous étudierons ultérieurement) la décomposition des feuilles tombées, du bois mort, des cadavres de toute sorte.

Une troisième raison justifie l'étude de la nutrition des champignons dès l'école élémentaire : elle permet des études expérimentales simples, faciles à concevoir et à interpréter.

1 INFORMATIONS UTILES POUR L'ENSEIGNANT

1 Un champignon, c'est comme une pomme

Les champignons sont des végétaux très mal connus des enfants et de nombreux adultes. Quand un enfant récolte un champignon en forêt (un bolet, une girolle...), il pense qu'il a arraché une plante entière. D'ailleurs, même les scientifiques parlent du "pied" du champignon, comme on parle d'un pied de tomate. Le vocabulaire invite donc à la confusion.

En fait, quand on cueille un bolet ou une girolle, c'est comme si on récoltait une pomme sur un pommier. Le pommier est la **plante**, la pomme est seulement un **organe** de cette plante. Ce qu'on appelle habituellement un "champignon" n'est que le "fruit" d'une plante souterraine qui n'a pas de feuilles, pas de tiges, pas de racines et qui est constituée uniquement de filaments blancs enchevêtrés appelés **mycélium**. Ce mycélium, facile à découvrir si on "émiette" une branche d'arbre en train de pourrir dans une forêt, est donc "la plante". Sur ce végétal, des organes reproducteurs se développent quand les conditions sont favorables. Que sont ces organes reproducteurs ? La figure 1 répond à cette question. Quand on serre dans sa main une vesse-de-loup à maturité, une fine poudre s'échappe. Chaque grain est une spore. De même, des milliers de spores se forment sur les lamelles du rosé-des-prés. Ainsi, tous les champignons produisent des spores. Une spore, c'est un peu comme le pépin d'une pomme. Un pépin de pomme peut germer et donner naissance à un pommier, c'est la graine du pommier. De même, une spore de champignon qui tombe sur le sol peut germer.

Le mycélium est donc une "plante" souterraine qui vit de nombreuses années, de manière si discrète que le promeneur en ignore l'existence. Presque toujours invisible, ce végétal ne se montre que lorsque les conditions climatiques favorables lui permettent de se reproduire.

2 Les moisissures sont des champignons

• **Il suffit d'enfermer un morceau de pain humide dans un sachet en matière plastique,** pour qu'il se couvre de moisissures. Ce sont des filaments fins, blancs, enchevêtrés, c'est-à-dire du mycélium : une plante non chlorophyllienne sans feuilles, sans tiges, sans racines. Quelques jours plus tard apparaissent les organes reproducteurs. Ils ressemblent à des épingles à tête, d'abord blanches puis noires. Chaque "tête d'épingle" (c'est-à-dire chaque petite boule noire portée par un filament dressé) se déchire et libère des **spores**.

Ces spores, très légères, se mêlent aux autres poussières de l'air et peuvent être entraînées fort loin. Si l'une d'elles tombe sur un support favorable (du pain humide), elle germe et donne un nouveau mycélium.

Cette histoire est importante car elle permet de comprendre pourquoi il n'est pas nécessaire d'ensemencer le pain humide pour obtenir des moisissures.

Autre remarque : les "têtes d'épingles" de la moisissure blanche sont l'équivalent des "champignons" récoltés en forêt (bolet, vesse de loup...)

• **Il existe de nombreuses espèces de moisissures.** Elles se développent sur les fruits (un citron ou une orange peut moisir), les légumes (carottes, courgettes...), les restes d'aliments. Une moisissure est connue de tous, celle du camembert : c'est le "duvet" blanchâtre, formé d'un feutrage très dense, ensemencé pour affiner le fromage.

3 Que mangent les champignons ?

Les amateurs qui récoltent les champignons à l'automne dans les sous-bois, les prés... ne se rendent pas compte que ces végétaux ont des besoins alimentaires très différents de ceux des végétaux chlorophylliens du voisinage ; rien ne laisse supposer non plus que leur nutrition soit plus proche de celle des animaux que de celle des plantes vertes.

Il est très facile de connaître les aliments de certains **champignons**. Ainsi, les **moisissures** qui se développent sur la pomme, le camembert, le pain, le citron... "mangent" de la pomme, du fromage, du pain..., c'est-à-dire des aliments d'origine végétale ou animale. Il en est de même pour les champignons de la forêt :

— le polypore qui pousse sur un tronc abattu se nourrit de bois mort,

— le bolet se nourrit de feuilles mortes...

4 La digestion est visible

Lorsqu'une moisissure se développe sur du pain humide, du fromage ou une autre substance, le support est progressivement liquéfié et digéré sur place. Comment expliquer ces faits ? Les filaments microscopiques qui constituent le champignon sécrètent des "sucs digestifs" responsables de cette digestion. Les "nutriments" qui en résultent sont alors absorbés par la surface de tous ces filaments.

5 Une étude expérimentale

La figure 2 présente une étude expérimentale simple réalisée avec la moisissure du pain. Attention : pour faire une analyse rigoureuse des résultats, il faut comparer deux à deux des expériences qui ne diffèrent que par un seul facteur.

• **Interprétations :**

—l'eau et les sels minéraux ne suffisent pas ; les végétaux non chlorophylliens doivent obligatoirement trouver dans leur milieu une source de matière organique ;

—la lumière n'est pas nécessaire (alors qu'elle est indispensable à la vie des végétaux chlorophylliens) ;

—une température trop élevée tue la plante et ne permet donc aucun développement ;

—une température basse (0° C) stoppe le développement qui reprend normalement à 20° C.

Bien entendu le dioxyde de carbone n'est pas utilisé comme aliment.

• **La figure 3** présente des résultats d'une expérience à interpréter.

6 Trois façons de se procurer de la matière organique

• **Certains champignons sont saprophytes.**
Lorsqu'un polypore pousse sur un tronc abandonné, il suffit de soulever l'écorce pour découvrir un chevelu blanchâtre relié aux chapeaux des champignons : ces filaments de mycélium sont responsables de la digestion du bois, donc de sa décomposition. On découvre des filaments identiques sur les feuilles mortes qui nourrissent les champignons du sous-bois, dans le fumier qui sert d'aliment aux champignons de Paris. Dans tous les cas, la matière végétale ou animale est **décomposée**. Pour cette raison les champignons sont dits **saprophytes** (du grec, sapros : pourri, décomposé ; phyton : **plante) ; ils puisent leurs aliments dans de la matière en décomposition, ou plus exactement dans la matière qu'ils décomposent.**

• **Certains champignons sont parasites.**
Certains champignons (tels que ceux qui vivent dans les feuilles de certaines plantes) se nourrissent de la matière vivante de leur hôte. Ils vivent donc aux dépens d'autres êtres vivants et leur causent des préjudices : ce sont des **parasites**.

• **Certains champignons vivent en symbiose avec les arbres de la forêt.**
De nombreux arbres des forêts, le chêne, le hêtre, le châtaignier, le sapin, le bouleau... ont fréquemment leurs jeunes racines entourées d'un manchon formé de filaments enchevêtrés : c'est le mycélium d'un champignon. Ces manchons sont appelés **mycorhizes**, figure 4.
Les arbres qui ont des mycorhizes ont une croissance plus rapide que ceux qui n'en ont pas. Le manchon de filaments mycéliens facilite en effet l'absorption d'eau

a

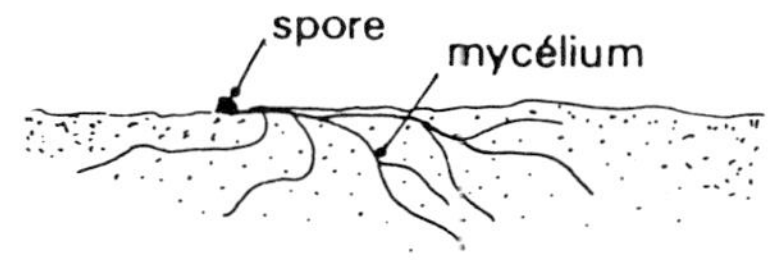

En germant, une spore donne un filament blanc qui se ramifie. Ces filaments très fins s'allongent et envahissent le sol. Ils forment ce qu'on appelle du mycélium ou blanc de champignon.

b

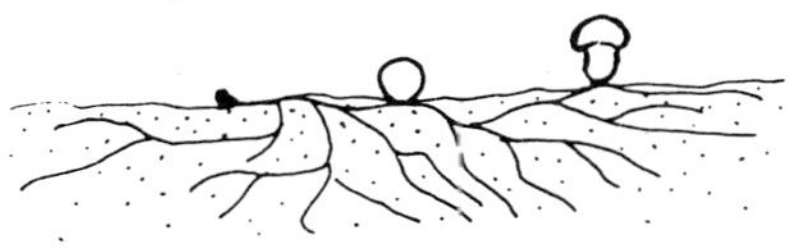

Dans certaines conditions (chaleur et humidité convenables), les filaments fructifient. De jeunes « champignons » se développent; ils sont constitués de filaments enchevêtrés en une masse compacte.

c

Les « champignons » grandissent et produisent de nouvelles spores. Parmi les milliers de spores libérées, seules quelques-unes germeront.

d

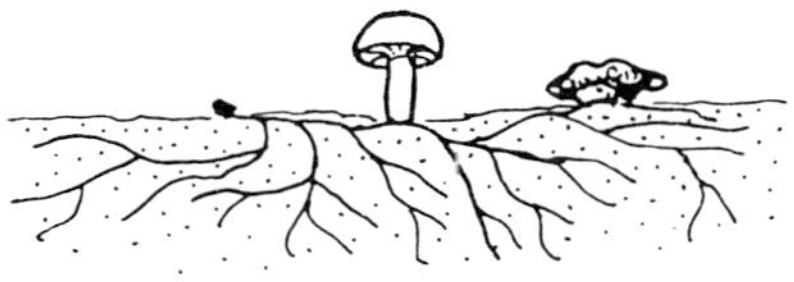

Les « champignons » ont pourri, mais dans le sol, les filaments restent vivants pendant des années et peuvent donner naissance à de nouveaux « champignons ».

FIG. 1

Quand on cueille un "rosé" dans un pré ou une "vesse-de-loup" dans une forêt, on ne récolte pas une plante entière, c'est comme si on cueillait une pomme sur un pommier. Ce qu'on appelle, dans le langage courant, un "champignon" n'est que le "fruit" d'une plante souterraine.

Extrait de *Pour découvrir la vie des plantes.*

	Milieu de culture	Lumière	Température	Résultats
1	pain humide	+	20° C	moisissures abondantes
2	pain humide	—	20° C	moisissures abondantes
3	pain sec	+	20° C	pas de développement
4	pain humide	+	0° C	pas de développement
5	pain humide	+	70° C	pas de développement
6	eau + gélose	+	20° C	pas de développement
7	eau + gélose + sels minéraux	+	20° C	peu de développement
8	eau + gélose + sels minéraux + sucre ou fécule	+	20° C	moisissures abondantes

FIG. 2

Les moisissures sont des champignons, c'est-à-dire des végétaux non chlorophylliens.
On a ensemencé un petit fragment de moisissure blanche dans huit boîtes en verre avec couvercle (boîte de Pétri) préalablement stérilisées. Les résultats observés huit jours plus tard sont présentés dans ce tableau. Pour les interpréter, il faut savoir que la gélose a pour but de gélifier le milieu nutritif mais n'apporte pas d'aliments. La gélose est vendue en poudre ou en feuilles. Elle se dissout dans l'eau chaude en donnant un liquide visqueux. On y ajoute alors les éléments nutritifs choisis. Le mélange est versé dans une boîte de Pétri. Le mélange refroidi forme une gelée sur laquelle on repique un fragment de moisissure.
— Quels sont les besoins alimentaires des moisissures ?
— Analysez l'action des facteurs lumière et température sur le développement de la moisissure.

Extrait de *Biologie 5e.*

et de sels minéraux par les racines de l'arbre, assurant ainsi une meilleure nutrition de celui-ci.

Les champignons ont besoin de substances organiques pour se nourrir ; ils les trouvent dans la sève de l'arbre qui les a fabriquées par photosynthèse.

L'association arbre-champignon n'est pas obligatoire (les arbres et les champignons peuvent pousser isolément), mais elle favorise la croissance des deux partenaires.

L'association se réalise souvent avec plusieurs espèces de champignons (50 espèces pour le sapin Douglas, par exemple). On appelle **symbiose** une association à bénéfice réciproque entre deux êtres vivants telle que celle que nous venons de voir.

7 En résumé

Les champignons, végétaux dépourvus de chlorophylle, ont des besoins alimentaires très différents de ceux des végétaux chlorophylliens. Ils doivent trouver dans le milieu non seulement de l'**eau** et des **sels minéraux** mais également une **substance carbonée organique** (un glucide par exemple).

Contrairement aux végétaux chlorophylliens, le dioxyde de carbone n'est pas un de leurs aliments.

De plus, les végétaux non chlorophylliens se développent aussi bien à l'obscurité qu'à la lumière.

La nutrition des champignons est donc **analogue à celle des animaux**. Cette analogie est maintenant facile à comprendre. Les végétaux dépourvus de chlorophylle sont incapables d'utiliser l'énergie solaire. Ils ne peuvent donc faire la synthèse de matière organique à partir de matière uniquement minérale.

Connaissez-vous

LE SENS DE CES MOTS OU EXPRESSIONS

- chlorophylle
- décomposeurs
- mycélium
- spore
- moisissure
- saprophyte
- parasite
- symbiose
- mycorhize

2 DES ACTIVITÉS PÉDAGOGIQUES POSSIBLES

La moisissure blanche se développe en quelques jours sur une tranche de pain humide enfermée dans un sachet en plastique. Les expériences possibles sont faciles à interpréter. Il est donc plus facile de découvrir la nutrition des moisissures que celle des champignons de la forêt.

Comment peut-on faire moisir du pain ?

1 La découverte des moisissures

• **Présenter aux enfants des moisissures différentes** (pain, citron, orange, pomme, riz cuit...). Dégager les ressemblances et les différences.
Que mangent ces champignons ? Ils se développent tous sur de la matière organique.

• **Le pain moisi se liquéfie. Pourquoi ?**
Au cours des premières observations, les enfants interprètent parfois la relation entre le développement de la moisissure et l'altération de l'aliment en disant : "ce ne sont pas les moisissures qui font pourrir le pain. C'est le morceau de pain qui fabrique les moisissures". En fait le pain sert d'aliment à la moisissure. Il est digéré et son volume se réduit.

2 Chacun fait sa culture

Pour étudier le développement et l'action des moisissures, les enfants en cultivent sur du pain humide. Il faut pour cela mouiller un morceau de pain et le placer entre deux assiettes creuses (l'une servant de couvercle) ou dans un sachet plastique, pour éviter la dessiccation. Le pain ne moisit bien que s'il est mouillé convenablement, ni trop ni trop peu. Pour cela, trempez-le dans l'eau ou placez-le sous le robinet : quand il est bien imbibé, essorez-le en le pressant dans la main comme une éponge. Un épais feutrage se développe en quelques jours. Il s'agit de moisissures.

3 D'où sont venues ces moisissures ?

Pour cultiver des radis, il faut semer des graines de radis. Ici personne n'a ensemencé. Comment la moisissure est-elle venue ?
La moisissure est une "plante" (un champignon) qui se développe à partir d'une "semence" (la spore). Les

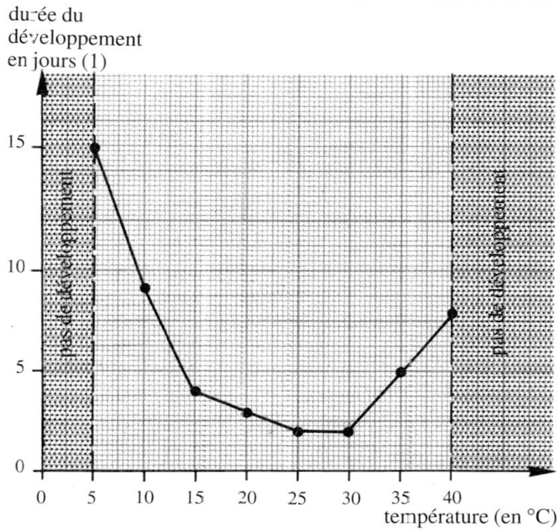

(1) La durée de développement est le temps qui s'écoule entre la mise en culture de la moisissure et l'apparition des premiers organes reproducteurs.

FIG. 3

Etude expérimentale réalisée avec une moisissure cultivée, à l'obscurité, sur un milieu nutritif convenable (eau + sels minéraux + sucre).

- Quel facteur du milieu étudie-t-on?
- Comment a-t-on réalisé cette expérience?
- Analysez les résultats pour en dégager les principales conclusions.

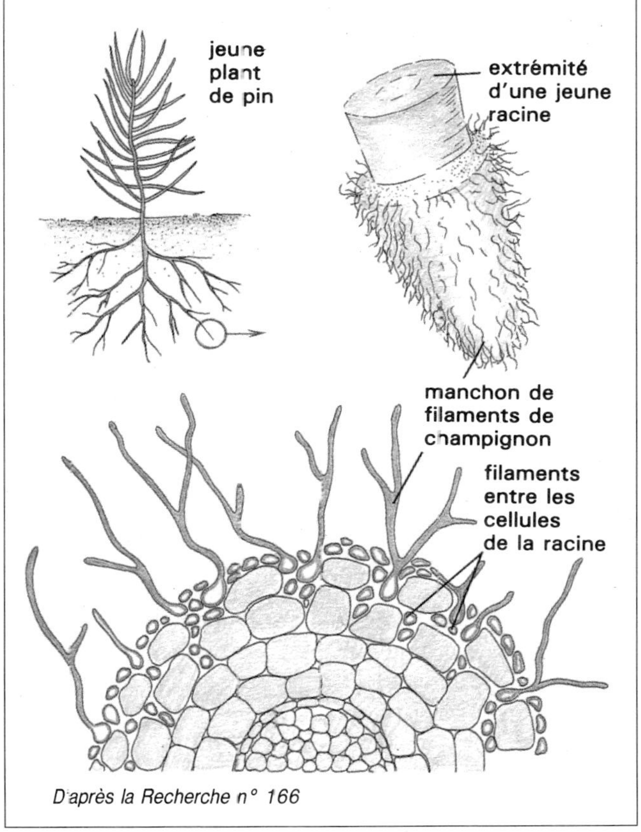

D'après la Recherche n° 166

FIG. 4

Un bel exemple de symbiose entre deux végétaux: un champignon et un arbre de la forêt. Pourquoi parle-t-on de symbiose (pour répondre, lisez le texte) ?

Extrait de *Biologie 5e*.

spores sont microscopiques et se dispersent, transportées parmi les poussières de l'air. Les enfants ne peuvent découvrir cela tout seuls. C'est vous qui, le moment venu, devrez le leur dire.

4 Quelles expériences peut-on faire ?

• Quelle expérience peut-on faire pour savoir si la lumière est nécessaire au développement de la moisissure ?
Attention : il faut penser à réaliser une expérience témoin : il faut réaliser deux montages rigoureusement identiques qui ne diffèrent que par un seul caractère : la lumière.

• Quelle expérience peut-on faire pour savoir si l'eau est nécessaire ?

• Quelle expérience peut-on faire pour savoir si la moisissure se développe plus vite à 20°C qu'à 5°C ?

Attention : la température et la lumière sont des facteurs du milieu mais ne sont pas des aliments. Cette distinction doit être faite avec netteté.

5 Comment écrire les chaînes alimentaires ?

Les végétaux chlorophylliens occupent toujours la première place dans une **chaîne alimentaire**. Et les champignons ? On peut essayer de les situer sur quelques exemples.
citron ⟶ moisissure du citron
herbe ⟶ vache ⟶ moisissure du camembert
(lait, fromage)

Comment se nourrissent les champignons de la forêt ?

1 Que deviennent les branches tombées ?

Dans une forêt les branches basses des arbres meurent (par manque de lumière) et tombent au sol. En quelques années, ces morceaux de bois pourrissent, c'est-à-dire se décomposent complètement. On peut donc récolter de beaux échantillons de grosses branches en train de pourrir. Si on les émiette, on observe dans ce bois humide de nombreux filaments blancs : c'est du mycélium de champignon. Dans ce bois on trouve aussi des animaux vivants, des galeries d'animaux, des excréments...

Il faut expliquer aux enfants que le bois ne se décompose pas tout seul. Il est mangé, "digéré" par tous les êtres vivants qui s'en nourrissent.

Ces êtres vivants, parmi lesquels les champignons occupent une place de choix, sont appelés des **décomposeurs** (un mot très évocateur).

2 Que deviennent les feuilles tombées ?

En examinant la **litière** et en creusant, on observe successivement les couches suivantes :

— des feuilles entières, brunes, généralement sèches ;

— des feuilles humides, presque entières, collées les unes aux autres sur lesquelles se trouvent des sortes de "toiles d'araignée" blanchâtres : ce sont des champignons ;

— des fragments de feuilles (on reconnaît encore qu'il s'agit de feuilles) noirâtres et humides ;

— une terre noirâtre. Dites aux enfants que c'est de l'humus et qu'il provient de la décomposition des feuilles et des branches. Dans cette litière, les enfants signalent la présence de nombreux insectes, vers, mille-pattes, cloportes.

3 Des champignons poussent dans la classe

Mettre dans un aquarium des feuilles d'arbre et des morceaux de branches pourries, récoltés en forêt. Recouvrir d'une feuille de plastique transparent pour éviter la dessiccation. On peut garder ce montage simple pendant des mois (en humidifiant de temps en temps). La décomposition se poursuit, les champignons se développent.

4 En résumé

De même que la moisissure du pain "digère" le pain, les champignons de la forêt "mangent" le bois mort, les feuilles mortes...

Les champignons ne sont pas les seuls "décomposeurs", d'autres microorganismes (des bactéries notamment) et les vers de terre interviennent également.

La décomposition des débris animaux et végétaux (fumier, gazon coupé, excréments, cadavres d'animaux...) s'effectue toujours de cette façon.

NOTIONS VISÉES

à l'école élémentaire

Il existe deux catégories de végétaux :

— Les végétaux chlorophylliens, c'est-à-dire les plantes qui ont de la chlorophylle dans leurs feuilles (les arbres, mais aussi les carottes, les radis...) ;

— Les champignons qui sont des végétaux sans chlorophylle. Leur façon de se nourrir est tout à fait différente.
Le champignon, que l'on a "semé" sur le camembert (pour lui donner du goût), "mange" du camembert ; les moisissures qui se développent sur une pomme ou sur des confitures "mangent" aussi leur support ; les champignons qui poussent sur du bois mort "mangent" du bois...
L'alimentation des champignons est donc voisine de celle des animaux : ils ont besoin, en plus de l'**eau** et de **sels minéraux**, d'**aliments d'origine animale ou d'origine végétale**.

Mots clés
végétal chlorophyllien, végétal non chlorophyllien.

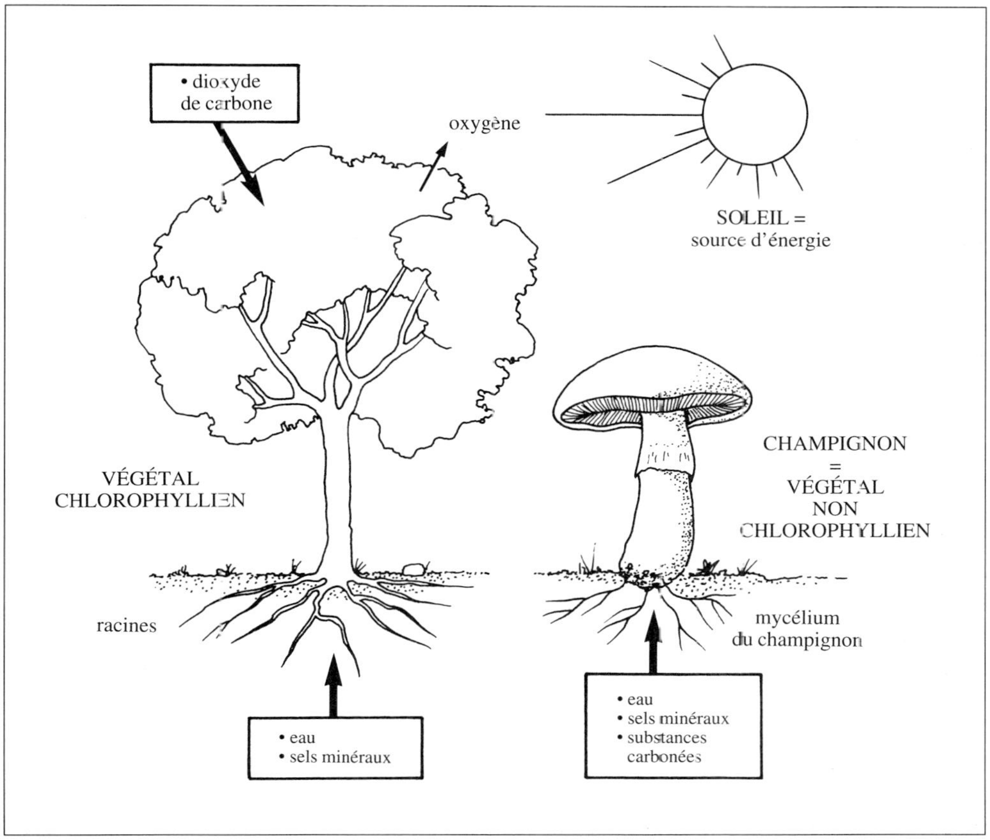

FIG. 5

Des différences importantes existent entre la nutrition des végétaux chlorophylliens et la nutrition des champignons. Préciser lesquelles.

12 Pour se nourrir et respirer, les êtres vivants dépendent les uns des autres

Chacun des chapitres précédents a permis de dégager une ou plusieurs notions importantes sur la **nutrition** des êtres vivants. En fin d'étude, il est utile de faire, avec les élèves du cours moyen, une synthèse pour donner une cohérence à l'ensemble.

1 INFORMATIONS UTILES POUR L'ENSEIGNANT

1 Un réseau de chaînes alimentaires

Dans un milieu donné, d'étroites relations alimentaires s'établissent entre les différents êtres vivants.

Ainsi, dans une forêt, vivent de nombreux êtres vivants : des arbres, des plantes diverses et de nombreux animaux. A titre d'exemple, la chenille mange des feuilles, elle peut être mangée par la fauvette qui peut être la proie de la buse.

Cette succession :

feuilles → chenille → fauvette → buse

constitue une **chaîne alimentaire** formée de quatre maillons. Dans un milieu donné, tel que la forêt, existe un ensemble de chaînes alimentaires étroitement associées les unes aux autres : elles constituent un **réseau alimentaire**.

L'observation de toute chaîne alimentaire montre que le **premier maillon est toujours un végétal vert** (tiges, feuilles, racines, fleurs). En effet, nous avons vu que les plantes chlorophylliennes ne "mangent" pas d'autres êtres vivants mais fabriquent leurs constituants, à la lumière, à partir d'eau, de sels minéraux et de dioxyde de carbone. Les plantes vertes sont donc toujours des **producteurs** de matière organique alors que les animaux sont toujours des **consommateurs**.

En conséquence, quelle que soit leur place dans la chaîne alimentaire, **tous les animaux,** végétariens ou carnivores, **dépendent des plantes vertes pour se nourrir**.

Certains êtres vivants se nourrissent de cadavres d'animaux, de feuilles mortes, d'excréments et les transforment en sels minéraux, aliments des plantes vertes : ces êtres vivants sont des décomposeurs. Dans la nature s'établit ainsi un véritable **cycle de la matière**.

2 Une étude quantitative

Dans un milieu donné, le nombre des êtres vivants et leur masse ne sont pas quelconques. La figure 2, p. 53 fournit, sous forme de pyramide, une représentation quantitative des différents niveaux d'une chaîne alimentaire prise comme exemple. La diminution du **nombre** des individus et celle de la **masse** de matière vivante d'un maillon à l'autre s'expliquent par l'emploi d'une partie des aliments comme source d'énergie. Ainsi lorsqu'une grenouille mange des criquets, une partie seulement de la "matière criquet" sert à faire de la "matière grenouille", l'autre partie de la matière consommée servant de "carburant".

Dans un milieu en équilibre, la masse des différentes espèces d'un même niveau trophique reste stable.

3 Le cycle de la matière

En forêt, les feuilles, les branches tombées, les arbres morts, les cadavres et les excréments des animaux sont décomposés et transformés en substances minérales utilisables comme aliments par les végétaux chlorophylliens.

Tous les éléments constitutifs des êtres vivants effectuent donc un cycle au cours duquel ils sont successivement intégrés à des molécules organiques puis à des molécules ou à des ions minéraux.

• **Le cycle du carbone**

Nous avons vu qu'au cours de la photosynthèse, les plantes chlorophylliennes prélèvent du dioxyde de carbone dans leur environnement et l'utilisent pour élaborer leurs constituants organiques. A l'inverse, lorsqu'un être vivant (animal ou végétal) respire, il y a dégradation de matière organique et libération de dioxyde de carbone. Ainsi, un atome de carbone qui se trouve aujourd'hui dans une molécule de dioxyde de carbone de l'air peut se trouver, demain, dans une molécule d'amidon d'une plante. Si un animal mange cette plante, l'atome de carbone se retrouvera dans l'une de ses molécules organiques. Il y restera un temps plus ou moins long, selon les circonstances, mais retournera un jour ou l'autre dans l'atmosphère sous forme de dioxyde de carbone.

Les êtres vivants créent donc un passage continuel du **carbone minéral** au **carbone organique** et vice versa. Le recyclage de cet élément constitue un très bon exemple de **cycle biogéochimique**.

• **Le cycle de l'azote**.

L'azote est un des **éléments constitutifs** des protéines. C'est donc un atome indispensable à la vie des végétaux et des animaux. Mais ni les animaux ni les végétaux chlorophylliens ne peuvent assimiler directement l'azote moléculaire de l'atmosphère pourtant très abondant. Par ailleurs au cours de la dégradation des protéines animales ou végétales, il n'y a pas libération d'azote gazeux.

Dans le cycle de l'azote, diverses bactéries jouent un rôle capital: certaines d'entre elles transforment les déchets organiques azotés du sol en ammoniaque, elle-même transformée en **nitrates**. Ces derniers constituent la principale source d'azote pour la nutrition des plantes chlorophylliennes. D'autres bactéries, du genre rhizobium, qui vivent en association avec des plantes de la famille des légumineuses, et vivent aussi à l'état libre, sont capables d'assimiler l'azote de l'air...

4 La concurrence alimentaire

Des animaux qui consomment les mêmes aliments et qui vivent dans un même milieu, en forêt par exemple, entrent en compétition pour la recherche de leur nourriture. Cette concurrence est en fait très limitée grâce à une efficace **répartition de l'espace vital. Celle-ci résulte :**

— d'un partage de la forêt en **territoires** pour chaque animal d'une même espèce ; ainsi, un rouge-gorge ne peut supporter qu'un autre rouge-gorge empiète sur son territoire ;

— d'une **exploitation de tous les niveaux** et de toutes les zones du milieu concerné ;

— d'une **répartition différente des moments d'activité :** certains animaux recherchent leur nourriture pendant le jour, d'autres pendant la nuit. Cette répartition en territoires ne concerne pas tous les animaux et, en pratique, la concurrence alimentaire n'existe qu'en cas de disette.

5 Le parasitisme

• **Les parasites sont des animaux** (ce sont presque uniquement des invertébrés) ou **des végétaux** (surtout des champignons microscopiques) qui vivent **sur un organisme** animal (homme ou autre animal) ou sur un végétal et se nourrissent **à ses dépens**. Celui qui héberge le parasite fournit à la fois la nourriture et le milieu de vie. C'est l'**hôte** du parasite. Il ne tire aucun bénéfice de l'association entre les deux êtres vivants.

• **La présence d'un parasite provoque chez l'hôte des troubles plus ou moins importants**. Le parasite peut prélever seulement des aliments, sans autre conséquence pour l'hôte ; il peut entraîner une maladie plus ou moins grave, parfois mortelle ; il peut enfin, par sa présence, favoriser l'installation d'autres parasites.

• **Les parasites se nourrissent aux dépens de leurs hôtes ; ils peuvent donc être considérés comme des prédateurs. Une différence cependant distingue prédation** et **parasitisme :** dans le cas de la prédation, la proie (animale) meurt lors de la capture alors que dans le cas du parasitisme, s'il y a mort de l'hôte, c'est généralement après une longue exploitation. Certains parasites (les poux, les pucerons...) vivent à **l'extérieur** de leur hôte mais la plupart d'entre eux vivent à **l'intérieur** (champignons installés dans les feuilles de végétaux, parasites du sang...).

Le gui, plante chlorophyllienne, n'emprunte à son hôte que l'eau et les sels minéraux. On dit qu'il s'agit d'un **hémiparasite**.

6 La symbiose

• **Qu'est-ce que la symbiose ?**

La symbiose peut être, selon les cas, une association entre deux végétaux, entre deux animaux ou entre un animal et un végétal. Cette association durable entre deux partenaires d'espèces différentes ne se fait aux dépens d'aucun des deux ; chacun des associés en tire un important profit.

Pour certains êtres vivants, la vie en symbiose est obligatoire ; d'autres au contraire pourraient mener une vie libre, bien que l'association soit la règle dans la nature.

• **Un exemple simple pour illustrer.**

On voit souvent les pique-bœufs, oiseaux africains, perchés sur le dos de divers ruminants. Ils mangent les insectes et les larves qui vivent sur et sous la peau de leurs hôtes. En cas de danger, l'envol de l'oiseau est un signal pour l'hôte. A qui profite l'association ?

La réponse est simple :

Le pique-bœuf trouve sa nourriture sur la peau de son hôte, mais les deux animaux tirent profit de la situation. L'un se nourrit, l'autre est débarrassé de ses parasites.

L'association est donc à **bénéfice réciproque**.

- **L'importance de la symbiose.**

Les figures 1 et 2 font découvrir que la symbiose a, dans le monde vivant, **une importance beaucoup plus grande** qu'on ne l'imagine parfois :

Tout un groupe de plantes, les **lichens**, est le résultat d'une symbiose entre une algue et un champignon.

Un très grand nombre d'arbres de nos forêts et de nombreuses plantes (graminées et autres plantes herbacées) ont une croissance nettement améliorée par la symbiose avec des champignons (**mycorhizes**).

La nutrition des ruminants, qui se réalise à partir d'herbe, aliment peu digestible, n'est efficace que grâce à la symbiose avec des micro-organismes. Par ailleurs, l'intestin de la plupart des animaux, celui de l'homme compris, abrite des micro-organismes qui jouent un rôle non négligeable dans la digestion (**flore intestinale**).

L'association de certaines plantes (trèfle, luzerne, pois...) avec des bactéries, fixatrices d'azote libre et présentes dans des **nodosités** de leurs racines, leur permet de pousser sur des sols pauvres en azote. On comprend dès lors l'espoir des chercheurs de réaliser des symbioses qui n'existent pas à l'état naturel, par exemple entre des plantes alimentaires (blé, maïs, riz...) et des bactéries fixatrices d'azote.

7 Les échanges gazeux

Nous avons vu dans les chapitres précédents que :

— les êtres vivants animaux et végétaux **respirent**, c'est-à-dire réalisent avec le milieu des échanges gazeux de nature bien définie (absorption d'oxygène, rejet de dioxyde de carbone) ;

— les plantes chlorophylliennes, **à la lumière**, absorbent du dioxyde de carbone pour leur photosynthèse et rejettent de l'oxygène.

La nature des échanges gazeux de la **respiration** des êtres vivants d'une part et celle des échanges gazeux de la photosynthèse des végétaux chlorophylliens d'autre part sont donc inverses l'une de l'autre.

Rappelons de plus que, dans la nature, d'autres phénomènes absorbent de l'oxygène et rejettent du dioxyde de carbone (combustions de l'industrie, fermentations...).

Or, à l'échelle de la planète, **la quantité d'oxygène et celle de dioxyde de carbone restent constantes. Il y a donc un équilibre entre les deux types d'échanges.**

8 Comment éviter d'être mangé ?

Pour échapper aux prédateurs, les animaux utilisent divers moyens :

— La **fuite** est la solution la plus efficace. La plupart des végétariens sont bien adaptés à la course ; certains se mettent à l'abri dans un terrier.

— La **défense passive** se rencontre chez la tortue qui se réfugie dans sa carapace ou chez le hérisson qui, se mettant en boule, se trouve protégé par ses piquants.

— Le **camouflage** prend différents aspects : certains animaux s'enterrent dans le sable ; d'autres, comme la bécasse, prennent la couleur du milieu environnant.

— L'**attaque** provoque parfois la fuite de l'adversaire : la martre, l'hermine, le putois jettent un liquide dont l'odeur est très désagréable. D'autres utilisent des mimiques d'intimidation. D'autres, comme la torpille qui est une sorte de raie, produisent une décharge électrique...

9 Les variations de la quantité de nourriture disponible

Le nombre d'individus d'une espèce donnée (on parle de population) peut subir des variations dont les causes sont diverses : maladies entraînant une mortalité importante, accroissement du nombre des prédateurs, diminution de la quantité de nourriture disponible...

La disette peut avoir plusieurs conséquences : une mortalité accrue, une baisse de natalité, une émigration...

Connaissez-vous

LE SENS DE CES MOTS OU EXPRESSIONS

- **chaîne alimentaire, réseau alimentaire**
- **producteur, consommateur**
- **cycle de la matière**
- **cycle du carbone**
- **concurrence alimentaire**
- **parasitisme, symbiose**

L'association entre une vache et des micro-organismes

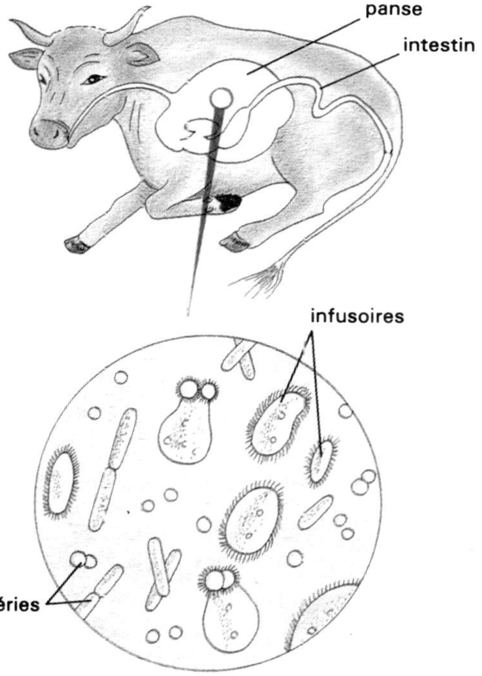

Dans la panse d'une vache, et de tout mammifère ruminant, vit une quantité impressionnante de micro-organismes (bactéries et animaux microscopiques).

Les micro-organismes trouvent, dans la panse de la vache, un abri, une nourriture abondante (l'herbe qu'ils digèrent), un milieu de vie qui leur convient.

La vache, grâce à la digestion réalisée par les bactéries, utilise une grande partie de l'herbe, bien qu'elle soit incapable de la digérer par elle-même. De plus, elle digère de nombreux micro-organismes morts, utilisant ainsi leur substance. Par ailleurs, les bactéries présentes dans la panse empêchent par leurs sécrétions l'installation de bactéries pathogènes qui ne tarderaient pas à pulluler.

FIG. 1

Pourquoi appelle-t-on cette association, une symbiose ?

Extrait de *Biologie 5ᵉ*.

Un lichen = une algue + un champignon

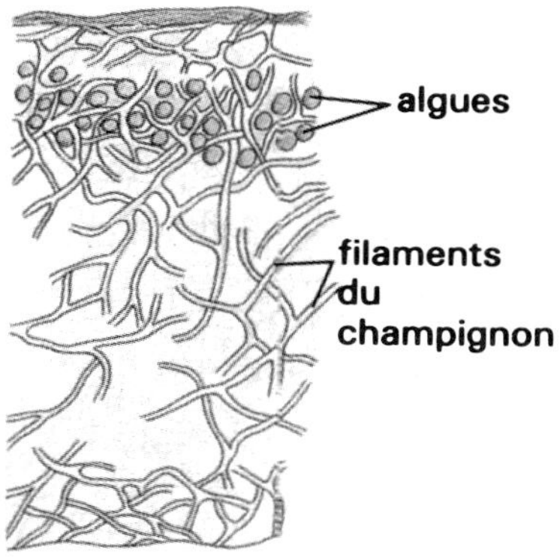

Les lichens sont des végétaux très communs. On en trouve sur les troncs d'arbres, les vieux murs, les sols forestiers... Un lichen est un être vivant curieux : un végétal formé par l'association de deux végétaux, un champignon et une algue.

Le champignon serait incapable de vivre isolément sur des pierres car il a besoin de matière organique pour se nourrir. Les algues vertes lui en fournissent.

Les algues ne pourraient survivre seules sur des pierres sèches en raison de leurs importants besoins en eau ; les mailles du champignon retiennent assez d'eau pour leur permettre de se développer. Ces algues peuvent cependant mener une vie libre à la condition de trouver un milieu suffisamment humide.

FIG. 2

Une symbiose célèbre.

Extrait de *Biologie 5ᵉ*.

2 DES ACTIVITÉS PÉDAGOGIQUES POSSIBLES

Un objectif possible est de réaliser un schéma de synthèse résumant les principaux échanges entre les êtres vivants :

— échanges de nourriture,

— échanges gazeux respiratoires.

Ce travail peut se faire en deux étapes :

— on propose aux élèves un dessin avec présentation des "acteurs" mais sans indication des échanges et les élèves expriment ces échanges ;

— on distribue la figure 3 que l'on analyse.

NOTIONS VISÉES

à l'école élémentaire

Les animaux, l'homme et les champignons dépendent des végétaux chlorophylliens :

— pour se nourrir (s'il n'y avait pas de végétaux chlorophylliens, les animaux, l'homme et les champignons ne pourraient pas manger. Or les **aliments** sont à la fois les **matériaux de construction** et la **source d'énergie** de ces êtres vivants) ;

— pour respirer (en se nourrissant les végétaux chlorophylliens rejettent de l'oxygène et absorbent du dioxyde de carbone).

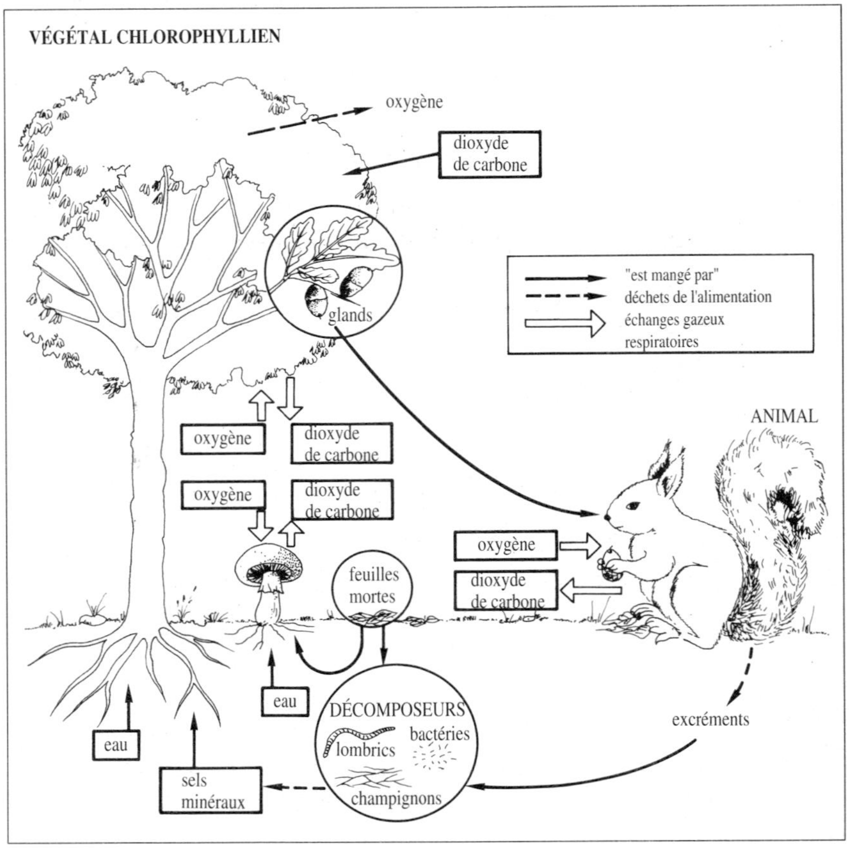

FIG. 3

Faites l'inventaire des notions importantes exprimées par ce dessin.

2 LES ÊTRES VIVANTS SE REPRODUISENT

1 Les principaux concepts

Lorsque des enfants d'école maternelle ou de cours élémentaire sèment des graines, ils "voient naître" de nouvelles plantes. Si un adulte les aide alors à observer, ils posent un grand nombre de questions : toutes les graines donnent-elles une plante? Qu'est-ce qui grandit dans la **graine?** De combien une plante pousse-t-elle en un jour? Est-ce que les plantes poussent le jour ou la nuit?... Il est facile d'imaginer les différents travaux à entreprendre pour répondre à ces questions.

De même, l'installation dans une classe d'un couple de souris, d'un couple de cochons d'Inde ou d'un couple de tourterelles... permet de "voir naître" des animaux. De nombreuses observations passionnantes peuvent être réalisées sur le comportement des parents vis-à-vis des petits auxquels ils ont donné naissance, sur les transformations qui accompagnent la croissance des jeunes... Ces **élevages** ont un succès évident et permettent de poser bien des questions : Comment les petites souris vivaient-elles dans le ventre de la "maman"? Comment l'œuf de tourterelle devient-il une petite tourterelle? Quel est le rôle du mâle?...

La reproduction des êtres vivants est donc un domaine d'étude qui donne lieu à de très nombreuses activités, et ceci dès la maternelle. Les connaissances s'organisent peu à peu, les réponses aux questions deviennent de plus en plus précises. Les chapitres qui suivent apportent, sur la reproduction des animaux, des végétaux ou de l'homme, des informations et des idées d'activités. Mais, avant d'entrer dans le détail de chacun de ces sujets, il est nécessaire de faire le point sur quelques notions de base importantes.

1 DEUX GRANDS MODES DE REPRODUCTION

Tous les êtres vivants sont capables de donner naissance à d'autres êtres vivants de la même espèce. Cette "reproduction" se réalise selon deux modalités différentes : la **reproduction sexuée** et la **reproduction asexuée**.

La reproduction sexuée

C'est le mode de reproduction le plus général, puisqu'il existe chez tous les êtres vivants. En apparence, la reproduction sexuée présente de grandes différences selon les espèces. Ainsi, certains animaux sont **ovipares** (ils pondent des œufs), d'autres sont **vivipares** (les petits sortent vivants du corps de la femelle) ; chez certains il y a accouplement, chez d'autres non... Cependant, en dépit de cette diversité apparente, la reproduction sexuée présente une **grande unité :** c'est le **même phénomène chez tous les êtres vivants**. Mettre en évidence cette unité est l'un des grands objectifs de l'étude de la reproduction sexuée.

1 Des cellules spéciales pour la reproduction

Dans la reproduction sexuée (ou procréation), les êtres vivants produisent des cellules reproductrices spéciales appelées **cellules sexuelles** (ou **gamètes**). Il existe deux types de gamètes :

— les gamètes mâles ou **spermatozoïdes**,

— les gamètes femelles ou **ovules**.

Chez toutes les espèces animales des caractères distinguent nettement les spermatozoïdes des ovules.

— Les **spermatozoïdes** sont toujours très **nombreux, mobiles** et de **petite taille**. Chez l'homme, par exemple, il y a 300 millions de spermatozoïdes dans 3 cm^3 de sperme.

— Les **ovules** sont en **nombre plus limité, immobiles,** et **très volumineux** par rapport aux spermatozoïdes. La femme, par exemple, produit un ovule tous les 28 jours environ, c'est-à-dire quelques centaines seulement au cours de sa vie. Ces ovules, pourtant de petite taille, car ils contiennent peu de réserves, ont cependant un volume 2 000 fois supérieur à celui des spermatozoïdes. Chez la poule, la différence est encore plus considérable puisque les spermatozoïdes du coq ont sensiblement la même taille que ceux de l'homme, alors que l'ovule (le jaune d'œuf) a trois centimètres de diamètre. Chez presque tous les végétaux (plantes à fleurs, fougères, mousses, algues...) on retrouve ces différences entre gamète mâle et gamète femelle :

— gamètes femelles peu nombreux, immobiles et de grosse taille,

— gamètes mâles très nombreux, mobiles et de petite taille.

2 Un événement indispensable

La **fécondation** (fusion d'un ovule et d'un spermatozoïde) est l'événement central et constant de toute reproduction sexuée. Ce qui peut changer d'une espèce à l'autre ce sont le lieu où se fait la rencontre des spermatozoïdes et des ovules (**fécondation externe** ou **interne**) et la façon dont se développe et se nourrit l'embryon... Au niveau cellulaire, la reproduction sexuée est donc caractérisée par cette égalité bizarre : 1 + 1 = 1 (1 ovule + 1 spermatozoïde = 1 cellule unique, la cellule œuf).

La **cellule œuf** qui résulte de la fécondation est le point de départ du nouvel individu.

Deux remarques importantes :

• **La fécondation par un seul spermatozoïde.** Chez toutes les espèces, il existe des mécanismes qui empêchent la pénétration dans l'ovule de plusieurs spermatozoïdes. Ce phénomène est important car un œuf résultant de la fécondation d'un ovule par plusieurs spermatozoïdes est un œuf anormal, incapable de se développer.

• **Au départ une cellule unique.** A sa naissance, le nouveau-né humain est formé de 60 000 milliards de cellules. Toutes proviennent d'une cellule unique : la cellule œuf. Il en est de même pour tous les êtres vivants. L'œuf se divise en 2, 4, 8, 16... cellules au cours d'une prodigieuse explosion de vie dont le terme est l'édification d'un nouvel individu.

3 Une reproduction sexuée même chez les bactéries

Les **bactéries** se reproduisent généralement par simple division en deux (il s'agit alors de reproduction asexuée). Mais, aussi surprenant que cela puisse paraître, les bactéries se reproduisent aussi par reproduction sexuée. L'accouplement entre deux bactéries (l'une est dite "mâle", l'autre "femelle") dure 2 heures environ. Au cours de celui-ci, il y a injection du chromosome de la bactérie "mâle" dans la bactérie "femelle". La bactérie "femelle" se divise alors en deux bactéries ayant chacune un chromosome issu de la fusion partielle ou totale des chromosomes initiaux.

4 Un cas particulier, la parthénogenèse

On appelle **parthénogenèse** le développement d'un nouvel individu à partir d'un ovule vierge, c'est-à-dire non fécondé par un spermatozoïde. Il ne s'agit pas d'un mode de reproduction particulier mais d'une variante de la reproduction sexuée.

La parthénogenèse naturelle s'observe chez quelques animaux (pucerons, abeilles...).

• **Les pucerons** sont des insectes piqueurs qui se nourrissent de la sève des plantes. Ils se reproduisent très rapidement : la population peut doubler tous les trois jours et demi.

— Au printemps, en été et en automne, la reproduction a lieu sans l'intervention des mâles. Les ovules des femelles se développent sans fécondation : des petits sortent du corps de leur mère (il y a **ovoviviparité**).

— A la fin de l'automne, quand les jours raccourcissent, apparaissent des femelles qui donnent naissance à des mâles et à des femelles ovipares. Ces dernières, fécondées par les mâles, pondent des œufs qui entrent en diapause jusqu'au printemps suivant.

L'œuf présente donc ici une **forme de résistance** à des conditions climatiques difficiles. On constate par ailleurs que reproduction sexuée et parthénogenèse coexistent au cours de l'année.

• **Chez les abeilles,** les phénomènes de parthénogenèse n'ont pas lieu dans les mêmes conditions. Les œufs fécondés par un spermatozoïde se développent en donnant :

— soit des ouvrières (femelles stériles, aux organes génitaux atrophiés en raison de la nourriture qui leur est donnée pendant leur vie larvaire),

— soit des reines (femelles fertiles, dont les larves sont nourries de gelée royale ; dans une ruche, il n'existe qu'une seule reine qui assure toute la descendance ; sa seule fonction est de pondre des œufs).

Des ovules non fécondés sont, à certaines périodes, pondus par la reine. Leur développement parthénogénétique donne naissance à des mâles.

La reproduction asexuée

• **La reproduction asexuée** existe chez un certain nombre de végétaux (certains exemples sont connus de tous : bouturage, plantation de tubercules de pomme de terre,...). Elle est beaucoup plus rare chez les animaux.

La reproduction asexuée (encore appelée **multiplication asexuée**) est le processus par lequel un individu donne naissance à deux (ou parfois plusieurs) individus de même espèce sans intervention de phénomènes sexuels, c'est-à-dire sans formation de gamètes et sans fécondation.
Le nouvel individu obtenu par reproduction asexuée ne se forme pas à partir d'une cellule unique (la cellule œuf), mais à partir de plusieurs cellules non spécialisées (un morceau de tige, un fragment de racine, une partie du corps d'un animal...).

• **La reproduction sexuée et la reproduction asexuée sont deux processus indépendants** qui ne s'excluent pas et peuvent se produire chez un même individu. Voici un exemple : on obtient un pied de pomme de terre soit en plantant un tubercule, soit en semant une graine. Le premier procédé, beaucoup plus rapide que le second, est le seul utilisé par les agriculteurs et les jardiniers.

Une différence importante

Tous les individus qui naissent par multiplication asexuée sont parfaitement **identiques entre eux** et **identiques à l'animal ou à la plante qui leur a donné naissance**. Les individus qui naissent par reproduction sexuée sont au contraire **différents les uns des autres**, différents comme le sont les frères et les sœurs nés de mêmes parents. De plus, chacun de ces "enfants" est une création nouvelle et unique. En effet, même si les enfants nés du même père et de la même mère ont "un air de famille", aucun d'eux n'est exactement le père ou la mère ; ils sont tous différents et sont tous une "création" nouvelle qui n'a jamais existé. Ce fait est capital en biologie, nous allons expliquer pourquoi dans la suite du chapitre. Cependant, il va de soi qu'au niveau de l'école élémentaire, on se contentera de constater le fait sans en chercher l'explication.

Connaissez-vous

LE SENS DE CES MOTS OU EXPRESSIONS

- reproduction sexuée
- reproduction asexuée
- ovipare
- vivipare
- gamète
- spermatozoïde
- ovule
- fécondation
- cellule œuf
- parthénogenèse
- multiplication asexuée
- gène
- ADN
- chromosome
- chromosome homologue
- caryotype
- cellule diploïde
- cellule haploïde
- carte génétique
- programme génétique
- mitose
- méiose
- chromatide
- molécule codée

2 LES PLANS DE FABRICATION

• **Nous avons vu** dans le chapitre intitulé "Les principaux concepts" sur la nutrition que, d'une part tous les êtres vivants ont les mêmes constituants chimiques, d'autre part, parmi ces constituants, les protéines occupent la "première place". Les **protéines** sont de grosses molécules formées par l'enchaînement d'une centaine ou de plusieurs centaines d'**acides aminés**. Les acides aminés sont donc les "briques" de construction des êtres vivants.

Rappelons également que :

— pour tous les êtres vivants, les protéines, quelles que soient leur taille ou leur fonction (**enzymes, hormones, anticorps,** protéines de constitution...), sont toutes constituées des mêmes 20 acides aminés ;

— une protéine diffère d'une autre protéine non seulement par le nombre d'acides aminés, mais également par l'ordre d'enchaînement de ces acides aminés.

Ajoutons, pour mieux comprendre ce qui va suivre, que, si tous les hommes se ressemblent, c'est qu'ils possèdent en commun un certain nombre de protéines identiques.

De plus si, entre une mère et son enfant, les ressemblances sont plus grandes qu'avec une personne extérieure à la famille, c'est que cette mère et cet enfant ont en commun certaines protéines que ne possède pas la personne sans lien de parenté avec eux. Par ailleurs, deux enfants d'une même famille (ou deux souris d'une même portée, ou deux chênes de la forêt) sont différents l'un de l'autre (en dépit des nombreuses ressemblances) parce que l'un "sait fabriquer" certaines protéines que l'autre "ne sait pas" fabriquer.

Des milliers de protéines sont fabriquées en permanence dans les cellules d'un organisme vivant, et, pour une protéine donnée, l'enchaînement des acides aminés ne se fait pas au hasard : il se réalise en respectant un "**plan de construction**". Chaque plan est une suite d'instructions qui indiquent comment fabriquer la protéine correspondante, c'est un **gène**.

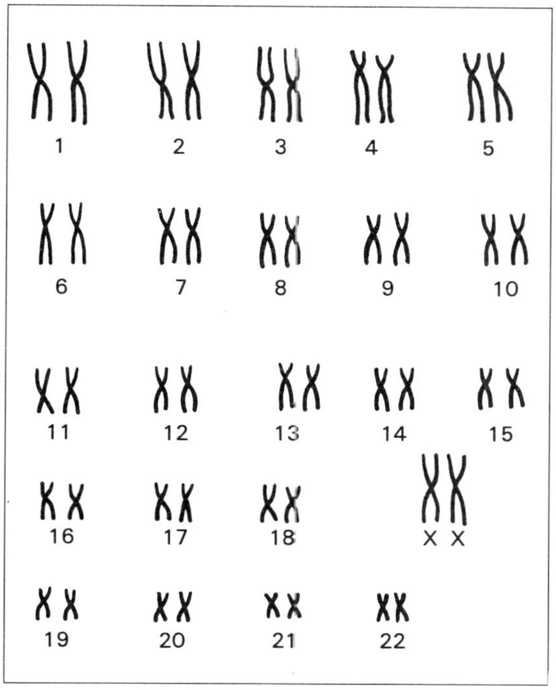

FIG. 1

Les 46 chromosomes humains, appariés deux à deux et rangés en fonction de leur taille, donnent une image sur laquelle on peut faire une étude précise des différents chromosomes afin de déceler des anomalies éventuelles. Cette présentation s'appelle un caryotype. Les chromosomes sans numéro sont les chromosomes sexuels. La présence de deux chromosomes X caractérise le sexe féminin. Dans le cas du sexe masculin, on aurait deux chromosomes différents, habituellement notés X et Y.

Extrait de *Biologie 3*e.

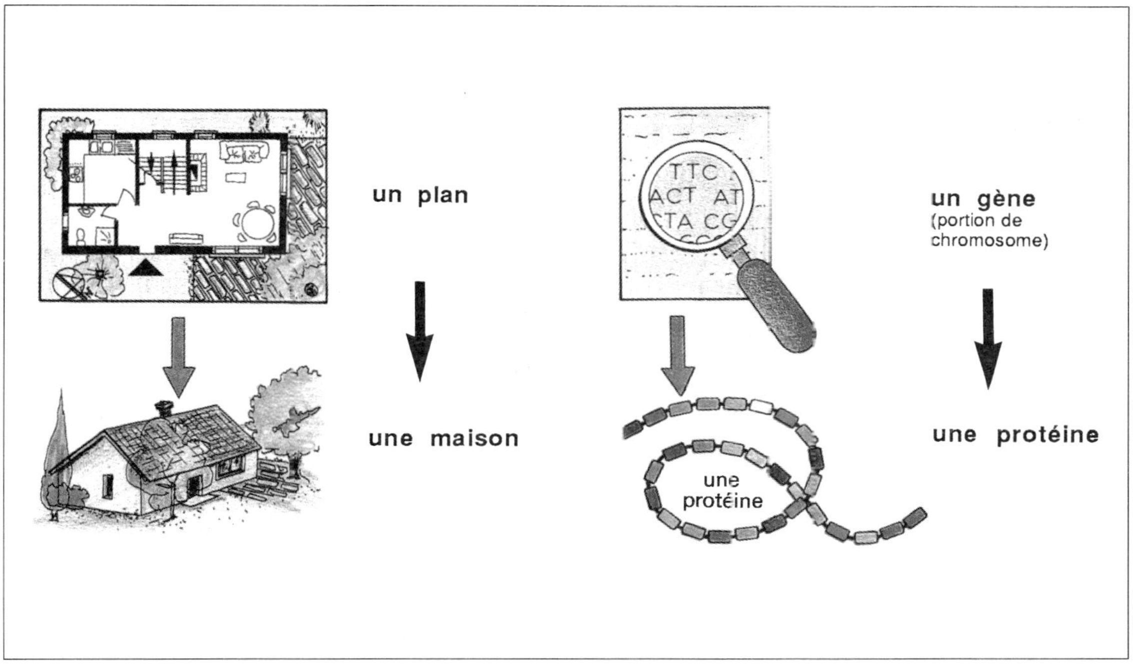

FIG. 2

On appelle gène une portion de chromosome qui commande la synthèse d'une protéine très précise, on peut dire que c'est le "plan de construction" d'une protéine.

Extrait de *Biologie 3*e.

• **Une image permet de comprendre :** imaginons sur deux chantiers différents, deux équipes de maçons qui ont à leur disposition les mêmes matériaux de construction (les mêmes types de briques) mais un plan de construction différent. Ces équipes vont évidemment construire deux maisons différentes. C'est ce qui se passe dans la construction des protéines. Le plan X permet la fabrication de l'hormone de croissance, le plan Y celle de l'hémoglobine, le plan Z celle de l'insuline. Ces trois protéines sont pourtant construites avec les mêmes vingt acides aminés.

• **On peut même pousser encore plus loin l'analogie** entre un plan d'architecte et le plan de construction d'une protéine. Supposons qu'il y ait une erreur dans le plan d'architecte (par exemple, une cloison barrant le passage dans un couloir de communication) ; dans ce cas, la maison n'est plus fonctionnelle. Une telle erreur dans le "plan de construction" d'une protéine (c'est-à-dire dans un gène) est une maladie génique (ou génétique) telle que la myopathie ou la mucoviscidose.

• **Pour comprendre ce qui se passe,** il faut maintenant trouver une réponse simple pour chacune des questions suivantes :

— Où sont situés ces "plans de construction" dans une cellule ?

— Quelle est la nature de ces plans ?

— Comment passe-t-on du plan de construction à une protéine ?

— D'où viennent ces plans ?

— Qu'appelle-t-on programme génétique ?

— Qu'est-ce qu'une maladie génétique ?

Où sont situés les plans de construction ?

1 Qu'est-ce qu'un chromosome ?

Chacune des cellules d'un organisme donné contient **les mêmes** plans de fabrication. Ces derniers sont enfermés dans le noyau. Ce ne sont évidemment pas, comme les plans des architectes, des dessins sur des feuilles de papier. Chaque plan est une portion de molécule chimique appelée **A.D.N.** (**A**cide **D**ésoxyribo**N**ucléique).

L'ADN est une très, très longue molécule. Complètement déroulée, chaque molécule d'ADN du noyau d'une cellule humaine atteindrait une longueur d'environ 5 cm. Cette molécule filiforme a un diamètre d'environ 2 nm (2 millièmes de millième de millimètre). C'est la plus longue molécule connue. Quand une cellule s'apprête à se diviser, la molécule d'ADN s'enroule sur elle-même et prend alors la forme d'un "bâtonnet" visible au microscope ordinaire. Chacun de ces bâtonnets est un **chromosome**. En comptant les chromosomes, on constate qu'ils sont toujours en **nombre pair** et semblables morphologiquement deux à deux. Ainsi, à chaque chromosome correspond un chromosome de même forme et de même longueur dit **chromosome homologue**. De même que l'on peut ranger des chaussures par paires, les biologistes rangent les chromosomes par paires et établissent ce qu'ils appellent un **caryotype** (fig. 1). Le caryotype humain est formé de 23 paires de chromosomes homologues. Pour le désigner, on utilise souvent la formule $2n = 46$ qui montre bien qu'il existe deux lots de chromosomes homologues. Entre deux divisions cellulaires, les chromosomes ne sont pas visibles parce que les molécules d'ADN sont déroulées.

Le nombre de chromosomes varie selon les espèces, mais il est toujours un nombre pair dans les **cellules diploïdes**. A titre d'exemples : $2n = 8$ chez la mouche drosophile, $2n = 24$ chez la grenouille, $2n = 32$ chez la poule, $2n = 64$ chez le cheval, $2n = 78$ chez le chien, $2n = 14$ pour le pois, $2n = 48$ pour le tabac, $2n = 36$ pour la tomate.

2 ADN et chromosomes

Insistons sur le fait suivant : un chromosome est constitué d'une molécule d'ADN filiforme qui prend l'allure d'un bâtonnet au moment de la division cellulaire.

Puisqu'il y a plusieurs chromosomes dans une cellule, il y a donc plusieurs molécules d'ADN. Si on déroulait toutes les molécules d'ADN d'**une seule** cellule humaine et si on les plaçait bout à bout, on obtiendrait un filament de 1,50 mètre de longueur. (Une curiosité : mises bout à bout, les molécules d'ADN de toutes les cellules d'un homme donneraient un filament d'une longueur égale à la distance de la terre à la lune !).

3 Chromosomes et plans de fabrication

Un plan de fabrication d'une protéine donnée est une portion de l'une des molécules d'ADN. Ce plan est appelé **gène**, (un mot étrange mais qu'il faut connaître).

• **De ce fait, un chromosome porte plusieurs gènes,** c'est-à-dire plusieurs plans de fabrication (fig. 2). On estime qu'il y a, dans l'espèce humaine, entre 30 000 et 50 000 gènes différents. En 1987, on avait déjà localisé près de 3 000 gènes sur les chromosomes ; ainsi s'établissent peu à peu les **cartes génétiques**.

...TTCCAACTATACCACTACGTCTGTCTTGGATAATG...

Cette succession de quatre lettres représente une très petite portion de la très longue molécule d'ADN. Les lettres A, T, G et C représentent quatre constituants chimiques (pour information : Adénine, Thymine, Guanine, Cytosine) dont l'**ordre chronologique** constitue le message génétique.
Ainsi, chaque gène (nous savons que c'est une portion de chromosome) peut être considéré comme un mot écrit avec seulement les quatre « lettres » A, T, G et C, mais un mot très long puisqu'il comprend en moyenne 1 000 « lettres » parfois beaucoup plus. Ce mot — nous l'avons vu par ailleurs — contient l'information nécessaire à la construction d'une molécule chimique précise. Il suffit qu'une « lettre » soit changée dans ce mot pour que la « construction » soit modifiée.

Décoder un gène consiste à écrire le mot c'est-à-dire à établir la chronologie exacte des quatre lettres.

FIG. 3

Dans les cellules, les "plans de fabrication" (c'est-à-dire les gènes) ne sont évidemment pas des dessins sur une feuille de papier. Ce sont des molécules codées dont on connaît le langage depuis 1960. Un gène est donc un "texte" écrit à l'aide de quatre lettres.

Extrait de *Biologie 3e*.

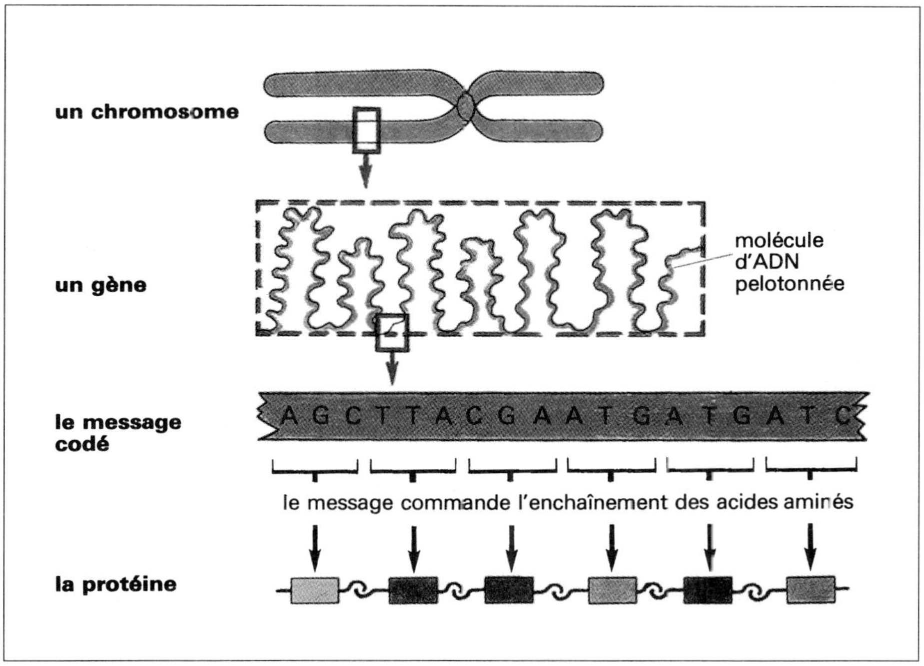

FIG. 4

Le plan de fabrication d'une protéine est une partie de molécule d'ADN, molécule codée dont le message impose l'ordre des acides aminés dans la protéine.

Extrait de *Biologie 3e*.

• **De nombreux caractères héréditaires** (la couleur des yeux par exemple) sont commandés non par un seul gène mais par plusieurs situés sur des chromosomes différents. En d'autres termes, la fabrication des protéines intervenant dans la synthèse des substances responsables de la couleur des yeux nécessite plusieurs plans de fabrication.

4 Qu'appelle-t-on programme génétique ?

On appelle **programme génétique** l'ensemble des gènes qui se trouvent chez un individu, c'est-à-dire l'ensemble des plans de fabrication de ses protéines. Une notion importante doit être soulignée : chaque noyau cellulaire d'un organisme possède la totalité du programme génétique qui se trouvait à l'origine dans la cellule œuf. Comment est-ce possible ? Prenons un exemple : le corps humain est constitué de plus d'un milliard de milliards de cellules qui proviennent toutes de la cellule œuf (qui s'est divisée en 2, puis en 4, en 8, en 16... cellules). Ces innombrables divisions cellulaires (appelées **mitoses**) conservent le même nombre de chromosomes dans chacune des cellules obtenues.

Juste avant qu'une cellule ne se divise, il se produit une synthèse d'ADN rigoureusement identique à l'ADN préexistante. Ainsi, au cours d'un mitose, le programme génétique de la cellule qui se divise est transmis dans son intégralité à chacune des deux cellules qui en sont issues. On dit que la mitose est une **reproduction conforme** de la cellule.

Remarque : Au moment de la division cellulaire, chaque chromosome humain a la forme d'un X majuscule. Il est en effet formé de deux parties identiques, appelées **chromatides**, facilement repérables sur un caryotype. Chacune de ces chromatides est formée d'une molécule d'ADN rigoureusement identique à celle de l'autre chromatide.

5 Programme génétique et reproduction sexuée

Les plans de fabrication d'un être vivant né par reproduction sexuée proviennent pour moitié de son père et pour moitié de sa mère. Pour être plus précis, la moitié de ses chromosomes proviennent de son père, l'autre moitié de sa mère.

Cet "héritage" des chromosomes s'effectue de manière très précise : les deux chromosomes d'une même paire, bien que morphologiquement identiques, n'ont pas la même origine, l'un est d'origine paternelle, l'autre d'origine maternelle.

Comment est-ce possible ?

Les **spermatozoïdes** et les **ovules** sont des cellules qui ne contiennent pas les $2n$ chromosomes caractéristiques de l'espèce mais seulement n chromosomes. Ce sont des **cellules haploïdes**. En effet, au cours de leur formation se produit une division cellulaire spéciale, appelée **méiose**, qui réduit le nombre des chromosomes de $2n$ à n. Les gamètes ne contiennent alors qu'un seul chromosome de chaque paire.

On comprend aisément la suite : au cours de la fécondation, l'union d'un spermatozoïde (à n chromosomes) et d'un ovule (à n chromosomes) donne une cellule œuf qui contient $2n$ chromosomes.

Du plan à la construction

1 Les plans ne quittent jamais le noyau cellulaire

Dans une cellule, tous les "plans" sont localisés dans le noyau, mais les ateliers de montage des protéines se trouvent dans le cytoplasme. De même que les plans d'un architecte sont stockés dans un bureau, les gènes ne sortent pas du noyau. Sur les chantiers, les ouvriers travaillent sur des photocopies. Ce sont également des photocopies, ou plus précisément la photocopie de l'un des plans, qui arrive dans "l'atelier de montage" d'une protéine. On voit toute l'efficacité d'un tel système : plusieurs copies d'un même plan peuvent être faites et envoyées sur des chantiers différents ; chaque photocopie a une durée de vie limitée et ne permet que la fabrication de quelques constructions avant d'être détruite...

2 Tous les plans ne servent pas

De même que tous les plans stockés dans la bibliothèque de l'architecte ne servent pas en même temps (ou même peuvent ne pas être utilisés), les 50 000 (ou 100 000) gènes différents d'un noyau cellulaire ne servent pas tous. Certains plans ne servent jamais, d'autres sont utilisés à tel ou tel moment de la vie de la cellule,...

Pour mieux comprendre, donnons un exemple : dans les noyaux de toutes les cellules humaines se trouve le plan de fabrication de l'hormone de croissance, mais seules certaines cellules de l'hypophyse fabriquent (et sécrètent) cette hormone.

Par ailleurs, une cellule de foie, une cellule musculaire, une cellule nerveuse ne se ressemblent pas. Or, elles contiennent toutes, dans leur noyau, les mêmes plans de fabrication, mais la nature des protéines qu'elles fabriquent n'est pas la même ; elles sont donc "construites" différemment.

3 L'ADN : support universel

• **Tous les êtres vivants, sans exception,** possèdent des plans de fabrication qu'ils transmettent de génération en génération. Le support de tous ces plans de construction est la molécule d'ADN.

Bien entendu, l'information génétique est plus ou moins riche selon les espèces (fig. 5).

• **L'ADN a une structure complexe** qu'il n'est pas nécessaire de connaître en détail pour comprendre son rôle. Il faut savoir cependant que c'est une **molécule codée :** on peut la représenter par un "mot" formé de plusieurs millions de lettres, écrit avec un alphabet réduit à 4 lettres, A, T, G, C.

Ces quatre lettres symbolisent les quatre constituants chimiques principaux de la molécule d'ADN (4 bases azotées : l'adénine, la thymine, la guanine, la cytosine). L'ordre dans lequel sont placés ces quatre constituants constitue une information codée.

Un gène est une portion de cette molécule d'ADN, une séquence d'environ 1 000 lettres (parfois davantage), qui porte l'information indispensable à la synthèse d'une protéine (fig. 3). La substitution d'une lettre de l'information contenue dans un gène modifie le "plan de fabrication" et peut être responsable de maladies génétiques.

La figure 4 résume les étapes essentielles permettant de passer du plan de fabrication à la protéine.

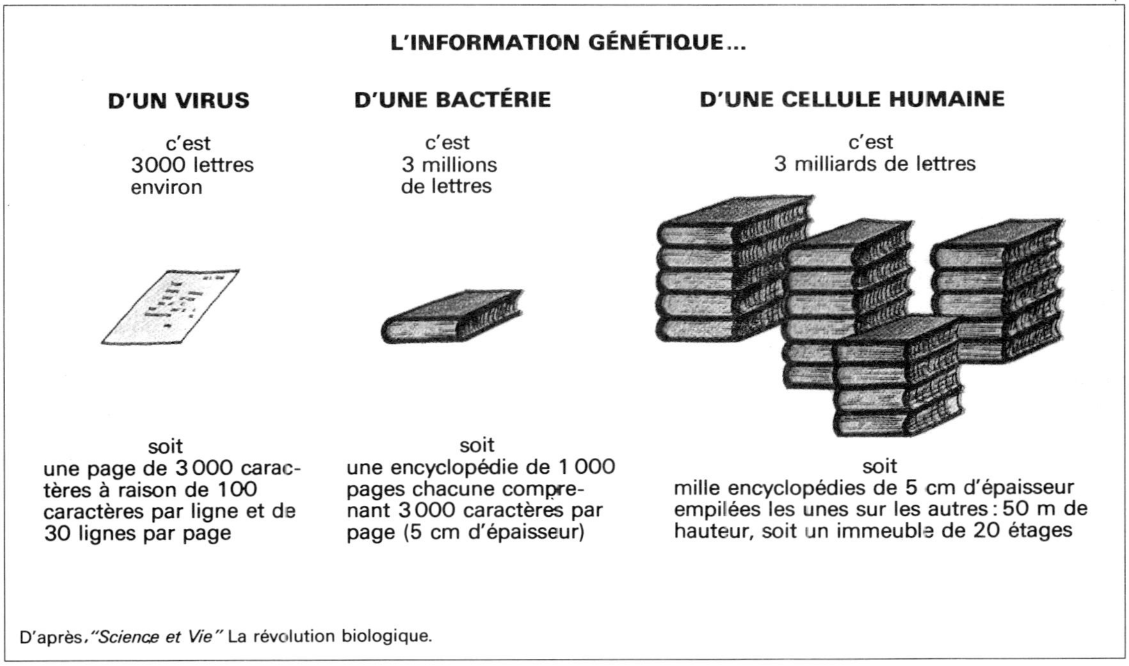

FIG. 5

La transmission des caractères héréditaires est réalisée par la transmission, de génération en génération, de molécules d'ADN. Celles-ci portent une information génétique dont la richesse varie selon les espèces

Extrait de *Biologie 3*^e^.

2 Comment naissent les animaux ?

Si on installe confortablement dans une classe soit un couple de souris ou de cochons d'Inde, soit un couple de tourterelles, soit des grillons ou des vers de farine..., on assiste un jour ou l'autre à des naissances.

Observer le comportement des parents, suivre la croissance des jeunes est si intéressant que, **dès le CP,** les enfants peuvent être sensibilisés à certains aspects de la reproduction.

Mais, à ce niveau, ils n'ont pas une vue cohérente de l'ensemble du phénomène. En particulier, s'ils savent que, pour avoir des petits, il faut non seulement une femelle, mais aussi un mâle, ils en ignorent les raisons.

Ils ont parfois assisté à des accouplements d'animaux ; ("ils s'accouplent, on aura bientôt des petits") mais ils ne connaissent pas la signification de l'accouplement.

Au cours élémentaire, les naissances dans les élevages sont le point de départ d'un approfondissement ; des recherches plus structurées ont lieu ; elles permettent d'une part de préciser le rôle du mâle, d'autre part de découvrir que, dans tous les cas, il y a fécondation.

A cet âge en effet, les enfants ne ressentent aucune gêne pour aborder ces problèmes, et les études faites dans le cadre de la classe empêchent que ne s'installe un climat malsain sur le sujet.

Ainsi, **en entrant au CM,** les élèves doivent avoir découvert que, en dépit d'une diversité apparente, la reproduction constitue chez les animaux un seul et même phénomène : c'est l'un des aspects de **l'unité du monde vivant**.

Compte tenu de son importance, la notion de fécondation est reprise au CM. Le transfert de cette notion à la reproduction humaine permet de comprendre le rôle de l'homme dans la naissance d'un enfant.

Par ailleurs, de nouveaux aspects de la reproduction sont alors abordés.

1 INFORMATIONS UTILES POUR L'ENSEIGNANT

Chez les animaux, la reproduction sexuée fait intervenir deux parents de sexe différent, l'un mâle, l'autre femelle (fig. 1).

1 Les différences entre mâles et femelles

Les mâles diffèrent des femelles par des caractères externes et par des caractères internes.

• **Les différences externes** permettent chez certaines espèces de reconnaître aisément le mâle de la femelle :

— soit par certaines parties des **organes reproducteurs visibles extérieurement** (pénis et bourse chez le mâle, vulve et mamelles chez la femelle), ce sont les **caractères sexuels primaires** ;

— soit par la présence, chez le mâle, de caractères tels que la crinière du lion, les bois du cerf, la crête et les ergots du coq, la couleur du corps de l'épinoche mâle, le plumage de certains oiseaux... Ces caractères qui n'interviennent directement ni dans l'accouplement, ni dans l'élaboration des gamètes sont appelés **caractères sexuels secondaires**.

• **Les différences internes** concernent les appareils reproducteurs. On distingue dans les deux sexes :

— **les glandes génitales** (**testicules** chez le mâle, **ovaires** chez la femelle) qui produisent les gamètes ;

— **les conduits génitaux**.

Chez les mammifères, le conduit génital femelle n'est pas un simple tube permettant d'évacuer les ovules à l'extérieur. Il comprend l'utérus dans lequel se fixe l'œuf fécondé ; l'embryon s'y développe jusqu'à sa naissance.

1 *La naissance des tourterelles*

Un couple de tourterelles élève 3 à 4 couvées par an. Chaque fois, les mêmes événements se déroulent.

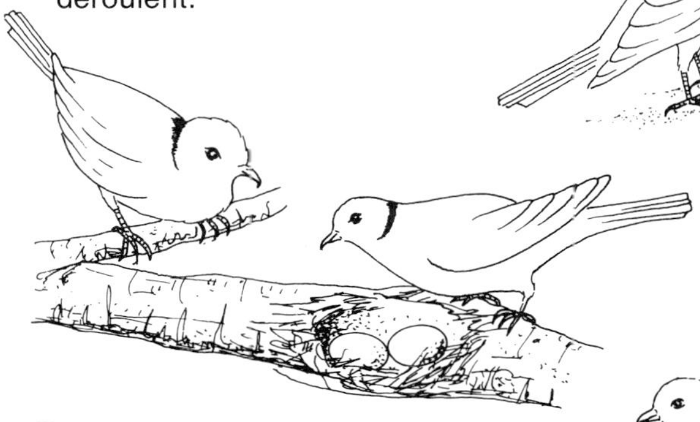

① Le mâle roucoule, fait des courbettes à la femelle : c'est la parade nuptiale.

② Une semaine après l'accouplement, la femelle pond deux œufs dans un nid construit avec des branchettes et de la paille.

③ Le mâle et la femelle couvent les œufs à tour de rôle. Quinze jours plus tard naissent deux oisillons nus et aveugles.

④ Le mâle et la femelle nourrissent les jeunes pendant 3 à 4 semaines avec une production de leur jabot qui a l'aspect de fromage blanc. La croissance des jeunes est très rapide.

- Mets les étiquettes dans l'ordre afin de reconstituer l'histoire.

  - la couvaison
  - la ponte
  - l'éclosion des œufs
  - les jeunes quittent le nid
  - l'accouplement
  - la fécondation
  - le nourrissage
  - la parade nuptiale

- La tourterelle est-elle ovipare ou vivipare ? ....

FIG. 1

Un comportement caractéristique accompagne chacune des étapes de la reproduction, ces dernières se déroulant toujours dans le même ordre pour une espèce donnée. Ce document peut être utilisé au CE2 ou au CM1.

Extrait de *Cahier d'activités CM1, Biologie.*

2 La rencontre des gamètes

La rencontre des gamètes, ou **fécondation**, s'effectue différemment selon les espèces.

• **La fécondation externe.** Chez certaines espèces comme la truite, la grenouille... la rencontre des ovules et des spermatozoïdes a lieu à l'extérieur du corps : la fécondation est dite **externe**.

La rencontre des gamètes s'effectue dans l'eau. Plusieurs mécanismes peuvent favoriser cette rencontre. Citons en particulier :

— le très grand nombre de gamètes émis (huître, oursin...) ;

— l'accouplement (grenouille) ;

— les parades nuptiales (épinoche...).

• **La fécondation interne.** Il y a fécondation interne lorsque les ovules sont fécondés dans le corps de la femelle. Chez les animaux à fécondation interne, la rencontre des gamètes ne peut avoir lieu qu'après l'accouplement. Celui-ci exige le rapprochement des partenaires au moment où l'un et l'autre sont aptes à se reproduire.

Divers types de signaux permettent au mâle et à la femelle de se retrouver lorsqu'ils vivent éloignés :

— **signaux sonores** (chant des oiseaux, coassement de la grenouille mâle...),

— **signaux visuels** (caractères sexuels secondaires, émission de lumière par la femelle du ver luisant...),

— **signaux olfactifs** (le chien repère une chienne "en chaleur" en flairant la vulve...).

De plus, l'accouplement est très souvent précédé de comportements particuliers constituant la **parade nuptiale**. Ces signaux et ces comportements favorisent indirectement la rencontre des gamètes.

3 Oviparité et viviparité

Quel que soit le mode de fécondation, la rencontre entre un ovule et un spermatozoïde donne une cellule œuf. Selon le mode de développement de l'œuf, les animaux peuvent être répartis en trois groupes.

• **Les ovipares** pondent leurs œufs.

Certains pondent **dans l'eau**. C'est le cas des poissons, des amphibiens (grenouille, crapaud...), des mollusques aquatiques...

D'autres pondent **à terre**, dans le sable ou dans la terre (tortue, lézard, escargot, nombreux insectes...), sur des plantes (papillons et autres insectes...), dans un nid construit de manière plus ou moins élaborée (oiseaux, abeille, frelon...).

Les oiseaux, dont la température du corps est constante, couvent leurs œufs, c'est-à-dire les maintiennent constamment aux environs de 40°C. Pour une espèce donnée, la durée de l'**incubation** est à peu près toujours la même (21 jours chez la poule par exemple).

Les ovipares autres que les oiseaux sont tous des "animaux à température variable" : la température de leur corps est très voisine de celle du milieu extérieur. La durée du développement est alors très variable et dépend de la température extérieure. Par exemple, l'œuf de la mouche domestique, qui se transforme en adulte en 15 jours à 18°C, ne met plus que 10 jours à 25°C, alors que la durée s'allonge à 38 ou 40 jours à 8°C (allongement surtout de la phase de nymphe). Le développement est stoppé pendant tout l'hiver, les œufs pondus à l'automne donnent des nymphes qui ne se transforment en mouches adultes qu'au printemps suivant. Lorsque les œufs sont abandonnés par les parents, beaucoup sont mangés ou détruits ; mais les pertes sont compensées par une ponte relativement très abondante. La ponte est d'autant plus limitée que les parents s'occupent davantage de leurs petits (oiseaux, épinoche...).

• **Les vivipares** mettent au monde des petits qui se sont développés à l'intérieur du corps de la mère. Les vivipares vrais appartiennent au groupe des mammifères.

Après son expulsion de l'ovaire, l'ovule fécondé, qui commence son développement, ne tarde pas à se fixer dans la paroi de l'utérus. L'œuf donne alors naissance non seulement à l'embryon, mais également à :

— **des organes de protection** (l'embryon est entouré d'une poche remplie de liquide) ;

— **un organe d'échanges** (le placenta) à l'élaboration duquel participe aussi la paroi de l'**utérus ;** le placenta est relié à l'embryon par le **cordon ombilical**. C'est au niveau de cet organe que s'effectuent les échanges entre le sang de la mère et celui de l'embryon : échanges d'aliments et d'oxygène de la mère vers l'embryon, échanges de déchets de l'embryon vers la mère.

Chez les vivipares, le nombre des œufs "pondus" est souvent très réduit. Mais leur mode de développement assure à l'**embryon** une protection efficace, ses chances de survie sont ainsi nettement plus élevées que celles observées chez les ovipares.

Après la naissance, les mères allaitent leurs petits avec le lait de leurs mamelles (d'où le nom de mammifères donné à ce groupe d'animaux).

• **Les ovovivipares** sont des animaux beaucoup moins répandus que les ovipares. Une vipère met au monde de jeunes vipereaux qui sortent vivants du ventre de leur mère. Apparemment, cette naissance ressemble à celle des jeunes mammifères. En réalité, le phénomène est très différent : au cours de son développement dans les voies génitales femelles, le jeune vipereau s'est nourri des réserves contenues dans l'œuf (comme c'est le cas du poussin dans l'œuf de la

FIG. 2

La fécondation artificielle de la truite est présentée ici sous forme d'une description d'expérience et non comme un reportage.

Extrait de *Cahier d'activités CM2, Biologie.*

1 *Une expérience chez les animaux*

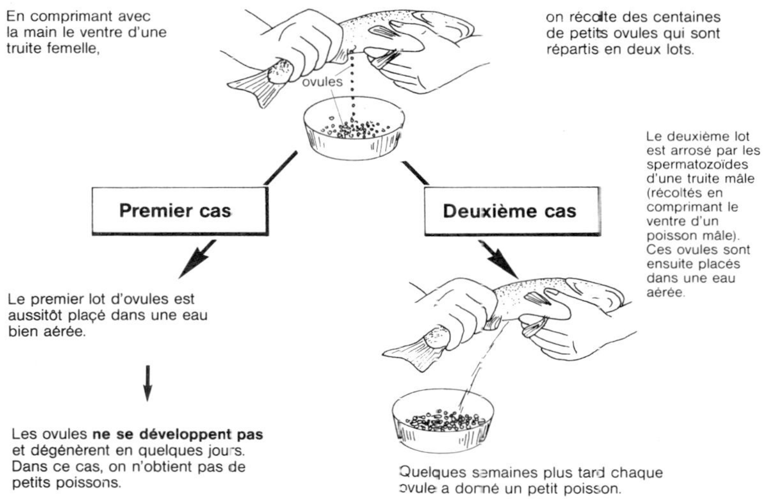

- Quelle conclusion peux-tu dégager de cette expérience ?

  ....

- Comment appelle-t-on un ovule fécondé ? ....

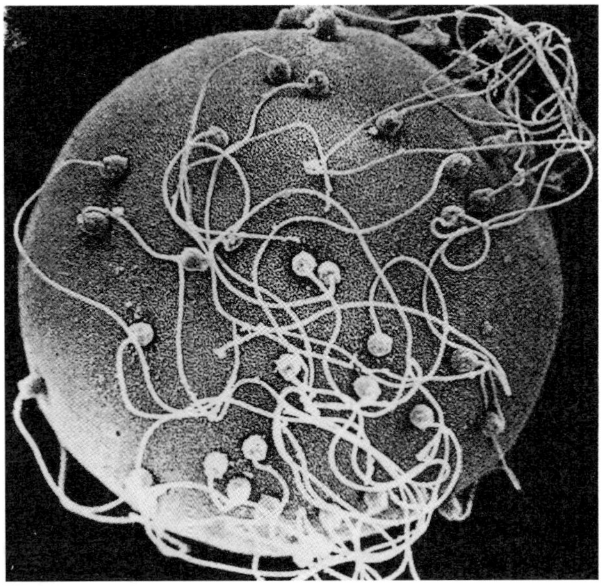

Ph. © David Epel, avec l'autorisation de Garland Publishing Inc / T.

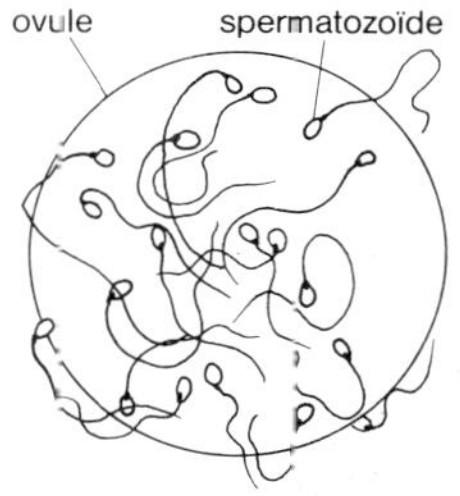

1 ovule
+ 1 spermatozoïde
= 1 œuf

1 œuf → 1 nouvel être vivant

FIG. 3

Toute reproduction sexuée est caractérisée par la fécondation, c'est-à-dire l'union d'un élément reproducteur femelle (l'ovule) et d'un élément reproducteur mâle (le spermatozoïde). Dès qu'un spermatozoïde a pénétré dans l'ovule, la pénétration des autres est bloquée. Pour que l'œuf soit normal, la fécondation doit être assurée par un seul spermatozoïde (la photographie présente, vu au microscope électronique à balayage, un ovule de palourde entouré de spermatozoïdes).

Extrait de *Cahier d'activités CM1, Biologie.*

poule) ; il ne s'est jamais fixé dans les voies génitales de la mère. Celle-ci ne possède d'ailleurs pas d'utérus.

Certains reptiles (orvet, vipère...), certains poissons tels que les guppy, sont ainsi des ovipares apparemment vivipares : ils sont appelés ovovivipares.

L'ovoviviparité existe aussi chez les invertébrés. En voici deux exemples :

— **Les daphnies** ou "puces d'eau" sont de petits crustacés qui nagent de façon saccadée dans l'eau des mares et des étangs. Quand on les observe à la loupe binoculaire, on voit très souvent de petites daphnies prêtes à naître, rassemblées à l'intérieur d'une poche incubatrice portée par la femelle adulte, et qui auparavant contenait les œufs pondus par cette femelle (fig. 4).

Du printemps à l'automne, les populations de daphnies sont composées uniquement de femelles. Il n'y a pas de mâles. Les ovules des femelles se développent sans être fécondés. De nombreuses générations parthénogénétiques se succèdent et la reproduction est très rapide. En moyenne, il apparaît une génération tous les dix jours. On a calculé qu'une daphnie peut donner naissance à un million de descendants en un mois. A l'automne, le froid arrive ; les femelles donnent naissance par parthénogénèse à des mâles et à des femelles. Après fécondation, les œufs pondus par ces dernières sont appelés "œufs de durée" ; ils résistent au froid hivernal. Au printemps suivant, ces œufs donnent naissance à la première génération de femelles parthénogénétiques.

— **Les pucerons** que l'on voit en été sur les plantes sont tous des femelles vivipares et parthénogénétiques.

Elles sont **vivipares** car elles donnent naissance à des petits pucerons qui se sont développés dans l'oviducte, chacun à partir d'un ovule. Ces jeunes sont des femelles.

Elles sont **parthénogénétiques** car les ovules non fécondés se développent. Il n'y a pas d'accouplement.

La pullulation des pucerons est extrêmement rapide, chaque femelle pouvant donner naissance chaque jour à une douzaine d'autres femelles. Les jeunes femelles sont déjà "enceintes" à la naissance ; les cycles de reproduction se succèdent donc très rapidement (fig. 5).

4 Développement direct et développement indirect

• Certaines espèces animales (poule, vache, seiche, truite...) sont dites à **développement direct** car la croissance des jeunes ne s'accompagne d'aucune modification importante de forme.

• Chez d'autres espèces (grenouille, oursin, huître, divers insectes...), les jeunes à la naissance sont très différents des adultes ; on les appelle des **larves**. Au cours de leur croissance, les larves subissent des **métamorphoses**. Ces animaux sont dits à **développement indirect**.

L'existence de stades larvaires est souvent en liaison :

— soit avec un changement de milieu de vie (le têtard du crapaud vit dans l'eau, l'adulte est terrestre),

— soit avec un changement de régime alimentaire,

— soit avec la dissémination de l'espèce (les huîtres, animaux fixés, donnent naissance à des larves nageuses pouvant aller coloniser des supports libres).

5 En résumé

La reproduction sexuée des animaux est caractérisée par la fécondation, c'est-à-dire l'union d'un gamète femelle ou ovule et d'un gamète mâle ou spermatozoïde (fig. 3). Cette union se fait dans l'eau chez les animaux à fécondation externe, ou dans le corps de la femelle chez les animaux à fécondation interne.

La cellule œuf, résultant de l'union d'un spermatozoïde et d'un ovule, est pondue dans l'eau ou à terre chez les animaux ovipares ; elle se développe dans l'organisme maternel chez les animaux vivipares.

Dans tous les cas, l'œuf donne naissance à un embryon dont les besoins nutritifs importants sont satisfaits soit par les réserves de l'œuf chez les ovipares, soit par les échanges avec le sang maternel chez les vivipares. A la naissance, le jeune peut être selon les espèces :

— soit semblable à l'adulte, il a alors un développement direct,

— soit très différent de l'adulte, il a alors un développement indirect.

Connaissez-vous

LE SENS DE CES MOTS OU EXPRESSIONS

- mâle
- femelle
- caractères sexuels primaires
- caractères sexuels secondaires
- testicules
- ovaires
- gamètes
- fécondation externe
- fécondation interne
- parade nuptiale
- ovipare
- vivipare
- ovovivipare
- incubation
- placenta
- cordon ombilical
- développement direct
- développement indirect
- larve
- métamorphose
- parthénogenèse
- accouplement
- fécondation artificielle

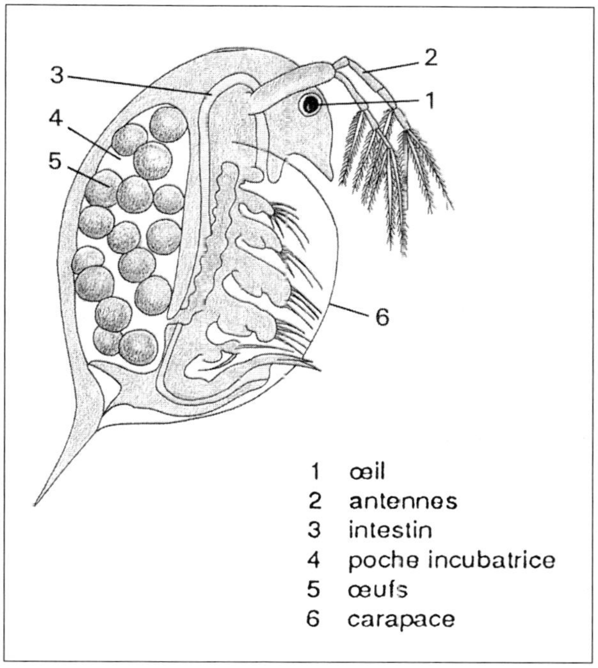

FIG. 4

Les daphnies que l'on récolte en grande quantité dans les mares sont de petits animaux dont la longueur ne dépasse pas 1/10 mm ; les jeunes sortent vivants de la poche incubatrice de leur mère ; ce ne sont donc pas de vrais vivipares mais des ovovivipares.

Extrait de *Biologie 5e*.

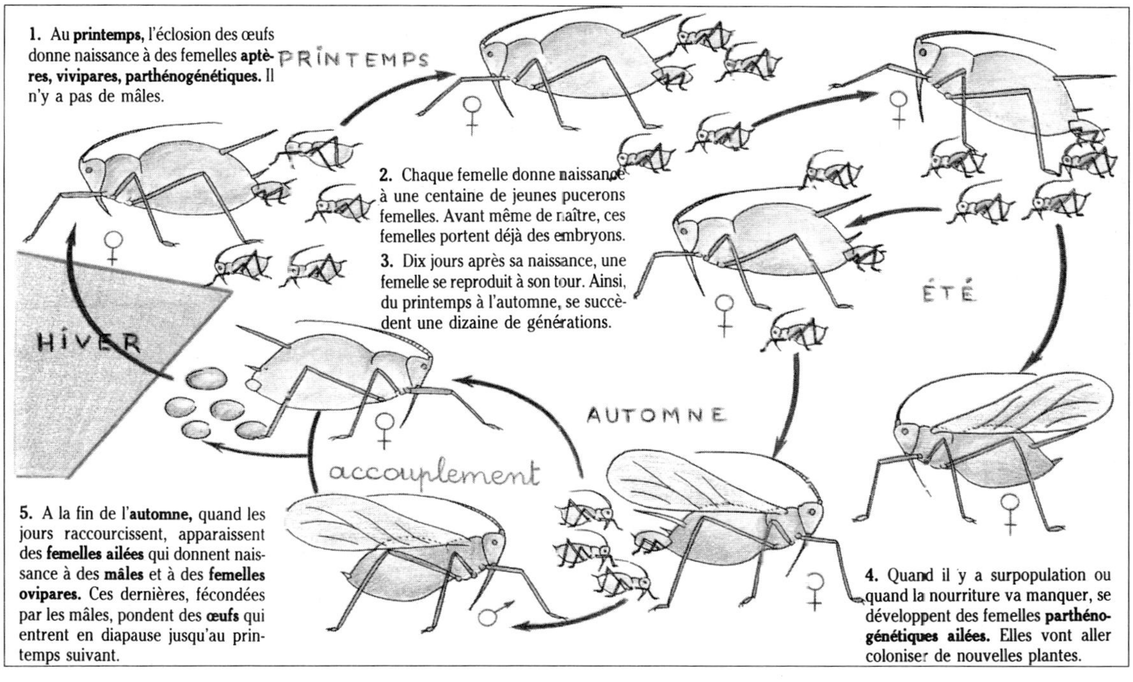

FIG. 5

Selon les saisons, les pucerons sont ovipares ou ovovivipares. Dans ce dernier cas la naissance des jeunes se fait sans fécondation préalable, par parthénogenèse.

Extrait de *Biologie 5e*.

2 DES ACTIVITÉS PÉDAGOGIQUES POSSIBLES

Regarder couver les tourterelles, assister à l'éclosion des œufs, observer les parents nourrir les tourtereaux, voir les transformations qui accompagnent la croissance des jeunes... sont des occasions de découvertes exceptionnelles. Quelques élevages bien choisis d'animaux qui se reproduisent facilement tels que des souris, des tourterelles, des cochons d'Inde... représentent donc une source d'informations particulièrement riches.

Au cours préparatoire

• L'installation dans la classe d'un couple de souris ou d'un couple de tourterelles déclenche un immense enthousiasme et apporte une très grande richesse d'informations. Elle donne lieu à la réalisation d'un album de l'élevage qui comprend surtout des dessins mais aussi de courts textes proposés par les enfants et le plus souvent écrits par le maître. Ils racontent ainsi le comportement des parents, la naissance des jeunes, les changements observables au cours de leur croissance...

• Des questions, bien adaptées à l'âge des enfants et à l'élevage réalisé, permettent de préciser les observations, de prolonger l'intérêt et d'approfondir les découvertes. Par exemple, un élevage de tourterelles permet de poser des questions telles que :
— Comment reconnaît-on le mâle de la femelle ?
— Comment naissent les petits ? Comment se sont-ils formés dans l'œuf ?
— Qui fait le nid ?
— Qui couve les œufs ?
— Combien de temps les couve-t-on ?
— Que font les petits les premiers jours ?
— Les parents s'occupent-ils des petits ?

Au cours élémentaire

Les compléments aux programmes proposent les activités suivantes :

"Réaliser divers élevages (vertébrés, invertébrés...) permettant d'obtenir la reproduction d'animaux. Compléter les informations obtenues par l'analyse de documents divers (photographies, textes, dessins...)."

1 L'installation des élevages

Il est souhaitable d'envisager l'installation d'au moins deux élevages distincts, l'un d'animaux vivipares, (souris, cochons d'Inde...), l'autre d'animaux ovipares (oiseaux, insectes...). Les observations sont plus approfondies qu'au cours préparatoire et donnent lieu à des activités plus structurées, menées en réponse à des questions posées.

Ainsi, à la question : "Comment grandissent les petits ?", on peut trouver des réponses en suivant la croissance des jeunes sur plusieurs jours ou semaines.

Prenons un exemple. L'étude de la croissance de jeunes mammifères est particulièrement intéressante chez la souris où le nombre de petits par portée est assez élevé (5 à 8). Pour commencer les mesures, il faut attendre quinze jours après la naissance, c'est-à-dire le moment du sevrage (arrêt de l'allaitement par la mère).

De nombreux problèmes se trouvent ainsi posés, liés non seulement au principe des mesures, mais aussi à la rigueur scientifique qui doit les accompagner.

— **La croissance en taille.** Les enfants choisissent de mesurer ou bien la longueur totale de l'animal (queue comprise), ou bien celle du tronc et celle de la queue séparément. Les mesures sont faites chaque jour ; la croissance est assez rapide.

Pour contrôler une croissance individuelle, il faut pouvoir reconnaître les souris ; on recherche alors le moyen de les "marquer".

Vous pouvez également initier à la notion de "valeur moyenne de la taille" en mesurant indistinctement toutes les souris d'une même portée et en ne retenant que la valeur moyenne.

— **La croissance en poids.** Pour faire faire des pesées par des enfants très jeunes, il est intéressant d'utiliser un pèse-lettres ; il n'est pas alors nécessaire d'employer des poids marqués, ni de réaliser un équilibre. L'enfant repère la valeur numérique sur le cadran, comme il le fait sur un thermomètre. Les jeunes élèves utilisent ainsi des instruments de mesure avant même d'en connaître le principe.

Avec des enfants plus âgés, la nécessité de peser avec précision les jeunes souris peut motiver une séance d'initiation à l'emploi de la balance.

2 L'analyse de photographies

• Proposez aux enfants des photographies d'animaux ou des dessins qui illustrent divers moments importants de la reproduction : la ponte, l'éclosion d'œufs (poussin, escargot...), la mise bas (âne, chameau...), l'allaitement (porc, cheval...) l'accouplement (cheval, criquet, doryphore...).

Le travail à faire comprend plusieurs étapes :
— donner un titre à chacune des photographies,
— regrouper les photographies qui correspondent à la même phase de la reproduction ;
— réaliser des comparaisons.

2 Mâle et femelle

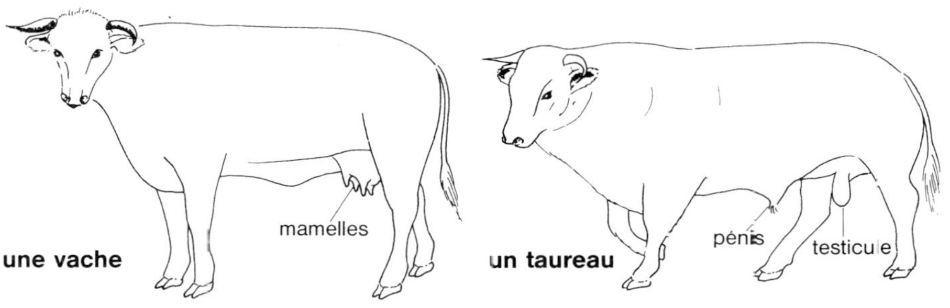

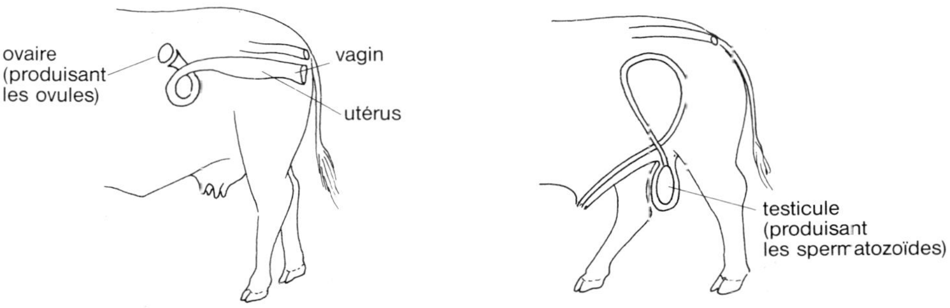

- A quels organes, visibles extérieurement, reconnaît-on
  - le taureau ? ....
  - la vache ? ....
- Quels organes produisent
  - les spermatozoïdes ? ....
  - les ovules ? ....
- **Vrai ou faux ?**
  - Le pénis du mâle sert à déposer les spermatozoïdes dans le vagin de la femelle. ....
  - La fécondation a lieu avant l'accouplement ....
- Écris ces mots dans l'ordre : fécondation, accouplement, naissance, gestation, œuf.

....

FIG. 6

Les différences entre mâle et femelle doivent être abordées au cours moyen et parfois l apprentissage d'un vocabulaire précis et correct est nécessaire.

Extrait de *Cahier d'activités CM1, Biologie.*

• Après chaque étape, la confrontation des diverses propositions permet de nommer chacun des événements liés à la reproduction, de les situer les uns par rapport aux autres, de les comparer d'une espèce à l'autre. C'est l'occasion d'enrichir le vocabulaire des enfants et surtout de leur apprendre à employer les termes corrects (ainsi les enfants ne connaissent pas toujours le mot accouplement ; "ils font l'amour" disent-ils parfois ; ils connaissent donc le phénomène sans savoir le nommer).

3 A quoi correspond l'accouplement ?

L'objectif de cette activité est de définir le mot fécondation, de montrer sa nécessité pour obtenir des naissances, de préciser d'une part la signification de l'accouplement, d'autre part la différence entre fécondation et accouplement.

• Proposez aux enfants un document tel que celui de la figure 2 en leur demandant de préciser
— la différence entre un ovule et un œuf,
— la signification de l'accouplement chez la souris (ou chez un autre mammifère).

Ce document montre la nécessité de la fécondation pour obtenir un nouvel être vivant. La **fécondation artificielle** de la truite en est un exemple pratique. Chez les poissons en effet, les ovules pondus par une femelle sont normalement arrosés par les spermatozoïdes d'un mâle. Il n'y a pas d'accouplement, donc pas de risque de confondre les deux phénomènes. Par ailleurs, la fécondation qui se déroule en dehors du ventre de la femelle est "visible". Les enfants font aisément le transfert à d'autres animaux et comprennent la signification de l'accouplement : permettre la fécondation des ovules chez les animaux qui ne pondent pas d'œufs.

• La mise en commun qui suit l'analyse du document permet de préciser qu'il se forme un petit œuf même chez les animaux vivipares. Ce petit œuf résulte de l'union d'un ovule produit par la femelle et d'un spermatozoïde produit par le mâle. Dans le cas d'un vivipare, la fécondation est rendue possible par l'accouplement.

• Les différentes notions scientifiques acquises à travers cet exercice peuvent s'exprimer ainsi :

Dans la reproduction sexuée, le nouvel être vivant naît toujours à partir d'un œuf. Cet œuf résulte de l'union d'un élément reproducteur mâle (le spermatozoïde) et d'un élément reproducteur femelle (l'ovule), élaborés spécialement pour la reproduction.

Dans la reproduction sexuée, il y a toujours fécondation, mais il n'y a pas nécessairement accouplement des animaux, la fécondation se produit alors à l'extérieur du corps ; c'est le cas, par exemple, de presque tous les poissons.

• Le bilan des acquisitions, ou leur évaluation, peuvent s'exprimer à travers un exercice approprié.

4 Une série d'événements dans un ordre précis

Pour chaque espèce animale, la reproduction est jalonnée d'une série d'événements qui se déroulent toujours dans le même ordre. L'utilisation d'un document tel que celui de "la naissance des tourterelles" (fig. 1) permet de souligner que la reproduction sexuée exige un enchaînement d'événements. Si l'un d'entre eux ne se produit pas, il n'y a pas de naissance de petits.

Au cours moyen

Les notions abordées au CE peuvent être reprises en utilisant des documents présentés sous une autre forme (fig. 2) ; certains aspects de la reproduction complètent alors les connaissances acquises au cours élémentaire.

En voici quelques exemples :

1 Combien de petits peuvent-ils avoir ?

Pour une espèce animale donnée, l'effectif d'une population est généralement assez stable, ceci revient à dire que le nombre des naissances (la natalité) compense la mortalité. Or, la prolificité des espèces est très variable : certains animaux pondent des milliers d'œufs, d'autres ne donnent naissance qu'à un seul petit à la fois. La natalité est donc très variable. Elle dépend beaucoup des soins que les parents prodiguent aux jeunes. C'est cette intéressante notion de biologie qui est abordée ici à partir de quelques exemples choisis parmi les mammifères, groupe d'animaux bien connus des enfants (fig. 7). La notion scientifique visée dans un tel exercice peut être formulée ainsi : chez les mammifères, la prolificité d'une espèce dépend du nombre de petits par portée et du nombre de portées par an.

2 Quelle est la différence entre un mâle et une femelle ?

Un document tel que celui de la figure 6 permet de préciser qu'il existe d'une part des caractères sexuels facilement repérables extérieurement, d'autre part des organes internes. Si le vocabulaire n'est pas encore correctement maîtrisé par les enfants, un tel document fournit l'occasion de redonner des définitions exactes.

1 Combien de petits peuvent-ils avoir ?

	durée maximale de la vie (en années)	durée de la gestation (en jours)	nombre de petits par portée	nombre de portées par an
le chat	20	60	3 à 6	2
le cheval	60	335	1	1
le chien	20	65	2 à 10	2
le hamster	2	20	4 à 15	2 ou 3
le lapin	10	30	10 à 15	6 ou 7
le mouton	14	150	1	1
le porc	15	115	6 à 15	2 ou 3
la souris	4	21	4 à 10	4 ou 5

- Combien peuvent-ils avoir de petits au cours d'une année ?
  - une jument : ....
  - une chatte : ....
  - une lapine : ....
  - une souris : ....
- Quelle est l'espèce
  - la plus prolifique ? ....
  - la moins prolifique ? ....
- Les animaux cités dans le tableau sont tous des mammifères. Que signifie ce mot ?

....

....

FIG. 7

Les animaux n'ont pas tous autant de petits. Chercher l'espèce la plus prolifique, l'espèce la moins prolifique, donne lieu à une discussion ; les enfants s'interrogent alors sur les critères à retenir pour caractériser la prolificité.

Extrait de *Cahier d'activités CM1, Biologie.*

Les notions acquises au cours élémentaire se précisent. Ainsi, on peut maintenant dire que :
— les spermatozoïdes sont produits dans les **testicules** du mâle,
— les ovules sont produits dans les **ovaires** de la femelle.

3 Comment un œuf de poule devient-il un petit poussin ?

Comment vivent les petits mammifères dans le ventre de leur mère ?

Ces questions trouvent leur réponse dans le chapitre suivant “de l'œuf à la naissance”.

4 Ils changent de forme en grandissant

Tous les aspects du développement et en particulier les métamorphoses sont traités dans le chapitre “de la naissance à l'âge adulte”.

NOTIONS VISÉES

à l'école élémentaire

- Les animaux, devenus adultes, sont alors capables de se reproduire. Dans tous les cas où le mode de **reproduction** est **sexué**, le nouvel être vivant se forme à partir d'un œuf qui résulte de l'union d'un ovule produit par la femelle et d'un spermatozoïde produit par le mâle.
  Attention ! dans le langage courant, le mot œuf désigne aussi bien un ovule qu'un œuf fécondé.

- Pour certains animaux (la truite par exemple), les ovules sont pondus dans l'eau puis arrosés par les spermatozoïdes du mâle.
  Pour d'autres animaux (ce sont les plus nombreux), l'**accouplement** du mâle et de la femelle est nécessaire pour assurer la rencontre des spermatozoïdes et des ovules : la fécondation se produit alors dans le corps de la femelle.

- Chez tous les animaux, l'œuf est le point de départ d'un nouvel être vivant. Deux cas peuvent se présenter :
  — chez les **ovipares,** l'œuf est pondu et poursuit son développement hors du corps de la femelle ; c'est le cas des insectes, des oiseaux... ;
  — chez les **vivipares,** l'œuf se développe dans le corps de la mère : c'est le cas des mammifères.

- La plupart des œufs, ceux des oiseaux en particulier, contiennent des réserves nécessaires à la fabrication du jeune. Chez les mammifères, l'œuf contient très peu de réserves et l'embryon puise dans le sang maternel les aliments nécessaires à son développement.

- A la naissance, certains sont très différents de leurs parents ; appelés **larves,** ils changent profondément de forme au cours de leur croissance. On dit qu'ils subissent des métamorphoses.

- La **fécondité** d'une espèce dépend non seulement du nombre de naissances, mais aussi des soins que les parents prodiguent à leurs petits.

3 De l'œuf à la naissance

Comment un œuf de poule se transforme-t-il en poussin ?

Comment les petites souris vivent-elles dans le ventre de leur mère ?... Le sujet intéresse les enfants et ces questions sont fréquemment posées par eux. Elles peuvent recevoir des réponses au Cours moyen. Le chapitre aborde ces notions et propose notamment, à titre d'exemples, des documents utilisables à l'école élémentaire.

1 INFORMATIONS UTILES POUR L'ENSEIGNANT

1 Ovipares et vivipares : points communs et différences

Chez tous les animaux, dès que la fécondation est réalisée, la cellule œuf subit des transformations profondes qui aboutissent à la construction d'un nouvel individu. Cette édification comporte plusieurs types de phénomènes notamment :

— **la multiplication du nombre de cellules ;** pour tous les métazoaires (animaux dont le corps est constitué de plusieurs cellules), la cellule œuf se divise en 2, 4, 8, 16, 32... cellules (à titre d'exemple, le nouveau né humain est formé de 60 000 milliards de cellules qui proviennent toutes d'une cellule unique) ;

— **la différenciation des cellules** selon les plans qui existent dans le noyau de la cellule œuf (ainsi se forment les différents organes) ;

— **la croissance de l'embryon.**

Le mot **croissance** mérite quelques explications :

- **Chez les vivipares,** l'embryon (qui s'est formé par développement d'une cellule œuf de taille microscopique) puise dans le sang maternel les aliments nécessaires à sa croissance.

- **Chez les ovipares,** l'œuf pondu est de grosse taille (il contient beaucoup de réserves) ; pendant le développement de l'embryon, cet œuf **ne grossit pas**. Peut-on alors parler de croissance ? Pour comprendre, prenons l'exemple de l'œuf de poule.

On observe à la surface du jaune d'œuf de poule une petite tache blanche, le germe. Dans les premiers jours de l'incubation, celui-ci s'étend progressivement sous forme d'une membrane riche en vaisseaux sanguins qui entoure bientôt tout le jaune. En même temps, le corps du futur poussin se forme et grossit. Peu à peu, le blanc et le jaune sont absorbés servant ainsi à la fabrication du corps de l'animal. A la fin de l'incubation, le poussin occupe entièrement le volume de l'œuf. Il brise alors la coquille et éclot.

2 Ne pas confondre œuf et cellule œuf

Le terme de cellule œuf est très précis : il désigne **la** cellule (c'est une cellule unique) qui résulte de l'union d'un spermatozoïde et d'un ovule. Ce terme n'est pas employé à l'école élémentaire puisque la notion de cellule n'est abordée qu'au niveau du collège. De ce fait, on appelle "œuf" la cellule œuf. Le mot œuf a donc deux sens différents :

— l'ovule fécondé (la cellule œuf),

— l'œuf pondu par l'animal.

Par exemple dans le langage courant, on appelle œuf ce qui est pondu par la poule, c'est-à-dire le "jaune" (qui est en réalité un ovule fécondé ou non) entouré par le "blanc" et la coquille (fig. 1).

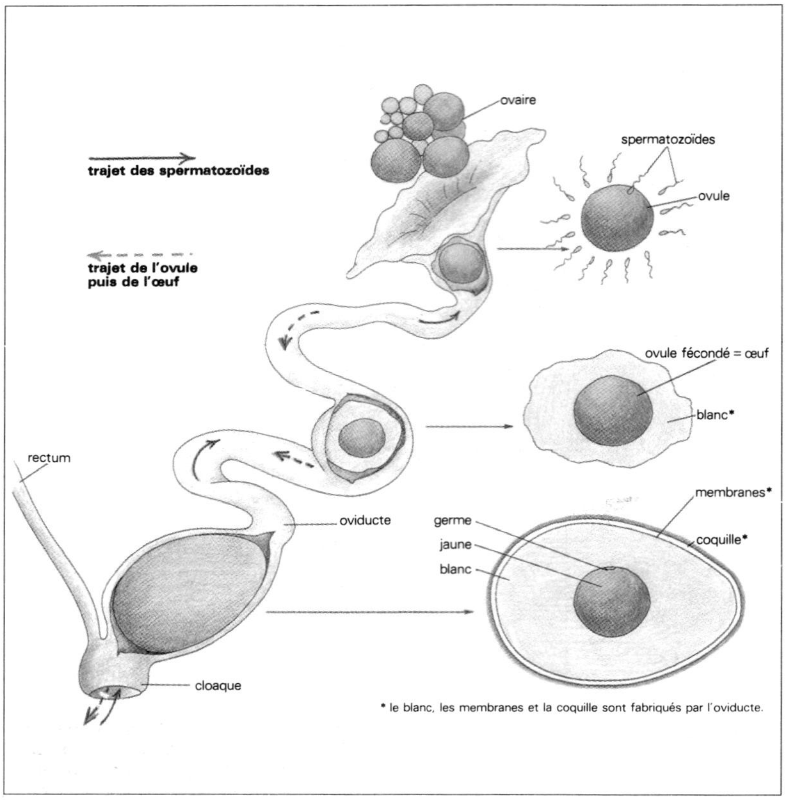

FIG. 1

Dans l'ovaire de la poule se forment un grand nombre de jaunes : ce sont les ovules. Leur taille augmente au fur et à mesure de l'accumulation des réserves nutritives. La fécondation se déroule dans la partie de l'oviducte la plus proche de l'ovaire, avant la formation du blanc d'œuf et de la coquille. En effet, au cours de sa descente le long de l'oviducte, chaque jaune s'entoure d'abord du blanc puis des membranes et de la coquille. L'œuf complètement formé arrive dans le cloaque vingt heures après que le jaune se soit détaché de l'ovaire.

Extrait de *Biologie 6*ᵉ.

1 *Un poussin sort de l'œuf*

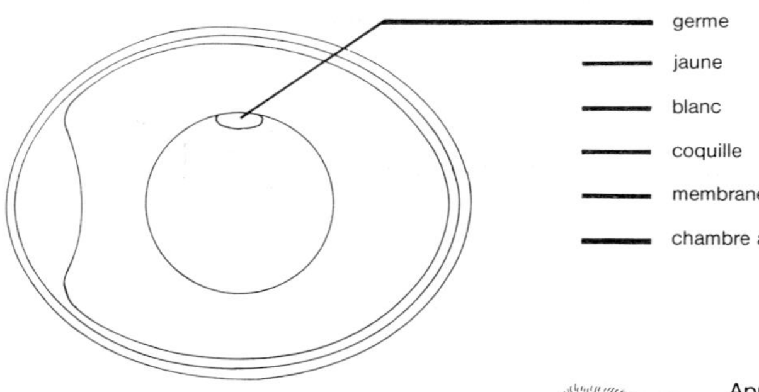

- Complète le dessin en faisant les traits de rappel qui conviennent.
- Lorsqu'il n'y a pas de coq dans une basse-cour, les poules pondent des œufs sans germe.
  Comment l'expliques-tu ?

  ....

  ....

FIG. 2

Ce document destiné à des élèves de cours moyen ne doit être utilisé qu'après des observations réelles : casser un œuf de poule dans une assiette, couper en deux un œuf dur et retrouver dans chacun des cas les différentes parties. Le fléchage du dessin permet de fixer les observations réalisées.

Extrait de *Cahier d'activités CM1, Biologie.*

Une couveuse facile à construire

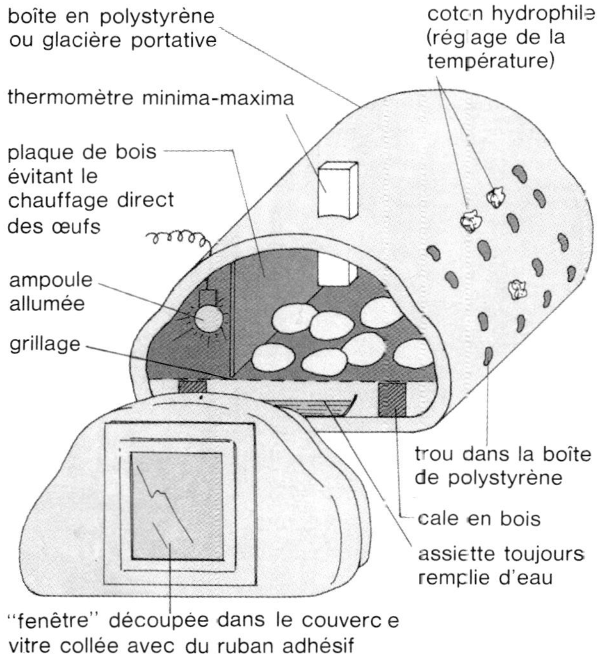

Comment obtenir une température constante de 39° ?

Deux installations sont possibles :

— en utilisant un thermostat, fourni par exemple par un installateur de chauffage central ; l'ampoule s'éteint dès que la température désirée est atteinte ;

— de façon beaucoup plus économique, sans thermostat. L'ampoule reste alors allumée en permanence. La température convenable est obtenue après plusieurs jours de tâtonnement. Pour cela, percer des orifices dans la paroi (avec un couteau ou une tige métallique chaude). Quelques heures plus tard, contrôler la température. Si elle est inférieure à 39° boucher un ou plusieurs trous avec du coton hydrophile. Ainsi, après plusieurs jours d'essai et si la température de la pièce ne subit pas de trop grandes variations, la couveuse peut fonctionner.

Quelques précautions à prendre

— Retourner les œufs tous les jours.
— Surveiller la température.
— Maintenir toujours de l'eau dans l'assiette.

FIG. 3

Un projet réalisable au CM : assister à la naissance du poussin dans la classe.

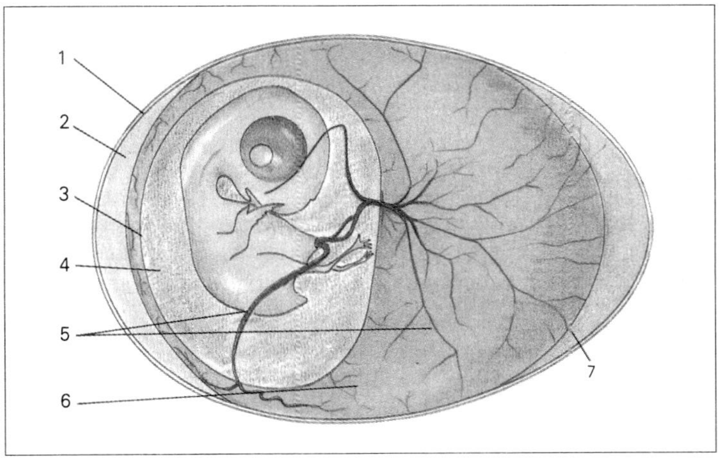

FIG. 4

Pour faire la synthèse des notions acquises sur le développement de l'œuf de poule et la nutrition de l'embryon dans l'œuf, on peut proposer ce schéma aux enfants et écrire la légende avec eux.
1. coquille - 2. chambre à air - 3. paroi de la cavité contenant l'embryon - 4. liquide amniotique dans lequel baigne l'embryon - 5. vaisseaux sanguins amenant jusqu'à l'embryon les réserves nutritives contenues dans le blanc et le jaune d'œuf.

Extrait de *Biologie 6e*.

On peut cependant expliquer à des enfants du CM que :

— le jaune d'un œuf de poule est un ovule (un ovule très gros, surchargé de réserves nutritives) qui, après fécondation, devient l'œuf proprement dit,

— une poule (ou une femelle de pigeon, de canard ou de n'importe quel oiseau) pond des œufs même s'ils ne sont pas fécondés ; dans ce cas, si l'œuf est mis à couver, il ne donne évidemment pas de poussin.

3 Le rôle du placenta chez les vivipares

Après la fécondation, l'œuf d'un vivipare commence son développement dans l'oviducte et ne tarde pas à se fixer dans la paroi de l'utérus. Il ne donne pas seulement naissance à l'embryon mais également à :

— **des organes de protection** (l'embryon est entouré d'une poche remplie de liquide, la poche des eaux ou **cavité amniotique**) ;

— **un organe d'échanges, le placenta,** à l'élaboration duquel participe aussi la paroi de l'utérus (fig. 8).

Au niveau du placenta, le sang de la mère et celui de l'embryon ne se mélangent pas. Cependant, sur une très grande surface (le placenta présente un grand nombre de replis qui contiennent un réseau très riche de capillaires sanguins), ils ne sont séparés que par une cloison très mince permettant des échanges d'aliments et d'oxygène de la mère vers l'embryon, des échanges de déchets de l'embryon vers la mère.

4 Les conditions du développement des œufs chez les ovipares

Les œufs des ovipares se développent dans des conditions très variables selon les espèces. Limitons-nous ici à quelques informations simples.

• **Les œufs pondus dans l'eau** (poissons, amphibiens, nombreux invertébrés) ne risquent pas la dessiccation. En revanche, les œufs pondus en milieu aérien (reptiles, oiseaux, nombreux insectes...) sont protégés par une coquille rigide, qui empêche la dessiccation mais reste cependant perméable à l'air.

• **Les œufs des oiseaux** (seuls ovipares à température constante) sont couvés (on dit aussi incubés), c'est-à-dire maintenus à une température constante de 38 à 40°C.

Pour une espèce donnée, la durée de l'**incubation** est constante à quelques heures près (21 jours chez la poule, 14 à 16 jours chez la tourterelle...). Lorsqu'un éleveur fait éclore des œufs dans les couveuses artificielles, il reconstitue les conditions indispensables au développement : température constante de 40°, retournement régulier des œufs, maintien d'un certain degré hygrométrique.

• **La "mortalité infantile" est considérable chez de nombreux ovipares (beaucoup d'œufs sont mangés par des prédateurs). Cette perte est compensée par une ponte abondante (une grenouille pond environ 10 000 œufs par an).**

Chez les vivipares au contraire, le nombre des œufs "pondus" est souvent très réduit, mais leur mode de développement assure à l'embryon une protection efficace ; ses chances de survie sont ainsi nettement plus élevées que celles des embryons d'ovipares.

Connaissez-vous

LE SENS DE CES MOTS OU EXPRESSIONS

- ovipare
- vivipare
- croissance
- embryon
- œuf
- cellule œuf
- cavité amniotique
- placenta
- incubation
- fécondation
- utérus
- cordon ombilical
- gestation

2 DES ACTIVITÉS PÉDAGOGIQUES POSSIBLES

1 De l'œuf de poule au poussin

Les poules pondent des œufs de grosse taille, faciles à observer. C'est un matériel commode pour comprendre comment se développent les œufs des animaux ovipares.

• **Matériel à utiliser :**

— des photographies présentant plusieurs stades du développement du poussin dans l'œuf ; elles seront distribuées dans le désordre ;

— des œufs de poule (un œuf dur et un œuf cru).

1 *Avant la naissance*

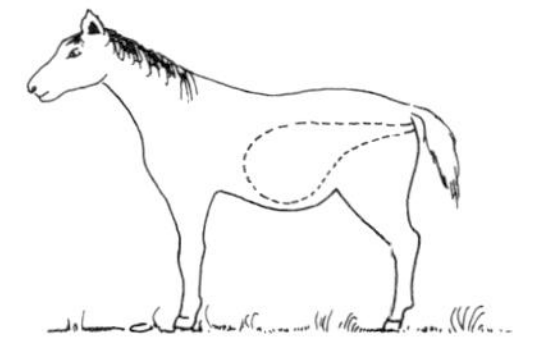

A l'abri dans sa poche remplie de liquide, l'embryon est relié au placenta par le cordon ombilical. Au niveau du placenta, les aliments et l'oxygène passent du sang de la mère dans celui de l'embryon et les déchets de l'embryon sont rejetés dans le sang maternel.

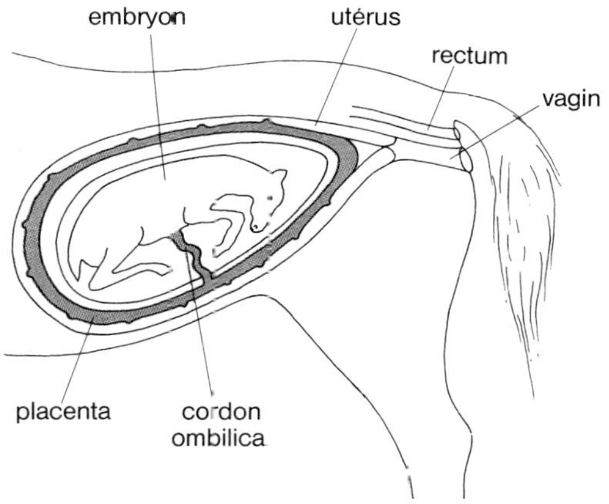

- Colorie (avec des couleurs différentes)
  - d'une part l'utérus maternel,
  - d'autre part l'embryon, le cordon ombilical, le placenta.
- A quoi sert le cordon ombilical ? ....
- L'embryon baigne dans une poche pleine de liquide. Quel est son rôle ? ....

FIG. 5

Ce document, destiné à des élèves du CM, permet de préciser où se développe l'embryon d'un animal vivipare, et comment il se nourrit. En même temps, le travail donne l'occasion d'employer un vocabulaire précis.

Extrait de *Cahier d'activités CM1, Biologie.*

2 *Au départ, un œuf minuscule*

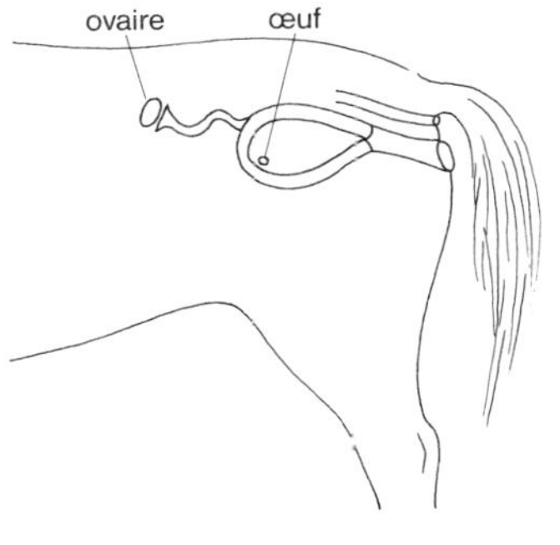

De la fécondation (union de l'ovule produit par la femelle avec un spermatozoïde produit par le mâle) jusqu'à la naissance du poulain (mise bas), il s'écoule environ 335 jours (11 mois). Au cours de cette période, l'embryon se développe dans le ventre de la jument : c'est la gestation.

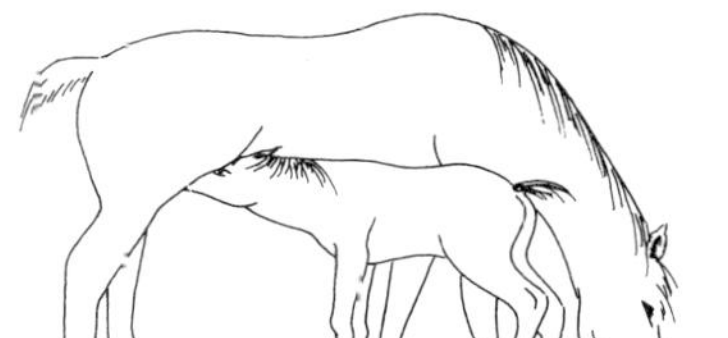

- Dans quel ordre dois-tu placer ces étiquettes pour raconter l'histoire du poulain ?

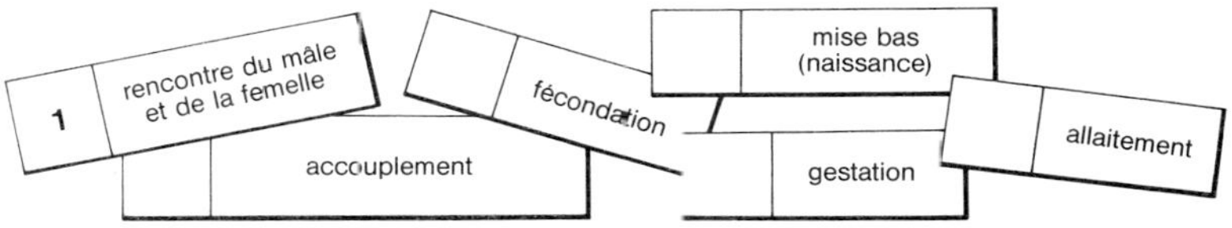

- Raye la (ou les) phrase(s) inexacte(s) :
  - le spermatozoïde devient l'embryon ;
  - l'embryon grandit au cours de la gestation.

FIG. 6

L'histoire du poulain comporte plusieurs étapes depuis la fécondation jusqu'à la naissance. Ce document permet de les identifier et de les ordonner.

Extrait de *Cahier d'activités CM1, Biologie.*

• **Travaux à réaliser :**

—Mettre les photographies dans l'ordre.

— Faire des schémas des photographies en indiquant les légendes.

— Casser un œuf de poule dans une assiette, puis couper en deux un œuf dur pour en retrouver les différentes parties.

— Comparer avec un schéma d'œuf coupé en deux (fig. 2).

— Comparer les photographies et les dessins réalisés avec ceux d'un document tel que celui de la figure 2.

— Chercher dans un dictionnaire le sens du mot **incubation**.

• **Les notions scientifiques visées** à travers la réalisation de ces travaux peuvent s'exprimer ainsi :

Un œuf d'oiseau (et de façon plus générale un œuf d'ovipare) contient les réserves nécessaires à la "fabrication" de l'animal.
Un schéma de synthèse peut être proposé et légendé avec les enfants (fig. 4).

2 Comment vivent-ils dans le "ventre" de leur mère ?

Une souris, un poulain, un lapereau... sortent vivants du ventre de leur mère. Comment se forment-ils ?

• **Documents de travail :**

— des photographies d'animaux en train de mettre bas, d'allaiter leurs petits, de les protéger...

— des schémas divers (voir fig. 5, 6 et 7).

• **Travaux à réaliser :**

— Mettre un titre à chaque photographie.

— Regrouper les photographies qui concernent les mêmes événements et les comparer.

— Colorier les schémas en adoptant une même couleur pour des organes qui se correspondent.

— Répondre aux questions posées sur les documents.

• **Les notions scientifiques développées** à travers ces documents s'expriment ainsi :

Chez les animaux vivipares, l'œuf (qui résulte de l'union d'un ovule et d'un spermatozoïde) se fixe dans l'utérus de la femelle et s'y développe. Il devient ainsi un embryon. Le cordon ombilical le relie à sa mère à travers le placenta, et lui apporte les aliments et l'oxygène indispensables à sa croissance.

3 Comment les oiseaux construisent-ils leur nid ?

Ce sujet n'est pas obligatoire, mais il est très intéressant à condition de disposer, en quantité suffisante, de documents adaptés et d'un peu de matériel.

• **Matériel à utiliser :**

— Un ou plusieurs nids d'oiseaux, si possible d'espèces différentes. Ces nids peuvent être récoltés en automne ou en hiver, sans inconvénient pour les oiseaux, car ils sont alors abandonnés et, dans presque tous les cas, ils ne seront plus utilisés. Bien entendu il n'est pas question de ramasser les nids au printemps, en aucun cas de les détruire, ni de déranger des oiseaux en train de faire leur nid ou de couver.

— Des matériaux de "construction" (brindilles, feuilles, mousse, paille...) qui pourront être apportés par les enfants.

— Des films présentant des oiseaux en train de construire leur nid.

— Des documents tels que ceux de la figure 9.

• **Travaux à réaliser :**

— Observer attentivement les nids dont on dispose, établir la liste des matériaux employés dans leur construction, rechercher les techniques d'assemblage des matériaux (enchevêtrement de brindilles, "collage" par la boue séchée...), chercher parmi les nids ceux qui sont le plus difficile à construire, indiquer dans quels nids les œufs et les jeunes sont les mieux protégés...

— Essayer de "construire" un nid avec des matériaux ramassés dans la nature et rapportés en classe.

— Analyser le document de la figure 9 et répondre aux questions. Même en l'absence de travaux préalables, ce document intéresse beaucoup les enfants.

• **Les notions scientifiques visées** s'expriment ainsi :

Le nid des oiseaux n'est pas leur maison d'habitation mais seulement le berceau pour couver les œufs et élever les jeunes.

— Pour construire leur nid, les oiseaux utilisent des matériaux d'origine très variée qui sont généralement récoltés dans le voisinage.

— La construction du nid est souvent l'œuvre commune du mâle et de la femelle.

— Certains nids sont plus élaborés que d'autres ; certains demandent de la part de l'oiseau des efforts considérables.

— Les jeunes oisillons sont mieux protégés du froid et des prédateurs dans certains nids que dans d'autres ; parfois l'ouverture étroite ou trop bien cachée ne permet l'accès qu'aux parents eux-mêmes.

Remarque : avant d'aborder au CM l'étude du développement de l'œuf et de l'embryon, il est indispensable de s'assurer que les notions de fécondation, d'oviparité, de viviparité... ont été acquises au cours élémentaire ; dans tous les cas, il est important de les préciser à nouveau.

2 La nutrition des souriceaux

Avant la naissance

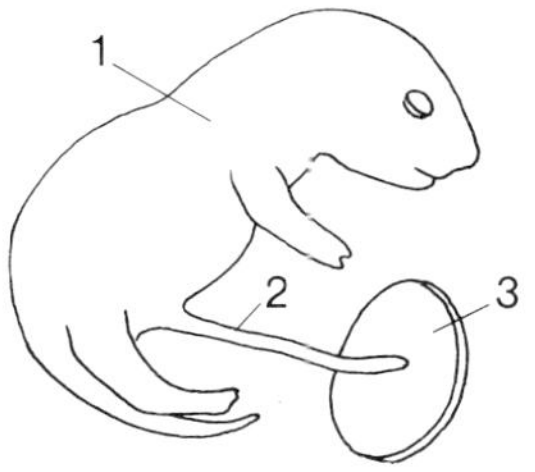

1. embryon
2. cordon ombilical
3. placenta

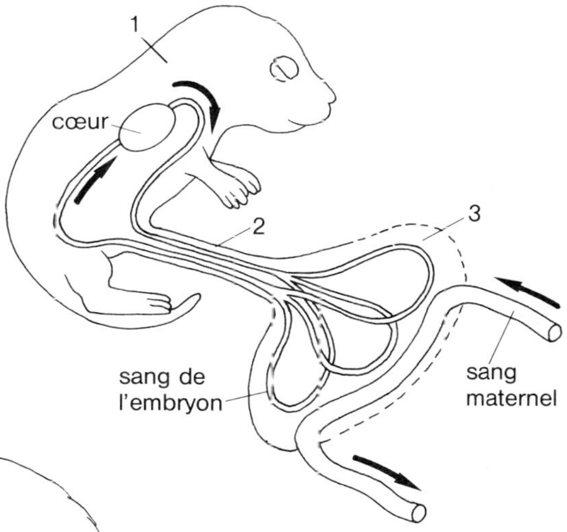

Les souriceaux roses, nus et aveugles ont bon appétit

Après la naissance

allaitement maternel

- Colorie sur le schéma le sang de l'embryon et le sang maternel.
- Quels échanges ont lieu, au niveau du placenta, entre le sang maternel et le sang de l'embryon ?

  – le sang de l'embryon reçoit : ....

  ....

  – le sang de la mère récupère : ....

  ....

- Comment le souriceau est-il nourri après sa naissance ? ....

  ....

FIG. 7

Le problème de la nutrition d'un embryon dans l'utérus maternel intrigue toujours les enfants. Les dessins proposés ici, destinés à des élèves du CM, permettent de résoudre clairement cette question et de comparer la nutrition de l'embryon avant la naissance à celle du jeune mammifère après la naissance.

Extrait de *Cahier d'activités CM1, Biologie.*

NOTIONS VISÉES

à l'école élémentaire

- Chez **tous** les animaux, la **fécondation** aboutit à la formation d'un **œuf**.

- Chez les **ovipares**, les œufs se développent à l'extérieur de l'organisme maternel, dans le milieu extérieur (dans l'eau, dans la terre, dans l'air, selon les espèces). L'édification de l'embryon se fait entièrement à l'intérieur d'un **œuf** généralement de grosse taille, à partir des réserves nutritives qu'il contient.

- Chez les **vivipares**, l'édification de l'embryon se réalise dans l'organisme maternel, à l'intérieur d'un organe spécial, l'**utérus**.

Par l'intermédiaire du **placenta** et du **cordon ombilical** qui le relie à sa mère, l'embryon puise dans le sang maternel les aliments et l'oxygène dont il a besoin.
La **gestation** est la période au cours de laquelle l'embryon de vivipare se développe dans le ventre de sa mère.

- **Mots clés**

œuf, germe, embryon, réserves nutritives, cordon ombilical, placenta, gestation.

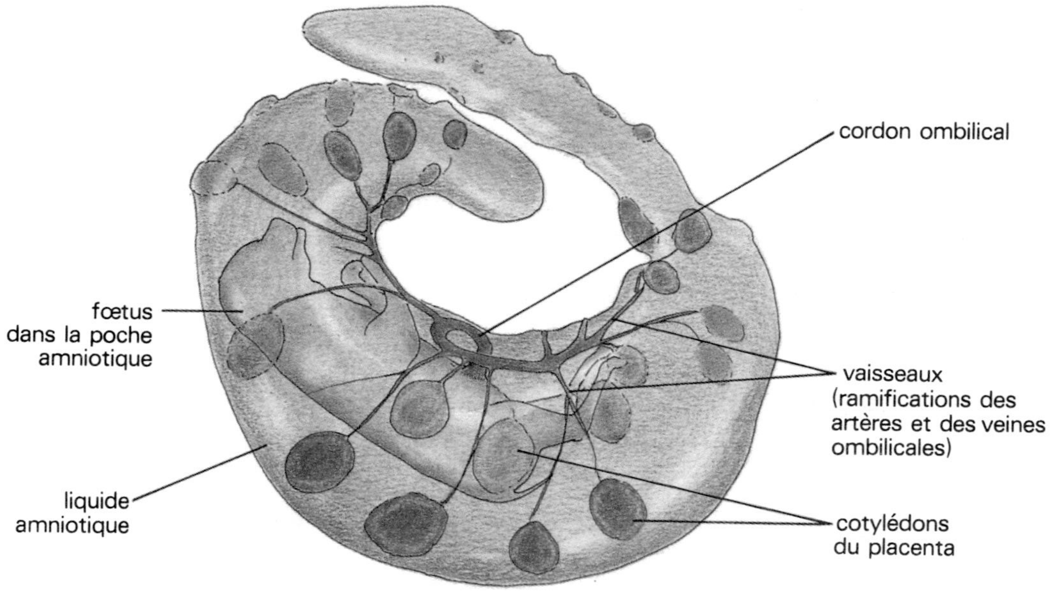

FIG. 8

Cet embryon de veau est enfermé dans la poche amniotique. Le placenta ne forme pas une masse unique mais se trouve dispersé en plusieurs zones d'échanges (appelées cotylédons placentaires).

Extrait de *Biologie 6*[e].

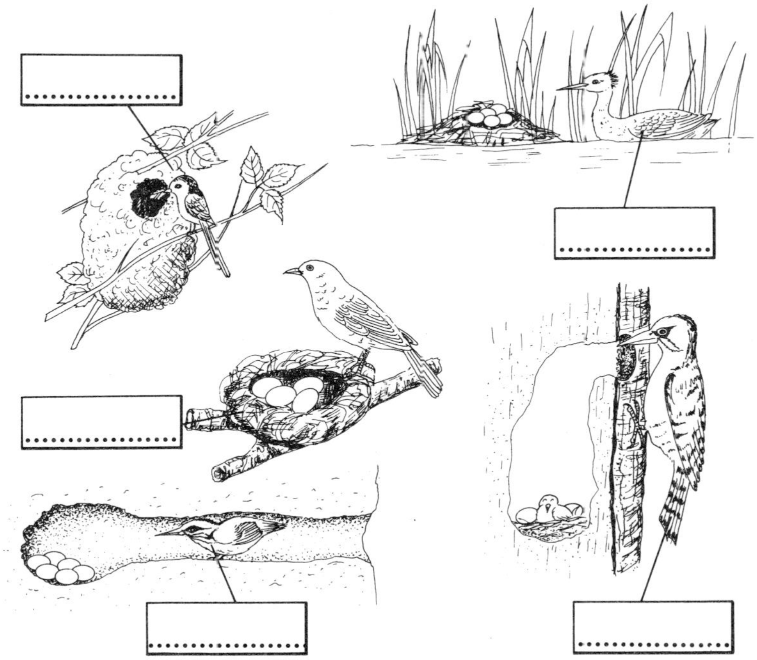

- En utilisant les informations fournies sur la page ci-contre, donne le nom du propriétaire de chacun de ces nids.

Le merle noir
Mon nid est une petite coupe formée d'herbe sèche et de feuilles mortes que je consolide avec de la boue.

Le pic
À l'aide de mon bec, je creuse mon nid dans le tronc d'un arbre et il me faut au moins deux semaines pour le fabriquer.

Le grèbe
Mon nid est un radeau flottant formé de roseaux entrelacés que je fixe solidement aux plantes voisines.

La mésange à longue queue
Mon nid ressemble à une grosse boule. Je le construis avec des lichens, de la mousse et des crins entrelacés. Je tapisse ensuite l'intérieur avec des plumes. Tout ce travail m'occupe pendant quinze jours.

Le martin-pêcheur
Mon nid est au fond d'un long tunnel de près d'un mètre de longueur, creusé au bord de la rivière. J'y dépose mes œufs sur un tapis d'arêtes de poisson.

- Dans les textes ci-dessus souligne tous les matériaux qui ont servi à la construction des nids.
- Dans quels nids les œufs et les jeunes sont-ils
  – le mieux protégés ? ....
  – le moins protégés ? ....
- À ton avis, quel est le nid le plus difficile à construire ?

....

FIG. 9

Les oiseaux construisent leurs nids de manière différente selon les espèces. A partir de vrais nids récoltés dans la nature, de photographies ou de dessins, on peut réaliser des activités très intéressantes. L'exercice présenté ici permet non seulement de préciser certaines notions scientifiques mais aussi de développer des aptitudes (analyser un dessin et comprendre ce qu'il représente, tirer des informations d'un texte écrit, établir des comparaisons...).

Extrait de *Cahier d'activités CE2, Biologie.*

4 De la naissance à l'âge adulte

La naissance de petites souris, de petites tourterelles... dans les élevages de la classe est toujours un événement. Mais, au cours moyen, c'est surtout l'occasion de réaliser des travaux portant sur :

— les transformations des jeunes (apparition des poils ou des plumes, évolution du comportement...),

— les soins donnés par les parents (alimentation, protection...),

— l'étude de la croissance (mesures de longueur, pesées, réalisation de graphiques de la croissance en taille ou en poids).

De plus, les élevages d'insectes (chenilles, vers de farine, grillons...), toujours faciles à réaliser, sont particulièrement intéressants au cours moyen car ils permettent d'une part de nombreuses découvertes (observation de la transformation des asticots en mouches, des chenilles en papillons ; découvertes de "peaux vides" qui sont les mues de croissance...), d'autre part de nombreux travaux (mesure de la taille, réalisation de graphiques...).

Nous allons voir que toutes ces observations concrètes

— peuvent être complétées par des analyses de documents,

— débouchent sur des notions biologiques importantes.

1 INFORMATIONS UTILES POUR L'ENSEIGNANT

1 Les soins au jeunes

Lorsque les oeufs sont abandonnés après la ponte, les jeunes ne sont, à l'éclosion, l'objet d'aucun soin particulier. C'est le cas de la plupart des poissons, des amphibiens (grenouille, crapaud...), des reptiles (lézard, tortue...).

Chez les oiseaux et les mammifères, deux cas se présentent : ou bien les jeunes sont totalement dépendants de leurs parents ou bien ils sont relativement autonomes.

- **Des jeunes totalement dépendants**

Certains jeunes naissent nus, faibles, aveugles, incapables de se tenir sur leurs pattes (tourterelles, hirondelles, lapins, souris...). Totalement dépendants des adultes, ils ont besoin de soins et ne peuvent survivre que si les parents les nourrissent sans relâche.

Leur croissance est rapide (par exemple, un rouge-gorge passe de 2 g à l'éclosion à 15 g en 12 jours), leur transformation spectaculaire : ainsi, trois semaines environ après la naissance, les oisillons, couverts de plumes et ayant presque atteint la taille des adultes, quittent le nid et s'envolent.

Les oiseaux qui passent les premières semaines de leur vie à l'abri dans un nid sont appelés **nidicoles** (étymologiquement : qui habitent un nid).

- **Des jeunes relativement autonomes**

D'autres jeunes (comme le poussin de la poule, le caneton, le zèbre, la gazelle, le cochon d'Inde) peuvent, dès leur naissance, se déplacer et commencer à s'alimenter seuls. Ils ne dépendent donc pas complètement de leurs parents pour l'alimentation. Dans ce cas, le mâle ne s'intéresse généralement pas aux jeunes, mais ces derniers suivent toujours un certain temps leur mère qui les protège du froid et des prédateurs.

Si, à la naissance, le développement de ces jeunes animaux est plus avancé que dans le cas précédent, leur croissance est ensuite plus longue.

Chez les oiseaux qui sont dans ce cas, la mère et les oisillons abandonnent le nid dès que le dernier né de la nichée est sec. Aussi sont-ils appelés **nidifuges** (étymologiquement : qui fuient le nid).

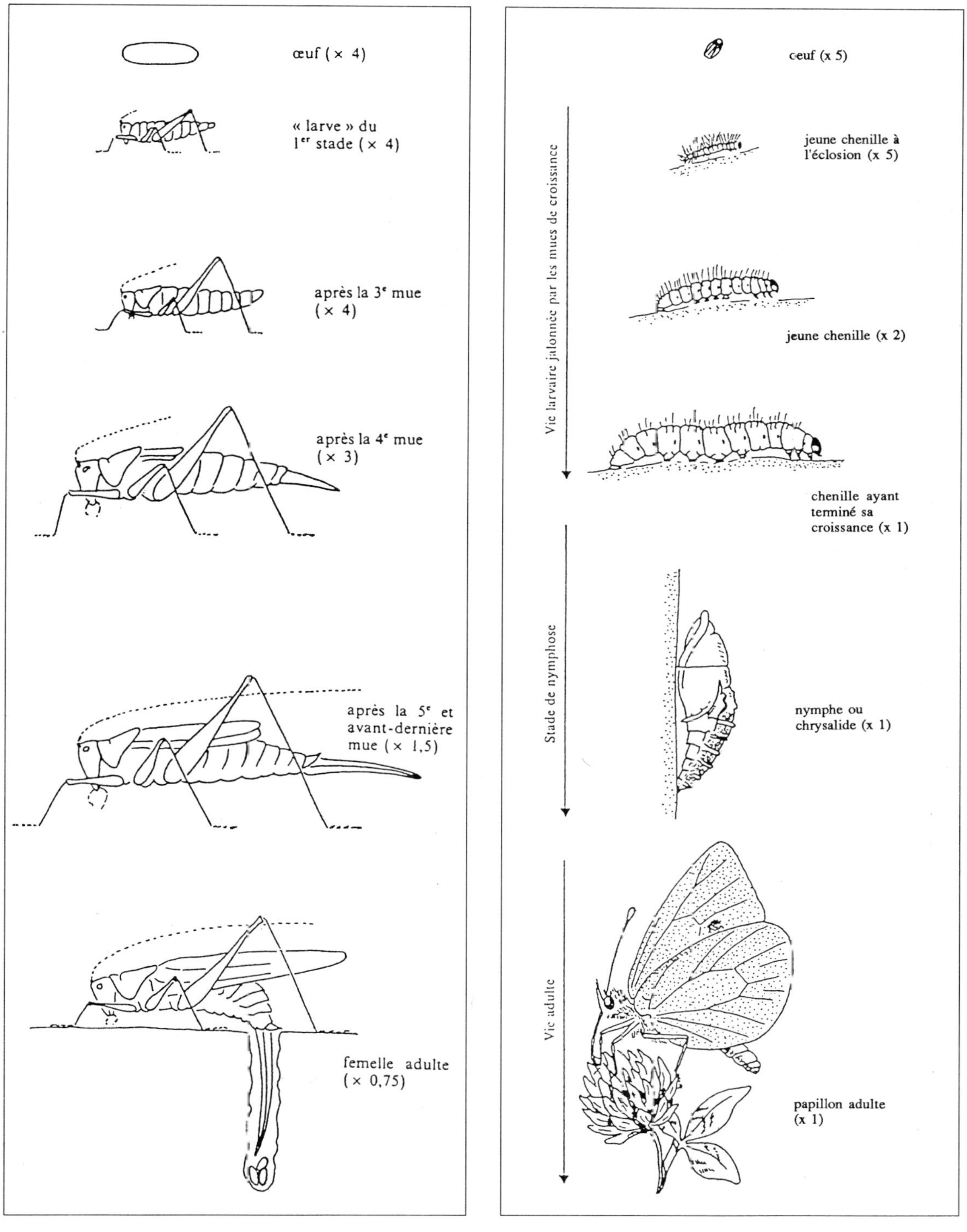

FIG. 1

Bien qu'elle soit dépourvue d'ailes, une jeune sauterelle ressemble déjà à l'adulte. Une chenille, par contre, ne ressemble pas du tout au papillon qui sortira de la nymphe. Sauterelle et papillon illustrent donc les types de métamorphose qui existent chez les insectes : métamorphose progressive chez la sauterelle (les mues de croissance successives déterminent un développement progressif) ; métamorphose complète chez le papillon (caractérisée par l'existence d'une larve et d'une nymphe).

Extrait du *Guide du maître "Les animaux, les élevages"*.

Le nid des oiseaux nidifuges est situé soit sur le sol, soit à proximité du sol, celui des nidicoles est beaucoup moins accessible.

Chez les mammifères, les jeunes sont, dans tous les cas, allaités et protégés par la mère pendant un temps plus ou moins long.

- **Soins aux jeunes et survie de l'espèce**

Pendant les premiers jours de la vie, les jeunes animaux sont particulièrement exposés aux prédateurs. La prise en charge des jeunes par leurs parents est donc favorable à leur survie.

Dans les espèces qui ne protègent pas leur progéniture, la forte mortalité des jeunes est compensée par le grand nombre des naissances : ainsi , chaque année, une truite femelle pond 1 000 à 4 000 oeufs alors que le singe n'a qu'un seul petit.

2 Les transformations des jeunes

Chez certains animaux, la croissance des jeunes ne s'accompagne d'aucune modification importante de forme, il y a **développement direct**.
Chez d'autres espèces (grenouille, moule, huître, doryphore, moustique...), les jeunes à la naissance sont très différents des adultes. On les appelle des **larves**. Au cours de leur croissance, ces larves subissent des **métamorphoses**. Ces animaux sont dits à **développement indirect.**

L'existence des stades larvaires est généralement en liaison :

— soit avec un **changement de milieu de vie** (la larve de moustique est aquatique, l'adulte est aérien),

— soit avec un **changement de régime alimentaire**,

— soit avec **la dissémination de l'espèce**, notamment chez les animaux fixés.

3 Croissance continue ou croissance discontinue

- **Un homme adulte** mesure environ 1,70 mètre ; à sa naissance, il mesurait 0,50 mètre. Ces deux stades sont séparés par quelques années de **croissance continue**, presque régulière.

On retrouve ce type de croissance, c'est-à-dire une augmentation progressive de la taille, chez tous les animaux à l'exception des arthropodes (insectes, crustacés, arachnides, myriapodes). Le corps de ces derniers est recouvert d'une carapace rigide, inextensible. Chez ces animaux, la **croissance** est **discontinue** et se fait par paliers.

- **Pour comprendre ce qui se passe chez les arthropodes**, prenons l'exemple de la croissance des insectes. Leur **carapace** empêche la croissance. Celle-ci ne peut avoir lieu qu'au moment des **mues** (encore appelées **mues de croissance**). En général, la carapace se fend longitudinalement sur le dos ; l'animal en sort, perdant ainsi toute son ancienne "peau" ; il est alors très mou, le plus souvent blanchâtre. La pigmentation revient en même temps que la nouvelle carapace durcit à l'air. Pendant que celle-ci est encore souple, une intense contraction des muscles assure une importante absorption d'air par tous les orifices, ainsi qu'un afflux de sang dans les extrémités. On assiste à un gonflement général de toutes les parties du corps (ce qui assure l'augmentation de la taille de l'animal). La carapace devient ensuite progressivement rigide. Ainsi, à chaque mue de croissance, l'animal grandit brusquement et la croissance est stoppée jusqu'à la prochaine mue. Le nombre des mues de croissance varie selon les espèces.

Remarque : chez les arthropodes, on appelle mue aussi bien la phase de croissance que nous venons de voir que la dépouille de l'animal qui a mué. Par extension, ce mot désigne le renouvellement partiel ou total des téguments d'un animal (perte de plumes chez les oiseaux, de lambeaux de peau chez la grenouille ou le lézard...).

4 Pour en savoir plus sur les métamorphoses des insectes

Tous les insectes pondent des oeufs. Mais le développement après l'éclosion diffère selon les espèces.
Lorsqu'on trouve une petite sauterelle ou un petit criquet dans un champ, un petit grillon dans un bois, ils ressemblent déjà à l'adulte. Par contre, un asticot, une chenille ne ressemblent pas du tout aux adultes qu'ils deviendront (mouche pour l'asticot, papillon pour la chenille). A ce point de vue, il existe deux grands groupes :

— Chez certains insectes, comme la sauterelle, le développement est progressif ; le jeune, improprement appelé larve, ressemble beaucoup à l'adulte. Le passage d'un stade à l'autre se fait par de simples mues de croissance. Au cours de celles-ci, quelques changements se produisent (croissance des ailes, développement du tube de ponte chez la femelle...). Un tel développement comporte une **métamorphose dite progressive** (fig. 1).

— Chez d'autres insectes, comme le papillon, la larve issue de l'oeuf est très différente de l'adulte (non seulement du point de vue morphologique, mais aussi par son mode de vie, sa nutrition...). Au cours de la croissance, elle subit des mues ; puis le développement s'arrête, l'animal mène une vie ralentie, sans nutrition ni déplacement : c'est la phase de **nymphose**. La nymphe donne naissance à l'insecte parfait qui a terminé sa croissance et son développement, et peut se

2 *L'histoire d'une jeune truite*

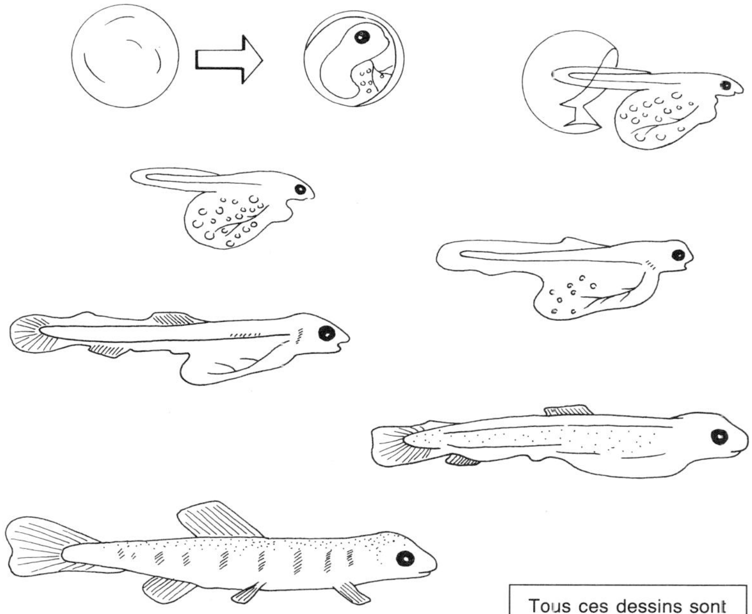

Tous ces dessins sont à la même échelle.

- Dessine des flèches pour raconter l'histoire.
- Écris sous chacun des dessins les mots qui conviennent : œuf, éclosion de l'œuf, jeune alevin, alevin, jeune truite.

FIG. 2

L'alevin de poisson est issu d'un œuf pondu dans l'eau ; il ne quittera jamais ce milieu. Sa croissance continue ne s'accompagne d'aucune modification importante de forme. Toutefois, certains alevins, comme ceux de la truite, naissent avec une poche ventrale pleine de réserves, qui se résorbe peu à peu.

Extrait de *Cahier d'activités CM1, Biologie.*

1 *De l'œuf à la grenouille*

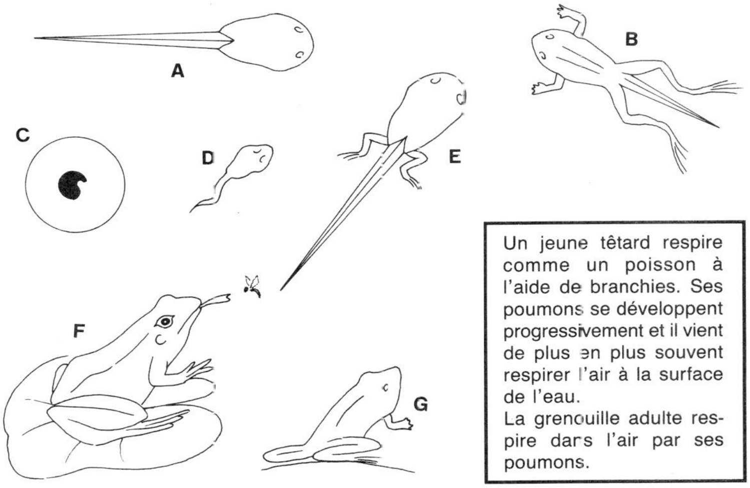

Un jeune têtard respire comme un poisson à l'aide de branchies. Ses poumons se développent progressivement et il vient de plus en plus souvent respirer l'air à la surface de l'eau.
La grenouille adulte respire dans l'air par ses poumons.

- Dans quel ordre faut-il placer les dessins pour raconter l'histoire de la jeune grenouille ?

FIG. 3

Le têtard de grenouille subit des modifications très importantes en rapport avec un changement de milieu de vie. Le têtard, animal bien adapté à la vie dans l'eau, devient une grenouille bien adaptée à la vie au bord de l'eau. Ces changements de forme et de biologie qui accompagnent la croissance du jeune constituent les métamorphoses.

Extrait de *Cahier d'activités CM1, Biologie.*

reproduire. Un tel développement comporte une **métamorphose dite complète** (fig. 1).

Le développement avec métamorphose complète est donc caractérisé par le stade de **nymphe :** un stade intermédiaire entre larve et adulte qui n'existe que dans le cas où le jeune et l'adulte ne se ressemblent pas. Ce stade n'existe pas chez les insectes à métamorphose progressive.

Dans un cas comme dans l'autre, la croissance ne se produit qu'au moment des mues de croissance. Entre les mues, les changements de forme sont, comme la croissance, impossibles ; ils ne se produisent qu'au moment des mues. Ils sont donc brusques et discontinus.

Connaissez-vous

LE SENS DE CES MOTS OU EXPRESSIONS

- **nidicole**
- **nidifuge**
- **développement direct**
- **développement indirect**
- **larve**
- **nymphe**
- **métamorphose**
- **métamorphose progressive**
- **métamorphose complète**
- **croissance continue**
- **croissance discontinue**
- **mue**

2 DES ACTIVITÉS PÉDAGOGIQUES POSSIBLES

Des élevages d'insectes

L'élevage d'un insecte à métamorphose complète (ver de farine, mouche, papillon...) et d'un insecte à métamorphose progressive (grillon, phasme...) est tout à fait souhaitable avant de travailler sur des documents (photographies, dessins...).

1 Les vers de farine

C'est un élevage extrêmement facile à réussir et qui permet des exercices très variés. Dans le même élevage, on obtient simultanément tous les stades du développement : des adultes, des nymphes, des larves de différentes tailles, des oeufs. Il est alors aisé de reconstituer le cycle de vie de l'animal, les différentes étapes étant nettement distinctes. Il est facile de se procurer des vers de farine : les grainetiers et les marchands d'articles de pêche les vendent comme appâts pour poissons.

Le ver de farine est la larve d'un insecte appelé ténébrion. L'espèce la plus commune est le "ténébrion meunier".

Il est très commun dans les moulins et les boulangeries, et fait des ravages dans les stocks de céréales.

Une simple cuvette, une boîte en matière plastique ou un grand bocal conviennent parfaitement pour l'élevage. Il n'est pas nécessaire de mettre un couvercle car les adultes volent très rarement. Remplir le récipient de son, y ajouter un peu de flocons d'avoine, quelques croûtes de pain, des tranches de pomme ou de pomme de terre crue. La boisson n'est pas nécessaire.

2 Mouches et asticots

Cet élevage, facile et intéressant, peut être fait à partir de la ponte d'une mouche sur un morceau de viande ou, en hiver, à partir d'asticots achetés chez un marchand d'articles de pêche.

Il demande peu de soins et réussit bien, les mouches étant très prolifiques et les asticots peu exigeants.

On peut élever différents types de mouches de taille variable :

— la petite mouche du vinaigre ou drosophile (2 à 3 mm),

— la mouche domestique (6 à 7 mm),

— la mouche bleue de la viande (8 à 12 mm).

Ce sont des animaux très communs.

• Placez des fruits mûrs (bananes, poires, pommes...) dans un bocal ouvert ; vous verrez très vite des petites mouches voler autour : ce sont des drosophiles ; récoltez-les en fermant le bocal avec un morceau de gaze.

• L'élevage de mouches domestiques et celui de mouches bleues peuvent débuter à partir de pontes. En été ou au printemps, laissez à l'air un morceau de viande ; très vite, vous y observerez des oeufs de mouche bleue. Vous obtiendrez des oeufs de mouches domestiques sur des matières en décomposition ou sur un oeuf dur.

3 Chenilles et papillons

Elever des chenilles pour obtenir des papillons est une opération très simple demandant un minimum d'installation et un entretien sommaire. L'élevage permet

FIG. 4

Un animal facile à élever dans une classe : le phasme. Encore appelé "bâton du diable", c'est une curiosité de la nature : il présente des phénomènes de mimétisme (il ressemble à une brindille de bois, et prend la couleur du milieu dans lequel il se trouve lors de sa dernière mue). Quand il tombe sur le sol, il "fait le mort" ; allongeant ses pattes le long de son corps, il reste immobile un certain temps.

Extrait du *Guide du maître "Les animaux, les élevages"*.

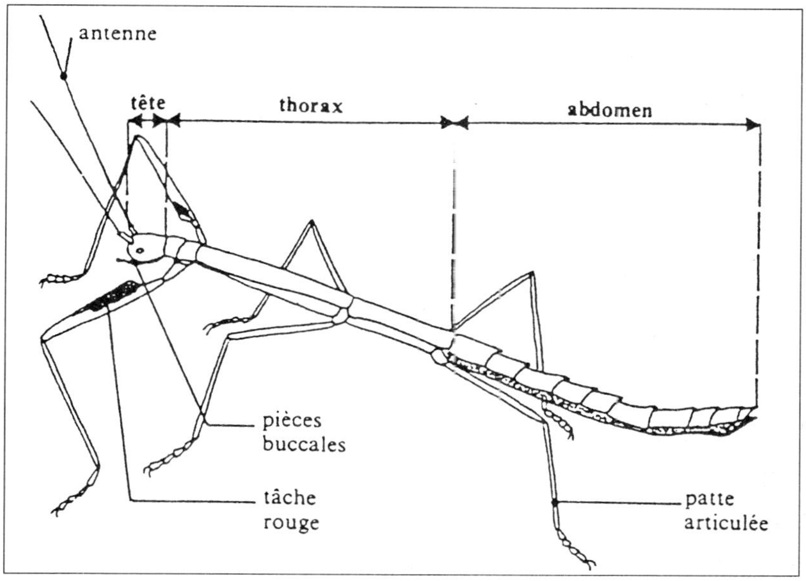

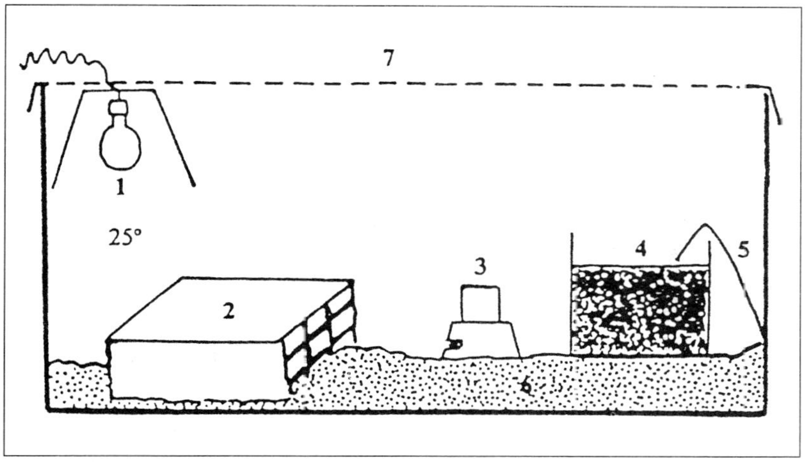

FIG. 5

Ce schéma donne toutes les indications utiles pour installer confortablement des grillons.
1 - ampoule électrique dans un pot de fleurs • 2 - brique creuse • 3 - "fontaine" = abreuvoir • 4 - "pondoir" avec terreau humide • 5 - feuille de papier donnant accès au pondoir • 6 - sable humide • 7 - couvercle grillagé ou moustiquaire de nylon.

Extrait du *Guide du maître "Les animaux, les élevages"*.

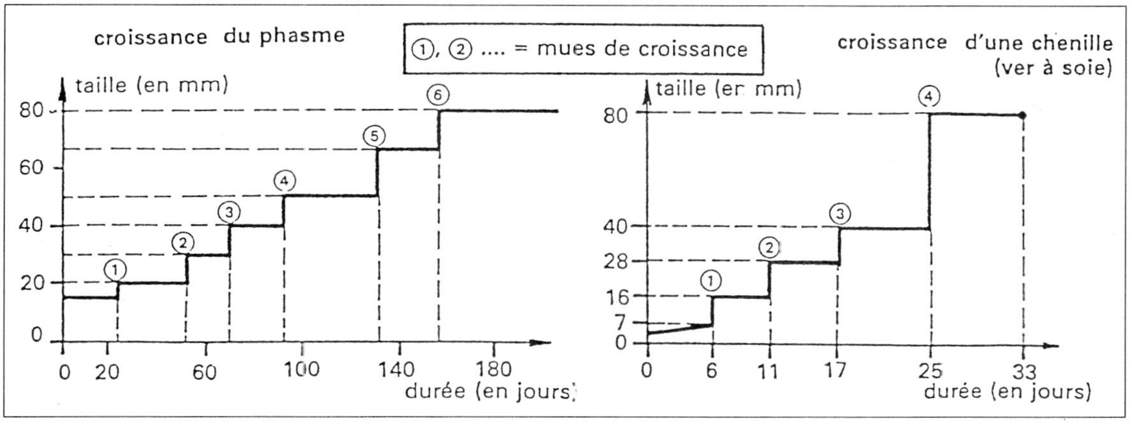

FIG. 6

Deux courbes de croissance à comparer dans une classe de cours moyen.

Extrait de *Matrices Biologie CM*.

d'assister à la croissance des chenilles (avec ses mues successives) et d'observer "l'éclosion" du papillon sortant de la chrysalide.

On peut entreprendre l'élevage à partir de chenilles, de chrysalides ou d'oeufs, plus difficilement à partir de papillons adultes, car ils ne pondent pas en captivité.

Pour réussir l'élevage de chenilles, il faut récolter en même temps le rameau sur lequel vous les trouvez ; en effet, elles se nourrissent de cette plante, ce qui résout immédiatement le problème du choix de la nourriture.

4 Les phasmes

• Un élevage facile

Cet animal curieux s'élève très facilement. L'adulte est peu actif, et les enfants se lassent vite de le regarder. Mais l'intérêt s'éveille avec les premières éclosions : les observations continues et les recherches peuvent alors débuter. Cet insecte se prête bien à l'étude de la croissance discontinue.

Vous trouverez des oeufs de phasmes dans de nombreux laboratoires de Facultés des Sciences ou bien, plus simplement, dans une école qui en fait l'élevage.

Le phasme élevé dans les laboratoires est le phasme morose, originaire de l'Inde ; il se nourrit de feuilles de lierre (fig. 4). En Provence et dans le sud-ouest de la France, on trouve, dans la nature, un animal très voisin : le Bacille de Rossi ; il s'élève beaucoup moins facilement que le précédent et se nourrit de feuilles de ronce.

Le phasme est un insecte sans ailes. Sous nos climats et dans les élevages, il n'existe que des femelles. Celles-ci pondent pendant plusieurs mois des oeufs non fécondés capables de donner de nouveaux individus, eux-mêmes femelles à l'état adulte (phénomène de parthénogénèse).

• Comment grandit-il ?

En raison de sa forme en bâton, le phasme se prête très bien à des mesures de taille. On peut ainsi s'apercevoir qu'il a une croissance discontinue. Il faut d'abord décider de ce qu'on va mesurer. Certains enfants conviennent de mesurer l'animal depuis la tête jusqu'à l'extrémité du corps ; d'autres, de l'extrémité des pattes antérieures tendues à l'extrémité des pattes postérieures ("lorsqu'il fait le mort").

Telle équipe veut faire ses mesures en plaçant le phasme sur une feuille de dessin et en marquant 2 repères ; d'autres le placent sur une feuille quadrillée ou sur du papier millimétrique. Il est surtout important de conserver chaque fois les mêmes repères.

Les propositions concernant le rythme des mesures sont très variées : certains voudraient les mesurer tous les jours mais ils s'aperçoivent très vite que ce n'est pas nécessaire ; le bon rythme est en général découvert après plusieurs essais, par exemple une fois par semaine.

Pour la présentation des résultats, les enfants suggèrent le plus souvent une représentation "en bâtons", chaque mesure étant figurée par un segment de droite de la longueur de l'animal ; tous les segments, s'ils sont verticaux, débutent sur une même ligne horizontale. Ces travaux peuvent donner l'occasion d'introduire d'autres types de représentations (graphes, histogrammes...).

5 Les grillons

L'élevage de grillons permet de découvrir le cycle complet d'un insecte : ponte, éclosion des œufs, développement progressif des jeunes, mues de croissance, comportement des adultes, accouplement. De plus, les enfants assistent aux repas ; ils apprennent à reconnaître le mâle de la femelle : ils observent le comportement belliqueux des mâles et recherchent la signification des différents types de chants...

Cet élevage demande très peu d'entretien et une nourriture simple (pain dur, pomme, salade, lait en poudre). La figure 5 donne un exemple de terrarium facile à installer. Si vous avez des adultes, il est indispensable de leur fournir un pondoir : bol de verre rempli de terreau ou de sable maintenu toujours humide. La femelle y pond ses oeufs à 1 ou 2 cm de profondeur, ceux-ci peuvent être observés par transparence le long des parois de verre.

Des documents sur les métamorphoses des insectes

Les observations réelles réalisées grâce aux élevages peuvent être complétées par un travail sur des photographies ou des dessins présentant les phases principales du développement des insectes. La figure 7 en fournit un exemple. Les documents peuvent être utilisés comme :

— **document de synthèse** (par exemple, un élevage de papillons a débuté par la récolte des chenilles et une vue complète du cycle de vie de l'animal n'a pas été possible),
— **document de découverte** d'un exemple nouveau (si on connaît la métamorphose du papillon grâce aux élevages, on peut alors interpréter par analogie la métamorphose de la coccinelle),

— **document d'évaluation** qui permet de contrôler si les enfants sont capables de réinvestir dans de nouvelles situations les connaissances acquises grâce aux élevages.

Même si les enfants n'ont pas eu l'occasion de réaliser des mesures pour étudier la croissance des insectes, les deux graphiques de la figure 6 sont intéressants à analyser et à comparer :

— chez le phasme, il y a 6 mues de croissance (c'est-à-dire 6 "crises" de croissance) ; à chaque mue, l'animal grandit brusquement ; après la dernière mue, la taille adulte est atteinte, elle ne variera plus.

— chez le ver à soie (qui est la chenille d'un papillon, le bombyx du mûrier), il y a seulement 4 mues de croissance avant la transformation de la chenille en nymphe. La nymphe est une phase de "transformation" en papillon au cours de laquelle l'animal ne subit aucune croissance.

Du têtard à la grenouille

1 Un élevage facile

• Si on découvre en mars-avril des têtards dans un fossé plein d'eau ou dans une mare, il est intéressant d'en récolter quelques-uns et de les installer pour en suivre les transformations.

• **L'installation** est réalisée dans un aquarium avec une couche de sable de 4 à 5 cm, quelques plantes aquatiques et un bulleur qui assure l'aération de l'eau.

Plusieurs précautions à respecter permettent de réussir l'élevage :

— Eviter la suralimentation : les jeunes têtards sont herbivores (laitue, rondelle de pomme de terre crue) ; ils deviennent rapidement omnivores puis carnivores ; le mieux est alors de les nourrir d'aliments séchés pour poissons d'aquarium.

— Eviter de mettre l'aquarium au soleil.

— Se méfier de la surpopulation, c'est-à-dire ne pas mettre trop de têtards dans l'aquarium.

La durée totale du développement est assez longue (2 à 3 mois).

• **Les travaux à réaliser** sont ceux de toute observation continue :

— tenir un "carnet de bord" de l'élevage en notant les changements au moment où ils se produisent,

— réaliser des dessins des différents stades observés,

— décrire comment nage le têtard, comment il se nourrit...

2 Un document de synthèse

• La figure 3 rappelle les différents stades de la transformation d'un têtard en grenouille. On peut l'utiliser pour compléter les observations réalisées au cours de l'élevage (car on observe rarement la "série complète" de l'oeuf à la grenouille adulte) ou pour généraliser la notion de métamorphose après l'installation en classe d'élevages d'insectes. Notons que, à la différence de ce que l'on observe chez les insectes, chez la grenouille les changements de forme sont **continus ;** entre deux dessins, on pourrait placer tous les intermédiaires.

• Voici quelques informations biologiques précises :

— Le jeune têtard, d'abord végétarien, devient omnivore puis carnivore.

— Le têtard nage d'abord avec sa queue, puis avec sa queue et ses pattes, puis seulement avec ses pattes ; il peut alors se déplacer hors de l'eau en sautant.

— Le têtard vit dans l'eau et respire dans l'eau (grâce à des branchies) ; la jeune grenouille respire en surface et hors de l'eau (grâce à des poumons).

Les métamorphoses de têtard en grenouille se font donc très progressivement et s'accompagnent de changements dans le mode de vie.

D'autres exemples

On pourrait multiplier le nombre des documents illustrant le développement des animaux. Deux ont été sélectionnés :

— le premier (fig. 2) aborde le développement de la truite dont les transformations ne sont pas aussi importantes que celles observées chez la grenouille ; ce ne sont donc pas des métamorphoses ;

— le deuxième (fig. 8) est un document d'évaluation à utiliser avec des CM lorsqu'on souhaite faire le bilan des connaissances acquises concernant la reproduction des animaux.

NOTIONS VISÉES

à l'école élémentaire

A la naissance, certains animaux ne peuvent survivre que si les parents les nourrissent et prennent soin d'eux.
En revanche, d'autres jeunes sont immédiatement capables de vivre seuls.

A la naissance, certains jeunes sont très différents de leurs parents. Appelés **larves**, ils changent profondément de forme au cours de leur croissance. On dit qu'ils subissent des **métamorphoses**.

Chez certains insectes, la larve devient une **nymphe** à l'intérieur de laquelle les organes sont complètement remaniés pour former ceux de l'adulte.

Les insectes ne grandissent pas de manière continue.
Régulièrement, les jeunes ou les larves perdent leur "peau" : c'est la **mue**. Entre deux mues, la croissance est impossible en raison de la rigidité de la peau. Au moment de la mue, le jeune grandit rapidement, puis en quelques heures, une nouvelle carapace rigide se constitue.

Mots clés
allaiter, protéger, mammifère, larve, nymphe, adulte, mue de croissance, métamorphose.

2 *De la chenille au papillon*

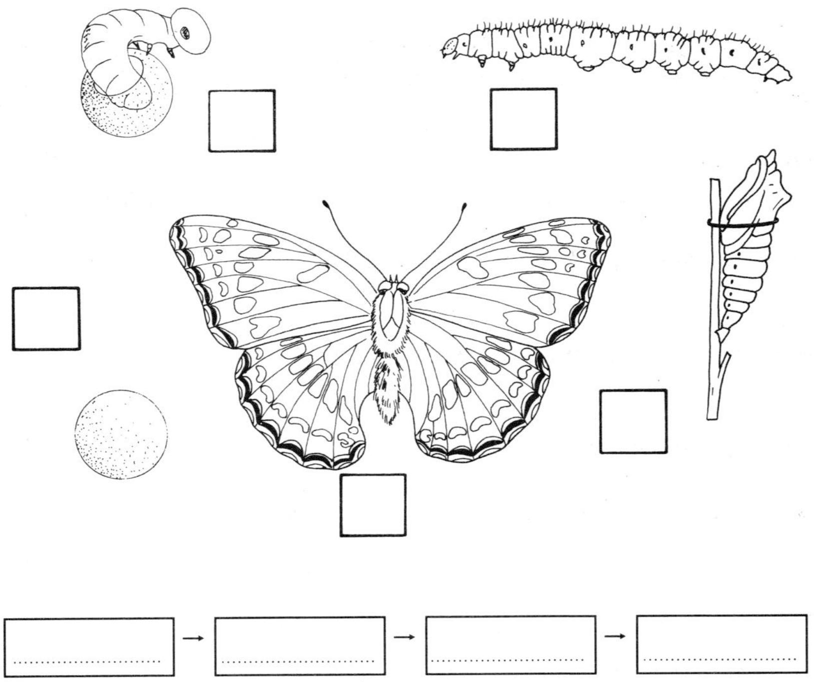

- Numérote les dessins dans l'ordre pour raconter l'histoire.
- Remplis les étiquettes avec les mots qui conviennent : papillon, œuf, chrysalide, chenille.

FIG. 7

Ces dessins permettent d'illustrer le cycle complet de développement d'un papillon, et de compléter ainsi les observations réalisées lors d'un élevage de chenilles.

Extrait de *Cahier d'activités CE1, Biologie.*

1 De l'œuf à l'adulte

La truite

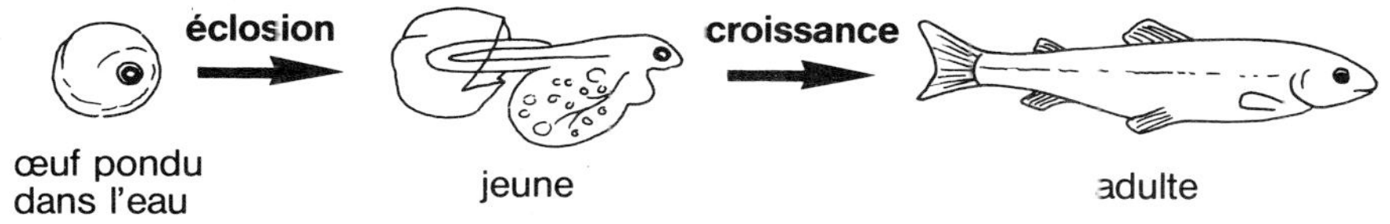

La grenouille

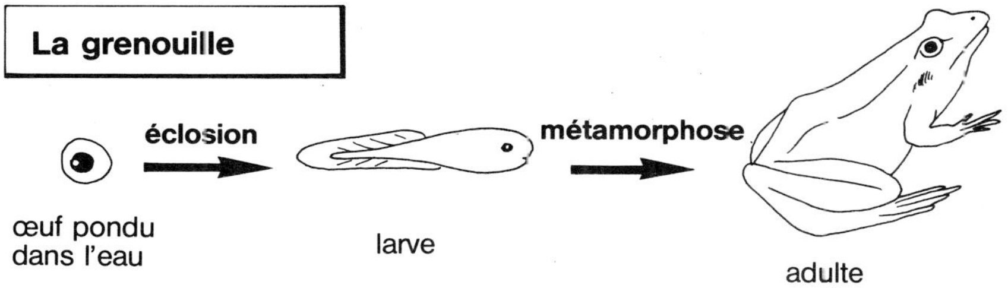

La souris

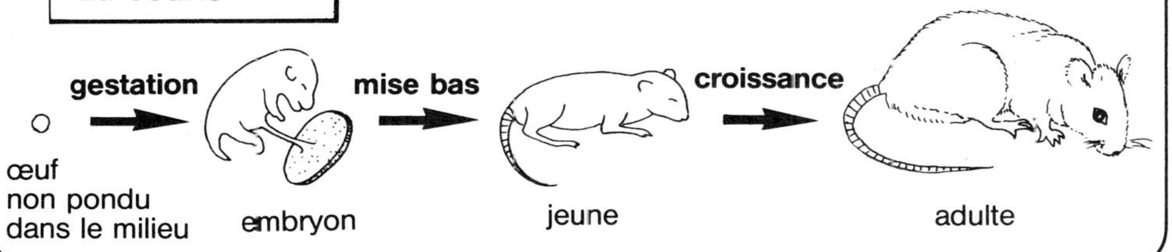

- Quelle est, dans chacun des cas, l'origine de l'œuf ? ....

....

- La truite et la grenouille sont des ovipares. Que signifie ce mot ?

....

- Précise le sens des mots suivants :

  – vivipare : ....

  – larve : ....

  – métamorphose : ....

FIG. 8

Ce document de synthèse permet avec des élèves de cours moyen d'évaluer les connaissances acquises sur la reproduction des animaux.

Extrait de *Cahier d'activités CM2, Biologie.*

5 Comment naissent les bébés ?

Le sujet "**sexualité et reproduction des humains**" figure au programme du cours moyen. C'est un sujet très important. De nos jours, la vie quotidienne étale le spectacle de la sexualité : affiches de films, kiosques à journaux, informations télévisées avec allusions fréquentes à la prostitution, au viol,..., publicités faisant appel à l'érotisme et en particulier à la plastique féminine, liberté de langage... Ces images sont souvent traumatisantes. Elles peuvent entraîner de l'anxiété (la sexualité serait-elle liée à la violence ?) et surtout donnent une image fausse de la sexualité humaine, sans amour et sans respect.

L'école peut-elle continuer à ignorer ces faits de civilisation ?

Choisir de ne pas parler de ce sujet, c'est laisser à la rue la responsabilité de cette éducation puisque, en pratique, de nombreuses familles se sentent mal préparées à assumer cette responsabilité. Une attitude réticente ou gênée des adultes devant les interrogations des enfants peut faire naître le sentiment que, sur ce sujet, les échanges avec les "grandes personnes" sont interdits.

Il est donc important de :

— fournir à chaque enfant l'occasion de parler des problèmes relatifs à la reproduction humaine, devant des camarades et en présence d'un adulte, dans une bonne ambiance, simple détendue, saine ;

— organiser et corriger les connaissances souvent décousues, parfois fausses, issues d'une information empirique et fragmentaire ;

— préparer l'enfant à son avenir, en l'informant des changements qui accompagnent la puberté, en lui donnant la signification de la menstruation (règles), en l'aidant à comprendre les différences entre les deux sexes, en montrant qu'elles n'entraînent pas une inégalité mais une complémentarité et ainsi en l'aidant à assumer psychologiquement l'appartenance à son sexe.

Tous ces objectifs répondent à un souci d'**éducation globale** de l'enfant : l'éducation sexuelle n'est pas celle de la fonction sexuelle ; elle n'est qu'un des aspects de l'éducation.

1 INFORMATIONS UTILES POUR L'ENSEIGNANT

1 Qu'appelle-t-on puberté ?

Entre 8 et 13 ans chez la fille (en moyenne vers 10 ans et demi), entre 10 et 14 ans chez le garçon (en moyenne vers 11 ans et demi) débute un ensemble de **transformations profondes**, **morphologiques**, **physiologiques** et **psychologiques** appelé **puberté** (du latin *pubere* = se couvrir de poils).

La puberté qui correspond au début du fonctionnement des organes génitaux se manifeste par :

— l'apparition des premières règles chez la fille,

— la première éjaculation (émission de sperme) chez le garçon.

Les changements morphologiques et physiologiques de la puberté sont **progressifs** et se déroulent en moyenne sur quatre ans (fig. 1). Pendant cette période, les organes génitaux et l'organisme entier se transforment de telle sorte que l'enfant devient adolescent, puis adulte avec **apparition du pouvoir de se reproduire**.

Ces transformations profondes s'accompagnent de changements psychologiques importants. Les résultats d'enquêtes montrent de grandes variations sur les dates d'apparition des différents signes. Mais l'ordre

FIG. 1

La chronologie des "changements" qui surviennent lors de la puberté est la même pour tous.

Extrait de *Géologie-Biologie 4*ᵉ.

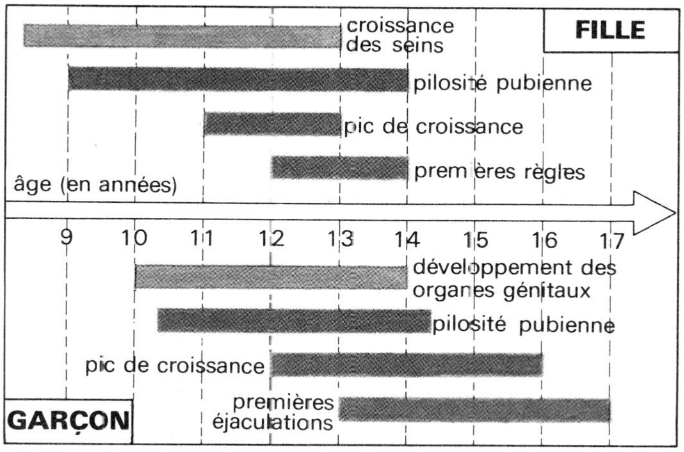

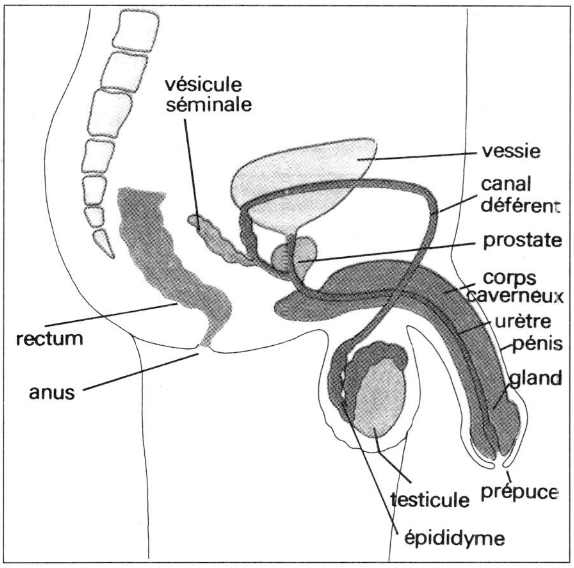

FIG. 2

L'appareil génital de l'homme.

Extrait de *Géologie-Biologie 4*ᵉ.

FIG. 3

L'appareil génital de la femme.

Extrait de *Géologie-Biologie 4*ᵉ.

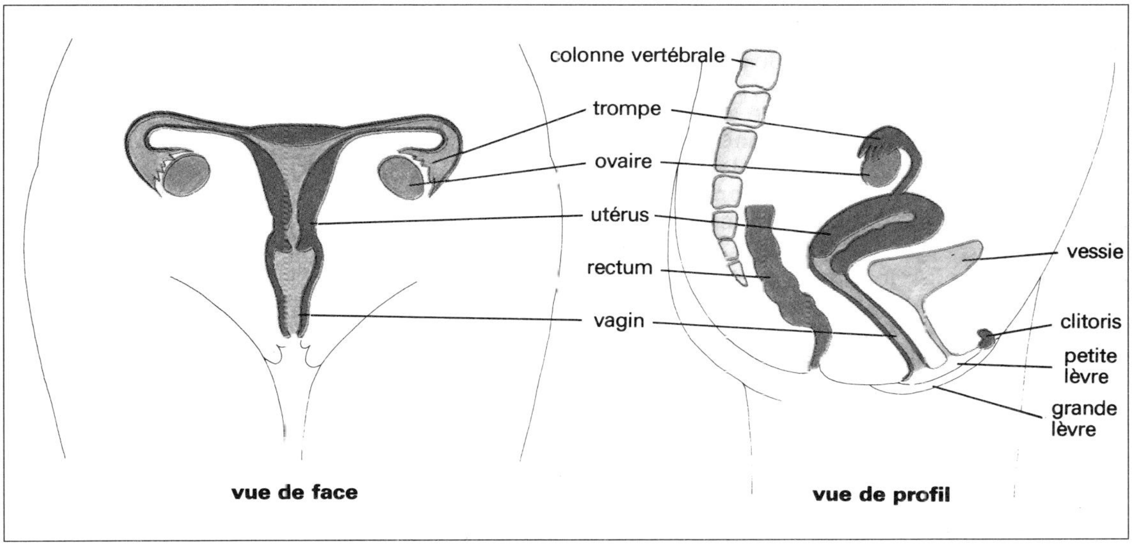

reste toujours le même. A la puberté, tous les organes indispensables à la reproduction se développent :

— chez le garçon, augmentation de la taille de la verge, du volume des testicules et des glandes annexes ;

— chez la fille, développement de l'utérus, du vagin et des seins.

A la puberté, la fille se féminise (apparition des seins...), le garçon se virilise (élargissement des épaules, apparition de la barbe...). Ces différences entre fille et garçon constituent les **caractères sexuels secondaires**.

2 Les organes génitaux de l'homme

• **Les testicules ont une double fonction :**

— ils fabriquent les **spermatozoïdes**, c'est-à-dire les gamètes mâles indispensables à la fécondation,

— ils produisent une substance chimique ou hormone, la **testostérone**, déversée directement dans le sang.

• **La sécrétion de testostérone par les testicules** est régulière, continue et se produit pendant toute la vie. Cette sécrétion est très importante puisqu'elle contrôle tout le fonctionnement sexuel :

— elle est responsable des diverses transformations observées à la puberté (accroissement des organes génitaux, pilosité, modification de la voix...) ;

— elle est indispensable à la production de spermatozoïdes (depuis la puberté jusqu'à la fin de la vie) ;

— elle est responsable du maintien des caractères sexuels secondaires.

• **Le sperme ne contient pas seulement des spermatozoïdes.** Il est surtout formé de sécrétions nourricières provenant d'une part, des vésicules séminales (60 % du volume total), d'autre part, de la prostate (20 % du volume total). Il contient aussi les spermatozoïdes : 60 à 100 millions par centimètre cube. Le volume moyen de sperme émis lors d'une éjaculation est de 3 à 4 cm3.

3 Les organes génitaux de la femme

L'appareil génital de la femme (fig. 3) est caractérisé par un **fonctionnement cyclique** qui débute à la puberté et s'achève à la ménopause (vers 45-50 ans). Le cycle génital (fig. 4) dont la durée est variable (24 à 32 jours) est marqué par :

— un écoulement sanguin s'extériorisant au niveau de la vulve ; il constitue les **règles** ou **menstruation** et marque le début du cycle ;

— l'émission par l'un ou l'autre des ovaires d'un ovule. Ce phénomène appelé **ovulation** se produit 14 jours avant le début du cycle suivant. Ainsi, de la puberté à la ménopause, une femme produit environ 400 ovules.

4 Quelle est l'origine des règles ?

L'événement le plus visible du fonctionnement de l'appareil génital de la femme est la **menstruation**. Quelle est l'origine de cet écoulement sanguin qui apparaît au niveau de la vulve et quelle en est la signification ?

L'utérus est un muscle creux, de la dimension et de la forme d'une poire renversée. Il est tapissé intérieurement d'une muqueuse appelée **endomètre** qui subit de profondes modifications au cours de chaque cycle menstruel. Les règles correspondent à une destruction de cette muqueuse qui s'accompagne d'un écoulement sanguin.

Entre le 5e et le 24e jour du cycle, la muqueuse, qui a été détruite presque totalement, se reconstitue :

— elle s'**épaissit progressivement** (son épaisseur atteint environ 5 mm),

— ses **vaisseaux sanguins se développent** considérablement.

Ce développement de la muqueuse correspond à la préparation du "berceau" dans lequel vient se nicher l'œuf si la femme est fécondée. En l'absence de fécondation, la muqueuse est détruite et le cycle recommence.

Ainsi, au cours du cycle menstruel, on constate une évolution de l'utérus : celle-ci constitue le **cycle de l'utérus**.

5 Le cycle de l'ovaire

• **Les ovaires de la femme ont une double fonction :**

— ils fabriquent les cellules de la reproduction, c'est-à-dire les **ovules** (un ovule est libéré chaque mois lors de l'ovulation),

— ils secrètent les hormones féminines, **oestrogènes** et **progestérone**.

Ces hormones sont secrétées par les cellules qui entourent les ovules. L'ensemble d'un ovule et des cellules sécrétrices qui l'entourent forme un **follicule**.

• **La quantité d'hormones sexuelles sécrétées par l'ovaire** n'est pas constante au cours du cycle menstruel (fig. 5).

L'ovaire fonctionne donc de manière cyclique. Le cycle de l'ovaire comporte deux phases séparées par l'ovulation. Au cours de la première phase, l'ovaire secrète des oestrogènes en quantité croissante avec un pic juste avant l'ovulation. Au cours de la deuxième phase, l'ovaire sécrète de la progestérone en même temps qu'un peu d'oestrogènes.

FIG. 4

Le cycle génital de la femme est marqué par deux événements importants:les règles et l'ovulation(ou ponte ovulaire).

Extrait de *Géologie-Biologie* 4e.

"La durée moyenne du cycle menstruel est de 28 jours. Mais elle peut être plus longue ou plus courte selon les femmes et, chez une même femme, des cycles longs peuvent alterner avec des cycles courts.
On dit qu'une femme est réglée régulièrement lorsque la longueur de son cycle ne varie pas, ou peu, d'un mois à l'autre."

D'après C.I.R.M.

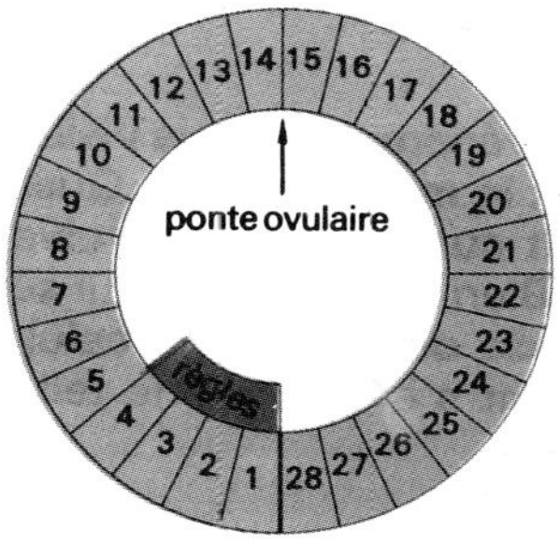

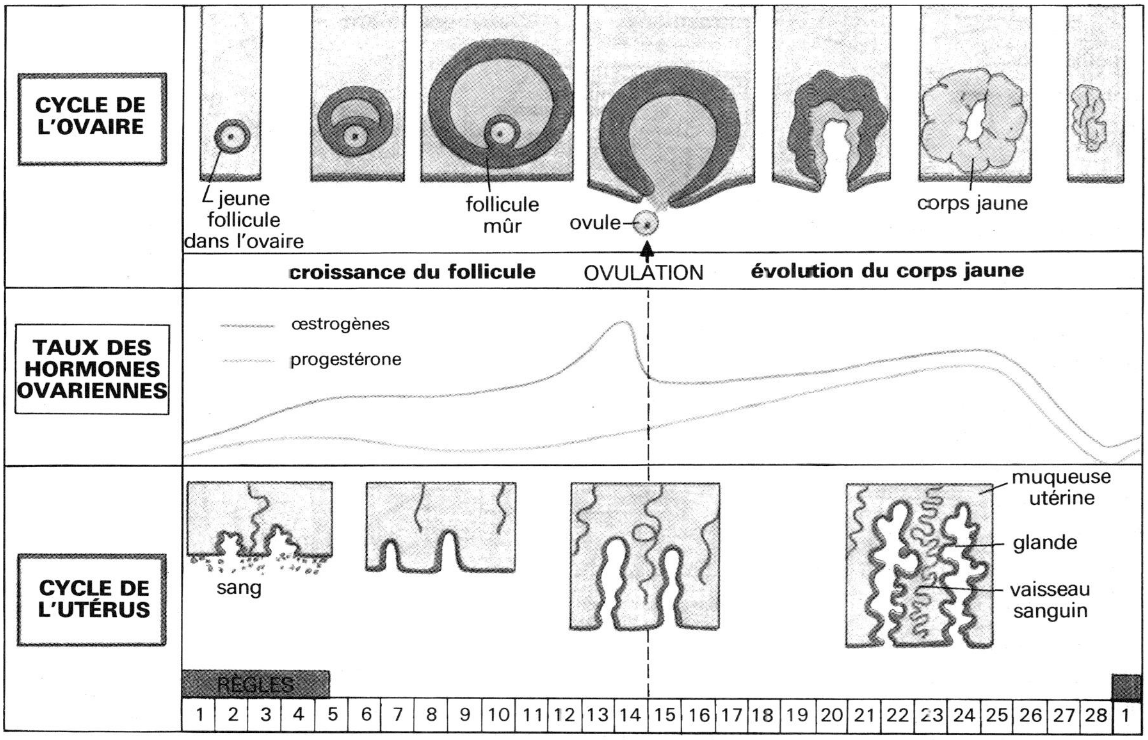

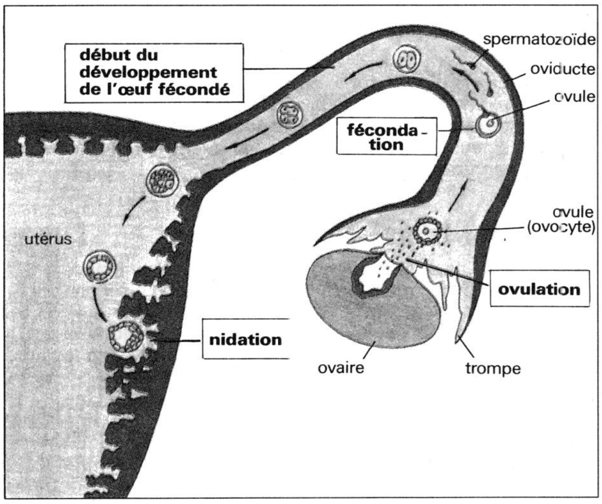

FIG. 5

Le cycle de l'ovaire et le cycle de l'utérus se déroulent de façon synchrone au cours du cycle menstruel.

Extrait de *Géologie-Biologie* 4e.

FIG. 6

Aprés la remontée des spermatozoïdes dans l'utérus puis dans l'oviducte, la rencontre avec l'ovule a lieu. Le début du développement de l'œuf s'effectue librement. Après la nidation, le développement se poursuit dans la paroi de l'utérus.

Extrait de *Géologie-Biologie* 4e.

• **Bien que la durée qui sépare deux menstruations présente des variations, le cycle de l'utérus et celui de l'ovaire se déroulent de façon synchrone**. Comment s'explique une telle synchronisation ?
La sécrétion des hormones sexuelles commande le cycle de l'utérus. Sous leur action, l'endomètre se prépare à recevoir l'oeuf fécondé. Dans le cas où il n'y a pas fécondation, l'endomètre se désagrège (c'est la menstruation).

Remarque : cette liaison hormonale entre ovaire et utérus fournit l'occasion de rappeler la définition d'une **hormone :** c'est une substance chimique sécrétée à très faible dose par un organe, et déversée dans le sang. Par voie sanguine, elle atteint les organes cibles dont elle modifie le fonctionnement. Une hormone est donc un **messager** qui assure la transmission d'informations d'un organe à un autre permettant ainsi la corrélation entre les organes.

6 Le fonctionnement génital est commandé par l'hypophyse et l'hypothalamus

• **Chez les hommes** (fig. 7), la sécrétion de la testostérone est commandée par l'hypophyse. Cette petite glande située sous le cerveau sécrète deux hormones (des "**gonadostimulines**") qui agissent sur les testicules. L'activité de l'**hypophyse** est elle-même sous la dépendance d'une sécrétion d'un centre "**neurosécrétoire**", l'hypothalamus.
Par ailleurs, les sécrétions hypophysaires sont ralenties lorsque le taux de testostérone dans le sang dépasse un certain seuil. C'est le **rétrocontrôle** du testicule sur l'hypophyse.

• **Chez la femme**, on retrouve une régulation analogue :
Des hormones sécrétées par l'hypophyse stimulent le fonctionnement de l'ovaire. Ces gonadostimulines contrôlent en particulier la sécrétion des hormones ovariennes.
Un centre nerveux situé au-dessus de l'hypophyse, l'hypothalamus, contrôle les sécrétions hypophysaires par l'intermédiaire d'une "**neurohormone**". Inversement, les hormones ovariennes agissent sur le complexe hypothalamus-hypophyse en stimulant ou en freinant ses sécrétions. Grâce à ce **rétrocontrôle**, un équilibre hormonal complexe s'établit dans l'organisme.

7 A quoi correspond la puberté ?

La puberté, ensemble des changements morphologiques, physiologiques, et psychologiques qui marquent le passage de l'état d'enfant à celui d'adulte, correspond à la mise en place de l'équilibre hormonal que nous venons de voir.

• **Une nette augmentation de la concentration des hormones hypophysaires** dans le sang a été mise en évidence chez la fille à partir de dix ans. Cette augmentation est suivie d'un accroissement immédiat de la concentration en hormones ovariennes.

Chez le garçon, on retrouve un fonctionnement identique dès l'âge de 11 ans.

• **L'accroissement des sécrétions hypophysaires est elle-même commandée par les sécrétions des neurohormones de l'hypothalamus**.
Ainsi la puberté correspond à une cascade d'activation :
hypothalamus → hypophyse → ovaire (ou testicule)→ changements morphologiques et physiologiques du corps.

Remarque : L'âge d'apparition de la puberté varie selon les individus. Il est actuellement de plus en plus précoce. On l'explique par différents facteurs dont une meilleure qualité de l'alimentation.

A l'inverse, certains retards pubertaires peuvent s'expliquer par des stress psychiques, une malnutrition...

L'apparition de la puberté peut donc être retardée ou avancée sous l'influence de facteurs externes.

8 La fécondation et le début de la vie

Chez une femme, la période féconde n'est que de quelques jours par cycle. Si le rapport sexuel a lieu pendant cette période, la fécondation peut se produire. L'oeuf qui résulte ne tarde pas à se diviser ; c'est le point de départ d'un nouvel individu (fig. 6).

• **La fécondation** «qui marque le début de la grossesse » se produit dans la partie supérieure de la trompe ; les spermatozoïdes y arrivent quelques heures après l'acte sexuel.

Au cours de la fécondation, les noyaux de l'ovule et du spermatozoïde fusionnent. On comprend donc que l'enfant qui se développe à partir de la cellule oeuf issue de la fécondation possède à la fois des caractères de son père et des caractères de sa mère.

• **L'oeuf fécondé** se divise rapidement en 2, 4, 8 puis 16 cellules ; il descend le long de l'oviducte et, une semaine plus tard, parvient dans l'utérus dont l'endomètre est très épaissi. Il s'y implante (c'est la **nidation**) et y poursuit son développement pendant les 9 mois de la grossesse. La menstruation n'a donc pas lieu à la date habituelle ; cette absence peut être l'indication d'une maternité probable.

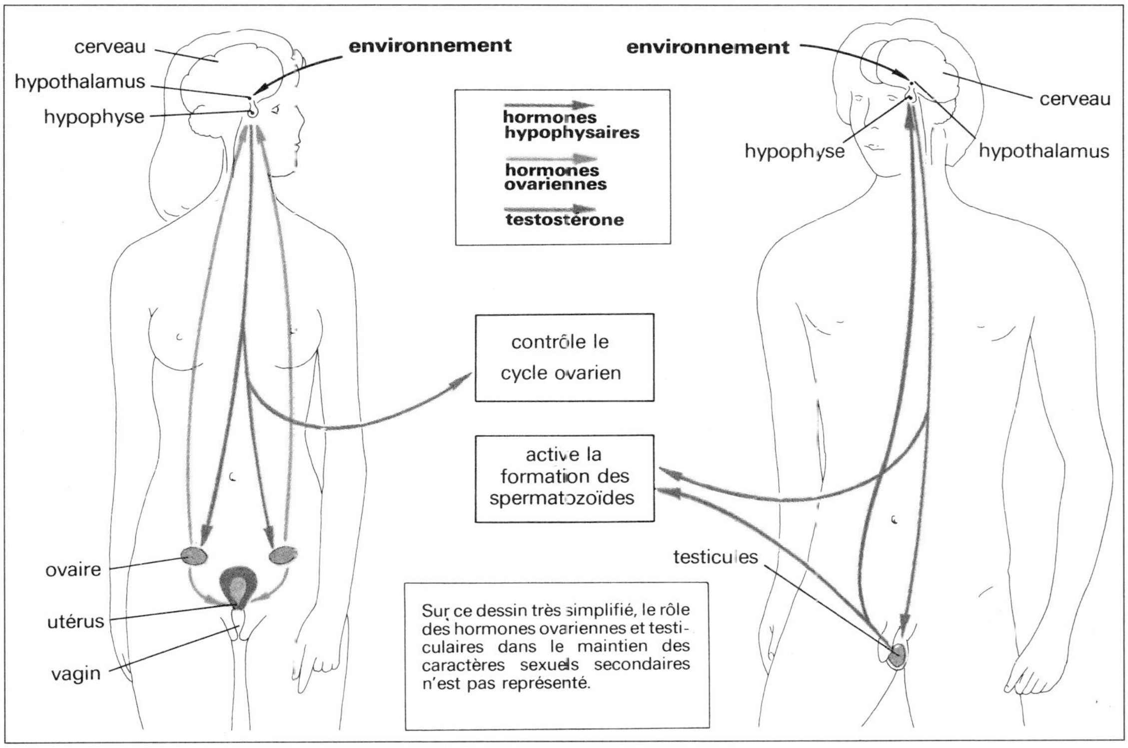

FIG. 7

Chez l'homme comme chez la femme, le fonctionnement génital est sous la dépendance de l'hypophyse et de l'hypothalamus.

Extrait de *Géologie-Biologie* 4e.

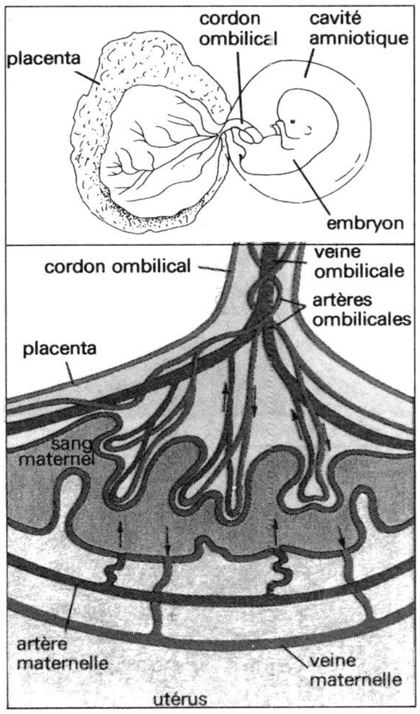

FIG. 8

L'embryon possède plusieurs annexes indispensables à sa vie à l'intérieur de l'utérus.

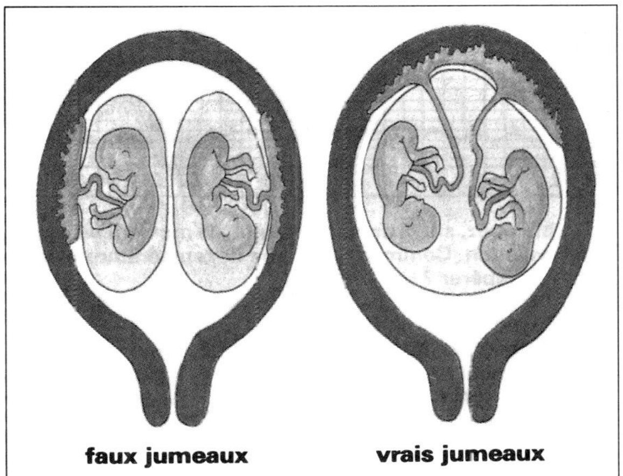

On distingue deux types de jumeaux :
— les jumeaux « vrais » qui se sont formés à partir du même ovule fécondé (la séparation en deux se produit précocement, après les premières divisions de l'œuf) ;
— les « faux jumeaux » qui se sont formés séparément à partir de deux ovules pondus simultanément au cours du même cycle.

FIG. 9

Quelles sont les différences entre des vrais jumeaux et des faux jumeaux ?

Fig. 8 et 9 : Extrait de *Géologie-Biologie* 4e.

9 De la vie embryonnaire à la naissance

En se divisant, la cellule oeuf ne donne pas seulement naissance à l'embryon, mais aussi à toutes les annexes indispensables (fig. 8) :
— l'**amnios**, dont la cavité contient le liquide amniotique qui met l'embryon à l'abri des chocs et, en partie, de la pesanteur ;

— **le cordon ombilical** qui relie l'embryon au placenta ; ce cordon de 50 à 60 cm de longueur permet une certaine mobilité de l'embryon dans la cavité amniotique ;

— **le placenta** qui permet des échanges entre le sang de l'enfant et celui de la mère (échange de substances nutritives, d'oxygène, de déchets, de substances chimiques telles que médicaments, alcool, toxines de certains microbes) bien qu'il n'y ait jamais de mélange du sang maternel et du sang foetal.

Pendant les trois premiers mois, selon un programme défini à l'avance, tous les organes se mettent en place. C'est la période embryonnaire. A partir de 2 mois, l'**embryon** s'appelle **foetus**. La vie fœtale est essentiellement une période de croissance.

10 La naissance

270 jours environ après la fécondation, l'enfant est prêt à venir au monde.

• L'accouchement

L'accouchement comporte trois temps successifs : la **dilatation du col de l'utérus** (durée : 8 heures), **l'expulsion de l'enfant** par contractions des muscles de l'utérus et contractions des muscles abdominaux (durée : 1 heure environ), la **délivrance** ou **expulsion du placenta** qui se produit dans la demi-heure qui suit la naissance. Pendant la vie foetale, presque tous les organes ont déjà fonctionné ; une exception pourtant, les poumons. Dès que sa tête apparaît hors du vagin, l'enfant aspire son bol d'air, déplisse ses alvéoles pulmonaires et expire profondément en poussant son premier cri. La circulation pulmonaire devient alors active.

• L'allaitement

Un nouveau-né n'est pas un "petit adulte en réduction" : c'est un **être inachevé**, très fragile. Le lait maternel n'est pas seulement un aliment complet, dont les divers constituants sont présents dans des proportions idéales. Transmis à la température optimale, de digestion facile et rapide, il contient aussi des substances (immunoglobulines) qui aident l'enfant à résister aux infections. Le lait maternel n'a donc pas uniquement un rôle nutritif, mais également une action protectrice contre les maladies microbiennes.

Pour des raison diverses, le lait maternel est souvent remplacé par du lait de vache "maternisé", c'est-à-dire adapté au nouveau-né humain par des procédés industriels, et donné au biberon.

11 Vrais et faux jumeaux

Les "vrais jumeaux" sont des jumeaux uniovulaires, les "faux jumeaux", des jumeaux diovulaires (fig. 9). La ressemblance entre des vrais jumeaux (ils sont toujours du même sexe) est le plus souvent étonnante. Par contre, les faux jumeaux ne sont pas obligatoirement du même sexe, et ne sont pas plus semblables entre eux qu'ils ne le sont avec leurs autres frères et soeurs.
Les triplés, les quadruplés, les quintuplés résultent le plus souvent de la naissance de vrais et de faux jumeaux.

12 La fécondation in vitro

Un bébé né par fécondation in vitro est faussement appelé "bébé éprouvette".

La fécondation in vitro est une technique médicale récente qui réalise "in vitro" ce qui a lieu normalement dans le corps de la femme. Le principe comprend notamment :

— le prélèvement de l'ovocyte par ponction guidée par échographie ;

— les étapes biologiques de maturation de l'ovocyte, de fécondation, de culture de l'embryon pendant 24 heures ;

— la réimplantation dans l'utérus de l'embryon formé de 4 cellules.

La fécondation in vitro est pratiquée lorsque la chirurgie ne peut résoudre les cas de stérilité dues à l'obstruction des trompes.

13 La régulation des naissances

• La contraception est l'ensemble des méthodes qui permettent à un homme et à une femme d'avoir des relations sexuelles en évitant les risques de grossesse. Certaines de ces méthodes sont utilisées depuis longtemps (méthode du retrait), d'autres sont le résultat de découvertes médicales récentes (pilules contraceptives).

• La pilule contraceptive

Cette méthode de contraception orale (il y a absorption d'hormones de synthèse par la bouche) est une méthode "générale", c'est-à-dire que les substances chimiques absorbées se répartissent par voie sanguine dans tout le corps et modifient provisoirement l'équilibre hormonal naturel.

FIG. 10

Toute l'histoire du bébé avant la naissance est résumée ici.

Extrait de *Cahier d'activités CM2, Biologie.*

1 *Au départ un œuf minuscule*

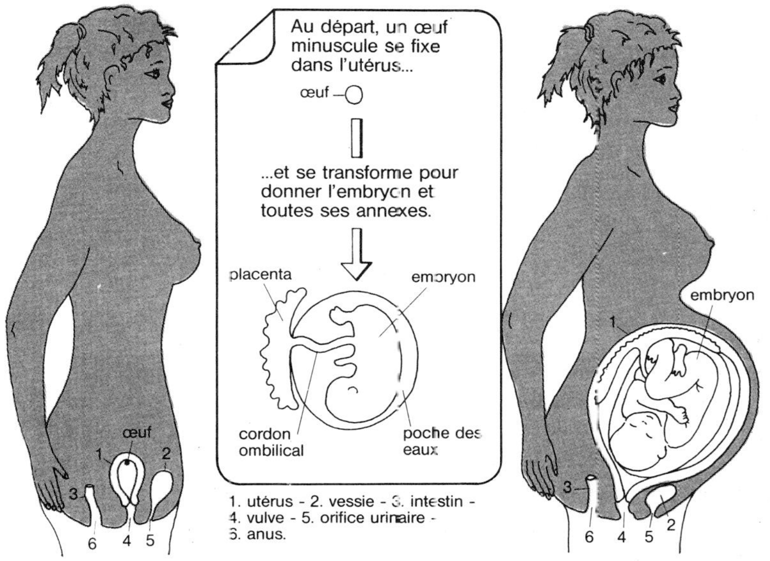

- Dans quel organe de la maman l'embryon est-il logé ? Colorie cet organe.
- En se développant, l'œuf donne naissance non seulement au bébé mais aussi à d'autres organes qui assurent sa protection, son alimentation. Cite ces organes.

2 *Une nouvelle vie commence*

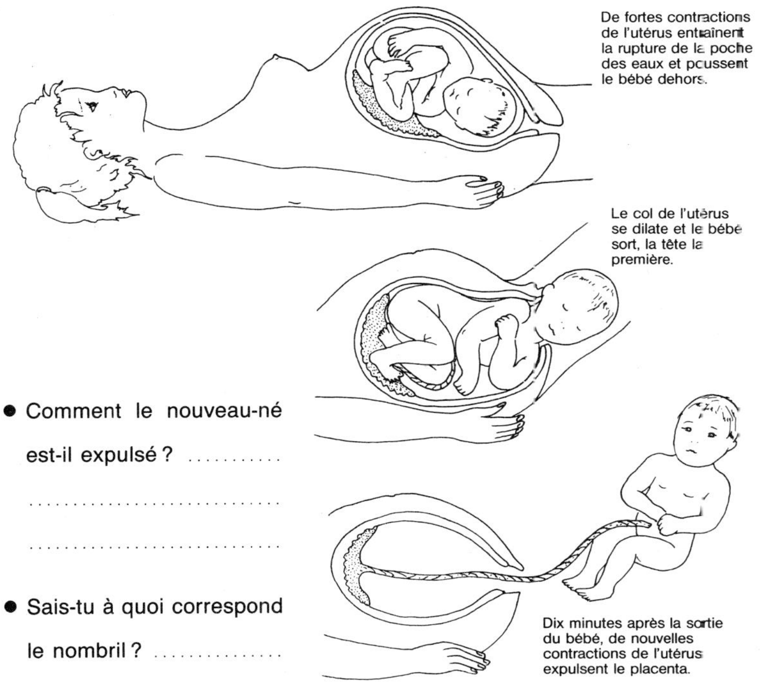

- Comment le nouveau-né est-il expulsé ? ....
....
....
- Sais-tu à quoi correspond le nombril ? ....
....

FIG. 11

Pour parler de l'accouchement, il est souvent plus facile de présenter des dessins, d'amener les enfants à les comprendre, puis à exprimer le sens perçu, en utilisant un vocabulaire précis.

Extrait de *Cahier d'activités CM2, Biologie.*

Le choix de la pilule est un acte de prescription médicale et ne se conçoit qu'après un examen clinique.

• **Les méthodes locales**

Elles ne modifient pas l'équilibre hormonal du corps. Elles agissent localement :

— en empêchant les spermatozoïdes de rejoindre l'ovule (retrait, préservatifs, spermicides) ;

— en empêchant la nidation (stérilet). En France, l'utilisation du stérilet est réservée aux femmes qui ont déjà eu des enfants. Cette précaution est prise en réponse à une complication rare mais possible : le risque de stérilité provoquée par une infection.

14 En résumé

Lorsqu'un rapport sexuel a lieu pendant la période féconde de la femme, la fécondation se produit. L'oeuf commence bientôt à se diviser. La fixation dans la paroi spongieuse de l'utérus a lieu six jours plus tard. Les annexes indispensables à la vie de l'embryon (cordon ombilical, cavité amniotique, placenta) se développent très précocement.

On distingue deux périodes au cours de la grossesse :

— **la vie embryonnaire** qui dure 2 mois et correspond à la formation des différents organes,

— **la vie foetale** qui correspond surtout à la croissance de l'enfant.

Connaissez-vous

LE SENS DE CES MOTS OU EXPRESSIONS

• puberté	• hormone
• caractères sexuels secondaires	• neurohormone
• testicules	• rétrocontrôle
• ovaires	• fécondation
• testostérone	• nidation
• oestrogènes	• amnios
• progestérone	• cordon ombilical
• règles	• placenta
• menstruation	• embryon
• ovulation	• foetus
• cycle de l'ovaire	• accouchement
• cycle de l'utérus	• jumeaux
• follicule	• fécondation in vitro
	• contraception

2 DES ACTIVITÉS PÉDAGOGIQUES POSSIBLES

L'ordre dans lequel sont abordés les différents problèmes biologiques liés à la reproduction humaine varie selon les classes et selon les circonstances qui ont accompagné le début de l'étude. Il n'est donc pas question ici d'exposer une chronologie à suivre obligatoirement. Il est cependant déconseillé de commencer par l'étude de l'anatomie de l'homme ou de la femme.

Pour ce sujet,comme pour tous ceux abordés en biologie, il est préférable de partir de constatations simples (par exemple : avant la naissance, les bébés vivent dans le ventre de leur maman). Ces faits posent des problèmes dont on cherche la solution (comment le bébé est-il placé dans le ventre de sa maman ? Comment se nourrit-il ?...).

C'est alors l'occasion de découvrir l'anatomie de la femme enceinte, et de la femme avant la grossesse. Plus tard, on se posera la question de savoir comment le bébé "est venu là", on parlera alors de la fécondation (ce phénomène est connu des enfants depuis le cours élémentaire), des spermatozoïdes et de leur lieu de production (c'est-à-dire de l'anatomie de l'homme).

La vie de bébé dans le ventre de sa maman

1 Les premières photographies de bébé

• **Documents utiles :**

— des photographies d'embryons humains à des âges différents (10 semaines, 5 mois). On en trouve par exemple dans les livres destinés aux enfants ;

— des dessins schématiques comme ceux de la figure 10.

• **Activités possibles :**

— Comparer entre elles les deux photographies d'embryons humains (faire la liste des ressemblances et des différences).

— Décalquer l'une des photographies. La coller au milieu d'une grande feuille blanche pour réaliser un dessin d'ensemble ayant pour objet de préciser comment l'embryon est installé dans le ventre de sa mère.

— Comparer l'embryon humain et son "installation" à un embryon de mammifère (souris par exemple).

FIG. 12

Un tel document entraîne les enfants à analyser des informations présentées sous différentes formes (textes, série de dessins, chronologie de phénomènes...).

Extrait de *Cahier d'activités CM2, Biologie.*

2 *Une croissance surprenante*

- Au début, l'œuf est plus petit qu'une tête d'épingle : un à deux dixièmes de millimètre.
- À l'âge de 3 semaines, la taille de l'embryon est à peu près celle d'un grain de blé. Il ressemble plus à un têtard sans pattes qu'à un bébé humain.
- À l'âge de 8 semaines, l'embryon (qui mesure alors environ 3 cm) ressemble déjà à un être humain en réduction et presque tous les organes sont en place.
- La vie fœtale, qui dure 7 mois, est surtout une période de croissance de l'enfant.

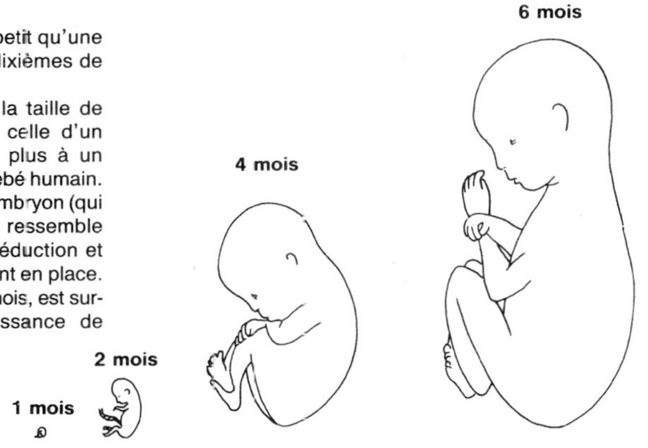

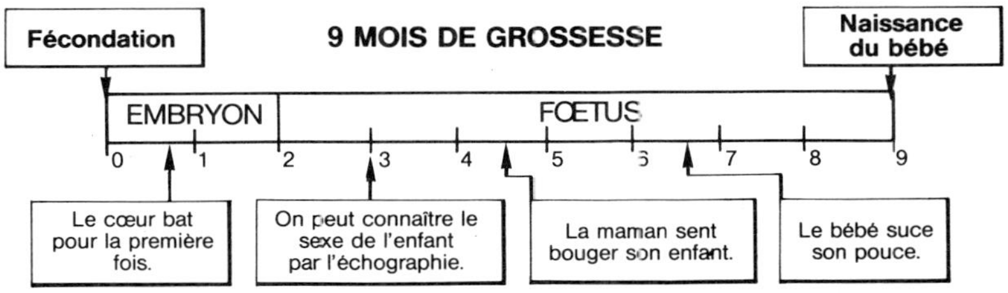

1 *Le bébé n'a plus besoin du placenta*

Lorsque le nouveau-né est complètement sorti du ventre de sa maman et qu'il a poussé son premier cri, il n'a plus besoin du placenta pour vivre. Le médecin coupe alors le cordon ombilical à quelques centimètres du ventre du bébé. Le petit morceau qui reste se dessèche et tombe quelques jours plus tard en laissant une cicatrice, le nombril.

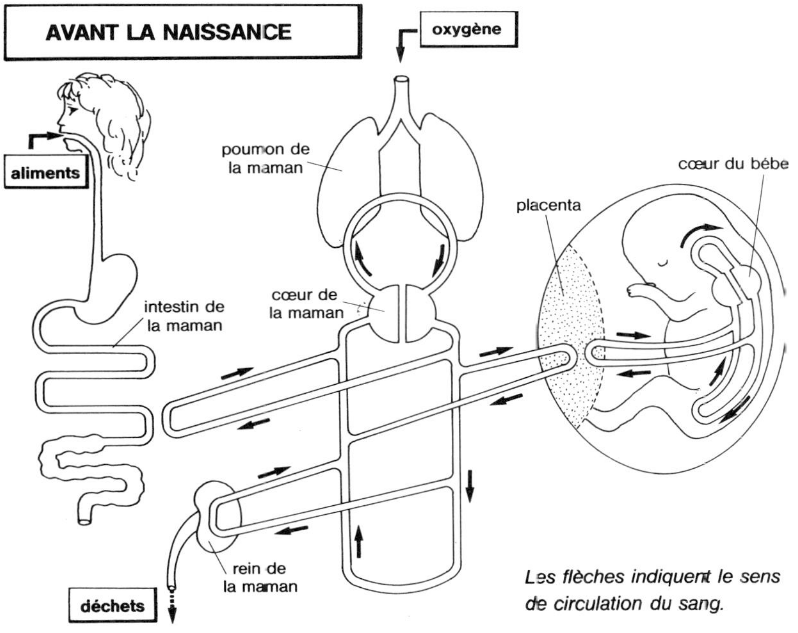

- Colorie de deux couleurs différentes le sang de la maman et celui du « bébé ».

FIG. 13

Ce dessin très schématique aide à comprendre comment l'embryon s'alimente et respire à l'intérieur de l'utérus, à l'abri dans sa poche de liquide.

Extrait de *Cahier d'activités CM2, Biologie.*

2 Comment l'embryon se nourrit-il ? Comment respire-t-il ?

Si les enfants savent que, au cours de la digestion, les aliments deviennent solubles et passent dans le sang qui les distribue à tous les organes du corps, ils peuvent aisément comprendre que l'embryon ne mange pas par la bouche, mais reçoit des aliments solubles présents dans le sang maternel.

De même, si les enfants ont étudié la respiration, ils comprennent facilement que l'embryon ne respire pas comme eux en inspirant de l'air par le nez (il est de toute façon placé dans une poche remplie de liquide), mais qu'il puise l'oxygène dans le sang maternel.
La nutrition et la respiration de l'embryon sont donc assurées par des échanges entre le sang de la mère et celui de l'embryon au niveau du placenta.
Le document 13 peut être utilisé comme un "jeu de circuit" sur lequel on indique, à l'aide de traits de couleurs différentes, d'une part le trajet des aliments, d'autre part celui de l'oxygène.

3 Comment le bébé fait-il pour sortir ?

Tous les enfants sont extrêmement curieux de savoir comment se passe une naissance. Leurs représentations sont souvent empreintes d'inquiétudes, voire d'angoisse.
Des documents représentant les différentes phases de l'accouchement (fig. 11) permettent de calmer les inquiétudes et de répondre aux questions. Bien que l'accouchement ait lieu à la clinique ou à la maternité de l'hôpital, il ne s'agit ni d'une maladie ni d'une intervention chirurgicale ; le bébé sort par un orifice "naturel" (la vulve) situé entre l'orifice urinaire et l'anus.

Le col de l'utérus et la vulve s'agrandissent au moment du passage de l'enfant ; ils retrouvent ensuite leurs dimensions normales. L'accouchement est un acte tout à fait naturel qui se déclenche normalement en fin de grossesse. Son début est marqué par l'éclatement de la poche amniotique et la "perte des eaux". Les contractions de l'utérus poussent le bébé à l'extérieur. La sage femme (ou le médecin) contrôle le bon déroulement de la naissance, surveille le comportement du bébé et l'aide à sortir.

Dès qu'il est à l'air, le bébé effectue sa première respiration, il pousse alors un cri. A ce moment, il est encore relié au placenta par le cordon ombilical. Le médecin coupe ce dernier près du ventre du bébé ; la cicatrice donnera le nombril.

Quelques minutes après la sortie du bébé, le placenta et le cordon sont expulsés à leur tour.

4 A 8 semaines, il ressemble déjà à un bébé

Le document de la figure 12 apporte des informations complémentaires (non obligatoires) concernant l'édification du bébé : dès l'âge de 8 semaines, l'embryon ressemble déjà à un être humain en miniature, avec tous ses organes. C'est pourquoi les scientifiques distinguent deux périodes pendant la grossesse : jusqu'à deux mois la vie embryonnaire, de 2 à 9 mois la vie foetale.

5 Une surveillance attentive

L'échographie fait partie des examens dont les enfants ont déjà entendu parler. On peut leur montrer, à titre d'exemple, certaines échographies permettant de distinguer les contours du "bébé". Mais il est surtout important de préciser que, grâce à l'échographie, le médecin réalise une surveillance précise du développement de l'embryon puis du foetus.

D'où vient le foetus ?

1 La fécondation

Un document tel que celui de la figure 10 permet de poser le problème de l'origine du bébé. Le mot "oeuf" qui figure ici permet de rappeler les connaissances acquises sur les animaux.

Les informations fournies permettent aussi de préciser que, en se développant, l'oeuf donne naissance non seulement au bébé mais aussi à tous les organes annexes (placenta, cordon ombilical,...).

Une question importante est alors posée : d'où vient l'oeuf ?

Elle peut recevoir une réponse plus ou moins étendue selon les situations.

• **Réponse brève :** l'oeuf résulte de l'union d'un ovule produit par la maman et d'un spermatozoïde produit par le papa. Le bébé qui va naître ressemble à la fois à sa maman et à son papa. Il est important d'insister sur le rôle complémentaire des deux sexes. Les deux sont indispensables pour qu'il y ait rencontre d'un ovule et d'un spermatozoïde et donc fécondation.

• **Réponse plus détaillée :** Si l'intérêt des enfants continue à se manifester, il ne faut pas se limiter à cette réponse brève, mais "donner la parole aux enfants" en leur offrant la possibilité de poser, par écrit et par groupe, toutes les questions qui les intéressent. Au cours de la séance de "réponses aux questions", vous pouvez inviter une future maman, un médecin, une infirmière ou une sage-femme qui vous aideront dans ce dialogue avec les enfants.

2 *Quelques étapes*

1 mois — 6 mois — 14 mois — 4 mois — 10 mois — 2 ans — 3 ans

. . . .
- Bébé s'assied tout seul et commence à marcher à « 4 pattes ».
- Il peut se lever en s'aidant d'un appui.
- Les syllabes émises (ma... ma) sont bien distinctes.

. . . .
- L'enfant court, saute, monte les escaliers.
- Il parle de plus en plus, construit des phrases.
- Il joue avec des jeux de plus en plus complexes.

. . . .
- Bébé se tient assis, si on l'assoit.
- Il passe les objets d'une main à l'autre.
- Couché sur le ventre, il peut se retourner sur le dos.
- Il répète diverses syllabes inlassablement.

. . . .
- Bébé dort 20 heures par jour.
- Mis sur le ventre, il redresse la tête.

. . . .
- Lorsqu'on le porte, Bébé tient la tête droite et oriente son regard vers les objets qu'on lui présente.
- Il saisit des objets et les porte à la bouche.
- Couché dans son lit, il joue avec ses mains et ses pieds.

. . . .
- Bébé commence à crayonner sur du papier, il est capable de jouer avec une pelle et un seau.
- Il comprend le sens des mots mais s'exprime encore avec difficulté.
- Il commence à manger seul

. . . .
- Bébé marche et peut même grimper les escaliers à quatre pattes.
- La main est habile : l'enfant construit une tour avec des cubes.
- Il comprend de nombreux mots.

- Sur chaque étiquette, indique l'âge de l'enfant.
- À quel âge approximatif un enfant marche-t-il tout seul ? . . . .

1 *Petit enfant deviendra grand*

Ce tableau indique (en cm) la taille moyenne des garçons et des filles en fonction de leur âge (exprimé en années).

âge	garçons	filles
0	51	50
2	85	83
4	101	99
6	113	112
8	123	122
10	133	131
12	144	145
14	152	153
16	162	159
18	168	161

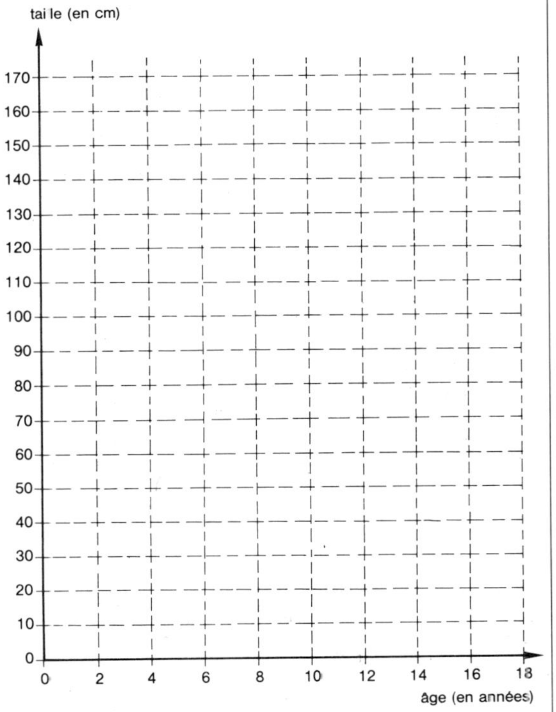

- Construis les deux courbes de croissance en utilisant deux couleurs différentes.

FIG. 14

Avant d'utiliser ce document, on peut demander aux enfants de chercher des photographies caractéristiques des différentes étapes de leur vie d'enfant, de découper dans des catalogues des images de bébés, d'essayer de trouver leur âge...

Extrait de *Cahier d'activités CM2, Biologie.*

FIG. 15

Construire un graphique et savoir l'interpréter sont des objectifs de savoir-faire à développer chez les élèves du Cours Moyen.

Extrait de *Cahier d'activités CM2, Biologie.*

2 La production des spermatozoïdes

Le rôle du père a déjà été souligné en parlant de la fécondation. Si l'enseignant le juge utile, il peut proposer un schéma simplifié de l'appareil génital humain, mais ceci n'a rien d'obligatoire. Il suffit de préciser que les testicules sont les organes producteurs des spermatozoïdes.

Bébé grandit

1 De spectaculaires progrès après la naissance

Le document de la figure 14 permet d'organiser une séance avec des enfants du CM. Vous en augmenterez encore l'intérêt si vous personnalisez l'activité en leur demandant au préalable d'apporter des photographies de l'époque où ils étaient eux-mêmes bébés (quelques-unes suffisent à condition qu'elles n'aient pas été toutes prises au même âge).
D'après les informations fournies, ils doivent essayer de dater les photographies qu'ils ont apportées. Ce travail, réalisé individuellement ou mieux par groupe (le nombre de photographies est alors plus important), sera complété par une phase de travail collectif au cours de laquelle seront énumérés les principaux progrès réalisés par le bébé pendant les premiers dix-huit mois de sa vie.

Aux progrès dans les possibilités motrices (relever la tête, se tenir assis, se déplacer à quatre pattes, se tenir debout, marcher...) s'ajoutent l'intérêt croissant pour l'environnement extérieur et le développement du langage comme moyen de communication avec l'entourage.

2 Construire une courbe de croissance

Le document de la figure 15 fournit les éléments permettant la construction des courbes de croissance moyenne des filles et des garçons. La comparaison est intéressante. La poussée de croissance en liaison avec la puberté est plus précoce chez la fille qui, à cet âge, dépasse le garçon en taille.

NOTIONS VISÉES

à l'école élémentaire

- Le futur bébé se développe pendant 9 mois dans l'utérus maternel bien à l'abri dans une poche remplie de liquide. De nombreux échanges ont lieu à travers le **placenta** entre le sang de la maman et celui de son enfant. C'est par cette voie que ce dernier reçoit aliments et oxygène.

- **L'accouchement** représente, pour le nouveau-né, un changement considérable de ses conditions de vie. Dès que sa tête apparaît, l'enfant aspire d'abord un grand bol d'air qui déplisse ses alvéoles pulmonaires puis il expire profondément en poussant son **premier cri.** Le bébé n'a plus besoin du placenta pour respirer, ni pour manger... A partir de maintenant, il respire avec son nez, mange avec sa bouche, urine grâce à ses reins...

- A la naissance, un **nouveau-né** est un être **inachevé.** La "construction" de son système nerveux se poursuit encore pendant plusieurs années.
Au fur et à mesure du **développement du système nerveux,** le bébé devient capable de faire des gestes de plus en plus complexes.

- De tous les petits animaux, le plus fragile est le nouveau-né humain. C'est celui dont la croissance est la plus lente ; elle occupe le quart de sa durée de vie.

- **Mots clés**
fécondation, grossesse, fœtus, placenta, cordon ombilical, utérus, vagin, vulve, accouchement, poche remplie de liquide, croissance du bébé, équilibre de la marche, coordination des mouvements.

6 Découvrez le secret des graines

Semer des graines, puis voir "naître" et grandir des plantes sont des activités indispensables pour de nombreuses raisons.

D'une part, ces travaux débouchent sur des **notions scientifiques** essentielles (notions de plante, espèce, germination, croissance, cycle de vie, besoin en eau...), d'autre part, ces activités fournissent un moyen de **structurer le temps** (observation d'un phénomène continu qui se déroule sur quelques jours, qui peut se traduire par divers modes de représentation : dessins, repérages de croissance...).

Par ailleurs, et c'est important, les enfants aiment **"jouer"au jardinier**. Ils sont ensuite émerveillés devant l'apparition de plantes nouvelles dont ils surveillent la croissance avec intérêt. Nous verrons que les semis de graines donnent lieu à de nombreuses activités concrètes. Avant d'entrer dans le détail, faisons le point des connaissances.

1 INFORMATIONS UTILES POUR L'ENSEIGNANT

1 La naissance d'une plante à partir d'une graine

Il suffit de mettre des **graines** dans du sable ou de la terre humide pour qu'elles germent au bout de quelques jours. La **germination** débute toujours par l'apparition de la racine qui déchire l'enveloppe de la graine, ou **tégument**. Sur cette racine se développeront ultérieurement des racines secondaires. Ainsi, la jeune plante peut s'ancrer rapidement dans le sol et y puiser l'eau et les sels minéraux nécessaires à sa croissance

La tige feuillée commence son développement avec un léger retard sur celui des racines. Dès qu'apparaissent les premières feuilles vertes, la jeune plante peut commencer à fabriquer sa matière organique et devenir autonome ? Jusque là, il lui faut utiliser les réserves présentes dans la graine.

2 D'où vient la plante ?

• **Dans toutes les graines : une plante miniature**

Il suffit de retirer le tégument d'une graine de haricot mise à tremper pendant quelques heures et d'écarter ses deux cotylédons pour découvrir le germe (fig. 9).

La graine est donc formée d'une plantule (**le germe**) reliée à deux sacs contenant des réserves nourricières (**les cotylédons**), le tout entouré d'une enveloppe protectrice (**le tégument**).

On retrouve une organisation identique chez d'autres graines : le pois, la fève, la lentille, le pépin de pomme... D'une espèce à l'autre (ricin, maïs, blé...), on note des différences : nombre de téguments, zone où sont emmagasinées les réserves... Mais, dans toutes les graines, on observe une plante miniature ayant des réserves à sa disposition.

• **L'utilisation des réserves**

Selon les graines, la nature chimique des réserves diffère.

Certaines sont riches en glucides (haricot, pois, blé, riz...), d'autres riches en lipides (noix, arachide, lin, ricin, tournesol...) ; d'autres contiennent beaucoup de protides (haricot, pois...). Quelle que soit leur nature, l'observation au microscope des réserves d'une graine en cours de germination montre qu'elles sont progressivement "digérées". Ainsi les grains d'amidon d'une graine de haricot, normalement sphériques, se fissurent et finissent par disparaître.

3 Les conditions de germination des graines

Des expériences faciles à réaliser montrent que certaines conditions doivent se trouver réunies pour que des graines puissent germer : une température suffisamment élevée, une humidité convenable, une bonne oxygénation (fig. 2). Les résultats de ces expériences sont présentées sur la figure 3.

Les scientifiques ont réalisé récemment des études importantes pour mieux comprendre les relations qui existent entre ces trois facteurs.

Voici quelques conclusions de ces études :

— **eau**, **oxygène** et **température** sont trois facteurs de la germination pratiquement indissociables,

— la quantité d'oxygène nécessaire est très faible et dépend des conditions de température,

— la température est un facteur essentiel et son mécanisme d'action complexe.

Dans la nature, il suffit qu'un seul de ces facteurs soit défavorable pour empêcher la germination : la sécheresse estivale en climat méditerranéen, le froid hivernal en climat tempéré. Dans les pays tropicaux comme la Martinique et la Guadeloupe, la température reste à peu près la même toute l'année (27°C environ). Elle ne peut pas empêcher la germination des graines. mais cette dernière est rendue difficile par la saison sèche.

Même lorsque les semences trouvent dans leur milieu des conditions propices, elles ne germent pas nécessairement.

Ainsi en climat tempéré, l'automne est, comme le printemps, doux et humide, et pourtant, peu de semences germent pendant cette saison. Des expériences ont montré en effet qu'il faut que les graines subissent une température froide pendant un certain temps pour pouvoir germer. Dans la nature, cette "dormance" préserve les semences formées en automne d'une germination prématurée qui exposerait au gel les fragiles plantules.

La **dormance hivernale** est donc une adaptation au climat à saison froide. En Provence où la période défavorable est l'été, les semences présentent fréquemment une **dormance estivale**, celle-ci est généralement supprimée par un séjour au sec.

4 La vie ralentie des graines

• Les graines sont des organes très déshydratés

Tous les êtres vivants contiennent une forte proportion d'eau (90% dans une laitue, 77% dans une pomme de terre, 66% dans le corps humain...). Il n'y a pas de vie sans eau.

Cependant des graines ont une très faible teneur en eau : 18% dans des graines d'orge, 16% dans des fèves, 11 à 14% dans du blé, 5 à 6% dans des graines d'arachide. Même placées à l'intérieur d'un fruit très riche en eau, les graines contiennent très peu d'eau ; c'est le cas d'un pépin de pomme, d'orange...

La déshydratation s'effectue dans les fruits au cours de la maturation des graines.

• Qu'appelle-t-on vie ralentie ?

La faible teneur en eau est responsable de la vie ralentie :

— il n'y a ni fabrication de nouvelle matière ni croissance ;

— les échanges avec le milieu sont infimes ;

— les échanges nutritifs sont pratiquement nuls.

Pourtant la graine n'est pas morte puisqu'elle pourra reprendre une vie active dès qu'elle retrouvera des conditions favorables. L'activité est réduite au strict minimum indispensable au maintien de la vie.

Pour bien saisir les caractères de la vie ralentie des graines, il convient d'opposer leur vie ralentie à leur vie active.

5 Le retour à la vie active

• L'absorption d'eau

Si on sème des graines dans de la terre sèche, elles ne germent pas. La germination débute par une intense absorption d'eau ; 100 g de graines de pois absorbent 300 à 400 g d'eau.

La plus grande partie de l'eau absorbée se concentre dans la plantule dont le poids va être multiplié par 10 ou 12 en quelques heures. Lorsque la graine est suffisamment réimbibée, la vie active reprend et on ne tarde pas à voir la radicule s'allonger.

• La croissance de la plantule

Nous avons vu que toutes les graines contiennent une petite plante miniature ou plantule. Après la réhydratation de la graine, la radicule s'allonge la première et passe à travers le tégument déchiré, puis la tige se met à grandir à son tour.

La nouvelle plante résulte ainsi de la croissance de cette plantule.

• La reprise des échanges respiratoires

Nous avons vu dans la partie I consacrée à la nutrition quelle était, pour un être vivant, la signification des échanges respiratoires. Or, lorsqu'une graine germe, les échanges respiratoires reprennent (fig. 1) : cette consommation d'oxygène nous indique qu'il y a une reprise de réactions chimiques libératrices d'énergie utilisée essentiellement à la croissance, c'est-à-dire à la fabrication de nouvelle matière.

Les molécules permettant cette libération d'énergie et cette synthèse de nouvelle matière sont contenues dans

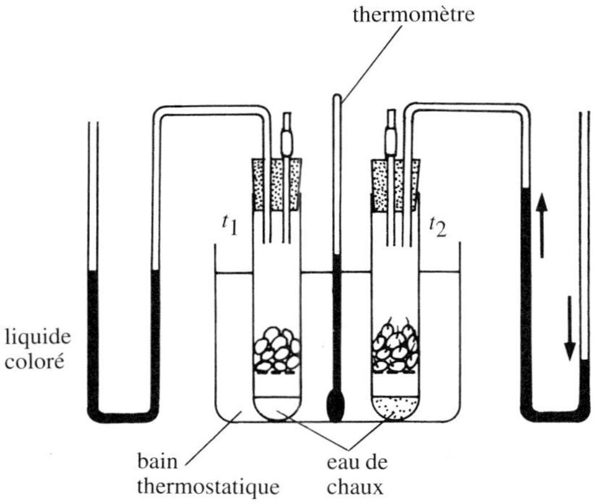

Au départ :
— eau de chaux limpide dans les deux tubes;
— liquide coloré au même niveau dans chacune des deux branches des manomètres.

Quelques heures plus tard :
— en t_2 l'eau de chaux est troublée;
— les modifications de niveau dans les deux branches du manomètre de t_2 montre qu'un gaz a été consommé.

t_1 contient des graines sèches
t_2 contient des graines en cours de germination

FIG. 1

Ce montage expérimental permet de comparer les échanges respiratoires des graines sèches et des graines en germination. Que constate-t-on ?

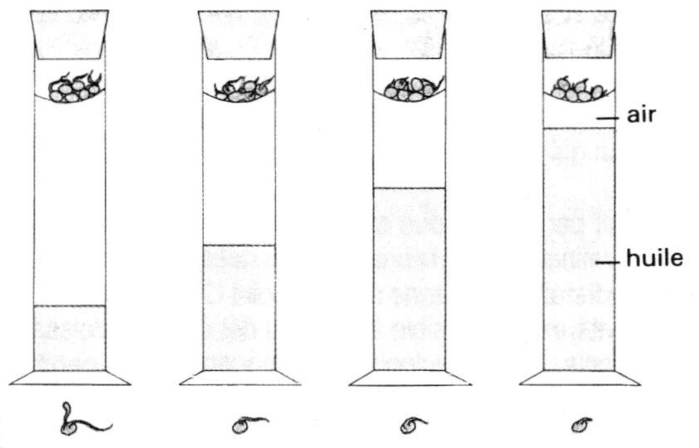

Aspect des graines quelques jours plus tard.

FIG. 2

En mettant plus ou moins d'huile dans des flacons identiques, on fait varier la quantité d'air mise à la disposition des graines de pois placées sur du coton humide.

Extrait de *Biologie* 5e.

	Conditions du milieu				Résultats
	Température	Humidité	Lumière	Oxygénation	
1	Température ambiante (environ 20 °C)	Papier filtre humide	Lumière du jour	Air	+
2	Température ambiante	Papier filtre sec	Lumière du jour	Air	–
3	Température du réfrigérateur (environ 6 °C)	Papier filtre humide	Obscurité	Air	–
4	Température ambiante	Papier filtre humide	Obscurité	Air	+
5	Température ambiante	Papier filtre humide	Lumière du jour	Air privé d'oxygène	–

FIG. 3

Des graines sont mises à germer sur du papier filtre dans cinq boîtes en verre. Les résultats obtenus précisent quels sont les facteurs favorables à la germination des graines. (Le signe (+) indique que la plupart des graines ont germé ; le signe (-) qu'aucune graine n'a germé).

Extrait de *Biologie* 6e.

les réserves de la graine (les cotylédons flétrissent et se "vident" au cours de la germination).

Les réserves de la graine constituent donc d'une part, les matériaux pour la construction de matière, d'autre part, la source d'énergie.

6 L'intérêt de la vie ralentie

• Une forme de résistance

Les graines peuvent résister à des conditions très sévères qui entraîneraient la mort de la plante entière. On a montré par exemple que des graines pouvaient germer après avoir été plongées dans l'azote liquide à –196°C pendant longtemps.

Certaines supportent des températures voisines de 100°C pendant plusieurs heures ou résistent à un séjour prolongé dans une atmosphère totalement dépourvue d'oxygène. Une telle résistance n'est possible que lorsque les graines sont déshydratées. Lorsqu'elles sont imbibées d'eau, elles ne résistent pas mieux que n'importe quel autre organe de la plante.

La vie ralentie peut ainsi jouer un rôle considérable dans la **résistance aux conditions défavorables à la vie** (froid, gel, excès de chaleur, sécheresse).

• La longévité des graines

La déshydratation permet aux graines de rester vivantes très longtemps. La longévité des semences est la durée pendant laquelle elles restent vivantes et gardent la possibilité de germer. Cette longévité varie considérablement selon les espèces, de quelques semaines à quelques années. Elle est en moyenne de 2 à 5 ans, mais peut atteindre chez certaines espèces (mimosa, nénuphar) une centaine d'années.

La longévité dépend beaucoup des conditions de conservation.

L'abaissement de la température ou une dessiccation artificielle plus poussée permet de prolonger leur durée de vie. Les procédés de conservation des semences sont fondés sur ces principes. Une déshydratation complète par lyophilisation (déshydratation après congélation) annule totalement les échanges respiratoires et permet une survie d'une durée pratiquement illimitée.

7 Les graines à la conquête du milieu

Alors que, dans le règne animal, les larves et les jeunes se dispersent dans le milieu par leurs propres moyens, les plantes enracinées dans le sol sont immobiles. Elles peuvent pourtant envahir rapidement les milieux disponibles (champ labouré non semé, talus d'autoroute, tas de terre abandonné...). Comment et sous quelle forme sont-elles transportées ?

• Quel est l'organe transporté ?

Cet organe, que nous appelons **semence**, est celui qui se détache de la plante mère. La semence est donc :

— la graine, si le fruit s'ouvre ;

— le fruit, s'il ne s'ouvre pas.

Parfois la semence est un organe plus complexe, lorsque plusieurs fruits se détachent ensemble.

• Comment la semence est-elle dispersée ?

— **Par projection :** certains fruits secs, comme celui du genêt, s'ouvrent brutalement à maturité, projetant leurs graines tout autour de la plante mère.

— **Par le vent :** de nombreuses semences, généralement de petite taille, sont munies d'un dispositif qui accroît leur surface (poils, ailes) et, de ce fait, favorise leur dispersion par le vent.

— **Par les animaux :** certains transportent, à leur insu, les semences qui se fixent à la surface de leur corps grâce à un système adhésif (substance collante, crochets). L'homme, lui-même, peut véhiculer des semences sur ses vêtements, lorsqu'il se promène dans un champ.

Par ailleurs, de nombreux animaux recherchent activement les semences qui leur servent de nourriture, essentiellement les fruits charnus, dont la couleur souvent vive et l'odeur constituent un véritable système d'affichage.

Les porteurs de semences sont le plus souvent les oiseaux et les mammifères, alors que les porteurs de grains de pollen sont généralement les insectes. Les distances parcourues par les semences sont très variables, de l'ordre du mètre à celui du millier de kilomètres. Les semences "aventureuses" — qui se dispersent loin, grâce au vent ou aux animaux migrateurs — permettent la conquête par les végétaux de territoires disponibles parfois très éloignés. Les semences "casanières" réalisent une expansion plus lente de la population végétale qui les produit. En revanche, elles ont plus de chance de tomber sur un milieu favorable à leur développement. L'homme est un disséminateur idéal pour les semences qui l'intéressent : il assure à la fois leur transport sur de grandes distances et leur implantation dans un milieu qui leur offre de bonnes conditions de développement.

• Les étapes de la vie d'une semence

A partir du moment où la semence se détache de la plante mère, sa vie présente les étapes suivantes :

1° **Dispersion** en état de vie ralentie.

2° **Acquisition de l'aptitude à germer**, lorsqu'elle est dormante. Cette phase est inapparente, car la semence ne sort pas pour autant de son état de vie ralentie.

3° **Germination** lorsque le milieu lui fournit les conditions requises.

Dans la nature, beaucoup de graines ne germent pas. Certaines sont consommées par les animaux, insectes et oiseaux surtout.

D'autres ne trouvent pas les conditions favorables à leur germination.

8 Toutes les plantes ne naissent pas à partir de graines

Pour voir "naître" des plantes, on peut non seulement semer des graines, mais aussi planter des bulbes, des tubercules...

Ce mode de reproduction des plantes sera étudié dans un autre chapitre.

9 En résumé

• **Une graine contient toujours une petite plante miniature** et des réserves nutritives. Quand on met une graine à germer, on constate que la nouvelle plante résulte de la croissance de cette plantule.

• **Dans une graine, les manifestations vitales sont très réduites** (croissance et échanges nutritifs nuls, échanges respiratoires infimes). Cette **vie ralentie**, conséquence de la très forte déshydratation subie par les graines lors de leur maturation, est un des moyens utilisés par les plantes pour résister aux conditions défavorables et faciliter la dissémination.

De plus, lorsqu'elles se trouvent libérées par la plante, la plupart des graines sont inaptes à germer. Cet état de dormance qui empêche la reprise de la vie active constitue une protection supplémentaire pour franchir la mauvaise saison.

• Si le passage de la vie ralentie à la vie active exige avant tout une réhydratation des graines, d'autres facteurs sont aussi indispensables à la germination :

— certaines conditions du milieu (eau, oxygène, température convenable),

— des facteurs propres à la graine.

• Lorsqu'on sème des graines en respectant toutes les conditions favorables à la germination, il peut arriver que certaines ne germent pas. Si cette inaptitude à germer est définitive, la graine est morte ; par contre, si cette inaptitude n'est que momentanée, on dit que la semence est dormante.

Connaissez-vous

LE SENS DE CES MOTS OU EXPRESSIONS

- graine
- semence
- tégument
- cotylédons
- germe
- plantule
- réserves nutritives
- germination
- dormance
- vie ralentie
- longévité d'une graine
- cycle de vie

2 DES ACTIVITÉS PÉDAGOGIQUES POSSIBLES

La vie des plantes, un peu secrète, attire moins les jeunes enfants que la vie des animaux. Cependant, à l'école maternelle ou au CP, les enfants sont heureux de semer des graines. A cet âge, chaque enfant a son "jardin" (une petite barquette en polystyrène remplie d'un mélange de terreau et de sable). Les enfants sèment également dans le jardin de l'école, pour le décorer de jolies fleurs, pour récolter des radis ou des carottes...

Des activités plus structurées sont, conformément aux programmes, décrites ici pour le cours élémentaire.

Semons des graines

L'étude de la reproduction des plantes doit commencer par la réalisation des semis. Il est nécessaire que les enfants préparent leur "jardin", manipulent concrètement, et suivent l'évolution de leur culture.

Après trois semaines d'observation continue, un bilan est organisé. C'est l'occasion de faire émerger de nombreux problèmes biologiques et de se lancer dans de nouvelles recherches. Au total, les travaux sur les semis des graines peuvent se dérouler sur deux mois environ.

1 Les semis

• **Les graines**

Il est indispensable de ne pas se limiter à une seule espèce et de proposer des graines très variées : pois, lentille, radis, tournesol, capucine, blé, maïs, fève... Les notions scientifiques visées ne peuvent en effet se dégager que d'une étude comparée.

- **Les récipients**

On peut semer en toutes saisons dans des pots qui prennent place dans le coin-nature de la classe. Choisir des bacs peu profonds, à large ouverture, dont le fond percé permet l'écoulement de l'eau en excès :

— bouteilles en matière plastique coupées en deux dans le sens de la longueur ; l'une des deux parties, remplie de terre, sert au semis ; l'autre forme un couvercle limitant l'évaporation ;

— boîtes en polystyrène de format suffisant (30 x 15 cm).

Il est préférable d'éviter les pots de yaourts, trop étroits.

- **La terre**

L'étude de la reproduction des plantes doit commencer par la réalisation de semis dans des conditions aussi proches que possible de celles des cultures de jardinier. On évitera donc de semer dans du coton hydrophile humide, sur du papier humide... On utilisera un mélange de terre fine, de sable et de terreau.

- **Les semis**

Mettre à la disposition des enfants le mélange de terre et de sable, des cuillères, un arrosoir d'eau, des graines, des récipients divers, une éponge ; proposer aux différents groupes de quatre élèves de réaliser un joli jardin en semant plusieurs espèces de graines (au moins quatre).

Les enfants laissent alors libre cours à leur imagination et à leur sens esthétique, aménagent des allées, réclament des brindilles pour servir de bordure à leurs plates-bandes... Certains pensent à mettre des étiquettes portant les graines semées, ou leur nom, pour se souvenir de ce qu'ils ont semé...

- **Le plan du jardin**

Proposer aux enfants de faire un dessin qui permette de savoir comment ils ont organisé leur jardin. La lecture de quelques plans par les autres sert de contrôle.

2 L'histoire du jardin

Il s'agit d'une observation continue des semis de graines. Il est donc nécessaire, chaque jour, de laisser aux enfants un temps suffisant pour arroser, entretenir leur plantation et noter ou dessiner leurs observations. Les plantes changent d'aspect chaque jour. Pour raconter l'histoire de leur jardin, les enfants peuvent procéder de plusieurs façons : ou bien ils notent librement leurs observations sans consigne préalable, ou bien vous organisez une discussion permettant de prévoir ensemble la manière dont on va recueillir et présenter ses observations. La correspondance scolaire ou une exposition prévue dans l'école peut motiver la réalisation d'albums racontant, au jour le jour, la vie des jardins.

3 Le bilan des observations

Quinze à vingt jours après les semis, on fait le point et chaque groupe fait part de ses remarques :

— toutes les graines n'ont pas germé en même temps ;

— toutes les plantes n'ont pas la même hauteur, donc certaines grandissent plus vite que d'autres ;

— les plantes obtenues n'ont pas toutes le même aspect.

A partir de l'observation continue des semis, de nombreux problèmes sont ainsi soulevés et relancent les activités.

Le document de la figure 6 peut servir de bilan de l'observation continue, et introduire une nouvelle recherche.

4 De nouvelles recherches à entreprendre

- **Qu'est-ce qu'une plante ?**

Les enfants savent qu'un chat, un chien... sont des animaux, mais le sens du mot plante leur est généralement inconnu. Si vous leur présentez une plante, ils disent : “c'est une fleur”. Il est donc important, à un moment donné, de prélever quelques jeunes plantes dans des semis et de constater qu'elles ont toutes en commun des tiges, des feuilles, des racines. Chacune de ces plantes (qu'il s'agisse de pois, de blé ou de lentille) est un être vivant (qui peut mourir). Par extension, un arbre est aussi une plante. Une partie de cette plante, les racines, n'est pas visible puisque cachée dans le sol. C'est le cas de la plupart des plantes. A ce niveau, le mot plante est employé à la place de végétal, terme plus scientifique qui sera utilisé plus tard.

Pour consolider cette notion de plante, on peut arracher des plantes sauvages (mauvaises herbes du jardin de l'école, plantes d'un bord de chemin...) et rechercher les différences et les ressemblances entre elles.

- **La notion d'espèce**

Les enfants savent reconnaître un chat, un chien, un cheval...

Tous les chats se ressemblent, tous les chevaux se ressemblent aussi... Il s'agit d'animaux d'espèces différentes qui, à l'intérieur d'une même espèce, se ressemblent entre eux. De la même façon, les graines de pois, de maïs, de lentilles, de radis (qui se ressemblent entre elles et qu'on peut reconnaître dans un lot de graines) donnent des plantes différentes qu'on peut regrouper par espèces.

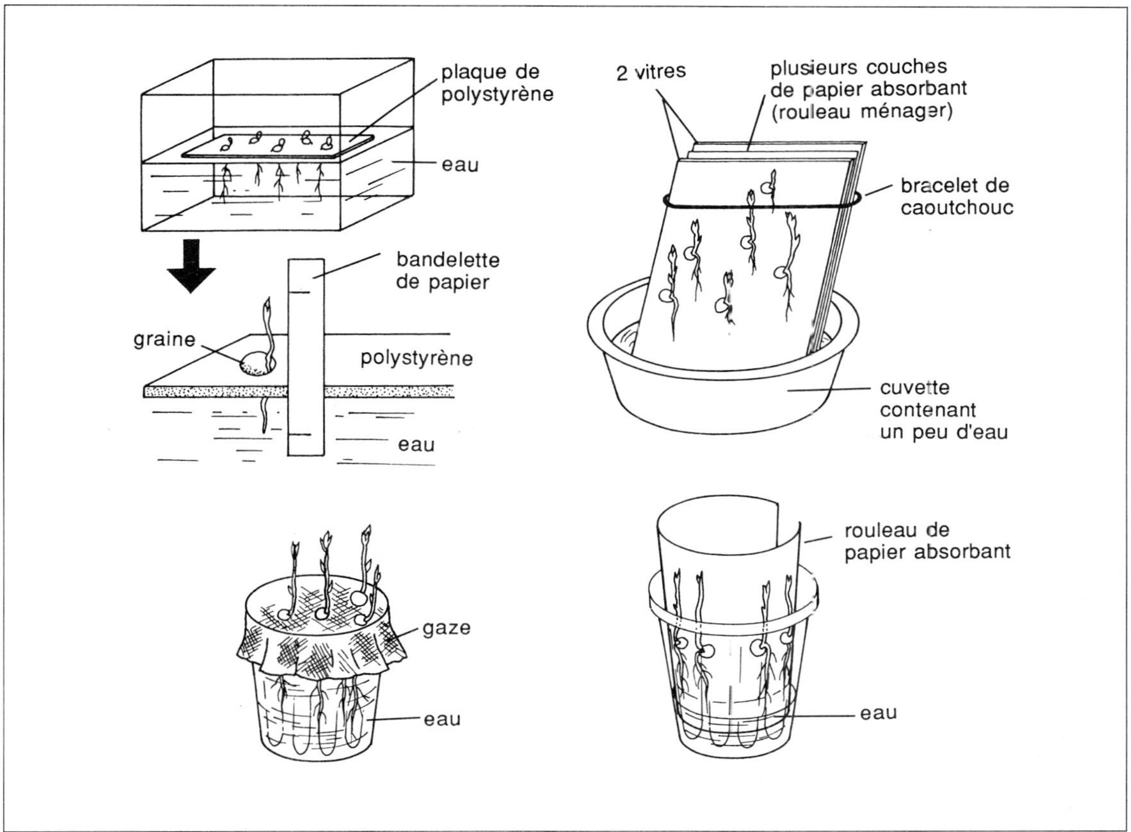

FIG. 4

Ces divers montages permettent de répondre à la question: quand une graine germe, qu'est-ce qui pousse d'abord, la tige ou la racine ?

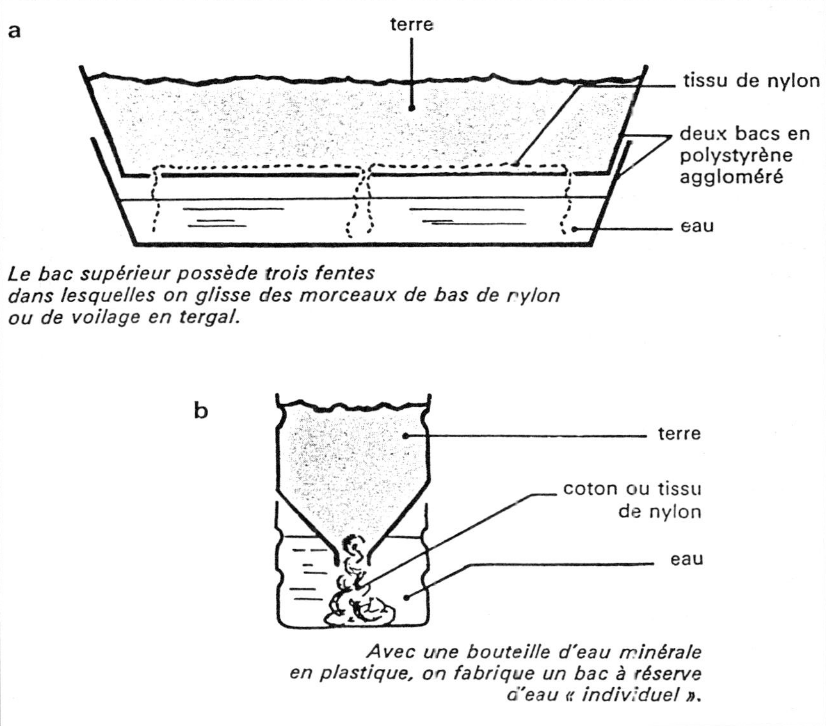

FIG. 5

Deux installations faciles à mettre en oeuvre afin d'éviter les arrosages quotidiens.

Extrait du *Guide du maître "La vie des plantes".*

A ce stade, la notion d'espèce repose donc uniquement sur un critère de ressemblance morphologique et ne fait pas appel au critère d'interfécondité.

• La croissance des plantes

L'augmentation de taille des jeunes plantes est évidente, mais ce phénomène banal peut aisément devenir source de nombreuses recherches si vous posez des questions telles que celles-ci :

— Les plantes grandissent-elles le jour ou la nuit? Pour les enfants, cette question n'est pas étrange, car ils constatent que, chaque matin, leurs plantes sont plus grandes que la veille (pour eux, elles grandissent donc au cours de la nuit) et ils ne les voient pas grandir au moment où ils les observent.

— De combien une plante grandit-elle par jour? La croissance est-elle la même chaque jour?

Cette nouvelle recherche, qui peut s'étendre sur une dizaine de jours, est intéressante sur le plan de la méthode — à imaginer, à mettre en oeuvre, à critiquer, à améliorer — beaucoup plus que sur celui des notions biologiques. Répondre à ces questions conduit à évaluer la croissance soit par des mesures, soit plus simplement à l'aide de bandelettes de papier. Si les enfants effectuent des repérages en coupant chaque jour une bande de papier de la même hauteur que la plante prise comme référence, vous pouvez suggérer de coller ces bandes les unes à côté des autres ; ainsi se réalise une initiation à l'emploi d'un histogramme.

Ces activités de repérage précis de la croissance peuvent être réservées au CE2.

• Qu'est-ce qui pousse en premier, la tige ou la racine?

Comment voir pousser les racines?

Au cours des travaux précédents, les enfants ont semé seulement dans la terre. Ils vont maintenant employer d'autres méthodes qui leur permettront d'observer le développement des racines. Ils ne proposent en général qu'une seule méthode : semer des graines sur du coton hydrophile maintenu humide.

C'est vous qui devrez proposer d'autres techniques. En voici quelques-unes (fig. 4).

— **Les flotteurs :** découper des morceaux dans une plaque mince (1 cm environ d'épaisseur) de polystyrène et, à l'aide d'un crayon, percer des trous dans lesquels sont mises les graines.

Placer le flotteur dans une cuvette pleine d'eau ; pour accélérer la germination, recouvrir de coton humide pendant quelques jours.

— **Le buvard au fond de l'assiette :** utiliser une assiette creuse et la recouvrir d'une feuille de plastique pour limiter l'évaporation.

— **Le buvard entre deux vitres :** pour maintenir une humidité suffisante et avoir une solidité convenable, placer plusieurs couches de papier buvard ou de papier ménage et quelques graines entre deux vitres maintenues rapprochées par des pinces à linge ou des bracelets de caoutchouc. L'ensemble plonge dans un centimètre d'eau ; celle-ci monte par capillarité.

— **Le pot de confiture :** les graines sont maintenues contre la paroi du pot par la pression d'un manchon de papier buvard. Au fond du pot, une couche d'un centimètre d'eau.

— **Les graines sont déposées sur de la gaze** recouvrant un pot de confiture toujours plein d'eau.

Chaque enfant ou chaque groupe réalise son montage et note ses observations :

— par un dessin aussi fidèle que possible et grandeur nature ;

— par une marque au crayon feutre sur le verre du pot de confiture ou de la vitre ; elle permet de visualiser la croissance des racines.

Au bout d'une semaine environ, une séance de bilan permet aux divers groupes de confronter leurs remarques, de poser de nouvelles questions, d'engager d'autres essais, en classe ou à la maison.

Vous pouvez alors donner un document (fig. 7) qui complète les observations et constitue un bilan de la croissance de la racine et de la tige lors de la germination. Les questions qui accompagnent l'histogramme permettent de contrôler que les enfants comprennent bien le type de représentation adopté ici.

• Les besoins en eau

Quelle expérience peut-on faire pour montrer que l'eau est nécessaire à la germination des graines?

Chaque groupe d'enfants met au point un projet d'expérience et l'expose ensuite à la classe. Les expériences proposées sont plus ou moins rigoureuses, les projets plus ou moins précis.

Ainsi, certains enfants veulent semer dans deux pots remplis de terre, arroser l'un, ne pas arroser l'autre. D'autres font remarquer que la terre peut être un peu humide. On décide donc de réaliser l'expérience en mettant des graines sur du coton hydrophile sec, d'autres sur du coton hydrophile humide.

Le projet expérimental peut se compliquer si la question posée est : quelle est la quantité d'eau la plus favorable à la germination des graines? Il faut alors envisager plusieurs récipients, ne pas mettre d'eau dans le premier, mettre 1 cuillère par jour dans le second, 5 dans le troisième...

Le document de la figure 10 permet ensuite de faire analyser une expérience et de faire exprimer l'idée suivante : pour qu'une expérience soit valable et qu'on puisse tirer une conclusion, il ne faut faire varier qu'un seul facteur à la fois.

1 *La naissance du pois*

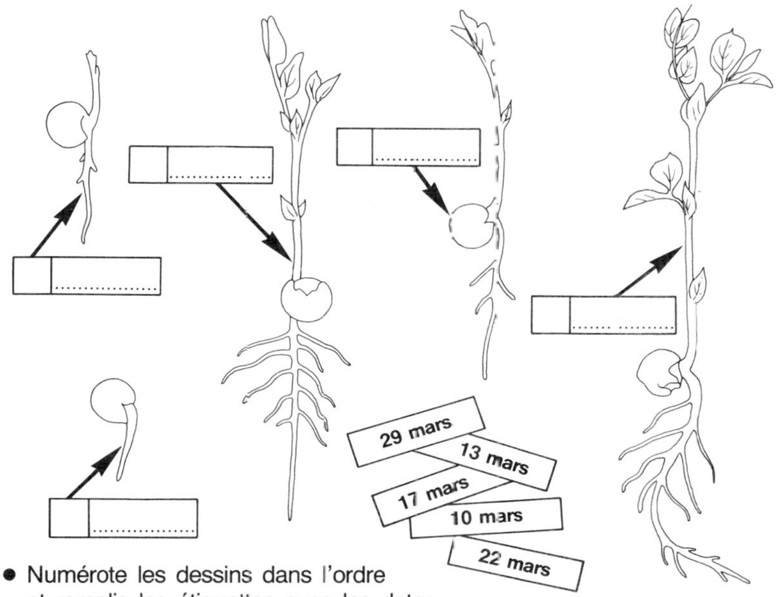

- Numérote les dessins dans l'ordre et remplis les étiquettes avec les dates.
- Quelle expérience peux-tu faire pour montrer que l'eau est nécessaire pour faire germer des graines ?

FIG. 6

Un document d'évaluation.

Extrait de *Cahier d'activités* CE1, *Biologie.*

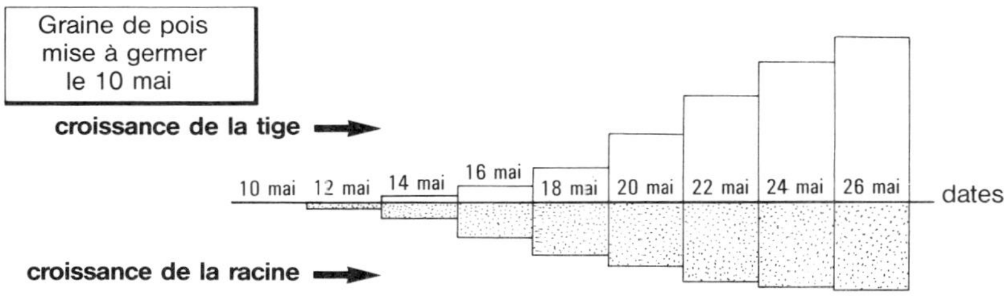

- Qu'est-ce qui pousse en premier, la racine ou la tige ?

 ....

- Qu'est-ce qui est le plus grand, la racine ou la tige ?
 – 10 jours après le début de la germination :

 ....

 – 15 jours après le début de la germination :

 ....

FIG. 7

Un histogramme à lire et à interpréter complète les observations réelles faites sur la croissance de la racine et celle de la tige.

Extrait de *Cahier d'activités* CE2, *Biologie.*

5 Le cycle de vie d'une plante

• **La réalisation de semis** permet de développer une autre notion scientifique fondamentale, celle de **cycle de vie**.

Pour des raisons de commodité, on arrête souvent les travaux sur la germination des graines au bout de quelques semaines et on n'observe pas le cycle complet des plantes. Il est cependant très important de constater qu'une plante peut fleurir et redonner des graines. C'est possible et même souhaitable de le faire à condition de choisir des plantes dont le cycle est relativement court (pois, haricot par exemple) et de semer ces graines dans le jardin de l'école, c'est-à-dire à l'extérieur ; en effet, pour les semis réalisés en classe, le manque de lumière est souvent un facteur défavorable à l'obtention d'un cycle complet ; on l'obtient cependant si on place les plantes très près d'une fenêtre.

A partir des dessins qu'ils ont pu réaliser, les enfants reconstituent le cycle de vie de leurs plantes. La notion scientifique acquise par cette activité s'exprime ainsi : Une plante qui naît de la germination d'une graine, fleurit, donne des graines puis meurt. Elle accomplit son cycle de vie.

La naissance d'un arbre

• **Souvent, à l'automne**, les enfants apportent en classe des glands, des châtaignes, des marrons,... Si, de plus, vous avez l'occasion de faire une sortie en forêt, les enfant peuvent remarquer des glands, des châtaignes,... en train de germer.

Invitez-les à apporter aussi des noyaux d'avocat, des pépins d'orange ou de citron...

Ces diverses graines, ainsi que celles de pin, de cyprès, d'érable... germent très bien en classe. Vos élèves obtiennent ainsi de jeunes plants qu'ils mettront en pleine terre au printemps.

• **Pour obtenir** la germination d'une graine d'avocat, il faut procéder de la façon suivante. Bien débarrasser le noyau de la chair qui peut y adhérer. Le placer dans de la terre mélangée à du sable humide (ou simplement dans l'eau), la pointe vers le haut et le tiers supérieur du noyau dépassant la surface.

Quand les premières feuilles sont développées, mettre dans un pot avec de la terre sableuse, en prenant soin de ne pas léser les jeunes racines au cours de l'opération. Si la graine ne germe pas, c'est qu'elle a perdu son pouvoir germinatif ; celui-ci est de durée très courte, mais les avocats sont le plus souvent cueillis avant leur maturation, la graine est à peine mûre au moment où vous consommez le fruit. L'avocatier que vous obtenez pousse vite ; pour le conserver, placez-le dans une pièce claire et arrosez-le très régulièrement.

• **Pour conserver plus longtemps** les plantations et éviter les arrosages quotidiens, il existe un moyen efficace.

La figure 5 présente deux systèmes de bacs "à réserve d'eau", faciles à construire vous-même. Deux récipients sont superposés : le récipient inférieur contient la réserve d'eau, le supérieur a son fond tapissé par un tissu (de fibres synthétiques pour éviter le pourrissement), qui sort par des fentes et plonge dans l'eau. Vous garnissez le bac supérieur de terre. L'alimentation en eau de la terre se fait par l'intermédiaire du tissu qui joue le rôle de mèche. L'arrosage consiste à remplir le bac inférieur dès qu'il est vide.

A quoi reconnaît-on une graine ?

Il ne s'agit pas d'identifier des espèces mais d'affiner la notion de graine. Après avoir réalisé des semis, les enfants ont une **notion biologique** de la graine ("ça pousse quand on la met dans la terre"). Ils vont maintenant en découvrir **l'organisation**. Pour acquérir le concept général de graine, il faut travailler sur des graines diverses et non sur des graines d'une seule espèce.

• **Chaque groupe d'enfants** a à sa disposition tout un assortiment de graines (lentille, pois, fève, haricot, pépin de pomme, de citron, de melon, de citrouille, graine de tournesol...). On évitera des graines dont l'interprétation est plus difficile (maïs, blé, avoine...). Pour chaque espèce, prévoir 2 ou 3 graines sèches et 2 ou 3 graines ayant trempé dans l'eau 24 heures à l'avance.

A la question "A quoi reconnaît-on qu'il s'agit de graines ?", les enfants répondent "si on les sème, ça va pousser".

Proposez-leur de décortiquer les différentes graines et de rechercher les ressemblances et les différences. La présence du germe, des cotylédons et du tégument est reconnue dans toutes les graines.

• **Il ne faut pas se contenter** d'analyser l'organisation d'une graine, il faut relier cette organisation à la biologie de la graine en posant la question : "quelle partie de la graine grandit au cours de la germination ?" On peut alors comparer le germe ou plantule de haricot au pied de haricot obtenu après germination. Le document de la figure 8 propose de colorier les parties qui se correspondent dans le germe de la graine de haricot et dans le jeune pied de haricot. La figure 9 permet alors une généralisation.

FIG. 8

Pour comprendre comment une graine de haricot donne un pied de haricot, il faut comparer la plantule de la graine à un jeune pied déjà développé, et mettre en relation les parties qui se correspondent.

Extrait de *Cahier d'activités* CE2, *Biologie*.

2 *Dans la graine, une plante miniature*

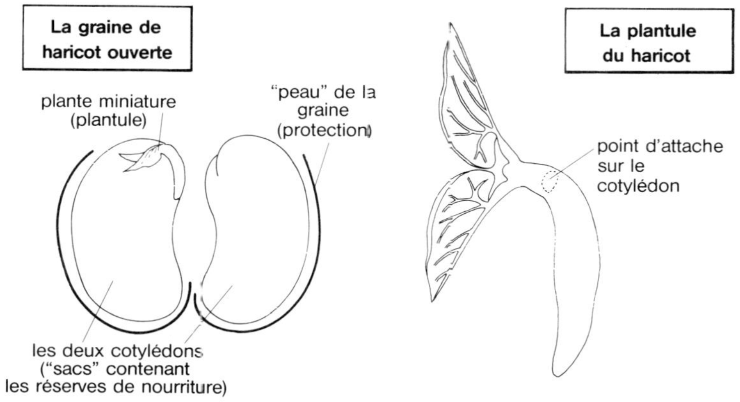

- Colorie de la même façon la plantule de haricot (ci-dessus) et le pied de haricot de la page ci-contre afin de faire apparaître les parties qui se correspondent :
  - en vert, les deux premières feuilles
  - en marron, la racine
  - en jaune, la tige.
- À quoi servent les cotylédons ? ....

....

2 *Que trouve-t-on dans une graine ?*

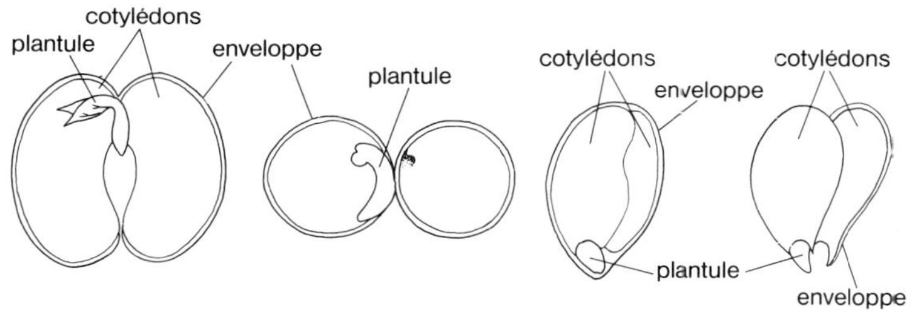

graine de haricot **graine de pois** **pépin d'orange** **pépin de pomme**

- Quelle partie de la graine grandit au cours de la germination ?

....

- À quoi servent les cotylédons ?

....

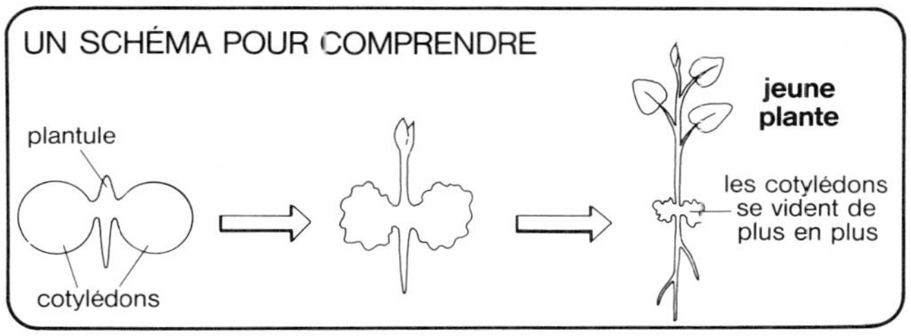

FIG. 9

Toutes les graines contiennent un germe et des réserves nutritives.

Extrait de *Cahier d'activités* CE1, *Biologie*.

Les plantes voyagent

Ce sujet concerne la dispersion des semences. Pour l'aborder, il est souhaitable d'organiser une brève sortie au bord d'un chemin à proximité de l'école lorsque sa situation le permet.

L'objectif est alors de ramasser le plus grand nombre possible de semences différentes et de préciser leur mode de dispersion (en soufflant sur certaines, en les plaçant en l'air...). Si la sortie hors de l'école n'est pas réalisable, on se contentera de récolter quelques semences sur les arbres et arbustes de la cour de l'école (tilleul, érable, buisson ardent, troène...), de rechercher leur mode de dispersion et de demander aux élèves d'enrichir la récolte au cours d'une promenade familiale. L'objectif n'est pas d'identifier les semences, c'est-à-dire de connaître le nom de la plante sur laquelle tel échantillon a été récolté, mais de découvrir les **différents modes de dispersion de ces semences** et de réfléchir aux conditions qui leur permettent d'effectuer le plus long voyage.

Les semences ainsi ramassées sont classées par catégories et collées avec du ruban adhésif sur un panneau d'affichage ou sur une feuille de cahier (celles qui "font de l'auto-stop" en s'accrochant à la fourrure des animaux, celles qui "font du vol à voile", celles qui tombent tout simplement). Après ce travail, on peut utiliser le document de la figure 11.

On peut aussi adopter le déroulement inverse : les difficultés rencontrées pour répondre aux questions de l'exercice motivent alors la récolte d'échantillons.

Dans les deux cas, le document (fig. 11) oblige à mettre en relation la forme des semences et leur mode de dispersion. La confrontation des résultats obtenus par les enfants permet de justifier oralement les choix en précisant le détail du dessin qui a permis de mettre en relation la forme de la semence et son mode de dissémination.

Des graines n'ont pas germé. Pourquoi ?

Ce travail prend naissance à la suite d'échecs rencontrés au cours de la réalisation des plantations ou de constats faits après le développement des semis.

Cette activité présente des difficultés car il s'agit d'étudier l'action de certains facteurs externes (eau, température, lumière...) sur la germination et la croissance des plantes. Il ne faut pas poser le problème globalement, c'est-à-dire sous la forme "Comment faut-il semer des graines pour qu'elles germent bien ?", mais initier les élèves à la méthode expérimentale :

— formuler clairement le problème posé,

— étudier l'action d'un seul facteur à la fois,

— proposer une expérience simple et son expérience témoin...

Il est préférable de réserver ce travail au CE2 ou au CM et peut-être de ne faire travailler que sur un seul facteur :

Quelle est la quantité d'eau la plus favorable à la germination des graines ? La réponse ne sera valable que pour une espèce donnée, dans des conditions de température et d'ensoleillement très précises.

Le document de la figure 10 peut être utilisé de deux manières différentes :

— avant la mise en oeuvre d'expériences, pour insister sur la rigueur expérimentale,

— après la recherche sur des projets d'expériences à réaliser, pour contrôler que les enfants ont bien compris qu'on ne peut faire varier qu'un seul paramètre à la fois. Cet exercice est plutôt réservé à des élèves de CE2 (d'un bon niveau) ou à des CM.

Le document propose l'analyse critique d'expériences :

Catherine pourra tirer des conclusions alors que Philippe ne peut en tirer aucune. En effet, les graines du pot n° 2 de Philippe n'ont pas germé, mais il ne peut savoir si la cause en est l'absence d'arrosage ou une température trop basse. En revanche, la comparaison entre les expériences 1 et 2 de Catherine permet d'affirmer que l'eau est nécessaire à la germination. La comparaison entre 1 et 3 montre qu'à une température basse (5°C), la germination a bien lieu, mais que la croissance des plantes est alors beaucoup plus lente qu'à une température plus élevée (20°C par exemple).

La question n° 2 oblige à formuler clairement la condition nécessaire pour que la conclusion d'une expérience puisse être tirée. La question 3 amène à formuler un nouveau projet expérimental et ainsi à évaluer les compétences méthodologiques acquises après le travail sur la question n° 1.

TOUTES LES GRAINES GERMENT-ELLES? **18**

Philippe et Catherine pensent que, pour obtenir rapidement de belles germinations, il faut de l'eau et une température suffisante. Chacun sème des graines de pois. Quinze jours plus tard, Philippe conclut : « Mon expérience me permet d'affirmer que les graines de pois ont besoin d'eau pour germer. » Catherine lui rétorque : « Ton expérience ne prouve rien. »

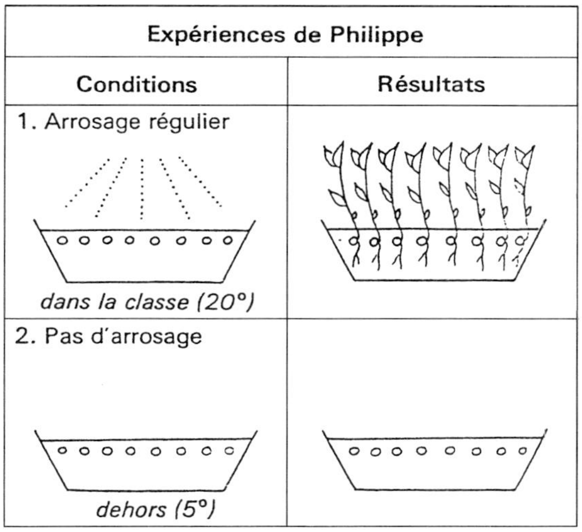

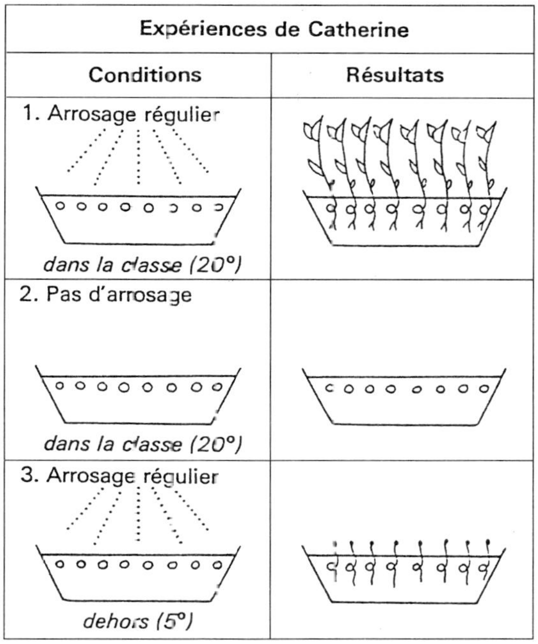

1. Quelles conclusions Catherine peut-elle tirer de ses expériences (compare-les deux à deux)? Les semis ont été faits à la même profondeur, dans la même terre, dans des pots identiques placés dans les mêmes conditions d'éclairement.

Les expériences de Catherine	diffèrent par...	donnent comme résultat :	Conclusion
1 et 2	l'arrosage	les graines ● germent en 1 ● ne germent pas en 2	A 20°, les graines ont besoin d'eau pour germer
1 et 3			
2 et 3			

2. Compare de la même façon les deux expériences de Philippe. Peut-on tirer une conclusion quand deux conditions varient à la fois ?
3. Quelles expériences proposes-tu pour savoir si la lumière est nécessaire à la germination des graines ?

FIG. 10

Au cours de leurs activités scientifiques, et pour répondre à une question posée, les élèves sont parfois conduits à imaginer des expériences leur permettant de mettre à l'épreuve les hypothèses formulées. Ils apprennent alors qu'on peut comparer deux expériences à la condition qu'elles ne diffèrent l'une de l'autre que par un seul caractère. Ce document permet de vérifier ou de consolider cette acquisition fondamentale.

Extrait de *Matrices Biologie* CM2.

NOTIONS VISÉES

à l'école élémentaire

- On peut voir naître des plantes de différentes façons : en semant des graines, en plantant des **bulbes** ou des **tubercules,** en faisant des **boutures.**
- Beaucoup de végétaux naissent à partir de graines qui germent et donnent de nouvelles plantes.
- Dans toutes les graines, on trouve une petite plante miniature, la **plantule,** entourée de "sacs" contenant des réserves (ce sont les **cotylédons**).
- Lors de la germination d'une graine, la plantule qu'elle contient grandit et devient la nouvelle plante. Au cours de ces transformations, les cotylédons se flétrissent car la jeune plante utilise, pour grandir, les **réserves** de nourriture qu'ils contiennent.
- **Mots clés**
  graine, germination, plantule, cotylédon, réserves nutritives.

3 *Les graines voyagent*

- Les plantes sont immobiles, mais certaines semences peuvent parcourir de longues distances.

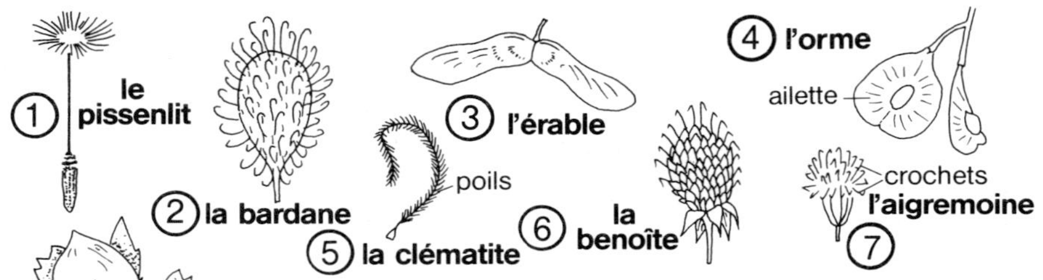

semences	1	2	3	4	5	6	7	8
qui sont entraînées par le vent	×							
qui s'accrochent aux poils des animaux								

- Complète le tableau en faisant, pour chaque semence, une croix dans la case qui correspond à sa manière de voyager.
- D'après toi, comment les noisettes peuvent-elles voyager ?

....

FIG. 11

Le problème de la dispersion des semences est un problème biologique essentiel pour le monde végétal. Sa résolution entraîne pour les végétaux la possibilité de coloniser des milieux proches ou lointains, donc en quelque sorte de voyager. Après la récolte de différents fruits et graines, et la réalisation de classements, ce document peut être utilisé avec des enfants de CE1.

Extrait de *Cahier d'activités* CE1, *Biologie.*

7 Comment naissent les graines ?

La plupart des enfants savent que "les fleurs de cerisier deviennent des cerises" et que "les fleurs de pommier deviennent des pommes". Mais, si vous leur posez la question : "que devient une fleur de tulipe ?", ils répondent "la tulipe se fane, les pétales tombent et il n'y a que la queue qui reste". Les enfants ne connaissent donc pas le rôle des fleurs dans la formation des graines. C'est un sujet d'étude indispensable qui peut être abordé en CE1 ou en CE2.

1 INFORMATIONS UTILES POUR L'ENSEIGNANT

Pour voir "naître" des plantes, il suffit de semer des graines. A première vue, cette reproduction semble différente de celle des animaux. Chez ces derniers, en effet, le nouvel être vivant se forme à partir d'un oeuf et a donc un père et une mère alors que chez les plantes à fleurs, pour obtenir des graines, il suffit en général d'une seule plante. Pourquoi parle-t-on alors de **reproduction sexuée ?**

1 De la fleur au fruit et à la graine

Quelques jours après la floraison, une **fleur** de cerisier (fig. 1) ou de pois (fig. 2) ou de tulipe... se fane et se transforme en **fruit** qui contient une ou plusieurs graines.

Le mot fruit évoque communément un organe charnu et sucré, qui se mange en dessert, tel que la cerise, le raisin, la pomme...

En réalité, les botanistes appellent **fruit** l'organe qui contient la (ou les) **graine(s)** et qui provient du développement d'une partie de la fleur (le pistil). Ainsi, le fruit du pavot ou celui de la tulipe est un organe sec, non consommable.

2 Qu'est-ce qu'une fleur ?

En dépit de leur diversité apparente, les fleurs présentent une même organisation (fig. 1 et 2).

Les pièces florales, disposées à l'extrémité de l'axe appelé le **pédoncule floral**, sont :

— les **sépales**, formant le **calice ;**

— les **pétales**, formant la **corolle ;**

— les **étamines**,

— le **pistil**.

• **Chaque étamine présente** à l'extrémité du filet une partie renflée, l'**anthère**. A maturité, l'anthère s'ouvre par deux fentes et libère une poudre jaune formée d'une multitude de **grains de pollen** microscopiques.

• **Le pistil est constitué** d'un **ovaire** surmonté d'un **style** lui-même terminé par un **stigmate**. L'ovaire contient un ou plusieurs **ovules** (fig. 1 et 7).

3 Toutes les fleurs sont-elles semblables ?

Bien qu'ayant la même organisation, les fleurs présentent des différences nombre de sépales, de pétales, d'étamines, forme du pistil, pièces florales soudées ou non...

D'autre part, certaines plantes (le chêne, le noisetier, le blé...) produisent des graines et apparemment ne fleurissent pas. En réalité, ces plantes portent aussi des fleurs mais celles-ci n'ayant pas de pétales vivement colorés peuvent passer inaperçues (fig. 3 et 4).

Chez certaines plantes, le chêne par exemple, il existe deux sortes de fleurs :

— des fleurs à étamines sans pistil,

— des fleurs à pistil sans étamines. Ces dernières seules produisent des fruits et des graines.

4 Des expériences pour comprendre le rôle du pollen

Le pistil d'une fleur se transforme en fruit ; durant le même temps, les ovules qu'il contenait deviennent des graines. Les autres parties de la fleur ont-elles un rôle ?

Les expériences présentées sur la figure 6 montrent qu'une fleur ne produit des graines que si le pollen d'une autre fleur **de la même espèce** se dépose sur le stigmate du pistil.

Quelle est l'action de ce pollen ?

5 La fécondation

La figure 7 montre que les grains de pollen retenus par les papilles du stigmate germent et produisent chacun un tube pollinique. En s'allongeant, le tube pollinique atteint l'ovaire et, au terme de sa croissance qui dure un à deux jours, pénètre dans un ovule. Le tube pollinique véhicule un **gamète mâle** (l'équivalent d'un spermatozoïde) qui vient fusionner avec un **gamète femelle** (l'équivalent d'un ovule de vertébré) présent dans chaque ovule de la fleur.

• **En conclusion :**

Pour qu'un "ovule" se transforme en graine, il doit être fécondé. On retrouve dans cette fécondation, à quelques différences près dans les mécanismes, les mêmes faits que pour la fécondation animale :

— il y a union d'un gamète mâle et d'un gamète femelle avec formation d'une cellule oeuf ;

— la cellule oeuf formée se divise et donne naissance au germe, c'est-à-dire au nouvel individu.

Les étamines, productrices de pollen, sont donc les **organes mâles** de la fleur ; le pistil, qui renferme les "ovules", est l'**organe femelle** et la reproduction par graines est une **reproduction sexuée**.

• **Remarque**

Le mot "ovule" n'a pas exactement le même sens chez les animaux et chez les plantes. Dans le premier cas, l'ovule est le gamète femelle ; dans le second cas, c'est un ensemble de cellules qui entourent le gamète femelle.

6 Un phénomène obligatoire : la pollinisation

• **La fécondation**, phénomène indispensable à la formation des graines, est préparée par deux mécanismes qui se complètent :

— la **pollinisation**, c'est-à-dire le transport des grains de pollen des étamines sur le stigmate ;

— **la germination** des grains de pollen sur le stigmate.

• **La pollinisation diffère selon les espèces.**

Le pistil peut être pollinisé :

— par le pollen de la même fleur : c'est l'**autopollinisation ;**

— par le pollen d'une autre fleur du même pied ou d'un autre pied : c'est la **pollinisation croisée**.

L'autopollinisation est rare. Chez le blé ou le pois par exemple, elle s'effectue alors que la fleur est encore close.

La pollinisation croisée est obligatoire lorsque la fleur pollinisée n'a pas d'étamine ou, ce qui est plus fréquent, lorsque les étamines et le pistil ne sont pas mûrs en même temps. C'est la seule possible chez de nombreuses plantes dont le pollen ne germe sur un stigmate que s'il provient d'une fleur d'un autre pied. Dans la pollinisation croisée, le transport du pollen est généralement assuré par les insectes ou par le vent.

• **Pollinisation par les insectes.**

Les insectes (abeilles, papillons, bourdons...) visitent les fleurs pour y récolter soit du pollen, soit du nectar (liquide sucré produit par les fleurs) dont ils se nourrissent.

Lorsqu'un insecte butine, du pollen tombe sur son corps ou sur sa trompe. Il en déposera quelques grains sur le stigmate d'une autre fleur, assurant ainsi la pollinisation. Dans son territoire de récolte, chaque abeille ne visite que des **fleurs de même espèce**, ce qui garantit l'efficacité de la pollinisation. Elle sait donc distinguer ces fleurs de toutes les autres.

Tout se passe comme si les **fleurs affichaient ostensiblement leur identité :** en effet la forme, la couleur, le parfum sont caractéristiques de chaque espèce de fleur. La corolle est généralement l'élément principal du "**système de signalisation**".

Certaines fleurs, notamment celles dont l'ouverture est très étroite, présentent sur un fond coloré une tache de couleur différente, dont la fonction est de guider l'insecte vers l'intérieur où se trouve le nectar. Chez le marronnier, cette "marque indicatrice de nectar" vire même du jaune au pourpre lorsque la production de nectar est tarie ; les insectes "savent" alors que la fleur ne mérite plus d'être visitée.

• **Pollinisation par le vent.**

Certaines fleurs comme celles des graminées, du pin, du noisetier, du saule... dépourvues de corolle, ne

1 *La naissance d'une cerise*

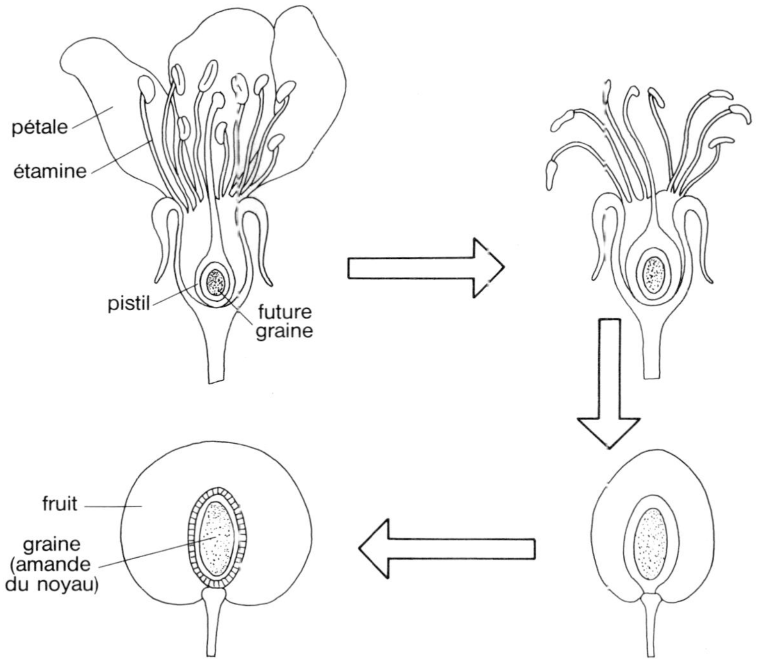

• Sur chacun de ces dessins, colorie le pistil pour raconter l'histoire d'une fleur de cerisier.

FIG. 1

Que représentent ces dessins ? Quelle pourrait être la place de ce document dans une démarche que vous indiquerez ?

Extrait de *Cahier d'activités CE1, Biologie.*

2 *L'histoire d'une fleur de pois*

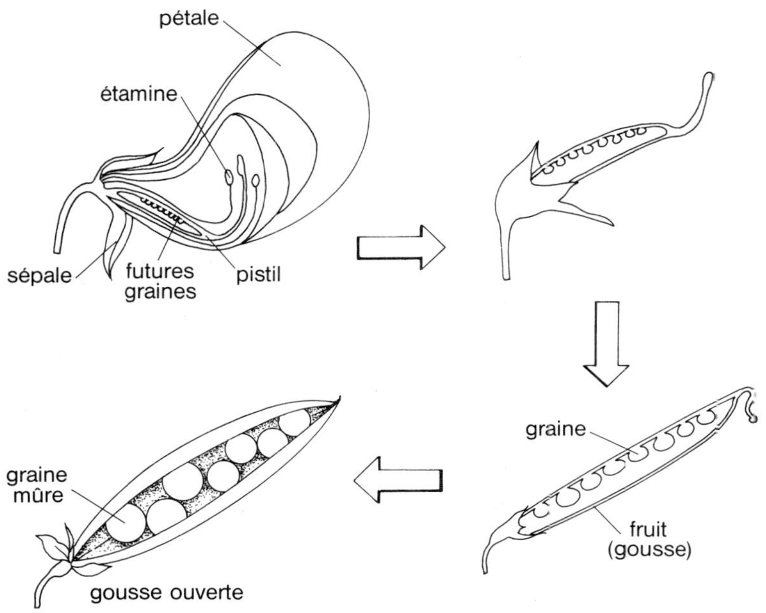

FIG. 2

L'histoire d'une fleur de pois.
Quelle partie de la fleur donne le fruit ?
Quel est le nom scientifique des "futures graines" déjà présentes dans la fleur ?

Extrait de *Cahier d'activités CE1, Biologie.*

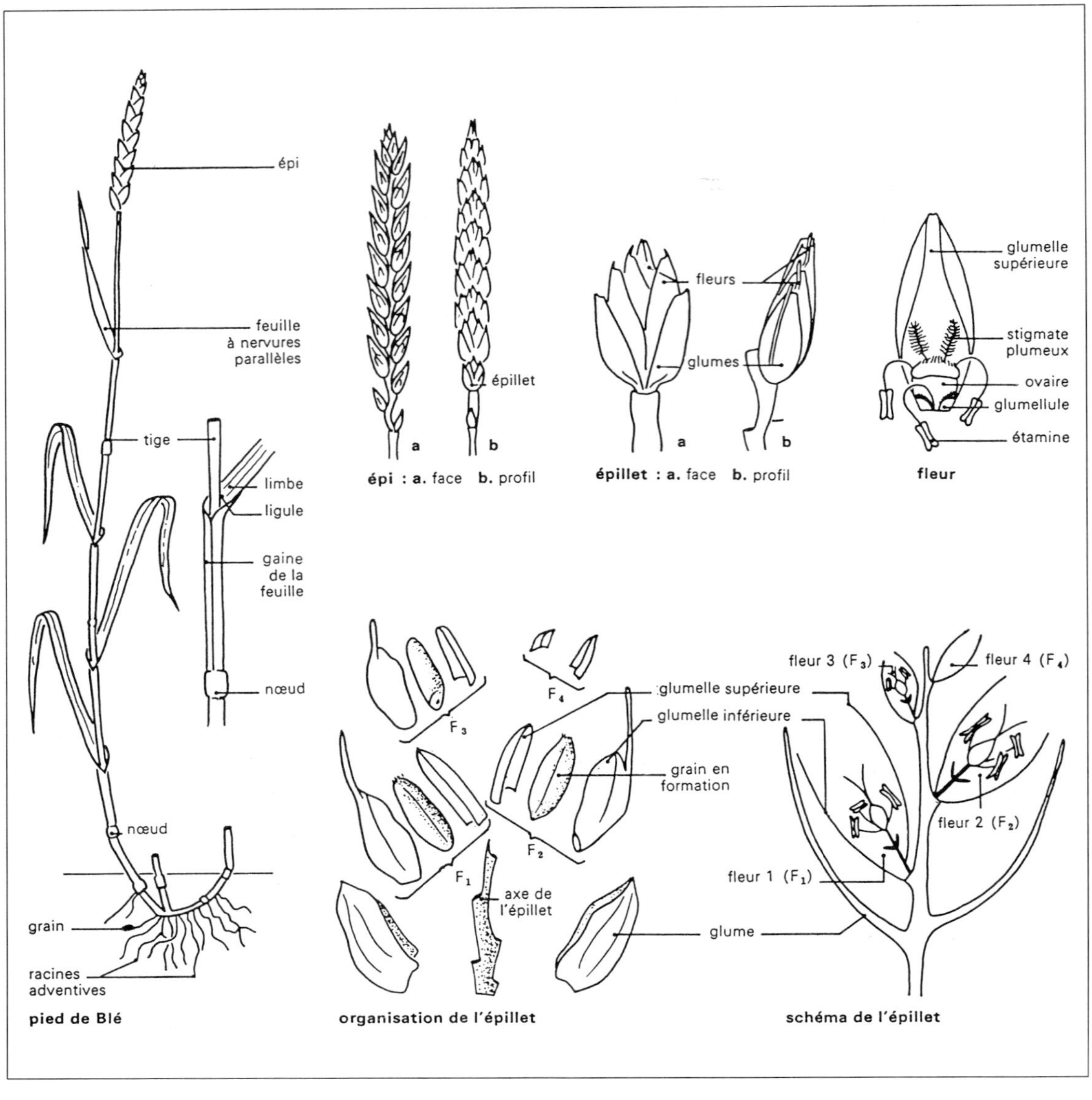

FIG. 3

Dans le langage courant, pour désigner les graminées sauvages qui poussent au bord des routes, les plantes de la pelouse de l'école ou du jardin public, le chiendent qui se répand dans le jardin... on dit : "c'est de l'herbe". Pourtant l'herbe n'est pas un nom de plante ; mais toutes ces "herbes", qui se ressemblent d'ailleurs, sont de la même famille, celle des graminées.
C'est une surprise pour les enfants quand ils découvrent que "les herbes" fleurissent. Pour connaître ces fleurs, nous choisirons une graminée de grande taille, le blé, qui a, par ailleurs, dans l'alimentation humaine un rôle considérable. Ces schémas sont présentés à titre d'information.

Extrait du *Guide du maître, "La vie des plantes"*.

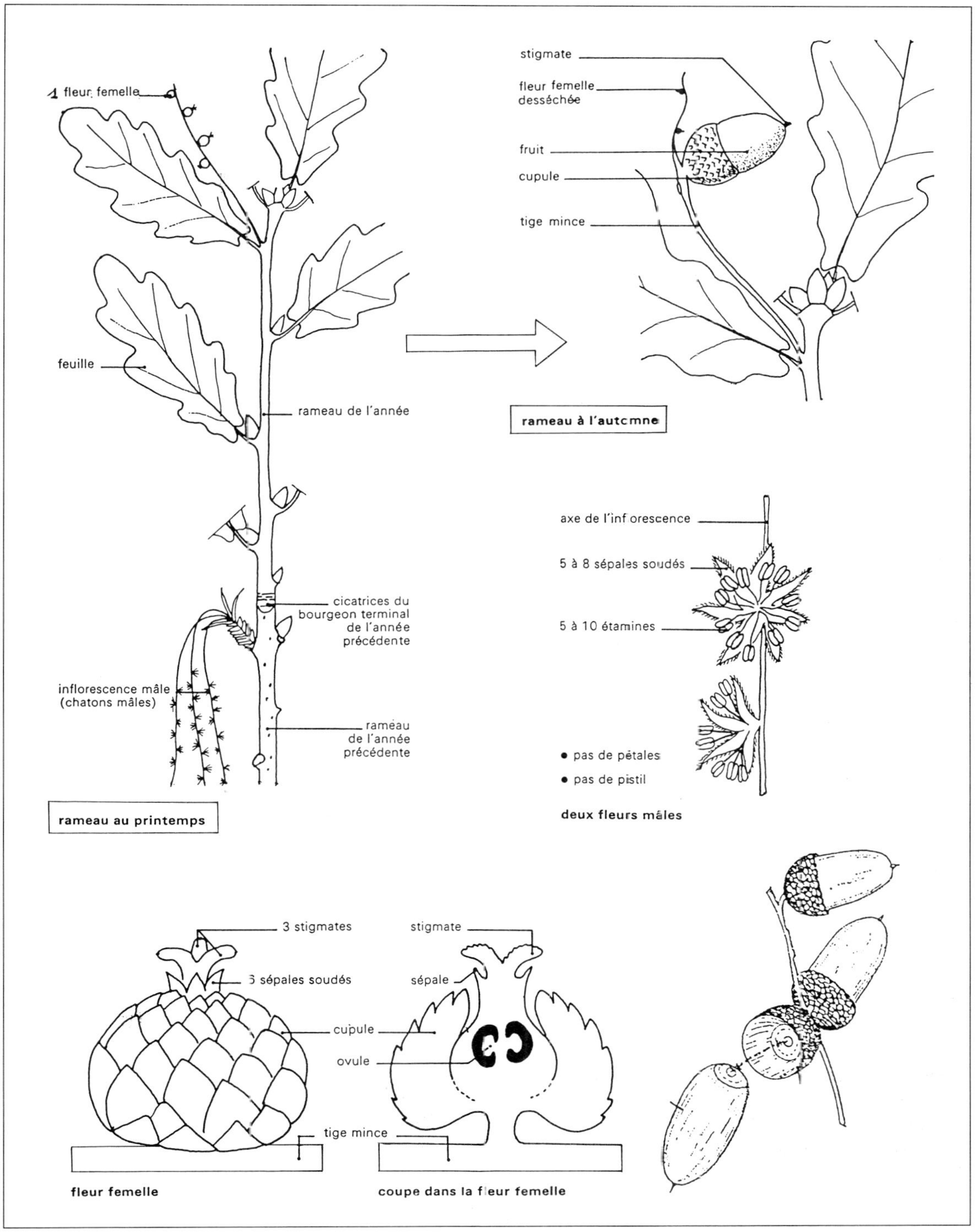

FIG. 4

Le chêne, qui fleurit en avril-mai, a deux sortes de fleurs :
— des fleurs mâles, groupées par dizaine en châtons pendants ;
— des fleurs femelles, groupées par trois ou quatre sur de minces tiges dressées.
Ces deux sortes de fleurs, portées par le même arbre, n'ont pas de pétales.

Extrait du *Guide du maître, "La vie des plantes".*

secrètent pas de nectar et, de ce fait, ne sont pas visitées par les insectes. Leurs étamines libèrent une grande quantité de pollen que le vent transporte au hasard, parfois très loin.

Dans ces conditions, chaque grain de pollen a peu de chances de tomber sur un stigmate où il puisse se développer ; l'abondance du pollen compense les pertes.

Les grains de pollen transportés par le vent sont soit très petits et très légers comme ceux des graminées, soit munis de deux ballonnets remplis d'air comme le pin et le sapin.

7 Des fruits sans graines

Il existe des fruits sans graines (citrons, clémentines, tomates...) ou dont les graines sont avortées (banane, fruit-à-pain...). Les agronomes cherchent à en obtenir parce qu'ils sont plus agréables à consommer. La fécondation n'est donc pas absolument nécessaire à la transformation de l'ovaire en fruit. L'une des méthodes qui permettent d'obtenir des fruits sans pépin consiste à pulvériser sur des fleurs une substance chimique d'origine végétale (appelée auxine). Dans les conditions naturelles, c'est le tube pollinique en croissance qui secrète cette substance.

8 En résumé

La reproduction sexuée des plantes à fleurs est caractérisée par la **fécondation**, c'est-à-dire l'union d'un gamète mâle (qui provient du grain de pollen) et d'un gamète femelle (situé dans l'ovule). L'oeuf qui résulte de cette union est le point de départ du nouvel individu : il donne le germe de la graine, puis la nouvelle plante quand la graine germe.

Connaissez-vous

LE SENS DE CES MOTS OU EXPRESSIONS

- **fruit, graine**
- **pistil, ovule, ovaire,**
- **stigmate**
- **étamine, grain de pollen,**
- **pollinisation croisée, autopollinisation**

2 DES ACTIVITÉS PÉDAGOGIQUES POSSIBLES

• **Quand un enfant du cours préparatoire** sème des graines et voit grandir de jeunes plantes, il fait des observations sur la reproduction des plantes. Mais il ignore ce qu'est une graine et d'où viennent les graines. En d'autres termes, il ne sait pas qu'il s'agit d'une étape de la reproduction sexuée.

Au cours élémentaire, de nouvelles observations viendront enrichir ses connaissances :

— La transformation de la fleur en graines (l'origine des graines est alors connue) ;

— Le rôle du pollen dans la formation des graines (une comparaison avec la reproduction des animaux est alors possible).

• **Il est plus facile d'étudier la reproduction sexuée des animaux que celle des plantes à fleurs :**

— **Chez les animaux**, chaque individu a un père et une mère (une souris femelle ne peut avoir des petits que s'il y a, à un moment donné, une souris mâle dans la même cage) alors que chez les plantes, un pied de pois et un seul, un unique pied de haricot (donc un seul individu) donnent naissance à des graines, donc à de nouvelles plantes. La différence semble considérable et la notion de reproduction sexuée n'est pas évidente.

— **La fécondation** est un phénomène plus facile à décrire dans le monde animal que chez les végétaux à fleurs.

Il semble donc préférable d'étudier la reproduction sexuée des animaux avant celle des plantes à fleurs. Pour cette dernière, les points de départ peuvent être très divers. Voici des exemples :

— les cerisiers sont en fleurs, puis les pétales tombent. Que deviennent les fleurs ?

— au cours d'une sortie dans un champ ou dans un jardin public, les élèves se sont intéressés aux fleurs.

— les graines de haricot, de pois... semées dans la classe ont poussé et les plantes fleurissent. Que deviennent les fleurs ?

1 Que deviennent les fleurs ?

Selon la saison et la région, les enfants du CE 1 ou du CE 2 peuvent répondre à cette question si vous leur proposez des espèces végétales telles que tulipe, coquelicot, genêt, pois de senteur...

Il faut en effet choisir des plantes qui présentent les caractères suivants :

— fleurs assez grosses ayant à la fois étamines et pistil ;

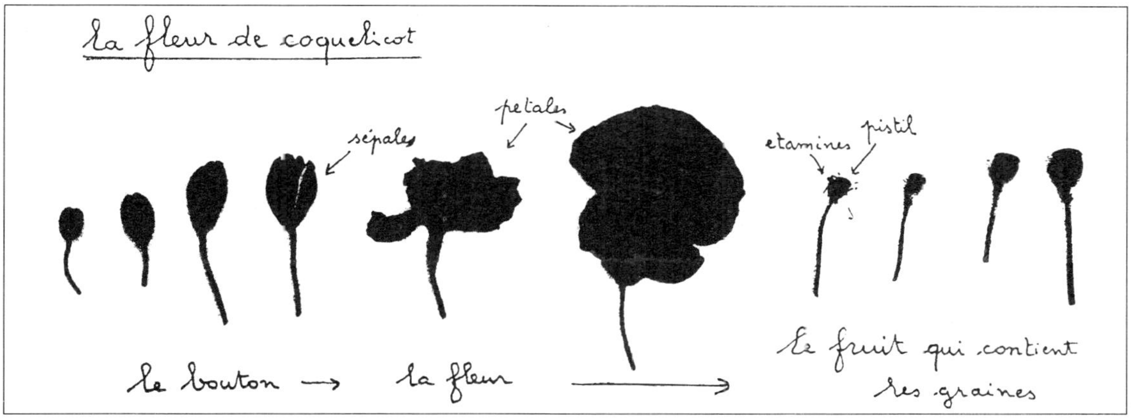

FIG. 5

L'histoire d'une fleur de coquelicot est racontée par un enfant du cours élémentaire.

Extrait du *Guide du maître, "La vie des plantes".*

FIG. 6

A maturité, les étamines laissent échapper des grains de pollen. Certains d'entre eux tombent sur le stigmate. Ont-ils un rôle dans la transformation du pistil en fruit ? Vous le préciserez en analysant ces expériences.

Extrait de *Biologie 6e*.

Déroulement des expériences	*Résultats (*)*
1. On laisse des fleurs de pois de senteur évoluer normalement.	+
2. Avant leur maturité, les étamines d'une fleur sont coupées puis l'ensemble de la fleur est emballé dans un sac de gaze empêchant ainsi l'arrivée de pollen « étranger ».	–
3. La même expérience est réalisée sur une fleur dont les étamines, déjà parvenues à maturité, ont libéré leur pollen.	+
4. On réalise à nouveau l'expérience n° 2. Quelques jours plus tard, le sac de gaze est enlevé et on saupoudre le stigmate avec le pollen des étamines mûres d'une autre fleur du même pied de pois de senteur. Immédiatement après, le sac de gaze est remis en place.	+
5. L'expérience n° 4 est réalisée en utilisant le pollen d'un autre pied de pois de senteur dont les fleurs sont de couleur différente.	+
6. On procède comme précédemment mais en utilisant le pollen d'une plante autre qu'un pois de senteur.	–

(*) Le signe (+) indique que le pistil donne un fruit contenant des graines et le signe (–) que le pistil ne se transforme pas en fruit.

FIG. 7

Les grains de pollen qui tombent sur le stigmate germent et donnent naissance à un tube qui s'enfonce dans le style en direction des ovules. Ce tube pollinique conduit le spermatozoïde (ou gamète mâle) du grain de pollen jusqu'à la cellule reproductrice femelle (ou gamète femelle) contenue dans l'ovule, préparant ainsi la fécondation, c'est-à-dire l'union des deux gamètes et donc la formation de la cellule œuf. Attention, le mot ovule n'a pas le même sens chez les animaux et chez les plantes à fleurs. Dans le premier cas, l'ovule est le gamète femelle, dans le second, l'ovule est l'organe qui contient le gamète femelle.

Extrait de *Biologie 6e*.

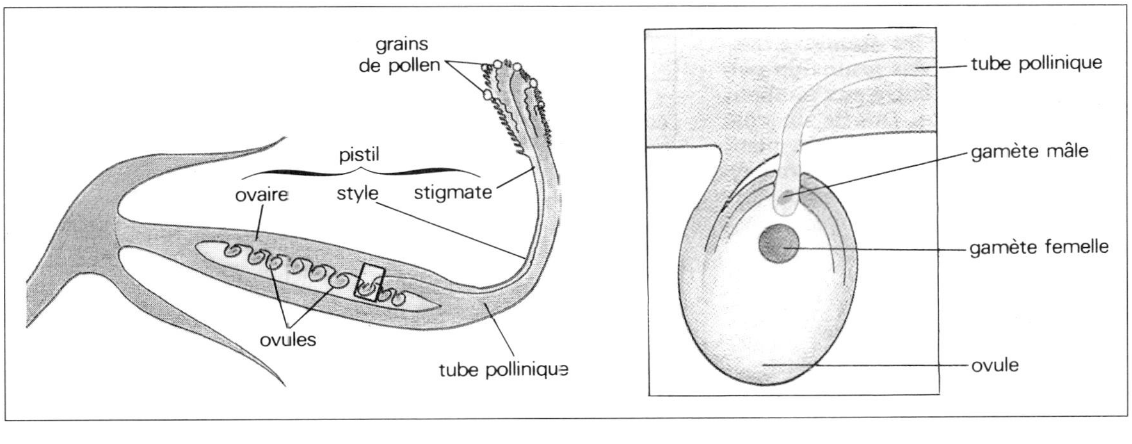

— pistil à plusieurs graines (éviter des fleurs comme le bouton d'or dont le pistil a plusieurs carpelles séparés ; il est alors difficile de distinguer fruit et graine) ;

— plante qui porte en même temps des fleurs (et même des boutons floraux) et des fruits bien formés ; il sera ainsi possible de mettre côte à côte tous les stades.

A titre d'exemple, voici les activités successives réalisées par des élèves du CE 1 à qui on a proposé successivement deux plantes fleuries : coquelicot et genêt.

— **"Faire" des fleurs** de coquelicot en partant d'un bouton floral (il suffit d'ouvrir le bouton et de déplier les pétales).

— **Raconter l'histoire de la fleur** en collant sur une feuille de papier les stades successifs, du bouton à la fleur épanouie et de la fleur épanouie à la "boîte à graines" (fig. 5).

— **Ouvrir le fruit et découvrir les graines** (à ce stade, ce sont de petits grains blancs).

Pour que l'histoire prenne tout son sens, il faut bien sûr évoquer la suite de l'histoire : quand les graines sont mûres, elles tombent sur le sol, elles germent et elles donnent de nouvelles plantes.

— **Raconter**, de la même façon que précédemment (c'est-à-dire par **collage**), l'histoire d'une fleur de genêt.

— **Dessiner** le fruit du coquelicot et celui du genêt (les graines sont ici visibles par transparence).

Le mot fruit surprend toujours. Pour un enfant, "un fruit, c'est quelque chose qui se mange". En botanique, c'est l'organe qui contient la graine.

— **L'observation** de fruits familiers (pomme, poire, citron, orange, grain de raisin, cerise...) permet d'élargir la notion : les pépins de pomme ou de raisin sont des graines, le noyau de cerise est une graine. Si on les plante, les graines germent et donnent de nouvelles plantes. Et au départ, il y avait des fleurs.

2 Comment les fleurs donnent-elles des graines ?

Il s'agit de découvrir que la fleur contient déjà le futur fruit : le pistil dans lequel il y a déjà les futures graines (ce sont les ovules). En effet, les différentes parties d'une fleur se fanent et tombent, sauf le centre (le pistil) qui grossit.

Les observations peuvent être traduites par des dessins ou par des collages des pièces florales. On limitera le vocabulaire nouveau aux mots essentiels : pistil, ovule, fruit, graine, étamine, pétale, sépale.

Ces activités ne s'imposent pas au CE 1.

3 A quoi sert le pollen ?

En général, les enfants découvrent l'existence du pollen au cours des manipulations sur les fleurs : "j'ai de la poudre jaune sur mon doigt". D'où vient-elle? Une observation attentive montre que le pollen est contenu dans les sacs à pollen de chacune des étamines. A quoi sert-il ? De même que les ovules de la truite ne donneront jamais de petites truites s'ils ne sont pas arrosés de spermatozoïdes, l'ovule d'une plante ne donne jamais de graine — et donc jamais une nouvelle plante — si le pistil de la fleur n'est pas saupoudré de grains de pollen.

• **Un document**, tel que celui présenté en figure 8, peut apporter une aide intéressante dans la découverte.

Nous avons vu plus haut que l'analogie entre le grain de pollen et le spermatozoïde, entre l'ovule d'une plante et l'ovule d'un animal n'est pas tout à fait exacte. En réalité, chez les plantes à fleurs, la fécondation nécessite la germination du grain de pollen sur le pistil. De plus, l'ovule du pistil n'est pas la cellule reproductrice femelle, il la contient. Mais les phénomènes étant assez complexes, il est préférable de les simplifier, et de se contenter d'évoquer la fécondation sans entrer dans le détail.

• **Pourquoi parle-t-on parfois** de fleurs mâles et de fleurs femelles ?

4 Des prolongements possibles

• **Pourquoi les abeilles visitent-elles les fleurs ?**
Les relations qui existent entre les fleurs et les insectes méritent une attention particulière :

— l'insecte pollinise la fleur, jouant ainsi un rôle essentiel dans la reproduction de la plante ; ce phénomène a, pour l'homme, une grande importante économique : une partie importante des fruits et des graines de notre alimentation est la conséquence de l'intervention des insectes ; il a même été prouvé que la présence, au moins momentanée, de ruches près d'un champ en fleurs, accroît la récolte ;

— la fleur fournit à l'insecte le nectar et le pollen, nourriture pour lui-même et sa progéniture.

L'observation d'insectes butineurs volant d'une fleur à l'autre dans un jardin est intéressante (comportement de l'animal, corps saupoudré de pollen, etc...)

• **L'homme et les fleurs**

Les fleurs sont, pour les plantes, le moyen de produire des graines. Elles sont aussi source de nourriture pour de nombreux animaux (bien des insectes notamment viennent y chercher nectar et pollen). De plus, elles tiennent une place importante dans la vie sociale et économique de l'homme.

2 *Une expérience chez les plantes*

1er cas

Les étamines mûres d'une fleur de pois libèrent des milliers de grains de pollen.

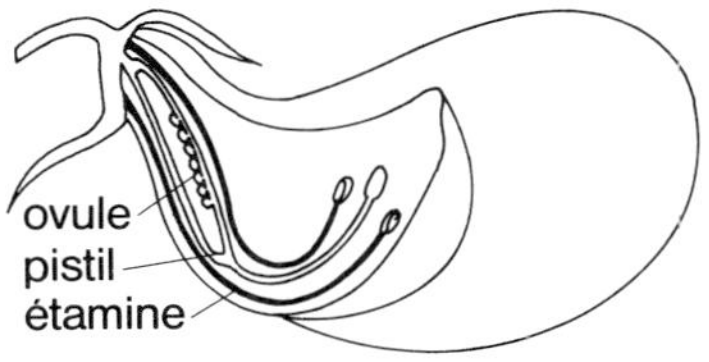

Si on laisse les étamines en place, les ovules de la fleur deviennent les graines.

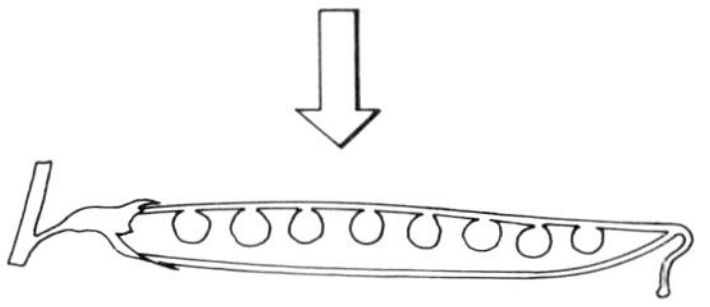

2ème cas

On supprime les étamines d'une fleur jeune et on entoure cette fleur d'une toile fine afin d'éviter l'apport de pollen.

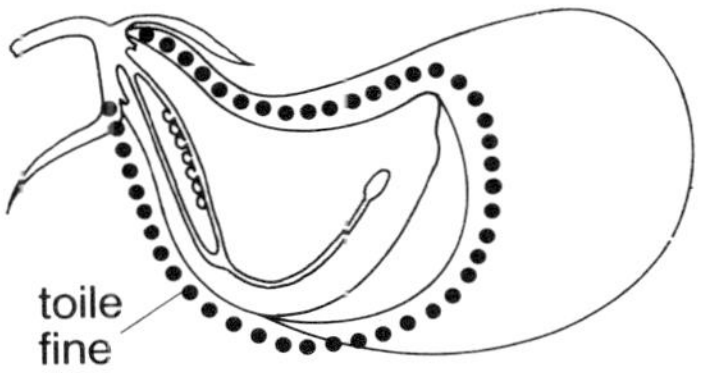

Les ovules ne grossissent pas. Le pistil se dessèche et tombe

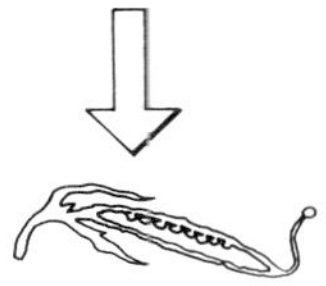

- Quelle conclusion peux-tu dégager de cette expérience ? ....

....

- Par analogie avec ce qui se passe chez les animaux, les étamines sont appelées organes mâles de la fleur, et le pistil organe femelle. Explique oralement pourquoi.

FIG. 8

Quelles notions scientifiques ce document permet-il de dégager ? A quel moment ce document pourrait-il prendre place dans une étude sur les fleurs ?

Extrait de *Cahier d'activités CM2, Biologie.*

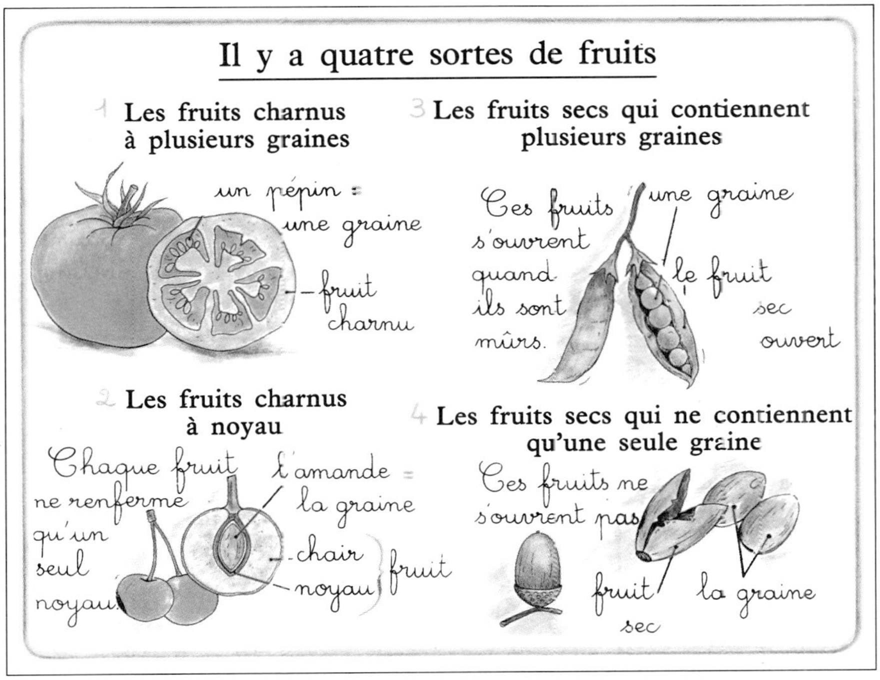
Il y a quatre sortes de fruits

1 Les fruits charnus à plusieurs graines

2 Les fruits charnus à noyau

3 Les fruits secs qui contiennent plusieurs graines

4 Les fruits secs qui ne contiennent qu'une seule graine

FIG. 9

Donnez des exemples pour chacun de ces quatre groupes.

Extrait de *Cahier d'activités CE1, Biologie.*

Au cours d'un entretien, les différents points suivants sont généralement évoqués :
— "les fleurs sont cultivées pour la décoration, dans les jardins, dans les maisons : on offre du muguet au premier mai, on apporte des fleurs au cimetière ;
— on fait du parfum avec des fleurs ;
— les peintres ont fait beaucoup de tableaux représentant des fleurs ; des écrivains et des poètes parlent des fleurs ;
— certaines fleurs sont utilisées en pharmacie (tilleul, verveine...)", etc.

Selon le niveau des enfants et le quartier où se situe l'école, différentes enquêtes peuvent être entreprises : chez le fleuriste, dans une pépinière, au marché aux fleurs, dans une parfumerie ou une distillerie, chez un herboriste, etc.
Le questionnaire d'enquête est d'abord préparé en groupe, puis mis en forme collectivement.

Objectifs :
— Apprendre à mener une enquête.
— Rencontrer des professionnels dans l'exercice de leur métier.
— S'organiser pour présenter toutes les informations recueillies.
— Savoir présenter des résultats.

- **Les différents types de fruits (fig. 9)**

En dépit de leur diversité, tous les fruits :
— proviennent de la transformation d'une fleur (une fleur de vigne → grain de raisin)
— contiennent (sauf exception) une ou plusieurs graines.

Activités :
Récolter des fruits sauvages (à l'automne) y compris ceux des arbres.
Classer ces fruits dans l'un ou l'autre des quatre groupes (fig. 9).

NOTIONS VISÉES

à l'école élémentaire

Au CE 1

Lorsqu'une fleur (de tulipe, de pois, de coquelicot, de cerisier...) se fane, elle ne disparaît pas complètement. Elle donne une sorte de "boîte" qui contient une ou plusieurs graines. Cette "boîte", qu'elle soit comestible ou non, est appelée un fruit par les botanistes (on découvre un sens nouveau au mot fruit).

Tous les fruits (pomme, poire, melon, citron, orange...) contiennent des graines. Ces fruits résultent tous de la transformation d'une fleur. Avant la pomme, il y avait une fleur sur le pommier.

Remarque : les enfants qui regardent un pied de tulipe ou un pied de coquelicot disent : "c'est une fleur". Il faut absolument donner la notion de plante. Le pommier est une plante. Une fleur de pommier est un organe de cette plante (la queue du chat n'est pas le chat).

Au CE 2

Lorsqu'une fleur se fane, le pistil de la fleur grossit et devient le fruit qui contient des graines. Ce pistil contient un ou plusieurs "ovules". Ce sont les "ovules" qui deviennent les graines.

Pour qu'un "ovule" se transforme en graine, il faut qu'il soit fécondé par un grain de pollen (produit dans les étamines).
La fécondation (rencontre d'un grain de pollen et d'un "ovule") est indispensable à la transformation du pistil en fruit et de ses ovules en graines.
La reproduction par graines est donc une reproduction sexuée comparable à celle que l'on connaît chez les animaux. Les étamines sont les organes mâles d'une fleur. Le pistil est l'organe femelle.

Toutes les plantes ne fleurissent pas. Il existe deux grands groupes de plantes, celles qui fleurissent et ont des graines, celles qui ne fleurissent pas et n'ont pas de graines. C'est le cas des mousses, des fougères, des champignons.

Mots clés
Au CE 1 : plante, fleur, graine, fruit.

Au CE 2 : pistil, "ovule", étamine, grain de pollen, fécondation.

8 Pourquoi parle-t-on de reproduction asexuée ?

Semer des graines n'est pas la seule façon de voir naître des plantes. Il en existe bien d'autres (fig. 1). Les enfants savent déjà, ou vont découvrir, qu'ils peuvent aussi planter des bulbes (tulipe, jacinthe, crocus...), planter des tubercules, faire des boutures de certaines plantes. Ces activités, faciles à réaliser, se font parfois dès l'école maternelle. L'objet de ce chapitre est d'apporter quelques informations sur ce mode de reproduction des plantes, très utilisé dans la vie courante et appelé reproduction (ou multiplication) asexuée.

1 INFORMATIONS UTILES POUR L'ENSEIGNANT

1 Ne pas confondre : reproduction sexuée et reproduction asexuée

• **L'étude d'un exemple, la plantation de tubercules de pomme de terre** (fig. 6), permet de dégager les notions suivantes :

— Un **tubercule** de pomme de terre n'a pas du tout la même origine qu'une graine. Il ne provient pas du développement d'un ovule fécondé ; c'est une tige souterraine gorgée de réserves (fig.7).

— La reproduction par tubercules n'est donc pas une reproduction sexuée. Ce mode de reproduction, qui utilise un organe tel que tige, feuille, racine, est appelé **multiplication végétative**.

— La multiplication végétative donne rapidement une plante entière qui a exactement les qualités de la plante mère alors que la reproduction par graines est généralement plus lente ; de plus, les plantes obtenues ont, en raison du brassage des patrimoines génétiques dû à la fécondation, des caractères plus variables.

• **La reproduction (ou multiplication) asexuée** est donc le processus par lequel un individu donne naissance à deux ou plusieurs individus de même sexe sans intervention de phénomènes sexuels, c'est-à-dire sans formation de gamètes et sans fécondation. La reproduction sexuée et la multiplication asexuée sont **deux processus indépendants** qui ne s'excluent pas et peuvent se produire chez les mêmes individus. Par exemple, pour de nombreuses plantes il existe une multiplication végétative naturelle (à partir des racines, des tiges ou des bulbes) à côté d'une reproduction par graines.

2 La multiplication asexuée naturelle des végétaux

La multiplication végétative naturelle, qui s'effectue chez de nombreuses plantes parallèlement à la reproduction sexuée, présente une très grande diversité. Les nouvelles plantes se forment selon les cas à partir :

— de tiges rampantes ou **stolons** (fig. 2), ou de tiges souterraines (**rhizomes, tubercules**) ;

— de racines tubéreuses (fig. 4) ou de racines traçantes ;

— de **bulbes** (fig. 3)

Dans tous les cas, de nouvelles plantes naissent sans l'intervention des éléments mâles et femelles contenus dans la fleur. Il ne s'agit donc pas de reproduction sexuée.

De nombreux végétaux présentent ce mode de "naissance". Il apparaît comme un procédé de multiplication **plus sûr** et **plus rapide** que celui qui s'effectue au moyen de graines. En effet, les organes qui assurent la multiplication végétative restent au voisinage immédiat de la plante mère, donc dans un sol et un milieu

Différentes façons de voir naître des plantes

Semer des graines

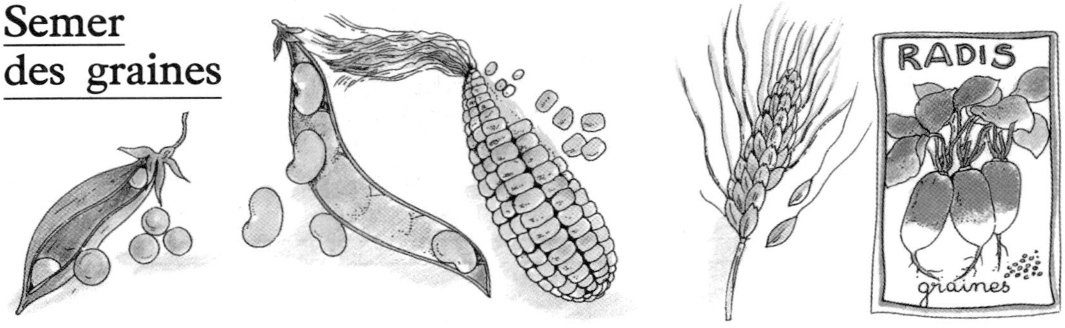

Planter des bulbes

des crocus des jonquilles une tulipe une jacinthe un iris nain

Faire des boutures

de misère

Planter des tubercules

Mets les pommes de terre germées dans la terre d'une caissette.

FIG. 1

Fournir un tel document à des enfants et le faire analyser crée une motivation importante pour choisir les plantations que l'on souhaite réaliser.

Extrait de *Sciences et technologie CP*.

FIG. 2

A partir d'un seul pied de fraisier, on peut en obtenir un grand nombre par multiplication végétative naturelle.

Extrait de *Biologie 6*[e].

Un pied de fraisier forme au printemps et en été de longues tiges grêles, les stolons qui demeurent appliquées sur le sol. Sur chaque stolon apparaît de place en place un nouveau pied de fraisier qui s'enracine. Le stolon, tel un cordon ombilical, conduit de la plante-mère vers ses rejetons les aliments qui leur permettent de croître jusqu'au moment où, bien enracinés et pourvus de feuilles vertes, ils deviennent capables de subvenir à leurs besoins. Alors, les stolons se dessèchent et les jeunes pieds se trouvent totalement séparés de la plante-mère.

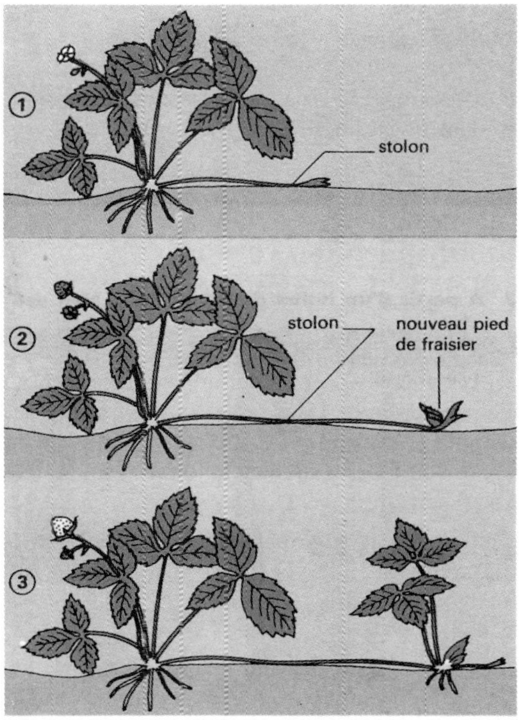

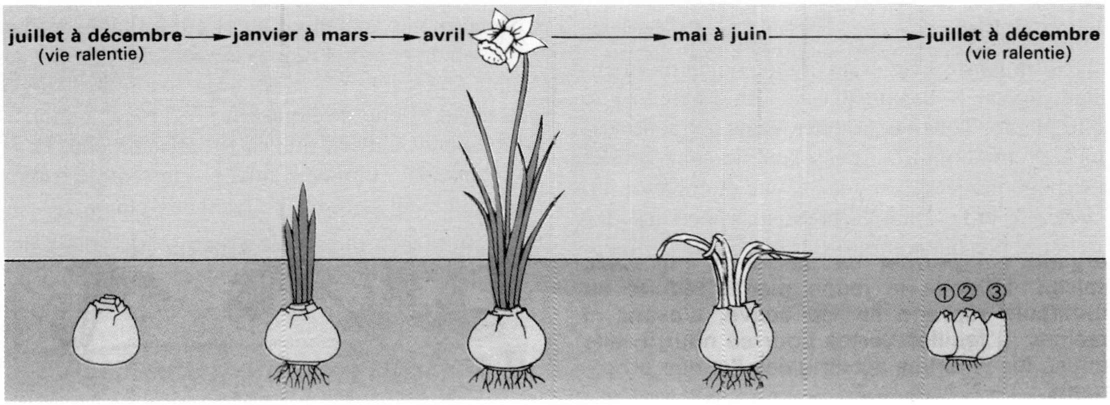

La multiplication du bulbe de jonquille

Pour obtenir des jonquilles, le jardinier ne sème pas des graines mais il plante des bulbes. Des racines et des feuilles se développent à partir des réserves contenues dans les écailles du bulbe. Puis, apparaît une fleur qui se fane et donne un fruit contenant des graines. A la fin du printemps, la partie aérienne de la plante se dessèche et meurt, mais dans le sol, à la base des feuilles, des réserves se sont accumulées et constituent d'une part les écailles d'un nouveau bulbe à l'intérieur de l'ancien et, d'autre part, les écailles d'un ou deux autres bulbes latéraux. Ainsi, à la saison suivante, le jardinier verra pousser trois pieds de jonquilles à la place d'un seul.

FIG. 3

A partir d'un bulbe de jonquille, il s'en forme plusieurs. Ainsi s'accomplit un envahissement progressif du milieu environnant.

Extrait de *Biologie 6*[e].

favorables. De plus, ils contiennent souvent des **réserves** abondantes qui permettent une croissance rapide au moment de la reprise de la vie active.

La multiplication végétative réalise un **envahissement progressif du milieu**. Ainsi s'explique l'extension d'une touffe de jonquilles dans un bois, de framboisiers ou d'iris dans un jardin, de bananiers dans une plantation.

3 La multiplication végétative artificielle des végétaux

Les agriculteurs, les jardiniers et les horticulteurs exploitent les modalités de la multiplication végétative naturelle pour produire les plantes dont ils ont besoin. Les exemples sont nombreux : culture de pommes de terre à partir de tubercules, plantation de jeunes fraisiers produits naturellement sur les stolons...

Les hommes savent aussi créer des situations artificielles de multiplication végétative. On en distingue différents types : l'**éclatage**, le **bouturage**, le **marcottage**, le **greffage**.

A côté de ces méthodes classiques, utilisées depuis des siècles et encore employées de nos jours, s'ajoute, depuis peu, la culture en tube de fragments de bourgeons. Pour des raisons diverses, cette technique est une véritable révolution dans la production végétale.

- **Le bouturage**

Ce procédé consiste à isoler un organe ou un fragment d'organe végétal — **la bouture** — afin d'obtenir une nouvelle plante. Tous les organes végétaux sont susceptibles d'être bouturés, par exemple, une feuille (chez le bégonia, le kalanchoë...), une étamine ou un pistil (chez le lis)... Dans la pratique, cependant, les boutures sont presque toujours des morceaux de tiges ; déjà pourvues de bourgeons et souvent de feuilles, il leur reste à fabriquer des racines.

- **Le marcottage**

Ce procédé consiste à enterrer un rameau, des racines apparaissent puis une tige. Quand les racines sont suffisamment développées, on sépare le nouveau pied (fig. 8). La multiplication végétative du fraisier est une sorte de marcottage naturel.

- **Le greffage**

Cette technique permet de multiplier un arbre fruitier. On en détache de petits rameaux, les **greffons**, qu'on implante selon différents procédés sur un arbre de même espèce choisi pour sa vigueur, le **porte-greffe**.

- **La culture en tube**

Cette technique de culture est présentée sur la figure 5. D'abord appliquée aux plantes horticoles, la méthode est maintenant couramment utilisée pour la multiplication des fraisiers, des rosiers... L'application est en cours pour les arbres fruitiers, les arbres forestiers, la vigne et divers arbustes d'ornement. Beaucoup d'autres espèces bénéficieront dans les années qui viennent de la méthode de culture en tube. La culture en tube demande beaucoup moins de place que la culture classique. Il en résulte une diminution des surfaces de serres (chauffées ou réfrigérées selon la saison), donc une économie d'énergie et une diminution du prix de revient.

Soulignons par ailleurs deux aspects importants :

— **La culture en tube permet une production massive.** Par exemple, avec un bourgeon de rosier on produit, en un an, 200 000 à 400 000 descendants. Par les méthodes traditionnelles (greffage), un pied mère de rosier permettait de produire 20 à 50 rosiers au maximum pendant le même temps.

Un pied mère de framboisier fournit par les techniques classiques (rejet sur racines) 50 descendants par an. Par culture en tube on en obtient 50 000.

Un bourgeon de pêcher-amandier donne en un an 10 millions de plants porte-greffe.

— **La culture est un moyen de guérir les plantes de leurs maladies.** Le dessin (fig. 5) montre que les milliers de descendants obtenus par culture en tube proviennent tous d'un seul fragment prélevé dans un bourgeon. Or on constate que, s'il est prélevé dans la partie terminale de la tige, ce fragment est toujours sain – c'est-à-dire indemne de virus – même s'il provient d'une plante malade. La culture en tube est donc un moyen de guérir certaines espèces dont l'état sanitaire était déplorable. C'est le cas par exemple de la pomme de terre “Belle de Fontenay”. Son état sanitaire était tellement mauvais que sa fin était proche. Les pieds obtenus par culture en tube produisent des tubercules parfaitement sains qui peuvent être plantés.

La culture en tube a ainsi permis de guérir de leurs maladies de nombreuses autres espèces.

4 La reproduction asexuée existe-t-elle chez les animaux ?

La multiplication asexuée n'est pas l'apanage du seul règne végétal. Elle existe chez divers animaux inférieurs (vers, éponges, coraux...) selon des modalités différentes.

- **La division**

Certains animaux se multiplient en se divisant en deux. C'est le cas de la planaire, ver plat d'eau douce. L'animal se déchire en deux, puis chaque partie régénère les parties qui lui manquent.

Des phénomènes analogues existent chez d'autres animaux. C'est le cas de nombreux organismes unicellulaires comme la paramécie. La reproduction asexuée représente pour eux un mode de multiplication très

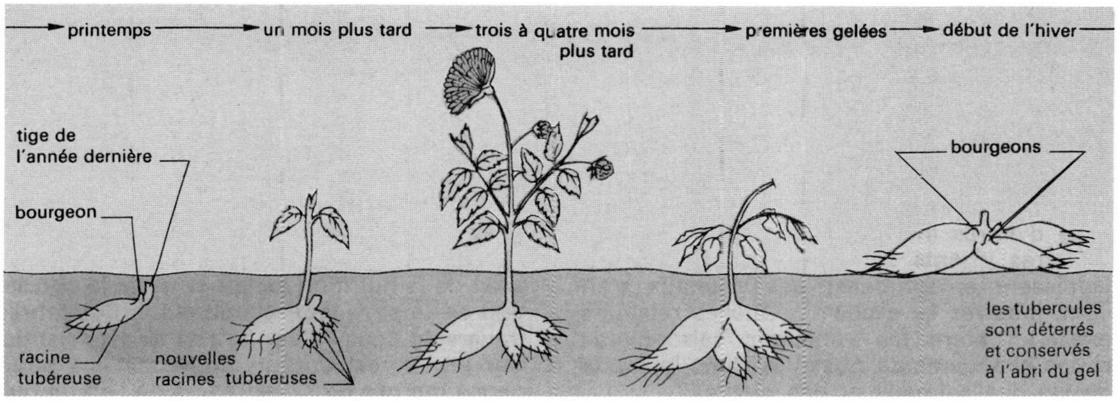

FIG. 4

Comment un pied de dahlia peut-il se multiplier ? Rechercher les ressemblances et les différences avec les autres modes de multiplication végétative.

Extrait de *Biologie 6*^e^.

FIG. 5

Une technique nouvelle, la culture de plantes en tube, a été mise au point depuis quelques années par les chercheurs de l'INRA (Institut National de Recherches Agronomiques). Elle est en train de révolutionner la production des plantes.

Extrait de *Biologie 5*^e^.

Le dessin ci-dessous (d'après « La Recherche » novembre 1984) présente la culture en tube du rosier. Pour cette plante, la production est passée des laboratoires de recherches au stade industriel en 1982.

Pour d'autres elle est encore au stade expérimental. La méthode est la même dans tous les cas. Les milieux de culture diffèrent selon les espèces et doivent être mis au point par tâtonnement.

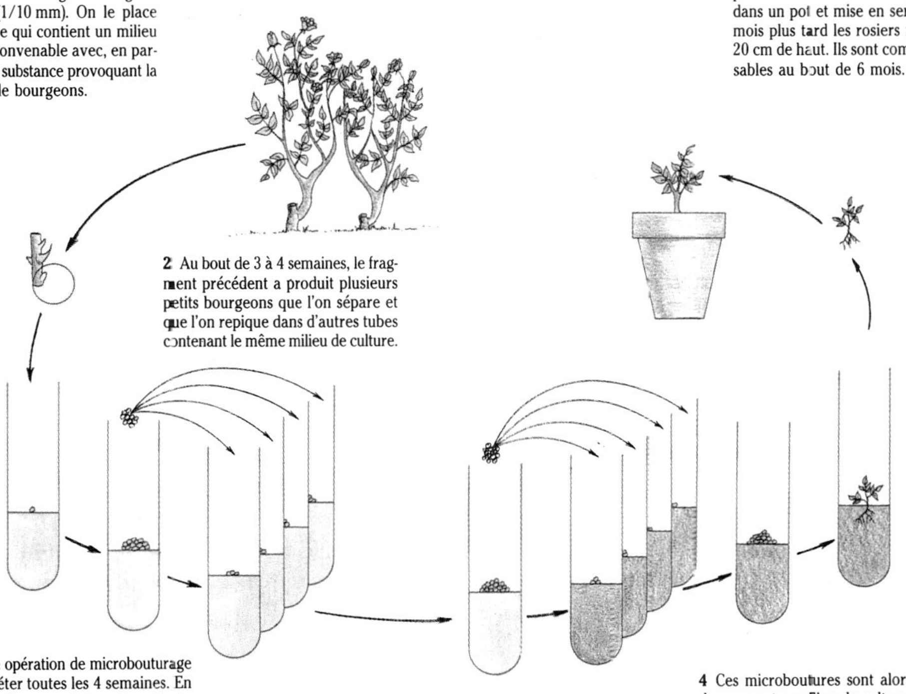

1 On prélève dans le bourgeon d'une plante un fragment végétal minuscule (1/10 mm). On le place dans un tube qui contient un milieu de culture convenable avec, en particulier, une substance provoquant la formation de bourgeons.

2 Au bout de 3 à 4 semaines, le fragment précédent a produit plusieurs petits bourgeons que l'on sépare et que l'on repique dans d'autres tubes contenant le même milieu de culture.

3 La même opération de microbouturage peut se répéter toutes les 4 semaines. En 10 mois environ, on obtient à partir du fragment de départ, plus de 200 000 microboutures.

4 Ces microboutures sont alors placées dans un autre milieu de culture qui contient notamment une substance déclenchant la formation de racines.

5 Un mois plus tard, chaque petite plante est sortie du tube, plantée dans un pot et mise en serre. Deux mois plus tard les rosiers mesurent 20 cm de haut. Ils sont commercialisables au bout de 6 mois.

rapide. Mais cette rapidité, lorsqu'elle concerne des organismes pathogènes, constitue pour l'homme un véritable danger.

- **Le bourgeonnement**

Il n'est pas rare de voir se former sur le corps d'une hydre d'eau douce une évagination qui augmente de taille. Bientôt une couronne de tentacules se forme et une bouche se perce au milieu. La nouvelle hydre ainsi produite se détache, se fixe à un support, grandit et produit à son tour des bourgeons. En réalité, il n'y a pas de différences fondamentales entre ces deux types de multiplication. Dans les deux cas, il y a séparation de deux individus, mais celle-ci se produit avant la différenciation du nouvel organisme (chez la planaire...) ou après (chez l'hydre d'eau douce...).

5 En résumé

Chez de nombreuses plantes, une multiplication végétative s'effectue parallèlement à la reproduction sexuée. Par ce procédé, un fragment végétal donne rapidement une plante entière qui conserve toutes les qualités de la plante mère. L'homme utilise cette propriété en agronomie ou en horticulture pour propager des variétés intéressantes en raison de la qualité de leurs fruits, de leur résistance aux maladies,...

Les plantes, nées par multiplication végétative, envahissent de proche en proche le milieu où vit la plante mère, alors que la reproduction sexuée assure plutôt une dispersion à distance.

La reproduction asexuée existe aussi chez quelques animaux d'organisation très simple.

Connaissez-vous

LE SENS DE CES MOTS OU EXPRESSIONS

- reproduction (ou multiplication) asexuée
- multiplication végétative
- stolon
- rhizome
- tubercule
- bulbe
- bouturage
- marcottage
- greffage
- culture en tube
- bouture
- greffon
- porte-greffe

2 DES ACTIVITÉS PÉDAGOGIQUES POSSIBLES

Plantons des bulbes

1 Les plantations

Choisir une grande variété de bulbes: tulipes, narcisses, jonquilles, crocus, renoncules, anémones, lis... Les plantations peuvent être réalisées dans la classe ou dans le jardin de l'école.

- **Dans la classe**

— *La culture en pots:* utiliser des pots présentant un écoulement d'eau à la base, remplis d'une terre légère ou de terreau; arroser régulièrement.

— *La culture en carafe:* c'est à la fois la plus simple et celle qui permet de voir les racines se développer. Prendre des récipients de verre à ouverture étroite (pot de confiture par exemple), les remplir d'eau à laquelle on peut ajouter quelques gouttes d'engrais liquide, la partie inférieure du bulbe se trouve à 2 mm au-dessus de la surface de l'eau.

— *La culture sur cailloux:* dans un récipient large, placer les bulbes sur un lit de cailloux et mettre de l'eau jusqu'à la base des bulbes.

Attention: certains bulbes ne donneront des plantes capables de fleurir que s'ils ont été placés quelques semaines au froid avant d'être plantés (c'est le cas des jonquilles...).

- **Dans le jardin de l'école**

Il n'est pas nécessaire d'avoir beaucoup de place, on peut planter au pied des arbustes d'une haie, en pleine terre ou dans des jardinières. La partie supérieure du bulbe doit se trouver à une profondeur de 4 à 6 cm pour les crocus et les tulipes, de 10 cm pour les jacinthes et les narcisses.

Si vous voulez conserver vos bulbes plusieurs années, enlevez-les de terre après la floraison et conservez-les dans un endroit sec.

2 Les activités possibles

— Réaliser tous les 3 ou 4 jours un dessin de "son" bulbe; prendre éventuellement des photographies.

— Au moment de la floraison, reprendre tous les dessins (ou les photographies) pour les mettre dans l'ordre et raconter l'histoire de la jacinthe et du crocus...

— Faire régulièrement des repérages de croissance à l'aide de bandelettes de papier qui seront ensuite collées dans l'ordre (initiation à la représentation par histogramme).

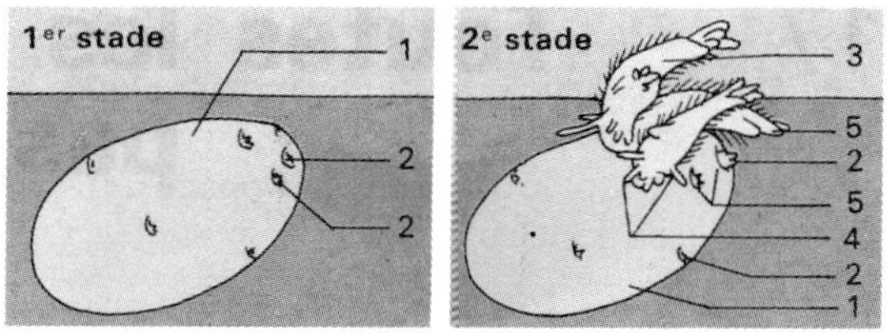

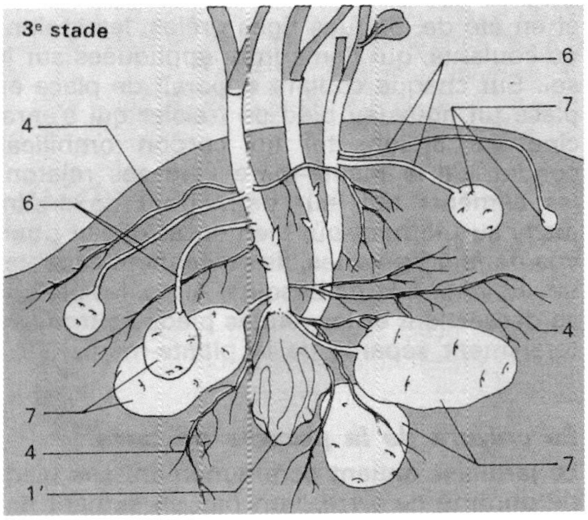

1 - Tubercule initial mis dans le sol. 1' - Le même tubercule vidé de ses réserves. 2 - Bourgeon du tubercule. 3 - Tige (appelée « germe » de pomme de terre) formée à partir d'un bourgeon du tubercule. 4 - Racines adventives (qui prennent naissance sur la tige). 5 - Feuille réduite à une écaille. 6 - Tige formée à partir du germe et qui restera souterraine. 7 - Nouveau tubercule en cours de formation.

Les tubercules de pomme de terre sont tout simplement les "pommes de terre" utilisées comme aliment. Chaque tubercule porte des "yeux" qui peuvent s'allonger et donner naissance à de nouvelles tiges. Les yeux correspondent donc à des bourgeons et les tubercules sont des tiges souterraines gorgées de réserves.

Le pied de pomme de terre, issu d'un tubercule, donne en été :

— des fleurs et des graines, sur les tiges aériennes,

— de nouveaux tubercules à l'extrémité de tiges souterraines grêles.

Puis la plante meurt, à l'exception des tubercules que l'on récolte. Laissé en place, chacun redonnerait un nouveau pied, après avoir passé l'hiver en état de vie ralentie. En même temps qu'un organe de multiplication, le tubercule de pomme de terre est donc un organe qui permet de passer la mauvaise saison. Lorsque la jeune plante réduite au tubercule reprend sa vie active, n'ayant ni racines ni feuilles vertes pour se nourrir, elle utilise les réserves accumulées l'année précédente.

On peut également obtenir de nouveaux pieds de pomme de terre en semant des graines. Cette méthode ne donne, la première année, que de très petits tubercules non commercialisables. On utilise cependant ce type de reproduction pour créer de nouvelles variétés de pomme de terre.

FIG. 6

Le jardinier obtient ses pieds de pommes de terre non pas en semant des graines mais en plantant des tubercules.

Extrait de *Biologie 6e*.

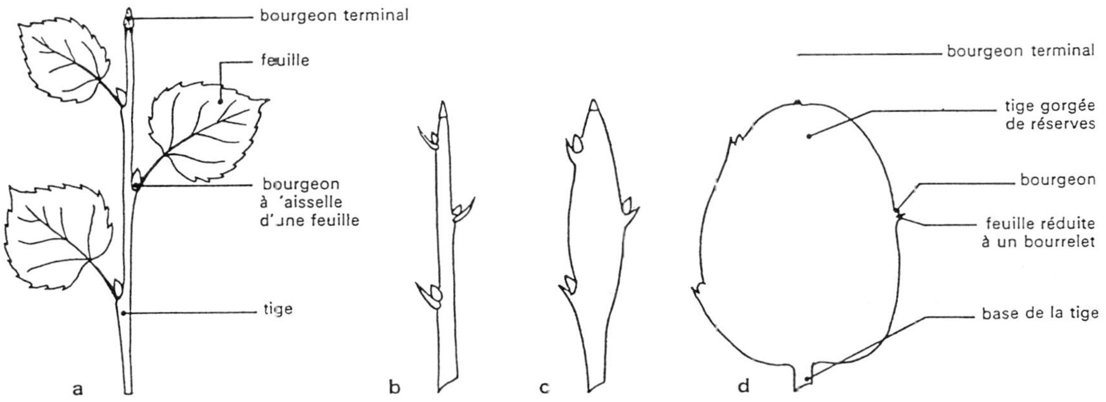

FIG. 7

Cette comparaison entre un rameau de tilleul (a) et un tubercule de pomme de terre (d) permet de comprendre que le tubercule est une tige gorgée de réserves et que les "yeux" sont des bourgeons qui donneront les futures tiges. Les figures b, c et d sont trois stades de l'évolution du tubercule avec accumulation progressive de réserves.

Extrait du *Guide du maître, "La vie des plantes"*.

— Couper verticalement un bulbe qui n'a pas encore poussé afin de comprendre ce qui se développe lorsqu'il pousse et quelles sont ses différentes parties.

— Comparer la croissance de bulbes plantés dans la classe et de bulbes plantés à l'extérieur.

Plantons des pommes de terre

Pour obtenir un développement complet de la pomme de terre avant les vacances d'été, il faut effectuer la plantation au début du printemps (en mars par exemple). Si elle est faite en septembre ou en octobre, les journées étant très courtes, les tiges s'allongent beaucoup, on obtient cependant le développement de petits tubercules.

Il faut planter les pommes de terre (non traitées contre la germination) dans des caissettes en bois ou en polystyrène contenant un mélange de terre et de sable. Deux ou trois mois plus tard, les plantes obtenues sont soigneusement déterrées et des dessins sont réalisés. On découvre alors, à côté du "vieux tubercule", les petites pommes de terre nouvelles. Pour comprendre l'histoire du pied de pomme de terre, il est nécessaire de comparer le pied déterré à une pomme de terre qui a commencé de germer.

Des boutures faciles à réaliser

En mettant des rameaux de "misère" ou de "balsamine" dans de l'eau, on observe rapidement la formation de racines à l'extrémité de la tige qui plonge dans l'eau. On peut, comme pour la culture des bulbes, réaliser une série de dessins représentant le développement d'une bouture. Dès que les racines ont suffisamment poussé, les boutures sont plantées dans la terre.

NOTIONS VISÉES

à l'école élémentaire

- Pour obtenir des tulipes ou des jacinthes, on plante des **bulbes** ; pour multiplier des pieds de géranium, on pique des morceaux de tige dans la terre (ce sont des **boutures**) ; pour récolter des pommes de terre, on plante des **tubercules**... Cependant, tous les végétaux cités produisent des graines. Un mode de **reproduction asexuée** s'ajoute donc à la reproduction sexuée.

- Un **tubercule** de pomme de terre n'est pas une racine, mais un morceau de tige gorgé de réserves. Les yeux correspondent aux bourgeons.

- Un **bulbe** est un organe complexe comprenant une tige très courte et aplatie, des racines, un bourgeon, des ébauches de feuilles gorgées de réserves.

Le marcottage est une technique qui consiste à coucher un rameau sans le détacher de la plante-mère et à l'enterrer sur une partie de sa longueur. Des racines apparaissent sur la portion de tige enterrée puis des tiges aériennes se développent à ce niveau. Pour isoler le pied obtenu, il suffit de couper le rameau qui le relie à la plante-mère.

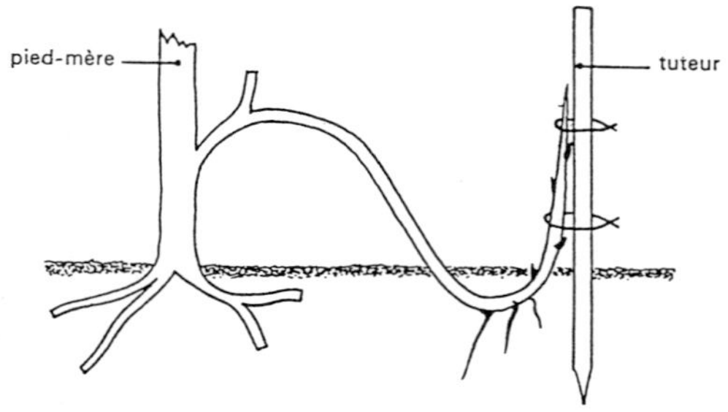

FIG. 8

Le marcottage est une technique de multiplication végétative utilisée pour certaines plantes (vigne vierge, jasmin, rosier, ronce...).

Extrait du *Guide du maître, "La vie des plantes"*.

9 Quelques comparaisons en guise de bilan

Tous les êtres vivants sont capables de donner naissance à d'autres êtres vivants de la même espèce.

Nous avons vu que cette reproduction se réalise selon deux modalités différentes : la **reproduction sexuée** et la **reproduction asexuée**.

La **reproduction asexuée** se présente, nous l'avons vu, sous des aspects très variés et n'existe que chez certaines espèces (végétales surtout).

La reproduction sexuée au contraire est un phénomène très général qui présente chez tous les êtres vivants une remarquable unité (il y a dans tous les cas formation de gamètes et fécondation).

Pour tous les êtres vivants, la reproduction sexuée n'est pas seulement le moyen d'assurer la survie de l'espèce (avant de disparaître, car la durée de la vie est limitée, les adultes donnent naissance à des jeunes qui grandissent et se reproduisent à leur tour), mais c'est l'occasion d'assurer le **brassage de l'information génétique** et donc de créer des individus nouveaux qui assurent la variabilité et l'évolution des espèces.

Par ailleurs pour les êtres vivants immobiles (les végétaux et certains animaux tels que les huîtres, les moules...) la reproduction sexuée est l'occasion unique d'assurer le peuplement à distance, la "colonisation" d'espaces vierges.

Pour cela, existent de curieux modes de dispersion des "semences".

Ce chapitre a pour objet d'apporter quelques informations complémentaires sur les aspects importants de la reproduction et de présenter quelques documents de synthèse utilisables à l'école élémentaire.

1 INFORMATIONS UTILES POUR L'ENSEIGNANT

1 L'unité des êtres vivants

Nous avons vu précédemment que, en dépit d'une grande diversité, la reproduction sexuée des animaux et des plantes à fleurs est le même phénomène. Dans tous les cas il y a fécondation (union d'un gamète mâle et d'un gamète femelle) et la cellule œuf qui en résulte, est le point de départ du nouvel être vivant, que ce soit une grenouille ou un chêne de la forêt (chez les végétaux à fleurs, la cellule œuf en se divisant donne naissance à la plantule de la graine. La croissance de cette plantule, un moment arrêtée par la déshydratation, reprend avec la germination).

Mais qu'en est-il pour les végétaux qui ne fleurissent pas (fougères, mousses, algues, lichens, champignons) ? Il existe pour tous ces végétaux un mode de reproduction sexuée avec formation de gamètes, fécondation et formation d'une cellule-œuf. Le document 1 propose, à titre d'exemple, la reproduction sexuée d'une mousse. On ne retiendra de cet exemple que quelques idées essentielles :

— les gamètes mâles sont munis de cils qui leur permettent de nager ;

— le gamète femelle est immobile ;

— la pluie est nécessaire à la fécondation (les gamètes mâles nagent dans l'eau). La fécondation est dite aquatique ;

— la cellule œuf ne donne pas naissance directement à un nouveau pied de mousse mais à un organe transitoire qui libère des milliers de **spores**. Une spore en germant redonne un nouveau pied de mousse. La formation de spores assure donc la multiplication et le transport de plantes.

En bref: on retrouve donc chez les **mousses**, plantes à spores, les caractères fondamentaux de la reproduction sexuée. La fécondation chez les mousses rappelle d'ailleurs beaucoup celle des animaux (les gamètes mâles ciliés nagent vers les gamètes femelles).

2 La transmission de l'information génétique

Nous avons déjà vu que tous les individus qui naissent par reproduction asexuée sont parfaitement identiques entre eux et identiques à l'animal ou à la plante qui leur a donné naissance. Les individus qui naissent par reproduction sexuée sont au contraire différents les uns des autres, différents comme les frères et les sœurs nés de mêmes parents. De plus, chacun de ces enfants est une création nouvelle et unique. Cette différence fondamentale entre reproduction sexuée et reproduction asexuée s'explique de façon simple:

— dans la reproduction asexuée le nouvel être vivant se forme à partir de cellules "ordinaires" (des cellules de la tige dans le cas du bouturage). Il s'agit de cellules à $2n$ chromosomes (cellules diploïdes) et tous les caractères héréditaires sont transmis aux descendants;

— dans la reproduction sexuée le nouvel être vivant possède la moitié du **génome** de son père et la moitié du génome de sa mère. Dans ce mode de reproduction se produit un brassage de l'information génétique.

3 Le brassage de l'information génétique

Pour bien comprendre ce qui suit, il faut connaître ce que nous avons dit des chromosomes dans le premier chapitre sur la reproduction des êtres vivants (les grands concepts).

La loterie de l'hérédité s'explique en effet par le comportement des chromosomes lors de la formation des gamètes, c'est-à-dire au cours de la méiose.

• **La transmission des chromosomes d'une génération à l'autre fait intervenir trois fois le hasard:**

— au moment de la formation des spermatozoïdes;

— au moment de la formation des ovules;

— au moment de la fécondation.

Pour être plus précis, prenons un exemple: celui de l'espèce humaine. Toutes les cellules possèdent 46 chromosomes à l'exception des spermatozoïdes et des ovules qui n'en possèdent que 23. On passe de 46 à 23, au moment de la formation des gamètes par un mode de division particulier appelé méiose. Un ovule ou un spermatozoïde ne contient que l'un ou l'autre des deux chromosomes d'une même paire. **La distribution de ces chromosomes homologues** se fait au hasard. Il y a donc 2^{23} = 8 millions de spermatozoïdes ou d'ovules différents.

En pratique, le nombre de possibilités est encore beaucoup plus grand car les chromosomes ne gardent pas toujours leur individualité au cours de la méiose. Très fréquemment, des **échanges de fragments** se produisent entre les chromosomes homologues. Ainsi tous les gènes présents initialement sur un chromosome ne sont pas nécessairement transmis dans le même ovule ou dans le même spermatozoïde. Le nombre de gamètes possibles devient alors supérieur à 8 millions.

Troisième hasard: au moment de **la fécondation** chaque ovule a autant de chance d'être fécondé par un spermatozoïde ou par un autre et, bien que né du même père et de la même mère, le patrimoine génétique de l'enfant n'est pas du tout le même.

• **Chaque être humain reçoit de ses parents** une combinaison de gènes qui lui est propre et qu'il ne partage avec aucun autre être humain. A l'exception des vrais jumeaux, qui résultent de deux copies conformes du même programme génétique, deux individus ne peuvent être génétiquement semblables. Chaque être humain est **unique**.

4 La dispersion des semences

Les végétaux sont immobiles. Ils peuvent cependant coloniser rapidement les milieux vierges disponibles (talus d'autoroute, champ abandonné, tas de terre...) car ils ont des organes de dispersion particulièrement efficaces: les spores pour les plantes à spores, les graines pour les plantes à fleurs.

• **Les spores**

Les spores (du grec *spora* = semence) sont les organes de dispersion des champignons, des mousses, des fougères... c'est-à-dire de la plupart des végétaux terrestres qui ne fleurissent pas. Les spores sont de très petite taille (1 à 15 millimètres); elles sont très légères et peuvent aisément être transportées à de grandes distances par le moindre courant d'air. Elles peuvent aussi être entraînées par l'eau ou transportées par les animaux.

Elles sont toujours produites en nombre étonnamment élevé. On a calculé par exemple que certaines vesses-de-loup pouvaient en produire sept millions de millions (soit 7 suivi de 12 zéros). Une fois libérées, après une phase de dormance plus ou moins longue, les spores germent dès qu'elles rencontrent des conditions favorables.

En réalité, en dépit d'une longévité étonnante (2 ans pour les spores du pain moisi, 20 ans pour celles de la moisissure des confitures, 50 ans pour les autres), il n'y a dans la nature qu'un nombre dérisoire de spores qui

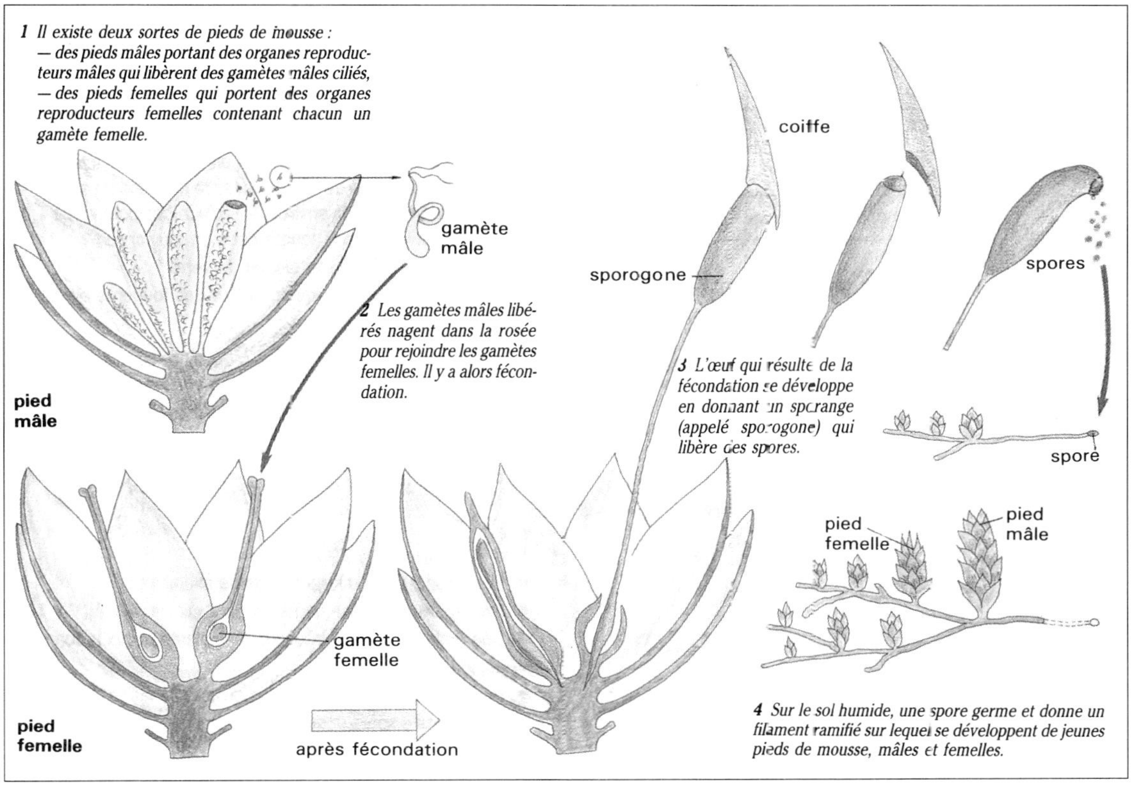

FIG. 1

Ce schéma résume la reproduction sexuée d'une mousse. Pourquoi dit-on qu'il s'agit d'une reproduction sexuée ? Chez les plantes à fleurs, la fécondation est favorisée par un temps sec ; chez les mousses, elle n'est possible que par temps humide.
Expliquez pourquoi dans les deux cas.

Extrait de *Biologie 5e*.

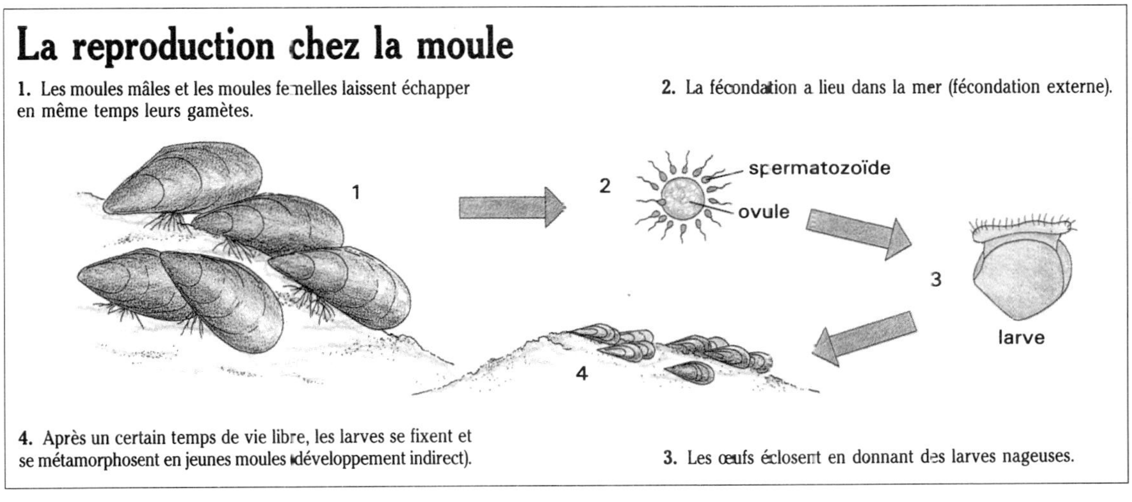

FIG. 2

Chez les animaux fixés, l'existence d'une larve mobile permet la dissémination de l'espèce. Expliquez.

Extrait de *Biologie 5e*.

Qu'est-ce qu'un cycle de vie ?

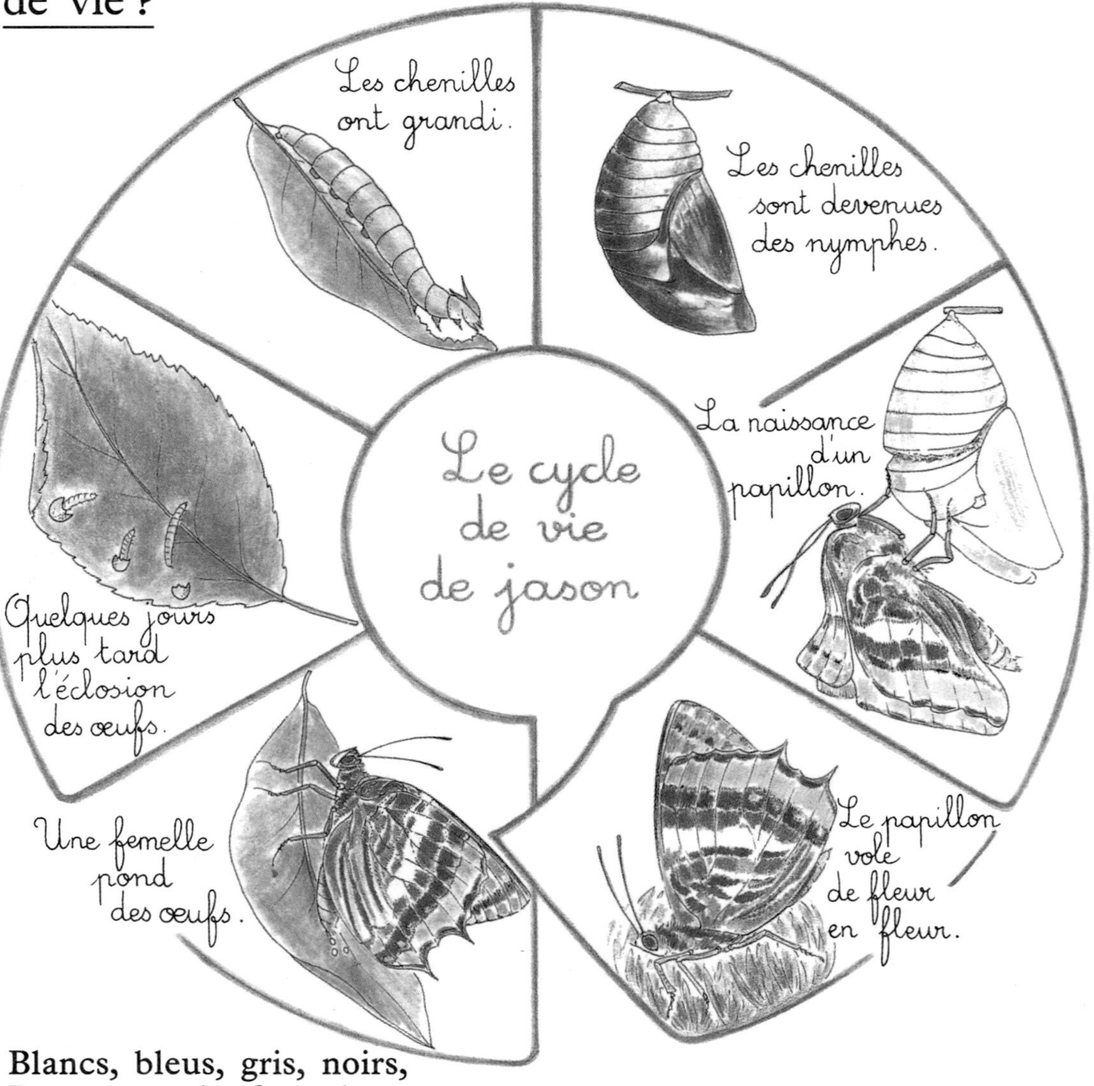

Blancs, bleus, gris, noirs,
Prompts, gais, fous, lestes,
Et titubants, et fanfarons,
Les papillons, ces fleurs célestes,
Battent l'air de leurs ailerons.

Ils déjeunent de primevères,
Font la dînette sur les lys
Et vont boire des petits verres
D'azur dans les volubilis.

Jean Rameau

FIG. 3

Une notion importante abordable dès le CP : la notion de cycle. De quoi s'agit-il ?

Extrait de *Sciences et technologie CP*.

La plante a aussi un cycle de vie

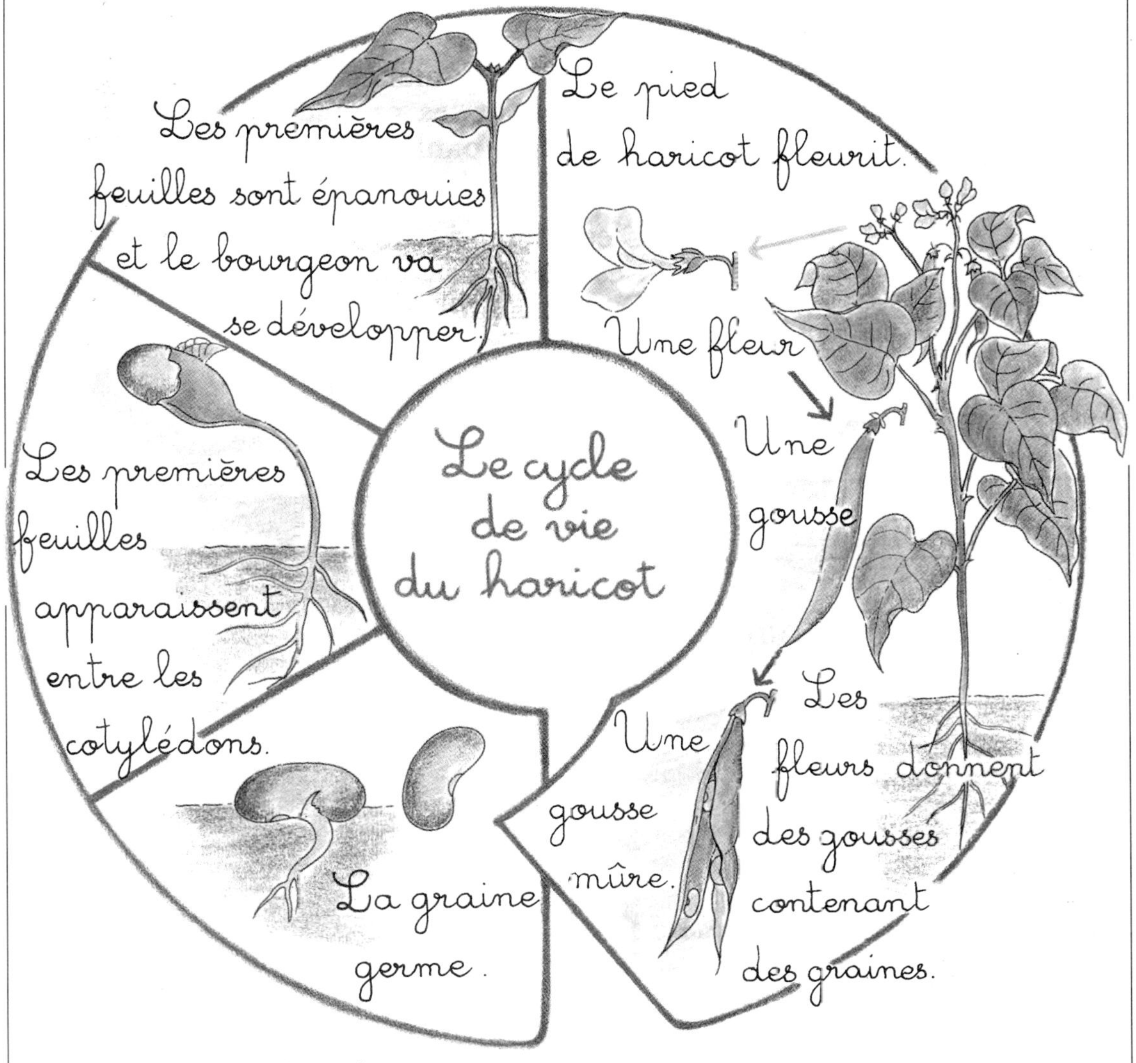

J'étais cachée dans la terre
mais je savais que tu me guettais.
Pour te voir je suis sortie
en me faisant toute belle.
J'ai défripé mes feuilles.

J'ai grandi.
J'ai fleuri.
Je t'ai donné des graines
que tu as cachées dans la terre.

Aurélie

FIG. 4

Le cycle d'une plante à fleurs (niveau CP).

Extrait de *Sciences et technologie CP*.

germent. Pour le rosé des prés, on a établi qu'une seule spore sur deux milliards trouve les conditions favorables à sa germination et qu'une seule fois sur dix ce mycélium va jusqu'à son complet développement. Ainsi une spore sur vingt milliards aboutit à la naissance d'un champignon. Ce gaspillage est le plus énorme de tout le monde vivant.

• Les semences des plantes à fleurs

De nombreuses semences présentent un dispositif qui favorise leur dispersion par le vent, par les animaux ou par l'eau.

— **Par le vent**

Il s'agit de semences de petite taille, munies d'un dispositif qui améliore la prise au vent (poils, ailes...).

— **Par les animaux**

Les animaux transportent à leur insu les semences qui se fixent dans les poils ou les plumes grâce à un système adhésif (crochets, substance collante). Les porteurs de semences sont le plus souvent des oiseaux ou des mammifères alors que les porteurs de grains de pollen sont généralement les insectes.

— **Par l'eau**

L'eau transporte les graines des plantes aquatiques telles que le nénuphar ou de plantes qui vivent au bord de l'eau. Les distances parcourues par les semences sont très variables, de l'ordre du mètre à celui du millier de kilomètres.

Toutes les graines produites ne trouvent pas les conditions favorables à leur germination puis à la croissance de la jeune plante, et la mortalité infantile est élevée. Cependant, toutes les graines contiennent une plante miniature très bien formée et des réserves destinées à sa croissance. Les graines constituent donc un moyen de colonisation souvent plus efficace que les spores.

Remarque : la dispersion chez les animaux.

Nous avons vu que les larves des insectes vivent souvent dans un milieu différent de celui des adultes. Ainsi, les métamorphoses de la larve de moustique font passer l'animal de la vie aquatique à la vie terrestre. Chez les animaux marins, la vie larvaire représente non pas un changement de milieu de vie, mais un moyen de dissémination de l'espèce (fig. 2).

5 L'homme intervient fréquemment dans la reproduction des espèces

Nous en avons vu des exemples dans la reproduction asexuée des plantes. Voici quelques informations concernant la reproduction des animaux.

• L'homme favorise la reproduction de certaines espèces

C'est le cas de toutes les espèces domestiquées ou utilisées pour l'alimentation humaine. La nature des interventions de l'homme est diverse. Citons à titre d'exemples :

— la récolte du naissain (huîtres, moules...) ;

— la fécondation artificielle aussi bien pour les bovins, les ovins que pour les poissons élevés en aquaculture ;

— la réalisation de croisements nouveaux, etc.

• L'homme limite la reproduction de certaines espèces

Il s'agit :

— d'insectes ravageurs qui causent des dégâts aux récoltes et peuvent pulluler en un temps très court ;

— d'animaux qui causent ou transmettent des maladies.

Les moyens de lutte sont divers.

— La **lutte chimique** consiste à provoquer la mort des animaux que l'on veut éliminer par des produits chimiques fabriqués dans cette intention. Ainsi, les agriculteurs pulvérisent, dans les champs, divers insecticides pour supprimer les ravageurs de leurs cultures. Ce procédé est encore le plus couramment utilisé. Il présente pourtant bien des inconvénients.

Les pesticides utilisés ne sont pas sans danger. Ils détruisent indistinctement amis et ennemis et peuvent entraîner une modification des équilibres naturels. De plus, les parasites que l'on cherche à détruire deviennent souvent capables de résister à des doses de plus en plus importantes de pesticides.

— La **lutte biologique** consiste à utiliser des êtres vivants pour réduire les pertes ou les dommages causés à l'homme par d'autres êtres vivants. On utilise pour cela les ennemis naturels des animaux gênants. On élève parfois ces auxiliaires pour réaliser, au moment favorable, un lâcher massif qui consiste à en introduire rapidement une grande quantité dans la zone infestée.

Connaissez-vous

LE SENS DE CES MOTS OU EXPRESSIONS

- **reproduction sexuée, reproduction asexuée**
- **information génétique, génome**
- **spore**
- **lutte biologique, lutte chimique**
- **hybridation**

• L'homme réalise des hybridations

Faire une hybridation consiste à réaliser un croisement entre deux individus différents de la même espèce, choisis à l'avance pour leurs qualités complémentaires.

Ce mariage imposé entre deux roses ou entre deux porcs permet d'obtenir des descendants intéressants pour un certain nombre de leurs caractères.

2 DES ACTIVITÉS PÉDAGOGIQUES POSSIBLES

Nous nous limiterons à présenter quelques documents de travail possibles :

— pour illustrer et comparer les cycles de développement au CP (fig. 3 et 4) et au CM (fig. 5).

— la dispersion des semences.

NOTIONS VISÉES

à l'école élémentaire

La **reproduction sexuée** existe chez tous les êtres vivants, y compris chez les végétaux (tels que les champignons, les mousses...) qui ne fleurissent pas. Chez les plantes à fleurs, le grain de pollen joue un rôle analogue au spermatozoïde chez les animaux

Les êtres vivants fixés disposent de moyens de dissémination particulièrement efficaces : graines, spores, larves.

Mots clés
graine, spore, larve, reproduction sexuée.

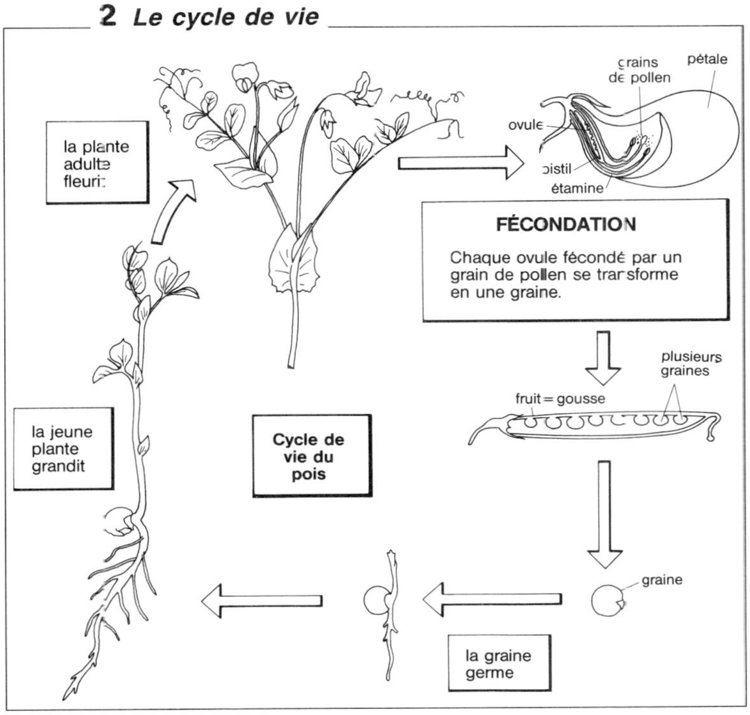

FIG. 5

Le cycle d'une plante à fleurs (niveau CM).

Extrait de *Cahier d'activités CM2, Biologie.*

10 La croissance des arbres

Les enfants savent que les feuilles des arbres tombent à l'automne et apparaissent au printemps, mais ils ignorent comment elles naissent. Il suffit, en mars, de mettre quelques branches coupées dans un vase contenant de l'eau pour assister à un phénomène fort intéressant: l'éclosion des bourgeons. L'observation continue de cette éclosion est l'occasion de découvertes surprenantes. Cette activité convient bien pour des CE2.

1 INFORMATIONS UTILES POUR L'ENSEIGNANT

Quand on regarde un arbre en hiver, les rameaux défeuillés que l'on voit ne s'allongeront plus jamais: leur croissance en longueur est définitivement terminée. Pourtant l'arbre continue de grandir. La croissance se fait par addition chaque année de nouveaux tronçons de tige qui naissent, sous forme de rameaux feuillés, au moment de l'éclosion des bourgeons.

1 Les arbres au cours des saisons

• **Chez les arbres à feuilles caduques,** la chute des feuilles à l'automne entraîne un arrêt de la nutrition carbonée et de la circulation de la sève. Ces arbres traversent donc l'hiver à l'**état de vie ralentie**. Sur les rameaux, seuls subsistent les **bourgeons;** ils ont grossi au cours de l'été et, bien protégés par des écailles coriaces et imperméables, ils dorment tout l'hiver. Au printemps, ils éclosent.

• **Les arbres ou arbrisseaux** (pin, épicéa, houx, buis...) **qui conservent leurs feuilles en hiver,** connaissent eux aussi un ralentissement important de leur activité durant la saison froide.

Remarque: Pour tous les arbres, la belle saison n'est pas seulement celle de la croissance; c'est également celle de la reproduction, c'est-à-dire celle de la floraison et de la production de fruits et de graines.

2 L'éclosion des bourgeons

Un bourgeon est une tige miniature qui porte des feuilles minuscules. Cette petite tige feuillée est protégée par des **écailles** qui s'écartent au début de l'éclosion. Alors, la tige miniature s'allonge et devient la pousse de l'année.

Quelques remarques importantes:

— Un bourgeon qui s'ouvre donne naissance non pas à des feuilles comme le croient les enfants, mais à une **tige qui porte des feuilles et des bourgeons**. Ces bourgeons, d'abord très petits, vont grossir au cours de l'été. Ils préparent l'éclosion de l'année suivante.

— La croissance en hauteur d'un arbre se fait uniquement par l'éclosion des bourgeons. Il s'agit d'une **croissance discontinue** de l'extrémité des tiges. Cette croissance en longueur est donc différente de celle d'un animal.

— Sur un arbre à feuilles caduques, les tiges qui portent des feuilles datent du printemps de l'année en cours. Les tiges formées lors des années précédentes n'ont pas de feuilles.

— Tous les bourgeons d'un arbre ne se développent pas.

— Les bourgeons qui se développent donnent naissance à des rameaux de longueur variable.

— Selon les espèces, la croissance de la tige miniature se déroule sur une vingtaine de jours (cas du lilas) ou sur plusieurs mois.

— Les écailles d'un bourgeon tombent en laissant des **cicatrices annulaires** à la base de la jeune tige. On peut ainsi repérer sur une branche les pousses annuelles successives (fig. 4). La distance entre deux cicatrices représente la croissance d'une année.

FIG. 1

Ce document convient bien pour que les enfants aient sur leur cahier une trace de qualité à la fin de l'observation réelle de l'éclosion des bourgeons.

Extrait de *Cahier d'activités CE2, Biologie.*

1 *L'éclosion d'un bourgeon de lilas*

- Colorie
  - en marron, les écailles du bourgeon
  - en vert, tout ce qui est sorti du bourgeon.
- Écris au bon endroit les mots : feuille, tige, écaille.

2 *Des schémas pour comprendre*

- Colorie
  - les feuilles en vert,
  - la tige en jaune,
  - les écailles du bourgeon en marron.

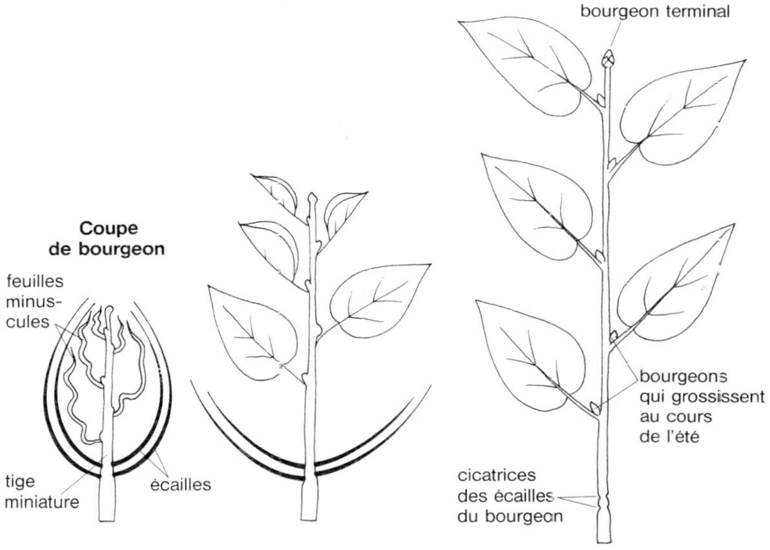

FIG. 2

Après avoir décortiqué un bourgeon, il est nécessaire de fournir un schéma permettant de comprendre comment sont disposés les différents éléments qui le constituent.

Extrait de *Cahier d'activités CE2, Biologie.*

3 Vie ralentie et vie active des bourgeons

Tout ce qui précède permet donc d'affirmer que la vie des bourgeons comprend les phases suivantes:

— **croissance printanière** de la tige miniature contenue dans le bourgeon;

— **"fabrication",** à la base des feuilles nouvelles, **de nouveaux bourgeons** qui gonflent au cours de l'été; ainsi se préparent les tiges feuillées miniatures qui se développeront au printemps suivant;

— **vie ralentie** de ces petites tiges feuillées jusqu'à l'éclosion de l'année suivante. Pendant cette phase, l'activité des bourgeons cesse, mais l'arbre a toujours ses feuilles et donc continue de s'alimenter. Ainsi la vie ralentie concerne seulement certains organes de la plante et non la plante entière.

• Les caractères de la vie ralentie

L'arrêt de croissance est le caractère le plus apparent, mais des études précises montrent que la petite tige feuillée contenue dans le bourgeon possède les mêmes caractères que la plantule des graines:

— des échanges respiratoires et nutritifs très réduits,

— une absence de croissance donc de fabrication de matière nouvelle.

• Les causes de la vie ralentie

L'entrée en vie ralentie n'est pas causée par le froid; en effet l'allongement des tiges feuillées s'arrête alors qu'on est encore en été.

Pour la plupart des arbres de nos régions, le facteur responsable est le **raccourcissement des jours,** c'est-à-dire la modification de ce que l'on appelle la **photopériode**. Mais, pour le lilas par exemple, la croissance des rameaux cesse automatiquement jusqu'à l'année suivante dès la floraison et le développement d'un nombre déterminé de feuilles. L'entrée en vie ralentie est, pour cette espèce, sous l'influence de **stimulus internes**. Pour des arbres vivant dans les régions proches de l'équateur, où les durées du jour et de la nuit sont à peu près égales toute l'année, l'entrée en vie ralentie est déclenchée par d'autres facteurs tels que la sécheresse.

• La dormance des bourgeons

Lorsque, à l'automne, on transporte en serre, à une température favorable et sous un éclairement artificiel complémentaire suffisant, une plante qui a cessé de grandir (un pied de lilas par exemple), elle ne reprend pas sa croissance, les bourgeons sont à l'état de **dormance**. Dans la nature, la dormance est levée lorsque la plante a subi le froid de l'hiver et lorsque la photopériode redevient favorable.

Artificiellement, on peut réveiller la dormance par des procédés variés (bains chauds, action de substances chimiques...). On peut ainsi faire fleurir du lilas en hiver.

• Quel est l'intérêt de la vie ralentie des bourgeons?

Le gel de l'hiver détruit rapidement les feuilles riches en eau des plantes annuelles. A l'inverse, les feuilles minuscules contenues dans les bourgeons ne sont pas détruites. D'une part elles sont peu sensibles au froid par suite de leur faible teneur en eau, d'autre part elles sont bien protégées par les écailles.

La dormance est par ailleurs une protection supplémentaire. Nous avons vu précédemment que le froid était nécessaire à la levée de dormance. Sauf cas exceptionnel, les bourgeons n'éclosent donc pas dès leur formation (ils risqueraient d'être détruits durant l'hiver), mais attendent les conditions favorables du printemps.

La vie ralentie des bourgeons est, pour les arbres, une remarquable **adaptation** leur permettant de **franchir la mauvaise saison**.

4 Bourgeons à fleurs et bourgeons à bois

Dans certaines espèces (poirier, cerisier...), on distingue nettement deux sortes de bourgeons: ceux dont la croissance donne un rameau et ceux qui donnent un bouquet de fleurs. Dans d'autres espèces (lilas, marronnier,...), il n'est pas possible de distinguer de l'extérieur les deux types de bourgeons: tous sont apparemment identiques, mais certains contiennent à la fois des feuilles minuscules et de futures fleurs.

5 Arbre, dis-moi ton âge

Les **cernes** observés sur la souche d'un arbre abattu indiquent son âge. Chaque année en effet le tronc d'un arbre (et chacune de ses branches et ses racines) grossit. Mais cette croissance est **discontinue:** l'arbre grossit du printemps à l'automne ; chaque année se forme ainsi une nouvelle couche de bois. Il suffit donc de compter les cernes pour connaître l'âge.

• Quel est le cerne le plus récent?

Entre l'écorce et le bois d'une branche ou d'un tronc se trouve le liber. La **sève sucrée** des arbres circule dans le liber (fig. 5).

C'est entre le liber et le bois (mais ce n'est pas visible à l'œil) que se trouve la couche de cellules qui donne naissance chaque année à un nouvel anneau de bois.

Le cerne le plus récent est donc situé sous l'écorce, le plus ancien au centre.

• Les vaisseaux du bois

Sur une rondelle de bois de chêne polie au papier de verre, on voit de nombreux petits trous dans les cernes qui ont moins de 10 à 12 ans. Chaque trou correspond à

Un tronc d'arbre raconte son histoire

chêne

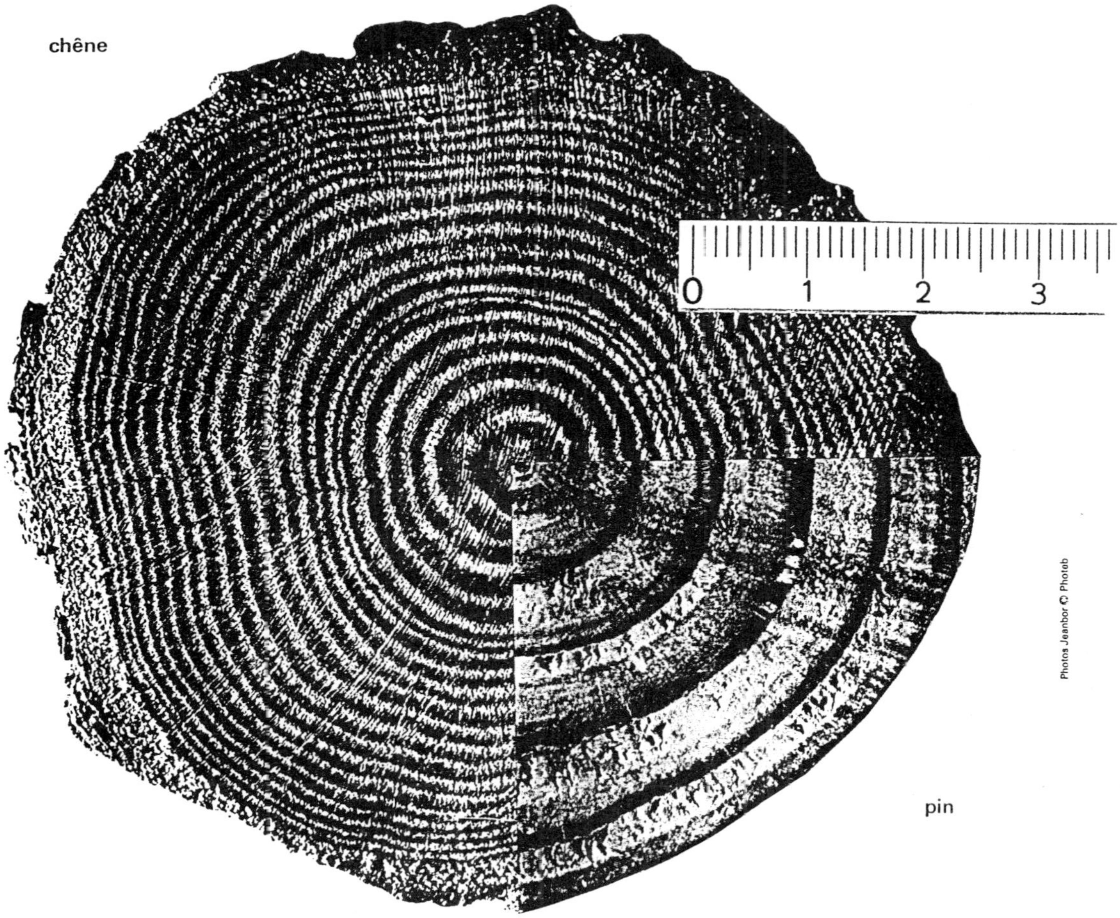

pin

Photos Jeanbor © Photob

▲ **1 Qui pousse le plus vite, le pin ou le chêne?**
Voici la section d'un chêne abattu en 1970. Quel âge avait-il? Décalque la photographie et indique en rouge où se serait formé le bois de l'année 1971, si ce chêne n'avait pas été abattu.
Le bois fabriqué au printemps est très clair, il devient de plus en plus sombre en allant vers l'été. L'hiver, l'arbre ne fabrique pas de bois. Le bois fabriqué pendant une année est donc formé d'une couche claire et d'une couche sombre. Sur ton dessin, indique sur chaque ligne claire l'année correspondante.
Tu constates que toutes les couches de bois n'ont pas la même épaisseur. Peux-tu trouver des explications?
Dans la région où vivait ce chêne, l'année 1956 a été marquée par un hiver très long et très rigoureux. Comment cette année s'est-elle « inscrite » dans le tronc de ce chêne?
Pour accroître la production, on plante actuellement plus de résineux (pins) que de feuillus (chênes). Comprends-tu pourquoi, en comparant, sur cette photographie, l'épaisseur des couches annuelles du pin et du chêne? N'y a-t-il pas d'inconvénients à ces plantations massives de pins (voir p. 5)?

2 ▶
Le bois contient des milliers de fins tuyaux (les vaisseaux). La sève y circule des racines vers les feuilles.
Quelle différence constates-tu entre le bois de printemps et le bois d'été?

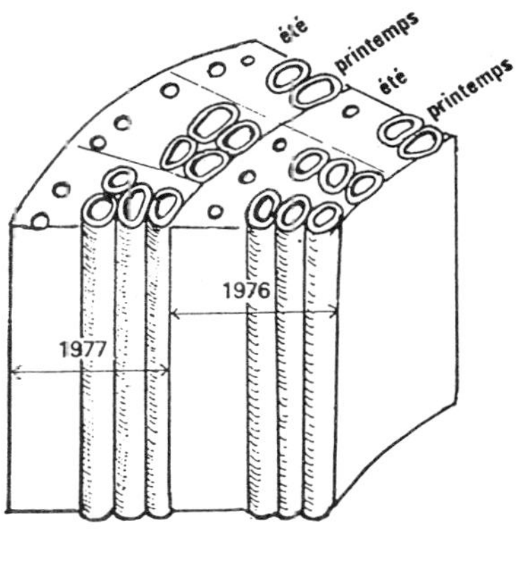

FIG. 3

Faites l'inventaire des notions scientifiques que l'on peut dégager de l'analyse de ces documents.

Extrait de *"Pour découvrir la vie des plantes"*.

un tube sectionné. Ces tubes sont les vaisseaux du bois dans lesquels circule la **sève brute**.

• **Le cœur et l'aubier**

Les cernes mis à part, le bois d'un chêne très jeune est uniformément clair, alors que sur un tronc plus âgé on distingue deux régions :

— la zone périphérique, claire, tendre (l'aubier),

— la zone centrale, de couleur foncée, dure et solide (le cœur).

L'aubier est formé par les couches du bois le plus jeune. Le cœur ne sert plus à la circulation de la sève : les vaisseaux se sont bouchés et tout ce bois s'est imprégné de substances chimiques (tanin du chêne, résine du pin) qui lui donnent une grande dureté. En charpente, on utilise le cœur de préférence à l'aubier. Dans certains arbres au bois tendre (bouleau, peuplier), le cœur ne se forme pas : le bois est uniformément clair.

• **L'arbre "raconte" son histoire**

Pour un arbre donné, la croissance n'est pas parfaitement régulière. Quelles hypothèses peut-on formuler ? La sécheresse ou le froid expliquent parfois l'épaisseur moindre d'une couche ; la suppression de broussailles ou l'abattage d'arbres voisins qui faisaient de l'ombre peuvent expliquer une accélération de la croissance.

• **Tous les arbres grossissent-ils aussi vite ?**

Pour des arbres appartenant à des espèces différentes, la croissance est différente. Il existe des espèces à croissance rapide (pin, peuplier...), d'autres à croissance lente (chêne, acacia, hêtre...).

Connaissez-vous

LE SENS DE CES MOTS OU EXPRESSIONS

- bourgeon
- vie ralentie
- écailles
- cicatrices annulaires
- croissance discontinue
- photopériode
- dormance
- adaptation
- bourgeon à fleurs
- bourgeon à bois
- cerne
- vaisseaux, liber
- cœur, aubier
- sève brute, sève sucrée

Quel est le bois le plus dur ? Les arbres à croissance lente ont un bois moins poreux, donc plus dur, que les arbres à croissance rapide. Lesquels conviennent le mieux pour faire de la pâte à papier ? Lesquels utilise-t-on de préférence en ébénisterie ?

Une relation est ainsi mise en évidence entre vitesse de croissance et utilisation du bois.

2 DES ACTIVITÉS PÉDAGOGIQUES POSSIBLES

Les bourgeons jour après jour

1 Une observation continue de l'éclosion des bourgeons

• **Matériel**

Pour chaque enfant ou chaque groupe de deux enfants, un pot de confiture contenant de l'eau et deux rameaux d'espèces différentes : marronnier et lilas conviennent bien. A la température de la classe, l'éclosion des bourgeons se produit en une dizaine de jours. Le travail est bien sûr commencé avant l'éclosion des bourgeons dans la nature (début mars par exemple).

• **Une observation continue**

Demandez aux enfants de dessiner tous les deux à trois jours les deux rameaux.

• **Précautions à prendre :**

— Dessiner grandeur nature. C'est plus facile et cela permettra de mieux constater la croissance quand on comparera les dessins successifs.

— Colorier en respectant le plus possible les couleurs réelles ; pour cela, il faut utiliser des crayons de couleur et non des pointes feutres. Cela permet de mettre en évidence l'apparition de la chlorophylle.

2 Un bilan des observations

Une séance de bilan est organisée lorsque les jeunes tiges ont suffisamment poussé, soit 15 à 20 jours après la réalisation du premier dessin.

Les dessins sont d'abord mis dans l'ordre puis affichés. Leur analyse permet d'exprimer les notions essentielles. Des photographies viennent éventuellement compléter et enrichir les observations.

Le document de la figure 1 constitue sur le cahier des enfants, une trace écrite précise de l'ensemble des observations réalisées.

2 De combien un arbre grandit-il en une année ?

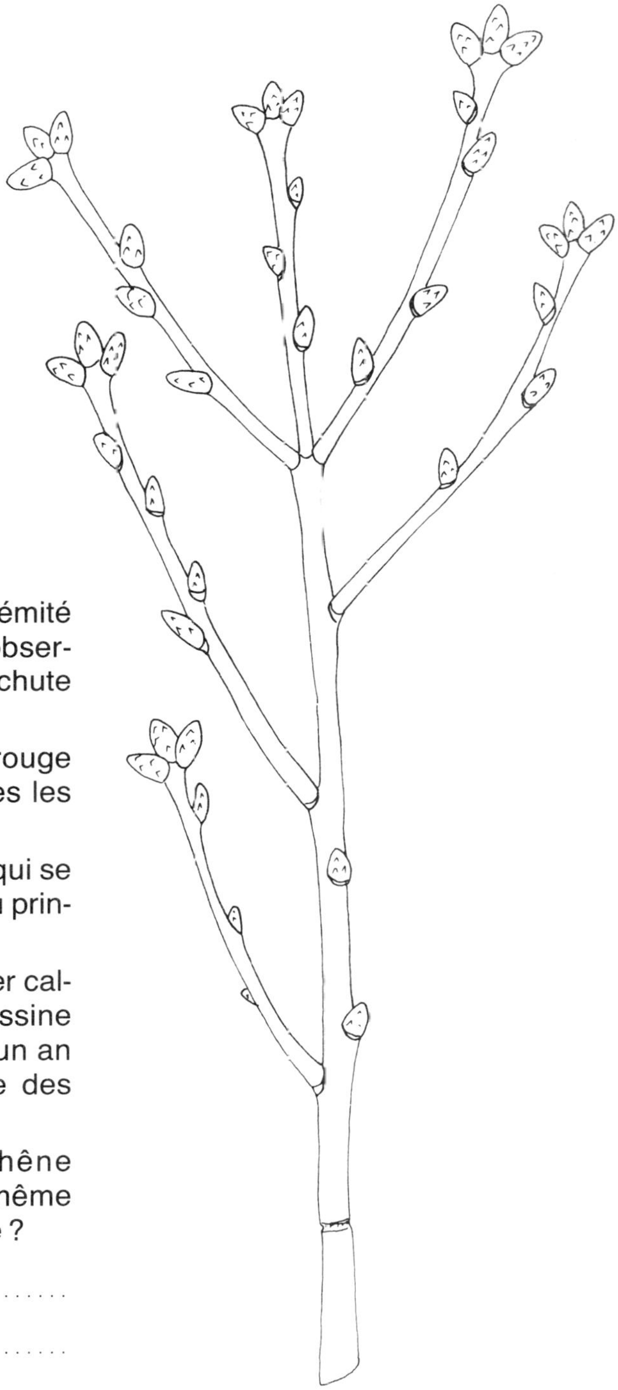

Ce dessin représente l'extrémité d'une branche de chêne observée en décembre, après la chute des feuilles.

- Indique par un point rouge l'endroit où étaient fixées les feuilles.
- Colorie en vert les tiges qui se sont formées au cours du printemps précédent.
- Pose une feuille de papier calque sur ce croquis et dessine le rameau tel qu'il était un an plus tôt, après la chute des feuilles.
- Les branches du chêne s'allongent-elles de la même longueur chaque année ?

....

....

....

FIG. 4

Ce document permet de faire le bilan des connaissances acquises sur la croissance des arbres.

Extrait de *Cahier d'activités CE2, Biologie.*

3 Des questions qui relancent la recherche

• **"C'est comment dans un bourgeon ?"**

Proposez d'ouvrir un bourgeon encore fermé (bourgeon de lilas, de marronnier, de tilleul par exemple). On peut décortiquer les bourgeons avec les ongles, mais avec une pince fine c'est plus facile. Faites ensuite coller sur une feuille de papier Canson toutes les petites pièces découvertes. La présentation doit permettre de mettre en évidence l'organisation interne du bourgeon.

Invitez alors les enfants à réfléchir au rôle des écailles et à formuler leurs réponses. Le document de la figure 2 donne une représentation schématique de l'intérieur du bourgeon et de son développement. Il peut figurer dans le cahier des élèves à la suite du "collage" des différentes pièces découvertes dans le bourgeon.

• **Pourquoi les bourgeons se sont-ils ouverts dans la classe et pas sur l'arbre dans la cour ?**

Une telle question permet d'aborder l'initiation à la démarche expérimentale. Quelle hypothèse peut-on formuler pour répondre à une telle question ? Le facteur température est bien sûr évoqué ; les enfants ne peuvent pas penser aux autres facteurs (longueur du jour, intensité lumineuse...).

L'hypothèse étant correctement formulée, comment peut-on la vérifier ?

4 Les objectifs visés

L'activité qui vient d'être présentée sur l'éclosion des bourgeons est importante à mettre en œuvre dans une classe. En premier lieu, elle ne vise pas l'acquisition de connaissances scientifiques (bien que sur ce sujet les connaissances de la plupart des adultes soient floues ou même inexactes), mais le développement de savoir faire. Citons-en quelques-uns :

— être capable de mener l'observation continue d'un phénomène en repérant les caractères pertinents et en sachant les noter,

— initier au dessin d'observation,

— formuler des hypothèses et rechercher comment les vérifier...

Des moulages de bourgeons

Il est possible de faire un moulage en plâtre d'un bourgeon ou d'un rameau. Pour cela, préparer un rectangle de pâte à modeler un peu plus grand que le bourgeon et épais de quelques centimètres. Bien l'aplanir avant d'y enfoncer à moitié le bourgeon. Retirer délicatement le bourgeon : il laisse son empreinte en creux. Entourer ce moule d'une bande de papier qui fasse un rebord de 2 à 3 cm de haut. Préparer alors le plâtre. Pour cela, verser un peu d'eau froide dans un bol, y ajouter le plâtre en pluie jusqu'à ce qu'il affleure le niveau de l'eau. Mélanger rapidement pour obtenir une pâte lisse et verser aussitôt dans le moule. Ce plâtre est pris au bout d'une demi-heure à une heure. On peut alors démouler et peindre le "bourgeon" de plâtre.

La classe peut ainsi constituer une collection de bourgeons variés.

De combien a-t-il poussé en 1992 ?

• Sur un rameau de plusieurs années, repérer les cicatrices des bourgeons des différentes années, les entourer d'un brin de laine et les dater en fixant une étiquette. Chaque zone d'écailles, soulignée par ses cicatrices, correspond à une éclosion de bourgeon donc à une année. A partir de l'année en cours, on "remonte ainsi le temps" le long de la branche. Si la branche choisie présente des ramifications, on fait le même travail sur chacune d'elles.

• On peut aussi mesurer et comparer la longueur des pousses des différentes années. On constate alors que la longueur n'est pas la même d'une année à l'autre. Diverses hypothèses peuvent être proposées (température, sécheresse, attaque de parasites...). On peut aussi comparer la croissance de différentes espèces d'arbres. Le document de la figure 4 permet de faire un bilan des connaissances acquises.

Arbre, dis-moi ton âge

Certains enfants savent que les cernes observés sur la souche d'un arbre abattu indiquent son âge. Vous pouvez utiliser cette connaissance pour proposer, dès le CE2, un exercice de réflexion intéressant.

1 Matériel

Pour chaque groupe de deux enfants :

— une rondelle de bois coupée dans le jeune tronc d'un arbre à croissance lente (chêne ou acacia par exemple) ;

— une rondelle coupée dans le tronc d'un arbre à croissance rapide (sapin Douglas, pin peuplier...) ; une face au moins de chacune de ces deux rondelles doit être polie au papier de verre pour permettre une meilleure observation ;

— un cube de bois sans écorce.

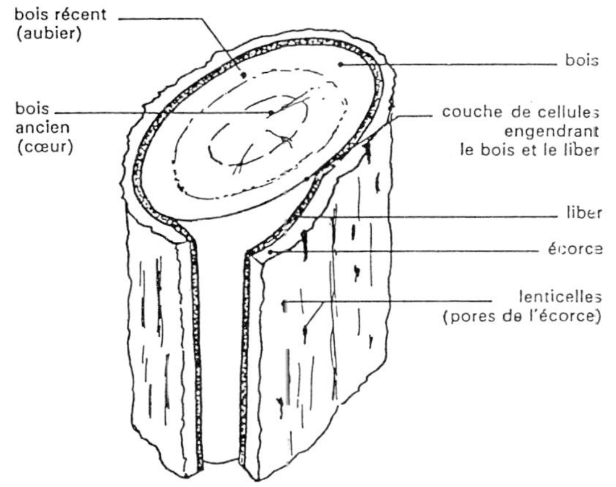

La sève brute (eau et sels minéraux dissous absorbés par la plante) monte des racines aux feuilles dans les vaisseaux de l'aubier (les vaisseaux du cœur sont bouchés par des sécrétions des cellules situées autour des vaisseaux).
Par photosynthèse, les feuilles fabriquent des substances sucrées et la sève brute devient ainsi de la sève sucrée ou sève élaborée. Cette dernière va nourrir les divers organes de la plante ; elle circule dans des "vaisseaux" spéciaux (les tubes criblés) situés dans le liber. Quand on écorce un rameau jeune, on enlève en réalité non seulement l'écorce, mais le liber.

FIG. 5

Où circule la sève brute ? Où circule la sève élaborée ?

Extrait du *Guide du maître, "La vie des plantes"*.

(1) Le *tranchage* est réservé aux essences utilisées en ébénisterie (acajou, merisier, chêne, frêne...). L'opération consiste à couper de minces feuilles de bois (moins d'un millimètre d'épaisseur) dans une grume. Ces feuilles, collées sur un panneau de particules, imitent le bois massif.

(2) Le *déroulage* est utilisé avec des bois tendres, comme le peuplier ou le hêtre. L'opération consiste à couper, à l'aide d'une lame, une feuille continue de un à cinq millimètres d'épaisseur, dans un tronc qui tourne autour de son axe. Avec ces feuilles de bois, on confectionne des emballages légers, des allumettes... mais surtout, en les collant entre elles, on fabrique les panneaux de contreplaqué.

(3) Les *panneaux de particules* sont obtenus en réagglomérant de petits copeaux de bois obtenus par le broyage.

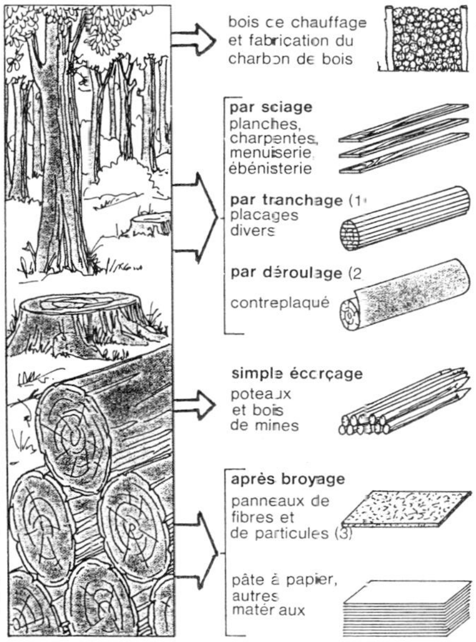

- ***Chez un menuisier, tu peux te procurer des morceaux de chêne, de sapin, de peuplier... Compare leur aspect, leur dureté, leur légèreté... Renseigne-toi sur leurs utilisations respectives.***
- ***Apporte également divers « matériaux » fabriqués à partir du bois (contreplaqué, panneau de fibres, panneau de particules). Cherche quels sont leurs qualités et leurs avantages par rapport au bois brut.***
- ***Cherche autour de toi dans la classe des objets fabriqués à partir de bois et cherche dans le tableau les procédés qui ont été utilisés pour les obtenir.***

FIG. 6

A l'époque des matières plastiques et du béton, le bois reste, non seulement un matériau très employé, mais sa consommation augmente régulièrement.
On l'utilise de moins en moins à l'état brut. Les progrès considérables des techniques de transformation permettent de fabriquer à partir du bois, des produits d'une qualité exceptionnelle (panneaux de particules, contreplaqué...). Ce dessin donne une idée sommaire des procédés de fabrication et présente quelques produits réalisés.

Extrait de *Activités scientifiques d'éveil CM, tome 1*.

Remarque : si vous ne pouvez pas vous procurer des rondelles de bois en nombre suffisant, vous pouvez photocopier les rondelles disponibles et vous obtenez alors de remarquables documents de travail.

2 Activités

— Quel était l'âge de l'arbre quand on l'a coupé ?

— Quelle est l'épaisseur moyenne d'une couche annuelle ?

— Comment peut-on expliquer que certaines couches soient moins épaisses que d'autres ?

— Tous les arbres grossissent-ils aussi vite ?

— Quel était la position du cube de bois dans le tronc ?

— A quoi correspondent les petits trous visibles dans le bois ?

3 Notions visées

— La croissance des arbres est saisonnière et discontinue.

— Le bois contient les vaisseaux conducteurs de la sève.

— Le bois dur contient peu de vaisseaux et se forme plus lentement que le bois tendre.

NOTIONS VISÉES

à l'école élémentaire

Un **bourgeon** contient, sous la protection d'**écailles**, une tige miniature qui porte des feuilles minuscules.

Au printemps, les écailles s'écartent, la tige miniature s'allonge, les feuilles se déplissent et s'élargissent.

En tombant, les écailles laissent des **cicatrices** sur la tige.

Le bourgeon donne alors naissance à une nouvelle tige qui porte des feuilles : c'est ainsi que l'**arbre grandit.**

La croissance des arbres n'a pas lieu durant toute l'année. On peut constater que les rameaux de certains arbres (lilas ou pin, par exemple) ont une croissance rapide, qui ne dure que quelques semaines, au printemps. Par contre, chez d'autres plantes telles que la vigne vierge, les rameaux continuent de grandir jusqu'à l'automne.

Mots clés
bourgeon, tige, feuille, écaille, cicatrice, croissance.

3 LES ÊTRES VIVANTS SE DÉPLACENT

1 Où, comment, à quelle vitesse ?

Le mouvement est, pour l'enfant, la principale manifestation de la vie : un animal est vivant parce qu'il se déplace. Une plante (qui ne se déplace pas) n'est pas spontanément considérée par les jeunes enfants comme un être vivant. Selon le niveau d'analyse effectuée, l'étude des mouvements peut être plus ou moins complexe. Ce sujet sera donc abordé de manière différente de la maternelle au CM2 ; il concernera non seulement les déplacements des animaux mais aussi ceux de l'homme.

1 INFORMATIONS UTILES POUR L'ENSEIGNANT

1 Les déplacements et les milieux de vie

• **Un animal ne se déplace pas de la même manière dans l'eau, dans l'air ou sur le sol.** Pour chacun de ces milieux, il existe aussi des variantes : dans l'air certains oiseaux effectuent un vol plané, d'autres un vol battu ; sur le sol des animaux marchent, d'autres sautent, d'autres courent. En général, un animal donné n'évolue avec aisance que dans un seul milieu : ainsi un manchot (qui est pourtant un oiseau) est incapable de voler, il se dandine maladroitement sur terre ou saute à pieds joints comme pour une course en sac, et par contre c'est un excellent nageur. Le phoque est un bon nageur et un plongeur sous-marin exceptionnel ; en revanche, assez malhabile au sol, il peut seulement progresser par bonds ou ramper sur le ventre.

• **Certains animaux ne se déplacent que dans un seul milieu :** la majorité des poissons effectuent seulement des déplacements dans l'eau, même si, dans le détail, ils ne nagent pas tous de la même façon.

• **Certains animaux sont capables d'explorer plusieurs milieux** en se déplaçant d'une manière différente. Sur le sol le canard est un mauvais marcheur mais c'est un excellent nageur et un champion en vol. La grenouille se déplace sur terre en sautant et progresse aisément dans l'eau en nageant.

Les différents chapitres qui suivent permettront d'analyser successivement les déplacements **sur terre, dans l'eau** et **dans l'air**.

2 Les déplacements et les "résistances" du milieu

Quand un animal se déplace, il prend toujours appui sur quelque chose de résistant :

— le **sol** dans la marche, la course, le saut, la reptation,

— l'**eau** dans la nage,

— l'**air** dans le vol.

La résistance de l'eau est nettement supérieure à celle de l'air, ce qui explique que les animaux qui se déplacent dans l'eau soient moins rapides que ceux qui se déplacent dans l'air (fig. 1).

Cependant, un animal se maintient dans l'eau sans effort, il n'a pas à vaincre la pesanteur, il utilise alors sa musculature pour accomplir son déplacement. Dans l'air, au contraire, l'animal utilise sa musculature, non seulement pour se déplacer, mais aussi pour éviter de tomber.

Le tableau de la figure 2 met en parallèle les modes de déplacement des animaux, les forces exercées par le milieu dans lequel ils vivent et les "solutions" adoptées par l'animal pour les vaincre.

3 Les organes du mouvement

Selon les modes de déplacement, les organes mis en jeu sont les membres ou l'ensemble du corps.

FIG. 1

Ce dessin permet d'établir des comparaisons entre les vitesses de déplacement dans les divers milieux. Une constatation s'impose : le champion à la nage est beaucoup moins rapide que le champion à la course et ce dernier est loin d'atteindre la vitesse de l'oiseau qui vole le plus vite.

Extrait de *Biologie 6ᵉ*.

L'animal prend appui sur...	L'animal prend appui par...	Son mode de déplacement est...	Des forces s'opposent au déplacement	L'animal les réduit au maximum par...
une surface rigide : **sol** ou support solide quelconque	la majeure partie de la face ventrale de son corps	la reptation	• Le frottement sur le sol (important en raison de la grande surface de contact)	un contact intermittent de certaines parties du corps
	une surface de contact réduite : l'extrémité de béquilles articulées (2 ou 4 membres)	la marche, la course, le saut	• le frottement sur le sol • la pesanteur* • la résistance de l'air (sensible seulement à grande vitesse)	un contact non permanent avec le sol (l'animal propulse son corps en une série de « bonds » plus ou moins importants)
un fluide résistant : **l'eau**	des palettes soutenues par des baguettes rigides (membres aplatis ou palmés, nageoires)	la nage	• la résistance de l'eau	une forme hydrodynamique
un fluide peu résistant : **l'air**	de très larges palettes, légères, résistantes, imperméables à l'air (ailes)	le vol	• la résistance de l'air • la pesanteur	une forme aérodynamique
exigences du milieu réponses de l'animal			* Un animal qui marche dans l'eau en prenant appui sur le fond ou sur un support n'a plus à vaincre la pesanteur, mais la résistance de l'eau à l'avancement est beaucoup plus importante que celle de l'air.	

FIG. 2

Quand un animal se déplace, il prend toujours appui sur quelque chose de résistant : le sol (dans la marche, la course, le saut, la reptation), l'eau (dans la nage), l'air (dans le vol).

Extrait de *Biologie 6ᵉ*.

1 *Où peuvent-ils se trouver ?*

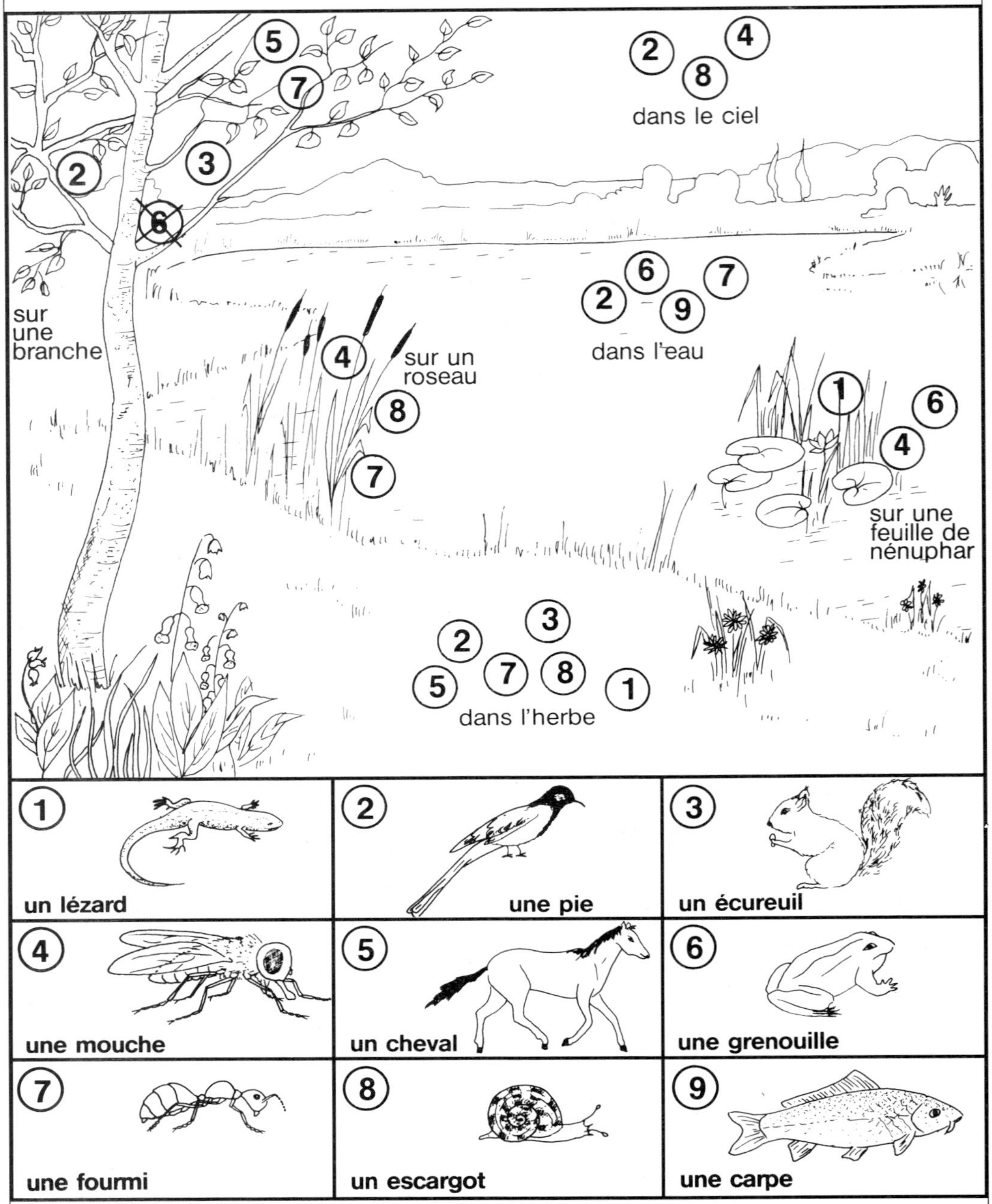

Sur une branche d'arbre, on peut trouver un écureuil, mais pas une grenouille. Dans ce dessin, il y a 5 autres erreurs. Trouve-les.

FIG. 3

Un animal occupe dans son milieu une place déterminée liée à son mode de vie. Certains animaux peuvent explorer plusieurs milieux, d'autres ne se déplacent que dans un seul milieu. Ce document proposé à des enfants du CE1 permet de dégager ces notions à travers une discussion et une justification des réponses.

Extrait de *Cahier d'activités CE1, Biologie.*

FIG. 4

Cet exercice, destiné à des élèves du CP, a deux objectifs de nature différente :
— un objectif de connaissances : être capable d'une part de reconnaître sur une silhouette si un animal est à l'arrêt ou en déplacement, d'autre part d'identifier son déplacement (marche, course, saut) ;
— un objectif méthodologique : être capable de remplir un tableau à double entrée.

Extrait de *Cahier d'activités CE1, Biologie.*

- Complète le tableau ci-dessous.

	1	2	3	4	5	6	7	8	9	10	11	12
marche												
court												
est arrêté												
vole												

- Un faisan vole, mais il peut aussi marcher et même courir. Et les autres animaux ?

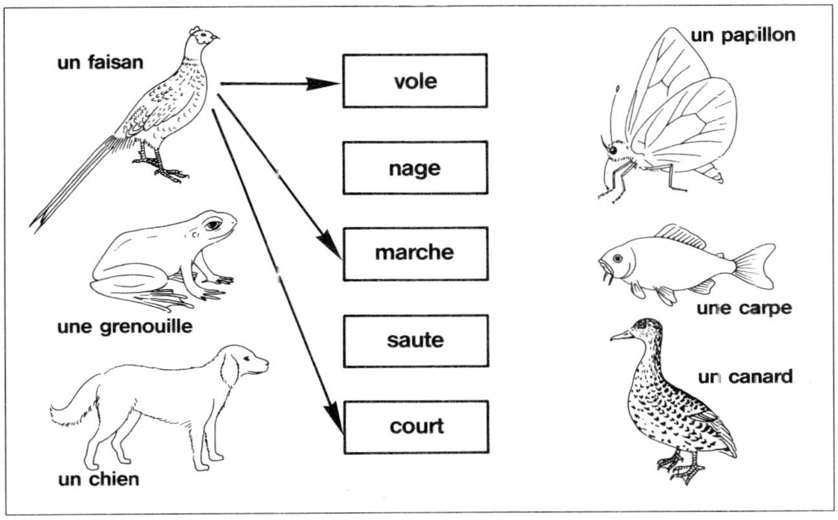

FIG. 5

Ce document proposé à des élèves de CP ou de CE1 permet de préciser deux notions :
— chez les animaux, il existe différents modes de déplacement,
— un même animal peut se déplacer de plusieurs façons.

Extrait de *Cahier d'activités CE1, Biologie*

Quand on s'intéresse au groupe des vertébrés, on constate que, si l'adaptation à un type de déplacement entraîne des modifications parfois très importantes des membres (la patte du cheval, l'aile de l'oiseau, la nageoire du dauphin... ne se ressemblent apparemment pas), ceux-ci ont tous **la même organisation générale**.

De plus, des animaux appartenant à des groupes différents et qui se déplacent dans le même milieu présentent des ressemblances : des ailes pour voler, des nageoires ou des palmures pour se déplacer dans l'eau. Ils montrent une **convergence de forme**.

L'étude des organes du mouvement s'attache aussi à la recherche des rôles respectifs joués par les os, les articulations et les muscles dans la réalisation des mouvements. Ce domaine plutôt réservé au cours moyen fera l'objet d'un chapitre particulier.

4 Les déplacements et les stimulus déclenchants

• **Les animaux se déplacent pour:**
— rechercher leur nourriture,
— fuir un prédateur ou poursuivre une proie,
— se défendre ou défendre son territoire,
— trouver un partenaire sexuel.

• **Les comportements des animaux** sont constitués d'une suite d'actions différentes ayant une signification biologique précise (comportements liés à l'alimentation, à la reproduction, à la défense...). Généralement le déplacement constitue seulement l'une des phases d'un comportement.

• **Les scientifiques ont essayé de mettre en relation le comportement** des animaux et les stimulations en provenance de l'environnement. Ils ont ainsi montré que les comportements sont déclenchés soit par des stimulus externes liés à des facteurs de l'environnement, soit par des stimulus internes (liés au fonctionnement des organes internes).

• **Les stimulus externes** sont captés par des organes particuliers, les récepteurs sensoriels, plus connus sous le nom d'**organes des sens**.

2 DES ACTIVITÉS PÉDAGOGIQUES POSSIBLES

L'étude des déplacements des animaux peut être plus ou moins précise selon le niveau de la classe.

• **A l'école maternelle et au cours préparatoire,** on s'attache surtout à préciser que :

— le mode de déplacement varie selon l'animal et selon le milieu dans lequel il vit (fig.3),

— les modes de déplacement des animaux sont variés : marche, course, vol, nage, saut... (fig.4),

— un même animal peut avoir plusieurs modes de déplacement : selon les circonstances un canard marche, nage ou vole (fig. 5),

— selon le mode de déplacement, l'animal utilise des organes différents : ailes pour voler, pattes pour marcher ou courir...

• **Ces notions sont précisées au CE** par l'analyse de certains déplacements simples (le saut par exemple), ou de certaines phases du déplacement (l'envol et l'atterrissage d'un oiseau par exemple).

D'une façon schématique on peut dire qu'au CE (comme au CP d'ailleurs) l'étude ne dépasse pas ce qui se voit extérieurement (au cours de la marche, les membres se plient à certains endroits et pas à d'autres), alors qu'au CM ou va chercher à "savoir pourquoi" les membres "plient" et comment se font les déplacements.

• **Les activités proposées au CM** diffèrent donc des précédentes. On découvre l'existence des os, des articulations entre les os, des muscles ; on fait une première approche de leurs rôles dans le mouvement.

En d'autres termes, les activités du CM complètent parfaitement celles qui précèdent et conduisent à une meilleure compréhension du fonctionnement du corps.

NOTIONS VISÉES

à l'école élémentaire

Les animaux se déplacent pour **rechercher leur nourriture**, pour **se cacher**, pour fuir un ennemi, pour **se reproduire**... Ils ne se déplacent pas de la même façon sur terre, dans l'eau et dans les airs. Leur déplacement est **adapté** à leur milieu de vie.

Un même animal peut avoir **plusieurs modes de déplacement.** Il peut alors explorer plusieurs milieux.

Mots clés
marcher, courir, sauter, voler, nager, ramper.

2 Les déplacements sur terre

Pour étudier les déplacements des animaux, il est préférable de commencer par analyser des modes de locomotion terrestre (saut, marche, course) ; les enfants peuvent en effet plus facilement les comprendre, d'une part en faisant l'analogie avec leurs propres déplacements, d'autre part en les mimant.

1 INFORMATIONS UTILES POUR L'ENSEIGNANT

Bien que le saut ne soit pas le mode de locomotion terrestre le plus répandu, il est préférable de l'étudier en premier ; son analyse est en effet beaucoup plus simple que celle de la marche ou de la course.

Les déplacements des vertébrés sont souvent les seuls étudiés à l'école primaire. Ils seront donc plus largement abordés que ceux des invertébrés.

1 Le saut

Les animaux qui se déplacent en sautant sont souvent très performants. La grenouille est capable d'effectuer des sauts de 1,50 m de long. Le lièvre peut se déplacer par bonds successifs à une vitesse de 80 km/h et le kangourou atteint lui-même 70 km/h.

Pour réaliser l'analyse du déplacement par bonds et en dégager les caractéristiques, il est intéressant de pouvoir faire **l'étude comparée** chez plusieurs animaux (grenouille, kangourou, lièvre... fig.3 et 4).

• Le déplacement par bonds peut être décomposé en plusieurs étapes :

— **propulsion** par poussée des deux membres postérieurs avec appui sur le sol ("sauts à pieds joints") ;

— **déplacement, le corps en extension,** sans aucun appui au sol ;

— **réception** sur le sol, suivie d'une nouvelle propulsion.

• Comment se fait la propulsion ?

Les trois segments qui constituent les membres postérieurs, d'abord repliés en Z, se détendent comme un ressort et projettent l'animal en l'air.

• Comment est assurée la réception ?

Il existe deux cas possibles.

— **La réception est assurée par les membres postérieurs,** chez le kangourou par exemple. La réception est immédiatement suivie d'une nouvelle poussée sur le sol, obtenue par la détente des membres postérieurs. Les membres antérieurs n'interviennent pas dans la propulsion, mais, avec la queue très développée, ils assurent l'équilibre du corps pendant le bond.

— **La réception est assurée par les membres antérieurs.** Chez le lapin et le lièvre, les pattes antérieures, qui touchent le sol l'une après l'autre, amortissent le choc en fléchissant légèrement puis, par une détente rapide, lancent le corps en avant. Pendant ce temps, les pattes postérieures sont ramenées devant les pattes antérieures. Elles touchent alors le sol et, par une brusque détente, provoquent un nouveau bond.

• Les membres des animaux sauteurs présentent des adaptations particulières

Chez tous les animaux sauteurs, les muscles des membres postérieurs sont très développés. D'autre part, ces membres sont beaucoup plus longs que les membres antérieurs par suite du développement du pied ; de ce fait, les trois segments, cuisse, jambe, pied, sont de longueur à peu près égale. Chez la grenouille, la disposition des segments permet une très importante flexion du membre donc une plus forte propulsion.

En résumé, les animaux qui se déplacent par bonds présentent un certain nombre de caractères communs :

— des membres postérieurs très longs, repliés en Z avant le saut ;

— des pieds très longs (cuisse, jambe et pied ont sensiblement la même longueur) ;

— une musculature de la cuisse et de la jambe très développée.

2 La marche et la course de l'homme

Comme pour le saut, pendant la marche et la course, les animaux prennent appui sur un support solide, généralement le sol, par deux ou quatre membres. En effet certains vertébrés se déplacent sur deux membres seulement (l'homme, de nombreux singes, les oiseaux...) : ce sont des **bipèdes**. D'autres marchent ou courent sur quatre pattes : ce sont des **quadrupèdes**.

Trois remarques peuvent être faites :

— Il est plus intéressant de réaliser une **étude comparée** entre la marche et la course qu'une analyse séparée.

— Exception faite de quelques oiseaux marcheurs qui ne volent pas, l'autruche par exemple, l'homme est le seul animal qui dépende uniquement de ses deux membres postérieurs pour se déplacer.

— La marche bipède de l'homme est une succession de déséquilibres .

L'étude comparée de la marche et de la course de l'homme (fig. 9) permet de faire l'inventaire des différences entre ces deux modes de déplacement. Elles portent essentiellement sur :

— la longueur du pas (plus grande dans la course que dans la marche) ;

— l'inclinaison du corps (le corps est penché en avant pendant la course) ;

— le mouvement des bras (bien que, dans les deux cas, ils participent à l'équilibre du corps) ;

— les positions successives du pied sur le sol (lors de la marche attaque par le talon, puis appui sur la plante du pied) ;

— le contact avec le sol (dans la marche un membre, au moins, est toujours en appui sur le sol alors que, dans la course, il existe une phase durant laquelle le corps est sans relation avec un support solide).

Ajoutons que la course est un mode de déplacement accéléré dans lequel la poussée exercée par les membres sur le sol est plus forte que dans la marche : la course apparaît ainsi comme une succession de bonds.

3 La marche avec 4 pattes

Quand un animal quadrupède marche (fig.1), il prend appui sur le sol tantôt sur trois pattes, tantôt sur deux Les pattes qui ne sont pas en contact avec le sol sont projetées en avant dans un mouvement de balancier. L'ordre dans lequel elles se déplacent est toujours le même : patte postérieure gauche, puis antérieure gauche, puis postérieure droite et enfin antérieure droite. L'appui est plus ou moins long selon la cadence du pas. On constate alors que, pendant de courts instants, le corps de l'animal se trouve en appui sur deux pattes situées du même côté, donc en équilibre instable.

Les pattes en appui ne sont pas immobiles : elles servent de **pivot** et permettent la progression de l'animal.

Certains animaux (l'ours, la girafe, l'éléphant, le chameau) marchent en avançant puis en posant en même temps les deux membres de droite, puis les deux membres de gauche (marche à l'amble).

Le chat et le chien touchent le sol par l'extrémité de leurs doigts : ils sont **digitigrades**. Pour le cheval, c'est seulement la dernière phalange des doigts, recouverte par un sabot, qui touche le sol : le cheval est un **onguligrade**. Quelques animaux, comme l'ours, marchent à la manière de l'homme. Toute la plante du pied repose sur le sol : ce sont des **plantigrades**.

4 La course avec 4 pattes

• La plupart des animaux peuvent courir de deux façons différentes : ils **trottent** ou ils **galopent**. Du fait de la rapidité des mouvements, une analyse précise n'est possible qu'à partir des images d'un film (fig.2).

Le galop est une succession de bonds qui résultent de l'enchaînement des mouvements suivants :

— propulsion par poussée sur un membre postérieur, puis sur l'autre ; déplacement du corps en extension sans aucun appui au sol ;

— nouvelle propulsion qui résulte de l'élan précédemment acquis et d'une poussée des membres antérieurs ;

— réception sur une patte postérieure, puis sur l'autre, suivie d'une nouvelle propulsion.

• **Une comparaison entre le galop et le déplacement par bonds** fait apparaître un grand nombre de ressemblances. Il existe cependant des différences :

— la poussée des membres postérieurs s'exerce successivement et non simultanément ;

— les membres antérieurs ne sont pas uniquement des organes de réception ;

— on ne note pas de différence de longueur entre les membres postérieurs et les membres antérieurs, cependant la musculature des membres postérieurs reste la plus importante.

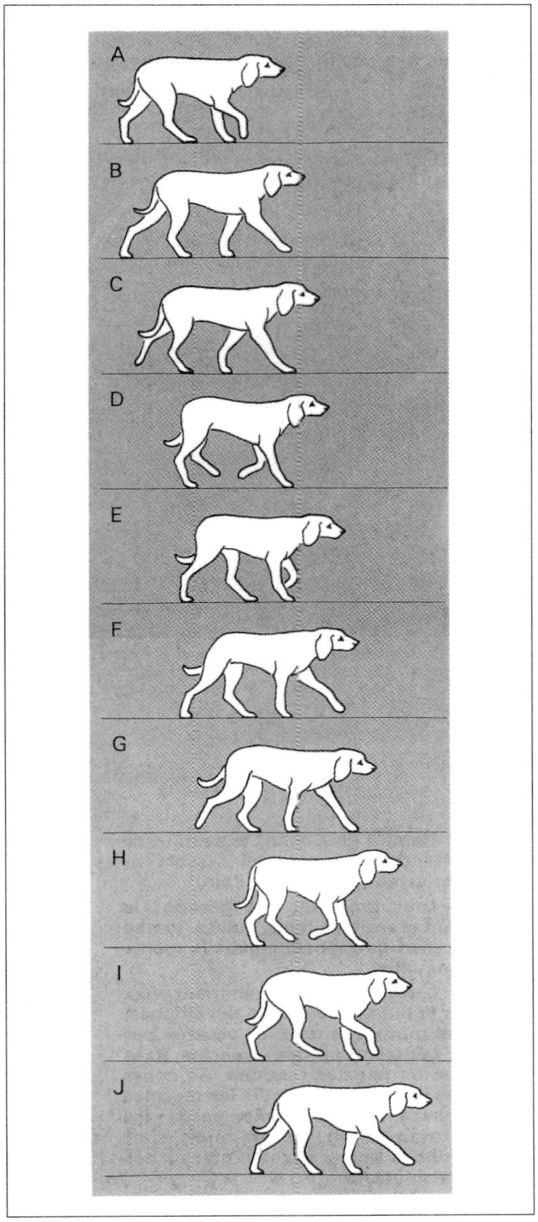

FIG. 1

Quand on regarde un chien qui marche, le déplacement des pattes est trop rapide pour permettre l'analyse du mouvement. Il faut avoir recours à un film présentant l'action au ralenti. Ces dessins, faits d'après un tel document, représentent les phases essentielles de cette marche. L'analyse complète de ces dessins est difficile. On peut cependant proposer ce document à des enfants de CE2 à la condition de se limiter à quelques aspects importants. Combien de pattes touchent le sol quand un chien marche ? Quelles empreintes laisserait dans la neige le chien en position D ? en position G ?

Extrait de *Biologie 6e*.

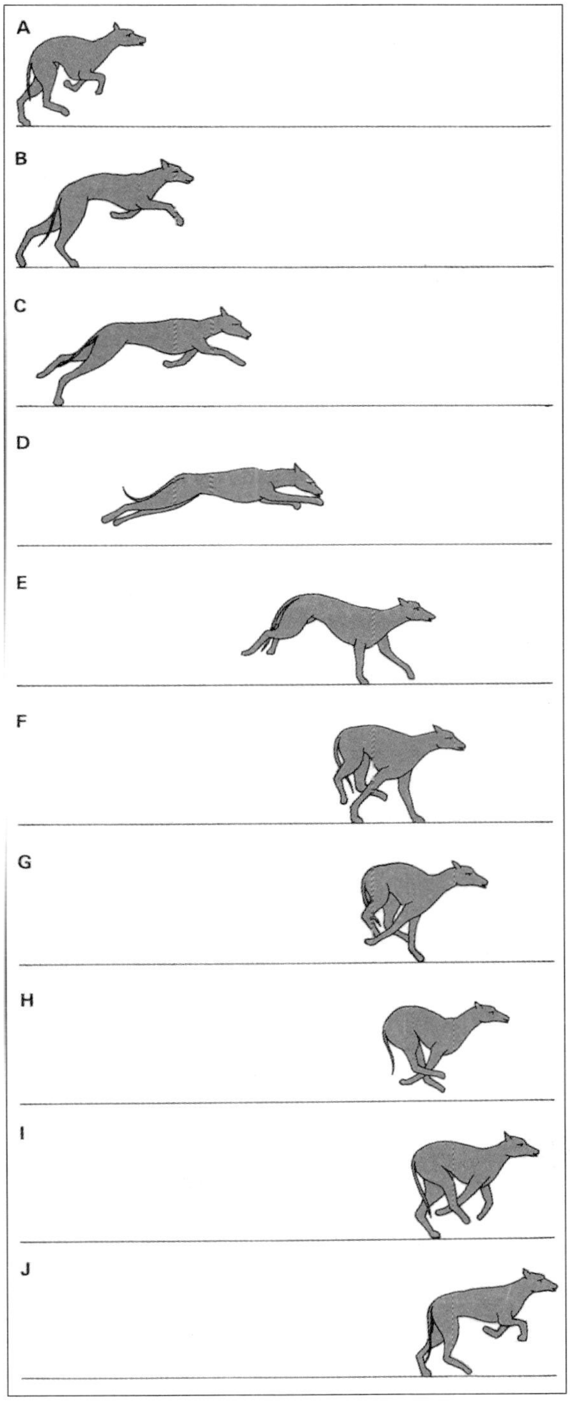

FIG. 2

Ces dessins ont été obtenus à partir d'une séquence de film sur le galop du lévrier. On peut ainsi préciser dans quel ordre se déplacent les pattes, remarquer l'importance de la souplesse de la colonne vertébrale et le grand développement de la musculature des pattes postérieures.

Extrait de *Biologie 6e*.

• **Les animaux excellents coureurs présentent des caractères communs qui favorisent un déplacement rapide :**

— L'**appui sur le sol** est toujours **réduit**. Chez les **digitigrades** (chien, guépard) chaque membre touche le sol par toute la surface des doigts munis de griffes ; chez les **onguligrades** (sanglier, cheval) il ne prend plus appui que par la dernière phalange protégée par un sabot.

— Le corps est supporté par des **membres longs et grêles**. Cette longueur du membre résulte de l'allongement du pied et de sa position redressée : ainsi, chez le cheval, le pied (ou la main), redressé presque verticalement, est plus long que la jambe (ou le bras).

— La musculature est très développée.

• **Chez les animaux capables des meilleures performances** (vitesse de pointe exceptionnelle, grande endurance), d'autres caractères viennent s'ajouter aux précédents : un souffle puissant, un cœur volumineux... qui permettent d'assurer aux muscles, moteurs du mouvement, un ravitaillement accru en aliments et en oxygène.

5 La reptation

• **Les vertébrés terrestres** dépourvus de pattes (couleuvres, vipères) se déplacent sur le sol en rampant. Il en est de même de ceux qui, comme les lézards, ont des pattes placées latéralement par rapport au corps. Celles-ci ne peuvent supporter le poids de l'animal, et le ventre touche alors le sol.

La reptation est un déplacement obtenu par de rapides mouvements d'ondulation du corps, le ventre traînant sur le sol. L'accrochage aux aspérités du sol est assuré soit par les écailles portées par la peau du ventre (serpents), soit par les membres incapables par ailleurs de supporter le poids du corps (lézards).

Les animaux dont la reptation est le mode habituel de déplacement présentent en commun des caractères qui favorisent ce type de locomotion :

— corps très allongé ;

— grande souplesse de la colonne vertébrale (qui permet aux serpents de s'enrouler sur eux-mêmes) ;

— présence d'écailles sur la peau ou de griffes aux doigts permettant de s'accrocher aux aspérités du sol.

• **La reptation de l'escargot** est très différente de celle des vertébrés. Pour mieux observer son déplacement, on peut le poser sur une vitre et regarder par transparence le dessous de son pied. Une série de plis transversaux, alternativement creux et saillants, se déplacent de l'arrière vers l'avant. Ce sont des zones musculaires qui se contractent à tour de rôle. Le mucus secrété par le pied facilite le glissement de l'animal.

• **Contrairement au serpent, le lombric ou ver de terre** n'ondule pas mais avance en ligne droite. Son corps présente alors une alternance de tronçons courts, gonflés, et de tronçons allongés, étroits, chacun d'eux s'allongeant et se gonflant successivement. Chaque tronçon gonflé s'agrippe au sol par des sortes de petits crochets portés par la face ventrale pendant que les crochets du tronçon allongé ne s'agrippent pas.

Connaissez-vous

LE SENS DE CES MOTS OU EXPRESSIONS

- **saut**
- **marche**
- **course**
- **propulsion**
- **réception**
- **bipède**
- **quadrupède**
- **trot**
- **galop**
- **digitigrade**
- **plantigrade**
- **onguligrade**
- **reptation**

2 DES ACTIVITÉS PÉDAGOGIQUES POSSIBLES

Les déplacements des animaux sont expressément mentionnés seulement dans le programme du Cours Elémentaire. Cependant, on ne peut parler de la vie des animaux à l'école élémentaire ou au CP sans mentionner leurs déplacements. Des exercices sur ce sujet sont donc à envisager même avec de jeunes enfants.

De plus, le programme du Cours Elémentaire propose l'étude du déplacement des animaux et non de celui de l'homme. Mais il est évident que des références constantes aux mouvements que nous faisons sont nécessaires.

On ne peut pas comprendre le déplacement à "pieds joints" des animaux sauteurs sans vivre en parallèle cette même situation. On comprend beaucoup mieux la marche sur quatre pattes du chat ou du cheval après avoir mimé ce déplacement.

Enfin, l'observation directe d'animaux qui se déplacent (d'un chat qui marche, d'un oiseau qui vole...) est évidemment souhaitable, mais le recours à des documents complémentaires (photographies, films, dessins...) est indispensable.

1 *Le saut du lièvre et celui du kangourou*

- Lequel retombe sur ses pattes antérieures : ....
- Lequel pousse sur ses pattes postérieures : ....
- Lequel utilise sa queue pour équilibrer le saut : ....
- Compare la position des deux animaux indiqués par un triangle.

FIG. 3

Pour faire une analyse précise du saut des animaux, le recours à des documents (photographies, dessins...) est indispensable. De plus, il est toujours préférable de réaliser des comparaisons afin d'une part de dégager les ressemblances et les différences d'organisation entre plusieurs animaux, d'autre part d'exprimer les caractères d'adaptation au saut.

Extrait de *Cahier d'activités CE2, Biologie.*

2 *Une grenouille saute dans la mare*

- La grenouille saute-t-elle comme le lièvre et comme le kangourou ?

  ....

  ....

- Place un point rouge à chaque articulation de la patte postérieure et indique les noms : hanche, genou, talon.

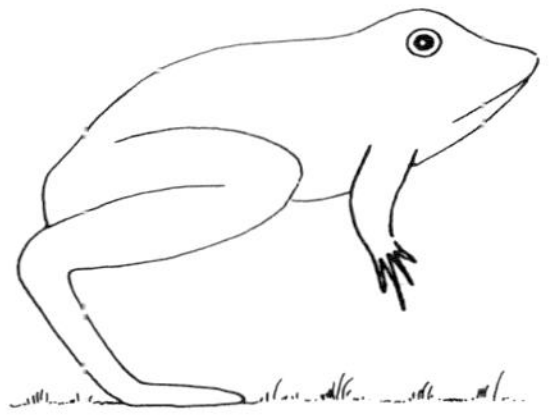

FIG. 4

Ces dessins permettent d'enrichir l'analyse déjà réalisée avec ceux de la figure 3.

Extrait de *Cahier d'activités CE2, Biologie.*

Au Cours Préparatoire

1 Tu peux animer ton bonhomme

A partir d'une silhouette de personnage découpée dans une feuille de carton bristol et d'images de marche ou de course comme celles de la figure 6, on peut réaliser diverses activités :

— Transformer le personnage immobile en un personnage capable de prendre des positions de marche, de course ou de saut. Pour cela, les enfants doivent couper à certains endroits (genou, talon, hanche pour le membre postérieur...) et placer correctement des attaches parisiennes. Les productions des enfants sont ensuite confrontées et discutées.

— Approfondir l'analyse en cherchant les réponses à des questions telles que : parmi les mouvements que peut faire le bonhomme, quels sont ceux que nous ne pouvons pas faire ? Quels sont les mouvements que nous pouvons faire et que le bonhomme ne peut pas faire ? Par exemple, l'articulation du genou du bonhomme permet des mouvements plus étendus que ceux permis par l'articulation du genou humain. A l'inverse, l'épaule du bonhomme ne fonctionne que dans un plan alors que nous pouvons, à ce niveau, effectuer des mouvements dans plusieurs plans.

— Placer le bonhomme articulé dans différentes positions de marche, de course ou de saut.

— Reconnaître les différents segments et les nommer.

— Placer correctement les noms des articulations sur une silhouette ou sur un schéma (fig. 7).

2 Des traces sur le sable

Les jeunes enfants aiment laisser des traces dans le sable avec leurs pieds. Les traces laissées sur le sol sont différentes quand on saute à pieds joints, à cloche pied... Vous pouvez aussi faire découvrir que l'écartement des traces varie quand on marche et quand on court. Comment présenter les résultats ?

— On peut placer sur le sol, en bonne place, des morceaux de carton ayant la forme de semelles de chaussures ou de "dessous" de pied. Dans ce dernier cas, le dessin du gros orteil permet de repérer facilement pied droit et pied gauche.

— On peut aussi faire des dessins sur une très grande feuille de papier.

3 Qui a laissé ces traces ?

Le document de la figure 5 s'intéresse aux traces laissées par les animaux. Il faut d'abord identifier les cinq pattes isolées. Pour cela, deux moyens sont possibles :

— observer le dessin de l'animal entier,

— repérer le codage qui précède le nom de l'animal et celui qui accompagne la patte.

Il faut ensuite établir la relation entre l'extrémité de la patte de l'animal (forme, nombre de doigts, surface de contact avec le sol) et son empreinte.

Au Cours Elémentaire

1 Je me dessine en train de sauter

Au cours d'une séance d'éducation physique, les enfants ont cherché les différentes façons de sauter : en longueur ou en hauteur, avec ou sans élan, à pieds joints ou avec appel d'un seul pied, à cloche pied, à quatre pattes. Ils décrivent ce qu'ils ont fait et, de retour en classe, ils doivent traduire par des dessins l'un de ces sauts : par exemple celui qui consiste à sauter à pieds joints sans élan. Ils échangent ensuite au sein des groupes les difficultés rencontrées. Traduire par une série de schémas le saut de l'homme est un travail difficile, mais souhaitable. Comment choisir les moments à représenter ? Comment faire une représentation schématique ? L'exercice peut ensuite être complété par l'analyse de la figure 10

2 Des champions de saut en longueur

• Les dessins des figures 3 et 4 permettent une analyse comparée des déplacements par bonds du lièvre, de la grenouille et du kangourou : Quelles sont les différences ? Quel rôle jouent les membres postérieurs ? les membres antérieurs ?...

A partir des différents exemples étudiés, et pour clore cette première partie de l'étude, un bilan s'impose : le déplacement par sauts successifs présente quelques variantes selon les espèces, mais, dans tous les cas, la propulsion est assurée par une détente simultanée des deux membres postérieurs. Ceux-ci présentent, chez tous les animaux sauteurs, les mêmes caractères adaptatifs.

• Tracer les empreintes laissées par ces animaux sur le sol constitue un moyen d'analyse supplémentaire et oblige à passer de l'image d'individus observés dans un plan vertical à une représentation dans un plan horizontal.

• Comparer la longueur des pattes par rapport à celle du tronc, évaluer les longueurs relatives des divers segments du membre postérieur, cuisse - jambe - pied, fournissent l'occasion de dégager les caractéristiques d'animaux bien adaptés au saut (les membres postérieurs sont très longs ; cuisse, jambe et pied ont sensiblement la même longueur, le pied étant très long par rapport à celui d'autres animaux).

Qui a laissé ces traces ?

11

• Colorie de la même couleur, la patte et la trace correspondante.

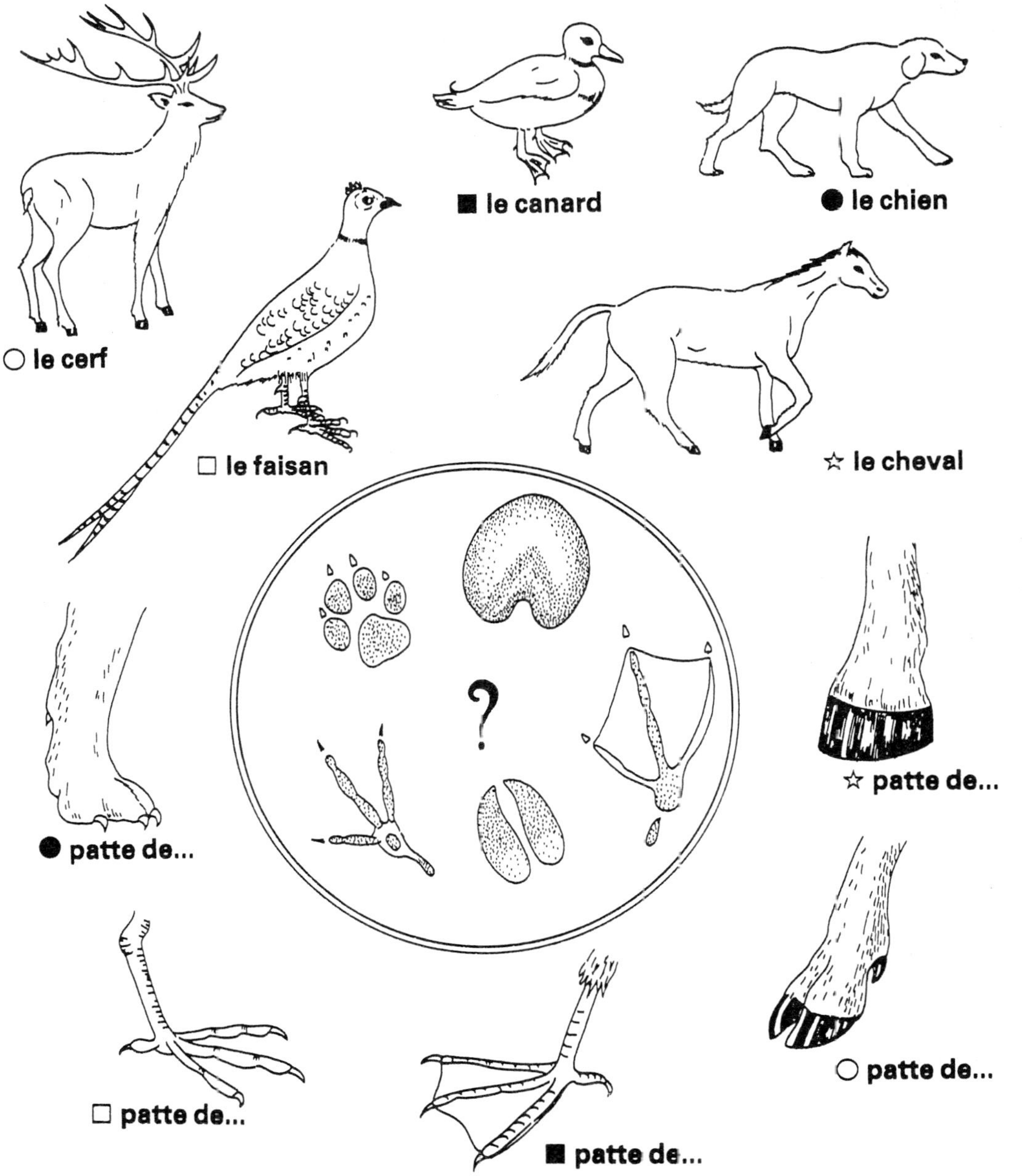

FIG. 5

Un document simple destiné à ce jeunes enfants.

Extrait de *Matrices CP Biologie, Physique, Technologie.*

FIG. 6

Un document utilisable au CP ou au CE. Lequel marche ? lequel court ? lequel saute ? Les enfants doivent justifier leurs réponses en se plaçant dans la position de l'image. On peut aussi leur demander de représenter l'une des images de façon schématique.

Extrait de *Cahier d'activités CP, Biologie.*

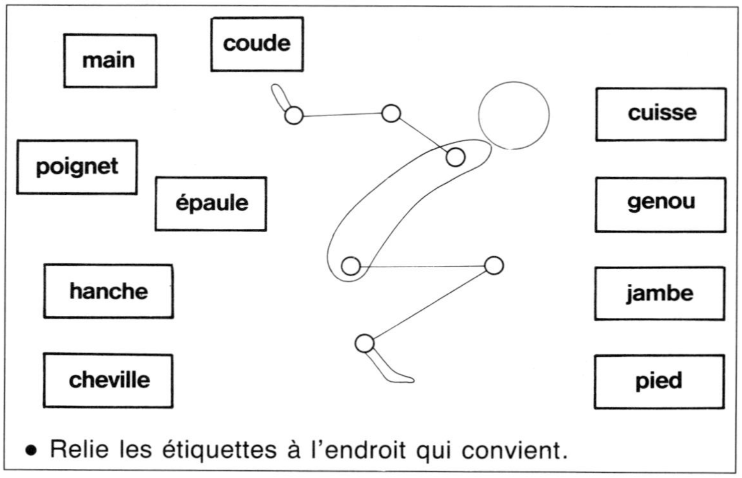

FIG. 7

Ce schéma-bilan permet aux enfants du cours préparatoire de préciser la localisation des articulations et de nommer les différentes parties des membres.

Extrait de *Cahier d'activités CP, Biologie.*

FIG. 8

Ce document proposé à des enfants du CE2 permet une analyse de la marche sur quatre pattes, les mouvements d'un chat qui marche étant trop rapides.

Extrait de *Cahier d'activités CE2, Biologie.*

FIG. 9

Ces vignettes de marche et de course sont utilisables avec des enfants convenablement latéralisés (l'exercice convient bien en fin de CE2 ou au CM, mais serait trop difficile au CE1). Elles permettent d'une part de réaliser une comparaison entre la marche et la course, d'autre part, après découpage, de mettre les images dans l'ordre chronologique de leur succession.

Extrait de *Matrice Biologie CE2.*

1 *Tu peux sauter*

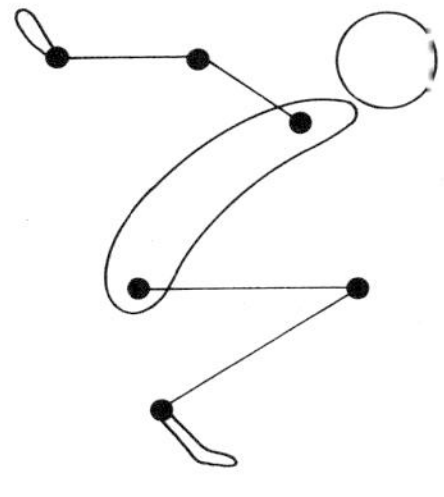

- Quelle silhouette est schématisée : 1, 2, 3 ou 4 ? ....
- Schématise de la même façon la silhouette 2.
- Sur ton dessin, indique les différentes articulations : hanche, genou, talon, épaule, coude, poignet.

FIG. 10

Schématiser une phase du saut de l'homme en indiquant avec précision les articulations mises en jeu, peut compléter des dessins réalisés après une séance de saut en éducation physique.

Extrait de *Cahier d'activités, CE2, Biologie.*

3 La marche et la course de l'homme

Le document de la figure 9, qui prend l'allure d'un jeu, propose :
— une analyse de mouvements et leur reconstitution à partir de quelques positions dissociées,
— une comparaison marche - course,
— un exercice de chronologie,
— un contrôle de la latéralité.

L'exercice peut comprendre les étapes successives suivantes :

— découper et trier les images en constituant deux ensembles, l'un d'images de marche, l'autre d'images de course ;

— exprimer oralement les critères qui ont permis de faire le tri, ce qui revient à réaliser une étude comparée de deux mouvements ;

— ranger les images de marche puis de course dans l'ordre chronologique de leur succession ;

— représenter schématiquement certaines attitudes prises par le marcheur ou le coureur.

4 Lesquels marchent ? Lesquels courent ?

A partir de photographies ou de dessins d'animaux qui courent, marchent, volent... que les enfants peuvent rassembler et apporter en classe, on peut réaliser des regroupements et mettre ensemble tous les animaux qui se déplacent de la même façon. Le document de la figure 4, p.242 permet de présenter des résultats analogues sous forme d'un tableau.

5 La marche sur quatre pattes

L'observation directe d'un chat qui marche est évidemment souhaitable, mais les mouvements sont trop rapides pour qu'on puisse réellement les décomposer. Il faut donc avoir recours à des moyens de substitution tels que des dessins (fig. 8). Ce document peut donner lieu à diverses activités :

— représenter, pour chaque position, les empreintes que laisserait l'animal s'il était dans la neige (repérage gauche - droite, nombre de pattes qui touchent le sol en même temps) ;

— mimer la marche du chat (deux enfants se tiennent debout l'un derrière l'autre ; ils ont "quatre pattes" à eux deux) ;

— décalquer l'un des dessins et le placer sur le dessin suivant, pour constater qu'aucun des membres n'est immobile, pas même ceux qui restent en contact avec le sol ; la patte raidie sert de pivot.

Si l'on dispose d'une série d'images représentant un animal en train de courir (chien, cheval...), on peut réaliser des activités analogues et procéder ensuite à une comparaison entre la marche et la course.

NOTIONS VISÉES

à l'école élémentaire

Marcher, courir, sauter sont les différents moyens de se déplacer sur le sol.

Le saut

• Lors du saut, les membres postérieurs et antérieurs jouent des rôles différents : les membres postérieurs propulsent le corps en avant ; les membres antérieurs reçoivent l'animal après le bond ou servent à équilibrer le corps.

• Les **membres postérieurs** de tous les animaux sauteurs présentent les caractères d'adaptation suivants :
— **repliés en Z**, ils se détendent comme un ressort;
— leur **longueur** est grande ; le pied étant très long, les trois segments, cuisse, jambe, pied ont sensiblement la même longueur.

La marche et la course

• Dans la marche, un animal tel que le chat est toujours en appui sur deux ou trois pattes.
Lorsque la marche s'effectue sur "deux pattes" (chez l'homme par exemple), il y a toujours un pied en appui sur le sol.

• Certains animaux, comme le cheval, courent de deux façons différentes : ils trottent ou ils galopent.

• A certains moments du galop, aucun membre ne touche le sol.

• Le galop est une **succession de bonds.**

Mots clés

marcher, courir, sauter, membre.

3 Se déplacer dans l'eau

Il est facile de regarder un poisson nager dans un aquarium, mais il n'est pas facile de comprendre comment il nage, c'est-à-dire de se rendre compte que ce sont les coups de queue à droite et à gauche qui le font avancer et non pas les mouvements des nageoires. Les poissons ne sont pas les seuls animaux capables de se déplacer dans l'eau. D'autres vertébrés (des mammifères, des oiseaux, des amphibiens...), des insectes, un grand nombre d'animaux marins le font aussi. De plus certains animaux se déplacent à la surface de l'eau (canard, poule d'eau...).

Paradoxalement, la nage des poissons est la plus difficile à comprendre. Il est donc souhaitable de commencer cette étude par des animaux dont la nage est plus proche de celle de l'homme (la grenouille par exemple).

1 INFORMATIONS UTILES POUR L'ENSEIGNANT

1 Nager avec des pattes

De nombreux animaux utilisent leurs membres pour progresser dans l'eau. L'étude de quelques exemples significatifs permettra de dégager des caractéristiques communes.

• **La grenouille** fournit un premier exemple dont l'analyse est assez facile. Il suffit d'en mettre une dans une bassine d'eau pour l'observer en train de nager. On constate alors qu'elle flotte sans faire aucun mouvement ; les mouvements de ses membres ne servent donc qu'à assurer la progression dans l'eau.

Il existe deux sortes de nage :

— une **nage lente,** due aux mouvements des quatre membres ;

— une **nage rapide,** due aux seules pattes postérieures, les membres antérieurs sont alors rabattus le long du corps. Dans la nage rapide, la propulsion est assurée par une brusque détente des pattes postérieures fortement musclées ; la palmure, étalée entre les doigts écartés, exerce alors sur l'eau une poussée qui propulse l'animal. Quand les pattes se replient, les doigts sont resserrés et légèrement fléchis, le pied offre alors une moindre surface à la résistance de l'eau.

• **Le canard,** qui nage habilement à la surface de l'eau, plonge aussi avec facilité. Il ressemble à une bouée munie de deux rames qui appuient sur l'eau alternativement au cours de la nage lente, ou simultanément lorsque l'animal se déplace rapidement.

La palmure des pattes du canard ressemble beaucoup à celle de la grenouille : une peau tendue entre les doigts. Comme chez la grenouille, elle est étalée quand la rame appuie sur l'eau, elle est repliée quand la rame est ramenée vers l'avant.

• **Le manchot** est un oiseau des régions polaires incapable de voler mais excellent nageur. Il "vole" véritablement dans l'eau. Ses ailes courtes lui servent de rames et constituent les propulseurs essentiels du corps ; le rôle des pattes postérieures est très réduit : pendant la nage, elles s'orientent dans le prolongement du corps.

• **La tortue marine,** très malhabile sur terre, se déplace avec aisance dans l'eau. Ses membres larges, aux doigts soudés entre eux par de la peau, sont de véritables rames. Les pattes antérieures, les plus longues, appuient sur l'eau simultanément et sont l'organe propulseur. Les pattes postérieures plus courtes servent de gouvernail.

• **Le phoque** nage avec agilité sur le ventre comme sur le dos. Il ne vient à terre que pour se reposer ou se reproduire. Il se déplace alors en se traînant sur le ventre, sans utiliser ses membres. Ceux-ci lui servent à nager. Le phoque prend appui sur l'eau à la fois par ses membres antérieurs et postérieurs. Ces derniers, tournés l'un vers l'autre, prolongent l'extrémité postérieure du corps. La propulsion est ainsi assurée par des battements de tout l'arrière du corps à la manière d'une godille.

• **La notonecte** est un insecte des mares et des étangs que l'on voit souvent immobile sous la surface de l'eau. Elle nage grâce aux mouvements de ses deux longues pattes postérieures qu'elle actionne comme des avirons. Ces pattes ont des extrémités aplaties munies de poils qui peuvent changer d'orientation et modifier ainsi la surface d'appui (fig. 1). La forme de son corps, en coque de bateau, facilite la progression dans l'eau.

Le dytique est un autre insecte aquatique dont la nage ressemble beaucoup à celle de la notonecte.

Ainsi, tous les animaux précédemment pris comme exemples nagent grâce à des pattes qui présentent, selon les cas, les caractères suivants :

— des doigts réunis par une palmure (grenouille, canard),

— des membres courts et aplatis, transformés en rames (phoque, tortue),

— des pattes aux extrémités aplaties et à surface variable grâce à la présence de poils orientables (notonecte, dytique).

Dans le cas des vertébrés, on retrouve dans le membre transformé en rame les mêmes os que dans les membres des vertébrés terrestres, mais ils sont plus courts et plus larges (fig. 6). Chez le dauphin, les doigts ne sont plus visibles extérieurement et le membre ressemble encore plus à une nageoire.

2 La nage des poissons

Contrairement à ce que l'on pense communément, les poissons ne sont pas propulsés par leurs **nageoires**. Celles-ci sont de plusieurs formes mais toutes sont des replis de peau soutenus par des rayons fixés sur le squelette de l'animal. Certaines, dites **impaires,** sont placées dans le plan de symétrie du corps (nageoires dorsale, caudale, anale). D'autres, dites **paires,** sont situées de chaque côté du corps (nageoires pectorales et abdominales ou pelviennes). Selon les espèces on peut avoir une ou plusieurs nageoires dorsales (fig. 3).

• **Chez beaucoup de poissons,** le déplacement est assuré par la région postérieure du corps (ou queue) qui frappe l'eau alternativement à droite et à gauche. La nageoire caudale qui la termine, largement étalée, joue le rôle de godille. Pendant le déplacement rapide les nageoires pectorales et abdominales sont appliquées contre le tronc. L'importante musculature de la queue explique la rapidité et la puissance des mouvements.

Chez certains poissons, l'élasticité de la colonne vertébrale a beaucoup d'importance dans les mouvements d'ondulation du corps. Chez d'autres comme le thon, le corps est beaucoup plus rigide et la propulsion est essentiellement assurée par les battements de la nageoire caudale très développée.

• **Quel est donc le rôle des nageoires ?** Même lorsque l'animal fait du "sur place", ses nageoires effectuent de très légers mouvements. De plus un poisson dont les nageoires ont été immobilisées flotte à la surface, le ventre en l'air comme un poisson mort.

Des études expérimentales (fig.5) montrent que :

— les nageoires pectorales et abdominales contrôlent l'équilibre en nage lente et suppriment roulis et tangage (fig. 4) ;

— les nageoires dorsale et anale qui augmentent la surface verticale maintiennent l'animal sur sa trajectoire (suppriment l'embardée).

Ces différentes nageoires jouent donc un rôle de **stabilisateurs**. Le changement de direction est assuré :

— en nage rapide, par un brusque mouvement de la queue ;

— en nage lente, par le mouvement des nageoires pectorales.

3 D'autres façons de nager

• Chez certains animaux (couleuvre, anguille, sangsue,...), le corps très allongé est dépourvu de membres. La nage est alors assurée par des mouvements d'ondulations de tout le corps.

• La seiche nage de deux manières différentes :

— lorsqu'elle se déplace lentement, les tentacules sont rassemblés et tendus vers l'avant et la progression est assurée par des ondulations de la nageoire qui borde le corps ;

— lorsqu'elle se sent menacée, elle réalise de brusques **bonds en arrière** en expulsant l'eau contenue dans la poche ventrale ; le déplacement ressemble alors à celui d'une **fusée à réaction**.

4 Des caractères communs à tous les animaux nageurs

• **La forme en fuseau et sans partie saillante** de beaucoup de poissons est comparable à celle donnée par l'homme aux sous-marins. C'est en effet celle qui offre la résistance minimale à la progression d'un corps dans l'eau, c'est une **forme hydrodynamique**.

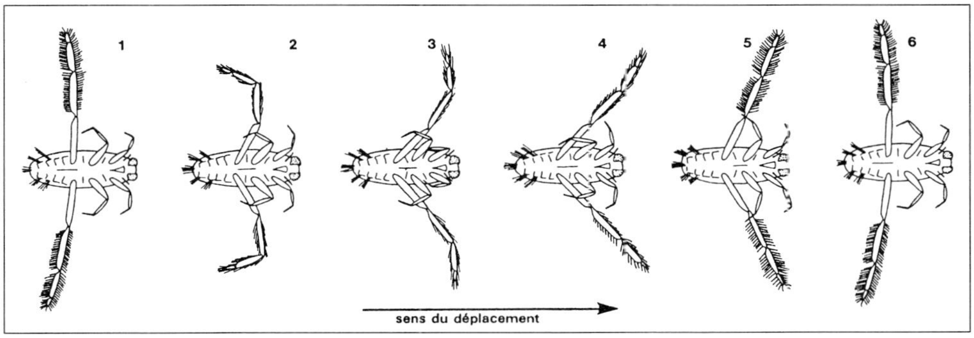

FIG. 1

La notonecte est un insecte d'eau douce qui nage rapidement de manière saccadée. Observez attentivement les mouvements des pattes postérieures et la position des poils portés par les derniers articles.

Extrait de *Biologie 5e*.

L'anguille	Ondulations de tout le corps
Le dytique	Mouvements des longues pattes de derrière dont les poils plus ou moins dressés augmentent la surface.
La grenouille	• *Nage lente* : mouvements coordonnés des quatre pattes. • *Nage rapide* : brusque détente des pattes de derrière, palmure étalée au maximum, pattes de devant rabattues contre le corps.
La loutre	• *Nage lente* : mouvements des quatre pattes et de la queue. • *Nage rapide* : ondulations du corps et brusques mouvements de la queue.
Le plongeon	Battements alternés de pattes palmées.
La raie	Ondulations des grandes nageoires qui entourent le corps.
Le requin	Violents coups de queue à gauche et à droite.
La seiche	• *Nage lente* : ondulations de la nageoire qui entoure le corps. • *Nage rapide* : bonds vers l'arrière obtenus par le rejet brutal de l'eau contenue dans la poche ventrale.
La tortue marine	Battements des pattes (véritables nageoires).

FIG. 2

Tous les animaux ne nagent pas de la même façon.

Extrait de *Pour découvrir la vie dans la mer, l'étang, la rivière.*

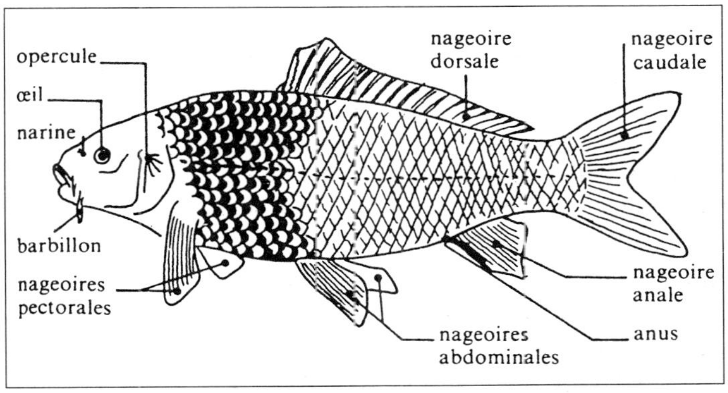

FIG. 3

Les nageoires d'un poisson (ici une carpe) ont des positions et des tailles qui varient selon les espèces, mais on retrouve généralement celles indiquées sur ce dessin.

Extrait du *Guide du Maître, "Les animaux, les élevages"*.

On la retrouve chez des animaux aquatiques appartenant à des groupes différents, en particulier chez le dauphin (mammifère) et le manchot (oiseau) : il y a **convergence de forme** avec le poisson. Cette forme, quoique moins parfaite, est aussi celle du phoque (mammifère) à cause de son cou très court et de ses oreilles sans pavillons, et même celle de la grenouille (amphibien) qui est dépourvue de cou.

• **D'autres facteurs,** qui rendent la **surface du corps très glissante,** favorisent la progression dans l'eau :
— chez les poissons la disposition des écailles, se recouvrant comme les tuiles d'un toit, et la présence de mucus ;
— chez le manchot, des petites plumes imperméables à l'eau, disposées comme les écailles du poisson ;
— chez le dauphin, des poils ras et serrés.

2 DES ACTIVITÉS PÉDAGOGIQUES POSSIBLES

1 Jeux dans l'eau

Les activités conduites en milieu aquatique, lorsque les enfants vont à la piscine, préparent efficacement l'étude de la nage des animaux. Les enfants peuvent alors découvrir que :
— l'eau oppose une résistance au mouvement ;
— l'eau est un milieu qui, par sa résistance, permet de prendre appui pour avancer ;
— l'eau équilibre à peu près le poids du corps.
Si, de plus, les enfants peuvent profiter d'une expérience de “navigateur”, sur un bateau à rames par exemple, ils complètent les observations réalisées à la piscine.
Voici quelques suggestions d'activités possibles :
— Dans le petit bassin de la piscine, avec de l'eau à mi-cuisse, essayer de marcher le plus vite possible en avançant puis en reculant. Un enfant placé hors de l'eau, sur le bord de la piscine, effectue les mêmes déplacements. Pourquoi est-il plus difficile de marcher dans l'eau que hors de l'eau ?
— Dans l'eau jusqu'aux épaules, un enfant tient à deux mains une petite planche complètement immergée et la pousse devant lui en offrant à la résistance de l'eau la plus grande surface, puis la tranche. Dans quelle situation est-il plus facile de la pousser ?
— Dans une barque, essayer de trouver la position la plus efficace pour la rame : pour avancer, on appuie sur l'eau non par la tranche de la rame, mais par sa large surface ; quand on ramène la rame, on la sort de l'eau. Que devrait-on faire pour ramener la rame en avant sans la sortir de l'eau ?

2 Comment nagent les animaux de l'aquarium ?

Au cours d'une sortie au bord d'une mare, d'une rivière ou d'un étang, divers animaux aquatiques peuvent être récoltés : têtards, grenouilles, notonectes, dytiques, sangsues, larves de libellules, petits poissons...

Pour faire une étude précise de leur mode de déplacement, on ne peut se contenter de les regarder vivre dans l'aquarium de la classe. Chaque groupe d'enfants dispose de deux ou trois animaux différents dans une cuvette ou un grand bocal. Ils doivent, pour chaque animal, essayer de répondre aux questions suivantes :

— Quels mouvements fait-il en nageant ?

— Pourquoi ces mouvements le font-ils avancer ?

— Comment la nageoire ou la palmure est-elle ramenée en avant ?

— Comment l'animal change-t-il de direction ? Peut-il monter ou descendre dans l'eau ?

— Comment se tient-il en équilibre ?

— Quels caractères réduisent la résistance aux déplacements dans l'eau ?

— Qu'est-ce qui explique l'aisance de son déplacement dans l'eau ?

Les réponses peuvent être données sous différentes formes (mime, phrase, dessin).

Le bilan des différentes découvertes conduit à la construction d'un tableau collectif et permet de regrouper les animaux qui nagent de la même manière : par ondulations du corps, par des battements de leur extrémité postérieure, par des mouvements de leurs pattes, par “réaction”...

L'observation de photographies ou de dessins permet de compléter les observations réelles en s'appuyant sur des exemples d'animaux qu'on ne peut voir en classe.

3 Ils se ressemblent beaucoup

Les observations réalisées précédemment ont permis d'exprimer l'existence de caractères communs à tous les animaux se déplaçant dans l'eau. Même si le mot n'est pas prononcé, le phénomène (la notion) de convergence est alors abordé : des animaux appartenant à des groupes très différents, mais qui vivent dans un même milieu et s'y déplacent aisément, présentent un corps de forme comparable et possèdent des organes qui se ressemblent (fig. 7).

A l'aide de bandelettes, on immobilise **successivement** les différentes nageoires d'une tanche placée dans un aquarium. Par exemple :

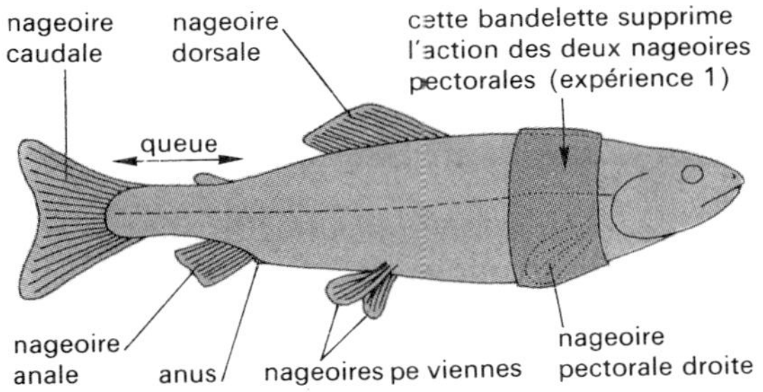

Les résultats obtenus sont résumés dans le tableau ci-dessous. Avant de les analyser dans le détail, regardez bien la position des nageoires :
— les nageoires pectorales et pelviennes sont placées latéralement ;
— les nageoires dorsale et anale sont placées dans l'axe du corps.

Nageoires immobilisées au cours des expériences successives	Comportement du poisson en nage lente
1re expérience : les deux nageoires pectorales	léger déséquilibre
2e expérience : les deux nageoires pectorales et les deux nageoires pelviennes	incapacité à assurer son équilibre
3e expérience : une seule nageoire pectorale	difficultés pour changer de direction
4e expérience : une seule nageoire pelvienne	difficultés pour changer de direction
5e expérience : nageoire dorsale et nageoire anale	contrôle de direction moins bien assuré ; le déplacement devient légèrement zigzagant (embardée)
6e expérience : toutes les nageoires sauf la caudale	déséquilibre total ; le poisson prend « la position d'un poisson mort »
7e expérience : immobilisation de la partie postérieure du corps et de la nageoire caudale par une lame rigide	le poisson est **incapable de bouger** ; il reste au fond de l'aquarium

FIG. 5

Ces expériences sont destinées à montrer le rôle des différentes nageoires et celui des muscles de la queue. Quelles conclusions peut-on en dégager ?

Extrait de *Biologie 6e*.

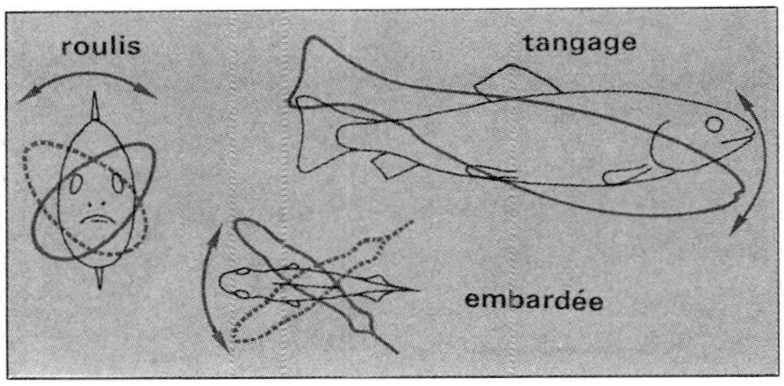

FIG. 4

Les termes utilisés en marine sont utilisés aussi pour indiquer les mouvements du corps du poisson ; ils permettent en outre de préciser le rôle des différentes nageoires dans le maintien de l'équilibre.

Extrait de *Biologie 6e*.

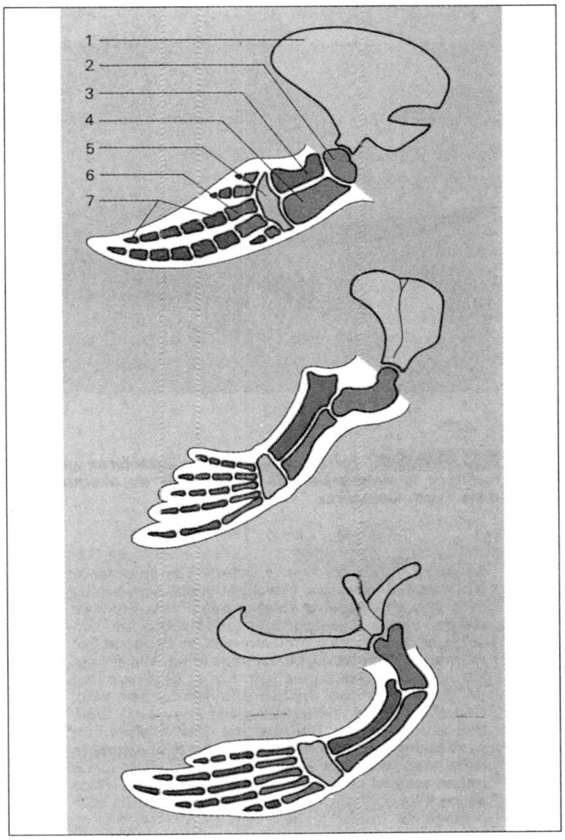

FIG. 6

Le squelette du membre antérieur de trois vertébrés présente des caractères communs et des différences. Cependant, dans les trois cas, on peut dire que le membre est transformé en nageoire.
1. omoplate — 2. humérus — 3. cubitus — 4. radius — 5. carpe — 6. métacarpe — 7. phalanges.
(Haut : dauphin ; milieu : otarie ; bas : tortue marine.)

Extrait de *Biologie 6e*.

NOTIONS VISÉES

à l'école élémentaire

- Il existe différentes façons de nager, mais tout déplacement dans l'eau est provoqué par le mouvement de certains organes qui appuient sur l'eau.
- Les animaux qui se déplacent aisément dans l'eau ont souvent un corps de forme allongée. Ils prennent appui sur l'eau par une "rame" aplatie (nageoire, palmure entre les doigts...), ou par tout le corps qui ondule.
- Les animaux aquatiques présentent en commun divers caractères d'**adaptation** à la nage :
— des organes particuliers (nageoires ou pattes palmées) ;
— une forme du corps en fuseau ;
— une musculature puissante.
Ainsi, des animaux appartenant à des groupes différents se ressemblent-ils (phénomène de **convergence**).
- **Mots clés**
animal aquatique, nage, nageoire, palmure.

2 ***D'excellents nageurs***

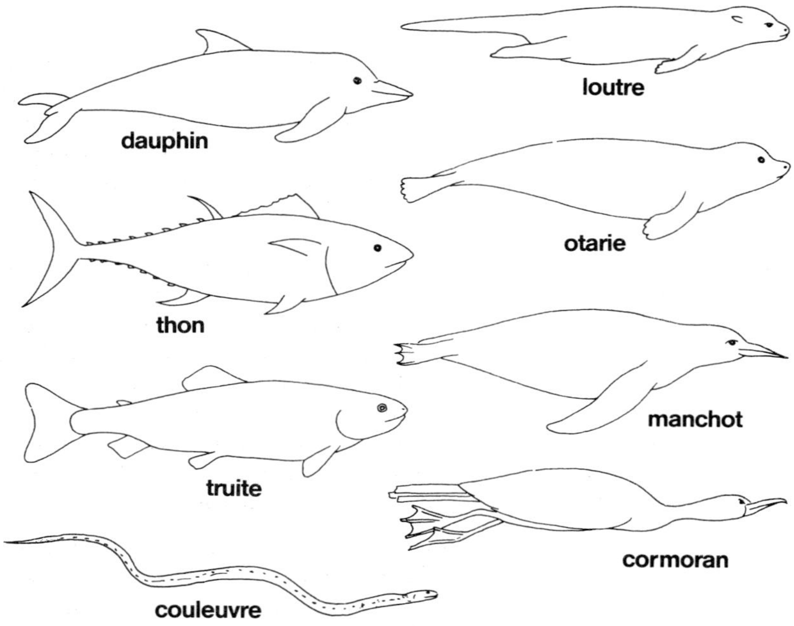

• Voici d'excellents nageurs. Compare leur forme et leur position dans l'eau : ....

....

FIG. 7

Comparer la forme du corps et la position des membres pendant la nage, conduit à exprimer les notions d'adaptation et de convergence.

Extrait de *Cahier d'activités CE2, Biologie.*

4 Se déplacer dans l'air

Le vol est un mode de locomotion qui permet des déplacements rapides dans le milieu aérien. Il constitue, pour les animaux capables de voler, un moyen de conquérir un milieu inexploité par les animaux terrestres et par les animaux aquatiques. Il leur permet de fuir tout prédateur incapable de voler, d'atteindre une source d'alimentation ou des aires de repos d'accès difficile.

Mais l'étude de ce mode de locomotion est difficile car les enfants n'en ont évidemment aucune expérience, même s'ils ont effectué des voyages en avion. Aussi n'est-il pas question de réaliser une analyse détaillée du vol et d'en faire comprendre le mécanisme. On se contentera donc à l'école primaire :

— de reconnaître certaines phases du vol,

— de comparer entre elles diverses structures d'ailes (oiseau et chauve-souris surtout, éventuellement insecte),

— de regarder des plumes et de comparer leur organisation.

1 INFORMATIONS UTILES POUR L'ENSEIGNANT

1 Le vol des oiseaux

Le vol des oiseaux comprend trois phases : **l'envol** ou décollage, **le vol** proprement dit, **l'atterrissage**.

• **L'envol** est un moment délicat : l'oiseau à l'arrêt doit, pour s'élever dans l'air, quitter son support et vaincre la pesanteur, c'est-à-dire l'action de son propre poids. Les solutions adoptées varient selon les espèces :

— Certains oiseaux ne peuvent s'élever qu'en prenant un élan important. Ils l'obtiennent en courant sur le sol ou sur l'eau, tout en battant énergiquement des ailes (cygne).

— Le canard qui décolle de l'eau ne peut avec ses seules pattes (bien qu'elles soient palmées) se donner une impulsion suffisante. L'élan est fourni par un vigoureux battement des ailes dans l'eau.

— La plupart des oiseaux s'élancent en prenant appui avec leurs pattes pliées en Z qui se détendent brusquement. Il en résulte un saut immédiatement suivi d'un battement rapide des ailes.

— Des oiseaux comme les martinets passent la plus grande partie de leur vie en vol. Ils ont des pattes si réduites qu'il leur est difficile de prendre leur envol à partir du sol. Ces oiseaux se posent donc toujours sur un support élevé qu'ils quittent en se jetant dans le vide.

• **Le vol proprement dit** est d'analyse plus complexe. Un oiseau qui vole doit non seulement assurer son déplacement mais aussi vaincre la pesanteur. Il y parvient en appuyant sur l'air avec ses ailes largement étalées qui se déplacent de haut en bas et de l'avant vers l'arrière. Il les relève ensuite et les ramène en avant ; mais elles sont alors pliées et inclinées de façon à offrir moins de résistance à l'air. L'aile fonctionne comme une rame : c'est **le vol ramé**.

L'oiseau peut aussi voler plus ou moins longtemps, les ailes immobiles et largement étalées, se laissant alors porter par les masses ascendantes d'air chaud : c'est le **vol plané**.

L'allure prise par un oiseau en vol diffère d'une espèce à l'autre ; elle dépend de la forme du corps, de la forme et des dimensions des ailes et de la queue, de la longueur du cou. Cependant, la position du corps est toujours celle qui lui permet de vaincre au maximum la résistance de l'air. En vol, l'oiseau prend une **forme de fuseau** (comparable à celle donnée par l'homme aux avions) dépourvue de saillies (les pattes se cachent comme se rentrent les roues d'un avion, ou bien se mettent dans le prolongement du corps) : c'est la **forme aérodynamique**.

• **Au moment de l'atterrissage,** l'oiseau doit, comme un avion, réduire sa vitesse. Il y parvient :

— en modifiant la position des ailes et leurs mouvements ;

— en étalant les plumes de sa queue ;

— en amenant son corps en position verticale.

Au dernier moment, il tend ses pattes pour amortir le choc de l'atterrissage et se reçoit pattes fléchies.

2 Le vol des chauves-souris

Accrochées à un support, la tête en bas, pendant le jour, les chauves-souris sortent à la tombée de la nuit. Elles volent à la manière des oiseaux mais de **façon plus saccadée**.

Une chauve-souris tombée accidentellement au sol ne peut pas s'envoler ; ses pattes ne lui permettent pas le saut initial nécessaire à l'envol et ses ailes sont trop encombrantes. Grâce à ses pouces munis d'une griffe crochue, elle grimpe alors le long d'une paroi rugueuse puis se laisse tomber du point ainsi atteint.

3 Le vol des insectes

Les insectes adultes sont les seuls invertébrés capables de voler. Leurs ailes effectuent des mouvements combinés de **battement** et de **rotation**. Selon les espèces le vol peut avoir des allures différentes.

• **Chez le criquet,** les ailes postérieures, larges et membraneuses, changent d'inclinaison au cours du mouvement ; les ailes antérieures (ou élytres) battent au même rythme mais avec un léger décalage dans le temps.

• **Chez le hanneton,** les élytres (ailes antérieures) restent soulevées et immobiles ; le vol est assuré par le battement des ailes membraneuses.

• **Chez la libellule,** les deux paires d'ailes battent au même rythme mais, pendant que les ailes antérieures s'élèvent, les ailes postérieures s'abaissent.

• **Chez l'abeille,** les deux paires d'ailes battent en même temps, les deux ailes d'un même côté étant fixées l'une à l'autre par de petits crochets.

• **Chez le papillon,** les deux paires d'ailes battent ensemble mais ne disposent d'aucun système d'accrochage.

4 Qu'est-ce qu'une aile ?

Les ailes sont toujours des lames aplaties dont la surface portante peut se modifier et dont les battements sont assurés par des muscles puissants.

• **Les ailes des insectes** sont de simples expansions de la carapace, soutenues par des nervures, alors que celles des oiseaux ou des chauves-souris sont des membres transformés.

• **L'aile de chauve-souris** est une membrane très fine, sans poils. Cette peau est tendue entre des baguettes osseuses qui correspondent aux squelettes du membre antérieur, du membre postérieur et de la queue (fig. 2).

Le squelette du membre antérieur, élément principal du squelette de l'aile, est organisé comme celui de tous les membres antérieurs de vertébrés mais les différentes parties (à l'exception du poignet et du pouce) ont subi un allongement considérable ; les longs doigts rappellent des baleines de parapluie : de très puissants muscles du vol sont fixés sur un bréchet comparable à celui de l'oiseau.

• **L'aile d'oiseau** est constituée d'une vingtaine de plumes qui, fixées sur l'avant-bras et la main, constituent une surface portante de grande dimension, légère, à la fois flexible et imperméable à l'air, mobile, orientable et capable de se plier. Les petites plumes qui recouvrent le membre et cachent la base des grandes plumes, donnent à l'aile le profil aérodynamique d'une aile d'avion. Ce sont aussi ces petites plumes qui donnent son modelé au corps.

Dans le squelette de l'aile (fig. 5), on retrouve l'organisation générale d'un membre antérieur de vertébré mais avec les caractéristiques suivantes :

— l'épaule formée de trois os (omoplate, clavicule, os coracoïde) constitue pour l'aile une attache robuste sur la colonne vertébrale ;

— la main, longue et rigide, est réduite à trois doigts.

Les ailes sont mises en mouvement par des muscles particulièrement développés (constituant le "blanc" du poulet) attachés d'une part sur l'humérus, d'autre part sur une lame osseuse perpendiculaire au sternum, le bréchet (fig. 4).

Chez les oiseaux bons voiliers, les muscles du vol représentent près de la moitié du poids du corps. Et pourtant, notons un fait curieux : alors qu'une patte de lapin est très charnue, une aile d'oiseau ne l'est pas. En effet, chez ce dernier, presque tous les muscles sont situés dans le tronc à la base de l'aile. Les os coracoïdes ont un rôle important : ce sont de véritables piliers qui empêchent l'écrasement de la cage thoracique lors de la contraction des muscles du vol.

• **La comparaison** entre l'aile d'oiseau et celle de chauve-souris ne manque pas d'intérêt. Le squelette d'une aile d'oiseau et celui d'une aile de chauve-souris,

FIG. 1

Sur une silhouette en ombre chinoise, il est facile de distinguer un oiseau en plein vol d'un oiseau en train d'atterrir. Le choix réalisé doit être justifié oralement en précisant les caractères visibles tels que la position des pattes tendues en avant pour amortir le choc.

Extrait de *Cahier d'activités CE2, Biologie.*

1 ***Lesquels atterrissent ?***

- Entoure en rouge les silhouettes des oiseaux en plein vol et en bleu celles des oiseaux qui sont en train d'atterrir.

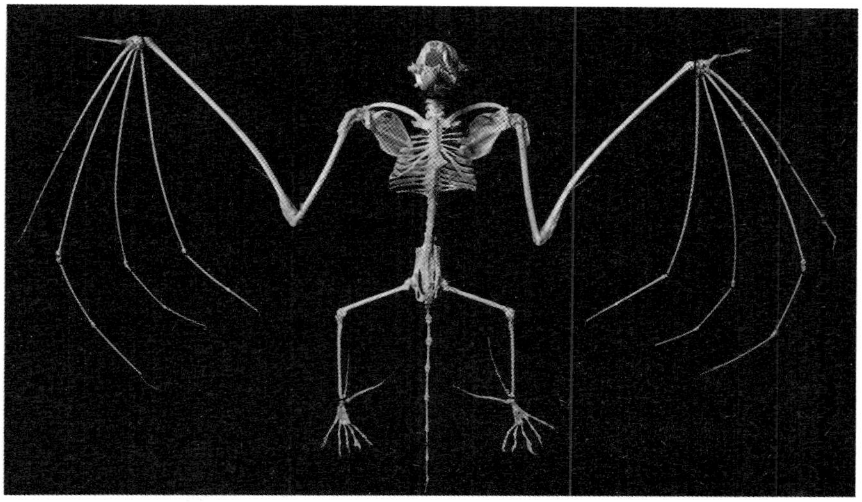

FIG. 2

Les doigts des membres antérieurs de chauve-souris font penser à des baleines de parapluie. En décalquant ce squelette et en regardant une photographie de chauve-souris en vol, on peut dessiner les contours des ailes.

Extrait de *Biologie 6ᵉ*.

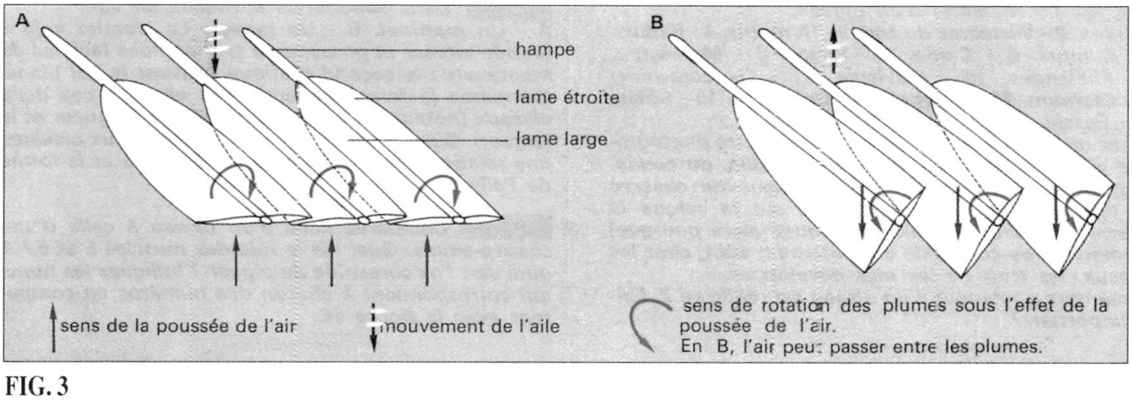

FIG. 3

Le corps d'un oiseau est recouvert de trois sortes de plumes : les grande plumes de l'aile, les petites plumes recouvrant le corps et les plumes de duvet.
Lorsque l'aile s'abaisse (A), les plumes forment une surface hermétique à l'air. Lorsque l'aile remonte (B), les plumes pivotent et s'écartent les unes des autres à la manière des lames d'un store vénitien laissant l'air circuler librement entre elles. Quel intérêt présente une si extraordinaire adaptation ?

Extrait de *Biologie 6ᵉ*.

apparemment très différents, présentent le **même plan d'organisation,** celui de tous les membres de vertébrés. Une différence importante cependant, la surface portante de l'aile est constituée :

— chez la chauve-souris, par une expansion de la peau ;

— chez les oiseaux, par des organes très perfectionnés, les plumes.

On observe ainsi **deux types différents** d'adaptation d'un **même organe** (l'aile) à une **même fonction** (le vol).

5 Les plumes d'oiseau

• **Le corps d'un oiseau porte trois types de plumes différentes**.

— les plumes de **duvet** qui servent d'isolant thermique ;

— les **grandes plumes** ou **pennes** portées par les ailes (appelées encore rémiges) ou par la queue (appelées aussi rectrices) et qui servent pendant le vol ;

— des **plumes plus petites,** très nombreuses, qui recouvrent tout le corps.

Le nombre total de plumes est très élevé. En hiver un moineau a jusqu'à 3500 plumes. Les plumes représentent 3% du poids du corps chez le manchot, jusqu'à 12% chez la mésange.

• **Les plumes se composent d'un axe, ou hampe,** portant de part et d'autre des sortes de poils appelés **barbes**. Dans le cas des grandes plumes, ces barbes forment une lame rigide imperméable à l'air. En effet, ces barbes s'accrochent les unes aux autres grâce à de petits poils appelés **barbules**. La figure 3 montre que, au cours du vol ramé, les grandes plumes semblent s'écarter quand l'aile se relève ; en réalité, elles pivotent, ce qui réduit la résistance offerte à l'air.

• **Les plumes ne sont pas inusables,** mais elles peuvent se renouveler une à une. Cette "mue" se fait progressivement, de manière symétrique sur les deux ailes, aussi l'activité de l'animal n'en est-elle généralement pas affectée.

6 L'adaptation au vol chez les oiseaux

Plusieurs caractères témoignent de l'extraordinaire adaptation au vol chez les oiseaux.

• **Légèreté.** Les organes sont allégés au maximum. Ainsi, la masse volumique du corps, qui est environ de 1 chez la plupart des vertébrés, n'est que de 0,6 chez le canard. Ainsi, le squelette d'une frégate de 2 kg ne pèse que 112 g, soit moins que le poids de ses plumes.

Les os sont très légers, creux (ce qui augmente leur rigidité) et remplis d'air. Ces "sacs aériens", ainsi que ceux qui existent entre les organes, sont en relation avec les poumons. Leur volume peut varier et constituer ainsi une réserve d'air.

• **Aérodynamisme.** Le corps des bons voiliers a une forme aérodynamique. En plein vol, les pattes sont rétractées ou étalées dans le plan horizontal. Les yeux en position latérale évitent à l'oiseau de tourner la tête en vol.

Le squelette du tronc forme une sorte de boîte osseuse très rigide dans laquelle sont situés les organes internes.

• **Puissance.** Alors que, chez le poisson, le poids du corps est équilibré par la poussée d'Archimède, l'animal volant doit vaincre la pesanteur. Pour cela il a besoin d'une musculature puissante. En particulier les muscles des ailes constituent une part importante du poids de l'animal (en moyenne 20% du poids du corps, mais jusqu'à 47% chez la frégate).

Les oiseaux disposent en outre d'appareils respiratoire, circulatoire, digestif, remarquablement développés. Certains sont capables de voler à de grandes altitudes (6000 mètres et plus) et de supporter de très basses températures. A titre d'exemple, le poids du cœur représente 14% du poids du corps chez le moineau, et 0,6% chez l'homme. Il bat à 460 pulsations chez le moineau et à 70 chez l'homme.

Connaissez-vous

LE SENS DE CES MOTS OU EXPRESSIONS

- **vol**
- **envol**
- **atterrissage**
- **vol ramé**
- **vol plané**
- **forme aérodynamique**
- **aile**
- **plume**
- **barbes**
- **barbules**
- **hampe**
- **sacs aériens**

2 DES ACTIVITÉS PÉDAGOGIQUES POSSIBLES

L'étude du vol est difficile, aussi est-elle plutôt réservée à des enfants de la fin du cours élémentaire. Cependant on peut déjà à l'école maternelle ou au cours préparatoire s'intéresser au vol des oiseaux.

FIG. 4

Sur ce squelette de pigeon, on peut noter la puissance de l'humérus ainsi que la grande surface du bréchet, os sur lequel sont fixés les muscles des ailes.

Extrait du *Guide du maître, "Les animaux, les élevages"*.

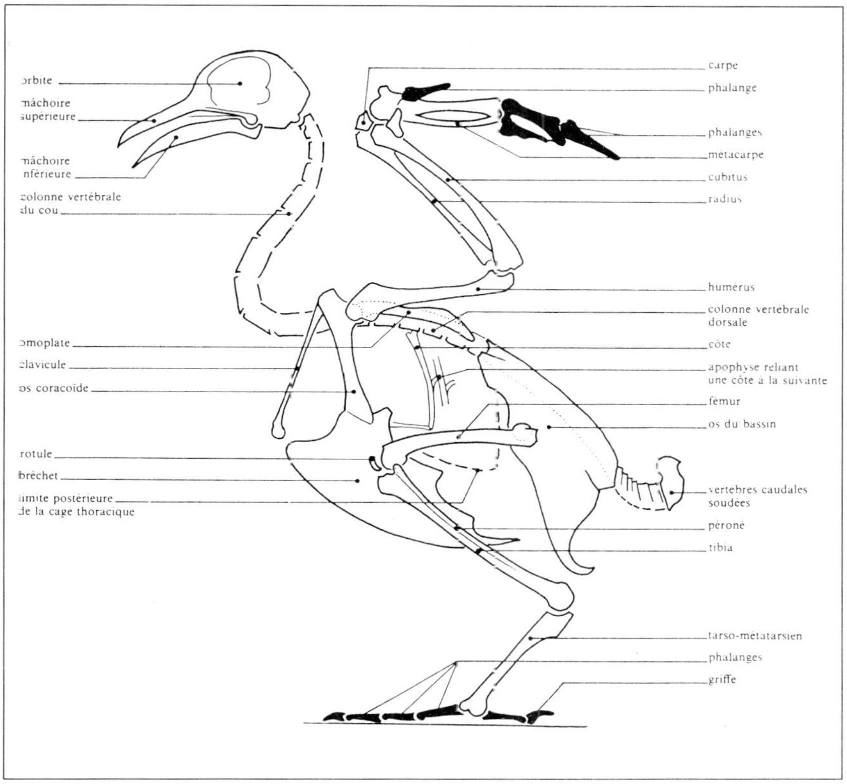

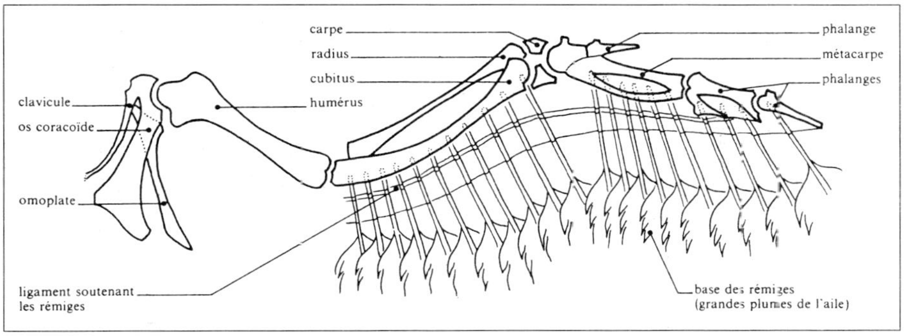

FIG. 5

L'aile d'oiseau est le résultat de profondes transformations du membre antérieur. Enumérez-les.

Extrait du *Guide du maître, "Les animaux, les élevages"*.

FIG. 6

La plume d'oiseau a une structure très complexe. L'observation d'un petit fragment au microscope permet de voir les crochets des barbules et de comprendre pourquoi une plume ne laisse pas passer l'air. 1 - barbe. 2 - barbule à crochets. 3 - barbule à dents.

Extrait de *Biologie 6e*.

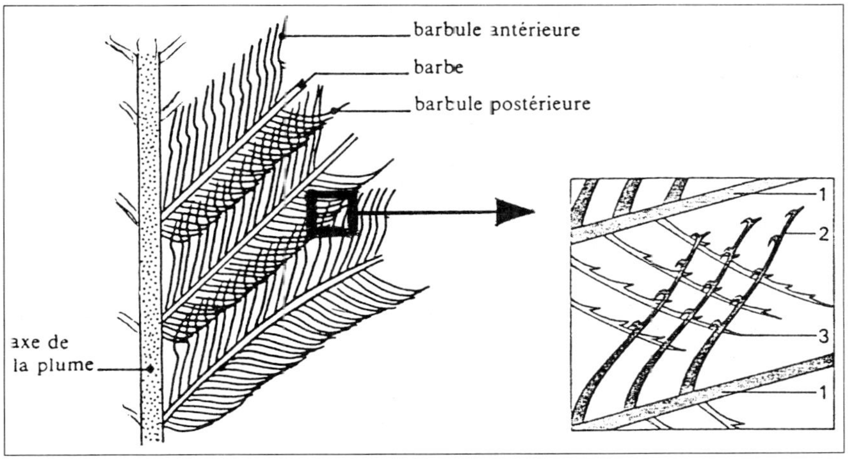

On se contentera alors d'activités très simples permettant par exemple de :

— mettre en relation le vol et l'existence d'ailes,

— distinguer le vol battu (ou ramé) du vol plané,

— comparer les divers types de plumes...

1 Envol ou atterrissage

Avec des élèves du cours élémentaire, l'observation du vol d'un pigeon (ou d'une tourterelle) permet de distinguer les trois phases caractéristiques du vol : **l'envol, le vol** proprement dit (ramé ou plané), **l'atterrissage**. Les résultats peuvent être exprimés oralement ou au moyen de dessins.

L'examen de photographies ou de dessins tels que ceux de la figure 1 permet de retrouver des caractéristiques du vol et de l'atterrissage exprimées précédemment.

2 Qu'est-ce qu'une aile ?

• **L'aile de la chauve-souris** est beaucoup plus simple que celle de l'oiseau et son principe de fonctionnement plus facile à percevoir. Il est donc préférable de l'étudier en premier. Les élèves peuvent, à partir d'une photographie, sur du papier calque, tracer les contours du corps et de l'aile, mettre correctement les légendes. Au cours de l'entretien qui suit, les notions essentielles concernant l'organisation de ce membre sont dégagées :

— l'aile est une membrane très fine, étendue entre le corps, le bras et de longs doigts analogues à des baleines de parapluie ;

— la membrane, extrêmement fine, est à la fois légère et imperméable à l'air.

L'aile de la chauve-souris est un membre antérieur qui a un même plan d'organisation que celui des autres vertébrés (avec des doigts très allongés).

• **L'aile de tous les oiseaux** est organisée de la même façon : une vingtaine de grandes plumes fixées sur un membre antérieur relativement court qui se replie aisément.

Des dessins comme ceux de la figure 7 sont nécessaires pour permettre une comparaison précise entre l'aile d'oiseau et l'aile de chauve-souris.

3 Toutes sortes de plumes

Lorsque vous demandez à des enfants d'apporter en classe des plumes d'oiseau, vous obtenez généralement de grandes plumes des ailes ou de la queue, beaucoup plus rarement des plumes qui recouvrent tout le corps.

Quand on dispose du matériel, il est intéressant de comparer les trois types de plumes (grandes plumes, petites plumes et duvet) en précisant les ressemblances et les différences : hampe plus ou moins longue, barbes dont les barbules sont libres ou fixées les unes aux autres par de petits crochets (fig. 6)...

• **L'observation au faible grossissement du microscope** révèle que les barbules qui constituent la plume de l'oiseau sont reliées entre elles par de petits crochets et fonctionnent à la manière d'une "fermeture éclair" ou du "velcro". Les enfants peuvent comprendre ce fonctionnement en isolant des barbules les unes des autres, c'est-à-dire en les décrochant ; ils les raccrochent ensuite en lissant la plume de la base au sommet.

L'oiseau répare aisément, en la lissant avec son bec, une plume dont les barbules se sont désolidarisées sous un choc. Au contraire, une déchirure de la membrane alaire de chauve-souris demande une longue cicatrisation.

• **Plusieurs propriétés** des grandes plumes sont intéressantes à mettre en évidence.

— **La rigidité :** elle est assurée par la hampe, tube creux particulièrement résistant. Chez la chauve-souris, cette rigidité était assurée par les baguettes osseuses des longs doigts.

— **L'imperméabilité à l'air :** On ne parvient pas à éteindre une bougie en soufflant à travers une grande plume, sauf si, sous la violence du souffle, quelques barbules se sont décrochées.

— **L'imperméabilité à l'eau :** Une goutte d'eau déposée sur une plume roule et ne la traverse pas. L'imperméabilité, due à la substance et à la structure de la plume, est renforcée par un liquide gras dont l'oiseau imprègne régulièrement son plumage ; ce liquide est produit par une glande située à la base de la queue.

NOTIONS VISÉES

à l'école élémentaire

- Les animaux capables de voler peuvent atteindre des endroits inaccessibles aux autres animaux.

- Tous les animaux qui volent (oiseaux, chauves-souris, insectes) ont des ailes. Grâce à leur grande surface, les **ailes**, étalées pendant le vol, soutiennent l'animal en l'air.

- Les animaux vertébrés qui volent ont leurs membres antérieurs transformés en ailes. L'aile des oiseaux et celle des chauves-souris représentent deux modes d'**adaptation** différents d'un même organe à une même fonction.

- Il existe de nombreux autres caractères d'adaptation au vol (légèreté du corps, musculature puissante...).

- **Mots clés**
vol, atterrissage, aile, plume, adaptation.

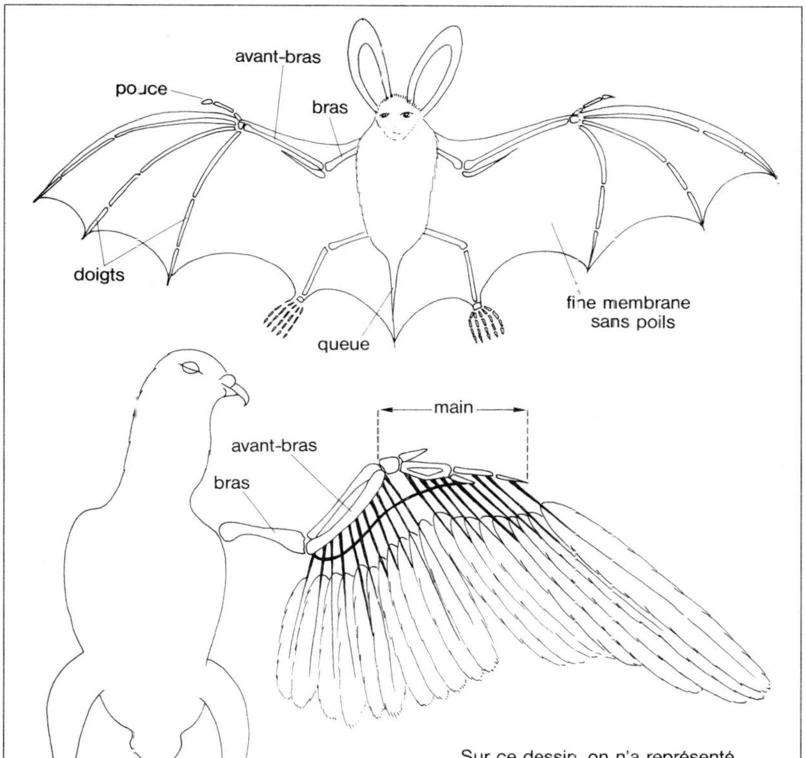

Sur ce dessin, on n'a représenté que les grandes plumes de l'aile.

FIG. 7

Mettre en parallèle une aile d'oiseau et une aile de chauve-souris afin de faire apparaître deux types de structures assurant une même fonction (le vol) est un exercice intéressant pour des élèves du cours élémentaire.

Extrait de *Cahier d'activités CE2, Biologie.*

5 Os et muscles, organes du mouvement

Le sujet **"rôle des os, des muscles et des organes sensoriels"** figure au programme du Cours Moyen. A cet âge, les enfants savent tous qu'il y a des "os" dans leur corps, mais en général ils dessinent des os épars dans tout le corps sans articulations entre eux. De même ils connaissent tous le mot "muscle", mais ils sont très surpris si on leur dit que lorsqu'ils mangent du lapin ou du poulet, ils mangent les muscles de ces animaux. Un beefsteak est coupé dans un muscle d'une vache. On constate par ailleurs qu'ils ne connaissent pas non plus le rôle des muscles. Pour eux, "la viande ça sert à tenir les os".

Pour comprendre comment se font les mouvements du corps, il est nécessaire de connaître le rôle des os et des muscles : c'est facile à la condition de se limiter aux notions essentielles.

1 INFORMATIONS UTILES POUR L'ENSEIGNANT

1 Des pièces rigides

Le **squelette**, charpente du corps, est constitué de 208 pièces rigides : les **os**. Le squelette donne au corps sa forme générale.

Il soutient les organes internes. Il protège les centres nerveux : l'encéphale est logé dans la boîte crânienne, la moelle épinière est logée dans le canal rachidien (cavité qui résulte de l'empilement des vertèbres les unes sur les autres), mais surtout, le squelette forme avec les muscles l'**appareil du mouvement**.

2 Les articulations

On appelle **articulations** les dispositifs qui unissent deux (ou plusieurs) os entre eux. On distingue trois cas :

— Les **articulations fixes**. Exemple : les os du crâne qui ne peuvent se déplacer les uns par rapport aux autres.

— Les **articulations semi-mobiles**. Exemple : les vertèbres reposent les unes sur les autres par l'intermédiaire de disques vertébraux. Elles ont de ce fait, entre elles, une très légère mobilité qui donne à la colonne vertébrale sa souplesse.

— Les **articulations mobiles** permettent des mouvements étendus. Seuls les os des membres peuvent se mouvoir amplement les uns par rapport aux autres. L'articulation de la hanche et celle de l'épaule permettent, grâce à la forme des os qui s'emboîtent, des mouvements étendus dans tous les sens. D'autres articulations au contraire (genou, coude, poignet, doigt) ne permettent que des mouvements dans un seul plan. La figure 1 montre, au niveau d'une articulation, la présence de **cartilage articulaire** lisse qui facilite les glissements, d'un liquide huileux (la **synovie**), et des **ligaments** élastiques qui empêchent les deux os de se séparer (les enfants pensent que c'est la "viande" – les muscles – qui tient les os entre eux).

3 Les os sont vivants

On distingue, d'après leur forme, trois sortes d'os : les os longs (os des membres), les os plats (os du crâne, côtes), les os courts (vertèbres, rotule, os de la paume de la main...).

• **Quelle que soit leur forme,** à cause de leur dureté, de leur rigidité et de leur résistance à la décomposition (le squelette subsiste seul après la mort), les os donnent

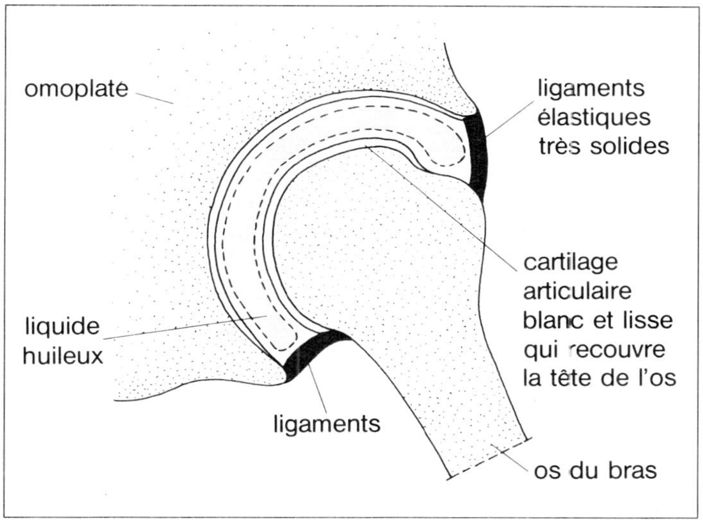

FIG. 1

Les parties des deux os en regard ont des formes adaptées l'une à l'autre ; elles sont recouvertes de **cartilage,** et entre ces surfaces lisses se trouve un **liquide huileux** qui facilite les déplacements. Les deux os sont solidement attachés l'un à l'autre par des **ligaments.**

Extrait de *Cahier d'activités CM1, Biologie.*

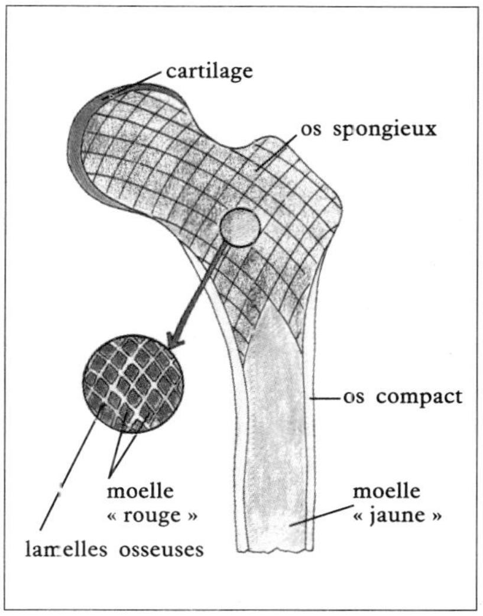

FIG. 2

Coupe schématique d'un os long.

Extrait de *Sciences et technologie, CM.*

1 *Les os grandissent*

Voici, à la même échelle, deux radiographies de jambe : celle d'un enfant et celle d'un adulte.

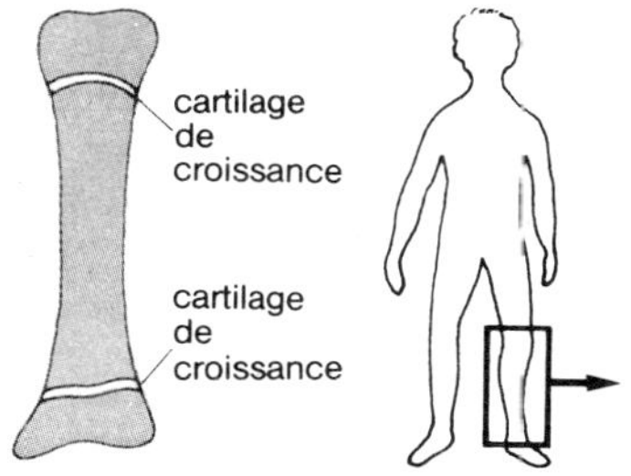

- L'os dessiné ci-dessus est-il celui d'un enfant ou celui d'un adulte ?

  ....

- A quoi voit-on qu'une radiographie est celle d'un adulte ?

  ....

  ....

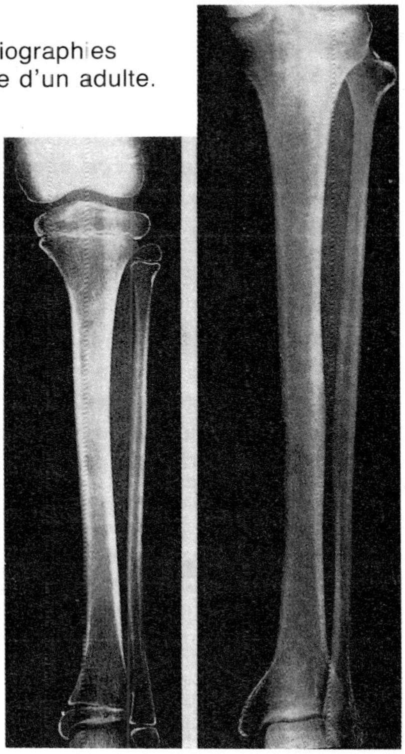

FIG. 3

La croissance en longueur d'un os est le résultat du fonctionnement des cartilages de croissance (ne pas confondre avec cartilage articulaire). Quand les cartilages de croissance disparaissent, la croissance de l'os est terminée.

Extrait de *Cahier d'activités CM1, Biologie*

l'impression d'être inertes. Ce sont pourtant des organes bien vivants capables de **grandir,** (c'est la croissance des os qui commande celle de tout le corps) et de se **réparer** en cas de fracture. Le tissu osseux est d'ailleurs en perpétuel remaniement.

L'observation au microscope montre que, même dans de l'os compact, il y a :

— de nombreuses **cellules osseuses vivantes** étoilées, reliées entre elles bien qu'elles soient séparées et emprisonnées par une matière dure ;

— de nombreux **vaisseaux sanguins** qui pénètrent dans l'os par des "trous nourriciers".

La **moelle rouge,** présente dans la tête des os longs (fig. 2) et dans les os courts et plats, est le siège d'une intense activité : la formation des globules rouges et des globules blancs.

• **Au point de vue chimique,** la matière intercellulaire inerte de l'os est constituée pour 1/3 d'**osséine** (**matière organique** qui brûle par calcination) et pour 2/3 de **substances minérales** formées de sels minéraux (phosphates et carbonates de chaux). Ce sont les sels minéraux imprégnant l'osséine qui donnent à l'os sa dureté.

4 La croissance des os

• La **croissance en longueur** des os est le résultat du fonctionnement des **cartilages de croissance** (fig. 3) visibles sur des os de jeunes animaux (veau, lapin...) ou sur des radiologies d'enfant.

Chaque cartilage de croissance produit du côté externe du nouveau cartilage alors que du côté interne le cartilage est remplacé par de l'os.

Quand les cartilages cessent de fonctionner, l'os ne s'allonge plus et la croissance est terminée (entre 18 et 20 ans chez l'homme).

• **La croissance en diamètre** résulte du fonctionnement du **périoste** comme le démontre un certain nombre d'expériences. Le **cal osseux,** visible sur une radiographie quelques semaines après une fracture, est l'œuvre du périoste.

5 Brèves descriptions du squelette

Les activités réalisées à l'école élémentaire sur les os et les muscles n'ont pas pour objectifs d'apprendre les mots tels que fémur, humérus etc... Il est plus facile de parler de l'os de la cuisse, de l'os du bras... Cependant, les médecins parlent de fracture du tibia, du cubitus... La figure 7 permet à l'enseignant de retrouver ces mots.

Signalons pour information complémentaire que :

— La tête comprend 22 os (8 pour le crâne, 14 pour la face) dont un seul est mobile, le maxillaire inférieur.

— Le tronc est soutenu par la colonne vertébrale constituée de 33 vertèbres empilées et de 12 paires de côtes.

— Les membres, **construits sur le même plan,** comprennent 4 segments dont 3 seulement sont visibles extérieurement. Le premier, non mobile, relie le squelette du membre à celui du tronc.

6 Les muscles

Les os sont des organes vivants mais ils ne peuvent pas eux mêmes faire fonctionner leurs charnières (les articulations). Les organes actifs du mouvement sont les **muscles**.

• **Précisons dès maintenant qu'il existe trois catégories de muscles :**

— Les **muscles rouges** ou **muscles striés** appelés aussi **muscles squelettiques** parce que la plupart sont attachés au squelette ;

— Les **muscles blancs** ou **muscles lisses** appelés aussi **muscles viscéraux** parce qu'ils entrent pour une part importante dans la constitution des viscères (paroi de l'intestin, de l'estomac, de l'utérus...).

— Le **muscle cardiaque** ou **myocarde** constituant le cœur (d'où l'expression : le cœur est un "muscle creux").

Ceux qui nous intéressent ici sont les muscles squelettiques. On en compte 639 dans le corps humain et leur masse totale représente à peu près la moitié de la masse du corps.

• **Les muscles en fuseau**

Sur une patte de lapin, avant la cuisson, on observe la forme des muscles et la façon dont ils sont fixés sur les os. Les extrémités d'un muscle en fuseau sont blanches et dures : ce sont les tendons, fixés sur les os.

• **Muscles de formes particulières**

Tous les muscles ne sont pas fixés sur les os. Ainsi les muscles du visage sont fixés sur les os de la face par l'une de leur extrémité, et sur la peau par l'autre extrémité. Certains muscles ont une forme d'anneau, d'autres de lames plates qui s'étalent en éventail. Le diaphragme constitue une sorte de coupole qui sépare le thorax et l'abdomen.

• **Etude au microscope**

Un muscle est formé de faisceaux de **fibres musculaires**.

La couleur rouge des muscles est due à l'abondance d'hémoglobine musculaire.

Au microscope, chaque fibre est striée horizontalement d'où le nom de "muscle strié".

1 *Un muscle qu'est-ce que c'est ?*

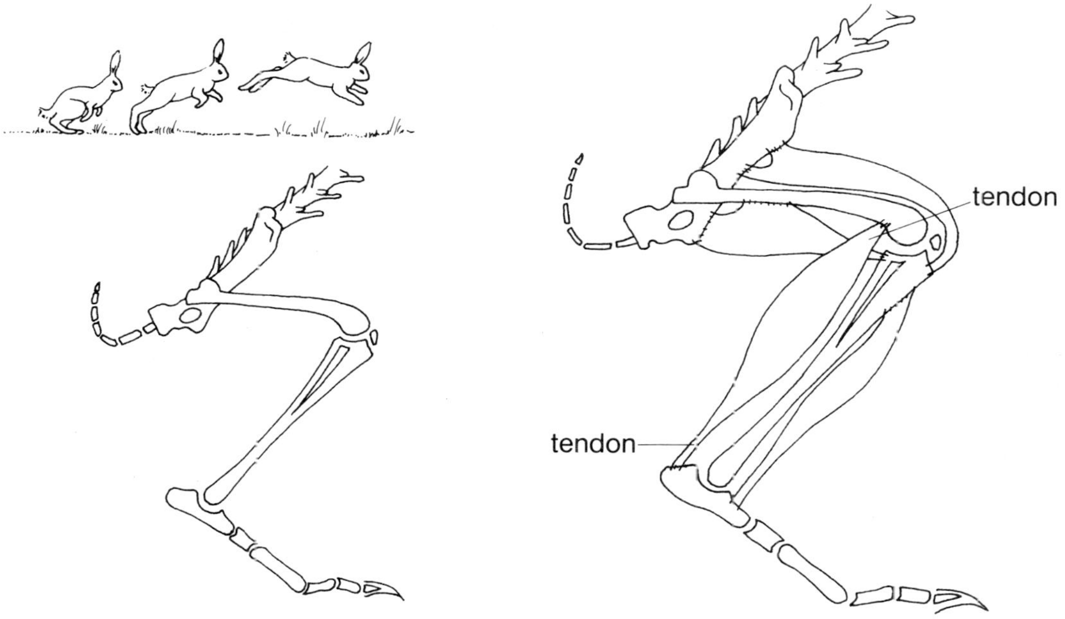

- Sur ces dessins de patte de lapin, colorie les os en jaune et les muscles en rouge.
- Indique par une flèche le sens du mouvement quand le muscle du mollet se contracte (c'est-à-dire se raccourcit).
- Mets un titre à chacun des dessins.
- Explique oralement ce que sont les tendons d'un muscle.

FIG. 4

Document prévu pour les élèves du CM. A quels moments de l'étude peut-il être utilisé ?

Extrait de *Cahier d'activités CM1, Biologie.*

FIG. 5

Ce document peut servir pour évaluer les acquis. Quel questionnaire peut-on prévoir ?

Extrait de *Sciences et technologie, CM.*

7 La contraction musculaire

Lorsqu'il est excité, un muscle se contracte, c'est-à-dire diminue de longueur (il augmente en même temps de diamètre, de sorte que son volume ne change pas). Le mouvement qui en résulte dépend des points d'insertion de ce muscle sur le squelette.

Dans un muscle, chaque fibre musculaire reçoit une ramification d'une fibre nerveuse. Dans l'organisme, ce sont les influx nerveux transmis par cette fibre qui produisent l'excitation.

Les figures 5 et 6 montrent que deux muscles situés au même niveau, mais de part et d'autre de l'os, ont des **actions antagonistes**. Si l'un est fléchisseur, l'autre est extenseur.

8 L'énergie musculaire

Les contractions musculaires produisent du travail (transport d'objets, déplacements du corps) et dégagent de la chaleur (on se réchauffe en courant). Travail et chaleur sont deux formes **d'énergie**. Comme un moteur, le muscle consomme du carburant. Celui du moteur d'automobile est l'essence. Les carburants du muscle sont les **nutriments,** notamment le glucose.

Si le travail n'est pas excessif, les déchets de la combustion sont éliminés ; s'il est trop intense, les déchets s'accumulent et déterminent la **fatigue musculaire**.

Connaissez-vous

LE SENS DE CES MOTS OU EXPRESSIONS

- **articulation mobile, articulation semi-mobile,**
- **cartilage articulaire, cartilage de croissance,**
- **synovie, ligament, tendon,**
- **osséine, périoste, muscles antagonistes**
- **muscles striés, muscles lisses**
- **fibre musculaire**

2 DES ACTIVITÉS PÉDAGOGIQUES POSSIBLES

Au Cours Préparatoire

1 Il peut courir, marcher, sauter

• **Activités**

Découper un personnage (vu de profil) dans une feuille de carton de bristol. Comment lui faire prendre des positions de marche et de course ?

Les enfants doivent couper à certains endroits (genou, talon, hanche pour le membre postérieur) et placer correctement des attaches parisiennes. Quand ce travail est réalisé, on confronte les productions des enfants. A ce stade, on peut même approfondir l'analyse en posant deux questions :

— Quels mouvements nous ne pouvons pas faire et que le bonhomme peut faire ?

— Quels mouvements nous pouvons faire et que le bonhomme ne peut pas faire ?

Par exemple, l'articulation du genou du bonhomme permet des mouvements plus étendus que l'articulation du genou humain. A l'inverse, l'épaule du bonhomme ne fonctionne que dans un plan alors que nous pouvons effectuer à ce niveau des mouvements dans plusieurs plans.

— Placer le bonhomme articulé obtenu précédemment dans différentes positions de marche et de course.

— Reconnaître les différents segments des membres et les nommer.

— Indiquer correctement les noms des articulations.

2 Joue avec tes mains

• **La main est un outil sans cesse sollicité** qui peut tenir une paire de ciseaux, un crayon, une bouteille, qui est capable de jouer du piano, d'enfiler une aiguille... Mais la main est aussi :

— un organe d'information précieux (sens du toucher, sensibilité au froid et au chaud) ;

— un moyen de communiquer avec les autres (les gestes de la main soulignent et précisent les intentions du langage et même parfois remplacent la parole).

Plusieurs éléments d'organisation expliquent une telle richesse de fonctionnement :

— L'existence de doigts **articulés** relativement indépendants les uns des autres ;

— La présence d'un pouce **opposable** aux quatre autres doigts ;

FIG. 6

Qu'appelle-t-on muscles antagonistes ?

Extrait de *Cahier d'activités CM1, Biologie.*

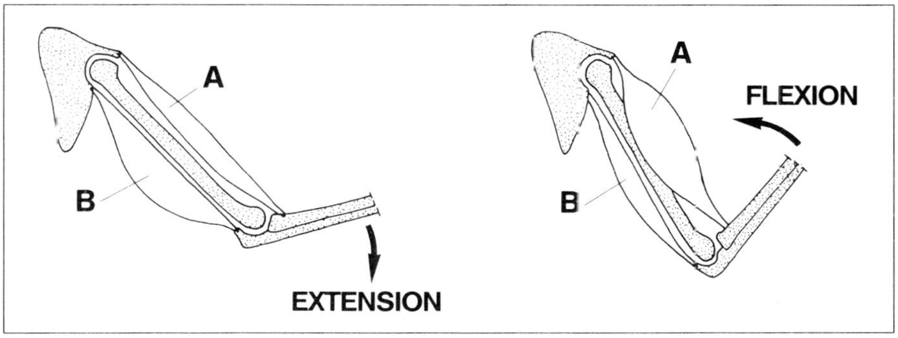

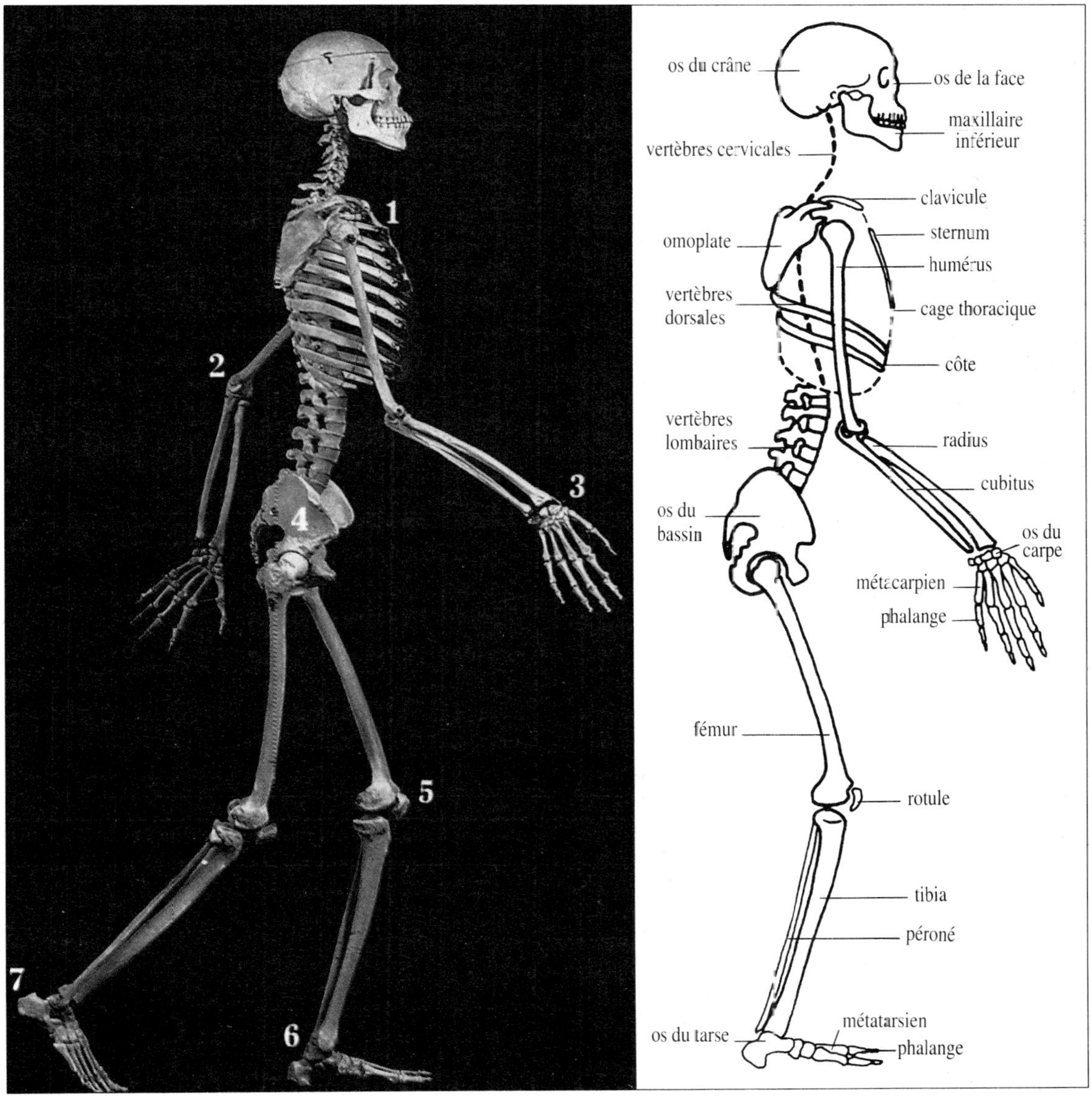

FIG. 7

Le squelette humain comporte 208 os. Chaque os porte un nom. Ces noms sont donnés ici à titre d'information.

— La position de la main **à l'extrémité d'un membre** long, articulé, mobile dans différents plans de l'espace.

Ces notions importantes sont facilement exprimées si l'on propose certaines activités.

— J'ai les doigts raides ;

— Je n'ai plus de pouce (il est bloqué par du ruban adhésif) ;

— J'ai des mains, mais je n'ai plus de bras (le membre est fixé au corps par une ceinture).

Les mains constituent aussi pour les jeunes enfants un repère pour la reconnaissance de la droite et de la gauche et permettent de proposer des exercices pour développer et consolider leur latéralisation.

• On peut aussi **proposer les activités suivantes :**

—Un enfant mime avec les mains des gestes de métiers et les camarades doivent trouver le métier.

— Un enfant ayant les yeux bandés doit reconnaître divers objets à l'aide de ses mains.

— Chaque enfant pose sa main sur une feuille de papier, trace le contour avec un crayon, puis indique par un trait les endroits où "l'on peut plier". Les dessins sont ensuite confrontés.

— Les enfants dessinent leur main droite et leur main gauche et précisent, grâce aux ongles s'il s'agit de l'intérieur ou de l'extérieur, par exemple ils comparent les deux dessins et écrivent "droite" et "gauche" au bon endroit. Ils peuvent en outre réaliser des moulages en plâtre de leur main avec les doigts écartés (pour cela, mélanger dix cuillères de plâtre à dix cuillères d'eau et appuyer la main quand le plâtre commence à durcir) et reconnaître ensuite le moulage de la main droite et celui de la main gauche.

Vous amènerez aussi les enfants à réfléchir à l'importance particulière du pouce en demandant à deux élèves d'exécuter une même série d'actions (ramasser des perles, verser de l'eau d'une bouteille dans un verre, découper une feuille de papier...) dans le temps le plus court possible. L'un des enfants "n'a plus de pouce" (celui-ci est fixé à l'index avec du ruban adhésif) ; l'autre est libre de tous ses mouvements. A la fin du jeu une question essentielle se pose : pourquoi certains mouvements n'ont-ils pu être réalisés avec "la main sans pouce" ?

Il est facile d'imaginer des jeux du même type pour mettre en évidence :

— Le rôle des articulations des doigts ("j'ai les doigts raides") ;

— Le rôle du membre articulé à l'extrémité duquel la main est fixée ("je n'ai pas de bras").

"J'ai les doigts raides"

Proposez à deux enfants de faire un concours de vitesse : qui ira le plus vite pour effectuer une série d'actions ; le premier enfant utilise sa main normalement, le second a des baguettes rigides fixées aux doigts par un ruban adhésif.

"Je n'ai pas de bras"

Immobiliser le bras le long du corps par une ceinture. Certains gestes tels que poser une balle sur une étagère placée en hauteur, ramasser une perle tombée sur le sol... deviennent impossibles.

Au Cours Moyen

1 La marche et la course d'un enfant

L'étude comparée de la marche et de la course fournit une activité plus formatrice que ne l'est l'analyse successive de la marche, puis de la course.

A partir de l'analyse des vignettes et de l'observation de leurs propres mouvements ou de ceux d'un camarade, les enfants peuvent :

• Faire l'inventaire de toutes les différences observables entre la marche et la course : longueur des pas, position des bras, flexion des jambes, corps plus ou moins incliné, contact du pied avec le sol, nombre de pieds qui touchent le sol en même temps (toujours un, parfois deux, dans la marche ; un seul, et par moment aucun, dans la course).

• Réaliser avec du carton bristol la maquette du personnage pour le placer successivement dans les différentes positions présentées sur les vignettes.
• Représenter de façon schématique les images.

La représentation schématique des dessins peut s'envisager de deux façons différentes :

— ou bien vous proposez un mode de schématisation (un rond pour la tête, un simple trait pour le tronc, un trait pour la cuisse...) et les enfants l'utilisent ; l'affichage des dessins au tableau permet de comparer les réalisations (nombre de segments représentés pour le membre, position relative de ces segments...) ;

— ou bien, prenant le problème encore plus en amont, vous ne fournissez pas d'indication et les enfants doivent inventer un mode de schématisation. La confrontation des dessins permet ensuite de discuter des avantages et des inconvénients des divers modes de schématisation employés.

2 A quoi servent les os ?

Au CP, les enfants étudient les mouvements corporels humains et, d'une façon schématique, on peut dire qu'à ce niveau, l'étude ne dépasse pas ce qui se voit extérieurement (au cours de la marche, les membres se plient à certains endroits et pas à d'autres) alors qu'au CM on va chercher à "savoir pourquoi". On découvre ainsi les os (baguettes rigides), les articulations entre les os, les muscles... et leurs rôles dans le mouvement.

Parmi le matériel nécessaire, ne pas oublier des os de pattes postérieures et antérieures de lapin car il est facile de s'en procurer. Il suffit de demander aux élèves de les récupérer sur le bord des assiettes quand ils en mangent. Nettoyés et plongés pendant 12 heures dans un bain d'eau javellisée, ils se gardent indéfiniment.

Activités possibles

- Chercher sur une patte charnue de lapin, pourquoi on peut la plier à certains endroits et pas à d'autres.
- Apporter des radiographies et identifier les os.
- Articuler entre eux les os d'une patte antérieure de lapin et faire un dessin.
- Rechercher différents types d'articulation.
- Faire un schéma de l'articulation.

3 Quel est le rôle des muscles ?

L'observation d'une patte antérieure ou postérieure de lapin permet de découvrir les muscles (forme en fuseau, insertion des os). La comparaison de l'objet réel avec un dessin schématique apporte une aide certaine (fig.4).

On cherche ensuite à comprendre leur rôle, mais il faut donner l'information suivante : quand un muscle se contracte, il diminue de longueur.

On peut demander aux enfants de construire, avec des baguettes en carton, et des attaches parisiennes, une maquette du squelette de la patte, et de placer dessus l'un des quatre muscles de la patte, dessiné sur une feuille de papier, en respectant la forme.

On peut envisager ensuite ce qui se passe quand le muscle se raccourcit (c'est-à-dire quand il se contracte).

4 Les os sont vivants

- Les os se cassent et se réparent

Les élèves qui ont déjà eu une fracture peuvent raconter dans quelles conditions cela s'est passé. Les radiographies qu'ils ont apportées, fixées avec du ruban adhésif sur les vitres de la classe, sont alors examinées.

- Les os grandissent (fig. 3)

La comparaison des radiographies des os de la jambe chez un enfant et chez un adulte montre que les os s'allongent.

L'explication de cette croissance ne peut être découverte par un enfant.

Il faut expliquer que, contrairement aux apparences, le nombre des os n'est pas plus élevé chez un enfant que chez un adulte. Cette impression est due à l'existence des cartilages de croissance au niveau des têtes osseuses : ce sont les zones responsables de la croissance en longueur de l'os.

5 Des rapprochements curieux

Quel que soit leur mode de locomotion, les vertébrés ont des membres présentant un même plan d'organisation. La comparaison des squelettes des membres (fig. 8) permet :

— de rechercher les analogies et en particulier de retrouver les mêmes os dans chaque segment de membre;

— d'identifier les différences de développement de certains os (comparer par exemple le pied de l'homme à celui du cheval);

— de comprendre que ce qu'on appelle habituellement le "genou" du cheval est en fait le poignet pour le membre antérieur et la cheville pour le membre postérieur;

— de préciser à nouveau les différences de point d'appui au sol (ce que les scientifiques expriment en parlant de plantigrade, digitigrade, onguligrade).

Cette notion de plan d'organisation commun est très importante quand on aborde l'étude de l'évolution des vivants. L'existence de ces ressemblances tient au fait que tous ces animaux ont des ancêtres communs.

NOTIONS VISÉES

à l'école élémentaire

Les membres postérieurs et antérieurs de l'homme sont formés de trois **segments articulés** : cuisse, jambe, pied, pour les membres postérieurs, bras, avant-bras, main pour les membres antérieurs.
Les pieds et les mains sont eux-mêmes formés de plusieurs segments.

Les **os** sont des baguettes rigides fixées les unes aux autres par des ligaments très résistants.

Les mouvements possibles au niveau d'une **articulation** dépendent de la forme de celle-ci.

On trouve au niveau de toutes les articulations des dispositifs facilitant le déplacement des os les uns par rapport aux autres (liquide huileux, cartilage lisse, solidité du système de fixation).

Dans le corps, les os sont des **baguettes vivantes** en constant remaniement.

Un os cassé peut se réparer.

Les mouvements résultent de la **contraction des muscles** fixés aux os.

Un mouvement est toujours le résultat de la contraction et du relâchement simultanés de plusieurs muscles.

Mots clés
os, muscle, ligament, tendon, contraction musculaire.

FIG. 8

A première vue, un homme, un lapin, une antilope… ne se ressemblent guère. Cependant, en comparant leur squelette, on découvre de surprenantes ressemblances. Tous ces êtres vivants ont un " air de famille ". Faut-il s'en étonner ? Non, si on se souvient qu'ils ont des ancêtres communs, les premiers mammifères apparus il y a quelques millions d'années.

Extrait de *Cahier d'activités CM2, Biologie.*

2 *Sont-ils différents ?*

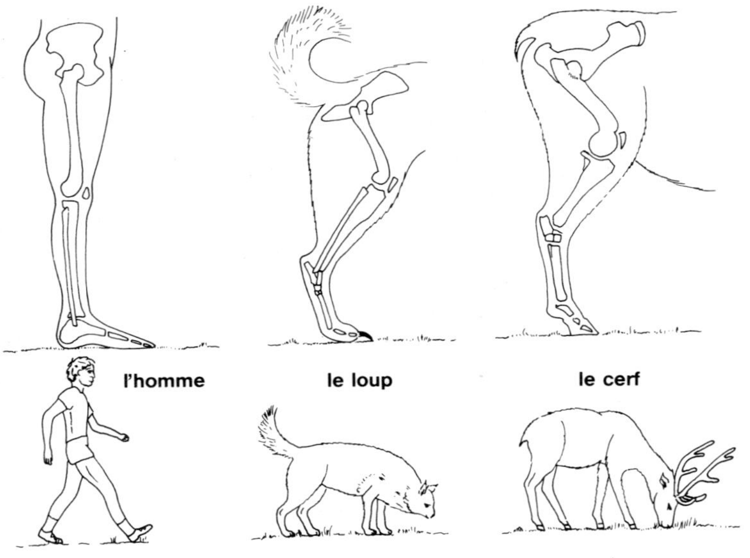

- Dans les trois dessins, colorie les os du bassin en jaune, l'os de la cuisse en bleu, les os de la jambe en vert, les os du pied en marron.
- Indique l'emplacement des articulations : hanche, genou, cheville.
- Parmi ces animaux, lequel a des ongles ? ....

lequel a des griffes ? .... ; lequel a des sabots ? ....

6 Le rôle des organes des sens dans les mouvements du corps

Rouler à bicyclette, jouer au ballon avec un camarade, marcher dans la rue, jouer au ping-pong... sont des exercices apparemment fort simples, pourtant, imaginez vos difficultés si, dans l'une ou l'autre de ces situations, vous aviez les yeux bandés et les oreilles bouchées.

Les informations fournies par les yeux, par les oreilles (dans d'autres situations par le nez, la langue, les mains) sont fondamentales et ont, c'est évident, un rôle capital dans les mouvements. Quels liens y a-t-il entre les organes des sens et les muscles ? Comment fonctionnent les organes des sens ?

1 INFORMATIONS UTILES POUR L'ENSEIGNANT

Comprendre le fonctionnement du système nerveux (fig. 3) en particulier le fonctionnement du cerveau (l'objet le plus complexe de l'univers, disent les **neurophysiologistes**), est un sujet passionnant. Mais nous devons dans cet ouvrage nous limiter à quelques notions fondamentales.

1 Nos moyens de connaître le monde

Nous connaissons le monde dans lequel nous vivons grâce à nos **cinq sens :** la vue, l'ouïe, l'odorat, le goût et le toucher. On appelle **organes des sens** les yeux, les oreilles, les fosses nasales, la langue, la peau (des mains mais aussi celle des pieds, de la joue etc... c'est-à-dire de toute la surface du corps). Il y a donc cinq organes sensoriels. Chacun de ces organes est spécialisé, c'est-à-dire adapté pour recevoir avec le maximum d'efficacité un **stimulus externe** adéquat :

— la **lumière** pour les yeux ;

— les **vibrations sonores** pour les oreilles ;

— les **molécules chimiques** pour les fosses nasales et la langue.

Le "toucher" est plus diversifié. Il comprend plusieurs types de sensibilité : sensibilité au **contact** léger (en palpant un objet avec la main on peut savoir s'il est lisse ou rugueux), sensibilité à la **pression,** sensibilité à la **température** (c'est froid, c'est chaud), sensibilité à la **douleur**. La peau est donc sensible à différents stimulus.

En résumé : l'organisme reçoit de nombreuses informations du milieu dans lequel il vit et le comportement humain dépend largement de ces informations. Ces dernières lui parviennent sous forme de **stimulus visuels** (lumière), de **stimulus chimiques** (substances chimiques transportées par l'air dans l'olfaction, ou déposées au contact des récepteurs situés sur la langue dans la gustation), de **stimulus mécaniques** (vibrations transmises par l'air dans l'audition, variations de pression dans le toucher...).

2 Dans tous les cas, les stimulus externes sont traduits en messages nerveux

• **Les yeux sont nécessaires pour voir, mais ils ne suffisent pas.** La section des nerfs optiques ou la destruction de certaines parties du cerveau rend aveugle même si les yeux sont intacts. Nous voyons grâce à un **ensemble d'organes :** les yeux, les nerfs optiques et le cerveau.

• **Cette information est vraie pour chacun des cinq sens.** La sensibilité consciente (on appelle **sensibilité consciente** le fait de **reconnaître** un son par l'oreille, un objet en le regardant, etc.) fait intervenir l'**organe récepteur,** le **cerveau,** et une liaison nerveuse entre les deux (pour l'instant, disons un **nerf sensitif**).

3 La notion de récepteurs sensoriels

• Les récepteurs sensoriels de la peau

Nous avons dit que la peau est à l'origine de sensations de chaud, de froid, de contact léger, de forte pression, de douleur. Un test de la sensibilité au contact léger peut se faire en déplaçant sur la peau l'extrémité d'un cheveu. En appuyant et en faisant plier le cheveu, on n'exerce aucune pression. La sensation de contact n'apparaît alors qu'en certains points.

Le nombre de ces "points de toucher" varie de 5 à 200 par centimètre carré selon les régions du corps. On en dénombre 135 sur la pulpe des doigts, 5 à 7 sur la partie supérieure des cuisses.

De même, la peau n'est pas uniformément sensible aux variations de température : elle possède des "points de chaud" et des "points de froid" respectivement sensibles au chaud ou au froid.

La sensibilité de la peau est donc **ponctuelle,** c'est-à-dire limitée à des points précis laissant entre eux des espaces insensibles. On reconnaît ainsi des points dits de tact, de pression, de froid, de chaud, topographiquement distincts et ayant des répartitions différentes et très inégales à la surface de la peau.

L'observation microscopique de coupes de peau permet de découvrir pourquoi il en est ainsi et montre l'existence de **récepteurs sensoriels** disséminés dans la peau. Chaque sensation est associée à un type de récepteurs. On distingue aussi des récepteurs sensibles à la pression, des récepteurs sensibles au chaud, d'autres sensibles au froid, des récepteurs sensibles au contact léger, d'autres à la douleur. Chaque récepteur fonctionne de façon autonome. Par exemple, si l'on touche la peau avec un cheveu, **un** récepteur (un seul) peut être stimulé : il donne naissance à des messages nerveux qui sont transmis au cerveau par une **fibre nerveuse** (un nerf est formé de centaines de fibres nerveuses distinctes)

• Et pour les autres organes des sens ?

— **La rétine de l'œil** contient des milliers de récepteurs sensoriels différents (appelés cellules en cône, cellules en bâtonnet).

On distingue trois sortes de récepteurs en cône : les uns sont sensibles à la lumière rouge, les autres à la lumière bleue, les autres à la lumière jaune. Ainsi est assurée la vision des couleurs.

Les cellules en bâtonnet sont des récepteurs sensibles à une très faible intensité lumineuse. Ils permettent une vision en noir et blanc.

— **Dans l'oreille interne, sur la langue, dans les fosses nasales** il y a également des récepteurs sensoriels distincts, excités par des stimulus spécifiques.

Dans tous les cas, l'excitation d'un récepteur fait naître des messages nerveux qui se propagent sur la fibre nerveuse issue du récepteur (fig. 5).

La **vitesse de conduction** des messages nerveux a pu être calculée : elle varie selon les fibres de 1 m/s à 120 m/s.

Par ailleurs :

— les messages nerveux ne prennent naissance que si l'excitation a une intensité suffisante ;

— l'intensité du stimulus est codée par la fréquence des signaux électriques et non par l'amplitude de ceux-ci. Un signal électrique existe ou n'existe pas : c'est la "loi du tout ou rien" ;

— tous les récepteurs sensoriels traduisent les stimulus externes (ou internes quand il s'agit de récepteurs internes) en messages nerveux identiques.

4 Des messages nerveux à la perception

La perception est une activité mentale qui permet d'identifier, de reconnaître, et souvent de désigner ce qui est perçu ("je vois un crayon", "j'entends un air de violon"...).

Elle a lieu dans le cerveau, faisant intervenir la mémoire. Il va de soi que ni la lumière, ni les vibrations de l'air ne sont transmises au cerveau. Que se passe-t-il ?

Dans un organe des sens, le stimulus externe adéquat donne naissance à des **signaux électriques** appelés **messages nerveux** (ou influx nerveux). Ces derniers sont conduits au cerveau par les fibres nerveuses sensitives.

Chaque perception (tactile, ou visuelle ou auditive...) fait intervenir deux zones distinctes du cerveau :

— **l'aire de projection** qui correspond aux points d'arrivée des messages nerveux dans l'écorce grise cérébrale ;

— **l'aire d'association** au voisinage de la précédente. Par exemple pour la sensibilité tactile, une lésion qui affecte une région précise de l'aire de projection sensitive supprime totalement la sensibilité de telle ou telle partie du corps. Toutefois, des lésions de l'aire d'association ne suppriment pas la sensation : le malade ne peut plus reconnaître un objet par le toucher, bien qu'il le sente et puisse même en décrire les qualités. S'il voit l'objet, il le reconnaît aussitôt.

5 Des messages nerveux aux mouvements

Lorsqu'un individu roule à bicyclette, son cerveau, mais aussi les autres centres nerveux (bulbe rachidien, cervelet...) :

— **reçoivent des messages nerveux** qui proviennent des différents organes des sens (mais aussi de nombreux récepteurs profonds sensibles à la tension des muscles, à la pression sanguine, etc.) ;

1 *Tu reçois des informations variées*

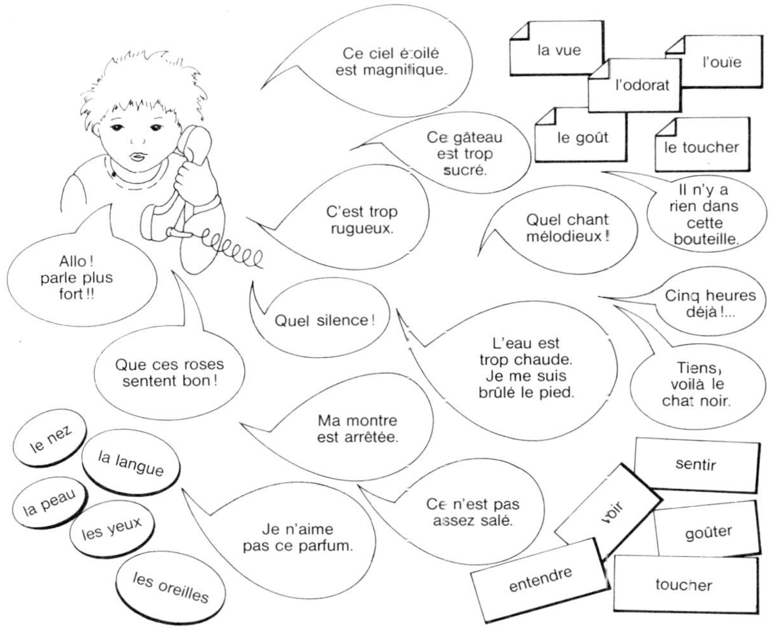

- En utilisant un codage de couleur à ta convenance, associe ces diverses étiquettes pour former cinq ensembles.

FIG. 1

Un document destiné aux élèves du CM. Quelles activités pourraient précéder son utilisation ?

Extrait de *Cahier d'activités CM1, Biologie.*

2 *Compose les menus de la journée*

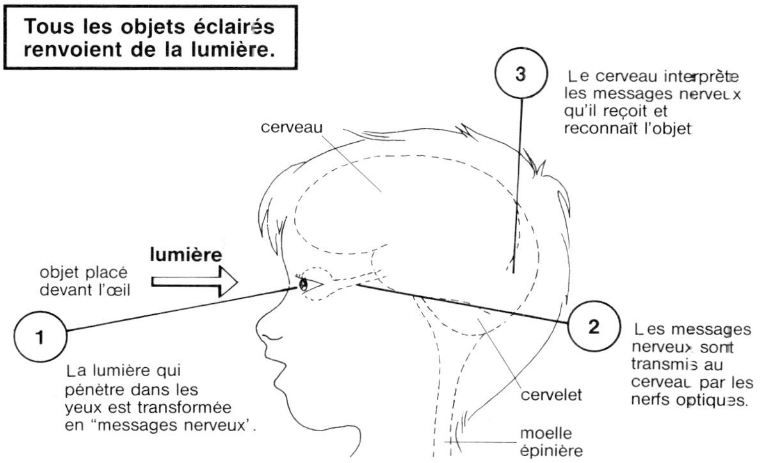

- **Vrai ou faux ?**
  - la section des deux nerfs optiques rend aveugle. ☐
  - la destruction accidentelle du cerveau rend aveugle .... ☐
  - les oreilles transforment les sons en messages nerveux .... ☐
  - la lumière est le stimulant normal de l'oreille .... ☐

FIG. 2

Les yeux sont nécessaires pour voir mais ils ne suffisent pas. Pour voir, il faut tout un ensemble d'organes : les yeux, les nerfs optiques (qui conduisent les messages nerveux nés dans les yeux), le cerveau (qui interprète ces messages). Tous les organes des sens fonctionnent de façon analogue.

Extrait de *Cahier d'activités CM1, Biologie.*

— **élaborent les réponses motrices** en envoyant des messages nerveux aux muscles.

Ceci revient à dire que les messages nerveux ne sont pas purement et simplement conduits des organes des sens aux muscles. Les centres nerveux tiennent compte dans leur réponse des expériences antérieures (mémoire), de tous les stimulus internes et de l'ensemble des stimulus externes.

6 Mouvements volontaires et mouvements réflexes

On peut distinguer plusieurs types de réactions aux stimulations de l'environnement : des réflexes innés, des réflexes acquis, des réflexes volontaires.

• **Un mouvement volontaire** est précédé d'une intention d'exécuter le mouvement : l'individu décide volontairement d'effectuer certains gestes, à un moment choisi par lui, et il est capable de les interrompre.

Par contre, les **mouvements involontaires** (appelés **mouvements réflexes**) ont lieu sans intention de les exécuter. Dans certains cas, la distinction entre ces deux types de mouvements est délicate, car la décision de réaliser telle ou telle action déclenche souvent une succession de mouvements automatiques.

Parmi les mouvements involontaires, on distingue les réflexes innés et les réflexes acquis.

• **Les réflexes innés** ou absolus existent chez tous les êtres humains, sans apprentissage. Ils sont prévisibles, immuables, fixés héréditairement (ils sont donc caractéristiques de l'espèce) et liés à un stimulus déterminé.

A titre d'exemples :

— Si le médecin frappe d'un coup sec avec son marteau en un point précis au-dessous de la rotule, il provoque un mouvement involontaire d'extension de la jambe : c'est le réflexe rotulien.

— On pleure sans le vouloir, quand on épluche un oignon. Cette sécrétion de larmes est la conséquence de l'irritation de la conjonctive de l'œil par des substances volatiles libérées par les cellules lésées du bulbe d'oignon.

Il existe une très grande diversité de réflexes innés : les paupières se baissent rapidement si un objet s'approche brusquement des yeux ; la main se retire si elle touche un objet brûlant ; la pupille se ferme si la lumière est trop intense... On voit l'importance des réflexes pour écarter un danger venu de l'extérieur. Mais, pour donner une idée plus exacte de l'importance des réflexes, il faudrait citer les réflexes d'équilibration, les mouvements respiratoires, la régulation réflexe de l'activité cardiaque, etc. Ainsi les réflexes assurent, **sans intervention du cerveau,** d'importantes fonctions de la vie de relation (relation avec le milieu extérieur) et de la vie végétative (celle qui permet le maintien en vie des organes).

Certains réflexes innés se manifestent dès la naissance (étymologiquement : inné = apporté à la naissance) ; d'autres n'apparaissent que quelques semaines ou quelques mois plus tard.

• **Les réflexes acquis** (ou réflexes conditionnés ou encore conditionnels) résultent d'une éducation ou d'un apprentissage. Ils varient d'un individu à l'autre. Freiner en arrivant près d'un feu rouge au volant de sa voiture, maintenir son équilibre sur une bicyclette et même tendre la main pour saluer un ami sont des réactions le plus souvent **involontaires, provoquées par un stimulus extérieur :** il s'agit encore d'activité réflexe. Mais ces comportements ne sont pas innés. Avant de devenir des "réflexes", ils ont nécessité un apprentissage, véritable conditionnement de l'individu, c'est pourquoi ils sont appelés **réflexes conditionnels**.

L'étude des réflexes conditionnels permet de constater :

— que pour se maintenir, un réflexe conditionnel doit être entretenu ;

— qu'il y a création d'une nouvelle liaison nerveuse fonctionnelle, qui fait intervenir le cerveau.

Les réflexes conditionnels, acquis au cours de l'existence d'un individu, jouent un rôle considérable ; ils permettent l'adaptation au milieu et libèrent le cerveau de certaines tâches.

Le plus souvent, réflexes conditionnels et réflexes innés s'enchaînent et donnent naissance à des comportements automatiques tels que la marche ou l'écriture. Ils exigent donc une coordination complexe assurée par le centre nerveux qui intègre toutes les informations qu'il reçoit.

Remarque. Les mouvements volontaires et les réflexes acquis font intervenir le cerveau. Par contre, le cerveau n'intervient pas dans les réflexes innés (les centres concernés sont selon les cas la moelle épinière, le bulbe rachidien, le cervelet...).

7 Cent milliards de neurones !

Le cerveau, machine à traiter des informations, est un réseau de plusieurs dizaines de milliards de neurones (fig. 4).

— Un neurone est une cellule très spécialisée qui comporte trois parties, les **dendrites,** le **corps cellulaire** et **l'axone**. Les **dendrites** sont des prolongements très ramifiés du corps cellulaire ; l'**axone** est un long prolongement unique qui se termine par l'arborisation terminale. La longueur de l'axone est variable.

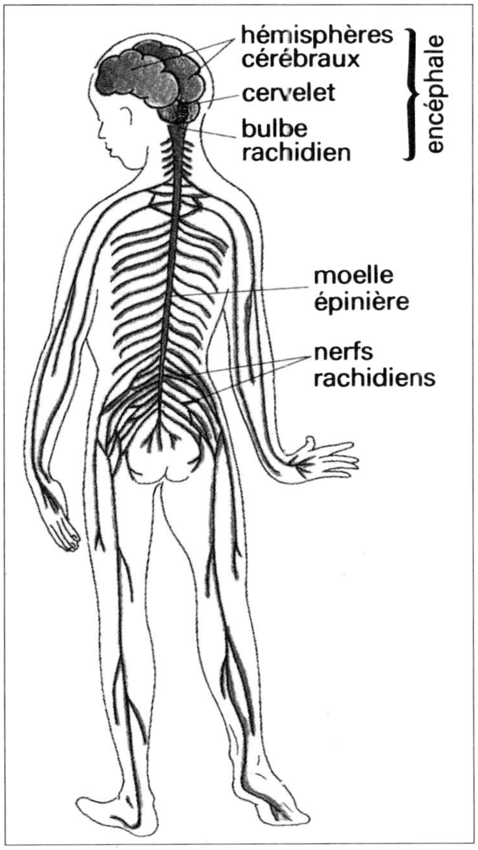

FIG. 3

Définissez, d'après ce schéma général du système nerveux, les mots : encéphale, cerveau, moelle épinière, nerfs crâniens, nerfs rachidiens.

Extrait de *Biologie 3e*.

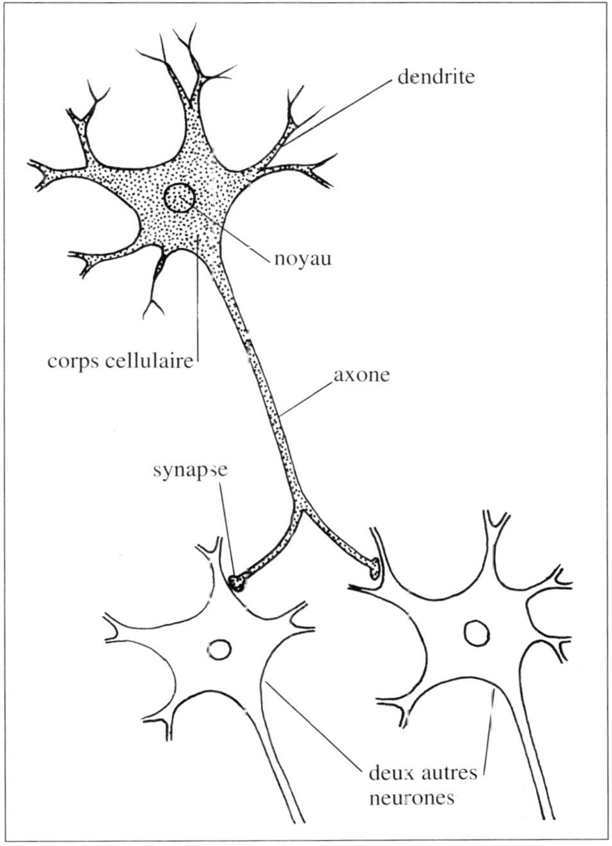

FIG. 4

Le système nerveux est une "machine" à traiter l'information. Il est constitué de cent milliards de cellules semblables à celles-ci (appelées neurones). Un neurone reçoit des informations en provenance de dix mille autres neurones et il peut transmettre des messages à dix mille autres. C'est cette étonnante complexité qui explique le fonctionnement du système nerveux.

Extrait de *Biologie 3e*.

Les phénomènes électriques qui correspondent à la transmission des « messages nerveux » sont de très faible amplitude (il est donc nécessaire de les amplifier) et de très courte durée. Pour les étudier on utilise un système de détection dépourvu d'inertie : l'oscillographe cathodique.

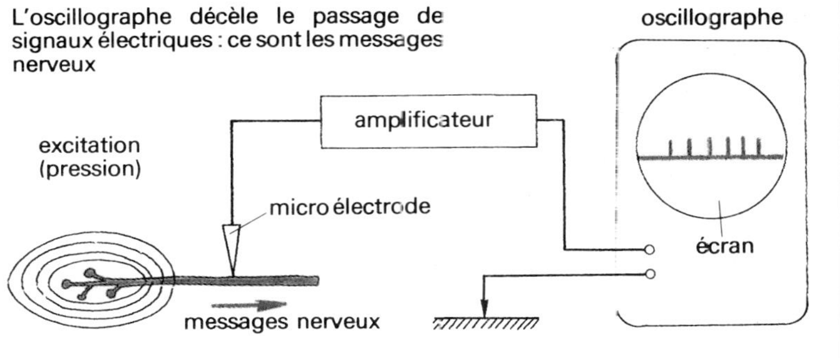

FIG. 5

La stimulation d'un récepteur sensoriel entraîne la naissance d'un message nerveux. Ce message est une manifestation électrique enregistrable, véhiculée par une fibre nerveuse.

Extrait de *Biologie 3e*.

—Les neurones ne sont pas indépendants les uns des autres. Ils établissent entre eux des liaisons et forment des "chaînes de neurones" ou plutôt un fantastique réseau. On appelle **synapse** la jonction entre deux neurones.

Chaque neurone est capable de transmettre les messages nerveux (rappelons qu'il s'agit de signaux électriques) à un autre neurone au niveau d'un contact synaptique. Comment se transmettent les messages nerveux d'un neurone au suivant ? Les messages nerveux déclenchent la libération d'une petite quantité de substance chimique (appelée **médiateur chimique**) qui excite le neurone suivant.

• **Chaque neurone reçoit des messages nerveux** en provenance de dix mille autres neurones et peut transmettre des messages nerveux à 10 000 autres neurones. La fonction d'un neurone est de tenir compte de toutes les informations qu'il reçoit, de les intégrer, de transmettre ou de ne pas transmettre. Chaque neurone additionne tous les effets synaptiques qui lui arrivent. Il en reçoit beaucoup et de deux sortes : des excitateurs qui le rapprochent de son seuil d'activité et des inhibiteurs qui l'en éloignent. Le neurone est donc une **unité de traitement de l'information**.

• **En moyenne, chaque neurone est le siège de 50 signaux électriques** (appelés **potentiel d'action**) à la seconde. Ainsi chaque seconde, cinq milliards de signaux électriques naissent et meurent dans un cerveau humain !

Les informations précédentes sont sommaires. Elles ont pour objet de faire comprendre la complexité du fonctionnement cérébral et pourquoi un enfant de 3 ans sait reconnaître un arbre sur un dessin, ce que ne sait pas faire le plus complexe des ordinateurs.

Connaissez-vous

LE SENS DE CES MOTS OU EXPRESSIONS

- centres nerveux
- cerveau
- encéphale
- organe des sens
- stimulus externe
- sensibilité consciente
- fibre nerveuse
- récepteur sensoriel
- messages nerveux (influx nerveux)
- mouvement volontaire
- mouvement réflexe
- réflexe inné
- réflexe acquis
- neurone
- synapse
- médiateur chimique

2 DES ACTIVITÉS PÉDAGOGIQUES POSSIBLES

1 Au cycle 2

A l'école maternelle, les enfants font beaucoup de jeux sensoriels visant à développer l'usage des différents sens ; ils apprennent divers mots pour exprimer ce qu'ils ressentent (doux, rugueux, froid, lisse, coloré, sonore...).

Cette éducation sensorielle ne s'arrête pas à l'école maternelle, elle doit être complétée et affinée au cours préparatoire.

• **Les exercices que vous proposerez aux enfants** permettront de préciser :

— les organes des sens correspondant aux diverses sensations ;

— l'existence de variations dans la sensibilité (on n'entend plus le tic-tac de la montre si on l'éloigne de l'oreille, on ne voit plus les couleurs dans la pénombre) ;

— les limites de la sensibilité de chacun (certains sont plus sensibles que d'autres à certaines odeurs, à certaines saveurs...) ;

— la possibilité de remplacer partiellement certains organes des sens par d'autres ("je reconnais une règle ou un cahier même avec les yeux bandés...").

• **C'est par le jeu** que vous ferez découvrir le rôle des différents sens. Un enfant qui a les yeux bandés est placé dans diverses situations ; il doit successivement :

— identifier un objet placé devant lui ; il utilise alors ses mains (toucher) ou son nez (odorat) ;

— reconnaître une personne familière, un camarade par exemple, qui entre dans la classe et parle ;

— écouter un disque ou une bande magnétique présentant les cris de divers animaux (ou des bruitages variés) et reconnaître l'animal qui a crié (ou l'objet qui a permis de faire ce bruit).

Privés de l'usage de certains sens, les enfants comprennent qu'ils peuvent partiellement les remplacer par d'autres. Les mains permettent souvent de reconnaître un objet mais pas d'en donner la couleur, seule la vue le permet.

• **Connaissances visées**

— L'homme a cinq sens : la vue, l'ouïe, l'odorat, le goût et le toucher.

— A chaque sens correspond un organe précis (œil, oreille, nez, langue, peau).

— Les organes des sens nous permettent de connaître le monde qui nous entoure.

2 Un autre rôle du cerveau

Si tu bouges un doigt, si tu fermes volontairement tes paupières, si tu remues ton pied droit... tu réalises des mouvements volontaires. Que se passe-t-il ?

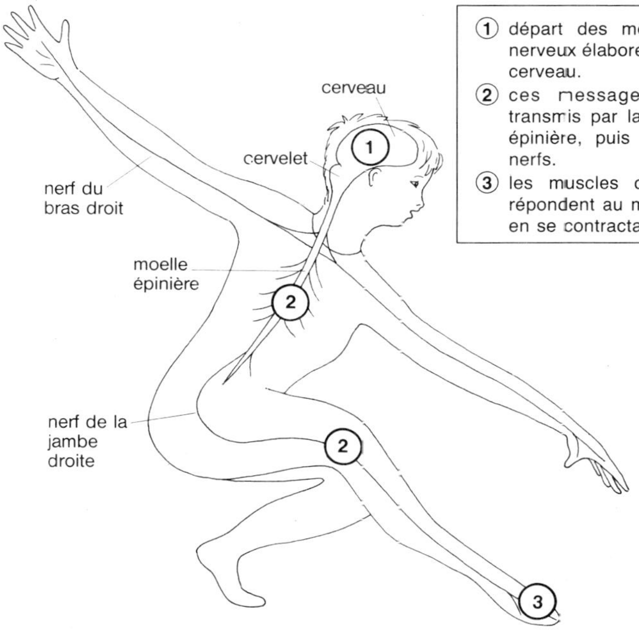

① départ des messages nerveux élaborés par le cerveau.
② ces messages sont transmis par la moelle épinière, puis par les nerfs.
③ les muscles du pied répondent au message en se contractant.

FIG. 6

Du cerveau aux muscles.

Extrait de *Cahier d'activités CM1, Biologie.*

1 Que nous apprennent ces expériences ?

La chouette chasse la nuit les mulots, les campagnols, les souris...

Expérience 1
Une chouette est enfermée dans un local totalement obscur dont le sol est jonché de feuilles mortes. Dès qu'on lâche une souris, la chouette se précipite sur sa victime.

Expérience 2
On renouvelle l'expérience 1 en bouchant les oreilles de la chouette. Elle est alors incapable de capturer la souris.

- La chouette voit-elle dans l'obscurité totale ? ....
- Quel organe des sens utilise-t-elle dans ce cas ? ....
- Pourquoi l'expérimentateur a-t-il mis des feuilles mortes sur le sol ? ....

FIG. 7

Que vois-tu ? Qu'entends-tu ? Un enfant ou un adulte peut répondre à ces questions mais les animaux ne peuvent pas le faire. Pour avoir des réponses, il faut réaliser des expériences.

Extrait de *Cahier d'activités CE2, Biologie.*

2 Au cycle 3

• Nous connaissons le monde grâce à nos cinq sens

Diverses activités, l'utilisation de documents de synthèse (par exemple le doc. 1) sont nécessaires. Des explorations plus poussées sont possibles. Par exemple : ferme l'œil gauche. Que vois-tu en regardant droit devant toi ? Ferme ensuite l'œil droit sans bouger la tête. Vois-tu exactement les mêmes choses ? Représente ces résultats sur un schéma.

• Les yeux sont nécessaires pour voir mais ne suffisent pas. Les enfants connaissent le mot cerveau. Tout en restant très simple, il faut dire que le cerveau est nécessaire pour "voir" (cf. document 2), pour entendre,...

Lorsqu'un enfant du CE fait des manipulations avec des piles, des ampoules, des fils électriques, il constate que l'électricité circule dans les fils. Il n'est pas question d'expliquer ce qu'est l'électricité. Il en est de même pour les "messages nerveux" (ce sont des signaux électriques).

• Et chez les animaux ?

Est-ce que ton chien (ou ton chat ou ton hamster...) sent, voit, entend de la même façon que toi ?

Il est intéressant d'expliquer aux enfants que les scientifiques disposent d'un certain nombre de moyens pour connaître le fonctionnement des organes des sens des animaux : ils réalisent des expériences (fig.7). Ils font des observations au microscope...

NOTIONS VISÉES

à l'école élémentaire

- Nous recevons en permanence, du milieu dans lequel nous vivons, de nombreuses **informations**. Elles sont reçues par les **organes des sens**.
L'homme a cinq sens (la vue, l'ouïe, l'odorat, le goût, le toucher) et cinq organes des sens (les yeux, les oreilles, les fosses nasales, la langue, la peau).

- Les organes des sens interviennent en permanence dans toutes les situations de mouvements. Le **cerveau** recueille tous les messages qui lui parviennent des divers organes des sens et élabore les réponses appropriées.

- Le transport des "messages nerveux" à l'intérieur du corps se fait par les **nerfs**.

- **Mots clés**

organe des sens, nerf, cerveau.

4 UN PEU D'ÉCOLOGIE

1 L'étude d'un milieu

Lorsqu'on parle "d'étude du milieu" en biologie, on pense à l'étude d'une forêt, d'une haie qui borde un chemin, d'un terrain vague, d'une mare, du bord de mer... Il va de soi qu'il faut absolument étudier un tel milieu si une classe en a la possibilité (et nous donnerons dans ce chapitre des suggestions d'activités). La plupart des écoles urbaines n'ont pas cette possibilité. Il faut cependant habituer les enfants à **regarder les êtres vivants dans la nature**. La présence de quelques arbres et arbustes dans la cour de l'école permet déjà des découvertes intéressantes : sur le tronc d'un arbre poussent d'autres plantes (mousses, lichens), certaines feuilles sont perforées (des animaux ont fait ces trous en se nourrissant), des tiges hébergent des pucerons, des fourmis grimpent le long du tronc, des oiseaux se posent sur les branches...L'arbre sert donc de support ou de nourriture à de nombreux êtres vivants, animaux et végétaux. Par ailleurs, les visiteurs ou les pensionnaires de l'arbre peuvent se manger les uns les autres : un oiseau peut se nourrir de la chenille qui dévore les feuilles, une coccinelle mange un puceron qui suce la sève de l'arbre...

Ainsi, la nature n'existe pas seulement à la campagne. Elle est présente aussi dans la ville, mais il faut savoir la découvrir.

Ce chapitre pourrait constituer à lui seul un livre entier, en étudiant l'un après l'autre les différents milieux terrestres (forêts, garrigues, prairies, terrains vagues...) et les différents milieux aquatiques (rivière, mare, bord de mer...), en précisant pour chacun d'eux non seulement ce qu'en savent les scientifiques, mais aussi en fournissant des suggestions concrètes d'activités et des documents de travail (documents de détermination,...) pour les élèves. Ce n'est pas l'objet de ce livre et dans ce chapitre, nous nous limiterons :

— à dégager quelques idées générales et à établir quelques définitions ;

— à poser quelques problèmes écologiques et ainsi à déterminer des directions d'étude applicables dans tous les cas.

1 INFORMATIONS UTILES POUR L'ENSEIGNANT

1 Quelques définitions pour les écologistes

Lorsque les biologistes étudient un milieu, ils emploient souvent le terme d'**écosystème**. Que signifie ce mot ? Un écosystème désigne d'une part, **toutes les espèces animales et végétales** qui habitent un même milieu, d'autre part, **les relations** qu'elles établissent entre elles et avec le milieu.

- **Facteurs abiotiques et facteurs biotiques**

Les écologistes distinguent dans un milieu des **facteurs abiotiques** et des **facteurs biotiques**. Les premiers comprennent les **facteurs climatiques** (température, humidité, éclairement...), les **caractéristiques du sol** (**facteurs édaphiques**), la **composition chimique de l'eau**... Les seconds comprennent les **relations entre les êtres vivants** (prédation, compétition, parasitisme...). Nous étudierons l'action de ces facteurs sur la répartition des êtres vivants dans les chapitres qui suivent.

- **Biotope, biocénose**

Les êtres vivants animaux et végétaux qui peuplent un milieu dépendent non seulement les uns des autres mais aussi des facteurs du milieu. La communauté des organismes, végétaux et animaux, en équilibre entre eux et avec leur milieu commun, forme une biocénose. Si l'une des conditions du milieu est modifiée, la biocénose est transformée. L'habitat de cette biocénose, avec ses différents éléments aussi bien abiotiques que biotiques, prend le nom de biotope.

- **La notion d'écosystème**

Les termes de biocénose et de biotope précédemment définis recouvraient des notions statiques. Une bioce-

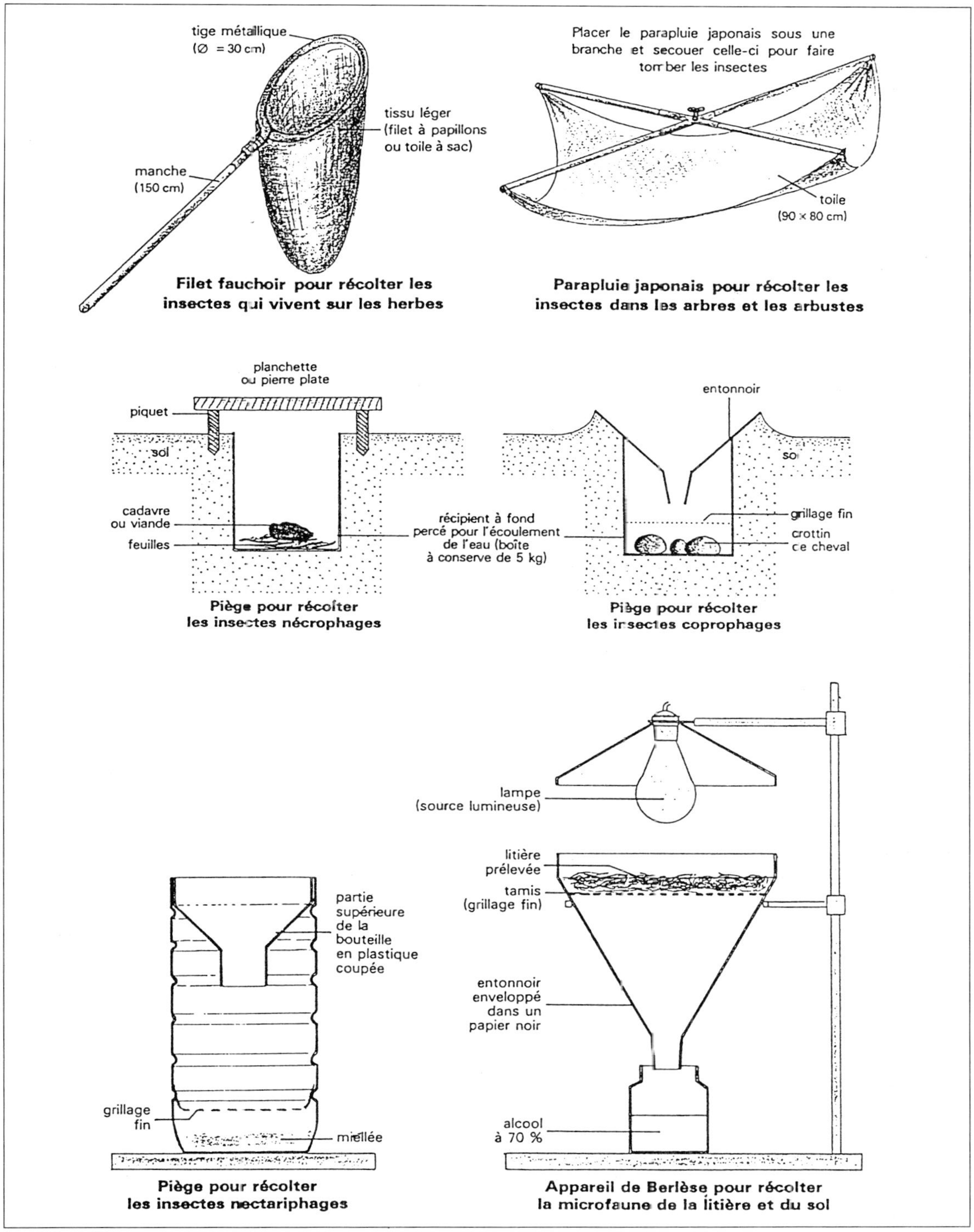

FIG. 1

Il est beaucoup plus difficile de faire l'inventaire de la population animale d'un milieu que de faire celui des espèces végétales présentes. En effet les animaux se déplacent, se cachent, ne sortent parfois qu'à l'obscurité... Pour certains d'entre eux, l'observation directe est cependant possible ; pour d'autres il faut avoir recours à divers procédés de capture, à la recherche de traces, à l'écoute de chants...

Extrait de *Biologie 2de*.

nose et un biotope en fonctionnement forment un écosystème.

écosystème = biotope + biocénose

Un écosystème est un système écologique puisqu'il est composé de l'ensemble des espèces animales et végétales qui habitent un même lieu.

2 Comment étudie-t-on un écosystème ?

Etudier un écosystème revient à préciser :

— **ses éléments constitutifs** (faune, flore, facteurs physico-chimiques),

— **sa structure**, c'est-à-dire la distribution spatiale de ses divers éléments,

— **sa taille** et donc **ses limites**,

— **son fonctionnement**, et en particulier les multiples interactions entre ses éléments.

L'étude complète d'un écosystème doit envisager l'analyse détaillée de tous ces caractères.

Un écosystème peut avoir une taille très variable. Ainsi, on peut envisager :

— **des micro-écosystèmes :** un arbre ou seulement le tronc d'un arbre, une vieille souche, une cuvette de l'étage médiolittoral sur une côte rocheuse,

— **des méso-écosystèmes :** un étang, une prairie, un bois

— **des macro-écosystèmes :** un océan par exemple,

— **une écosphère** même, pour l'ensemble de la planète.

(Les quatre mots précédents ne sont pas à retenir).

3 Quelques conclusions

• **Chaque milieu a un peuplement spécifique**

Pour faire l'étude d'un milieu, il convient d'abord de faire l'inventaire des plantes et des animaux qui l'habitent, c'est-à-dire d'établir son peuplement végétal et animal. Cette étude doit être réalisée de manière qualitative puis quantitative.

• **L'étude du peuplement végétal** est relativement aisée puisque les végétaux sont immobiles et sont immédiatement visibles.

Pour la réaliser, on utilise selon les cas, des méthodes appropriées. Ainsi, la récolte, au hasard des rencontres, des différentes espèces végétales présentes dans un milieu terrestre ne permet pas de connaître avec précision la composition du peuplement végétal. L'approche quantitative nécessite un décompte précis. Pour le réaliser, on peut utiliser la méthode des quadrats (fig. 2).

La comparaison des relevés effectués dans les divers quadrats de la zone étudiée permet de définir la (ou les) **association(s) végétales(s)** caractéristique(s) du peuplement.

Une association végétale est déterminée par une relative homogénéité de la flore en un endroit.

— Il est souvent difficile d'observer et surtout de quantifier la faune des milieux terrestres, bien qu'elle soit dense et variée. Cependant, certains indices, des traces, l'utilisation de pièges ou d'autres moyens de capture... permettent d'en appréhender les caractères.

• **Les êtres vivants sont adaptés aux conditions du milieu**

A l'intérieur même d'un grand milieu (terrestre, d'eau douce ou marin), des subdivisions sont possibles. Les peuplements de la chênaie sessiliflore sont différents de ceux de la garrigue, et ceux du littoral rocheux abrité ne sont pas les mêmes que ceux du littoral rocheux en mode battu.

Donc, à tout milieu particulier, correspond un peuplement précis.

Un milieu donné offre aux êtres vivants qui l'habitent des conditions de vie particulières et chaque espèce présente une organisation en rapport avec ces facteurs du milieu. Voici quelques exemples :

— **Sur une plage sableuse**, les animaux subissent des variations importantes de leurs conditions de vie (sécheresse, variations de température élevées en été, variations de salinité, mobilité du sol sous l'action du vent...) ; à marée basse, la plupart de ces espèces s'enfoncent en profondeur ou trouvent refuge sous les abris de la plage (laisses de mer, bois échoués...).

— **Les plantes d'un sous-bois** sont soumises à des conditions particulières d'éclairement ; celui-ci peut, en région tempérée, descendre à 2% de l'éclairement reçu en terrain découvert ; il peut atteindre 0,1% sous les frondaisons d'une forêt tropicale. Les espèces qui vivent là sont donc capables de s'accommoder d'une luminosité très réduite.

• **Les milieux présentent une organisation dans l'espace**.

C'est **en milieu forestier** que la stratification verticale est la plus marquée (fig. 3). Elle est caractérisée par plusieurs couches horizontales, appelées **strates**, dont cinq sont plus ou moins distinctes suivant la taille des végétaux :

— **Strate arborescente** comprenant les arbres de plus de 10 mètres (chêne...).

— **Strate arbustive** pour les végétaux de 1 à 10 mètres (jeunes chênes, houx...).

— **Strate herbacée** pour les plantes atteignant au maximum 1 mètre (fougère aigle, graminées diverses...).

— **Strate muscinale** pour les mousses, lichens ou champignons.

FIG 2

La méthode des quadrats. L'inventaire des plantes d'un milieu ne se fait pas au hasard. On choisit avant tout une aire minimale de relevé contenant la plupart des espèces présentes dans ce milieu (par exemple, un carré de 10 m de côté. Pour le délimiter : 4 piquets et 40 m de ficelle.)

Extrait de *Biologie 2*[de].

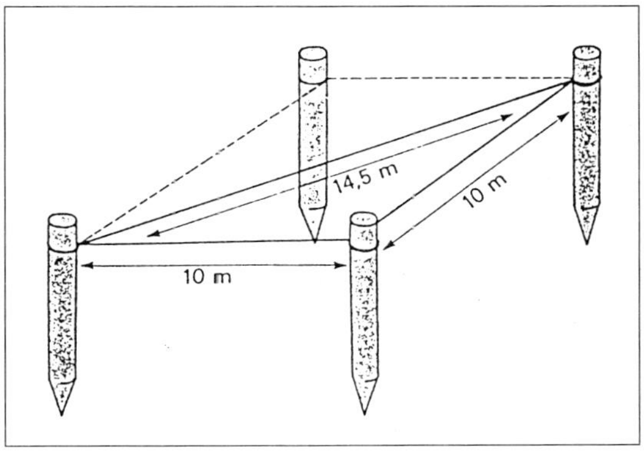

FIG. 3

Une forêt est constituée de plantes de hauteurs très différentes : des arbres de plusieurs mètres de haut, mais aussi des mousses et des lichens de quelques centimètres de hauteur. On distingue ainsi plusieurs couches horizontales de végétaux appelées strates.

Extrait de *Biologie 2*[de].

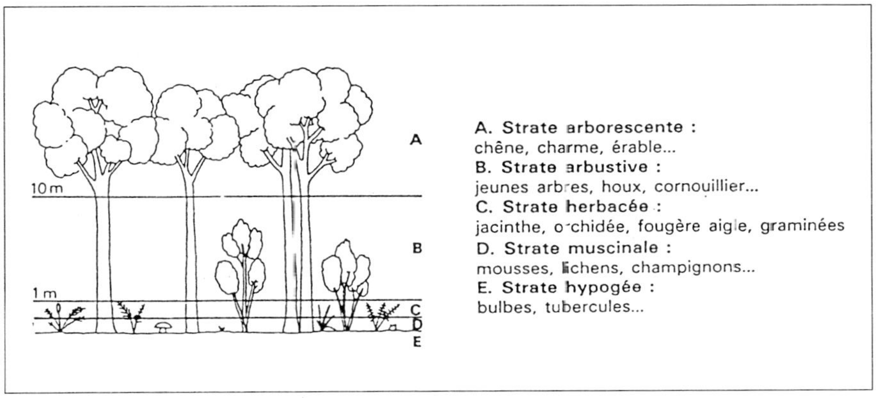

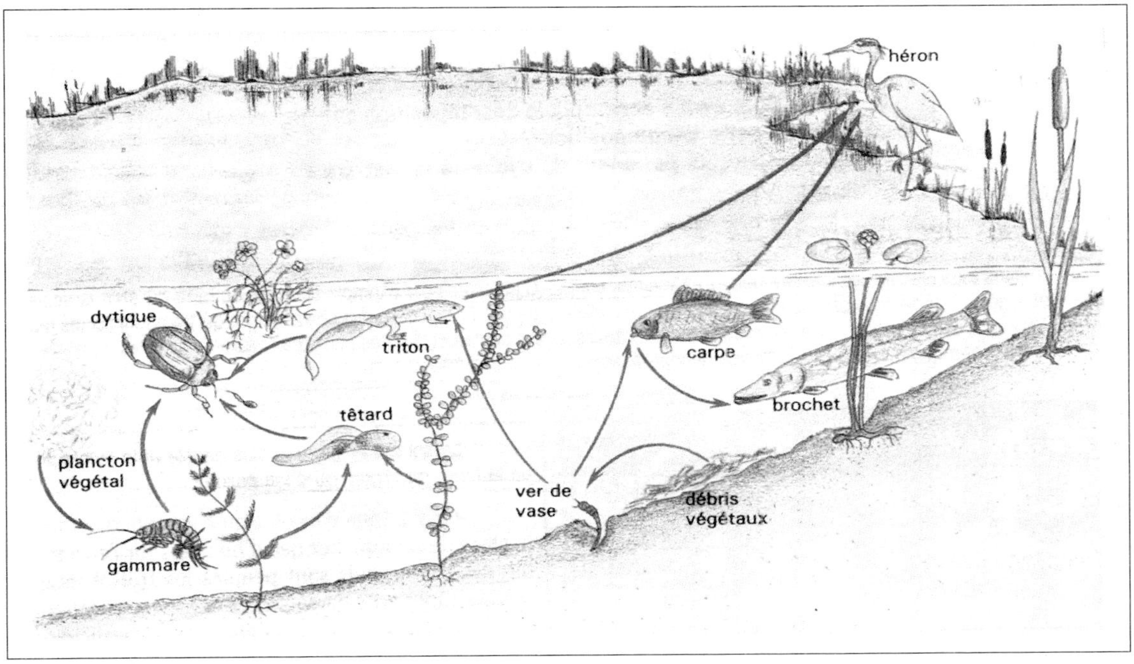

FIG. 4

Les relations trophiques dans un milieu aquatique.

Extrait de *Biologie 5*[e].

— **Strate hypogée** ou souterraine pour les racines et autres parties souterraines (bulbes, tubercules...).

La zonation des algues sur le littoral rocheux (fig. 5), la répartition des animaux fouisseurs dans un sol vaseux sont autant d'exemples de la structuration spatiale d'un milieu.

Une telle organisation n'est pas fortuite, elle est liée aux conditions du milieu (qui diffèrent selon la localisation) et aux interactions multiples entre les individus qui l'habitent.

• **Les milieux présentent une organisation fonctionnelle**.

Dans tout peuplement, l'existence d'interactions entre individus ou entre espèces est une évidence. Les relations trophiques, fondées sur les rapports alimentaires, sont les plus aisées à identifier et les exemples observés lors de l'étude des différents milieux sont nombreux. Mais l'interactivité dans un milieu ne se limite pas aux seuls rapports alimentaires. Les soins prodigués aux jeunes par les parents, la pollinisation des fleurs assurée par des insectes, la compétition entre végétaux vis-à-vis de la lumière, les phénomènes de vie sociale... sont autant d'exemples de relations des organismes entre eux ou avec leur environnement.

• **Faire de l'écologie, c'est quoi ?**

Faire de l'écologie, c'est avant tout **mieux connaître les écosystèmes**. Cette science est donc en premier lieu **analytique** (l'étude des peuplements, la détermination des facteurs physico-chimiques doivent être menées avec le plus grand soin). Cette analyse doit être associée à une réelle **synthèse** qui fait apparaître non seulement l'**organisation spatiale et temporelle** de l'écosystème, mais aussi le caractère fugitif des équilibres observés et leur extrême fragilité. La dynamique des systèmes écologiques pourra alors être prise en compte tant au plan des considérations théoriques qu'à celui des applications, qu'il s'agisse de **conservation**, de **gestion** ou **d'exploitation** de populations ou d'écosystèmes.

Connaissez-vous

LE SENS DE CES MOTS OU EXPRESSIONS

- écosystème
- facteurs abiotiques
- facteurs biotiques
- peuplement
- association végétale
- relations trophiques

2 DES ACTIVITÉS PÉDAGOGIQUES POSSIBLES

1 Les arbres et arbustes de la cour de l'école

Lorsqu'on explore un milieu, le premier travail consiste à faire l'inventaire des plantes et des animaux qui y vivent.

Avec de jeunes enfants, la détermination exacte n'est pas possible et n'est pas indispensable. Ils peuvent se contenter de chercher combien il y a de plantes différentes. Cependant, il est souhaitable d'initier progressivement les enfants à l'utilisation de critères précis. Un travail sur les feuilles des arbres est, dans ce domaine, à la fois accessible et indispensable, puisqu'il conduit à des connaissances importantes sur le monde des plantes : la notion de **feuille**, de **bourgeon**, de **tige**, mais également la notion d'**espèce** (les feuilles de tous les tilleuls se ressemblent mais sont différentes des feuilles de chêne ou de marronnier).

• **Travaux possibles**.

Il est facile, à l'automne, de proposer des activités riches et intéressantes à partir de feuilles ou de rameaux feuillés apportés par les enfants ou par le maître, ou récoltés dans le jardin de l'école. Un grand nombre de problèmes à résoudre peuvent être envisagés. En voici quelques-uns, dans un ordre non obligatoire.

— Distribuer un lot de vingt feuilles environ appartenant à trois ou quatre espèces d'arbres différents. Demander aux enfants de regrouper les feuilles récoltées sur les arbres de même espèce.

— Distribuer des feuilles récoltées sur des arbres et arbustes de la cour de l'école. Problème à résoudre : sortir dans la cour et déposer au pied de chaque arbre les feuilles qui lui reviennent.

— Distribuer un lot de feuilles d'espèces différentes et chercher plusieurs façons de les regrouper. Les enfants n'inventeront pas la notion de feuille simple et de feuille composée, mais trouveront d'autres critères de classement.

— Donner deux rameaux feuillés différents (par exemple un rameau de lilas et un de tilleul). Problème à résoudre : faire la liste de "ce qui est pareil" (il y a une tige, des feuilles, des bourgeons à la base des feuilles...) et de "ce qui est différent".

— Distribuer un lot d'une dizaine de rameaux feuillés. Les classer en deux groupes : espèces à feuilles simples, espèces à feuilles composées. La signification de ces expressions est précisée au préalable par l'enseignant.

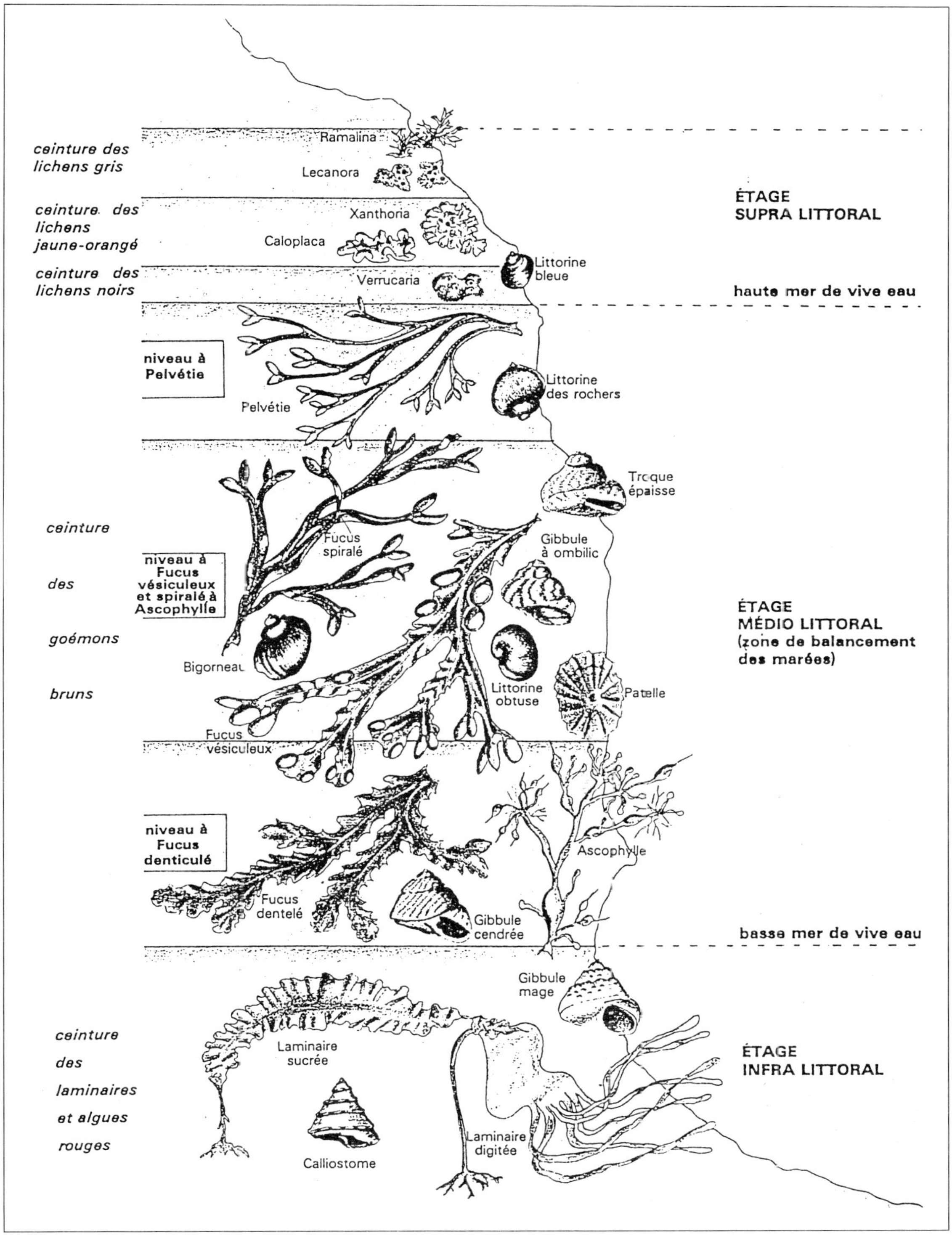

FIG. 5

Sur une côte rocheuse de Bretagne, où l'amplitude des marées est importante et le faciès abrité, la zonation de la végétation (algues et lichens principalement) permet de repérer des étages ayant chacun un peuplement spécifique, facilement identifiable à marée basse. Selon l'endroit où ils se trouvent, les organismes sont soumis à des durées d'émersion très différentes.

Extrait de *Biologie 2*[de].

— Expliquer comment on doit faire sécher les feuilles pour les mettre en herbier ou pour réaliser des panneaux décoratifs.

Réaliser ensuite l'activité.

— Chercher le nom des arbres en utilisant la forme de la feuille. Utiliser pour cela un guide de détermination établi pour les enfants ("Arbre, quel est ton nom ?", Editions Bordas). Pour simplifier, vous pouvez ne proposer, sous pochette plastique, que les pages qui représentent les espèces concernées.

— Détacher les feuilles d'un rameau.Demander aux enfants de résoudre ce problème : fixer la tige sur un carton avec des rubans adhésifs, puis fixer les feuilles en bonne place pour reconstituer le rameau.

— Réaliser, avec des feuilles préalablement séchées, des collages décoratifs ou de la bruine.

2 Les habitants de la forêt

Si vous avez un coin de forêt à proximité de l'école, vous êtes dans une situation privilégiée ; nous vous conseillons alors de prévoir plusieurs sorties au cours de l'année, non seulement pour suivre l'évolution de la forêt au fil des saisons, mais surtout pour échelonner les observations et, chaque fois, monopoliser l'attention des enfants sur un des aspects de ce milieu aux multiples visages. En revanche, si la forêt est assez éloignée de l'école, une seule sortie sera possible. Certaines municipalités mettent un car à la disposition des écoles et offrent à chaque classe une sortie annuelle ; profitez-en mais, dans ce cas, n'attendez pas les dernières semaines de classe, vous perdriez le bénéfice de nombreux travaux qui animeront vos activités scientifiques plusieurs semaines après la sortie. Même une seule sortie d'un après-midi entier permet une exploitation ultérieure très riche.

La sortie peut se faire en n'importe quelle saison ; néanmoins, c'est à l'automne que les enfants semblent être le plus attirés par ce milieu et il est fréquent qu'en début d'année scolaire, ils apportent en classe du matériel récolté au cours de sorties familiales (feuilles, marrons, champignons...). De nombreuses questions sont posées au sujet de ces récoltes ; c'est alors qu'il peut paraître souhaitable de se rendre en forêt avec toute la classe.

• **La sortie en forêt** est en effet l'occasion de découvrir ce milieu vaste, riche et plein d'attraits. Après une approche globale, vous orienterez l'observation vers un inventaire aussi complet que possible des différentes formes vivantes.

Les enfants découvriront ainsi la présence de différents groupes de plantes : arbres, arbustes, plantes herbacées, fougères, mousses, lichens, champignons... Ils rechercheront les traces multiples de la vie animale. De retour en classe, ces découvertes seront avantageusement complétées par un travail sur documents.

• **Travaux possibles :**

Réaliser une exposition sur la forêt :

— différentes plantes,

— mise en élevage de certains animaux (grillons, escargots, cloportes...),

— indices divers (plumes, crottes...)

— moulages d'écorces, etc.

3 Un arbre est un village miniature

Sur le tronc d'un arbre poussent des mousses, des lichens, parfois du lierre... Certaines feuilles sont rognées ou perforées, des insectes grimpent le long du tronc... Si on secoue une branche au-dessus d'un drap étendu, on est surpris par le nombre d'animaux récoltés. Quelles relations y a-t-il entre le lierre et l'arbre, le puceron et l'arbre, etc. ? A certains, il sert seulement de support ; à d'autres, il fournit de "quoi manger".

• **Principaux objectifs**

— L'arbre sert de support et d'abri à de nombreuses plantes et à de nombreux animaux ; il sert de nourriture à certains animaux végétariens et à des plantes parasites (fig. 6)

— Il existe de nombreuses relations entre les habitants de l'arbre.

• **Travaux possibles**

Inventaire des végétaux :

Au cours d'une sortie dans la cour, ou mieux, dans un jardin de l'école, organisez le travail en trois temps :

— Une première récolte libre par groupe.

— Un examen des récoltes, au cours duquel vous ferez préciser les différences entre ce que les enfants appellent les "mousses frisées blanches" (ce sont les lichens) et les "mousses vertes". Fournissez-leur les mots "lichen" et "mousse". Ces premières récoltes sont pauvres. Pour stimuler les recherches, vous pouvez, par exemple, leur montrer une galle ou leur faire observer la poudre verte, c'est-à-dire les algues vertes recouvrant certaines parties des troncs.

— Une recherche plus systématique : chaque groupe doit déterminer combien il y a de sortes de mousses, de lichens, essayer de trouver des galles...

Au cours de l'entretien qui suit cette nouvelle recherche, faites préciser aux élèves ce qui différencie les mousses et les lichens.

Un pied de mousse a toujours une tige, ramifiée ou non, et des feuilles vertes, parfois très petites ; les mousses vivent en "colonies". Les lichens sont des plantes sans tiges, sans feuilles, sans racines ; ils présentent une

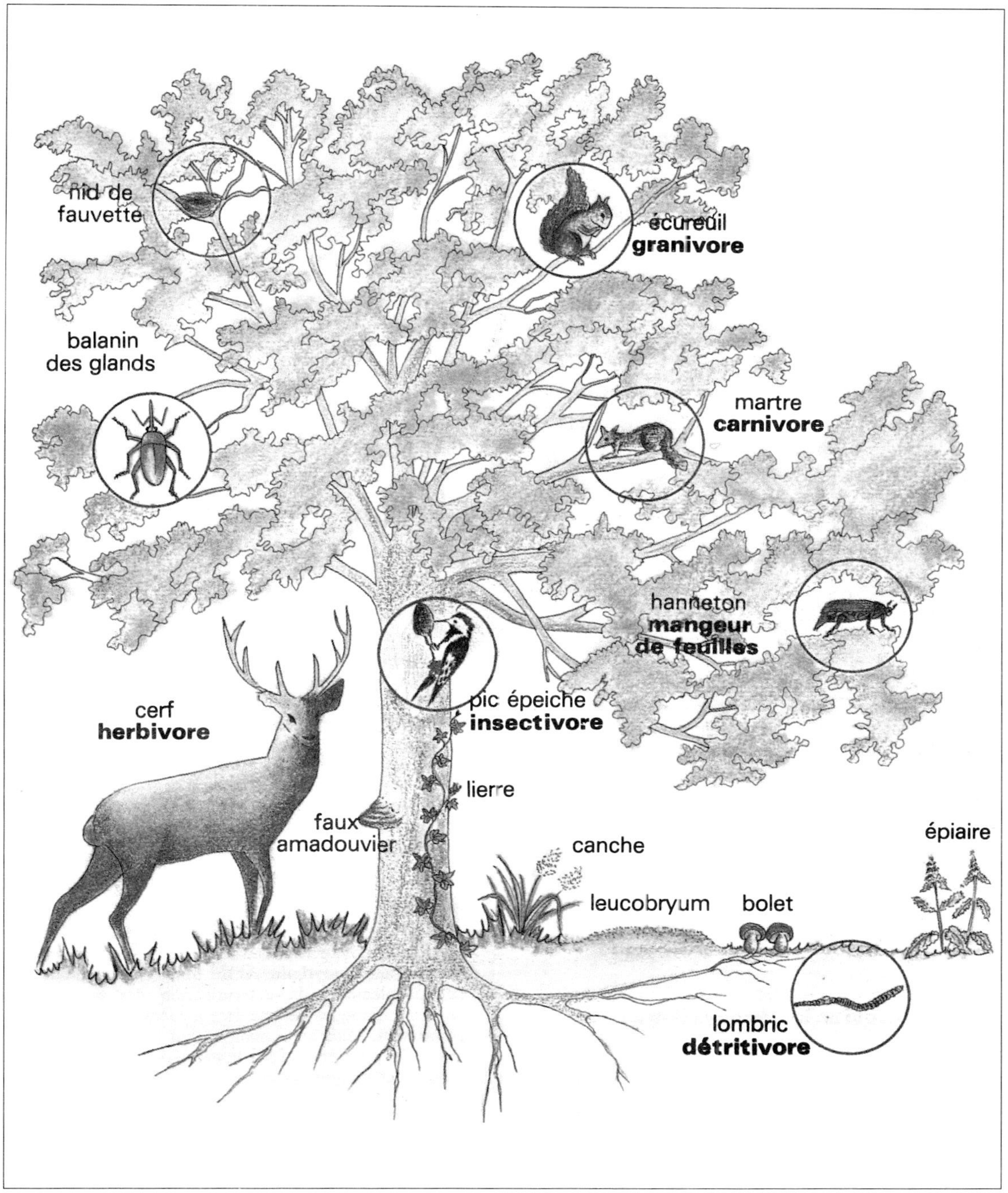

FIG. 6

L'étude des peuplements d'un milieu a montré que les êtres vivants y occupent des places bien définies. Une telle organisation spatiale se retrouve autour d'un individu. Ainsi, le chêne d'une forêt sert de support à de nombreuses espèces animales et végétales. Dans les deux cas, les animaux et plantes du milieu établissent entre eux des relations fonctionnelles nombreuses. Ainsi les glands servent de nourriture à l'écureuil mais celui-ci joue un rôle non négligeable dans leur dispersion ; le pic creuse son nid dans le tronc qui lui fournit par ailleurs les insectes mangeurs de bois dont il se nourrit.

Extrait de *Biologie 2de*.

grande diversité de forme. Trouve-t-on des mousses et des lichens ailleurs que sur les troncs et les branches ? Ils ont une grande diversité d'habitat : troncs, murs, toits, rochers, sol. Mousses et lichens présentent une remarquable résistance à la sécheresse et au froid. En été, ils peuvent supporter des températures très élevées, sur un toit par exemple. Une touffe de mousse, abandonnée sans eau dans la classe, se dessèche ; mais, arrosée quelques semaines plus tard, elle reverdit (c'est la reviviscence des mousses).

Quels rapports existe-t-il entre l'arbre et ses habitants ?

Les **mousses**, les **lichens**, les **algues** sont simplement posés sur l'écorce de l'arbre et ne portent pas préjudice à leur hôte.

Les élèves pensent en général que les galles sont des plantes qui poussent sur les feuilles des arbres. Proposez-leur d'en ouvrir une : elle contient le plus souvent une larve d'insecte. Comment cette larve est-elle venue là ? Que mange-t-elle ? Comment est-elle protégée ?

Parmi les animaux récoltés, certains peuvent être mis en élevage : pucerons, araignées, chenilles, escargots, etc...

4 Tout un monde se cache dans un trou d'eau

Les classes qui ont accès à l'étude d'un **milieu aquatique** d'eau douce (un trou d'eau en forêt, une mare...) sont peu nombreuses. Par ailleurs, l'étude d'un milieu d'eau douce entraîne, quelles que soient les précautions prises, un appauvrissement du milieu, milieu déjà très fragile naturellement.

Si la classe ne peut effectuer une sortie pour explorer un milieu aquatique, il arrive parfois qu'un enfant apporte des animaux, un dytique, des têtards...

Voici, pour ceux qui en ont la possibilité et souhaitent le faire, quelques suggestions d'activités au retour d'une sortie.

Après une sortie au bord d'une mare (ou d'un "trou d'eau" en forêt) et une récolte d'animaux aquatiques, les élèves installent leurs pensionnaires dans les meilleures conditions possibles. On provoquera des recherches autonomes immédiates (individuelles de préférence) en demandant aux enfants :

— de préciser combien ils ont récolté d'animaux différents ;

— de chercher le nom exact de ces animaux dans un livre ;

— de décrire la façon de nager de ces divers animaux (certains se servent de leurs pattes comme rames, d'autres nagent par ondulation du corps...) ;

— d'établir une liste des animaux qui restent à la surface (ou qui remontent régulièrement à la surface) et une liste de ceux qui ne remontent jamais ;

— de chercher à voir quels sont les prédateurs et quels sont les herbivores ;

— d'observer avec attention ces prédateurs pour préciser comment ils découvrent, comment ils capturent, comment ils mangent leurs proies (les vers de vase achetés chez un marchand d'articles de pêche sont mis à la disposition des élèves pour cette recherche).

Quelques jours plus tard, un bilan collectif permet de faire le point des découvertes et de lancer de nouvelles recherches.

NOTIONS VISÉES

à l'école élémentaire

- Dans un **milieu** donné, vivent des plantes et des animaux variés.
- Les êtres vivants d'un même milieu dépendent les uns des autres. Il existe entre eux des **relations alimentaires**. Les animaux se nourrissent en mangeant d'autres êtres vivants (animaux ou plantes). Seules les plantes chlorophylliennes ont un mode de nutrition tout à fait différent. Premier maillon de toutes les chaînes alimentaires, les plantes sont donc absolument nécessaires à la vie des animaux.
- Un milieu **évolue selon les saisons.** Les animaux et les végétaux passent l'hiver de différentes façons (migration, hibernation, chute des feuilles...).
- Les êtres vivants trouvent dans leur environnement les conditions nécessaires à leur vie : nourriture, abri...
- Il existe **différents types de milieux :** forêt, prairie, haie, mare, plage, rivière...

2 La vie au fil des saisons

En automne, la longueur des jours diminue, les premières gelées blanches apparaissent, les feuilles des arbres jaunissent et tombent, des animaux s'en vont, d'autres vont bientôt se cacher pour se mettre à l'abri du froid. Les saisons constituent un repère commode pour structurer le déroulement d'une année. Par ailleurs, établir des relations entre les variations climatiques et les changements observés dans le mode de vie des animaux et des plantes est fort intéressant.

1 INFORMATIONS UTILES POUR L'ENSEIGNANT

1 Les arbres au cours des saisons

Chez les arbres à feuilles caduques (arbres qui perdent leurs feuilles chaque année), la chute des feuilles à l'automne entraîne un arrêt de la nutrition carbonée et de la circulation de la sève. Ces arbres traversent donc l'hiver à l'**état de vie ralentie**. Sur les rameaux, seuls subsistent les bourgeons qui ont grossi au cours de l'été et qui, bien protégés par des écailles coriaces et imperméables, dorment tout l'hiver. Au printemps, c'est l'**éclosion des bourgeons :** ils se gonflent, les écailles s'écartent, libérant la tige miniature qui porte des feuilles ; cette tige s'allonge pendant que les feuilles s'épanouissent.

• **Les arbres ou arbrisseaux** (pin, épicéa, houx, buis...) **qui conservent leurs feuilles en hiver**, connaissent eux aussi un ralentissement important de leur activité durant la saison froide. Pour tous les arbres, la belle saison n'est pas seulement celle de la croissance ; c'est également celle de la reproduction, c'est-à-dire celle de la floraison et de la reproduction des fruits et des graines.

2 Les plantes à bulbes

Un bulbe de jacinthe, planté en automne, reste à l'**état de vie ralentie** pendant l'hiver. Au printemps, une tige feuillée apparaît : elle provient de l'éclosion d'un bourgeon situé au coeur du bulbe protégé par les écailles charnues qui l'entourent. Des réserves servent à nourrir la jeune plante tant que ses racines et ses feuilles ne sont pas suffisamment développées. La croissance de la tige feuillée s'achève par l'éclosion d'une fleur qui produira des graines.

Pendant toute cette phase de vie active, à côté du bulbe qui s'est vidé de ses réserves, s'en développe un autre destiné à le remplacer. Quand ce dernier est complètement constitué, la tige feuillée qui l'a nourri se dessèche et meurt. Ce nouveau bulbe subsiste seul dans le sol et donnera naissance à une nouvelle unité, au printemps suivant. Le bulbe assure ainsi la continuité de la plante d'une année à l'autre. Une plante qui ne meurt pas complètement pendant la mauvaise saison est une **plante vivace**.

3 Pour toutes les plantes : une alternance de vie active et de repos

• **La vie active à la belle saison**

La belle saison est la période pendant laquelle les plantes grandissent et se reproduisent ou se multiplient. Ces activités exigent un apport alimentaire abondant d'abord assuré par les réserves nutritives accumulées l'année précédente (dans le bulbe de la jacinthe, dans le tubercule de la pomme de terre, dans les troncs et les branches...), puis par la nutrition chlorophyllienne quand racines et feuilles sont développées. Il en résulte une véritable **métamorphose de la végétation à la belle saison :** les plantes grandissent alors très rapidement, feuilles et fleurs apparaissent dans un ordre qui varie selon les espèces. Ainsi, certaines plantes, comme le crocus, le forsythia, le pêcher, fleurissent dès la reprise de la vie active avant tout développement des feuilles, alors que d'autres forment d'abord leurs feuilles.

• **Le repos en hiver**

A la période d'activité succède une période d'attente, pendant laquelle les végétaux se protègent du froid hivernal. La plupart abandonnent une partie plus ou moins importante de leurs organes et mettent leurs bourgeons à l'abri des basses températures.

— **Les arbres** perdent pour la plupart leurs feuilles, très sensibles au gel. Leurs bourgeons, particulièrement exposés aux variations de température, s'habillent d'écailles protectrices.

— **Les herbes vivaces** perdent pour la plupart toute leur partie aérienne. Seul subsiste un organe souterrain dont les bourgeons n'ont à supporter que des variations de température très atténuées. Certaines herbes vivaces conservent une rosette de feuilles appliquées sur le sol. Elles sont bien protégées des grands froids lorsqu'un tapis neigeux les isole de l'atmosphère, par exemple en montagne.

— **Les herbes annuelles** disparaissent complètement, après avoir produit leurs graines qui, remarquablement résistantes au froid, traversent **seules** la mauvaise saison.

4 Les saisons rythment la vie des animaux

Pour les animaux, la belle saison signifie une nourriture abondante ; c'est également la période pendant laquelle la plupart se reproduisent. A l'approche de la mauvaise saison, les changements du climat et de la végétation les amènent à modifier leur comportement, c'est-à-dire leur façon de vivre.

A cet égard, rappelons que l'on distingue au point de vue de leur température interne, deux groupes d'animaux :

— **les oiseaux et les mammifères**, animaux à "sang chaud", c'est-à-dire qui gardent une **température constante** quelle que soit la température extérieure. On les appelle **homéothermes ;**

— **tous les autres anjimaux** ont le "sang froid". Leur température interne est sensiblement égale à celle du milieu ambiant. On les appelle animaux à "**température variable**" ou **hétérothermes**.

5 L'hibernation des animaux à "température variable"

Le **métabolisme** des hétérothermes est progressivement ralenti lorsque la température extérieure s'abaisse, et ceci quel que soit le moment de l'année. Il suffit, par exemple, de mettre, en plein été, un insecte à une température inférieure à 10°C pour le voir cesser toute activité. Les animaux hétérothermes sont donc actifs ou engourdis en fonction de la température extérieure. Leur vie ralentie est déclenchée **directement** par une baisse de la température extérieure ; ceci explique non seulement leur hibernation durant l'hiver mais aussi leur inactivité nocturne lorsque, à la belle saison, la température baisse suffisamment (fig. 3).

• **Les avantages de la vie ralentie en hiver**

La plupart des hétérothermes passent l'hiver à l'état de léthargie, protégés du froid dans un abri (cavité, trou...).

Cet état de vie ralentie présente pour eux plusieurs avantages :

— il les immobilise dans un endroit relativement protégé ;

— il réduit leur consommation de "combustible" à un moment où les aliments disponibles sont moins abondants. Si un réchauffement survient en hiver, il n'est pas rare de voir réapparaître certains d'entre eux.

Durant l'hiver, en milieu aquatique, certains hétérothermes gardent une activité plus longtemps que les espèces hétérothermes terrestres. D'une part, les variations de température sont moins brutales dans l'eau que dans l'air, d'autre part certains, comme les poissons par exemple, restent actifs à des températures relativement basses.

6 Les trois groupes d'animaux à "température constante"

Pour les animaux à températures constante, on distingue trois façons de passer l'hiver. Il y a :

— ceux qui restent (ce sont des sédentaires) et qui sont actifs tout l'hiver ;

— ceux qui restent, mais qui s'endorment tout l'hiver. Ce sont les **mammifères hibernants** tels que la marmotte, le hamster, le lérot, le hérisson, etc.

— ceux qui partent : les migrateurs.

Nous allons reprendre séparément chacun de ces trois cas.

7 Les sédentaires actifs tout l'hiver

Ce sont tous les oiseaux non migrateurs et les mammifères non hibernants. L'hiver est généralement pour ces animaux une saison rude.

• **Il leur faut éviter de perdre trop de chaleur.**

Les animaux se "couvrent" à leur façon : leur fourrure s'épaissit ou leur plumage devient plus dense. Ces deux revêtements les protègent d'une déperdition de

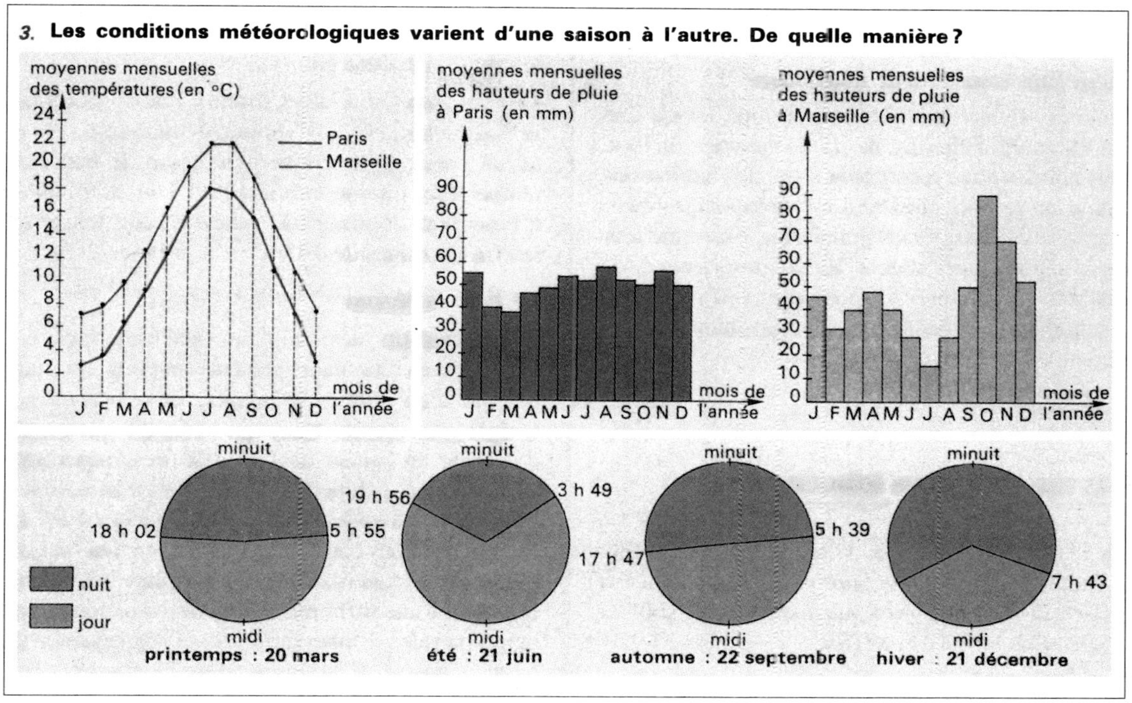

FIG. 1

Les conditions météorologiques varient d'une saison à l'autre. Faites l'inventaire des informations fournies dans ce document (classe de 6e).

Extrait de *Biologie 6e*.

Températures relevées dans une station météorologique à 12 heures

Profondeur	3 déc.	4 déc.	5 déc.
0 cm	– 2°4	+ 3°	+ 0°8
– 10 cm	+ 5°2	+ 6°8	+ 7°9
– 20 cm	+ 6°5	+ 7°2	+ 8°2
– 50 cm	+ 8°9	+ 8°6	+ 8°9
– 1 m	+ 11°2	+ 10°9	+ 10°7

FIG. 2

Températures relevées plusieurs jours de décembre à midi en un même lieu, à la surface du sol et à différentes profondeurs.
- Constate-t-on les mêmes variations de température à la surface du sol et en profondeur ?
- Quelle "expérience" simple pourrait-on faire en hiver, avec deux thermomètres à minimum-maximum, pour montrer qu'un escargot, caché sous un tas de feuilles mortes dans le jardin, est protégé du froid ?

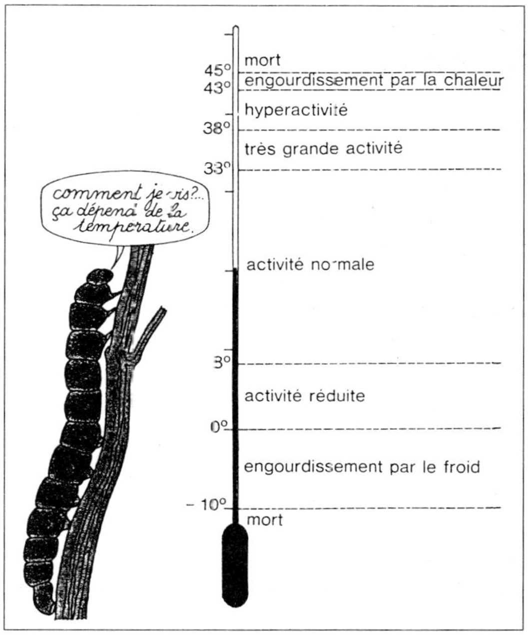

FIG. 3

Action de la température sur la vie d'un animal à "température variable" (résultats obtenus au laboratoire avec des chenilles).

chaleur grâce à l'air qu'ils emprisonnent. De plus, une couche de graisse, également bon isolant thermique, se forme souvent sous la peau.

• **Il leur faut trouver leur nourriture**

Or, celle-ci se raréfie en hiver, surtout lorsqu'une couche de neige interdit de la rechercher au sol. Certains animaux se rapprochent alors des habitations en quête d'un appoint alimentaire : les mésanges viennent picorer la graisse et les graines que l'homme leur prépare ; les sangliers rôdent autour des jardins, les renards peuvent explorer les poubelles à la recherche d'un peu de viande. Autrefois, les loups hantaient les villages.

8 Les mammifères hibernants

L'étude d'un exemple permet d'illustrer le phénomène. Chaque année quand l'hiver approche, la marmotte est dans son gîte hivernal profondément enfoui sous la terre, tapissé de mousse et de foin.

A la mi-octobre, elle ferme de l'intérieur l'entrée de la galerie et, roulée en boule, elle tombe dans une profonde torpeur.

Sa température corporelle qui était de 37°C durant l'été, s'abaisse aux alentours de 6-7°C, c'est-à-dire à une valeur légèrement supérieure à celle du terrier. La consommation d'oxygène diminue de 99%, le rythme cardiaque s'abaisse à 2 ou 3 battements par minute (contre 80 à 95 en été).

Plus encore que ce ralentissement général du métabolisme, le plus extraordinaire reste la fameuse capacité des hibernants à élever spontanément, en l'espace de quelques heures, leur température corporelle de quelques 30°C au-dessus de la température extérieure. Chez la marmotte, ce phénomène se produit de façon périodique au cours de l'hibernation, durant environ 24 heures tous les 15 jours.

Le réveil définitif a lieu fin avril début mai. C'est une époque très difficile pour la marmotte : d'une extrême maigreur, elle a perdu environ deux kilogrammes durant ses longs mois de jeûne, soit le quart de son poids automnal.

• **Le thermostat est réglé plus bas**

L'hibernation des hibernants présente deux caractéristiques importantes :

— La vie ralentie, avec une température interne très basse, de quelques degrés, constitue une extraordinaire épargne d'énergie (réduction de métabolisme) à une période où l'alimentation est difficile.

— Les **réveils périodiques** montrent que l'hibernation est différente de celle des hétérothermes puisque les animaux se réchauffent régulièrement et spontanément sans modification de la température extérieure.

— En d'autres termes, ils continuent d'être des animaux qui maintiennent leur température constante avec un réglage très bas de leur "thermostat" pendant les phases de léthargie.

Leurs organes sont alors soumis à des conditions que ne supporteraient pas les autres mammifères. Alors qu'un coeur de non hibernant cesse de battre à une température interne inférieure à 15 ou 20°C, un coeur d'hibernant continue de battre à des températures internes voisines de 0°C.

• **En conclusion**

L'hibernation des animaux hétérothermes et des mammifères hibernants présente un point commun : le passage à un état de vie ralentie, en relation avec une température interne basse qui constitue une économie d'énergie en raison de la baisse très importante du métabolisme. L'hibernation permet à l'animal de supporter les mauvaises conditions climatiques de l'hiver. En revanche, les conditions d'entrée en hibernation des mammifères hibernants et des animaux hétérothermes présentent une différence capitale : alors que chez les hétérothermes, l'hibernation est la conséquence directe de la baisse de la température extérieure, chez les mammifères hibernants, le phénomène est déclenché par des mécanismes internes.

9 Les migrateurs

A l'approche de la mauvaise saison, beaucoup d'oiseaux quittent leur **territoire de reproduction** pour gagner un **territoire d'hivernage** où le climat est plus clément et la nourriture plus abondante.

10 En résumé

Les êtres vivants adaptent leur activité au rythme des saisons :

• **Les végétaux** subissent dans leur aspect de véritables métamorphoses. A l'approche de la mauvaise saison, les herbes annuelles meurent et ne subsistent que par leurs graines ; les herbes vivaces subsistent par un organe souterrain ; enfin les arbres conservent une partie aérienne, déshabillée ou non de ses feuilles. Tous les organes qui doivent passer l'hiver entrent en vie ralentie. Pendant la saison favorable, les végétaux s'accroissent et se reproduisent.

• **Les animaux** modifient surtout leur comportement. Après la belle saison, pendant laquelle beaucoup se reproduisent, ils peuvent :

— soit émigrer vers une aire d'hivernage,

— soit rester sur place et continuer d'être actifs,

— soit rester et s'engourdir (fig. 4).

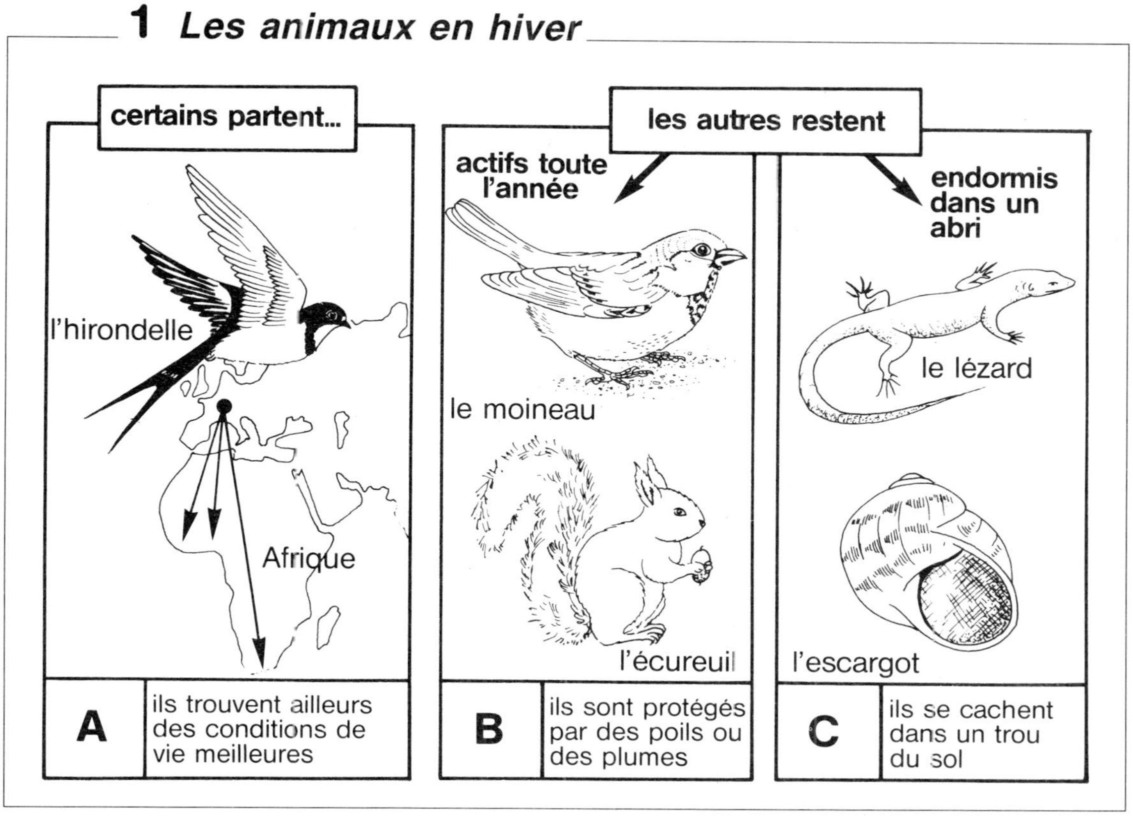

FIG. 4

Un document-bilan pour des élèves de l'école élémentaire. Résumez brièvement les informations fournies.

Extrait de *Cahier d'activités CE1, Biologie.*

1 *Comment ceux qui restent actifs se protègent-ils du froid ?*

Au début de l'expérience les trois thermomètres indiquent une température de 38°.

Les trois flacons sont déposés sur le bord de la fenêtre à la température de – 5°.

Voici les indications des thermomètres une demi-heure plus tard :

Ⓐ : 5° ;
Ⓑ : 20° ;
Ⓒ : 24°.

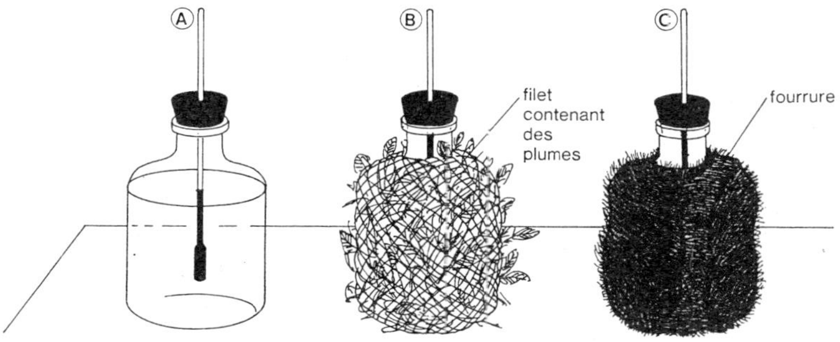

► ***Pour savoir ce qui, des poils ou des plumes, protège le mieux du froid, des enfants ont réalisé cette expérience. Interprète les résultats qu'ils ont obtenus.***

FIG. 5

Expérience réalisée par des élèves.
- Que veulent-ils montrer ?
- Quelle conclusion peut-on dégager de l'expérience ?
- Quelles critiques de l'expérience peut-on formuler ?

Des œufs de mouche du vinaigre, pondus le même jour, sont répartis en deux lots :
— pour le premier, placé à la température de 30°, les mouches éclosent 21 jours plus tard ;
— pour le second, placé à 15°, les mouches n'apparaissent que 123 jours plus tard.

Des nymphes de mouche bleue, formées le 1er juin sont réparties en trois lots placés à des températures différentes. On note pour chacun des lots la date de l'éclosion des mouches.
— à 25° .... 7 juin
— à 18° .... 12 juin
— à 8° .... 5 juillet

▶ ***Que peux-tu déduire de ces expériences ?***
▶ ***Quelles expériences ferais-tu pour savoir si la température accélère aussi la germination des graines ?***

FIG. 6

Que peut-on déduire des résultats proposés ici ?
Quelle expérience simple peut-on faire pour savoir si la température a une action sur la vitesse de germination des graines ?

2 *Les plantes au fil des saisons*

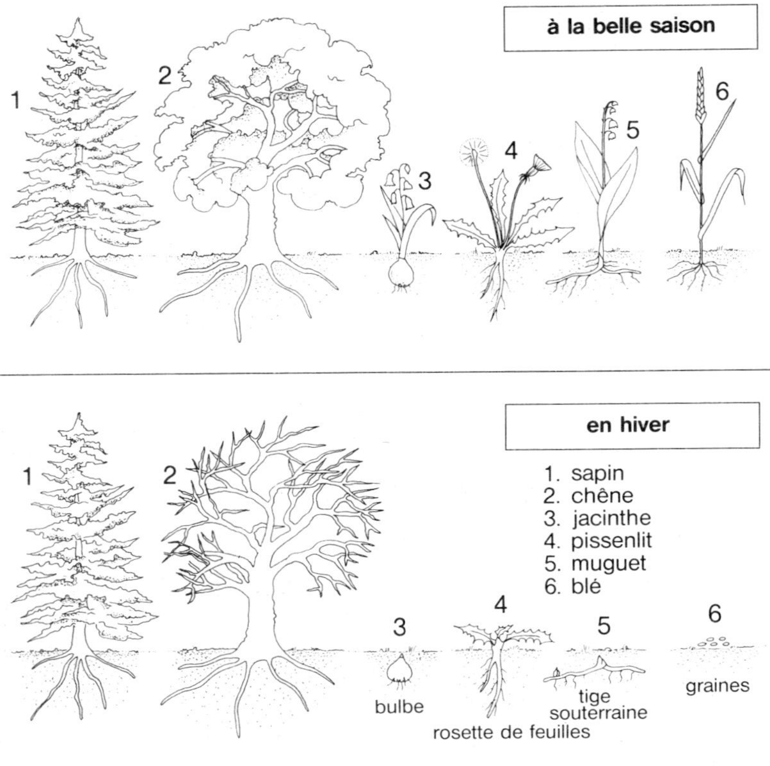

• Colorie en jaune les parties des plantes qui disparaissent en hiver.
Colorie le reste comme tu veux.

FIG. 7

Un document-bilan sur la vie des plantes.

Extrait de *Cahier d'activités CE2, Biologie.*

Connaissez-vous

LE SENS DE CES MOTS OU EXPRESSIONS

- **vie ralentie**
- **plante vivace, plante annuelle**
- **homéotherme, hétérotherme**
- **mammifère hibernant, hibernation**
- **arbre à feuilles caduques**

2 DES ACTIVITÉS PÉDAGOGIQUES POSSIBLES

Suivre les transformations d'un milieu au cours des saisons est nécessaire pour montrer l'évolution qu'il subit. Voici à titre d'exemples, deux sujets possibles.

1 Mon arbre au cours des saisons

Le titre indique qu'il ne s'agit pas d'une séquence de classe, mais d'une observation continue tout au long de l'année. Il est évidemment souhaitable de la commencer dès le mois de septembre. Elle nécessite cinq à six sorties, chacune d'elles étant l'objet d'une exploitation intéressante et le point de départ de travaux variés.

Les enfants sont répartis en groupes de quatre. Chaque groupe choisit un arbre ou un arbuste qu'il suivra tout au long de l'année. Après la sortie, il doit présenter son arbre à l'ensemble de la classe et, pour cela, préparer un panneau en collant des échantillons récoltés et les dessins réalisés.

2 Comment les animaux passent-ils l'hiver ?

Tous les animaux ne passent pas l'hiver de la même façon. On peut les regrouper en trois ensembles :

— ceux qui partent et trouvent ailleurs des conditions de vie meilleures,

— ceux qui restent et continuent d'être actifs (les oiseaux, les mammifères),

— ceux qui restent et passent l'hiver à dormir, cachés dans un trou.

Parmi ces derniers, il faut distinguer deux cas :

— le cas des mammifères hibernants dont le sommeil hivernal est entrecoupé de courtes périodes de réveil,

— le cas des animaux à température variable totalement engourdis par le froid.

NOTIONS VISÉES

à l'école élémentaire

L'activité des êtres vivants, végétaux et animaux, dépend des saisons.
A l'approche de l'hiver, certains animaux partent vers les pays qui ont un climat plus chaud, ce sont les **migrateurs.** Parmi ceux qui restent, certains se cachent dans des abris où **ils hiberneront** : on dit qu'ils vivent "au ralenti". D'autres, protégés par une fourrure ou un plumage plus épais, **demeurent actifs tout l'hiver.**

La température et la vie : les oiseaux et les mammifères ont une température constante quelle que soit la température extérieure ; on les appelle des animaux à "sang chaud". La température du corps des autres animaux varie : elle est à peu près celle du milieu dans lequel ils vivent : ce sont des animaux à "sang froid".
L'activité des animaux à "sang froid" dépend surtout de la température extérieure.

Mots clés
animaux à température constante

3 Le rôle discret mais efficace des décomposeurs

Dans tous les milieux, toute une faune d'animaux de petite taille et une flore de bactéries et de champignons se nourrissent de matières organiques mortes (cadavres d'animaux, feuilles mortes...) dont ils provoquent la décomposition. Sous l'action de ces **décomposeurs**, la matière organique morte est transformée en sels minéraux qui servent de nourriture aux plantes chlorophylliennes. C'est un aspect important du **cycle de la matière**.

En assurant la décomposition des cadavres, c'est-à-dire la **minéralisation** de la matière organique morte, les décomposeurs assurent le **recyclage** de cette matière organique. Sans ces décomposeurs, les végétaux chlorophylliens seraient privés des éléments indispensables à leur nutrition.

On voit donc l'importance fondamentale des décomposeurs dans l'équilibre d'un milieu.

Comprendre le rôle de ces décomposeurs permet par ailleurs de comprendre le fonctionnement des **stations d'épuration des eaux** (dont la place est essentielle pour éviter la pollution des eaux de surface) et les principes de la **conservation des aliments** (on veut ici réduire la décomposition)... Le sujet est donc important.

Il est facile de l'aborder avec des élèves de cours moyen lors d'une sortie dans une forêt de feuillus, en posant simplement la question : "Que deviennent les feuilles mortes ?". Dès qu'on remue ces feuilles, une très grande quantité d'êtres vivants apparaissent.

1 INFORMATIONS UTILES POUR L'ENSEIGNANT

Il y a plus d'êtres vivants dans un hectare de **forêt** que d'humains sur l'ensemble du globe : des bactéries (des dizaines de millions par gramme de sol forestier), toute une faune microscopique, des mille-pattes, des araignées, des acariens, des vers de terre (plus de 600 kg à l'hectare !) etc.

1 Des techniques de récolte ou de mise en évidence

• **Différentes techniques** sont employées pour réaliser un inventaire de la faune de la **litière** et du sol.

— Le tamisage d'un échantillon de litière ou de sol assure la récupération sur la grille du tamis des animaux de taille suffisante pour ne pas passer à travers les mailles.

— L'utilisation d'appareils simples (Berlèse, Baermann, aspirateur à bouche...) permet de récolter les animaux de petite taille (microarthropodes, nématodes...).

— D'autres techniques, comme l'arrosage à l'eau formolée ou l'utilisation d'un courant électrique, provoquent la sortie du sol de certains animaux, en particulier des vers de terre.

• **La mise en évidence des microorganismes** nécessite d'autres techniques. Ainsi, dans une poignée de litière humide en décomposition, il est facile d'observer, sur la plupart des feuilles et débris végétaux, un feutrage blanc : il s'agit de mycélium de moisissures, champignons microscopiques. La présence des microorganismes peut aussi être mise en évidence par leur activité respiratoire : avec un montage expérimental approprié, un microrespiromètre par exemple, il est facile de mesurer la consommation d'oxygène d'un échantillon de sol.

Cette activité respiratoire disparaît si l'on stérilise l'échantillon, elle est donc bien l'oeuvre des microorganismes.

La mise en évidence de la présence des bactéries peut être réalisée par ensemencement sur un milieu de culture convenable.

2 Les principaux groupes d'êtres vivants

• La faune

Les animaux de la litière et du sol sont très nombreux et généralement petits. Les pédologues les classent selon leur taille :

— **la microfaune** (taille - ou diamètre - inférieure à 0,2 mm) comporte surtout des protozoaires et des vers nématodes ;

— **la mésofaune** (de 0,2 à 4 mm) est surtout représentée par des microarthropodes (insectes collemboles et acariens) ;

— **la macrofaune** (de 4 à 80 mm) est plus variée (lombrics ou vers de terre, insectes et leurs larves, myriapodes...) ;

— **la mégafaune** est surtout constituée par des animaux fouisseurs, vivant dans des terriers (taupe, mulot...).

• La flore

— **Les végétaux supérieurs** sont présents dans le sol par leurs semences et leurs racines ; ces dernières exercent une action remarquable dans l'altération de la roche mère.

— **Les bactéries et les champignons** constituent l'essentiel de la microflore du sol et sont extrêmement nombreux : on estime par exemple qu'un gramme de sol contient entre 10 millions et un milliard de bactéries.

3 Un réseau trophique particulier

En forêt, la chute annuelle de feuilles et de bois mort représente une importante quantité de matière organique mise à la disposition des consommateurs du sol. Cette litière constitue le premier maillon du réseau trophique : elle disparaît progressivement grâce à un long travail à la chaîne.

• Une première attaque par les champignons

Les feuilles mortes tombées sur le sol et imbibées d'eau sont envahies par des vagues successives de microorganismes (champignons et bactéries).

Les champignons jouent le rôle le plus important ; les filaments mycéliens pénètrent à l'intérieur des feuilles par des petits pores de leur épiderme, les stomates. Les enzymes sécrétées par les champignons "digèrent" partiellement la paroi des cellules foliaires ainsi que leur contenu. Cette digestion partielle rend les tissus végétaux consommables par de nombreux animaux détritivores. Les bactéries et les champignons, en raison de leur prodigieuse vitesse de multiplication et de leur mode de vie particulier, participent pour une part considérable à la transformation de la matière organique en matière minérale.

• Une fragmentation par les animaux détritivores

C'est à la fin de l'hiver et au début du printemps que l'action des animaux détritivores est la plus importante. Les principaux consommateurs de litière sont des **arthropodes** (surtout insectes collemboles et acariens) et des **vers de terre**. Ils assurent une **fragmentation** de plus en plus poussée des feuilles déjà partiellement décomposées. Les plus grosses espèces sont capables de "brouter" directement les fragments de feuilles. La litière passe ainsi d'un tube digestif à l'autre et subit une fragmentation de plus en plus fine qui favorise l'action ultérieure des bactéries minéralisatrices.

Les vers de terre assurent la même fonction de fragmentation que les arthropodes ; de plus, leurs déplacements verticaux en relation avec l'humidité du sol, assurent l'enfouissement de la matière organique.

• Les prédateurs, consommateurs secondaires

Ils sont très nombreux au niveau de la litière. Certains contrôlent surtout les populations de microarthropodes, d'autres complètent leur régime avec les macroarthropodes.

Remarquons au passage que l'écosystème formé par le sol n'est pas totalement isolé : des prédateurs du milieu aérien, oiseaux par exemple, peuvent venir y prélever une partie de leur nourriture (vers, larves...).

4 La minéralisation de la matière organique

La minéralisation est la libération des éléments chimiques (C, O, H, N, P, K, Ca...), qui entrent dans la constitution des composés organiques, sous forme de substances minérales diverses telles que dioxyde de carbone, eau, nitrates, phosphates...

• Une minéralisation immédiate

Divers microorganismes, des bactéries notamment, assurent une minéralisation rapide d'**une partie** de la matière organique morte (feuilles, bois mort, excréments et cadavres d'animaux).

Par leur **respiration**, ils dégradent certains glucides tels que l'amidon en dioxyde de carbone et eau.

Par d'autres réactions chimiques (**putréfaction** et **ammonisation**), les substances azotées ou protéines sont minéralisées en nitrates.

• Une minéralisation retardée

La majeure partie de la matière organique végétale tombée sur le sol n'est pas immédiatement minéralisée, elle est d'abord transformée en **humus**. En quoi consiste ce phénomène d'humification ? Certaines substances des tissus végétaux (cellulose, lignine...) sont incomplètement digérées par les enzymes des consommateurs détritivores. A partir des substances issues de cette dégradation incomplète, des **bactéries humifiantes** font la **synthèse** de substances organiques nouvelles (acides humiques notamment) qui vont former l'humus. L'humification de la matière végétale est très lente. Dans les conditions les plus favorables, on évalue à 2 à 3 ans le temps nécessaire pour que la matière organique fraîche tombée sur le sol soit totalement transformée en humus.

Pendant toute cette transformation, une petite quantité d'humus est constamment minéralisée sous l'action de microorganismes. Dans les conditions les plus favorables, 1 à 2 % du stock d'humus est ainsi minéralisé annuellement.

5 En résumé

Dans la litière et le sol d'une forêt vit une multitude d'êtres vivants qui jouent un rôle fondamental dans la minéralisation de la matière organique. Que cette minéralisation soit immédiate, ou retardée par immobilisation d'une partie de la matière organique sous forme d'humus, elle aboutit toujours à la libération de substances minérales diverses (dioxyde de carbone, eau, nitrates...) indispensables à l'alimentation minérale des végétaux chlorophylliens. Ainsi, grâce à l'activité de la faune et de la flore du sol, est assuré le recyclage de la matière organique.

6 Il y a des décomposeurs dans tous les milieux

La figure 3 rappelle que la minéralisation de la matière organique se réalise dans tous les milieux.

Connaissez-vous

LE SENS DE CES MOTS OU EXPRESSIONS

- **décomposeurs**
- **litière**
- **minéralisation**
- **humus**
- **cycle de la matière**

2 DES ACTIVITÉS PÉDAGOGIQUES POSSIBLES

Voici, à titre d'exemple, la suite des activités réalisées dans un cours moyen.

1 En forêt, des branches tombent. Que deviennent-elles ?

Dans une forêt, les branches basses des arbres manquent de lumière. Elles meurent et tombent. Que deviennent-elles ?

Les enfants peuvent ramasser des échantillons et présenter leurs découvertes.

Ils remarquent les points essentiels : le bois se décompose, il est humide, à l'intérieur il y a des animaux, des excréments, des filaments blancs (des champignons).

2 Que deviennent les feuilles tombées ?

En examinant la litière, les enfants découvrent les couches suivantes :

— Des feuilles entières, brunes, généralement sèches.

— Des feuilles humides, presque entières, collées les unes aux autres. Quand on détache ces feuilles l'une de l'autre, on découvre des "toiles d'araignées" blanchâtres : ce sont des moisissures ou du mycélium de champignons.

— Des fragments de feuilles (on reconnaît encore qu'il s'agit de feuilles) noirâtres et humides.

— Une terre noirâtre. Dites aux enfants que c'est de l'humus et qu'il provient de la décomposition des feuilles et des branches.

Dans cette litière, les enfants signalent la présence de nombreux insectes, vers, mille-pattes, cloportes...

3 Que faire pour que la décomposition des feuilles et du bois se poursuive en classe ?

— Mettre dans un aquarium un peu de litière (feuilles mortes en cours de décomposition) et de "bois pourri". Recouvrir d'une feuille de plastique transparente pour conserver l'humidité. Les champignons se développent et la décomposition se poursuit dans les mois qui suivent.

— Les mêmes matériaux installés dans un aquarium sans couvercle se dessèchent et la décomposition est stoppée.

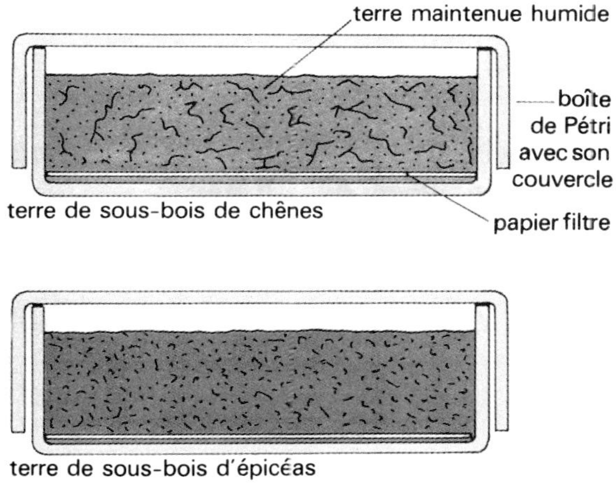

1. Protocole expérimental
Un morceau de papier filtre (c'est-à-dire de cellulose, constituant essentiel des feuilles) est placé au fond de chaque boîte de Pétri, puis recouvert de terre d'origine différente d'une boîte à l'autre.
Poser le couvercle et entretenir constamment une humidité suffisante.

2. Observations
Quelques jours plus tard, retourner les boîtes pour observer à travers le verre du fond l'activité des microorganismes. Les **champignons** forment des feutrages de couleurs variées (blanc, vert ou noir). les **bactéries** laissent sur le papier des taches jaunâtres. Si l'expérience se poursuit assez longtemps, on peut même voir apparaître dans le papier filtre des perforations qui témoignent de la destruction de la cellulose par les microorganismes décomposeurs contenus dans la terre.

FIG. 1

Cette expérience très simple permet de déterminer dans quel type de terre l'activité des microorganismes est la plus importante. Expliquez comment.

Extrait de *Biologie 2de*.

3 *Ils sont discrets, mais indispensables*

Dans une forêt, ces milliards d'êtres vivants (les champignons, des bactéries, des animaux de petite taille...) se nourrissent des feuilles mortes, des branches tombées, des cadavres d'animaux...) qu'ils **décomposent** et transforment en sels minéraux. Ces êtres vivants sont appelés des **décomposeurs**.
Les sels minéraux ainsi produits sont des aliments indispensables des plantes chlorophylliennes. Un arbre, par exemple, grandit et grossit (c'est-à-dire fabrique de la matière végétale) à partir :
– de l'eau et des sels minéraux absorbés par les racines,
– du dioxyde de carbone absorbé par les feuilles.

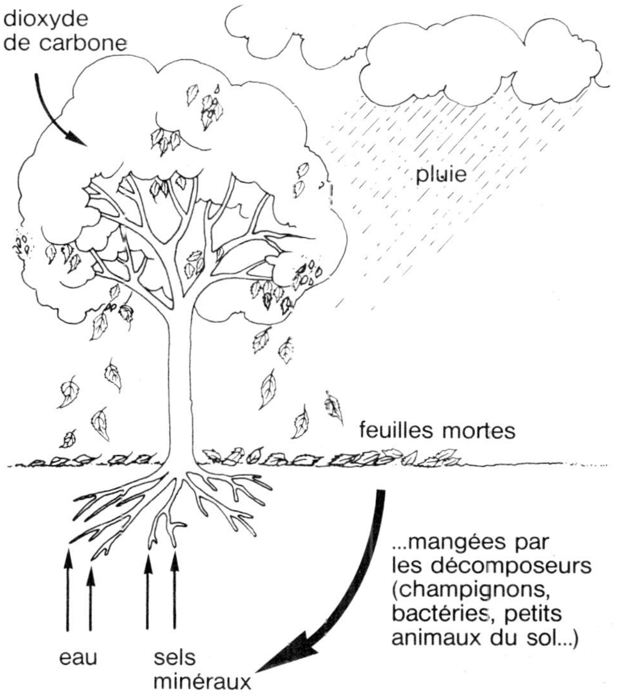

● Pourquoi les champignons de la forêt sont-ils appelés des **décomposeurs** ?

FIG. 2

Quelles activités envisageriez-vous avant d'utiliser ce document dans un cours moyen ?

Extrait de *Cahier d'activités CM2. Biologie*.

4 La notion de décomposeurs

Lorsqu'ils découvrent "du moisi" sur les feuilles et les branches tombées, les enfants évoquent spontanément les moisissures (qu'ils ont déjà vues sur des aliments) : "le bois tombe et après il moisit".

• Faire moisir du pain (voir chapitre : La nutrition des plantes non chlorophylliennes).

Ayant constaté que les moisissures "digèrent" le pain, les enfants comprennent très facilement que le bois et les feuilles mortes sont décomposés de la même façon.

• Expliquer que les décomposeurs "mangent" le bois ou les feuilles et les transforment en sels minéraux. L'humus est un stade de la décomposition, mais ce n'est pas le terme final.

• Quel est le rôle de l'eau ? L'eau est nécessaire à la vie des décomposeurs.

5 Réflexions sur les divers moyens de conserver des aliments

Il existe plusieurs moyens :

— tuer les décomposeurs (stérilisation),

— empêcher l'action des décomposeurs (froid, déshydratation, sel, vinaigre...).

NOTIONS VISÉES

à l'école élémentaire

Dans tous les milieux, il existe des êtres vivants, animaux et végétaux qui se nourrissent de feuilles mortes, de cadavres d'animaux, d'excréments... C'est le cas par exemple des vers de terre qui se nourrissent de débris végétaux, des champignons qui poussent sur les feuilles mortes et de très nombreux micro-organismes (notamment des bactéries) dans la forêt.

Ces "mangeurs" de matière première organique morte sont appelés des **décomposeurs**. Ce mot indique qu'ils sont responsables de la décomposition des "cadavres" et de leur transformation en sels minéraux. Ces derniers sont utilisés comme aliments par les végétaux chlorophylliens.

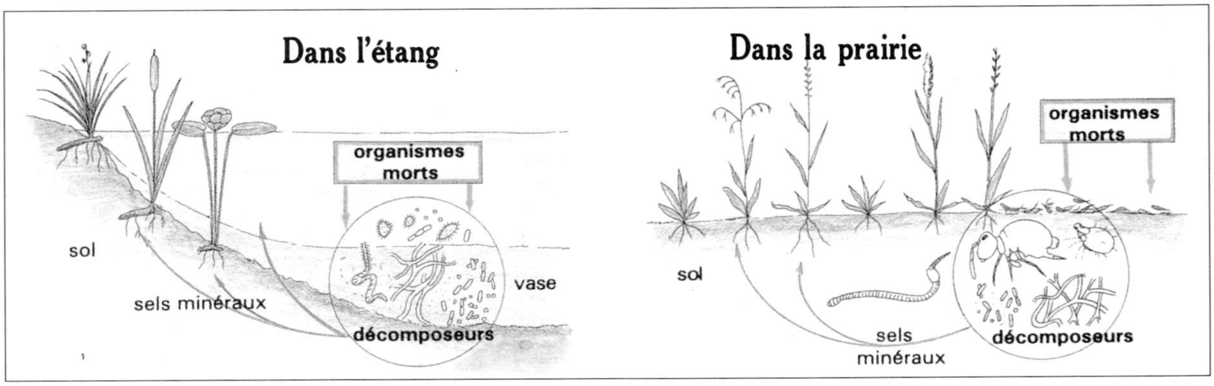

FIG. 3

Dans un milieu terrestre (forêt, prairie...), les décomposeurs sont localisés dans le sol ; dans un étang, ils se trouvent essentiellement dans la vase. Les décomposeurs n'interviennent pas seulement en fragmentant les organismes morts, ils agissent aussi par des processus chimiques plus ou moins rapides qui transforment la matière organique en matière minérale. Les substances minérales obtenues servent de nourriture aux plantes chlorophylliennes. Ainsi s'établit dans la nature un véritable cycle de la matière.

Extrait de *Biologie 5ᵉ*.

4 L'eau : un problème majeur du monde moderne

Au niveau mondial, l'eau douce, de bonne qualité, est une denrée rare. De nombreux scientifiques pensent que le problème du ravitaillement en eau potable est, parmi les problèmes d'environnement, l'**un des plus préoccupants**. D'après eux, si on n'améliore pas considérablement la gestion des ressources en eau, l'avenir de l'espèce humaine est compromis.

Autrefois, les besoins en eau étaient faibles, et facilement satisfaits sous nos climats tempérés. Ce n'est plus le cas aujourd'hui. Depuis 1900, la population du globe a doublé, mais sa consommation d'eau a été multipliée par 7.

L'agriculture consomme l'essentiel de l'eau utilisable : en moyenne, 73 % de l'eau continentale sert à cette fin. Trois milliards de kilomètres carrés sont irrigués et cette superficie augmente de 8 % par an.

En France, où les problèmes de l'eau sont pourtant beaucoup moins dramatiques que dans d'autres pays, on parle cependant, chaque été, de sécheresse, d'économie d'eau, de problèmes liés à la pollution. On voit l'intérêt de ce sujet lorsqu'on souhaite sensibiliser les enfants aux grands problèmes de protection de l'environnement du 21e siècle.

1 INFORMATIONS UTILES POUR L'ENSEIGNANT

La quantité d'eau consommée en France pour satisfaire les besoins domestiques, industriels ou agricoles, est passée de 75 m^3 à 175 m^3 par habitant et par an. Une grande partie de cette eau est prélevée dans les cours d'eau, rivières et fleuves, mais la pollution des eaux de surface les rend souvent impropres à la consommation et entraîne la mise en oeuvre de traitements souvent coûteux. Aussi exploite-t-on, chaque fois que cela est possible, les gisements d'eau souterraine.

Comment se présente l'eau dans le sous-sol ? Quels dangers menacent les gisements d'eau souterraine ?

1 Qu'est-ce qu'une nappe phréatique ?

• **Les eaux superficielles** (pluies, fonte des neiges...) s'infiltrent dans le sol et le sous-sol jusqu'à ce qu'elles rencontrent une formation géologique imperméable. Elles remplissent alors les interstices ou les fissures de la roche perméable située au-dessus : on appelle **aquifère** une telle roche réservoir dans laquelle l'eau circule et forme une **nappe phréatique** (fig. 4).

Les cavités de la roche remplies d'eau peuvent être :

— soit les pores microscopiques d'une roche à grains fins ; on parle alors de **porosité "en petit"** (sables, grès) ;

— soit des fissures formées dans la roche ; il y a alors **porosité "en grand"** (calcaires, roches granitiques...).

Pour un même volume de roche, plus la porosité de la roche est élevée, plus la capacité de stockage de l'aquifère est importante. Toutes les nappes ne sont pas libres. En effet, l'aquifère n'est pas toujours superficiel ; il peut être piégé en profondeur sous une couche imperméable, on parle alors de nappe captive.

• **Les nappes phréatiques sont alimentées** par les eaux de pluie dans les zones, appelées **aires d'alimentation**, où l'aquifère peut recevoir directement les précipitations atmosphériques.

Les nappes phréatiques sont des gisements qui fuient en permanence. Les exutoires naturels les plus visibles sont les **sources :** en effet, quand une nappe phréatique affleure au flanc d'une colline, l'eau sort et forme une source. Mais l'eau ne quitte pas les aquifères uniquement au niveau des sources, elle est généralement drainée par les ruisseaux et les rivières.

2 La gestion quantitative

- **Quelle eau utilise-t-on ?**

En France, les prélèvements se répartissent entre les eaux de surface (79 % de la consommation) et les eaux souterraines (21 %). Ces dernières sont consommées par l'industrie (42 %), l'agriculture (23 %) et les collectivités locales pour les installations d'eau potable (35 %). Ces valeurs, qui constituent des moyennes, varient beaucoup selon les régions.

Alors que les eaux superficielles sont facilement récupérables, l'exploitation des eaux souterraines exige une prospection préalable.

Cependant, on les préfère pour diverses raisons :

— les nappes ont une grande extension dans l'espace,

— à l'abri des variations dues aux précipitations, elles sont toujours disponibles dans le temps,

— la qualité de leur eau est relativement stable,

— les aménagements nécessaires à l'exploitation sont d'un coût relativement constant.

Pour exploiter une nappe, on réalise des captages soit au niveau des exutoires naturels (sources, rivières...) soit directement dans la nappe par pompage.

- **Les dangers d'une surexploitation**

Si, sur une période de plusieurs années, le volume d'eau qui sort par les exutoires est voisin du volume d'eau reçu au niveau des bassins d'alimentation, la nappe est dite en équilibre. Dans ce cas, le volume d'eau stocké dans une nappe demeure à peu près constant.

Si cette nappe est exploitée par captage pour l'alimentation d'une ville ou d'un établissement industriel par exemple, le prélèvement supplémentaire va créer un déséquilibre non compensé par de nouvelles arrivées d'eau. Ce déstockage supplémentaire peut conduire soit à un épuisement de la nappe, soit à un nouvel état d'équilibre avec réduction du débit, voire le tarissement des sources. L'épuisement d'une nappe par surexploitation peut même, parfois, provoquer des tassements de terrains. L'un des plus célèbres est celui de la ville de Mexico qui atteint, en certains endroits, une valeur de 5 à 6 m depuis 1889.

3 La pollution des nappes souterraines

Les nappes phréatiques sont alimentées par les eaux superficielles dont une partie s'infiltre dans le sol. Ces eaux de surface reçoivent de multiples déchets d'origine domestique, agricole ou industrielle. Au cours de l'infiltration dans le sol, la plupart des substances organiques (excréments...) sont dégradées par les bactéries et n'atteignent donc pas les nappes phréatiques. Il n'en est pas de même pour certaines substances d'origine agricole ou industrielle. C'est le cas des **nitrates**, substances azotées utilisées comme engrais en agriculture.

Chaque année, 4 millions de tonnes d'azote sont répandues sur les cultures françaises sous forme d'**engrais** (90 kg/ha) ou de **déjections animales**. Les nitrates ne sont pas entièrement consommés par les plantes : très solubles, ils sont partiellement entraînés par **lessivage** dans les cours d'eau et les nappes phréatiques.

On admet que, chaque année, quelque deux millions de tonnes de ces engrais azotés pénètrent dans le sous-sol et atteignent les nappes phréatiques. Les nitrates sont des substances non directement toxiques pour l'homme, mais ils se transforment dans notre organisme en nitrites responsables, à haute dose, d'empoisonnements du sang. Les risques liés à la consommation des nitrates concernent essentiellement les nourrissons (cyanose liée à une oxydation de l'hémoglobine des hématies).

Au-delà de 300 mg/l, il y aurait un risque cancérigène.

Une eau "potable" doit contenir moins de 50 mg de nitrates par litre (norme européenne). De 50 à 100 mg par litre, la population doit être mise en garde. Au-delà de 100 mg par litre, l'eau est déclarée non potable.

4 La pollution des eaux de surface par les rejets des eaux d'égouts

Quand on parle de pollution, on pense souvent uniquement au rejet de substances toxiques ou de substances chimiques dangereuses élaborées par l'homme. En fait, des substances "très naturelles" telles que les excréments humains, déchets alimentaires, restes d'aliments... rejetés en grande quantité (à cause de la concentration urbaine) dans les égouts, peuvent polluer dangereusement les rivières.

Les hommes ont toujours rejeté leurs déchets dans les rivières. Pourtant, autrefois, personne ne se souciait de la pollution des eaux. La population était moins nombreuse et la quantité des déchets rejetés peu importante.

Des décomposeurs (des microorganismes surtout) vivent normalement dans les rivières. Ils se nourrissent des matières organiques dont ils assurent la décomposition. Mais quand ils sont suralimentés, ils se multiplient activement et peuvent alors manquer d'oxygène. C'est la mort des décomposeurs.

Pour limiter la pollution des eaux, des **stations d'épuration** (fig. 2) ont été construites dans de nombreuses villes et dans certains villages. Elles permettent de débarrasser les eaux d'égouts de la plus grande partie de leurs déchets avant leur rejet dans la rivière, le lac ou la mer. Les pollutions d'origine industrielle peuvent aussi être limitées et même supprimées mais cela nécessite presque toujours des installations coûteuses pour les entreprises.

FIG. 1

Des valeurs moyennes pour la France.

Extrait de *Cahier d'activités CM2, Biologie.*

2 *L'eau de la famille*

boisson	cuisine	lessive	vaisselle	WC	bain
1 l	3 l	16 l	16 l	31 l	53 l

Consommation d'eau par personne et par jour dans une famille européenne

- Cite les deux situations qui consomment le plus d'eau.

   ....

- Un Européen consomme environ 300 l d'eau par jour, un habitant de « pays pauvre » moins de 40 l. Explique pourquoi ?

   ....

3 *Un moyen de réduire la pollution des rivières*

Schéma d'une station d'épuration

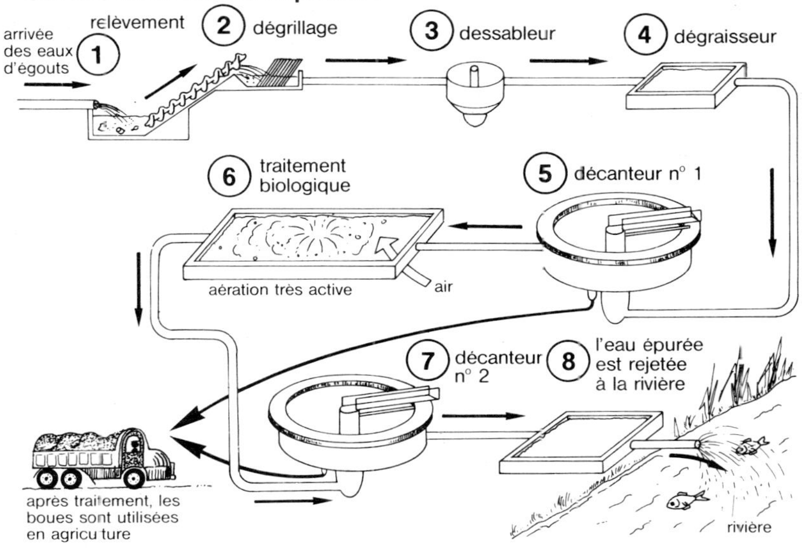

(1) **Traitement biologique :** des êtres vivants microscopiques qui se reproduisent à très grande vitesse (leur nombre double en 10 minutes, il est multiplié par 16 millions en 12 heures !) se nourrissent des déchets et consomment l'oxygène fourni par l'insufflation d'air.

FIG. 2

Le principe de fonctionnement d'une station d'épuration repose sur la connaissance du phénomène d'épuration naturelle, c'est-à-dire l'action des décomposeurs de matière organique, surtout des bactéries aérobies. Les eaux usées, débarrassées de leurs déchets les plus grossiers, arrivent dans le bassin décanteur primaire où une grande partie des matières en suspension (environ 60%) se dépose au fond sous forme de boue. L'eau passe ensuite dans des réservoirs bien aérés riches en bactéries. Ces dernières dégradent les substances organiques.

Extrait de *Cahiers d'activités CM2, Biologie.*

5 L'eutrophisation

On appelle **eutrophisation** la pullulation d'algues dans les eaux douces (étangs, lacs...) ou dans la mer. Quelle est la cause de ce grave déséquilibre ?

L'eutrophisation a pour origine principale l'élévation de la teneur en **phosphates**.

En France, près de 200 000 tonnes de phosphates seraient déversées chaque année dans la nature : 110 000 par l'agriculture, 40 000 par diverses industries, 40 000 par les rejets domestiques (lessives et déchets physiologiques).

Cet apport excessif de sels minéraux provoque une suralimentation des plantes chlorophylliennes qui se multiplient rapidement.

Cette pullulation d'algues en surface diminue la transparence des eaux et arrête la lumière. L'activité de la photosynthèse n'est alors possible que dans la couche superficielle. Il en résulte une diminution de la teneur en oxygène de l'eau avec, pour conséquence, la disparition des “espèces nobles” de poissons.

Ce phénomène se trouve considérablement accentué quand la matière végétale, produite en trop grande quantité, meurt et tombe au fond. En effet, sa décomposition par les microorganismes est grande consommatrice d'oxygène. Cette phase ultime de l'évolution est marquée par la disparition des animaux, c'est-à-dire la mort de l'étang ou du lac.

6 En résumé

Si la surexploitation constitue une menace pour les gisements d'eau, la pollution est aussi un danger permanent. La pollution des eaux superficielles est facile à déceler, mais celle des eaux souterraines n'est pas immédiatement apparente. De plus, l'eau d'une nappe souterraine se renouvelle très lentement, l'élimination du facteur polluant peut se prolonger plusieurs dizaines d'années après l'arrêt de la source de pollution.

Connaissez-vous

LE SENS DE CES MOTS OU EXPRESSIONS

- **nappe phréatique, aquifère**
- **porosité**
- **pollution**
- **station d'épuration**
- **eutrophisation**

2 DES ACTIVITÉS PÉDAGOGIQUES POSSIBLES

Les suggestions qui suivent relatent un travail réalisé dans un cours moyen.

1 Combien de litres d'eau utilise-t-on chaque jour dans ma famille ?

- Faire un inventaire des différentes utilisations et regrouper par catégories.
- Faire une évaluation quantitative (combien de litres par jour pour chacun des usages).
- Analyser le document 1 (comment faut-il comprendre 53 l pour un bain alors qu'une baignoire contient plus de 150 l ? etc.).

2 D'où vient l'eau du robinet ?

- Réponse des enfants avant l'étude.
- Analyse d'un document bilan approprié.

3 Qu'est-ce qu'une nappe souterraine ?

- Où va l'eau quand il pleut ? Après avoir laissé les enfants répondre, distribution du document 3.
- Des expériences pour mieux comprendre (doc. 5).

Remarque : les enfants ont une idée fausse de ce qu'est une nappe souterraine. Ils imaginent une sorte de lac souterrain, une sorte de poche d'eau. Une expérience simple permet de comprendre. Prendre un aquarium plein de sable et une bouteille d'eau. Si on verse l'eau, où va-t-elle se loger ?

Faire deux schémas :

1. le schéma d'ensemble (la surface de la couche de sable qui contient de l'eau est horizontale. C'est la surface de la nappe souterraine).

2. le schéma de 4 grains de sable avec de l'eau dans les espaces. Une nappe souterraine est une roche qui contient de l'eau.

Dans la nature, le fond de l'aquarium est remplacé par une couche de roche imperméable (de l'argile, le plus souvent) et la nappe n'a pas 20 centimètres de largeur mais des dizaines ou des centaines de kilomètres (doc. 4). Si on rajoute de l'eau dans l'aquarium, le niveau de la nappe monte. C'est pareil dans la nature.

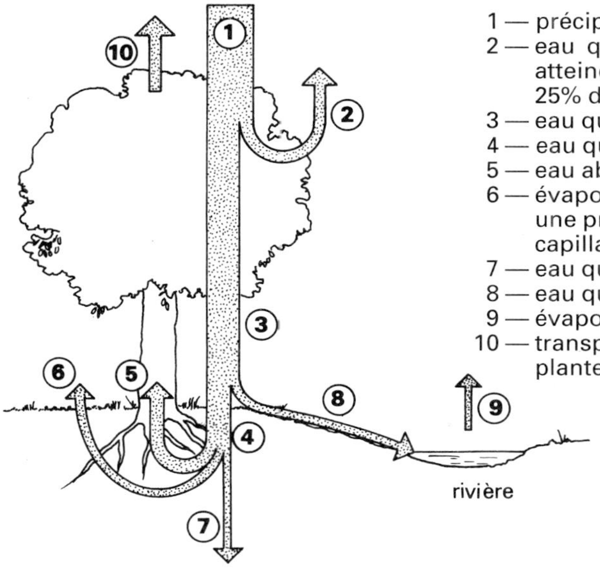

1 — précipitations (pluies)
2 — eau qui mouille le feuillage et s'évapore sans atteindre le sol (cette interception peut atteindre 25% des précipitations totales)
3 — eau qui traverse le feuillage
4 — eau qui s'infiltre (infiltration)
5 — eau absorbée par les plantes
6 — évaporation du sol (l'eau qui mouille le sol sur une profondeur de 20 à 30 cm peut remonter par capillarité et être évaporée dans l'atmosphère)
7 — eau qui gagne les nappes souterraines
8 — eau qui ruisselle et coule en surface
9 — évaporation de l'eau libre
10 — transpiration des plantes (eau rejetée par les plantes)

On appelle évapotranspiration, l'eau rejetée dans l'atmosphère par l'écosystème soit : 2 + 10 + 6

FIG. 3

Où va l'eau quand il pleut ? L'analyse de ce document permettra de dégager deux idées essentielles :
1 — La végétation a un rôle important dans le cycle de l'eau.
2 — Seule, une petite partie de l'eau de pluie alimente la nappe souterraine.

2 *Qu'est-ce qu'une nappe souterraine ?*

Après la pluie, une partie de l'eau s'infiltre dans le sous-sol ; elle s'arrête lorsqu'elle rencontre une couche imperméable. Elle forme alors une nappe souterraine.

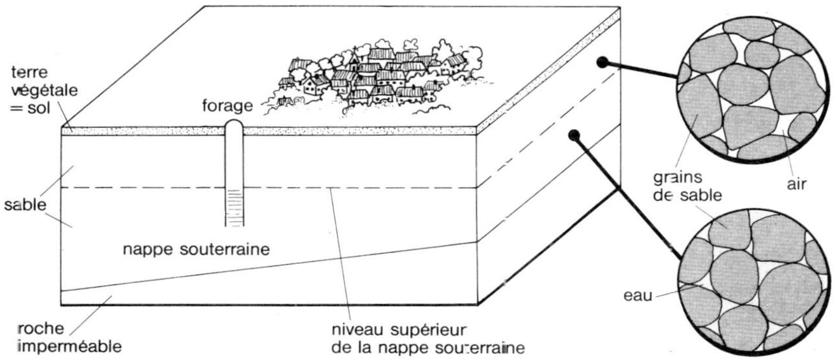

- Sur le dessin, colorie en bleu la partie du sous-sol qui contient de l'eau, c'est-à-dire la nappe souterraine.
- Indique le niveau de l'eau dans le puits.
- Explique pourquoi le niveau de la nappe souterraine baisse en été et remonte à la mauvaise saison.

....

....

FIG. 4

Quelles informations scientifiques peut-on dégager de l'analyse de ce document ?

Extrait de *Cahier d'activités CM2, Biologie.*

4 Le cycle de l'eau dans la nature

• Etablir un schéma d'ensemble.

• Confronter les propositions des enfants à un schéma de scientifiques.

• En conclusion : dans la nature, l'eau voyage sans cesse. La chaleur du soleil est responsable de ce mouvement perpétuel.

La quantité d'eau à la surface du globe terrestre est constante, mais seule une partie infime de cette eau (0,3 %) est utilisable par l'homme.

5 Une consommation de plus en plus grande

• Un travail sur document peut être précédé ou complété par :

— une enquête auprès des parents (quantité d'eau utilisée au cours de l'année d'après le compteur à eau) ;

— un interview de personnes âgées (d'où venait l'eau utilisée par la famille autrefois ? quelle était approximativement sa consommation quotidienne ?) ;

— un interview de maraîchers, d'agriculteurs, peut-être d'industriels (quelles quantités d'eau leurs activités nécessitent-elles ?) ;

— un interview des services communaux : différents types d'utilisation de l'eau dans la commune (lavage, arrosage, fontaines...) ;

— le constat d'une baisse inquiétante du niveau des nappes souterraines en cas de sécheresse prolongée.

6 La pollution par les eaux d'égouts

• Que contiennent les eaux d'égouts ?

• Où vont les eaux des égouts ?

• Le rôle des décomposeurs de la rivière.

• Le rôle des stations d'épuration.

• En conclusion : l'eau des rivières et des lacs peut être polluée :

— soit par des rejets de substances toxiques (cyanure, mercure, herbicides, pesticides, détergents...) capables de tuer les êtres vivants même à faible dose ;

— soit par des rejets de substances qui ne sont pas des poisons mais qui sont dangereuses lorsqu'elles existent en trop grande quantité.

7 La pollution des nappes souterraines

• Les nitrates, qu'est-ce que c'est ? Quelques manipulations avec de l'engrais à gazon pour montrer la solubilité. Imaginer comment les plantes les absorbent. Que se passe-t-il quand il pleut ?

• Comment pourrait-on limiter cette pollution ?

Conclusion : l'intérêt de l'agriculteur et celui de la collectivité ne sont pas les mêmes.

8 Les pollutions par accidents

Marées noires : spectaculaires, mais danger ponctuel.

NOTIONS VISÉES

à l'école élémentaire

Aucun animal ne consomme ou ne salit autant d'eau que l'homme.
Pour avoir de l'eau, c'est apparemment très facile : il suffit d'ouvrir le robinet.

En réalité, le ravitaillement en eau d'une agglomération pose de plus en plus de problèmes.

A

• Que devient l'eau du linge qui sèche ?

B

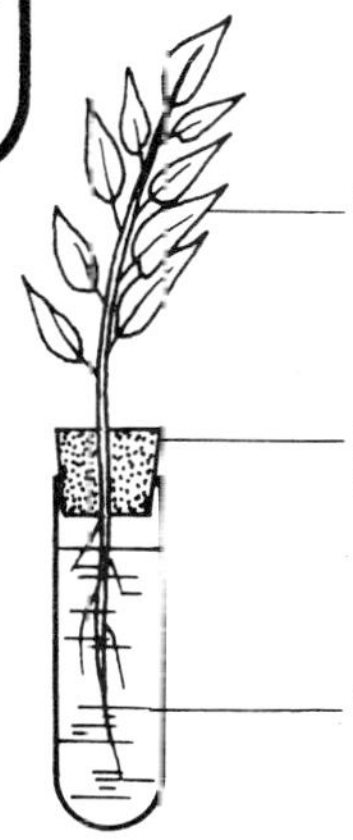

• Dessine ce montage le lendemain.

C

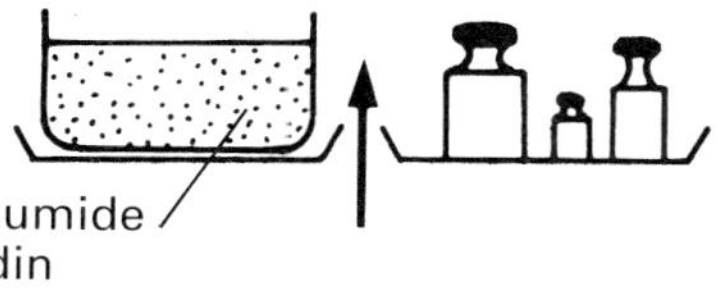

• L'équilibre de la balance va-t-il se maintenir ? Dessine ce qu'on verra le lendemain.

E

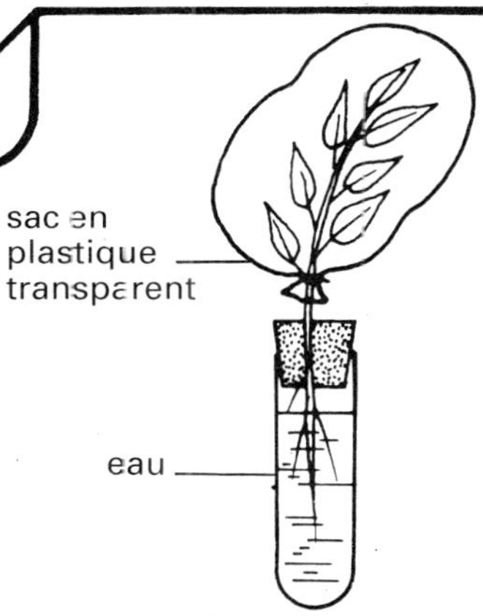

• Que verra-t-on sur la paroi du sac le lendemain ? Explique ce qui se passe.

D

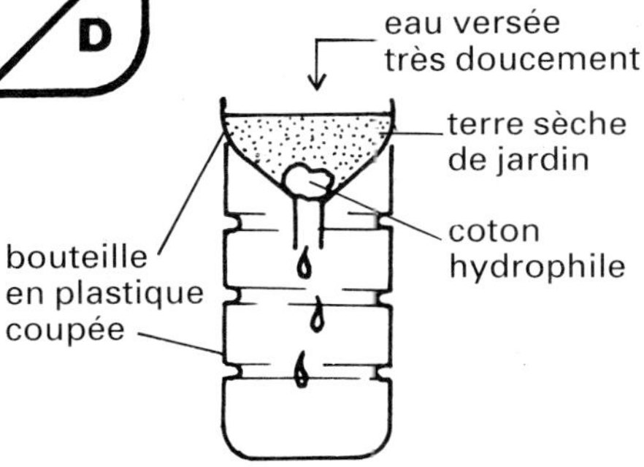

• Combien de cuillerées à soupe d'eau peut-on verser avant l'apparition de la première goutte dans la bouteille ?

F

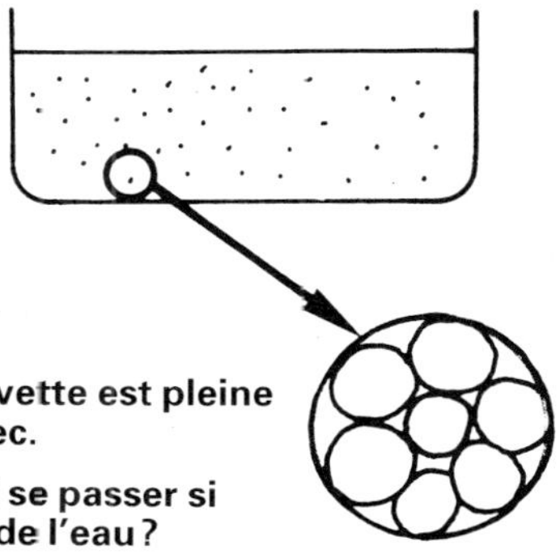

• Cette cuvette est pleine de sable sec.

Que va-t-il se passer si l'on verse de l'eau ?

Représente-le sur les deux dessins.

Ces dessins illustrent certaines flèches de la figure 3. Lesquelles

dessin	A	B	C	D	E	F
flèche						

FIG. 5

Le document 3 précédent peut suggérer des expériences pour illustrer de façon concrète chacune des flèches.

5 La place de l'homme dans la nature

Pendant des millénaires, les **hommes préhistoriques** ont vécu dans la nature au même titre que les autres animaux, se nourrissant des produits de la chasse et de la pêche complétés par la **récolte** de fruits, de racines, de feuilles. Grâce à leur intelligence, leur créativité, leur aptitude à fabriquer et utiliser des outils, les hommes sont rapidement devenus les "maîtres" de l'univers. Mais actuellement, en raison des extraordinaires progrès techniques et de l'accroissement explosif de la population, l'homme perturbe dangereusement les équilibres naturels. Assurer la protection de la nature est devenu l'une des tâches les plus importantes pour l'avenir de l'humanité.

Dès l'école élémentaire, on peut sensibiliser les enfants à quelques problèmes relatifs à l'environnement afin de développer, chez ces futurs citoyens, une prise de conscience des responsabilités de l'homme vis-à-vis de son environnement, et de les préparer à adopter des comportements réfléchis et cohérents face aux problèmes de gestion du patrimoine naturel.

1 INFORMATIONS UTILES POUR L'ENSEIGNANT

1 L'utilisation des ressources naturelles

Si on a longtemps pensé que les océans fourniraient une solution aux problèmes de l'alimentation mondiale, les observations actuelles montrent que les richesses de la mer ne sont pas inépuisables et que les risques de dépeuplement par prélèvements abusifs sont réels. Il en est de même pour la plupart des **ressources naturelles** exploitées pour satisfaire les besoins de la société industrialisée, besoins en matières premières (bois, eau, minerais...), besoins en combustibles (charbon, pétrole...).

Pour ne pas épuiser les ressources naturelles, il est absolument nécessaire de tenir compte de l'importance réelle des stocks et de connaître leur taux de renouvellement.

Il convient par ailleurs de protéger les ressources des destructions dont elles peuvent être l'objet.

2 La destruction des milieux naturels

Les hommes sont souvent amenés à dévaster des milieux naturels entiers en construisant des autoroutes, des ports, des habitations... Les **milieux naturels** peuvent également être détruits accidentellement, un incendie peut ravager des forêts entières. D'autre part, de nombreuses erreurs ou ignorances (pratiques culturales défectueuses, surpâturage des moutons et des chèvres, incendies des forêts tropicales pour installer des cultures...) conduisent à une disparition de la couverture végétale ; l'**érosion** qui suit, enlève le sol et provoque une véritable désertification.

3 Les pollutions

Les causes de la **pollution** sont de plus en plus nombreuses ; nous nous limiterons ici à l'analyse de quelques exemples.

• **La pollution des océans par les hydrocarbures** est la plus connue du public, des accidents spectaculaires la ramenant périodiquement au premier plan de l'actualité.

Cette forme de pollution résulte du transport par mer du pétrole brut et de l'exploitation des puits de pétrole en mer.

On estime à 3 millions de tonnes la quantité d'hydrocarbures déversée chaque année dans des océans, non seulement au cours d'accidents survenus sur des plates-formes d'exploitation, lors de collisions ou échouages de pétroliers, mais aussi par rejets volontaires des résidus de cuves des navires.

• **La pollution par les pesticides**. On appelle **pesticides** l'ensemble des produits chimiques employés par l'homme dans sa lutte contre les animaux et les végétaux ; ce sont les **insecticides**, les **herbicides** (qui suppriment les "mauvaises herbes" dans les cultures), les **fongicides** (contre les champignons parasites), etc. Ils sont actuellement utilisés en quantité énorme afin d'accroître les rendements agricoles. En France, l'utilisation des pesticides (herbicides, fongicides, insecticides...) a quadruplé en 15 ans (1974 - 1987) ; elle atteint actuellement 3kg/ha cultivé. Mais leur action, apparemment bénéfique pour l'agriculteur, présente de graves **dangers**. En effet :

— ils détruisent de nombreuses espèces, provoquant des ruptures d'équilibres naturels ;

— ils déterminent l'apparition de races résistantes dont il devient de plus en plus difficile de se débarrasser ;

— ils s'accumulent dans les océans et peuvent alors constituer un véritable danger pour les animaux situés à la fin des chaînes alimentaires (fig. 2) et pour l'homme qui occupe souvent cette place.

Le **seuil de toxicité** des pesticides est mal connu mais on sait que certains insecticides sont neurotoxiques et certains fongicides vraisemblablement cancérigènes. Dans certains pays où leur emploi est mal maîtrisé, de nombreux accidents ont été déplorés : selon l'Organisation Mondiale de la Santé, 500 000 cas d'empoisonnement dont 5 000 mortels en 1972.

• **Autres pollutions**

En plus des exemples précédents, on pourrait citer bien d'autres aspects de la pollution : rejet de substances chimiques nocives, de détergents, de substances radioactives, rejets d'eau chaude par les centrales nucléaires, pollution des nappes souterraines par les engrais utilisés en excès, pollution atmosphérique... Tous les milieux sont touchés (eaux douces, nappes souterraines, atmosphère), mais la pollution marine est certainement la plus préoccupante. La mer est en effet devenue la poubelle des activités humaines et, bien que ses capacités d'autoépuration soient grandes, on a atteint un stade de déséquilibre qui inquiète beaucoup les spécialistes.

4 L'introduction d'espèces nouvelles

Des espèces nouvelles, animales ou végétales, peuvent être introduites sur un territoire où elles n'existaient pas, soit accidentellement (transport de rats par les bateaux, par exemple), soit volontairement. On court alors souvent le risque de bouleverser un milieu, de mettre en danger les équilibres biologiques, parfois même de provoquer un désastre en face duquel l'homme se trouverait désarmé.

5 La diversité du vivant menacé

Chaque année, des milliers d'espèces animales et végétales disparaissent parce que l'on détruit leur habitat. Un exemple spectaculaire et tristement célèbre est celui des **forêts tropicales** dans lesquelles la prodigieuse diversité biologique qui existe encore est sérieusement menacée ; tous les quatre ans, une surface de la forêt équivalente à celle de la France disparaît.
Les agriculteurs des pays industrialisés font courir sans le savoir un risque à cette ressource importante qu'est la diversité biologique. En effet, la sélection pratiquée sur les végétaux et les animaux conserve les mieux adaptés aux exigences des pratiques culturales et industrielles, mais de ce fait tend à éliminer les autres : actuellement, **29 espèces cultivées** fournissent **90 % des aliments consommés** par l'homme, alors que 75 000 espèces ont des parties comestibles.

La **monoculture** pratiquée à grande échelle peut avoir des conséquences inquiétantes. Une espèce parfaitement adaptée aux conditions d'aujourd'hui (climat, demande des consommateurs...) pourrait ne plus l'être demain face à une variation du climat ou devant une maladie nouvelle. Ainsi, en 1968 aux Etats-Unis, la rouille du maïs a connu une extension considérable du fait de l'uniformité excessive des semis.

6 L'homme tente de protéger les milieux naturels

De gros efforts sont actuellement entrepris pour limiter certains effets néfastes des activités humaines. Nous n'en fournirons que quelques exemples.

• **La lutte contre la pollution des rivières et des lacs**

La pollution résulte d'une part, du rejet par les usines de substances chimiques toxiques, d'autre part, des déchets issus des agglomérations. Pour limiter cette pollution, de nombreuses villes et la plupart des usines ont construit des stations d'épuration des eaux.

• **Le reboisement**

C'est un moyen d'accroître la production de bois mais aussi une façon d'éviter l'érosion de terrains abandonnés par les agriculteurs ou détruits par les incendies .

• La lutte contre les incendies

En France, chaque année, 35 000 hectares de forêt sont la proie des flammes. Ces incendies touchent surtout les forêts de la région Provence-Côte d'Azur. Deux moyens sont mis en oeuvre :

— des mesures de prévention (réalisation de pare-feux, débroussaillages systématiques...) ;

— des dispositifs et des moyens de lutte perfectionnés tels que les "canadairs", avions capables de transporter et répandre plus de 5 000 litres d'eau.

• La création de parcs nationaux et régionaux

• La protection de certaines espèces animales ou végétales en voie de disparition

7 En résumé

L'augmentation considérable de la population mondiale et le développement des techniques peuvent entraîner de dangereuses perturbations des équilibres naturels. Les conditions de la protection de notre environnement décideront de l'avenir de l'humanité. Leur gestion suppose une parfaite connaissance des équilibres naturels et exige des moyens matériels importants.

Connaissez-vous

LE SENS DE CES MOTS OU EXPRESSIONS

- **pesticide, herbicide, insecticide**
- **seuil de toxicité**
- **hydrocarbure**
- **érosion**

2 DES ACTIVITÉS PÉDAGOGIQUES POSSIBLES

On peut sensibiliser les enfants à différents problèmes d'environnement en les faisant réfléchir et discuter sur quelques exemples précis, convenablement choisis, afin de dégager l'idée selon laquelle les hommes sont seuls responsables de la qualité de leur environnement. Toute négligence ou tout abus dans ce domaine peut avoir, à moyen terme, des conséquences dramatiques.

L'environnement immédiat de l'école, celui de la ville ou des communes, fournissent presque toujours des points de départ, mais les renseignements que l'on possède sont souvent incomplets, parfois même peu objectifs, et les enfants ne disposent pas alors d'une vue d'ensemble du problème posé. Si l'étude de ces faits locaux n'est pas à négliger, elle est cependant insuffisante et des documents tels que ceux présentés ici sont souvent utiles. Ils permettent d'aborder :

— l'abus des pesticides,

— les conséquences de l'introduction d'espèces nouvelles,

— la notion relative d'animal utile, d'animal nuisible.

1 L'abus des insecticides

L'utilisation des **pesticides** (insecticides et herbicides) représente une cause importante de pollution. Pour détruire les parasites de ses cultures, l'homme synthétise des substances chimiques très efficaces mais beaucoup sont non biodégradables. Elles s'accumulent progressivement dans les égouts naturels que constituent les rivières et les océans.

Ces substances, répandues dans un but précis et dans des endroits bien circonscrits, peuvent cependant migrer plus ou moins vite et entraîner à plus ou moins longue échéance la mort d'animaux auxquels elles n'étaient pas destinées. Le document 2 propose un cas réel, particulièrement intéressant, tout en étant simple à analyser. Le problème à résoudre est le suivant : pourquoi les grèbes vivants sur le fond du lac sont-ils morts alors qu'une dose très faible d'insecticide avait été pulvérisée pour détruire les moustiques ?

Pour utiliser ce document, vous pouvez proposer successivement :

1. L'analyse du dessin (quelles informations fournit-il ? Quelle est la chaîne alimentaire que l'on peut écrire ?)

2. L'étude du tableau de nombres

Que constate-t-on au sujet de la dose d'insecticide présente dans chacun des maillons de la chaîne alimentaire ? Pour quels animaux la dose mortelle est-elle atteinte ?

Lors du bilan collectif, les réponses aux questions posées sont élaborées ; les enfants comprennent alors pourquoi il est recommandé de ne jamais abuser de l'emploi des insecticides. Afin de compléter l'information, vous pourrez préciser que, dans le lac américain dont il est question, un remède fut trouvé par les scientifiques afin d'enrayer la disparition des grèbes. Après avoir acclimaté des poissons se nourrissant de larves de moustiques, on a introduit des poissons carnivores de manière à limiter le nombre de mangeurs de larves de moustiques créant ainsi une

2 *Indésirables pour certains, utiles pour d'autres*

Au printemps, l'étourneau nourrit ses petits avec des insectes parmi lesquels dominent des espèces dangereuses pour les cultures (hannetons, vers blancs; taupins...). Il consomme aussi un grand nombre de limaces ainsi que des baies et des fruits. En automne, il fait des dégâts dans les vignobles et dans les plantations d'oliviers.

- Pourquoi l'étourneau est-il considéré par certains comme nuisible ?

....

- Quelles sont cependant ses actions bénéfiques ?

....

FIG. 1

On classait autrefois les animaux en deux groupes : les animaux utiles, les animaux nuisibles. Ce classement sommaire est totalement rejeté par les écologistes.

Extrait de *Biologie 6e*.

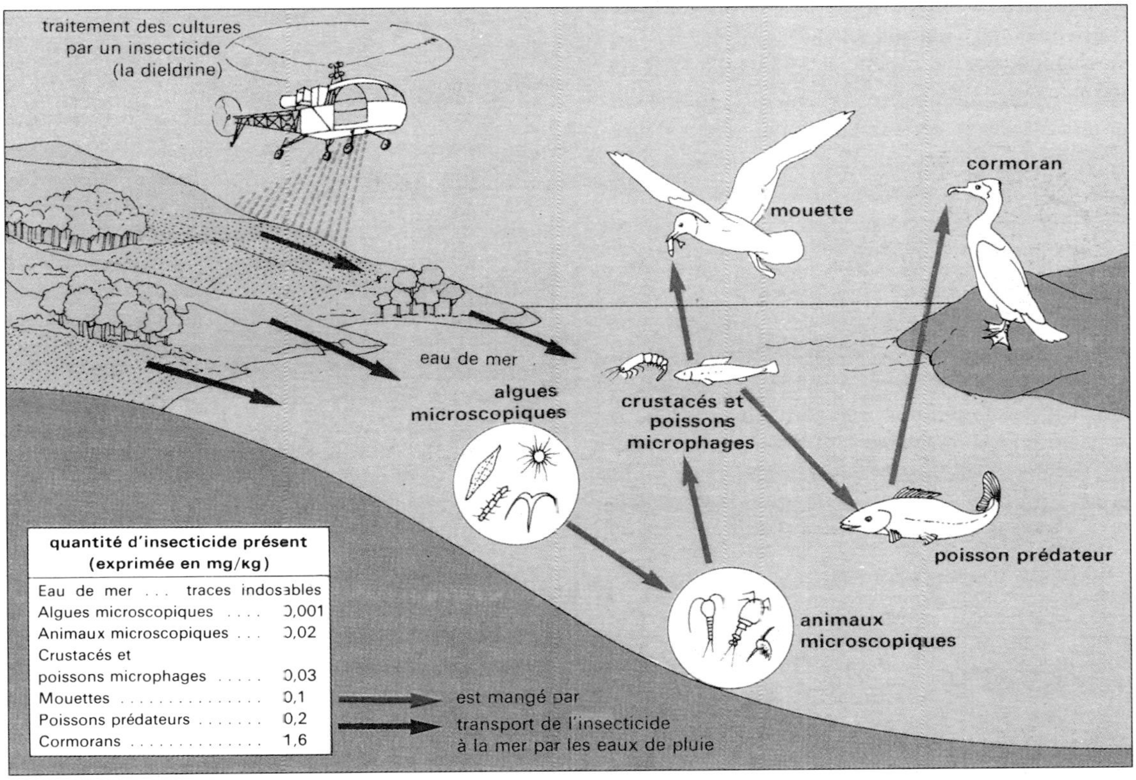

FIG. 2

Des traces d'insecticides dans l'eau, même à très faible dose, peuvent cependant être dangereuses pour les animaux situés au dernier maillon des chaînes alimentaires.
Expliquez ce qui se passe. Pourquoi parle-t-on de concentration progressive le long d'une chaîne alimentaire ?

Extrait de *Cahier d'activités CM2, Biologie*.

nouvelle chaîne alimentaire dont les moustiques constituent un maillon.C'est un exemple de lutte biologique.

Certains pays dont la Suède, le Danemark, les Pays-Bas, l'Allemagne fédérale ont, depuis 1969, interdit l'usage de DDT sur leur territoire. D'autres pays, comme la France, en réglementent sévèrement l'emploi.

Cependant, il ne faut pas condamner sans appel l'usage du DDT.

En effet, dans les pays tropicaux où sévit le paludisme, le DDT apparaît encore comme un des rares moyens de lutte efficace contre les moustiques vecteurs de cette maladie.

Sauver la vie de milliers d'hommes justifie alors l'utilisation d'un poison interdit dans d'autres pays, mais l'usage en reste très contrôlé si l'on veut épargner la faune locale.

Cette étude peut se prolonger par une enquête sur les procédés de culture biologique pratiqués dans certaines exploitations agricoles et éventuellement faire l'objet d'une visite des installations (serres, vergers...).

• **Notions visées**

— Les insecticides sont dangereux, il est recommandé d'en faire un emploi raisonnable.

— Les insecticides, qui sont le plus souvent non dégradables, se concentrent progressivement le long d'une chaîne alimentaire et deviennent très dangereux pour le troisième ou le quatrième maillon de la chaîne.

— Dans la nature, les équilibres sont fragiles, l'homme ne doit intervenir qu'avec prudence et discernement avant d'entreprendre une action.

2 Quelques aspects de la pollution

Les travaux sur la pollution constituent un domaine important des problèmes relatifs à l'environnement. Pour ce thème, très accessible aux enfants par certains de ses aspects, il faut éviter le simple "bavardage" et ne pas se contenter d'évoquer les papiers accumulés dans un coin de rue, les détritus abandonnés dans une clairière de forêt ou les plastiques amoncelés le long d'un chemin. Il est indispensable de faire réfléchir sur des cas concrets.

Voici quelques suggestions complémentaires.

• De nombreux cas de pollution sont décrits par **les médias**.

Demandez aux enfants de réunir tous les documents possibles les concernant (articles de journaux, photographies, comptes rendus d'interviews...)

• **Des enquêtes individuelles** ou par groupe sont possibles sur le stockage des ordures ménagères, le contrôle des gaz d'échappement des voitures par des stations spécialisées, l'utilisation des divers pesticides...

• **Des visites** peuvent être organisées pour toute la classe dans une usine de récupération des déchets, dans une entreprise de recyclage de vieux papiers, de verres usagés...

Ces travaux débouchent généralement sur la recherche de solutions possibles aux déséquilibres produits par les déchets que les hommes ne cessent d'accumuler et qui sont rarement biodégradables.

3 Utiles ou nuisibles ?

Objectifs :

— Montrer la nécessité de connaissances précises pour se faire une opinion sur le rôle d'un animal dans son milieu (fig.1)

— Montrer que la notion d'animal nuisible est une notion trop brutale, qui ne correspond pas à une étude scientifique sérieuse.

— Evoquer les relations qui existent entre les êtres vivants d'un milieu.

— Rechercher dans des journaux, dans des revues, dans des livres des exemples d'animaux ou de plantes actuellement protégés.

NOTIONS VISÉES

à l'école élémentaire

- Dans un milieu donné, les différents êtres vivants se développent en harmonie les uns avec les autres : on dit que **le milieu est en équilibre**. Si l'homme vient modifier l'un de ces éléments, l'équilibre est rompu ; ce phénomène peut avoir des conséquences inattendues telles que la disparition de certaines espèces, la prolifération d'autres espèces...

- Quand l'homme utilise les ressources que lui donne la nature, il doit toujours **penser à l'avenir.**

5 DES ANIMAUX VIVENT DANS LA CLASSE

1 Les élevages d'animaux, un instrument pédagogique de choix

A la différence des autres chapitres, celui-ci n'a pas pour objet de présenter l'un des grands domaines de la biologie-géologie tels que la reproduction, la nutrition, le déplacement... Recommandés par les compléments aux programmes officiels, les élevages en classe constituent un moyen de réunir de nombreuses informations et de susciter le désir d'en savoir plus. Aussi, pour tenir compte de son importance, nous abordons ce sujet dans des chapitres particuliers.

Les élevages constituent un instrument pédagogique de choix non seulement pour permettre à l'enfant d'acquérir une meilleure connaissance de la vie animale mais aussi pour former sa personnalité affective et intellectuelle. De plus, ils rendent possible l'observation continue d'animaux vivants, et sont ainsi à l'origine de séances d'activités nombreuses et irremplaçables.

Mais les enseignants se heurtent parfois à de sérieuses difficultés : certains ne se sentent pas capables d'exploiter convenablement l'élevage installé dans leur classe, d'autres craignent de ne pas savoir profiter des occasions offertes par la nature (une branche d'arbre couverte de pucerons et de coccinelles, la capture de deux papillons accouplés, des grillons qui sautent dans le bois...).

Les questions les plus fréquemment posées par les enseignants sont : quelles activités peut-on faire avec cet animal ? Comment l'installer convenablement avec les moyens rudimentaires de la classe ? Quels sont les avantages pédagogiques de cet élevage ? Quels animaux choisir ? Y a-t-il des animaux qui conviennent mieux que d'autres à certains niveaux ? Que faire des animaux pendant les vacances scolaires ? Certains animaux sont-ils dangereux ?...

Vous trouverez des réponses à ces différentes questions dans le présent chapitre et dans le suivant.

1 POURQUOI INTRODUIRE DES ANIMAUX DANS UNE CLASSE ?

1 La présence d'animaux répond à un besoin affectif des enfants

Les jeunes enfants sont spontanément attirés par les animaux et, pour leur équilibre affectif, ils ont besoin de contacts avec la vie animale. Selon les conditions de vie des élèves, ce besoin est très diversement satisfait. Les enfants des villes ont rarement un animal dans leur appartement et généralement ils ne connaissent la vie animale qu'à travers la télévision et les livres. Un très beau livre ou une excellente photographie ne peuvent pas remplacer la caresse faite au cochon d'Inde de la classe qui vous accueille chaque matin avec ses petits cris. Les enfants des zones rurales vivent généralement en familiarité avec les animaux de la maison ou de la ferme. Mais pour ces enfants aussi, un élevage en classe permet un contact plus personnel et fait naître des liens affectifs nouveaux.

• **La présence d'élevages en classe facilite l'intégration** de chaque enfant au groupe classe. Les animaux qui vivent dans la classe sont intégrés à la vie du groupe et "participent" à ses activités. Les responsabilités partagées renforcent le sentiment du "nous". La classe devient plus facilement une petite communauté de vie (fig. 1).

• Installer des élevages dans une classe donne le moyen de **rendre les enfants responsables**. Les soins à donner régulièrement, la nourriture à apporter, le nettoyage à faire... développent le sentiment de la responsabilité et l'habitude d'un travail d'équipe.

FIG. 1

Les élevages dans un Cours Préparatoire peuvent motiver l'expression orale, écrite, gestuelle, graphique... et constituer le point de départ de nombreuses activités pluridisciplinaires.

Extrait du *Guide du maître «De la maternelle au Cours Elémentaire»*.

• Les élevages apportent des **motivations pour l'expression et la communication** sous toutes ses formes (communication orale, expression écrite, dessins...) et constituent un support pour la créativité (fig. 1).

• La pratique des élevages constitue un moyen de faire naître le **respect de la vie** animale qui est loin d'être inné, mais qu'on peut contribuer à développer.

2 Les élevages permettent la mise en place des concepts fondamentaux

La construction de ces concepts est surtout importante avec de très jeunes enfants (maternelle et cours préparatoire).

1. Le concept de vie

Les enfants assistent à des naissances. Les animaux grandissent et, devenus adultes, ils se reproduisent à leur tour. Les enfants observent aussi les comportements (attaque, défense...), les soins donnés aux jeunes par les parents... Certains animaux peuvent mourir et il n'est pas souhaitable d'en dissimuler la réalité aux enfants. Ainsi la fragilité de la vie ainsi que ses limites apparaissent. L'homme peut, par divers comportements, protéger ou détruire cette vie. De la sensiblerie, l'enfant passe à un niveau plus objectif du respect de la vie. De plus il peut établir le parallélisme entre la vie de l'animal et la sienne propre.

2. Le concept de temps et d'espace

Les grandes étapes de la vie des animaux mis en élevage constituent autant de points de repère. Leurs activités journalières, même saisonnières, vont contribuer à la structuration de deux notions fondamentales: le temps sous sa forme linéaire (naissance, croissance...) et sous sa forme cyclique (rythmes biologiques, générations successives...).

De même, l'observation des déplacements de l'animal, de ses positions, de sa manière d'occuper le territoire... peut conduire à une meilleure perception de l'espace.

3 Les élevages permettent une approche de la sexualité

Les élevages d'animaux constituent un moyen privilégié d'aborder sans brusquerie l'ensemble des problèmes liés à la reproduction. En effet, dans un élevage, le problème de la reproduction se pose tôt ou tard. Il est important de ne pas l'évacuer car il correspond à une des grandes interrogations des enfants. Les élevages fournissent ainsi l'occasion d'une saine et simple information sexuelle. Les questions posées et les réponses fournies empêchent que soient inventées ou colportées des explications erronées.

4 Les élevages permettent l'acquisition de certaines méthodes de travail

S'il est incontestable que de jeunes enfants ont besoin, pour leur équilibre affectif, d'un contact avec la nature et surtout avec les animaux, pourquoi faire encore des élevages avec des enfants plus âgés ? D'autres finalités apparaissent alors.

• **Adopter une attitude de plus en plus objective et analytique**

Pour un enfant du CE ou du CM, mettre un animal en élevage oblige à dépasser l'attitude purement affective, à dépasser même le stade de la simple observation et à essayer d'analyser les conditions de vie de l'animal (nourriture, chaleur, lumière, humidité...), à comprendre ensuite les principales manifestations de sa vie, de ses fonctions, de son comportement... On ne peut pas élever de la même manière des criquets ou des vers de terre ; et, si l'on veut réussir, il faut procéder à une bonne analyse des conditions de vie.

• **Développer l'esprit scientifique**

Les élevages permettent de poser les premiers jalons du développement d'un esprit scientifique :

— par l'entraînement à la comparaison lorsque plusieurs élevages sont réalisés simultanément ou successivement,

— par la conception, la réalisation, l'exploitation d'expériences concernant par exemple les préférences alimentaires, l'action de certains facteurs physiques du milieu...

Un véritable tâtonnement débouchant sur un protocole expérimental bien établi peut être envisagé à partir du CE2 dans certains cas particulièrement favorables. Rappelons que par démarche expérimentale on entend

— affirmations et hypothèses émises par les élèves,

— vérification expérimentale de celles-ci (les expériences simples devant être proposées et discutées par les élèves, de même que les dispositifs expérimentaux),

— interprétation des résultats obtenus et conclusion au cours d'une discussion.

5 Les élevages facilitent la mise en place de notions scientifiques importantes

Les enfants assistent à des naissances ; les jeunes animaux grandissent et, devenus adultes, se reproduisent à leur tour... Les animaux mangent, boivent, rejettent des déchets ; ils se déplacent, réagissent au monde qui les entoure... (fig. 2).

Ainsi, le contact permanent avec la vie animale conduit à des découvertes essentielles sur le plan scientifique.

Des problèmes se posent ...

LE COCHON D'INDE

Mange et rejette des déchets

- Que mange-t-il ?
- A-t-il des aliments préférés ?
- Comment choisit-il sa nourriture ?
- Mange-t-il beaucoup ?
- Est-ce qu'il boit ?
- Pourquoi a-t-il besoin de manger ?
- Comment mange-t-il ?
- Que deviennent ses aliments ?

Réagit à son entourage

- Voit-il ? Entend-il ? Sent-il ?
- Pourquoi pousse-t-il de petits cris ?
- Pourquoi se cache-t-il ?
- Peut-on l'apprivoiser ?
- Que peut-il apprendre ?

Se déplace

- Comment se déplace-t-il ?
- A quelle vitesse se déplace-t-il ?
- Pourquoi se déplace-t-il ?
- Se repose-t-il ? Comment ?
- Dort-il ?

Se reproduit

- Comment reconnaît-on le mâle de la femelle ?
- Comment naissent les petits ?
- Comment se sont-ils formés ?
- Que font-ils les premiers jours ?
- Les parents soignent-ils leurs petits ?
- Comment grandissent les jeunes ?
- Les jeunes ressemblent-ils à leurs parents ?

Doit rester en bonne santé

- Comment en prendre soin ?
- Hygiène, alimentation, température...

Des notions scientifiques sont abordées ...

LE COCHON D'INDE

Mange et rejette les déchets

- Certains animaux ont un régime végétarien.
- Les animaux ont des préférences alimentaires.
- Pour découvrir leur nourriture les animaux utilisent des organes des sens.
- Les végétariens mangent beaucoup, ils rejettent beaucoup de déchets solides.
- Les aliments frais contiennent beaucoup d'eau.
- Les aliments permettent la croissance, les mouvements ; ils sont source de chaleur.
- Les réserves accumulées peuvent remplacer les aliments.
- La denture est adaptée au régime alimentaire.
- Les aliments sont transformés.

Réagit à son entourage

- Les animaux perçoivent leur milieu grâce à leurs organes des sens.
- Ils expriment leurs émotions de différentes façons (cris, mouvements...).
- Ils ont plus ou moins de moyens de défense.
- Ils sont capables de certains apprentissages.

Se déplace

- Les déplacements sont liés
  à la recherche de la nourriture
  à la recherche d'un abri
  à la recherche de la femelle (pour un mâle).
- Les animaux ont en général plusieurs modes de déplacement.
- On constate une alternance entre des périodes d'activité et de repos, de veille et de sommeil de durée variable.

Se reproduit

- Le mâle est différent de la femelle (organisation et comportement).
- Les petits de certains animaux naissent en sortant du ventre de la femelle.
- Dans ce cas chaque petit se développe à partir d'un « œuf » dans le ventre de la mère.
- Les deux parents sont nécessaires pour la formation de l'« œuf »
- Chez les Mammifères, la femelle prend en général grand soin de ses petits, elle les allaite, les protège, les nettoie.
- Chez certains d'entre eux, les jeunes restent dans le nid plusieurs jours.
- Les jeunes changent d'aspect, grandissent progressivement en taille et en poids ; ils deviennent adultes.
- Les jeunes héritent les caractères du père et de la mère.

FIG. 2

La mise en place d'un élevage permet de formuler une grande variété de problèmes. La recherche de leur solution aborde un grand nombre de notions scientifiques. L'élevage du cochon d'Inde en est un exemple significatif.

Extrait du *Guide du maître «Les animaux, les élevages»*.

• **Approche de notions biologiques**

Elles concernent la vie des animaux et leurs fonctions.

— **La découverte des caractères fondamentaux des êtres vivants** est favorisée par l'observation continue qu'entraîne la mise en place d'un élevage en classe. Le cycle de vie d'un papillon, la naissance d'un oiseau... sont rarement observés dans la nature. L'élevage permet de voir naître, vivre, se reproduire et même mourir.

.— **Les principales fonctions des animaux** sont étudiées : locomotion, sensibilité, nutrition, croissance, reproduction. Des notions plus générales, telles que l'adaptation ou la métamorphose, peuvent aussi être dégagées.

— **La diversité du monde animal** apparaît grâce à la variété des élevages entrepris. Les principaux groupes d'animaux sont représentés dans une classe qui élève des grillons ou des vers à soie, des oiseaux, des mammifères, des escargots et des vers de terre.

— **L'unité du monde animal** est encore une découverte que l'on peut faire à l'aide des élevages : malgré la diversité des espèces, les grandes fonctions des animaux restent les mêmes.

• **Approche de notions écologiques**

En élevant leurs animaux, les enfants découvrent les relations alimentaires entre les êtres vivants. Ils construisent des chaînes alimentaires et ils abordent facilement les notions d'équilibre biologique.

En essayant de mettre les animaux dans les meilleures conditions de vie, ils sont obligés d'analyser les relations entre êtres vivants et milieu (en particulier, l'action de certains facteurs physiques et même chimiques).

En s'intéressant aux conditions de vie des vers de terre, des escargots, des insectes, des souris... ils comprennent ce que signifie la notion très actuelle de respect de l'environnement. Sensibilisés à ces problèmes, d'une manière réelle et non plus seulement verbale, ils sont prêts à comprendre la responsabilité de l'Homme dans la dégradation de certains équilibres et la nécessité d'une gestion éclairée des ressources naturelles.

2 QUELS ANIMAUX CHOISIR ?

L'attrait exercé par les animaux sur les enfants les entraîne souvent à en apporter en classe. Dans la plupart des cas, vous pouvez conserver ces animaux vivants à condition de leur procurer un local convenable, de la boisson et de la nourriture. Ces élevages temporaires permettent toujours de réaliser de très intéressantes découvertes et favorisent les activités autonomes des enfants. Vous pouvez, vous aussi, fournir des "visiteurs de passage" tels que poussins ou canetons dont les transformations sont très rapides et qui, quelques semaines plus tard, seront donnés à des parents ou amis, à un centre aéré, à des fermiers... qui ont une installation d'élevage de volailles.

A ces installations, on peut ajouter, de façon ponctuelle et pour réaliser des observations précises, l'introduction d'un animal familier comme un chien ou un chat.

Enfin, vous pouvez réaliser des élevages permanents et bien choisis.

1 Comment choisir les animaux ?

Le choix des animaux est fonction d'objectifs précis ; il s'orientera vers :

— des animaux dont les enfants puissent s'occuper eux-mêmes et qui n'exigent pas de soins trop minutieux ni d'installations trop compliquées ;

— des animaux qui se reproduisent facilement et offrent la possibilité d'étudier un cycle de vie complet.

Les mammifères ont toujours une place privilégiée, leur mode de vie étant plus familier à l'enfant. De plus, le mammifère apporte par son toucher une qualité toute spéciale de relation avec l'enfant qui le prend, le caresse, lui parle avec une joie très profonde. En revanche, les élevages de mammifères exigent des soins très réguliers.

Il convient donc de ne pas se limiter aux mammifères (cochon d'Inde, lapin nain, souris blanches...) mais de veiller à introduire aussi des animaux qui naissent à partir d'un œuf pondu : oiseaux (tourterelles, canaris...), insectes (grillons, vers à soie,...), escargots...

2 Comment les introduire en classe ?

Les circonstances sont très variables. Deux types de situations se rencontrent le plus fréquemment.

• **Des animaux sont recueillis** lors d'une sortie ou apportés par un enfant (par exemple : lézard, orvet, hérisson, escargots, vers de terre, mouches, chenilles, coccinelles, grillons, sauterelles, criquets, mantes religieuses, doryphores, fourmis...). Ces animaux prennent place dans la classe pour quelques jours ou quelques semaines, avant d'être remis en liberté dans leur milieu. L'élevage est alors le moyen de compléter une étude de milieu.

• **Des animaux choisis par l'enseignant** sont introduits dans la classe afin de donner lieu à l'étude de faits biologiques particuliers : métamorphoses complètes d'un insecte, naissance d'oiseaux, préférences alimentaires, cycle complet de vie. C'est le cas des élevages

Notions biologiques		Cochon d'Inde	Hamster	Souris	Lapin	Tourterelles Canaris	Escargots	Vers de terre	Araignées	Cloportes	Grillons	Phasmes	Criquets	Chenilles et Papillons	Vers de farine	Pucerons	Coccinelles	Mouches et asticots	Fourmis	Mante religieuse
Croissance	en poids	×	×	×	×	×														
	en longueur	×	×	×	×	×					×	×	×	×	×			×	×	
	mues de croissance								×		×	×	×	×	×		×			×
Alimentation	régime alimentaire	×	×	×	×	×	×	×	×		×	×	×	×	×	×	×	×	×	×
	préférence alimentaire	×	×	×	×	×	×					×	×	×	×	×	×	×	×	
Locomotion	marche	×	×	×		×			×		×	×	×	×	×		×	×	×	×
	saut				×	×					×		×							
	vol					×							×	×			×	×		
	reptation						×	×						×	×			×		
Sensibilité		×	×	×	×	×	×	×	×	×	×	×	×	×	×	×	×	×	×	×
Reproduction	2 modes : ovipare					×	×		×		×	×	×	×	×		×	×	×	×
	2 modes : vivipare	×	×	×	×															
	initiation à la sexualité	×	×	×	×	×	×				×	×	×	×						
	initiation à l'hérédité	×	×	×	×															
Métamorphose (avec stade de nymphose)														×	×		×	×	×	
Cycle de vie		×	×	×	×	×					×	×	×	×	×		×	×	×	
Adaptation	au régime alimentaire (denture, pièces buccales)	×	×	×	×	×					×	×	×	×		×	×	×		×
	à la locomotion (saut, vol...)				×	×							×	×				×		
Mimétisme												×		×						×
Apprentissages, conditionnement		×	×	×																
Notions écologiques																				
Population			×	×							×			×	×	×	×	×	×	
Territoire		×	×	×							×								×	
Compétition		×	×	×							×								×	
Vie sociale																			×	
Action des facteurs du milieu	préférences						×	×		×	×		×		×				×	
	rythmes saisonniers		×				×	×					×	×				×		
	vie ralentie		×				×	×												
	répartition des populations						×	×		×	×								×	
Relations alimentaires									×				×	×		×	×			×
Relation proie-prédateur (capture des proies)									×								×			×
Parasitisme														×		×				
Action des êtres vivants sur le milieu								×												

FIG. 3

Ce tableau peut aider un enseignant à choisir l'élevage le mieux adapté aux objectifs de connaissances qu'il s'est fixé.

Extrait du *Guide du maître «Les animaux, les élevages»*.

de cochons d'Inde, tourterelles, vers de farine, escargots... Il est bien sûr préférable de ne pas introduire tous les élevages simultanément.

3 Où placer l'élevage ?

Pour mettre en permanence à la disposition des enfants des "sujets d'étude" qui favorisent le travail autonome, il convient d'installer les animaux dans la classe et non dans une salle d'élevage spécialisée. Il suffit, en déplaçant le mobilier, de ménager un "coin nature" auquel les enfants puissent accéder très facilement à n'importe quel moment de la journée. N'oublions pas en effet qu'un élevage fait l'objet d'observations continues.

Les élevages doivent occuper une place privilégiée et être aisément accessibles à plusieurs élèves à la fois. Si la superficie de la classe le permet, posez les cages d'élevage sur des tables dont on puisse faire le tour soit au centre de la salle, soit dans un coin aménagé.

De telles dispositions présentent plusieurs avantages :

— Les élevages sont totalement intégrés à la vie scolaire, au lieu d'être une activité un peu en marge. Les animaux font partie du décor familier et cessent d'être une source de distraction ou une cause de perturbation.

— Une "surveillance" constante est rendue possible, même en dehors des moments d'observation attentive, et il y a peu de chances pour qu'un événement important échappe au regard des enfants.

Des élevages installés en dehors de la classe sont généralement laissés à l'abandon. De même, la "salle d'élevages" dans une école à plusieurs classes s'est avérée une mauvaise solution.

3 COMMENT "EXPLOITER" LES ÉLEVAGES ?

1 Des activités différentes selon les niveaux

Il est bien évident qu'un couple de cochons d'Inde ne permet pas dans un CP les mêmes activités que dans un CM2. Au Cours préparatoire on veut surtout donner aux enfants la possibilité de prendre l'animal, de le caresser, d'en assurer l'entretien, de le regarder vivre. Dans un CE ou un CM, le cochon d'Inde devient plus nettement un sujet d'étude car les constatations peuvent amener les enfants, avec l'aide de l'enseignant, à formuler des problèmes dont on recherchera les solutions. Ainsi, dans un CP, on se contente de nourrir le cochon d'Inde et de le regarder manger, alors que, dans un CE, on cherche à savoir si l'animal a des aliments préférés, comment il mastique sa nourriture..., et on constate qu'il a, dans son régime végétarien, des préférences alimentaires ; on découvre aussi qu'il a dans sa bouche des outils bien adaptés à son mode d'alimentation.

Les tableaux de la figure 2 fournissent à titre d'exemple une liste de problèmes qui peuvent être abordés avec le cochon d'Inde et des notions auxquelles conduit chacun de ces problèmes. La plupart de ces exercices sont possibles avec d'autres animaux ; mais il est évident qu'un élevage d'asticots, de lombrics ou d'escargots... conduit à d'autres travaux et à d'autres notions.

Quel que soit le niveau envisagé, les élevages permettent toujours deux types d'activités.

— d'une part des observations libres et des recherches autonomes,

— d'autre part des séances collectives.

2 Les observations libres

• **Les observations libres ont un rôle essentiel.** Non seulement le contact libre avec les animaux éveille chez tous les enfants un intérêt réel et suscite le désir d'en savoir davantage, mais, en favorisant la découverte des divers aspects du comportement, il permet de faire émerger des problèmes qui sont ensuite discutés en séance collective. De plus une observation prolongée procure la découverte de phénomènes biologiques souvent très lents. Il faut savoir attendre l'éclosion d'une chrysalide, la naissance d'un poussin ou le développement d'un grillon.

• **L'organisation des activités libres varie** d'une classe à l'autre. Voici quelques suggestions.

— Dans de nombreuses classes ces activités ont lieu **à différents moments d'une même journée**.

Le matin, avant l'entrée en classe ou pendant les récréations, des élèves volontaires renouvellent la feuille de salade, le croûton de pain..., ou poursuivent une recherche en cours (la pesée des jeunes tourterelles par exemple).

Dès l'entrée en classe, tous les élèves qui le veulent peuvent aller voir les animaux. Ils font part de leurs constatations, échangent leurs impressions, posent des questions... Le maître écoute, c'est tout. Une discipline appropriée évite toute bousculade et cinq minutes suffisent à cette démarche.

Durant la classe, lorsqu'un enfant a terminé correctement son travail et qu'il dispose "d'un moment creux", il peut se livrer à ses observations, tenir ses fiches d'observation à jour, parfois écrire un texte ou faire un dessin.

Chaque après-midi, les enfants disposent d'un quart d'heure d'activités libres durant lequel beaucoup choisissent de "travailler" avec les animaux qu'ils peuvent apporter sur leur table ou aller observer sur place.

— Dans d'autres classes, chaque enfant note ses observations au fil des jours, en précisant chaque fois la date exacte, l'heure parfois, les conditions du phénomène observé. Ces notes restent sa propriété si elles sont consignées sur son carnet ou son cahier d'observations ; ou bien, mises en fiches, elles peuvent être déposées dans une boîte placée près de l'élevage.

— Dans d'autres classes, observations et questions sont notées sur le cahier qui se trouve près de chaque élevage.

Le dépouillement de ces informations a lieu lors des séances de synthèse.

3 Les séances collectives

Parallèlement à ces travaux libres, laissés à l'initiative des enfants, des séances collectives sont organisées. Elles ont lieu suivant l'opportunité ou la nécessité d'une mise au point, au moins une fois tous les quinze jours et sont de durée variable.

Schématiquement on peut distinguer deux types de séances collectives.

— Certaines permettent de faire le point, de préciser, de compléter les découvertes individuelles, de faciliter les échanges, d'inciter les enfants à chercher eux-mêmes une réponse aux questions qu'ils se sont posées, de confronter les résultats d'expériences, de conclure le cas échéant. Ces séances relancent toujours les recherches : poser correctement un problème ne suffit pas pour le résoudre, mais c'est une condition indispensable pour faire progresser les travaux destinés à trouver une solution. Et l'intervention de l'enseignant est alors essentielle.

— D'autres séances sont consacrées à la recherche collective de la solution d'un problème complexe qu'il vaut mieux résoudre en commun.

Il est très important de ne pas faire au départ une étude systématique et ordonnée de l'animal : elle risque d'éteindre tout de suite l'intérêt des enfants. Il faut au contraire qu'ils aillent de découvertes en découvertes et cherchent eux-mêmes les réponses aux questions qu'ils se posent.

Remarque importante : Précisons que ces séances de travail consacrées aux élevages ne se substituent pas à l'étude d'autres sujets sur les animaux : s'intéresser aux élevages ne signifie pas ne faire que cela.

FIG. 4

Ce travail réalisé par un groupe d'élèves de CE2 témoigne de la précision des observations sur le comportement des tourterelles au moment de la reproduction.

Extrait du *Guide du maître «Les animaux, les élevages»*.

2 Quelques conseils pratiques pour installer les animaux

Ce chapitre ne peut, en quelques pages, vous donner des indications précises pour **tous** les animaux que vous pouvez élever en classe. Vous trouverez dans le guide du maître "Les animaux, les élevages" Collection Tavernier, Ed. Bordas, tous les renseignements complémentaires ainsi que les activités pédagogiques détaillées qui sont possibles avec chacun des élevages. Cependant, avec les indications fournies ici, vous pourrez mettre en place de nombreux animaux et réussir leur élevage.

1 L'INSTALLATION PAR LES ENFANTS

Un certain nombre de connaissances sont nécessaires pour réussir un élevage. Et pourtant, lorsque les élèves rapportent en classe des animaux récoltés au cours d'une sortie, vous devez les laisser installer eux-mêmes leurs pensionnaires ; donnez-leur le moins possible d'indications et n'intervenez que si l'installation prévue risque d'entraîner la mort des animaux.

Pour respecter le plus fidèlement possible les conditions de vie dans la nature ou pouvoir analyser les causes d'échec d'un élevage, il faut connaître le milieu naturel de l'animal et ses différents facteurs (température, intensité lumineuse, humidité, nourriture, autres êtres vivants...). Il convient ensuite de rechercher les facteurs indispensables à la vie de l'animal, d'essayer de les réunir et de les maintenir constants à l'aide de dispositifs variés.

1 L'étude sur le terrain fournit des informations

Les quelques exemples qui suivent vont montrer l'importance des observations faites sur le terrain avant de prendre la décision de ramener les animaux en classe.

• **Fin septembre,** la maîtresse d'un CE2 organise une sortie dans un bois afin d'en étudier l'organisation et de faire comparer le port des chênes et des châtaigniers groupés dans le bois à celui des mêmes arbres vivant isolément. Le jour de la sortie, la pluie se met à tomber après des journées de forte chaleur... Une éclaircie permet tout de même la sortie projetée. Le milieu est d'abord exploré très librement. Thomas trouve une salamandre qui éveille la curiosité de toute la classe ; Valérie en découvre une deuxième, Philippe une troisième. La surprise, l'excitation même, sont grandes, les questions multiples. On oublie complètement chênes et châtaigniers. On cherche d'autres animaux sous les feuilles mortes, on découvre un trou d'eau caché par la mousse au pied d'un arbre. Quatre grosses limaces et des escargots sont rapportés avec les salamandres.

• **A l'automne,** les enfants d'un CE1 partent en promenade afin d'étudier un itinéraire et de mettre en application les notions acquises lors de l'étude du plan. Sur le bord du chemin, ils s'attardent à cueillir des glands et des baies ; ils découvrent aussi divers insectes et trois chenilles. Ils les rapportent en classe en même temps qu'un rameau de la plante qui les porte.

• **En novembre,** les élèves d'un CM ramassent dans un bosquet diverses feuilles mortes, des champignons, de la terre, des fragments d'écorce et... une quarantaine de coccinelles endormies, trouvées sous les écorces et considérées comme mortes par beaucoup. Elles prennent place dans les sachets de plastique au milieu des fragments végétaux.

• **En automne,** les élèves d'un CM2 travaillent sur la décomposition du bois et découvrent, parmi les feuilles mortes, divers animaux : escargots, limaces, lombrics, grillons, une épeire (araignée des jardins), une mante religieuse, une sauterelle. En plus des prélèvements de feuilles et de bois mort, des échantillons de

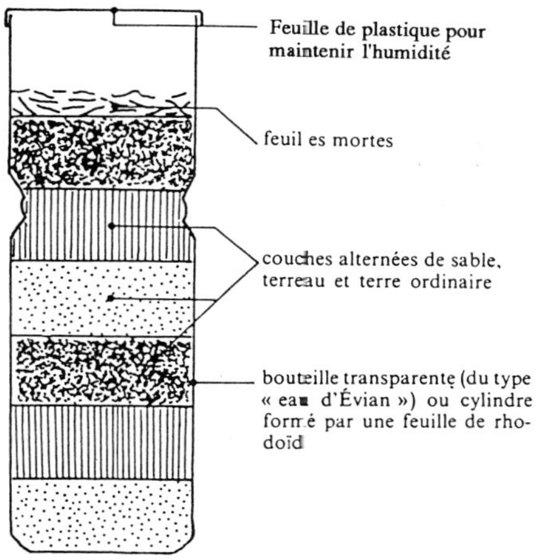

FIG. 1

Avec une simple bouteille d'eau minérale, on peut aménager une «ferme à lombrics» et constater que les vers de terre sont des «laboureurs» efficaces. Placés sur les feuilles mortes, les vers de terre vont s'enterrer, enfouir des feuilles et mélanger les différentes couches de «terre». Deux précautions à prendre: maintenir une humidité suffisante et entourer le récipient d'un papier noir (les galeries des vers seront ainsi plus faciles à observer, certaines se faisant contre la paroi de la bouteille).

Extrait du *Guide du maître «Les animaux, les élevages»*.

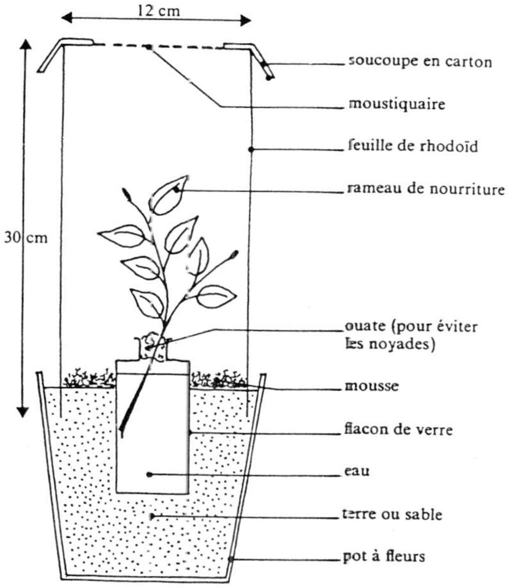

FIG. 2

En améliorant l'installation de la cage de la figure 3, vous réussirez un élevage de chenilles à condition d'avoir récolté les rameaux de la plante dont elles se nourrissent.

Extrait du *Guide du maître «Les animaux, les élevages»*.

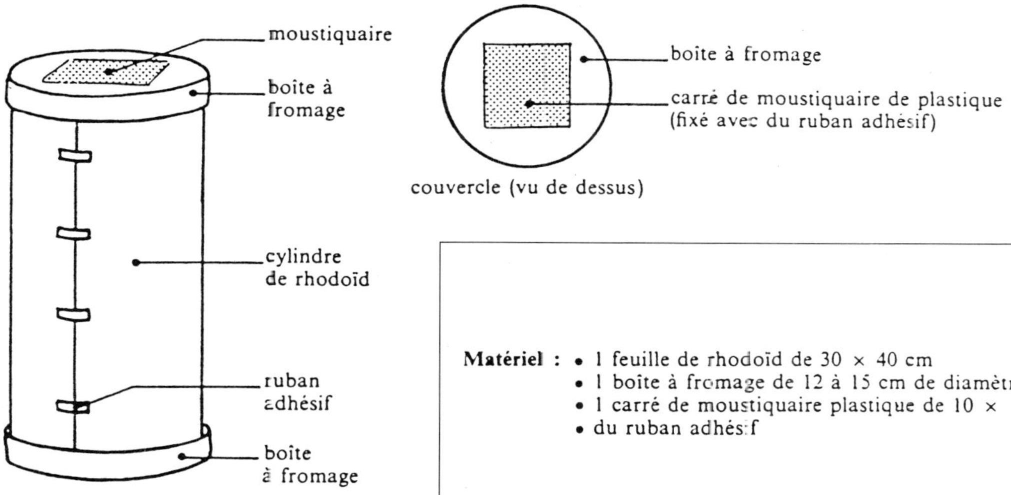

Matériel :
- 1 feuille de rhodoïd de 30 × 40 cm
- 1 boîte à fromage de 12 à 15 cm de diamètre
- 1 carré de moustiquaire plastique de 10 × 10 cm
- du ruban adhésif

FIG. 3

En plaçant dans une enceinte des branches mortes et une araignée des jardins, les enfants pourront assister à la construction de la toile et, s'ils apportent des proies (mouches, petits criquets, petits papillons ...), ils verront l'araignée utiliser sa toile pour les piéger.

Extrait du *Guide du maître «Les animaux, les élevages»*.

terre et des lombrics nécessaires à l'étude en cours, les élèves décident de rapporter la sauterelle et la mante religieuse.

• Petits et grands d'une classe unique cherchent des escargots dans un terrain vague. Ils soulèvent des pierres... et découvrent avec étonnement des cloportes qu'ils rapportent en classe.

Il est bien évident que, pour tous ces exemples, c'est au cours de la sortie, sur le terrain, que les enfants doivent noter avec précision les conditions de vie de l'animal : la plante qu'il mange, l'objet ou le végétal qui l'abrite, l'orientation de son refuge... Toutes ces observations sont indispensables pour la suite des travaux en classe. Ainsi, dès le retour en classe, les enfants du CE2 ont placé les salamandres dans un récipient étanche (il s'agissait d'une cuvette en matière plastique opaque) avec des branches humides, de la mousse, des feuilles mortes, de la terre, une brique retournée "car elles cherchaient toujours à se cacher" ; ils ont réservé un petit coin pour mettre de l'eau. En partant uniquement de leurs observations dans le bois, c'est un véritable paludarium qu'ils ont ainsi aménagé (fig. 9). Parfois l'analyse du comportement de certains animaux incite les enfants à effectuer une nouvelle sortie pour noter exactement les emplacements le plus fréquemment occupés : sous ou sur les pierres, sous la mousse, au soleil, à l'ombre...

2 L'expérience courante permet d'aménager une installation sommaire

"Mon papa conserve ses escargots dans une caisse en bois pendant plusieurs semaines." Les enfants utilisent cette remarque et savent qu'ils peuvent, sans risque, attendre le lendemain pour améliorer les conditions de vie des escargots.

3 Une fiche technique est fournie aux enfants

Pour installer un aquarium d'eau douce ou un aquarium marin, vous pouvez donner une fiche technique aux enfants (fig. 8 et 11).

2 LES DIFFÉRENTS LOCAUX D'ÉLEVAGE

Les différents locaux d'élevage sont fonction de l'espèce, de la taille et de l'activité de l'animal, de son degré de fécondité, de sa vie sociale ou non...

Construction des "cages"

On trouve, dans le commerce, des cages de toutes sortes : cages à souris, à cobayes,... aquariums de toutes dimensions et même des terrariums tout installés. Mais ces articles, souvent coûteux, ne sont pas accessibles à la plupart des écoles. Par ailleurs, il est très souhaitable que les enfants fabriquent eux-mêmes le matériel nécessaire aux élevages :

— dans un premier temps, ils peuvent élaborer un projet qui tienne compte des exigences de l'animal et se traduise par un plan précis d'exécution ;

— ensuite, la réalisation proprement dite constitue une activité manuelle pour laquelle les enfants sont immédiatement motivés.

Nous donnons ci-dessous quelques suggestions qui permettent de fabriquer un matériel peu coûteux, vite fait, pratique et qui simplifie au maximum l'entretien quotidien.

1 Les cages les plus sommaires

Elles sont faites avec du matériel de récupération et n'occasionnent donc aucune dépense spéciale. Ce sont des pots de yaourts vides, de vieux bocaux et flacons, des fonds de bouteille en matière plastique, des pots à confiture, des boîtes de matière plastique... Elles constituent des boîtes d'élevage étanches et immédiatement disponibles (fig. 1).

Il est utile de disposer aussi de feuilles de rhodoïd, de bols en verre, d'assiettes en matière plastique, de moustiquaire, de feuilles de plastique souple, de bracelets en caoutchouc... pour construire des cages comme celles de la figure 3.

Ce matériel abondant et varié permet

— d'offrir une installation suffisante à de nombreux animaux : boîte ou cuvette en matière plastique à bords assez hauts pour les vers de farine, simple couvercle de boîte en carton pour les vers à soie ; flacon fermé par un tampon d'ouate pour les mouches et leurs asticots...

— d'héberger provisoirement un animal apporté par un enfant,

— de multiplier les installations pour des travaux de groupes.

En améliorant l'installation (fig. 2), vous élèverez sans problème des chenilles afin de voir "naître" des papillons.

2 Les boîtes vitrées

Elles servent à l'élevage de très nombreux animaux, des insectes aux reptiles. A partir des modèles que nous

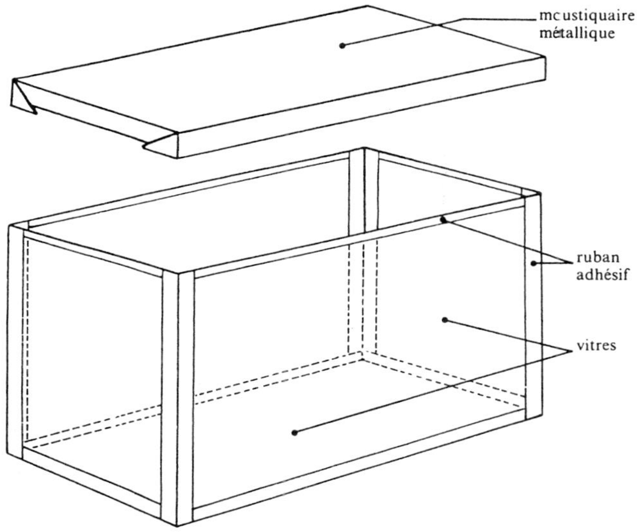

Matériel :

- 2 vitres de 20 × 30 cm
- 2 vitres de 20 × 20 cm
- 1 vitre de 30,5 × 20,5 cm (plancher)
- ruban adhésif *toilé* de 3 à 4 cm de largeur
- 1 rectangle de moustiquaire métallique de 33 × 23 cm

- Assembler les vitres à l'aide du ruban adhésif.
- Pour éviter les coupures, recouvrir le bord supérieur des parois avec le ruban adhésif.
- Le couvercle de moustiquaire métallique est ensuite « moulé » sur le dessus de la cage.

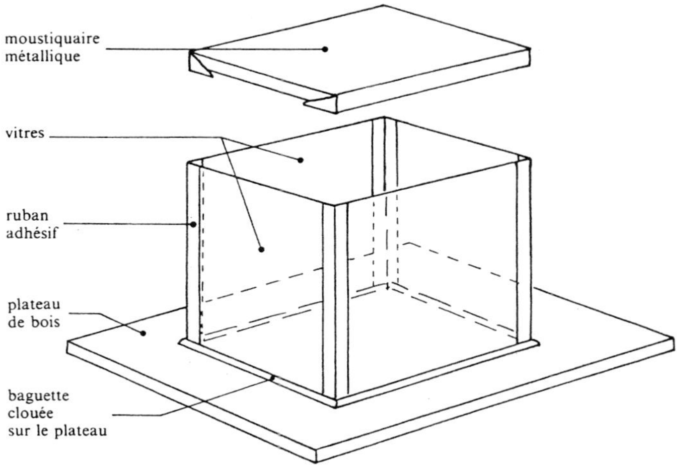

Matériel :

- 4 vitres de 30 × 30 cm
- 4 baguettes de bois de 31 cm de long
- 1 plateau de bois de 50 × 50 cm
- du ruban adhésif
- couvercle grillagé monté ou non sur cadre de bois

FIG. 4

Avec du matériel facile à se procurer, on peut construire des cages vitrées pour animaux terrestres (grillons, vers de farine, criquets, escargots...). Ces cages sont alors appelées des terrariums.

Extrait du *Guide du maître «Les animaux, les élevages».*

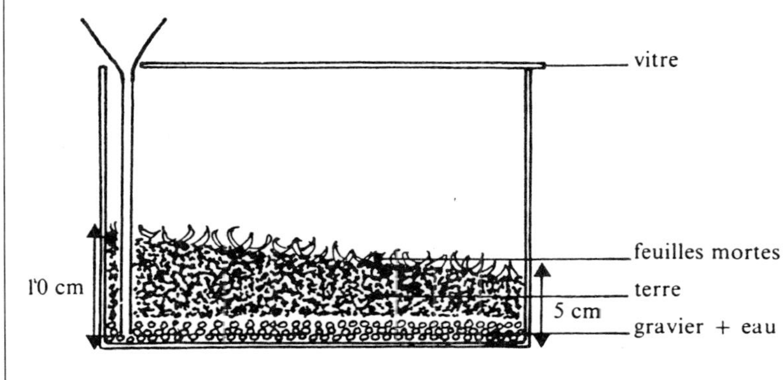

FIG. 5

Terrarium pour escargots. Ces animaux, faciles à récolter, se reproduisent bien en élevage.

Extrait du *Guide du maître «Les animaux, les élevages».*

proposons (fig. 4), vous pouvez imaginer de nombreuses variantes.

Pour observer les activités souterraines d'animaux tels que fourmis, vers de terre, courtilières..., utilisez une boîte à deux faces vitrées du type fourmilière. La distance entre les vitres varie selon la taille des animaux et, en dehors des moments d'observation, les parois vitrées sont recouvertes de papier noir (fig. 6).

3 Les aquariums

Pour installer un aquarium, il faut une boîte étanche à parois transparentes. Il en existe dans le commerce en matière plastique transparente ; ils sont peu coûteux mais un peu fragiles. Des cuvettes en matière plastique de diverses formes et dimensions peuvent convenir.

Vous pouvez aussi fabriquer deux types de boîtes vitrées étanches.

— En doublant d'une feuille de matière plastique l'intérieur d'une cage vitrée, vous installez facilement un terrarium à sol humide, un paludarium (fig. 9) et à la rigueur un aquarium.

— En collant 5 plaques de verre entre elles avec une colle appropriée (comme celles qui servent à faire les joints des installations sanitaires), vous obtenez un aquarium parfaitement étanche.

Pour installer un aquarium marin (fig. 11), il faut que les montants métalliques résistent à l'attaque de l'eau de mer (aluminium ou acier inoxydable).

4 Les cages grillagées

Elles sont de trois types :

— cage sans couvercle, ou même simple parc (pour un élevage de cochons d'Inde, un parc de 0,60 m sur 0,50 m et 0,30 m de hauteur, posé directement sur des feuilles de papier journal, convient parfaitement) ;

— cage entièrement close ; on accède à l'intérieur par un couvercle amovible ou par une petite porte (oiseaux, souris, hamster...) ;

— cage avec sas d'entrée pour des animaux particulièrement vifs (écureuil, lérot...).

Pour toutes ces cages, nous vous conseillons le grillage galvanisé pour clôtures, à mailles carrées soudées de 12 mm ; il se vend dans les grandes surfaces et les quincailleries. Il est assez rigide pour se passer de support, se plie facilement, permet des "coutures" à l'aide d'un simple fil de fer, se coupe bien à angle droit sans que les mailles ne se dissocient.

Ce type de cages facilite l'entretien quotidien car l'urine et les excréments des animaux passent à travers les mailles. Il suffit de glisser sous le fond plusieurs feuilles de papier journal que l'on renouvelle chaque jour. La cage peut être posée directement sur le papier ou en être séparée par des cales d'un centimètre d'épaisseur.

Installation intérieure de la cage

1 Litière

Certains mammifères ont besoin d'une litière. Vous pouvez utiliser les matériaux suivants :

— sciure, copeaux, frison, paille de papier, tourbe séchée, foin ou paille ;

— matériaux granuleux vendus pour les chats d'appartement, intéressants par leur pouvoir désodorisant et bactéricide mais souvent trop onéreux pour un élevage scolaire de longue durée ;

— vermiculite, matériau vendu chez les grainetiers, très absorbant, utilisé comme sol pour les semis ou comme isolant thermique dans la construction ; c'est un produit non toxique pour les animaux mais qui peut être dangereux pour les hamsters par exemple (les très fines particules qui le constituent se collent dans leurs abajoues et peuvent provoquer des inflammations).

2 Sol de terrarium

Pour certains insectes, garnissez le fond de la cage d'une couche de terre, ou d'un mélange de terre et de sable, épaisse de 3 à 5 cm. Pour y maintenir une humidité suffisante, variable selon les animaux, on peut utiliser plusieurs techniques :

— arroser le sol une ou deux fois par semaine (suivant la température et l'humidité de la salle) ;

— maintenir dans un coin de la cage un tampon d'ouate ou une éponge constamment humide ;

— avoir un petit tapis de mousse dans un coin du terrarium, il sera plus décoratif que le tampon d'ouate et conservera l'humidité plusieurs jours après l'arrosage.

3 Mangeoires

Elles permettent d'éviter que les aliments ne soient souillés ou dispersés mais ne sont pas toujours indispensables. Elles doivent en tous cas être maintenues très propres, donc être faciles à nettoyer. Une simple boîte en matière plastique convient très bien.

4 Abreuvoirs

C'est un point très important : la plupart des animaux ne peuvent se passer de boire et l'eau leur est plus

FIG. 6

Pour observer le comportement des fourmis, on peut installer cette «fourmilière» très sommaire (d'après M. Sire).
Si on a récolté des ouvrières et des nymphes, on peut conserver les animaux pendant plusieurs semaines à condition de maintenir une certaine humidité.

Extrait du *Guide du maître «Les animaux, les élevages»*.

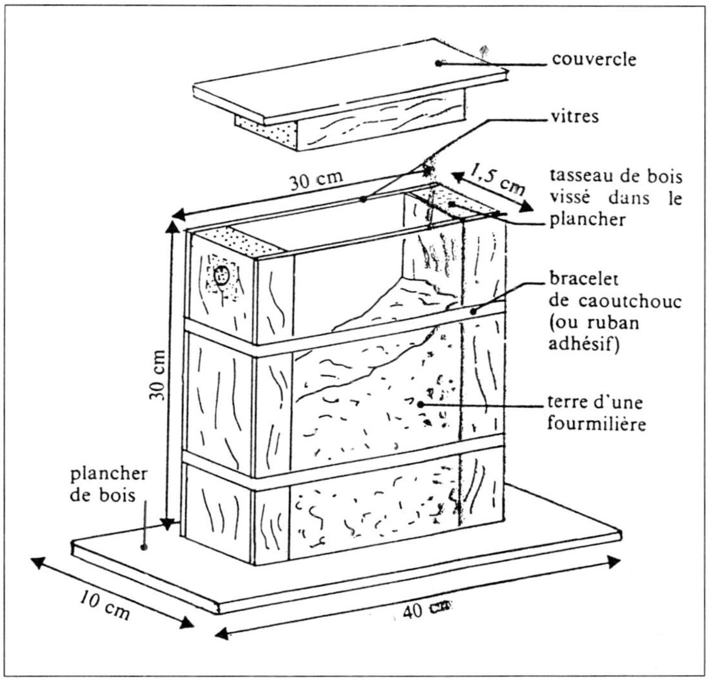

FIG. 7

Donner à boire aux animaux mis en élevage est une obligation mais il faut choisir l'abreuvoir le mieux adapté non seulement au type de cage mais aussi à l'animal. Il faut en particulier éviter les noyades et limiter les souillures de l'eau.

Extrait du *Guide du maître «Les animaux, les élevages»*.

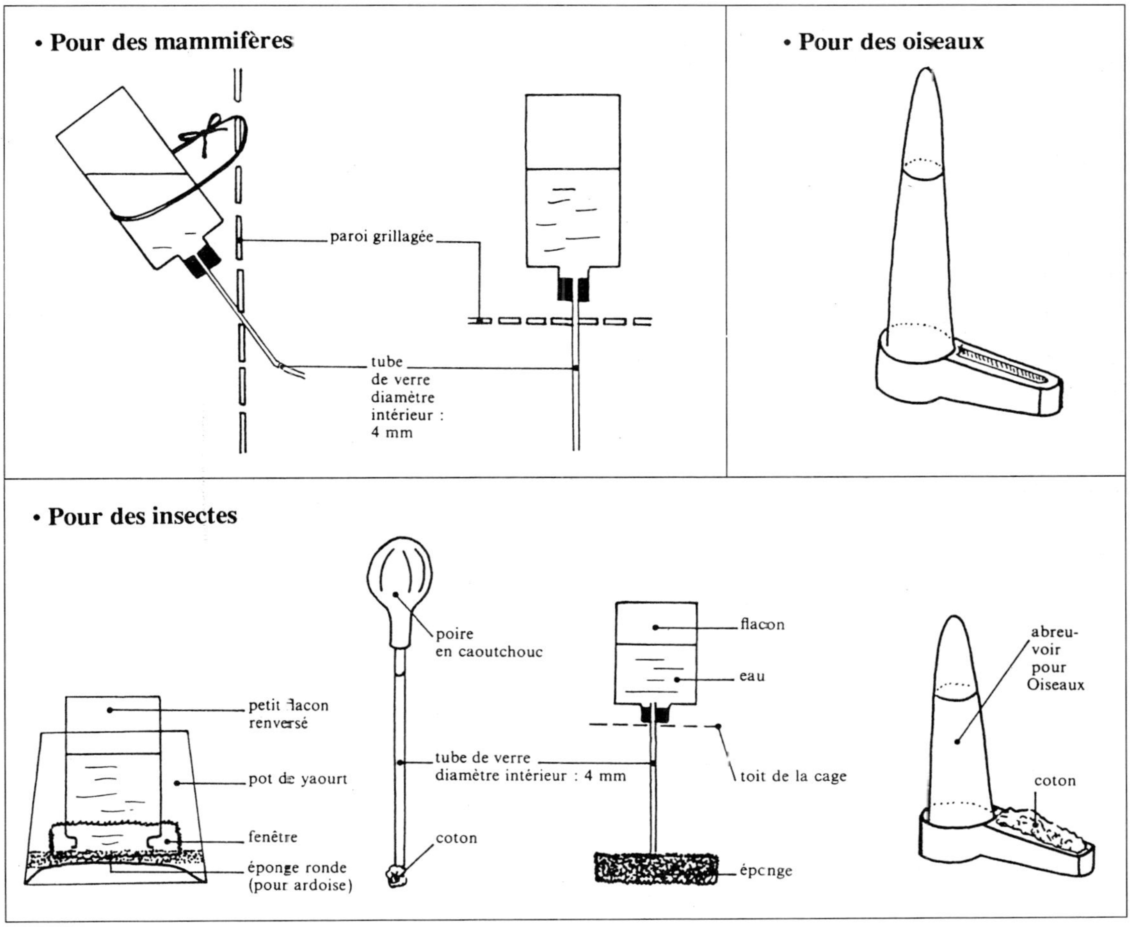

nécessaire que la nourriture. Cependant, la quantité d'eau absorbée par un animal varie en fonction de l'alimentation : les fruits et légumes frais contiennent déjà beaucoup d'eau. Mais, de toutes manières, il faut ménager une réserve d'eau suffisante pour permettre à l'animal de boire chaque fois qu'il en éprouve le besoin.

Deux remarques importantes à ce sujet :

— cette réserve d'eau doit être préservée des souillures :

— elle ne doit pas provoquer de noyades.

C'est pourquoi vous choisirez pour chaque animal le type d'abreuvoir qui convient le mieux parmi les modèles présentés sur la figure 7.

5 Abris et nids

Beaucoup d'animaux aiment trouver un abri : fabriquez-le avec un simple carton replié en trois et formant tunnel, avec une boîte en plastique opaque dans laquelle vous aurez aménagé une ouverture, avec un morceau de brique creuse, avec quelques pierres formant une petite pyramide où les insectes et les lézards iront se cacher...

N'oubliez pas que de vieux chiffons, du papier de toilette froissé, de la ouate constituent aussi de bons abris et servent en même temps à la fabrication du nid chez les petits mammifères. Pour faciliter l'observation des jeunes vous pouvez aussi aménager un abri à toit amovible.

Pensez à fournir aux oiseaux, lors de la nidification, le matériel nécessaire à la confection du nid : ouate, crin, foin, paille découpée en morceaux et récipient (boîte, nid en osier ouvert ou fermé...).

Dans tous les cas, ayez toujours à votre disposition des panneaux de carton qui servent à obscurcir certaines parties de la cage, pour une observation temporaire par exemple.

6 Agrès et perchoirs

Certains animaux (hamsters, souris, rats...) ont besoin d'une très grande activité. Le local que vous leur fournissez étant assez exigu, donnez-leur du matériel leur permettant de faire des exercices physiques : échelles, roues, balançoires...

Les oiseaux ont besoin de perchoirs, fixes ou mobiles selon les espèces.

3 DES PRÉCAUTIONS INDISPENSABLES

1 L'entretien des locaux

Il est très important d'entretenir très régulièrement les cages d'élevage et de procéder, pour certaines, à des nettoyages minutieux. On évite ainsi mauvaises odeurs, maladies et parasites.

L'entretien doit être fait par les enfants que vous guiderez au début.

Pour les mammifères et les oiseaux, le nettoyage doit **être quotidien** : on enlève les déchets, la litière souillée, les excès de nourriture qui pourraient se décomposer. De temps à autre, il est nécessaire de laver la cage en la brossant avec une eau javellisée. Ne pas oublier de faire un bon rinçage. Evitez de toucher le nid pendant que les petits sont très jeunes, les parents risqueraient de les abandonner ou même de les manger (dans le cas des rongeurs par exemple).

Les élevages d'insectes et d'autres animaux de terrarium sont d'un entretien beaucoup plus facile ; les déchets sont en général très vite secs, ils s'accumulent sur le sol et il suffit de les enlever une fois par semaine ou même par quinzaine.

Beaucoup d'animaux ont besoin d'**une atmosphère humide**. Nous avons vu plus haut comment maintenir cette humidité dans le cas des terrariums. Dans d'autres cas, on peut vaporiser une petite quantité d'eau sur les feuillages mis à la disposition des animaux. Un procédé simple consiste à passer une brosse mouillée sur les dents d'un peigne, l'eau tombe alors en fine pluie. Les pulvérisateurs pour plantes d'appartement sont aussi d'utilisation aisée. Mais évitez une trop grande humidité qui provoque des moisissures.

En dernier point, nous insisterons sur une règle d'hygiène fondamentale : il faut absolument que **les enfants se lavent les mains** au savon (désinfectant si possible) avant et après avoir touché les animaux ; vous éviterez ainsi les contaminations éventuelles.

Enfin il faut apprendre aux enfants à **ne pas être trop familiers** avec les animaux : il n'est pas nécessaire de les embrasser pour leur montrer de l'attachement.

2 Où se procurer des animaux ?

Pour réussir les élevages permanents que vous souhaitez installer, il faut choisir des animaux qui s'adaptent bien à la captivité, se reproduisent normalement dans les conditions qui leur sont offertes et fournissent la possibilité d'étudier un cycle de vie complet. En général, ils ne connaissent pas la "vie sauvage" dans nos régions et ne s'élèvent qu'en laboratoire ou comme animaux d'agrément. Pour vous les procurer, adressez-vous de préférence à des magasins spécialisés qui vous

Les instruments pour la pêche

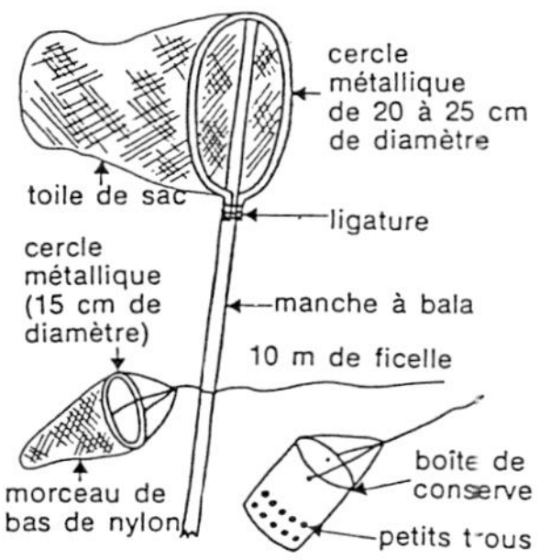

La récolte

déplacer le « filet » par saccades en rasant le fond

La préparation de l'aquarium

- *Comment obtenir du sable lavé ?*

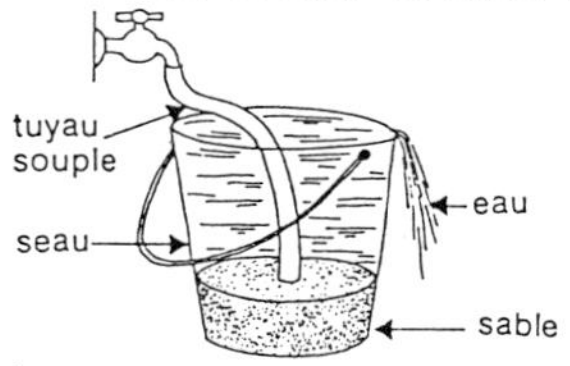

Régler le débit de l'eau pour que le sable ne soit pas entraîné par l'eau qui circule. Agiter le sable de temps en temps avec la main

- *Pour remplir l'aquarium*

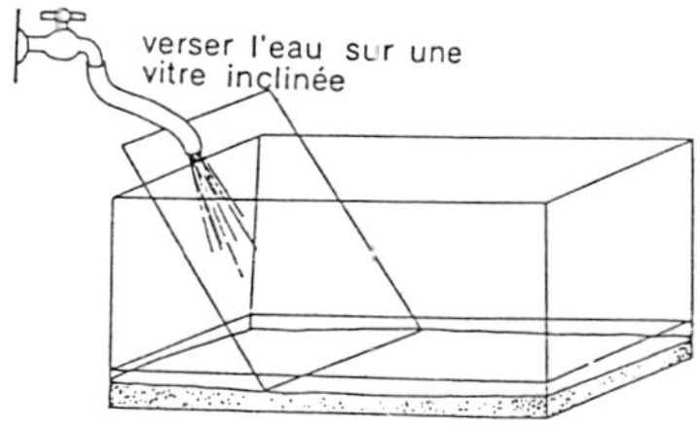

- *Un aquarium*

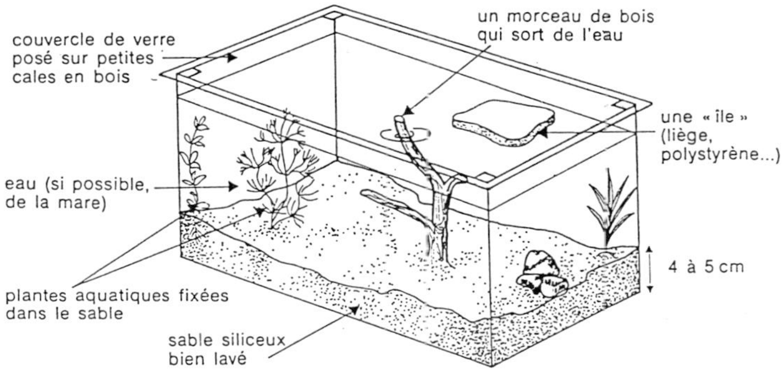

- **Les plantes aquatiques** ne sont pas mises seulement pour décorer, elles fournissent supports et cachettes pour de nombreux animaux. Mais surtout, elles constituent la source d'oxygène indispensable à tous les habitants de l'aquarium.
- **Pour assurer une meilleure oxygénation de l'eau,** on peut utiliser une pompe à air reliée par un tube à un ou deux diffuseurs poreux (« sucres »).

Très important :

— Éliminer les cadavres,
— nourrir sans excès,
— éclairer suffisamment pour que les plantes vertes
— fournissent de l'oxygène,
— changer une partie de l'eau de temps en temps,
— éviter les écarts de température.

FIG. 8

Cette fiche technique fournie aux enfants leur permet d'installer confortablement les petits animaux récoltés dans une mare ou dans un étang.

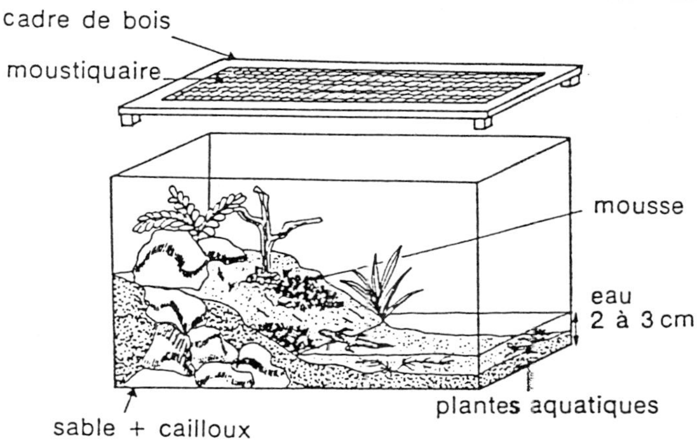

FIG. 9

Un paludarium est un aquarium contenant très peu d'eau et dans lequel on aménage une zone constamment émergée où peuvent se réfugier les animaux menant une vie amphibie (grenouilles, rainettes, tortues d'eau, salamandres...).

assureront un bon état sanitaire, l'absence de maladies ou de parasites : magasins classiques d'animaux pour des cobayes, des hamsters, des souris, des serins, des tourterelles, des perruches, des tortues..., marchands d'articles de pêche pour vers de farine, asticots..., laboratoires pour œufs ou larves d'insectes (phasmes, vers à soie, grillons, criquets...). Pensez aussi aux échanges possibles entre les classes.

3 Que faire des animaux pendant les vacances scolaires ?

Selon l'élevage choisi, ceci ne constitue pas un problème majeur. Beaucoup d'invertébrés n'ont pas besoin de soins quotidiens et résistent bien pendant les vacances de courte durée. Pour les autres animaux, vous pouvez décider de les confier à des enfants à tour de rôle. Avant de confier un animal à un enfant, il est bien sûr nécessaire de consulter les parents.

Quant aux animaux récoltés dans la nature, ils sont remis dans leur milieu avant le départ en vacances.

4 DES INSTALLATIONS EXTÉRIEURES

1 Pour attirer les oiseaux

Lorsque l'environnement des classes le permet, il peut être intéressant d'aménager des nichoirs pour les oiseaux de passage. La figure 10 donne des indications pour les construire.

De plus, en hiver, la nourriture se fait rare et, si le sol est gelé ou couvert de neige, elle devient inaccessible aux oiseaux qui habituellement grattent la terre à la recherche de graines ou de petits vers. A ce moment-là, on peut les aider à survivre en installant des mangeoires (fig. 12).

2 Une réserve d'animaux pour peupler l'aquarium

Il n'est pas toujours possible d'amener les enfants au bord d'une rivière ou d'un étang. En revanche, on peut installer un petit bassin dans la cour de l'école avec une buse en ciment de 1 à 2 m de diamètre et 1 m de hauteur.

Pour avoir rapidement des plantes aquatiques, on installe au fond du bassin des pots avec de la terre dans lesquels on aura planté divers végétaux récoltés au bord d'un étang ou d'une rivière (iris d'eau, papyrus, nénuphars...).

Beaucoup d'insectes (notonectes, libellules...) viendront spontanément peupler le bassin ; on pourra ajouter des grenouilles, des rainettes, des poissons rouges...

L'installation, qui ne nécessite aucun entretien, permet de trouver à proximité tout un monde aquatique qu'on pourra installer temporairement dans l'aquarium de la classe pour réaliser de passionnantes observations.

1 *Des nichoirs à offrir aux oiseaux*

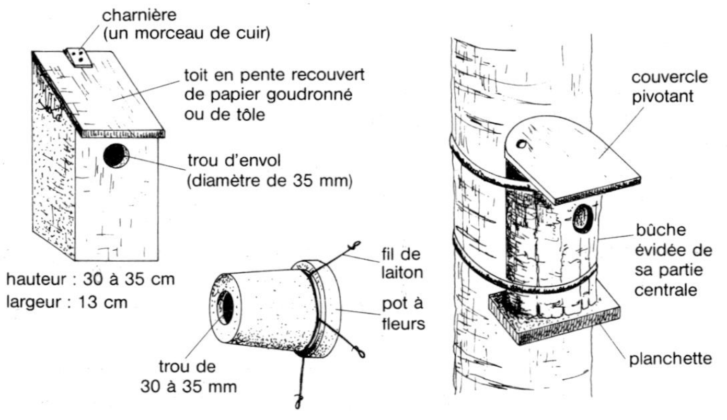

Attention ! Ne dérange pas les locataires !
Observe de loin les allées et venues des parents qui construisent le nid ou nourrissent les jeunes.

FIG. 10

Au printemps, on peut installer des nichoirs pour aider les oiseaux à trouver un lieu pour se reproduire.

Extrait de *Cahier d'activités CE2, Biologie.*

Comment installer ton aquarium

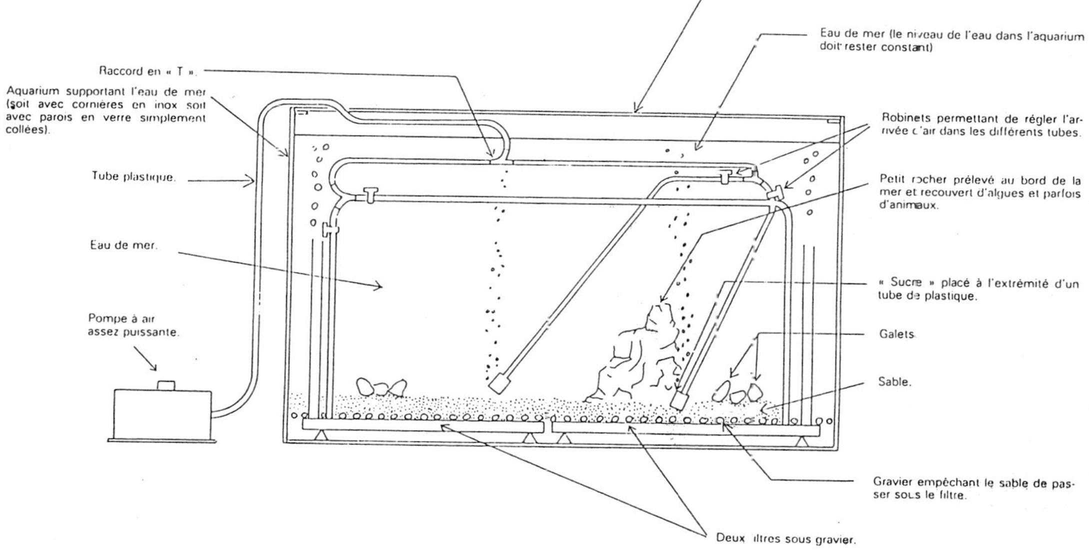

• **Pour réussir,** il faut se contenter **d'un petit nombre d'habitants.**
Un ou deux spécimens de chacune des espèces suivantes:
- patelle, bigorneau, troque,
- palourde, coque,
- moule couverte de balanes,
- bernard l'ermite, petit crabe,
- anémone de mer,
- oursin, étoile de mer.

• **Pour nourrir** le crabe et l'anémone de mer, donner des fragments de moules (les moules congelées conviennent bien). Les autres animaux se nourrissent du plancton apporté avec l'eau de mer.

•TRÈS IMPORTANT
- installer un aquarium de 50 à 60 litres *minimum,*
- choisir un endroit frais et peu éclairé,
- aérer et filtrer en permanence,
- en cas d'évaporation intense, remettre dans l'aquarium les cristaux de sel accumulés sur le couvercle et les parois, ajouter de l'eau douce jusqu'au niveau initial,
- éviter la surpopulation,
- enlever rapidement les animaux morts et les déchets d'aliments.

FIG. 11

Installer un aquarium marin permet de faire de passionnantes découvertes sur les petits animaux que l'on peut récolter sur la plage ou dans les rochers.

2 Des mangeoires en libre service

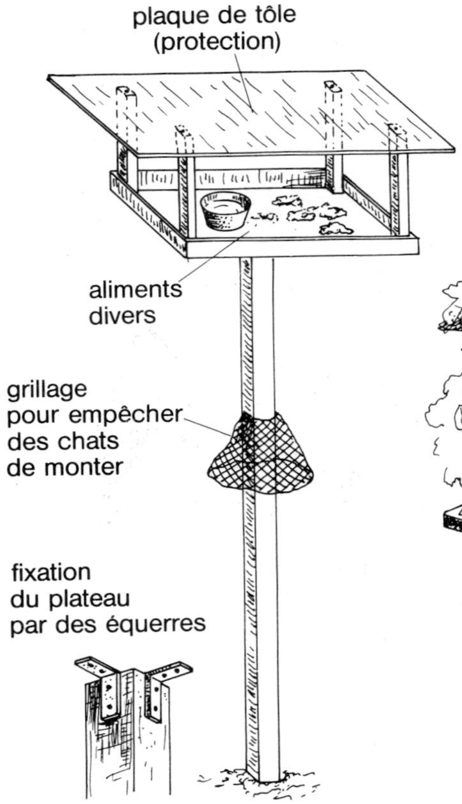

Menu « spécial hiver »

- **margarine, saindoux, lard, graisse de bœuf fondue**
- **eau tiède**

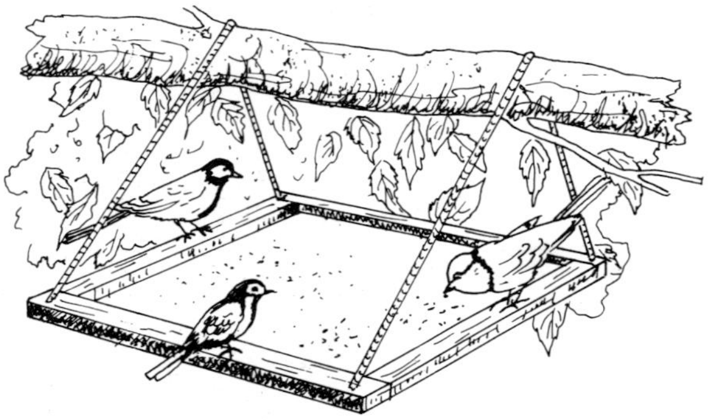

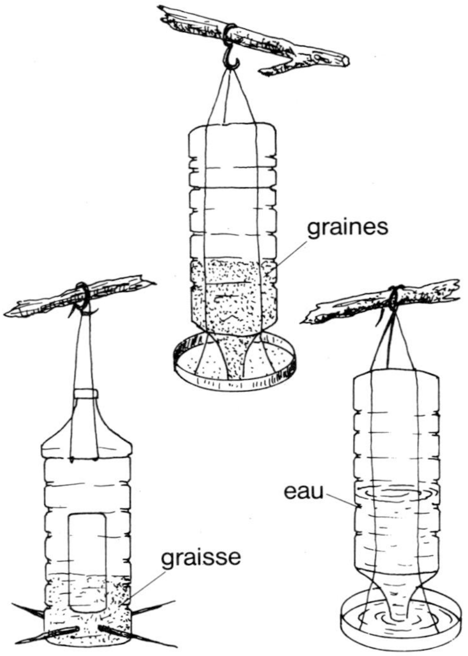

Comment attirer les oiseaux ?

1. Offre à tes amis des aliments variés : graines de toutes sortes (tournesol, millet, blé, avoine, pépins de pomme...), miettes de pain, fromage, œuf dur, graisse, morceau de couenne...
2. N'oublie pas que les oiseaux ont absolument besoin de boire et... de se baigner.
3. En cas de froid rigoureux, apporte des provisions matin et soir.
4. Place les mangeoires dans des endroits inaccessibles aux chats.
5. Pour attirer un plus grand nombre d'oiseaux, dispose les provisions dans différents endroits.

FIG. 12

Pour avoir un jardin plein d'oiseaux.

Extrait de *Cahier d'activités CE2, Biologie.*

6 COMMENT IDENTIFIER ET CLASSER LES ÊTRES VIVANTS ?

1 Comment s'appellent-ils ?

2 Comment peut-on les regrouper ?

1 Comment s'appellent-ils ?

Les enfants aiment donner un nom aux animaux qu'ils voient ou aux plantes qu'ils récoltent. Dans la classe, la question "Comment s'appelle-t-il ?" se trouve posée dans de nombreuses situations. En voici quelques-unes :

— Combien de types d'arbres ou d'arbustes y a-t-il dans la cour de l'école et comment s'appellent-ils ?

— Comment s'appellent les animaux que nous avons découverts dans les feuilles mortes en forêt ?

— Comment s'appellent les champignons que nous avons récoltés (ou ceux que nous avons apportés pour faire une exposition sur les champignons) ?

— Comment s'appellent les animaux trouvés à marée basse dans les algues, dans les flaques, dans le sable... ?

Il est recommandé de ne pas répondre immédiatement en donnant le nom car il est bien préférable de laisser les enfants trouver eux-mêmes la réponse à leur question. **Trouver le nom** d'un animal ou d'une plante est un **travail de recherche fructueux** à condition de pouvoir fournir aux enfants des documents adaptés.

1 INFORMATIONS UTILES POUR L'ENSEIGNANT

1 Chaque animal (ou chaque plante) a un nom... et même un double nom

Dans la vie courante, on désigne un animal ou un végétal en disant "c'est une grenouille", "c'est un chat", "c'est un chien", "c'est une tourterelle", "c'est un chêne"... Mais il faut savoir qu'ainsi on ne désigne pas une **espèce** mais un **genre**. Ces deux mots n'ont pas le même sens. Il existe en effet plusieurs espèces de grenouilles, plusieurs espèces de chênes... Pour désigner une espèce, il faudrait donc dire "c'est une grenouille verte", "c'est une tourterelle des bois", "c'est une tourterelle à collier", "c'est un chêne pédonculé", "c'est un chêne vert"...

Pour les scientifiques, une espèce est en effet définie par deux mots : le premier est celui du **genre** (exemple : une grenouille) ; **l'espèce** est désignée par deux mots (exemple : une grenouille verte).

Ceci peut sembler étrange mais repose cependant sur des données précises qu'il faut connaître. La grenouille verte ressemble à la grenouille rousse et pourtant les spermatozoïdes d'une grenouille verte ne peuvent féconder les ovules d'une grenouille rousse. Une espèce est donc un ensemble d'animaux qui non seulement ont le même aspect (toutes les grenouilles vertes se ressemblent ; c'est le **critère de similitude**), mais peuvent de plus se reproduire entre eux (c'est le **critère d'interfécondité**). Il en est de même chez les végétaux. Le chêne pédonculé et le chêne sessile ne sont pas de la même espèce car le pollen du chêne pédonculé ne peut pas féconder les ovules du chêne sessile.

2 Espèces et races

Le basset, le bouledogue, le lévrier... sont des animaux de **même espèce,** celle du "chien domestique" car ils sont interféconds. Cependant ils sont de **races différentes**. Les races sont nombreuses, surtout dans les espèces domestiques (chevaux, chats, vaches, volailles...).

3 Espèces et variétés

Les mêmes particularités existent chez les végétaux. Dans ce cas, on ne parle pas de races mais de **variétés** (pour les plantes qui se créent spontanément dans la

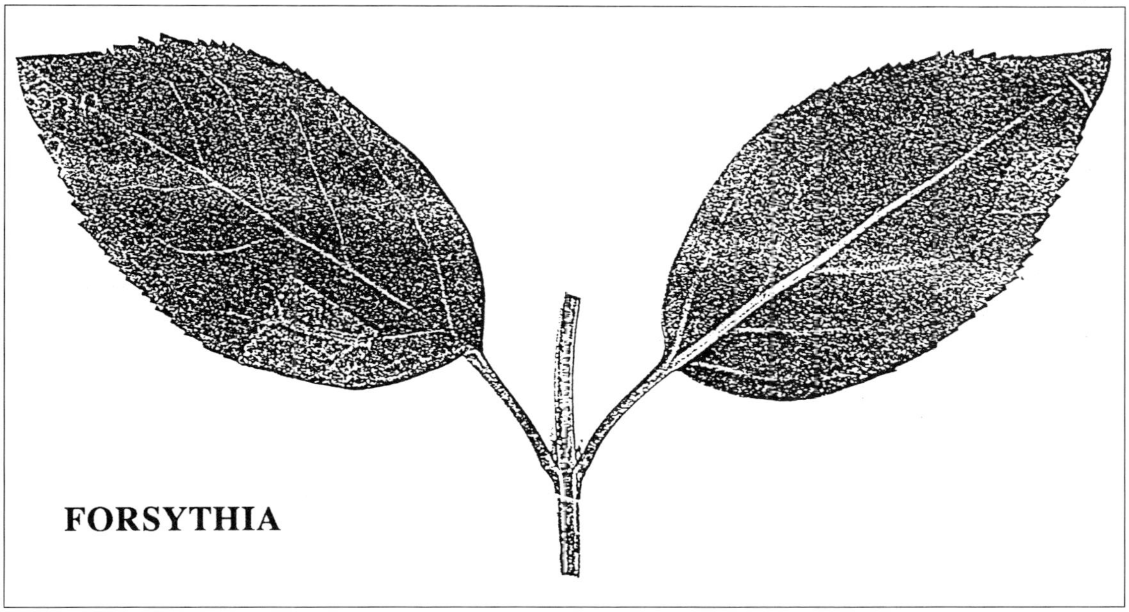

FIG. 1

Trouver le nom des arbustes ou des arbres de la cour de l'école est possible dès l'école maternelle. Il faut pour cela comparer une feuille de la plante à un document de référence d'excellente qualité, grandeur nature. Pour l'obtenir, il suffit de passer à la photocopieuse une feuille de l'arbre fixée avec des bandelettes adhésives à une feuille de papier. Il faut, bien entendu, que l'enseignant trouve le nom de l'arbre (voir fig. 2) pour l'indiquer sur la photocopie.

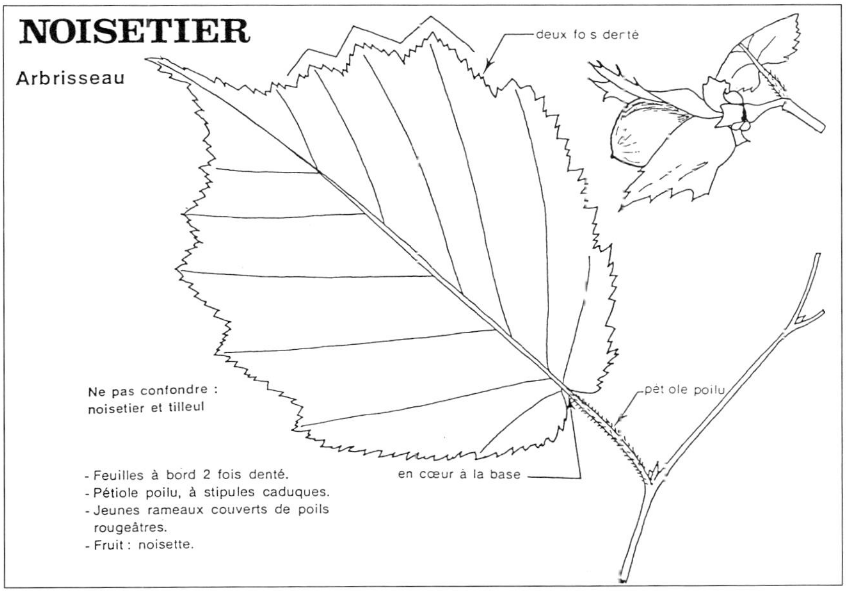

FIG. 2

Les enfants (et les adultes) peuvent facilement identifier une plante ou un animal en le comparant à un dessin exact. On facilite la tâche des enfants :

1° en attirant leur attention (comme c'est le cas ici) sur certains critères importants ;

2° en limitant le nombre de dessins au nombre d'espèces à déterminer (s'il y a 8 espèces à déterminer, on ne fournit que 8 dessins).

Extrait de *Arbre quel est ton nom ?*

nature) et de **cultivars** (pour les plantes créées artificiellement par l'homme afin d'améliorer, par hybridation, les qualités ornementales d'un feuillage, la couleur d'une fleur, la valeur marchande d'un bois, l'aspect ou le goût d'un fruit, la valeur nutritionnelle d'une graine...).

Connaissez-vous

LE SENS DE CES MOTS OU EXPRESSIONS

- **espèce**
- **genre**
- **critère de similitude**
- **critère d'interfécondité**
- **race**
- **variété**
- **cultivar**
- **hybridation**
- **clé de détermination**
- **déterminer une plante (ou un animal)**

2 DES ACTIVITÉS PÉDAGOGIQUES POSSIBLES

Toutes les activités pédagogiques concernant l'identification des animaux ou des plantes doivent être menées en fournissant des documents de détermination adaptés à la situation et à l'âge des enfants. Ces documents doivent être simples, d'utilisation rapide, mais suffisamment rigoureux pour initier progressivement les élèves à l'utilisation de critères précis. Les savoir-faire développés seront différents selon l'outil utilisé. On peut identifier un animal ou une plante :

— soit en le **comparant à un dessin** précis accompagné de critères nettement indiqués à côté du dessin,

— soit en se servant "d'une **clé de détermination**" dont la présentation peut être variée comme le montrent les figures de ce chapitre.

Dans certains cas, l'identification peut aller jusqu'au nom d'espèce ou de genre, dans d'autres cas on se contentera de déterminer l'appartenance à un groupe. Les exemples qui suivent illustreront ces diverses possibilités.

1 Combien y a-t-il d'arbres différents ?

Cette activité peut être organisée dans la cour de l'école, dans un square ou un jardin public, dans un milieu proche de l'école... Elle convient bien à des élèves du CE1 ou du CE2.

• Les enfants, répartis par groupes de trois ou quatre, doivent trouver combien il y a de sortes d'arbres ou d'arbustes différents (le mot **arbuste** est souvent employé avec des sens différents. Il peut s'agir d'un jeune arbre possédant un tronc net, mais dont la taille ne dépasse pas 7 mètres. On emploie parfois ce même terme pour désigner un **arbrisseau,** c'est-à-dire un "arbre" qui reste toujours de petite taille, inférieure à 5-7 mètres, qui n'a pas de véritable tronc et dont la tige se ramifie dès la base. On peut aussi employer ce terme pour un arbre ayant un tronc net mais dont la taille, même à l'âge adulte, ne dépasse jamais 7 à 10 mètres. Cette distinction n'a pas, dans l'exercice considéré ici, une très grande importance. L'activité proposée ne consiste pas à identifier chaque espèce mais seulement à rechercher combien d'espèces différentes sont présentes).

• Après quelques minutes de recherches, **un bilan s'impose**. Chaque groupe fait part de ses découvertes et la confrontation permet de relancer la recherche d'une manière plus structurée. Comment reconnaît-on qu'un arbre est de la même espèce qu'un autre ? La reconnaissance s'effectue surtout en regardant les feuilles. D'autres indices peuvent être proposés : l'écorce, la disposition des branches, les fruits quand il y en a (marronnier, tilleul, érable, chêne...), parfois le port de l'arbre, c'est-à-dire son allure générale.

• **Une remarque importante** à faire. Peut-on vraiment reconnaître un arbre à sa silhouette ? Certains arbres ont une silhouette très caractéristique (angles des branches avec le tronc, disposition des rameaux...), mais il faut savoir que des arbres de même espèce et d'âges différents peuvent ne pas avoir la même allure. Finalement, à l'exception de quelques cas particuliers, sans une très grande habitude comme celle qu'ont les forestiers, il est impossible d'identifier un arbre à partir de sa silhouette.

• **L'observation des feuilles** permet de repérer leurs caractères distinctifs : taille, forme, couleur, présence ou non d'un pétiole (c'est la "queue" de la feuille), bord denté ou lisse, nervures disposées ou non en éventail, présence de poils ou aspect luisant... L'activité peut donner lieu à différents prolongements :

— rechercher le nom des arbres,

— établir la "carte d'identité" de quelques arbres,

— réaliser un herbier de feuilles...

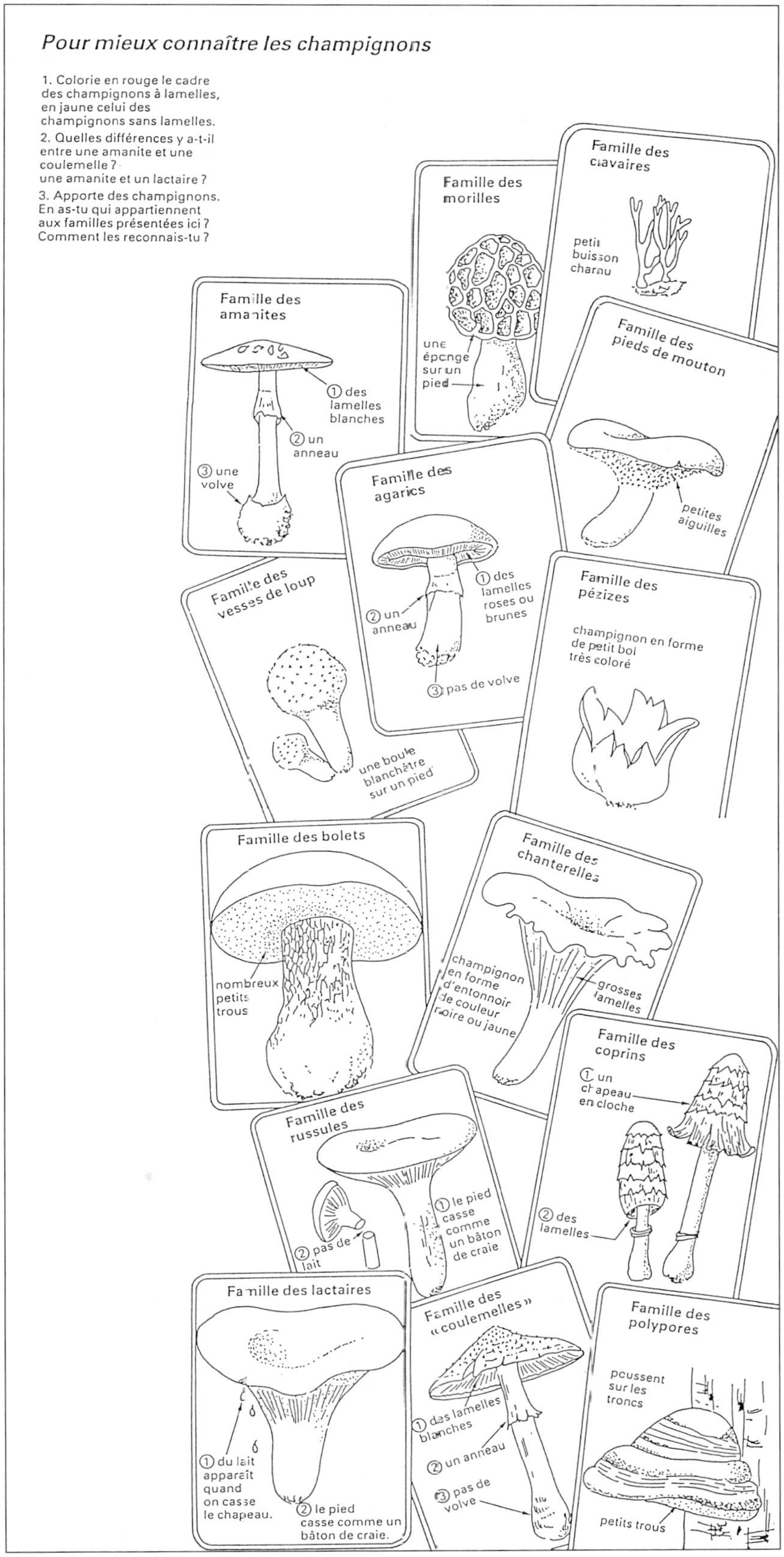

FIG. 3

Un document pour connaître à quelle « famille » appartiennent les champignons qui ont été récoltés ou apportés en classe. Est-ce une amanite ? Est-ce un bolet ?

Extrait de *Matrices CE, Biologie.*

2 Quel est cet arbre ?

Trouver le nom d'un arbre est un exercice très formateur à condition de fournir aux enfants des documents adaptés à leurs compétences et à leur âge.

On peut par exemple donner :

— des planches d'herbier présentant des feuilles avec le nom de l'arbre et la mention des caractères de la feuille (alterne ou opposée, bord denté ou lisse, couleur du limbe, forme ou couleur du bourgeon...) ;

— des "photocopies" de feuilles réelles avec les mêmes indications que précédemment (fig. 1) ;

— des dessins précis (fig. 2) avec un fléchage donnant les caractères permettant l'identification ;

— un ouvrage de détermination des arbres et des arbustes, conçu et réalisé pour des enfants : "Arbre quel est ton nom ?" Ed. Bordas.

Dans tous les cas, la recherche du nom de l'arbre se fait à partir des feuilles qui constituent les véritables **"cartes d'identité"** des arbres.

• Les premiers documents indiqués ci-dessus, à condition de les limiter aux quelques arbres que les enfants voient dans la cour de l'école, le jardin public ou le coin de forêt qu'ils explorent, sont tout à fait utilisables de la maternelle au CE1. L'exercice consiste à comparer la feuille de l'arbre dont on cherche le nom à une feuille déjà identifiée ou à un dessin rigoureux de celle-ci. Ce dessin peut être grandeur nature ou réduit. L'information doit être fournie afin de faciliter la comparaison.

• L'utilisation du guide de détermination "Arbre quel est on nom ?" est plutôt réservée à des enfants à partir du CE2.

Une initiation à l'emploi du livre est nécessaire. Elle est réalisée à partir de rameaux feuillés apportés par le maître (lilas, tilleul, arbre de Judée, platane, robinier, faux acacia, rosier conviennent bien). Il faut penser à mettre dans le lot de rameaux fournis, des feuilles simples et des feuilles composées, des feuilles opposées et des feuilles alternes, des feuilles dont le bord du limbe est denté et des feuilles dont le bord du limbe est lisse.

Pour que l'initiation se fasse dans de bonnes conditions, il est préférable (à moins que ce ne soit fait pendant l'exercice) que les enfants aient les connaissances de base suivantes :

— existence d'un bourgeon à la base de chaque feuille,

— différence entre une feuille simple et une feuille composée,

— principe d'utilisation d'un "arbre de choix" (principe de base de toute clé de détermination).

Expliquez alors le mode d'emploi du guide :

a) En observant la position du bourgeon et celle des nervures, rechercher dans le tableau général le dessin qui ressemble le plus à la feuille que l'on veut identifier.

b) Ce dessin renvoie à une page qui propose deux ou plusieurs possibilités.

c) La possibilité choisie renvoie à un tableau de détermination.

A ce stade on peut aussi feuilleter les pages indiquées et comparer la feuille que l'on veut identifier et les dessins, en tenant compte de toutes les informations écrites qui les accompagnent.

En cas d'échec, revenir au tableau général en observant à nouveau, avec soin, la position du bourgeon, la disposition des nervures et l'allure du bord de la feuille (denté, lobé ou lisse).

3 Faisons une exposition sur les champignons

• Les champignons attirent beaucoup les enfants ; ils aiment les ramasser lors de sorties en forêt ; ils en apportent souvent en classe à l'automne ; mais ils ignorent que certains champignons sont très dangereux et qu'il est utile de savoir les reconnaître. Les champignons constituent de plus un très bon matériel pour entraîner les élèves à réaliser des exercices de classement à partir de critères simples (présence ou non de lamelles, présence ou non d'un anneau sur le pied...).

Cette activité peut être réalisée même avec de très jeunes enfants du cours préparatoire ou du CE1.

• Dans un second temps, il est intéressant de pouvoir identifier à quel groupe appartiennent les différents champignons. Pour cela vous pouvez d'abord fournir un document tel que celui de la figure 3. Pour répondre à la première question, les enfants doivent identifier sur les dessins la présence ou non de lamelles. La comparaison entre différents champignons permet de constater que ce grand groupe est très diversifié. Pour faire l'inventaire des différences, il faut observer très attentivement les dessins et leur fléchage. Ainsi, l'amanite possède les mêmes caractères que la coulemelle, mais contrairement à la coulemelle, la base de son pied est entourée par une sorte d'étui appelé volve.

• Lorsqu'ils maîtrisent suffisamment le contenu du document, les enfants recherchent à quelle "famille" appartiennent les champignons de leur récolte. Il ne s'agit pas, bien sûr, d'identifier les champignons avec précision (trouver le nom exact d'un champignon est en effet un travail de spécialiste), mais de sensibiliser les enfants à la très grande variété du monde des champignons.

• Vous profiterez de l'occasion pour souligner que tous les champignons ne sont pas comestibles et qu'il faut absolument apprendre à reconnaître **le champignon mortel n° 1, l'amanite phalloïde**. Le dessin de

UNE CLÉ DE DÉTERMINATION DES CHAMPIGNONS À LAMELLES

- ① le champignon a une volve *(a)*
  - et un anneau *(b)* → **Amanite.**
  - et pas d'anneau → **Volvaire.**
- le champignon n'a pas de volve *(a)*
  - ② il a un anneau
    - le pied et le chapeau ne se séparent pas facilement
      - les lamelles descendent nettement le long du pied *(g)* → **Armillaire.**
      - les lamelles ne descendent pas nettement le long du pied → **Pholiote.**
    - le pied et le chapeau se séparent facilement
      - les lamelles blanches restent blanchâtres sur le champignon âgé → **Cystoderme, Lépiote.**
      - les lamelles blanches deviennent roses, puis brun chocolat → **Psaliotte.**
      - les lamelles blanches deviennent noires et se transforment en liquide noir → **Coprin**
  - le champignon n'a pas d'anneau
    - ③ le pied n'est pas attaché au centre du chapeau, parfois il n'y a même pas de pied → **Pleurote.**
    - le pied est attaché au centre du chapeau *(c)*
      - ④ la chair est ferme, grenue; quand on brise le pied, il casse net comme un morceau de craie
        - la chair contient du lait qui apparait lors d'une cassure → **Lactaire.**
        - la chair ne contient pas de lait → **Russule.**
      - la chair fibreuse n'est ni grenue, ni cassante
        - ⑤ sur le jeune champignon, on observe des filaments fins ou *cortine (d)* entre le bord du chapeau et le pied
          - le champignon pousse sur du bois mort → **Hypholome.**
          - le champignon pousse sur le sol
            - les lamelles ne descendent pas le long du pied
              - lamelles brun sale → **Hébélome.**
              - lamelles de couleur variée → **Cortinaire.**
            - les lamelles descendent le long du pied → **Gomphide.**
        - le champignon ne possède pas de *cortine*
          - ⑥ les lamelles descendent le long du pied *(e)*
            - les lamelles sont épaisses
              - les lamelles forment de gros plis, le chapeau est en entonnoir → **Chanterelle.**
              - les lamelles sont espacées, le chapeau est visqueux
                - le chapeau est blanc ou de couleur assez vive → **Hygrophore**
                - le chapeau est à la fois brun, roux et violacé → **Gomphide.**
            - les lamelles sont minces
              - les lamelles ne se séparent pas facilement du pied → **Clitocybe.**
              - les lamelles se séparent facilement de la chair → **Clitopile, Paxile.**
          - les lamelles ne descendent pas le long du pied *(f)*
            - ⑦ les lamelles sont plus ou moins échancrées *(g)*
              - les lamelles sont de couleur rose saumon → **Entolome.**
              - les lamelles sont de couleur brun sale → **Hébélome.**
              - les lamelles sont de couleur variée
                - le chapeau présente des fibres rayonnantes et a souvent le bord largement fendu → **Inocybe.**
                - le chapeau est lisse ou présente quelques stries rayonnantes → **Tricholome.**
            - les lamelles ne sont pas échancrées
              - les lamelles blanches deviennent noires et se transforment en liquide noir → **Coprin.**
              - les lamelles sont espacées, de la même couleur que le pied et le chapeau → **Lactaire.**
              - les lamelles sont de couleur variée (blanchâtres, brunâtres ou grisâtres)
                - le pied n'est pas très fin → **Collybie.**
                - le pied est en général très fin
                  - les lamelles sont blanches → **Mycène.**
                  - les lamelles sont de couleur variée, le champignon se dessèche sans pourrir → **Marasme.**

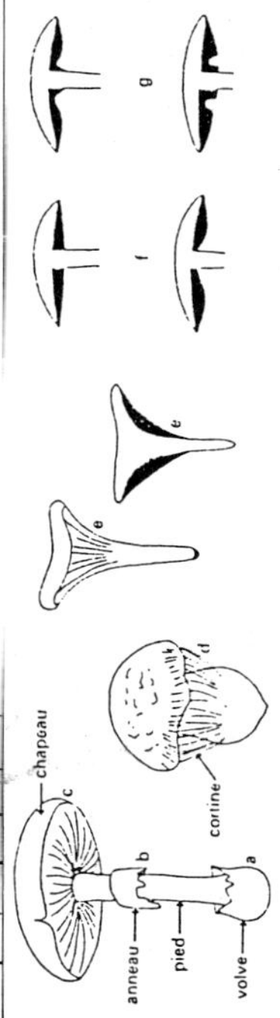

FIG. 4

Un exemple de « clé dichotomique » de détermination. Pour utiliser celle-ci, il suffit de connaître quelques mots : volve, anneau,... A chaque étape, on prend l'un ou l'autre des deux chemins possibles.

la figure 6 donne ses caractéristiques. L'amanite phalloïde se reconnaît à quatre critères (volve, anneau, lamelles blanches, chapeau vert-jaune). Les traditions populaires transmettent de nombreuses "recettes" pour savoir si un champignon est comestible ou non (par exemple "les champignons mangés par les limaces sont comestibles" ou bien "les champignons de printemps sont tous comestibles"...). Ces affirmations sont dangereuses. La seule façon de savoir si on peut ou non consommer un champignon est de l'identifier avec précision en repérant des caractères scientifiques rigoureux.

• Si l'activité sur les champignons est réalisée avec des enfants plus âgés (CE2 – CM), on peut leur fournir un tableau plus complet des principaux champignons à lamelles (fig. 4) et utiliser celui-ci pour faire une identification plus précise de quelques champignons à lamelles parmi les plus caractéristiques.

4 Quels sont les habitants de la forêt ?

La sortie en forêt est l'occasion de découvrir un milieu vaste, très riche et plein d'attrait. Après une approche globale et surtout sensorielle, il convient d'orienter le travail vers un inventaire aussi complet que possible des différents êtres vivants qui peuplent la forêt. Les enfants rechercheront les traces multiples de la vie animale (feuilles mangées, empreintes de pas, plumes, pièces squelettiques, excréments, coquilles, terriers...). Ils découvrent aussi la présence de différents types de plantes : arbres, arbustes, plantes herbacées, fougères, mousses, lichens, champignons. S'ils n'ont pas encore eu l'occasion de rencontrer ces grands groupes dans d'autres milieux (la cour de l'école, le chemin ou la haie, le jardin public...), vous leur fournirez un tableau tel que celui de la figure 5 afin qu'ils sachent dire si toutes ces catégories de plantes existent dans la forêt qu'ils explorent.

Avec des élèves de CE2 ou de CM1, on peut ensuite faire un inventaire plus précis. La classe est divisée en groupes de quatre enfants. Deux manières différentes de procéder sont alors applicables :

— Ou bien, chaque groupe cherche successivement combien, dans un périmètre délimité, il y a d'arbres et d'arbustes différents, combien il y a de sortes de mousses, d'espèces de lichens, de types de plantes herbacées...

— Ou bien, un groupe fait l'inventaire des mousses pendant qu'un autre recherche combien il trouve d'espèces de lichens et qu'un troisième s'intéresse aux arbres...

Dans tous les cas, la présentation des récoltes fournit de nouveau l'occasion de préciser les différences existant entre mousses et lichens, entre arbres, arbustes et plantes herbacées. De retour en classe, un panneau présentant les différentes récoltes peut être réalisé.

5 Faisons des récoltes au bord de la mer

Une sortie sur une plage ou dans des rochers à marée basse fournit l'occasion de très riches récoltes. Les activités possibles sont nombreuses :

— Combien de sortes d'algues voit-on ?

— Combien de sortes d'animaux trouve-t-on fixés sur les rochers ? Comment sont-ils fixés ?

— Combien de sortes d'animaux découvre-t-on enfouis dans le sable ?

— Combien de sortes d'animaux trouve-t-on dans les flaques qui subsistent à marée basse ? Comment ces animaux se déplacent-ils dans l'eau ?

La très grande variété des animaux qui vivent sur les plages et rochers à marée basse donne lieu à des activités de classements. Les critères adoptés peuvent être variés : milieu de vie (rocher, plage, flaque), vie libre ou vie fixée, déplacement en marchant ou en nageant... On peut aussi mettre ensemble des animaux qui se ressemblent : ceux qui ont une coquille en deux parties, ceux qui ont une coquille en une seule partie, ceux qui ont des pattes comme les crabes, ceux qui ont 5 bras comme les étoiles de mer... Le document de la figure 7 permet de trouver à quel grand groupe appartiennent les différents animaux observés ou récoltés.

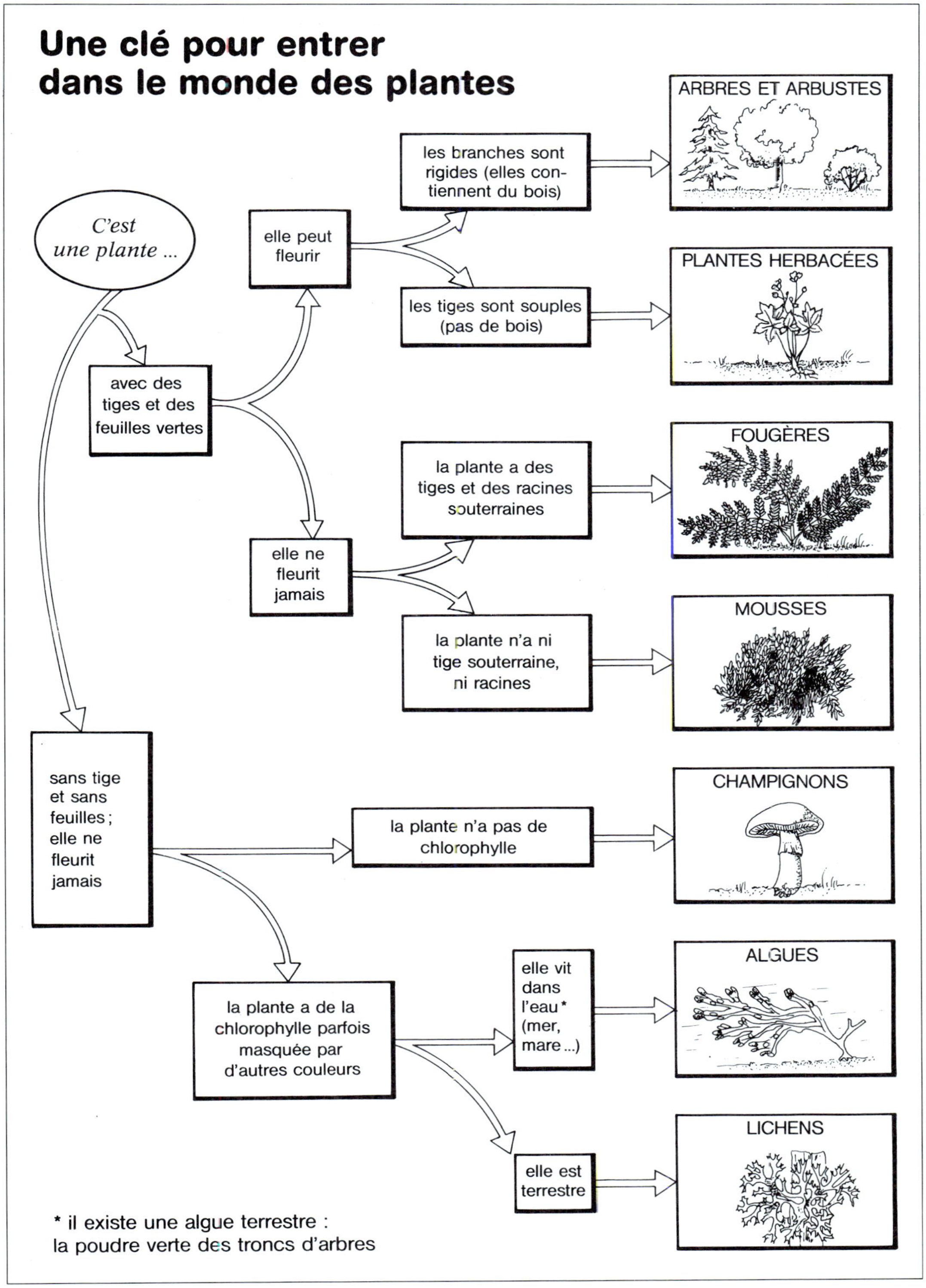

FIG. 5

Cette clé pour entrer dans le monde des plantes est bien adaptée à des enfants qui veulent savoir dans quel groupe placer les récoltes faites au cours d'une sortie en forêt par exemple.

Extrait de *Cahier d'activités CE2, Biologie.*

NOTIONS VISÉES

à l'école élémentaire

En proposant à des enfants des activités consistant à trouver le nom d'un animal ou d'une plante, on vise bien davantage des objectifs de **savoir-faire** que des objectifs de connaissances. Il n'est pas question pour eux de **savoir** le nom de tous les champignons qu'ils trouvent dans la forêt, ni de connaître le nom de tous les oiseaux de la vitrine du musée. Mais il est intéressant qu'ils sachent utiliser un livre de détermination simple ou un tableau d'identification adapté à leurs possibilités.

De plus il est important pour les enfants d'apprendre que:

— il existe différentes espèces d'arbres ou d'arbustes, différentes espèces de champignons, différentes espèces de "coquillages"...;

— chaque espèce porte un nom précis;

— les animaux ou les végétaux de même espèce se ressemblent bien sûr mais sont surtout capables de se reproduire entre eux, c'est-à-dire de donner naissance à des êtres vivants de même espèce;

— il est possible de trouver le nom d'une plante ou d'un animal, c'est-à-dire de **l'identifier** (les scientifiques disent "de **le déterminer**") en utilisant des documents de détermination.

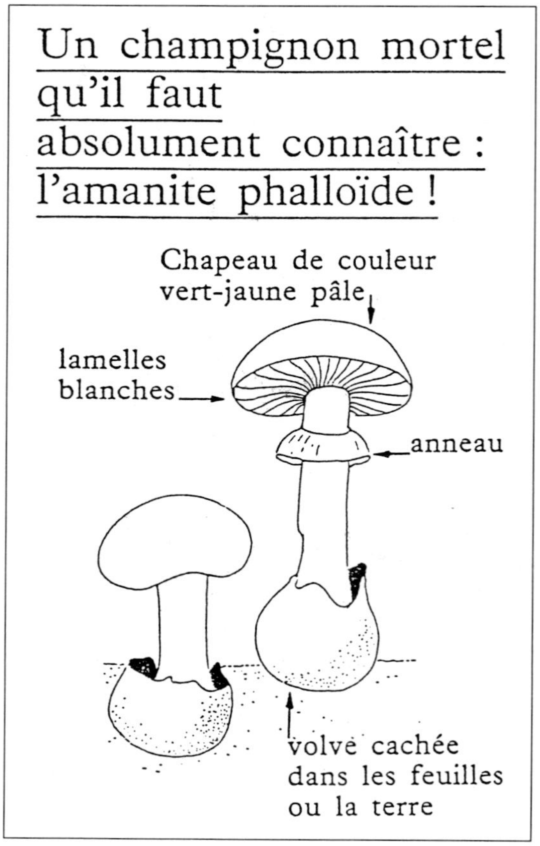

FIG. 6

L'amanite phalloïde est un champignon mortel. Première étape de sa détermination : c'est une amanite, c'est-à-dire un champignon qui possède à la fois les trois caractères suivants : présence d'un anneau sur le pied, existence d'une volve, lamelles de couleur blanche. Deuxième étape : la détermination de l'espèce, par la couleur du chapeau. La détermination, comme le montre cet exemple, n'est pas de « l'à peu près » ; elle repose sur des critères précis.

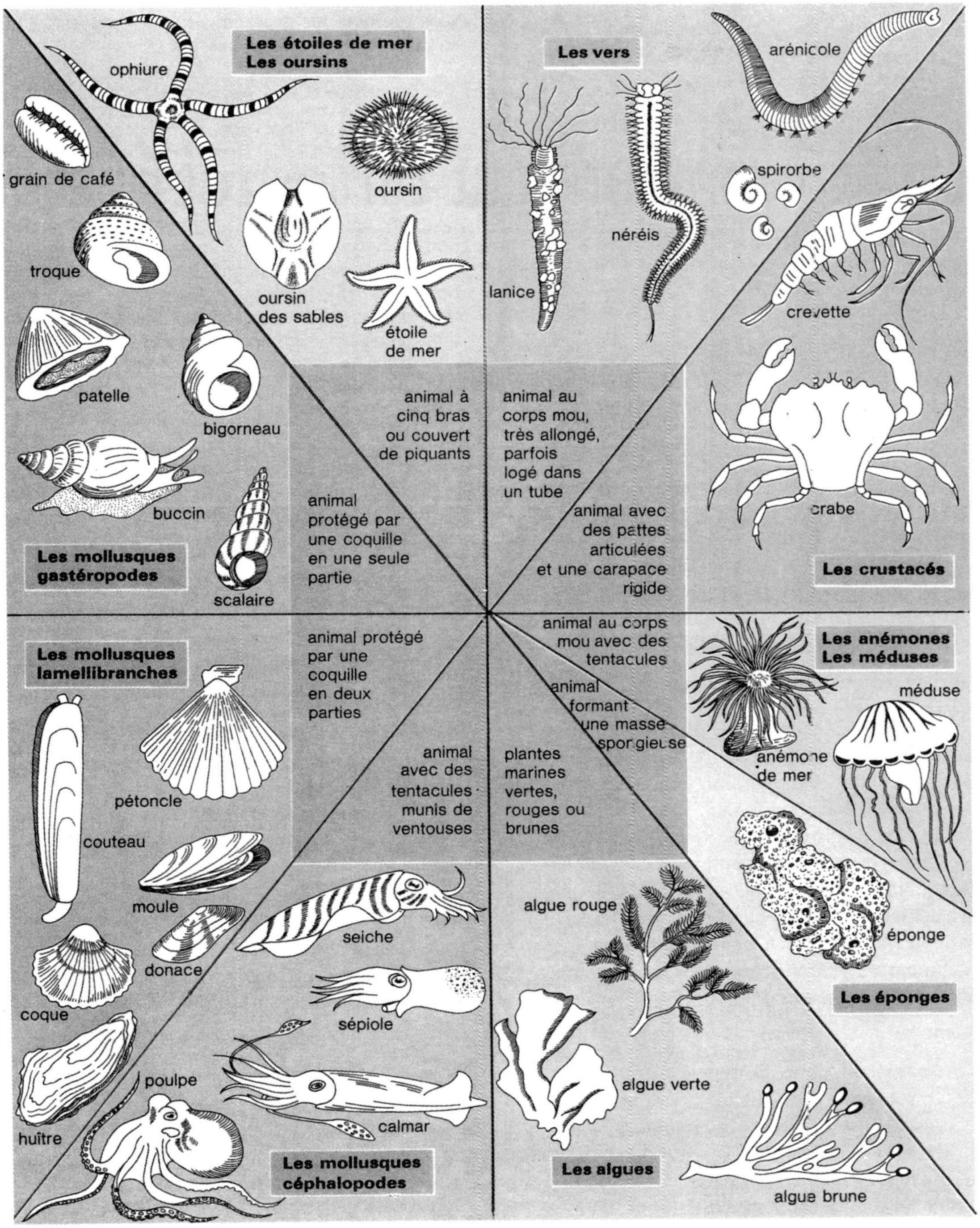

FIG. 7

Avec cette figure, il est facile de placer dans un groupe les animaux récoltés au bord de la mer. On peut ensuite utiliser une clé de détermination plus précise.

2 Comment peut-on les regrouper ?

La diversité du monde vivant est étonnante : on estime que la terre est actuellement peuplée de plus de deux millions d'**espèces** différentes !

• Dans ce vaste ensemble d'êtres vivants, la **classification** introduit un certain ordre en réunissant dans des groupes de plus en plus restreints ceux qui ont des caractères communs. Par exemple, le chat et le lapin sont classés l'un et l'autre au sein des vertébrés, et parmi tous les vertébrés ce sont des mammifères ; mais le premier appartient à l'ordre des carnivores et le second à l'ordre des rongeurs. Les mots **vertébrés, mammifères, carnivores** et **rongeurs** ont un sens précis. S'ils sont connus, ils apportent immédiatement des informations sur les deux animaux cités. On sait ainsi que le chat a une colonne vertébrale, que sa femelle allaite ses petits et qu'il a une denture de carnivore présentant certaines caractéristiques précises. On sait que le lapin a aussi une colonne vertébrale mais que sa denture est différente de celle du chat et lui permet de ronger ses aliments. La classification des êtres vivants est donc un outil très efficace.

• A l'école élémentaire, les travaux que l'on peut entreprendre sur les classifications n'ont pas pour objectif d'apprendre "par cœur" des tableaux de classification du monde vivant. En revanche, les enfants vont découvrir que la classification (c'est-à-dire le classement commun à tous les scientifiques du monde entier) est, parmi tous les classements possibles, celui qui est le plus efficace. Par exemple, si vous dites à un enfant que le fuligule morillon (animal dont il n'a jamais entendu parler) est un **oiseau,** il sait immédiatement que cet animal a des plumes, deux ailes, deux pattes, un bec, qu'il pond des œufs et les couve... Il ne sait pas, bien sûr, quelle est sa taille ou sa couleur ; il ignore dans quel milieu il vit (la classification a en effet ses limites), mais il peut s'en faire une représentation déjà satisfaisante.

Voici un deuxième exemple : quand on dit que tel animal (dont on n'a jamais entendu parler) est un **amphibien,** on sait aussitôt que :

— il pond des œufs dans l'eau,

— ces œufs donnent naissance à des têtards,

— les têtards se métamorphosent progressivement en adultes (voir fig. 11).

Les scientifiques pourraient donner bien d'autres caractères, car, pour eux, le mot amphibien est encore plus riche d'informations.

1 INFORMATIONS UTILES POUR L'ENSEIGNANT

1 Il existe trois grands groupes d'êtres vivants

Dans le monde vivant deux groupes sont bien connus de tous : les **animaux** et les **végétaux ;** le troisième est beaucoup moins bien connu : ce sont les **bactéries.** Enfin, il faut faire une mention spéciale pour les **virus.**

• Les animaux sont regroupés dans un très vaste ensemble, le **règne animal,** et les végétaux dans le **règne végétal**.

La distinction entre les animaux et les végétaux les plus courants est facile à faire. Cependant les différences entre les deux ne sont pas toujours aussi évidentes qu'il semblerait. Il existe des animaux comme les anémones de mer ou les coraux qui ressemblent beaucoup à des plantes. Certaines algues microscopiques du plancton ressemblent beaucoup à certains animaux unicellulaires vivant dans ce même plancton.

Nous avons vu, à la page 29, que les animaux comme les végétaux, bien que tous formés de **cellules,** présentent à ce niveau quelques différences. Les cellules végétales ont une paroi de nature cellulosique et possèdent des organites spécifiques comme les chloroplastes. La différence la plus évidente entre les animaux et les végétaux se situe au niveau du **mouvement**. La plupart des animaux sont capables de se déplacer ; ce phénomène est réservé seulement à quelques rares végétaux tels que les algues microscopiques.

Nous avons vu aussi que l'une des grandes différences se situe au niveau du **mode d'alimentation**. Tous les animaux se nourrissent à partir d'aliments de nature organique, d'origine animale ou végétale. En revanche, presque tous les végétaux possèdent de la chlorophylle (pratiquement, seuls les champignons n'en contiennent pas) ; ils se nourrissent donc de substances minérales (eau, sels minéraux, dioxyde de carbone) et sont capables, par photosynthèse, de réaliser la synthèse de substances organiques à partir de substances minérales.

La dernière grande différence entre animaux et végétaux réside dans la présence chez les animaux d'un **système nerveux** qui, jouant un rôle intégrateur pour les messages sensoriels reçus du milieu extérieur, élabore des réponses motrices aboutissant à des réactions comportementales (fuite, agression, déplacements divers...).

• Le monde des **bactéries** n'est généralement rattaché ni au règne animal, ni au règne végétal. Les bactéries sont des êtres vivants unicellulaires dont la structure cellulaire diffère essentiellement de celle des autres êtres vivants par l'absence d'un véritable noyau bien individualisé dans le cytoplasme. Le matériel génétique est porté par un chromosome non séparé du cytoplasme par une membrane.

• Une mention particulière doit être faite pour les **virus**. Ce sont des parasites obligatoires d'autres cellules vivantes. Ils ne peuvent vivre et se reproduire qu'en empruntant à d'autres cellules tous les mécanismes de biosynthèse qui leur manquent. Ils sont réduits à une simple molécule d'acide nucléique, support de leur matériel génétique, emballée dans une enveloppe de nature protéique.

2 Des regroupements s'imposent à l'intérieur d'un règne

Nous avons vu dans le chapitre précédent qu'un genre comportait plusieurs **espèces**. Le genre "chêne" regroupe le chêne pédonculé, le chêne sessile, le chêne vert, le chêne pubescent...

Plusieurs **genres** forment une **famille**. Ainsi, le chat, le puma, le lion, le tigre, la panthère... appartiennent à la famille des Félidés. Cette famille, associée à d'autres familles (celle des Ursidés, celle des Mustélidés...) constitue l'**ordre** des Carnivores dans la **classe** des Mammifères au sein de l'**embranchement** des Vertébrés. **Le règne** animal comporte un grand nombre d'embranchements. Ainsi, les différents genres voisins sont-ils regroupés en ensembles de plus en plus vastes.

La succession : espèce, genre, famille, ordre, classe, embranchement est adoptée dans toutes les classifications actuelles aussi bien dans le règne végétal que dans le règne animal.

3 Les principaux embranchements du règne animal

Le découpage du règne animal en sous-groupes a beaucoup varié au cours de l'histoire ; il ne pouvait en effet se baser que sur les animaux connus.

Aristote classait les animaux en deux grands groupes :

— les animaux qui ont du sang (en réalité, il désignait ainsi les seuls animaux dont le sang est rouge),

— les animaux qui n'ont pas de sang (c'est-à-dire, en fait, ceux dont le sang est incolore).

Au 18e siècle, **Linné** fut le grand "classificateur" du monde vivant. Pour lui, le règne animal est formé de six groupes : les Quadrupèdes, les Oiseaux, les Amphibiens, les Poissons, les Insectes et les Vers. Cette classification s'intéresse surtout aux vertébrés ; beaucoup d'animaux sont encore inconnus.

Les successeurs de Linné proposent de nouvelles classifications. La plus intéressante est celle de **Lamarck** (1806) qui, en inventoriant les collections du Muséum d'Histoire Naturelle de Paris, est progressivement amené à établir des rapprochements entre les diverses formes animales. Sa classification, plus complète que celle de Linné, comporte 14 classes qu'il réunit en deux grands groupes :

— les animaux avec vertèbres,

— les animaux sans vertèbres.

Les animaux avec vertèbres, ou **vertébrés,** ont un squelette interne dont la pièce maîtresse est une colonne vertébrale formée d'un empilement de vertèbres. Tous les autres animaux, dépourvus de vertèbres, sont des **invertébrés**.

Cette division simple entre vertébrés et invertébrés est souvent employée au niveau de l'école élémentaire bien que les scientifiques l'aient depuis longtemps abandonnée.

La classification actuelle du règne animal est complexe. Cependant, pour des non spécialistes et pour ceux qui s'intéressent surtout aux formes animales les plus communes, on peut se contenter d'une classification simple comme celle qui est présentée sur la figure 1.

Tableau simplifié des principaux embranchements du règne animal

	Exemples		
▲ Animaux dont le corps est formé d'une seule cellule	Paramécie	Sous-règne des	**PROTOZOAIRES**
▲ Animaux dont le corps est formé d'un grand nombre de cellules		Sous-règne des	**MÉTAZOAIRES**
		CLASSES	**EMBRANCHEMENTS**
● L'animal est un simple sac digestif (le corps est formé seulement de 2 parois : épiderme + paroi du tube digestif)	Anémone de mer		Cœlentérés
● L'animal possède toute une série d'organes répartis entre l'épiderme et le tube digestif :			
■ Pas de squelette interne osseux ou cartilagineux (Invertébrés) :			
⊕ Pas de pattes			
* Symétrie radiaire	Oursin		Échinodermes
* Symétrie bilatérale			
+ Corps mou, segmenté	Ver de terre		Annélides
+ Corps mou, non segmenté			Mollusques
– Coquille à 2 valves	Moule	**Lamellibranches**	
– Coquille à 1 seule valve	Escargot	**Gastéropodes**	
– Coquille interne le plus souvent	Seiche	**Céphalopodes**	
⊕ Avec des pattes et une carapace articulées			Arthropodes
* 3 paires de pattes	Grillon	**Insectes**	
* 4 paires de pattes	Araignée	**Arachnides**	
* 5 paires de pattes	Écrevisse	**Crustacés** supérieurs	
* Plus de 5 paires de pattes	Cloporte	**Crustacés** inférieurs	
	Lithobie	**Myriapodes**	
■ Un squelette interne osseux ou cartilagineux formant une colonne vertébrale			Vertébrés
* Peau possédant des écailles dermiques	Brochet	**Poissons**	
* Peau nue, avec nombreuses glandes à mucus	Grenouille	**Amphibiens** (Batraciens)	
* Peau recouverte d'écailles épidermiques	Lézard	**Reptiles**	
* Peau portant des plumes	Pigeon	**Oiseaux**	
* Peau portant des poils	Chat	**Mammifères**	

FIG. 1

Ce tableau de classification du règne animal donne non seulement les noms des grands groupes mais aussi les caractères qui permettent de les distinguer les uns des autres. Il est construit sur le même principe que les clés de détermination.

Extrait du *Guide du maître « Les animaux, les élevages »*.

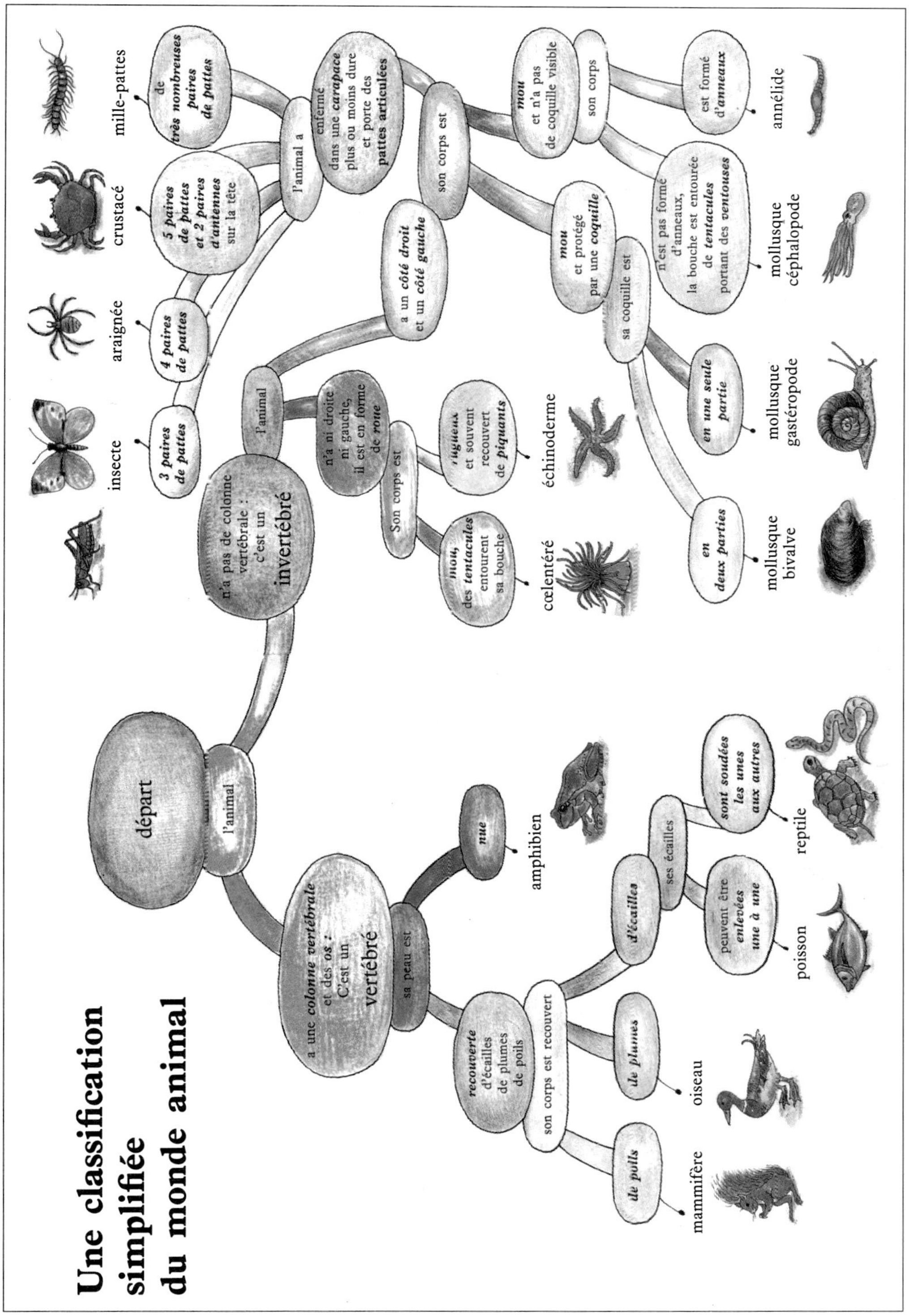

FIG. 2

Une classification simplifiée du règne animal que peuvent utiliser les élèves du cours moyen, pour rechercher dans une collection d'animaux quels sont les vertébrés et quels sont les invertébrés.

Extrait de *Sciences et technologie CM.*

L'embranchement des mollusques

Caractères communs		• corps **mou** • **manteau** sécrétant une **coquille** calcaire et délimitant une cavité abritant les organes respiratoires. • **pied** musculaire
Caractères distinctifs	**classes**	**exemples**
• **coquille** à deux valves • pas de **tête** distincte • **pied** ventral, souvent fouisseur	BIVALVES ou LAMELLIBRANCHES	coque, moule, praire, palourde, huître, coquille Saint-Jacques...
• **coquille** à une seule valve, souvent enroulée en hélice • **tête** bien distincte • **pied** ventral, servant à la reptation	GASTÉROPODES	escargot, limnée, planorbe, buccin...
• **coquille** généralement interne, parfois très réduite • **tête** volumineuse • **pied** situé sur la tête, formant une couronne de tentacules garnies de ventouses	CÉPHALOPODES	seiche, calmar, pieuvre...

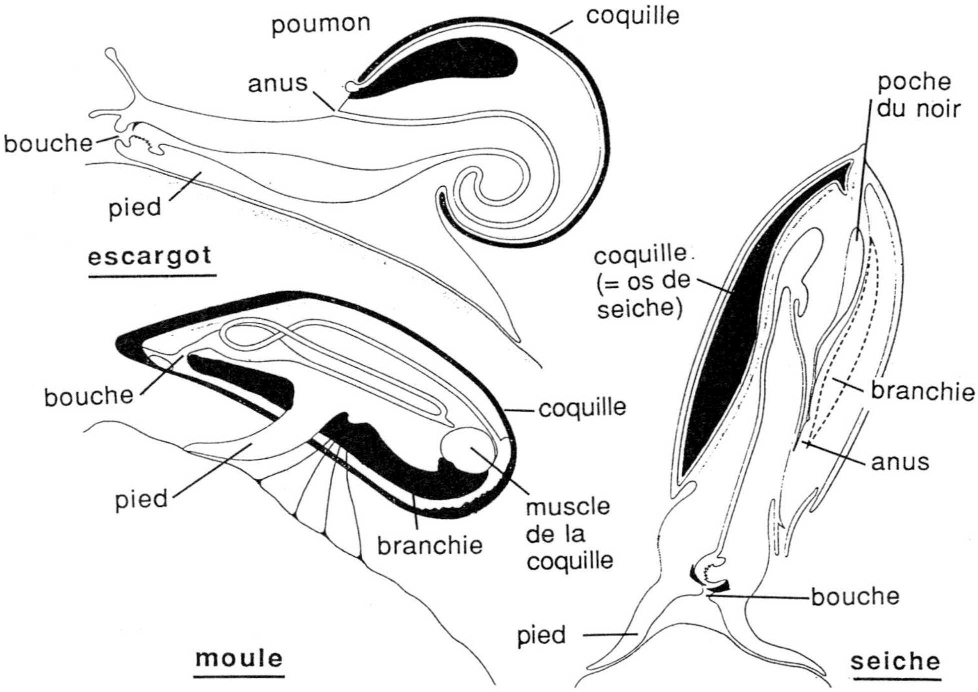

FIG. 3

Les mollusques sont, parmi tous les invertébrés, ceux dont tout le monde connaît plusieurs représentants. Qui ne connaît pas l'escargot, la moule, l'huître... ? En dépit de très grandes différences (une moule ne ressemble pas à une seiche), on trouve chez tous les mollusques un plan d'organisation présentant des organes ayant dans les trois classes les mêmes fonctions : un **pied** musculaire servant lors de la locomotion, un **manteau** qui d'une part sécrète la **coquille** (celle-ci est interne chez les céphalopodes) et d'autre part constitue la paroi de la cavité abritant les organes respiratoires (poumon ou branchies).

Extrait de *Biologie 5*ᵉ

L'embranchement des arthropodes

Caractères communs		
	• **appendices**, en particulier les pattes, **articulés** • corps le plus souvent **segmenté** et articulé • **carapace** dure, jouant le rôle d'un squelette et entraînant l'obligation de **muer** pour assurer la croissance.	
Caractères distinctifs	**classes**	**exemples**
• une paire d'antennes • trois paires de pattes • deux paires d'ailes en général • respiration par des trachées	INSECTES (1 000 000 d'espèces)	abeille, criquet, cigale, papillons
• pas d'antennes • deux crochets venimeux (chélicères) • quatre paires de pattes • respiration par des trachées et des poumons	ARACHNIDES (50 000 espèces)	épeire, argyronète, tégénaire, scorpion
• deux paires d'antennes • carapace souvent calcaire • cinq paires de pattes (ou plus) • respiration par des branchies	CRUSTACÉS (30 000 espèces)	écrevisse, crabe, crevette, daphnie, cloporte
• une paire d'antennes • un grand nombre de paires de pattes • respiration par des trachées	MYRIAPODES (17 000 espèces)	lithobie, scolopendre, iule, gloméris

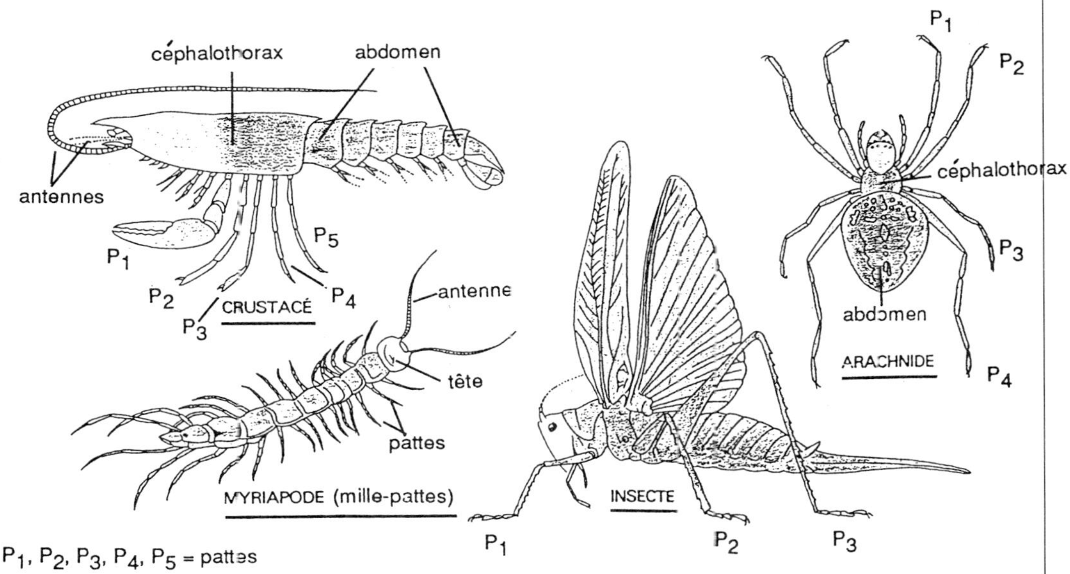

P_1, P_2, P_3, P_4, P_5 = pattes

FIG. 4

Les arthropodes, encore appelés **articulés**, sont les invertébrés dont les pattes sont articulées. Leur corps est en outre complètement recouvert d'une carapace, véritable squelette externe. De manière très simplifiée, on peut dire que la distinction entre les 4 classes d'arthropodes repose sur le nombre de pattes. C'est un moyen facile de les identifier.

Extrait du *Guide du maître « Les animaux, les élevages »*.

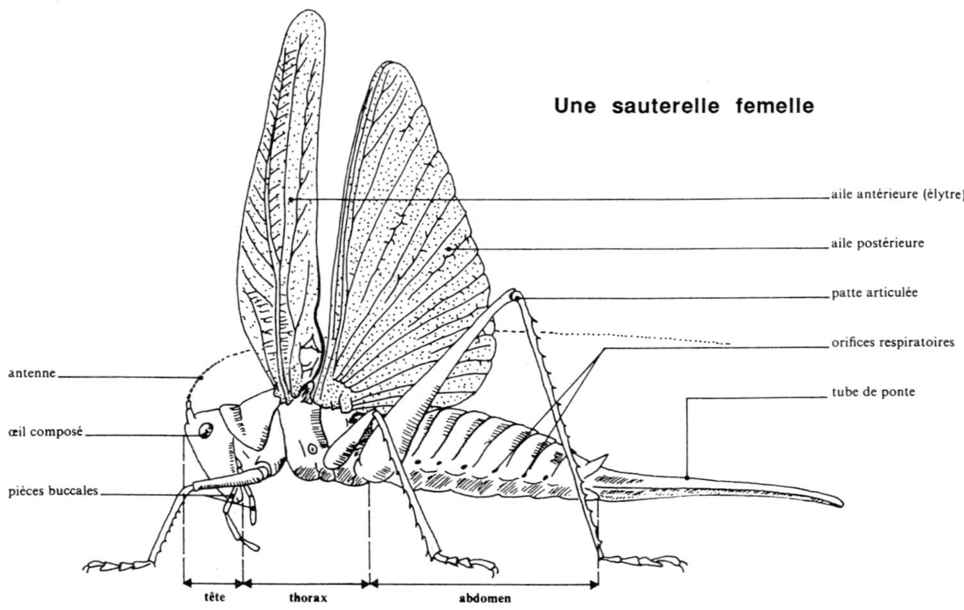

Une sauterelle femelle

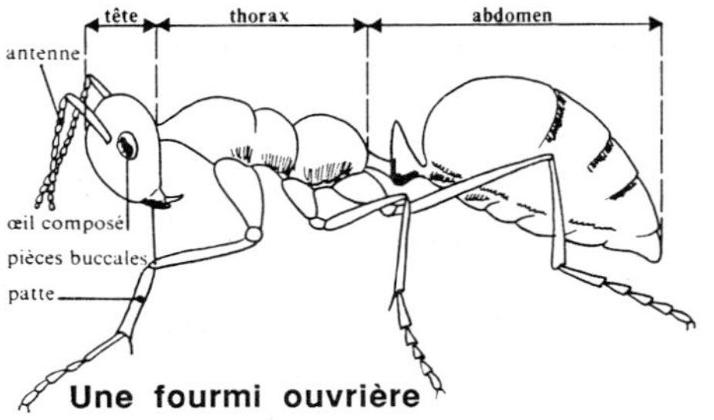

Une fourmi ouvrière

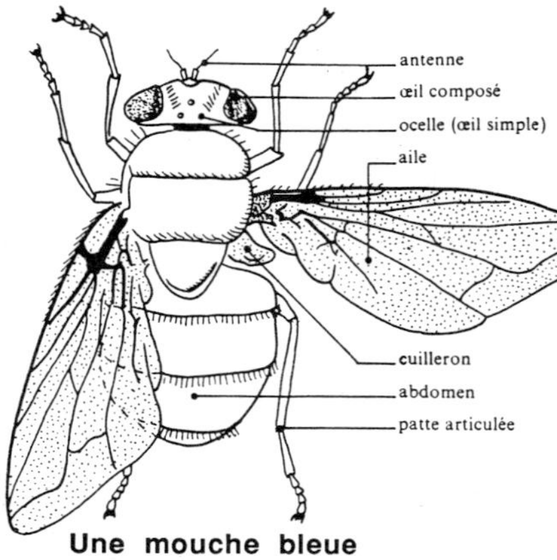

Une mouche bleue

Tous les insectes ont la même organisation

- Le corps est divisé en trois parties :
- **la tête** porte les yeux, les antennes, les pièces buccales ;
- **le thorax** est toujours formé de trois anneaux sur lesquels sont fixées les trois paires de pattes (une paire par anneau) et deux paires d'ailes (au deuxième et au troisième anneau) ;
- **l'abdomen**, constitué d'anneaux, est dépourvu d'appendices sauf parfois à l'extrémité.
- Les **pattes** ont toujours la même organisation : à la base deux articles généralement courts, puis la cuisse, la jambe et enfin plusieurs articles formant le pied, souvent terminé par des griffes (fig. 6).
  Les **ailes** sont soutenues par des nervures (petits tubes remplis d'air).
  Les variantes de cette organisation fondamentale portent surtout sur les pièces buccales et les ailes.
- Une **carapace chitineuse** recouvre entièrement le corps. La chitine est une substance chimique qui imprègne le tégument et le transforme en une carapace plus ou moins rigide. Elle demeure mince et souple à l'articulation des anneaux ainsi qu'entre les différents articles des pattes. Cette carapace chitineuse constitue un « squelette » externe sur lequel s'attachent les muscles. C'est ainsi que chaque article de la patte est un tube rigide à l'intérieur duquel se trouvent des muscles (fig. 6)
- Le corps des insectes possède de très nombreux **organes des sens :**
- les **yeux**, **à facettes**, permettent un grand champ de vision et sont sensibles aux couleurs ;
- les **antennes** très mobiles portent des organes sensoriels variés (sens tactile, goût, odorat, ouïe, perception de la température, de l'équilibre...) ;
- les **poils**, souvent minuscules, dispersés sur tout le corps de l'insecte, sont des organes tactiles très sensibles, qui perçoivent le moindre déplacement de l'air ;
- les **palpes**, prolongements très mobiles de chaque côté de la bouche goûtent et sentent les aliments.

FIG. 5

Les insectes sont les invertébrés le plus communément répandus. Leur plan d'organisation est toujours le même malgré une très grande diversité d'espèces.

Extrait du *Guide du maître « Les animaux, les élevages ».*

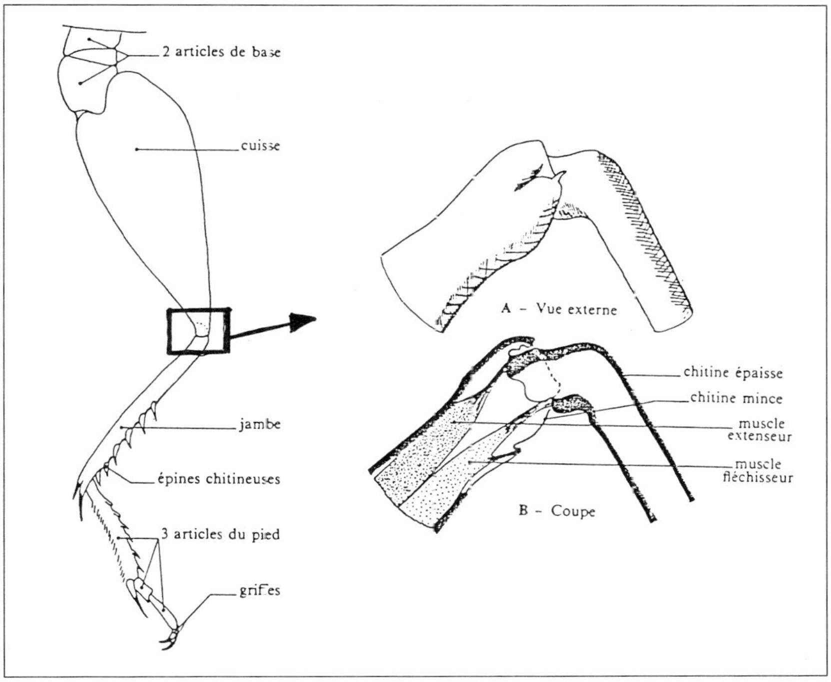

FIG. 6

Comme tous les arthropodes, les insectes ont des pattes articulées. Au niveau de chaque articulation, la carapace n'est pas interrompue mais elle est mince et souple alors qu'elle est rigide sur le reste du corps.

Extrait du *Guide du maître « Les animaux, les élevages »*.

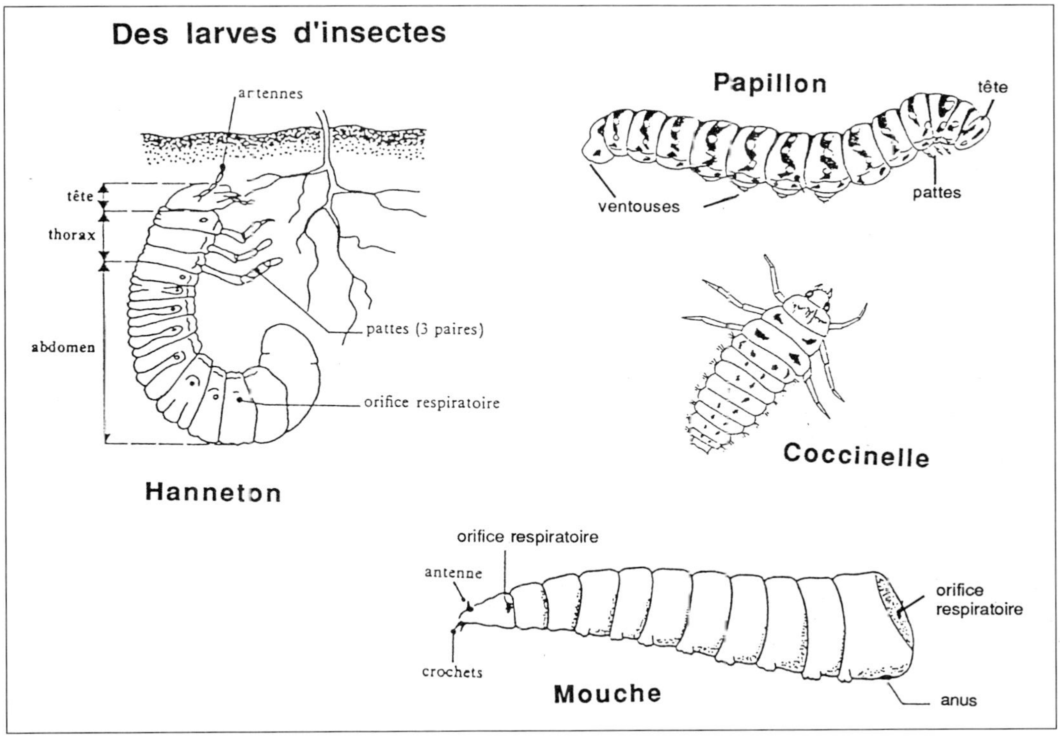

FIG. 7

Les jeunes insectes ne ressemblent pas toujours à l'adulte et sont même parfois très différents : ce sont des larves. Dans la plupart des cas, on retrouve chez ces larves deux traits caractéristiques de l'organisation des insectes : un corps divisé en trois parties (tête, thorax, abdomen) et la présence de trois paires de pattes thoraciques.

Extrait du *Guide du maître « Les animaux, les élevages »*.

4 Des plans d'organisation à connaître

Les grandes subdivisions de la classification actuelle du règne animal reposent sur des différences morphologiques ou anatomiques. On peut ainsi, pour chaque embranchement, donner des caractères communs ; par exemple, les vertébrés ont tous un **squelette interne,** osseux ou cartilagineux, comportant une **colonne vertébrale dorsale** formée de vertèbres. Ils possèdent en outre un **système nerveux dorsal** comportant un cerveau et une moelle épinière. On dit qu'ils ont un **même plan d'organisation**. Il n'est pas question de connaître tous les plans d'organisation des différents embranchements. En revanche, les animaux appartenant aux embranchements des **vertébrés,** des **mollusques** et des **articulés ou arthropodes** sont, de loin, ceux que l'on rencontre le plus souvent dans la nature. C'est pourquoi leur classification ainsi que leur plan d'organisation sont présentés dans les figures 3 à 7.

5 La classification des végétaux

La classification des végétaux est plus simple que celle des animaux. Elle repose d'une part sur le **mode de reproduction** (présence ou absence de fleurs donc de graines), d'autre part sur l'**organisation du végétal** (présence ou absence de tiges, racines, feuilles). L'existence de vaisseaux conducteurs de sève est également prise en compte. La figure 8 fournit les principaux groupes de végétaux.

Connaissez-vous

LE SENS DE CES MOTS OU EXPRESSIONS

- classement
- classification
- règne
- embranchement
- classe
- ordre
- famille
- genre
- espèce
- vertébrés
- invertébrés
- microbes
- bactéries
- virus

2 DES ACTIVITÉS PÉDAGOGIQUES POSSIBLES

A l'école élémentaire, deux types d'activités complémentaires l'une de l'autre peuvent être proposés.

• **Réaliser des classements,** c'est-à-dire chercher différentes façons de regrouper des animaux (ou des végétaux). Par exemple, on peut choisir des critères tels que :

— animaux à 4 pattes, à 2 pattes ou sans pattes,

— animaux qui vivent dans l'eau et animaux qui ne vivent pas dans l'eau,

— animaux qui peuvent voler et animaux qui ne le peuvent pas...

L'objectif est alors de se rendre compte qu'il existe bien des façons de regrouper ces animaux (ou ces végétaux) et que chacun des critères choisis conduit à un classement différent.

• **Utiliser la classification des scientifiques** (qui est alors fournie aux enfants) et ranger les animaux (ou les végétaux) proposés dans un groupe. Ceci revient à dire : voici des "tiroirs", rangez ces animaux (ou ces végétaux) dans les "bons tiroirs".

L'objectif est alors de faire prendre conscience que la classification des scientifiques (que les enfants ne peuvent pas inventer) est un "classement" particulièrement efficace et qui fournit une grande richesse d'informations.

A titre d'exemple, voici quelques activités possibles illustrant ces deux types de travaux sur les classifications.

Des activités de classement

• Dès l'école maternelle, les enfants sont placés dans des situations de classements. Mis en présence d'une collection d'objets (blocs logiques, images d'animaux, coquillages, feuilles d'arbres, aliments...), ils doivent rechercher les ressemblances et les différences. Ils dégagent ainsi des **critères** permettant de réaliser des regroupements. Ayant alors choisi un critère, ils réalisent le classement de leurs "objets". Certains critères sont plus opérationnels que d'autres et permettent de classer tous les objets. D'autres critères laissent des objets non classés. Une discussion collective permet de retenir les critères les plus significatifs.

Ces activités de classement se poursuivent au cours préparatoire et au CE1.

• **Le matériel proposé** aux enfants varie selon leur âge. Par exemple, dans une classe maternelle ou un

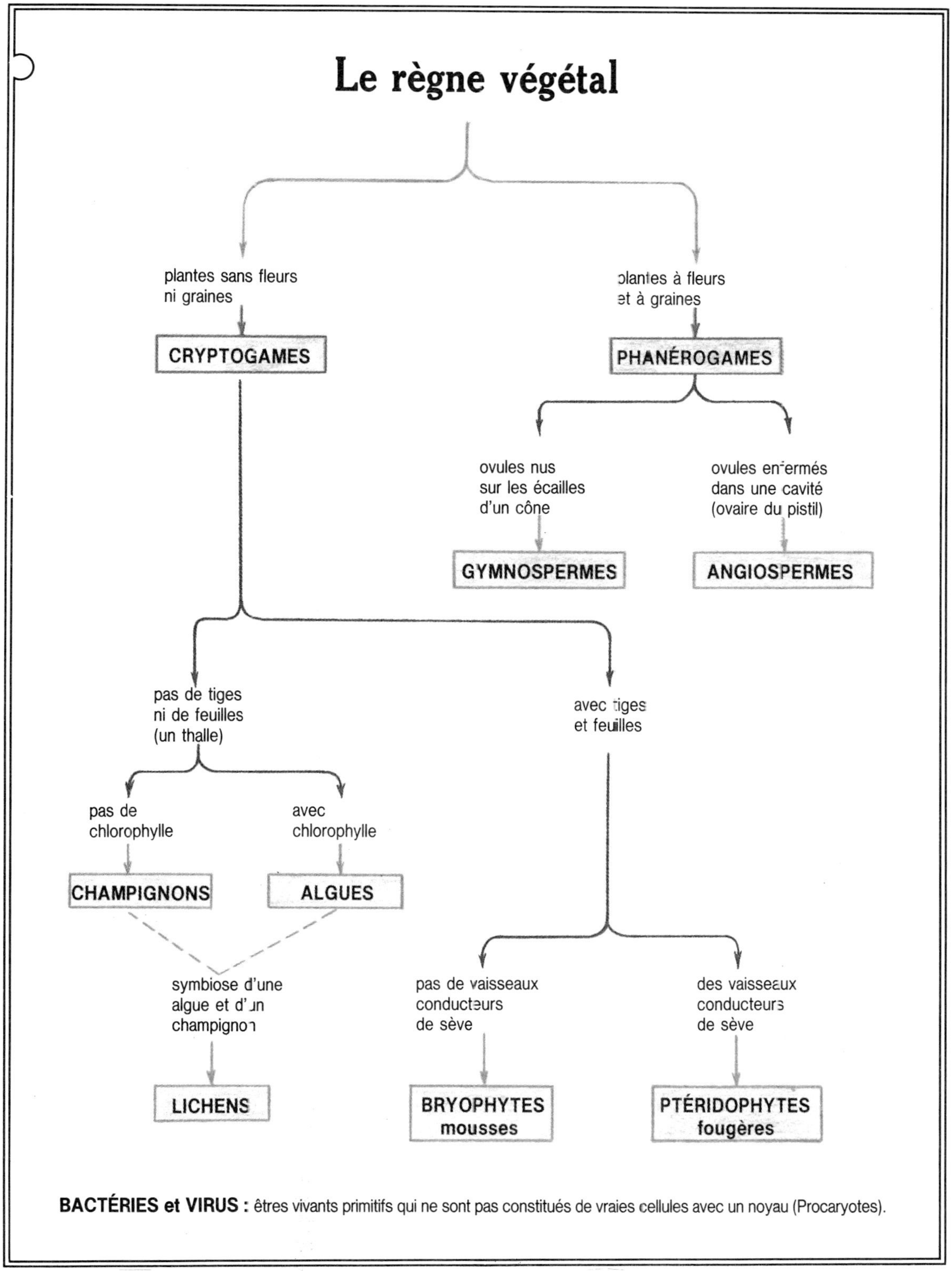

FIG. 8

Classification simplifiée du règne végétal.

Extrait de *Biologie 5e*

cours préparatoire, on peut fournir aux enfants une collection restreinte de photographies ou d'images d'animaux dont les caractères communs et les différences sont faciles à identifier : des poissons, des oiseaux, des mammifères. En classant ces dessins d'animaux, l'enfant sera amené :

— **A faire des comparaisons** et à chercher des critères de ressemblances, par exemple :

* Animaux qui ont quatre pattes ; animaux qui ont deux pattes et deux ailes, animaux qui ont des nageoires.

* Animaux qui ne peuvent que marcher ou courir ; animaux qui peuvent marcher et voler ; animaux qui nagent.

* Animaux qui ont le corps couvert de poils ; animaux qui ont des plumes ; animaux qui ont des écailles.

* etc.

— **A énoncer des critères** (caractères communs) : "j'ai mis ensemble les animaux qui ont un bec".

— **A trouver que plusieurs classements sont possibles.**

— **A découvrir qu'il existe un classement privilégié,** retenu plus fréquemment que les autres (groupe des poissons, groupe des oiseaux, groupe des mammifères), que plusieurs critères conduisent au même résultat (par exemple, on retrouvera les oiseaux en choisissant les animaux qui ont des ailes, ceux qui ont un bec, ceux qui ont deux pattes, ceux qui ont des plumes...).

Il s'agit donc d'une **approche intuitive** de la notion de classification : de tous les classements possibles, la classification est le plus "logique", le plus significatif, celui qui apporte une hiérarchisation des caractères, une simplification, une possibilité de prévoir : il suffit, par exemple, de dire que tel animal est un oiseau pour savoir, sans le connaître, qu'il a des plumes, deux ailes, deux pattes et un bec.

• **Quelques indications pédagogiques** supplémentaires doivent être précisées.

— Il faut savoir rester modeste dans le vocabulaire utilisé : les termes "poisson" et "oiseau" font partie du vocabulaire courant. Vous pourrez donc nommer ces deux "ensembles". Par contre, le terme "mammifère" ne s'impose pas puisque la présence des mamelles n'est pas visible. De même, vous n'emploierez pas les mots "classification", "classe" (bien que les biologistes disent "la classe des oiseaux", "la classe des mammifères"...).

— Il faut, aussi, savoir rester modeste dans l'approche des objectifs indiqués ci-dessus : cet exercice, facile pour des adultes qui connaissent bien les trois classes représentées ici (poissons, oiseaux, mammifères), est bien plus difficile pour des enfants. Certains élèves ne feront que deux ensembles : animaux sauvages – animaux domestiques ; animaux qui vivent dans l'eau – animaux qui ne vivent pas dans l'eau ; animaux plus gros qu'un pigeon – animaux plus petits que ce dernier,... Vous accepterez les divers choix proposés à la condition que chaque enfant explique celui qu'il a retenu.

• **Si l'exercice de classement est proposé au CE1 ou au CE2,** on peut ajouter des animaux moins familiers et appartenant à des groupes plus diversifiés comme une grenouille, une autruche, un poussin, un escargot, un papillon, une fourmi, un ver de terre...

La classification des animaux au CM

Au cours moyen, on peut faire une approche plus systématique de la classification des scientifiques, sans toutefois proposer des activités donnant lieu à la construction de l'ensemble de la classification dont la complexité dépasse largement le niveau de l'école élémentaire. C'est pourquoi la plupart du temps, on se contentera d'aborder le groupe dont la classification est la plus simple, celui des vertébrés.

1 Vertébré ou invertébré ?

Le mot "vertébré" est généralement connu des enfants mais ne recouvre rien de précis.

Proposez une liste de noms d'animaux, par exemple : une chien, un escargot, un ver de terre, un poisson rouge, une moule, une fourmi, un crabe, une tourterelle, une couleuvre. Chaque enfant doit indiquer pour chacun de ces animaux s'il s'agit d'un animal vertébré ou non, puis, oralement, les raisons de son affirmation. Les propositions sont souvent contradictoires et montrent qu'il est nécessaire de trouver un moyen pour répondre avec exactitude. Les enfants peuvent rechercher la définition du mot "vertébré" dans le dictionnaire. Vous pouvez aussi donner une information en fournissant la définition des scientifiques :

— les vertébrés possèdent tous un squelette interne (formé d'os ou d'arêtes), dont la pièce maîtresse est une colonne vertébrale (formée de vertèbres empilées) ;

— les invertébrés n'ont pas de squelette interne donc ni colonne vertébrale, ni os, ni arêtes.

Des documents annexes peuvent aussi être mis à la disposition des élèves : photographies de squelette de poisson, de couleuvre... (fig. 10), os de lapin ou de poulet, vertèbres, classification simplifiée du monde animal (fig. 2).

Les enfants doivent alors, après discussion, être capables de classer en vertébrés et invertébrés les animaux de la liste donnée au début de l'exercice.

1 *Vertébrés et invertébrés*

Les scientifiques classent les animaux en deux grands groupes :
– les **vertébrés** qui possèdent tous un squelette interne (formé d'os ou d'arêtes) dont la pièce maîtresse est une colonne vertébrale (formée de vertèbres empilées) ;
– les **invertébrés** qui n'ont pas de squelette interne donc ni colonne vertébrale, ni os, ni arêtes.

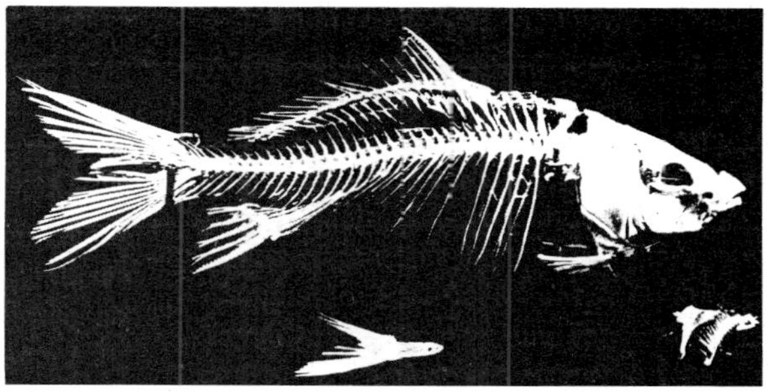

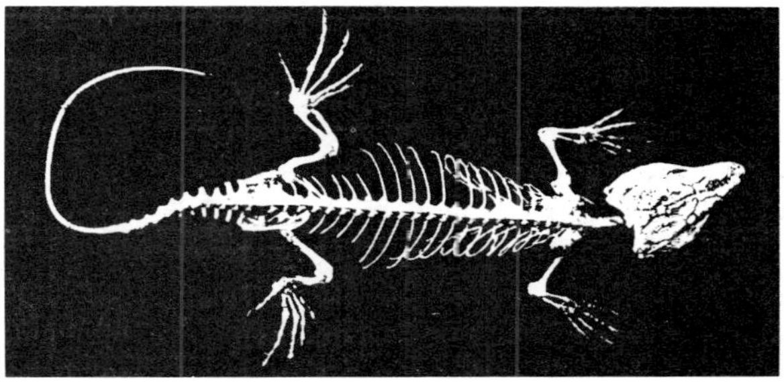

- Décalque, de façon schématique, le squelette du poisson et celui du lézard. Indique les mots : vertèbres, côtes, squelette de la tête, squelette des membres. Colorie la colonne vertébrale.
- Dans cette liste d'animaux, souligne en rouge le nom des vertébrés et en bleu celui des invertébrés : lapin, escargot, poule, truite, papillon, limace, mouton, ver de terre, crabe, vache, araignée, couleuvre.

FIG. 9

Ce document peut être fourni à des enfants qui cherchent quelles sont les différences entre vertébrés et invertébrés. Une surprise pour les enfants: la queue du lézard comprend une série de vertèbres. C'est pareil pour la queue du chat, du chien...

Extrait de *Cahier d'activités CM2, Biologie.*

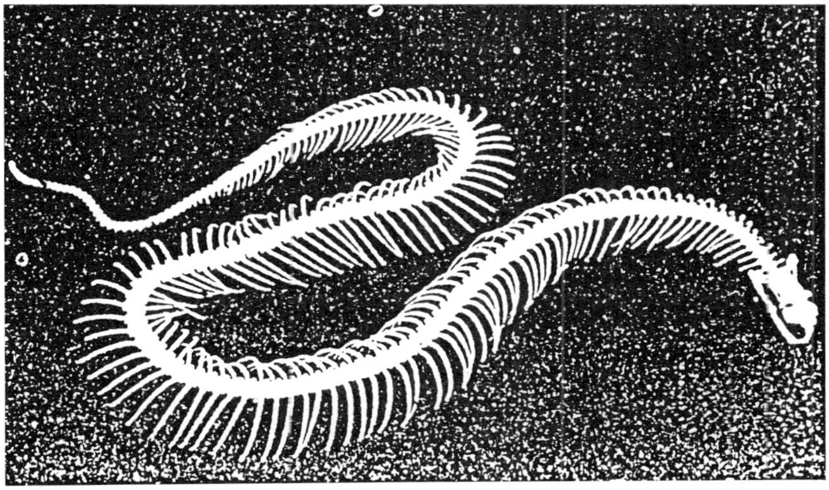

FIG. 10

Un squelette étonnant : celui d'un serpent. Travail possible : tracer sur une feuille de papier calque la colonne vertébrale. Indiquer par un point l'emplacement d'une vertèbre.

La classification des vertébrés

5 groupes ▼		Comment naissent-ils ?	Ont-ils des poils ? des plumes ? des écailles ?	Autres caractères (milieu de vie, respiration...)	Température du corps
Poissons 	OVIPARES	• Les jeunes comme les adultes vivent dans l'eau. Les œufs sont pondus dans l'eau.	• Ils ont (presque tous) des **écailles** qui peuvent être détachées une à une (**écailles non soudées**).	• Ils passent leur vie entière dans l'eau. • Ils respirent l'oxygène dissous dans l'eau grâce à des **branchies**. • Leurs membres sont des **nageoires**.	Animaux à **température variable**. Ils ont la température du milieu dans lequel ils vivent. Ex. : dans de l'eau à 10° C un poisson a 10° C, dans de l'eau à 25° C il a 25° C...
Amphibiens 	OVIPARES	• Ils pondent toujours leurs œufs dans l'eau. • Les jeunes sont tous des têtards qui subissent des **métamorphoses**.	• Ils n'ont pas d'écailles, pas de poils, pas de plumes, mais une **peau nue** et humide.	• Les jeunes (ce sont des têtards) vivent dans l'eau et respirent par des **branchies**. • Les adultes vivent dans l'eau (triton) ou sur terre (crapaud) ; tous respirent par des **poumons**.	
Reptiles 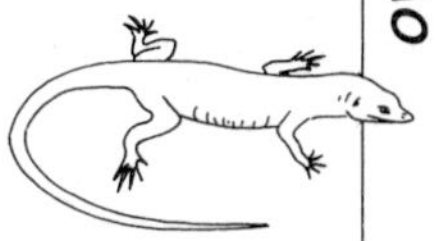	OVIPARES	• Les œufs sont toujours pondus à terre (même pour les reptiles aquatiques). • Les œufs ne sont pas couvés.	• Ils ont des **écailles soudées** (chez certaines espèces, la couche d'écailles se détache en lambeau).	• Certains vivent dans l'eau (tortue marine), d'autres sur terre (vipère). Tous respirent par des **poumons**. • Certaines espèces n'ont pas de membres.	
Oiseaux 	OVIPARES	• Les œufs sont pondus à terre et couvés.	• Ils ont tous des **plumes**.	• Ils ont toujours : – 2 pattes – 2 ailes – un bec	Animaux à **température constante** (37° C à 42° C selon les espèces) quelle que soit la température extérieure.
Mammifères 	VIVIPARES	• Tous sont **vivipares** (les œufs se développent dans l'utérus maternel). • Les femelles allaitent leurs petits.	• Ils ont des **poils** plus ou moins abondants. Certains ont une fourrure.	• Tous respirent par des poumons, même ceux qui vivent dans l'eau.	

FIG. 11

Ce tableau de classification des vertébrés, destiné à des enfants du cours moyen, n'est pas à retenir par cœur. En revanche, il faut apprendre à l'utiliser (voir fig. 12)

Extrait de *Cahier d'activités CM2, Biologie.*

1 *Dans quel groupe les classes-tu ?*

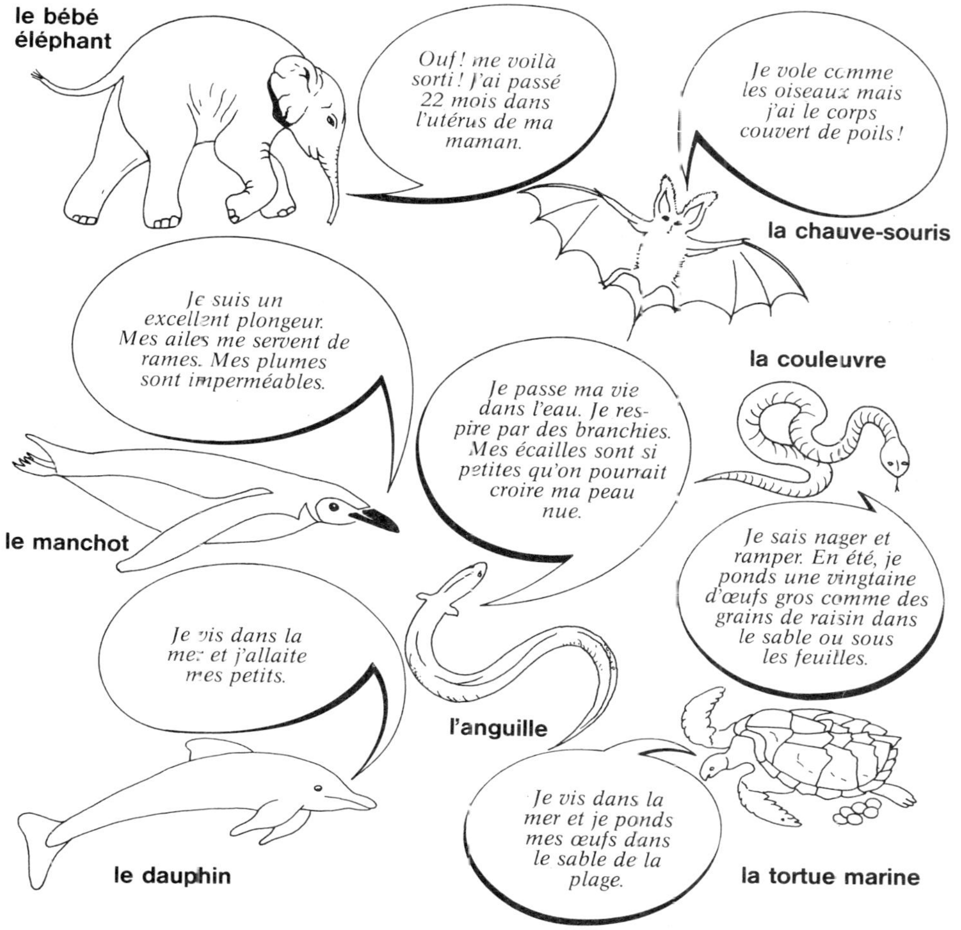

- Voici des vertébrés. Indique sous chaque dessin si c'est un mammifère, un oiseau, un reptile... Dans chaque bulle, souligne l'information qui t'a permis de décider.
- Parmi ces animaux, lesquels sont à température constante ?

  ....

- Parmi ces animaux, lesquels ont des mamelles ?

  ....

FIG. 12

En utilisant d'une part les informations données dans les « bulles », d'autre part celles qui sont fournies dans le tableau de la figure 11, des élèves de CM peuvent aisément répondre aux questions. Ils apprennent ainsi à utiliser un tableau de classification.

Extrait de *Cahier d'activités CM2, Biologie.*

2 La classification des vertébrés

Le groupe des vertébrés comprend un très grand nombre d'animaux bien connus des enfants, mais s'ils savent facilement reconnaître un oiseau, ils ne connaissent pas pour autant les caractères qui différencient les amphibiens des reptiles.

Dans un premier temps, on fournit un tableau de classification des vertébrés (fig. 11) en précisant bien qu'il ne s'agit pas de l'apprendre, ni de le retenir, mais qu'il s'agit d'un "outil" dont il faut savoir se servir.

Pour faciliter la lecture du tableau, vous poserez quelques questions, par exemple :

— Combien y a-t-il de groupes de vertébrés ?

— Quels sont les vertébrés qui ont des écailles ?

— Quels sont ceux dont la température du corps est variable ?

— Quels sont ceux qui pondent des œufs ?

— La salamandre vit dans les bois mais pond ses œufs dans l'eau. A quel groupe de vertébrés appartient-elle ?

— La baleine vit dans la mer et allaite ses petits. Est-ce un poisson ? Pourquoi ?

Vous pouvez aussi demander de faire 5 dessins permettant d'illustrer les informations fournies dans le tableau et concernant la reproduction de chacun des groupes de vertébrés.

Enfin, vous faites utiliser les informations du tableau pour réaliser l'exercice présenté sur la figure 12.

Cet exercice permet de faire comprendre aux élèves l'intérêt que présente une classification scientifique des êtres vivants : c'est une clé qui aide efficacement le biologiste. Il suffit par exemple de dire que tel animal est un amphibien pour savoir, sans le connaître, qu'il pond ses œufs dans l'eau, que ceux-ci donnent naissance à des têtards se métamorphosant ensuite en adultes.

NOTIONS VISÉES

à l'école élémentaire

- On peut classer les êtres vivants en trois grands groupes: les animaux, les végétaux et les bactéries.

- Les bactéries sont des êtres vivants microscopiques, c'est-à-dire des organismes appelés aussi **microbes**. Mais attention: tous les microbes ne sont pas des bactéries. Parmi les microorganismes, on trouve également des animaux microscopiques et des champignons microscopiques.

- Les scientifiques classent les animaux en deux grands groupes:

  — les **vertébrés** qui possèdent tous un squelette interne (formé d'os ou d'arêtes), dont la pièce maîtresse est une colonne vertébrale (formée de vertèbres empilées);

  — les **invertébrés** qui n'ont pas de squelette interne donc ni colonne vertébrale, ni os, ni arêtes.

  Chacun de ces groupes est lui-même subdivisé en sous-groupes qui réunissent des animaux présentant des ressemblances précises. Les vertébrés sont ainsi divisés en cinq sous-groupes: les poissons, les amphibiens, les reptiles, les oiseaux, les mammifères.

- Les scientifiques classent les végétaux en deux grands groupes:

  — ceux qui fleurissent et produisent donc des graines,

  — ceux qui ne fleurissent pas et ne produisent pas de graines. Parmi ces derniers citons: les fougères, les mousses, les algues, les lichens, les champignons.

7 L'ÉVOLUTION DES ÊTRES VIVANTS

1 L'idée d'évolution

La diversité du monde vivant actuel est prodigieuse : des millions d'espèces animales et végétales peuplent les milieux les plus divers, depuis les profondeurs de l'océan jusqu'aux déserts les plus inhospitaliers. Pourtant, au tout début de son histoire (il y a 4,6 milliards d'années...), notre planète était dépourvue de toute forme vivante. Comment, et sous quelle forme la vie s'est-elle installée ? A quel moment ? Connaît-on les étapes essentielles de la diversification du monde vivant ? Les scientifiques apportent des réponses à ces questions.

1 PRÉSENTATION SOMMAIRE DES PRINCIPALES NOTIONS

Des informations précises seront fournies dans chacun des chapitres qui suivent. Nous nous limiterons donc ici à quelques notions simples, accessibles aux élèves du cours moyen. Le sujet **"L'évolution des êtres vivants"** figure en effet au programme de Biologie de ces classes. **L'histoire de la Terre** est une très longue histoire qui a débuté il y a 4,6 milliards d'années (la Terre s'est en effet formée il y a 4 600 millions d'années).

• Grâce aux **fossiles,** on sait que les êtres vivants actuels n'ont pas toujours existé.

La vie est apparue, dans les mers, il y a 3,5 milliards d'années et, sur les continents, beaucoup plus tard (il y a 390 millions d'années).

La vie a débuté avec des formes très simples (des **bactéries marines**), puis sont apparues des espèces végétales et animales de plus en plus nombreuses et de plus en plus complexes. Par exemple, les premiers vertébrés apparus sont des poissons, puis ce sont les amphibiens et les reptiles, enfin les oiseaux et les mammifères. Parmi les mammifères, l'homme est apparu le dernier,il y a seulement 2,5 millions d'années, c'est-à-dire très récemment.

• Les fossiles révèlent aussi l'existence de **transformations progressives** de certaines espèces. Ainsi les hommes préhistoriques présentent des différences par rapport aux hommes actuels.

• **Un fait capital de l'évolution :** une espèce animale ou végétale nouvelle est toujours le résultat de l'**évolution** d'une autre espèce, plus ancienne ; c'est-à-dire dérive d'autres êtres vivants. C'est ainsi que les mammifères et les oiseaux sont "nés" à l'ère secondaire de deux souches différentes de reptiles et que les plus récents ancêtres des hommes sont des singes (également ancêtres des grands singes actuels). L'histoire de l'homme commence donc avec l'apparition de la vie, et les plus lointains ancêtres de l'homme sont donc les bactéries apparues il y a 3 500 millions d'années.

Connaissez-vous

LE SENS DE CES MOTS OU EXPRESSIONS

- fossiles
- évolution
- homologie
- universalité de la structure cellulaire
- universalité de la structure des protéines
- universalité des codes génétiques
- paléontologie

2 SUR QUELS FAITS REPOSE LA NOTION D'ÉVOLUTION ?

A l'échelle d'une vie humaine, les espèces animales et végétales donnent l'impression d'être stables. Ainsi, a-t-on longtemps cru à l'apparition brutale de l'ensemble des espèces, toutes bien différenciées dès l'origine. Ce n'est qu'au XVIIIe siècle que l'on prit conscience que le monde subissait de lentes variations au cours du temps. Quels faits permettent d'établir cette notion actuellement admise par la plupart des scientifiques ?

Des faits actuels suggèrent l'idée d'évolution

Dans la nature, de nombreuses espèces se ressemblent au point d'être confondues ; seule une observation attentive permet de les identifier. C'est ainsi que la bergeronnette des ruisseaux et la bergeronnette printanière, la grenouille rousse et la grenouille verte ne se distinguent extérieurement que par des caractères morphologiques minimes ; elles sont cependant d'espèces différentes puisqu'elles ne peuvent pas se croiser entre elles. Des ressemblances aussi profondes ne suggèrent-elles pas une parenté entre les deux espèces ? De plus, puisque les parents transmettent leurs caractères à leurs descendants lors de la reproduction sexuée, il est normal que tous les êtres unis par un lien de filiation se ressemblent ; mais, comment peut-on expliquer les ressemblances entre espèces différentes ?

Lorsque le rapprochement entre deux espèces dépasse l'observation des caractères extérieurs, la comparaison fait apparaître des **parentés entre des espèces apparemment sans point commun**. Voici quelques exemples.

1 Le squelette des vertébrés

A première vue, une aile d'oiseau, une patte de cheval, de grenouille ou de lézard, un membre humain... ne se ressemblent guère. Pourtant, si on compare les squelettes, on retrouve un même plan d'organisation (fig. 8, page 276 et fig. 7 page 267).

— Le squelette du membre est constitué de **trois segments articulés** entre eux et articulés à une ceinture (épaule ou bassin).

— Les os de chaque segment, ainsi que ceux de la ceinture, peuvent être mis sans ambiguïté en correspondance d'un vertébré à l'autre, malgré les différences de forme et de taille.

L'identité du plan d'organisation fonde la notion d'**homologie** qui permet l'emploi d'une même terminologie pour les différents vertébrés (humérus, cubitus,...).

Cette idée d'un **plan d'organisation** unique conduit à envisager l'existence d'ancêtres communs qui auraient évolué en relation avec le peuplement de milieux différents et donc avec des fonctions différentes telles que la marche (chez le chat), le vol (chez la chauve-souris), la préhension (chez l'homme).

2 Le système nerveux des vertébrés

Il y a bien sûr des différences entre l'encéphale d'un poisson, celui d'une grenouille, celui d'un chien et celui d'un homme. Mais une comparaison approfondie montre que le système nerveux de tous les vertébrés est construit sur **le même plan d'organisation**. Il a d'ailleurs la même origine. On emploie pour le décrire les mêmes mots : cerveau, cervelet, moelle épinière...

3 D'autres homologies anatomiques

Des homologies, du même ordre que celles observées pour le squelette et l'encéphale, existent non seulement pour d'autres parties du corps des vertébrés (organisation du cœur, de l'appareil respiratoire...), mais peuvent être également établies au sein des autres embranchements du règne animal comme dans les grands groupes végétaux. On ne peut voir dans ces multiples homologies autre chose qu'un sérieux indice de parenté entre des êtres vivants que l'on croyait jadis isolés les uns des autres. Or, une telle parenté est indissociable de l'idée d'une communauté d'origine, et donc d'une évolution à partir d'un ancêtre commun.

4 Les ressemblances des embryons

Au début de leur développement, les embryons des divers vertébrés (poissons, reptiles, oiseaux, mammifères...) se ressemblent. Un embryon humain ressemble à un embryon de poisson ou d'oiseau.

5 Les ressemblances de larves chez les invertébrés

On pourrait citer plusieurs exemples. En voici un.

• Les mollusques et les vers annelés sont deux groupes d'animaux très différents. Pourtant, le développement de l'œuf conduit chez de nombreuses espèces de l'un et l'autre groupe à une **même forme larvaire** nageuse (appelée trochophore dans les deux cas).

• D'une façon générale, les espèces se ressemblent davantage par leurs formes transitoires (embryons et larves) que par leurs formes adultes. **L'étude embryologique** permet donc, mieux que l'étude anatomique des adultes, de découvrir des parentés entre les espèces.

6 Les ressemblances au niveau cellulaire

• **Une organisation de base identique**

Malgré des dissemblances considérables du point de vue morphologique ou anatomique, l'observation microscopique montre que animaux et végétaux sont formés d'unités structurales, les cellules, qui présentent dans les deux règnes la même constitution fondamentale.

• **Des processus physiologiques identiques**

Aux remarquables similitudes d'organisation des cellules animales et végétales correspond une non moins remarquable identité des processus physiologiques dont celui de la multiplication. C'est de la même façon, d'ailleurs fort complexe, que dans les deux règnes chaque cellule mère dote les cellules qui en sont issues d'un jeu de chromosomes rigoureusement semblables au sien.

• En conclusion, l'**universalité de la structure cellulaire** dans les deux grands règnes du monde vivant, l'existence de cellules dont on ne sait pas bien s'il faut les qualifier d'animales ou de végétales, sont des arguments très forts en faveur d'une parenté très lointaine entre animaux et végétaux.

7 Des ressemblances au niveau moléculaire

Pénétrant plus encore dans l'intimité des êtres vivants, les biologistes découvrent, au niveau de l'organisation moléculaire, des ressemblances tout aussi persuasives que les précédentes : certaines, relatives à des molécules particulières, concernent des groupes animaux et végétaux relativement restreints ; d'autres, qui s'étendent à un ensemble de molécules d'une catégorie chimique donnée, permettent d'élargir la parenté à la quasi-totalité des êtres vivants, bactéries comprises.

Ainsi, on trouve chez tous les êtres vivants **les mêmes protéines** (formées des mêmes 20 acides aminés), et la même molécule d'ADN. **L'universalité de la structure des protéines** et l'**universalité des codes génétiques** ne peuvent être le fruit du hasard.

Au terme de ces comparaisons, nous constatons que plus ces dernières s'affinent, plus s'étend l'ampleur des groupes auxquels s'applique la parenté. L'accumulation de tant de **ressemblances,** aussi bien au niveau de l'organisation générale des êtres vivants qu'à celui des organismes qui les constituent, ne peut raisonnablement s'expliquer que par une diversification des espèces à partir d'ancêtres communs, c'est-à-dire par l'évolution. Mais, aux arguments relatifs aux ressemblances de tous ordres s'ajoutent ceux de la **paléontologie ;** cette discipline permet non seulement de confirmer de façon indiscutable la réalité de l'évolution, mais aussi de bâtir des arbres généalogiques, c'est-à-dire de préciser les modalités du phénomène.

La paléontologie confirme la réalité de l'évolution

La **paléontologie** est la science des fossiles, c'est-à-dire l'étude des animaux et des végétaux du passé. Les fossiles constituent autant de maillons que les paléontologistes réunissent patiemment pour reconstituer l'histoire de la vie. La paléontologie montre que des flores et des faunes différentes se sont succédé sur terre, et, par conséquent, que le monde vivant a évolué.

Certains fossiles apportent des renseignements précieux. Ainsi, la figure 1 présente un fossile célèbre : l'**archéoptéryx**. Cet animal, vieux de 150 millions d'années, possédait des ailes et des plumes. Il est donc considéré comme le **premier oiseau** actuellement connu. Mais il a également des dents, des griffes sur les ailes, une longue queue soutenue par des vertèbres et divers autres caractères de reptile ; l'archéoptéryx présente donc **à la fois des caractères de reptile et des caractères d'oiseau**. Aussi, les géologues attribuent-ils aux oiseaux une origine reptilienne. L'existence de telles formes intermédiaires constitue l'un des nombreux arguments en faveur d'une transformation progressive des êtres vivants ou évolution. Tous les êtres vivants dérivent d'ancêtres communs et sont apparentés de façon plus ou moins lointaine. Les géologues reconstituent même l'arbre généalogique des êtres vivants comme on le fait pour une famille.

Un nouvel outil pour étudier l'évolution

On sait maintenant "décoder" une protéine (c'est-à-dire connaître le nombre d'acides aminés qui composent la protéine et l'ordre dans lequel ils sont placés), et décoder l'ADN qui est le plan de fabrication de la protéine.

Depuis une quinzaine d'années, l'étude comparée des **protéines** et des **acides nucléiques** des **êtres vivants actuels** est devenue un **outil puissant** pour l'étude de l'évolution. Cet outil permet de situer les uns par rapport aux autres des êtres vivants très différents. On

FIG. 1

L'archéoptéryx a des caractères d'oiseau et des caractères de reptile. L'existence de telles formes intermédiaires constitue l'un des nombreux arguments en faveur d'une transformation progressive des êtres vivants, c'est-à-dire d'une évolution.

Extrait de *Cahier d'activités CM2, Biologie.*

1 *L'ancêtre des oiseaux*

À partir des fossiles peu nombreux mais remarquablement conservés, les géologues ont réalisé la reconstitution de cet animal.

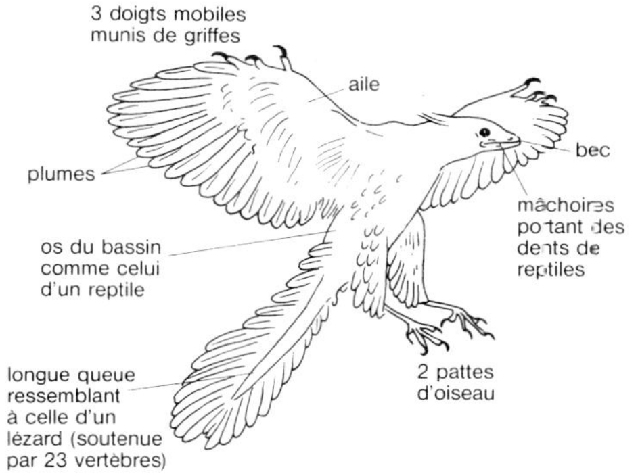

Carte d'identité

Nom : Archéoptéryx.
Caractéristiques :
Le plus ancien oiseau connu (il vivait il y a 150 millions d'années).
Mode de vie : Il grimpe aux arbres à la recherche d'insectes et se laisse tomber en vol plané (parachute). À terre, il court sur deux pattes jusqu'à l'arbre le plus proche où il grimpe se cacher.

- Sur le dessin, souligne
  - en rouge les caractères qui permettent de classer l'archéoptéryx dans le groupe des oiseaux,
  - en vert les caractères qui montrent que cet animal possède encore des caractères de reptiles.
- L'archéoptéryx est un exemple de « forme intermédiaire ». Que signifie cette expression ? ....

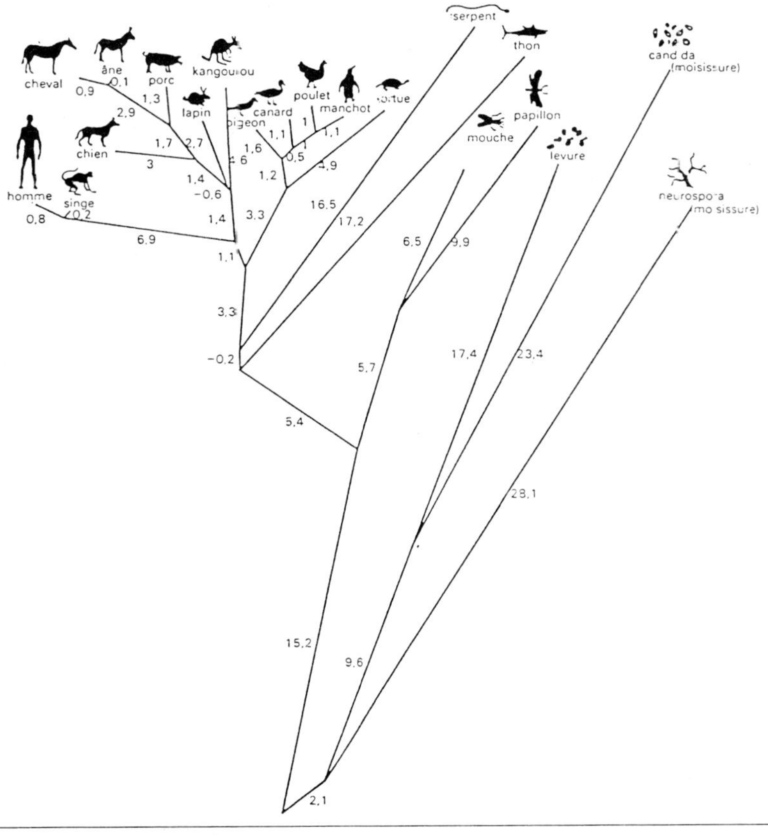

FIG. 2

Parenté de vingt espèces différentes, établie par ordinateur d'après les différences observées dans la séquence des acides aminés du cytochrome C. (Dessin d'après « L'évolution ». Ed. Belin.)

Extrait de *Biologie Terminale D.*

imagine facilement que l'anatomie comparée apporte peu de choses si on compare des organismes aussi lointains qu'une levure, un pin et un être humain. Par contre, si on détermine dans quel ordre sont placés les acides aminés d'une protéine commune à ces trois êtres vivants, on peut, en comparant certaines séquences de ces acides aminés, établir des relations de "filiation" (relations phylogénétiques) entre les trois. L'évolution étant un phénomène progressif, les organismes qui ont un ancêtre commun proche ont des molécules qui se ressemblent plus que ceux qui ont un ancêtre commun dans un passé plus lointain.

L'exemple du cytochrome C illustre bien ce qui précède. C'est une protéine qui intervient dans la respiration cellulaire de tous les êtres vivants animaux, végétaux et bactéries. On connaît actuellement la séquence des acides aminés des cytochromes C chez de nombreux êtres vivants, des bactéries et des levures aux êtres humains. Ces séquences diffèrent les unes des autres par quelques acides aminés. A partir de là, on peut évaluer le degré de parenté entre les espèces (fig. 2). Les **relations phylogénétiques** ainsi obtenues s'accordent assez bien avec celles qu'on a pu établir par l'étude des fossiles (paléontologie) ou par l'anatomie comparée.

Ainsi, la biologie moléculaire enrichit, depuis quelques années, nos connaissances sur l'évolution.

3 L'ÉTUDE DE L'ÉVOLUTION A L'ÉCOLE ÉLÉMENTAIRE

Unité et diversité des êtres vivants

Le sujet **"L'évolution des êtres vivants"** a été introduit à l'école élémentaire dans les programmes de 1985. Pourquoi ce sujet, qui peut sembler difficile pour de jeunes enfants (il était jusqu'ici abordé pour la première fois dans les terminales des lycées) a-t-il été imposé au CM ? C'est un sujet très important. Toute la biologie (science de la vie) pourrait être résumée en deux mots : unité et diversité. Il existe en effet une grande diversité d'êtres vivants : un chêne, un lapin, un escargot, un homme... sont différents sur bien des points. C'est cela la diversité du monde vivant.

Mais tous les êtres vivants, y compris les bactéries, se ressemblent. Il y a unité de composition chimique, unité de structure (structure cellulaire), unité de fonctionnement. Or l'évolution des êtres vivants permet de comprendre à la fois l'unité et la diversité. Elle apporte une cohérence à l'ensemble du monde vivant puisque l'idée d'évolution permet d'établir des liens entre les différentes espèces.

Les principales activités

Les compléments au programme proposent sur ce sujet un ensemble d'activités :

• *Observer des fossiles et réaliser des moulages de coquilles pour comprendre comment ils ont pu être conservés. Prendre conscience de l'importance des fossiles pour la reconstitution de la vie autrefois dans le milieu où s'est formée la roche qui le contient.*

• *Analyser des documents*

— *illustrant quelques étapes de la vie sur la Terre et témoignant de l'apparition ou de la disparition de certains groupes animaux et végétaux,*

— *montrant l'évolution de l'homme, d'un groupe (cheval par exemple),*

— *donnant l'idée de relations entre les divers groupes animaux (pour cela, il sera nécessaire d'avoir réalisé une approche simple de la classification des êtres vivants).*

• *Réaliser des enquêtes et analyser des documents montrant le rôle actuel de l'homme sur son environnement (exploitation des forêts, remembrement et destruction des haies, reboisement, introduction d'espèces animales ou végétales étrangères à un milieu, rejets des eaux usées et station d'épuration, protection des espèces, urbanisation et ses conséquences...).*

Ces activités sont présentées dans les chapitres qui suivent :

— **Les géologues font parler les fossiles.**

— **Les grandes étapes de la vie sur la Terre.**

— **L'évolution de l'homme.**

— **Un arbre généalogique gigantesque.**

Dans chacun de ces chapitres les notions accessibles aux élèves du CM seront clairement précisées.

2 Les géologues font parler les fossiles

La figure 1 présente la silhouette de **dinosaures,** animaux de taille étonnante, qui font "rêver" les enfants. Ces animaux ont vécu à une époque où il n'y avait pas encore d'hommes sur la Terre. Donc, jamais personne ne les a vus. Or, la "carte d'identité" qui figure à côté de l'animal (fig. 2) montre que les scientifiques possèdent beaucoup d'informations à son sujet : non seulement ils connaissent sa forme, sa taille, son poids, mais ils savent aussi ce qu'il mange (et pourtant jamais personne ne l'a vu manger), comment il se reproduit... Comment savent-ils tout cela ? Le problème des **fossiles** est alors posé : "c'est quoi un fossile ?". Sauf exception, ce n'est jamais un animal entier. A partir de quelques os, d'une coquille ou d'autres parties fossilisées, les scientifiques font une **"reconstitution"**.

Beaucoup d'enfants possèdent des fossiles chez eux et les apportent volontiers en classe pour quelques jours. Il suffit donc d'avoir à sa disposition quelques fossiles et quelques documents pour organiser avec des enfants du cours moyen deux ou trois séquences de classe non seulement intéressantes mais aussi très importantes : elles permettent en effet de comprendre comment les géologues travaillent, comment ils font **"parler"** les fossiles, et donc comment ils connaissent les caractéristiques de la vie sur la Terre il y a plusieurs millions d'années.

1 INFORMATIONS UTILES POUR L'ENSEIGNANT

L'un des objectifs de la géologie est de reconstituer **l'histoire de la Terre :** non seulement l'histoire des grands événements géologiques, mais aussi l'histoire de la vie. Pour y parvenir, les géologues recherchent et analysent tous les indices qu'ils peuvent recueillir. L'histoire de la vie s'appuie donc sur les fossiles.

1 Qu'est-ce qu'un fossile ?

• **On appelle fossile** le reste d'un animal ou d'un végétal (coquille, os, moulage externe ou interne, trace du passage...) conservé dans une roche. Pour se fossiliser un organisme doit être enfoui très rapidement dans un sédiment (vase ou sable fin) qui le protège de la destruction.

• **Quelles sont les parties conservées dans un animal** ou un végétal ? Il existe plusieurs types de **fossilisation :**

— Dans certains cas, le fossile est une **partie dure** (os, coquille, dent...) conservée avec ou sans modification chimique importante. Ainsi, certains organes peuvent être silicifiés (silicification de tronc d'arbre : le bois est remplacé par de la silice ; silicification d'un os : la matrice qui constituait l'os a été remplacée par de la silice...).

— Dans les cas les plus fréquents, il ne reste rien de l'animal ou du végétal ; le fossile est un **moulage interne** ou **externe**.

2 Le travail des géologues

A partir de squelettes ou de fragments de squelettes, à partir de coquilles, les géologues reconstituent la silhouette des animaux et même leur mode de vie. Pour cela ils comparent les fossiles aux êtres vivants actuels ; ils considèrent en effet que les lois qui régissent les phénomènes géologiques actuels étaient également valables dans le passé.

Par exemple, lorsqu'un géologue trouve un fossile d'oursin dans une roche, il considère que la roche provient d'un sédiment marin (tous les oursins actuels sont marins) ; lorsqu'il trouve une coquille de limnée (mollusque d'eau douce), il considère que la roche s'est formée dans un lac.

Une remarque importante : par divers procédés et notamment par radiochronologie (méthode de datation fondée sur l'étude des éléments radioactifs et de leurs produits de dégradation) les géologues peuvent savoir à quelle époque vivait tel ou tel animal (ou plante) fossilisé.

Connaissez-vous

LE SENS DE CES MOTS OU EXPRESSIONS

- fossile
- fossilisation
- reconstitution
- géologie
- histoire de la Terre
- moulage
- empreinte

2 DES ACTIVITÉS PÉDAGOGIQUES POSSIBLES

1 Comment étaient-ils quand ils étaient vivants ?

• **Matériel**

Cinq ou six fossiles (numérotés de 1 à 6) suffisent pour organiser une séquence intéressante. Le choix est important : il vaut mieux proposer des fossiles qui rappellent des animaux actuels (mollusques de "type escargot", mollusques bivalves, oursin...).

• **Activités**

— Dessiner le fossile tel qu'on le voit (avec la roche éventuellement), puis proposer un dessin de l'animal vivant, tel qu'on l'imagine.

Une rotation des fossiles d'un groupe à l'autre amène tous les groupes à réfléchir sur les mêmes objets.

— Confronter les propositions. Cette phase permet d'exprimer l'idée importante suivante : c'est en pensant aux animaux actuels que nous avons imaginé l'animal vivant (les géologues ne procèdent pas autrement dans leur reconstitution).

— Où vivaient-ils ? Que mangeaient-ils ?

— Quelles parties de l'animal sont conservées ?

— Proposer une définition du mot fossile.

2 Comment les géologues ont-ils pu faire des reconstitutions ?

• **Matériel**

Le document de la figure 2 (silhouette et carte d'identité du diplodocus) permet une réflexion intéressante.

• **Activité**

Prendre chacune des informations fournies par la carte d'identité et préciser ce qui a probablement permis aux géologues de donner ces informations : Comment connaît-on la taille ? la forme ? Comment sait-on s'il marchait sur deux ou quatre pattes ?...

3 Pour comprendre comment se forme un fossile

• Réaliser des moulages internes en coulant du plâtre liquide dans une coquille d'escargot, dans une coquille de moule, dans un œuf de poule préalablement vidé de son contenu. Il suffit, quand le plâtre est sec, de casser la coquille pour avoir le "fossile".

• Réaliser des moulages externes sur de la pâte à modeler. Pour cela, faire une galette de pâte à modeler. Placer dessus un os, une feuille d'arbre, une plume... et appuyer fortement. On peut alors expliquer ce qu'est une empreinte.

• Réaliser des moulages externes sur du plâtre. Pour cela, verser du plâtre dans une boîte à fromage. Placer sur le plâtre, avant son durcissement, une feuille d'arbre, un rameau avec ses bourgeons, un coquillage. Retirer l'objet quand le plâtre est sec.

• Comment la fossilisation se fait-elle dans la nature ? Pour répondre, prenons l'exemple d'un "escargot" d'eau douce qui vit dans un lac. Après la mort de l'animal, la partie charnue se décompose la première. L'enfouissement de la coquille dans une boue peut permettre de conserver soit son empreinte, soit la coquille elle-même.

4 Evaluation

Elle peut se faire sur des photographies ou sur des dessins de fossiles. Les enfants doivent proposer des reconstitutions, et, à la fin du travail, comparer leur proposition à celle des scientifiques.

FIG. 1

Les animaux que nous connaissons actuellement n'ont pas toujours existé, et à des époques très lointaines vivaient des animaux qui ont maintenant disparu. On connaît leur existence grâce à des restes fossilisés (squelette ou fragments de squelette, coquilles, empreintes de pas...). Ceux qui sont représentés ici sont des reptiles appelés dinosaures. Ils ont régné en maîtres sur la Terre pendant des millions d'années, à une époque où n'existaient ni oiseaux ni mammifères. Ces animaux sont les plus grands et les plus lourds qui aient jamais existé sur Terre. Mais on connaît aussi des dinosaures de petite taille.

NOTIONS VISÉES

à l'école élémentaire

- Les **fossiles** sont des traces d'êtres vivants conservées dans les roches. Ce sont des coquilles, des os, des dents, des plumes, des feuilles, des écorces, des graines...
- A partir de ces **témoins de la vie du passé**, les géologues **reconstituent** la silhouette des êtres vivants et peuvent, plus souvent, décrire leur mode de vie. De plus, ils ont les moyens de préciser à quelle époque ils ont vécu.
- **Mots clés**
  géologue, géologie, fossile, reconstitution.

2 *Du fossile à la reconstitution*

Personne n'a jamais vu cet animal disparu il y a 140 millions d'années, mais les géologues connaissent de lui son squelette, ses dents, des empreintes de sa peau, la coquille de ses œufs, des traces de ses pas...

Carte d'identité
Nom : Diplodocus.
Longueur : 25 à 30 mètres.
Poids : 85 tonnes (17 fois le poids d'un éléphant).
Nourriture : végétarien.
Reproduction : pond des œufs.
Peau : recouverte d'écailles.
Groupe : Reptiles.
Époque : a vécu il y a 150 millions d'années.
Lieu de vie : passait (comme les hippopotames actuels) la majeure partie de son temps dans l'eau des lacs et marécages.
Longévité : sans doute plusieurs siècles.

- Comment sait-on que le diplodocus avait une longue queue, un grand cou, une petite tête ? ....
  ....
- Pourquoi pense-t-on qu'il était végétarien ? ....
  ....
- Comment imagine-t-on son mode de reproduction ? ....
  ....
- Pourquoi le place-t-on dans le groupe des reptiles ? ....

FIG. 2

A partir des fossiles, témoins de la vie du passé, les géologues reconstituent la silhouette des animaux et même leur mode de vie. Ils savent que certains étaient carnivores ou herbivores, vivaient sur terre ou dans l'eau. Ils ont pu aussi reconstituer l'ensemble de la flore et de la faune aux différentes époques géologiques.

Extrait de *Cahier d'activités CM2, Biologie.*

3 Les grandes étapes de la vie sur la Terre

La Terre est vraisemblablement la seule planète du système solaire possédant des êtres vivants.

Les êtres vivants (animaux et végétaux) qui vivent actuellement n'ont pas toujours existé et ne sont pas tous apparus en même temps.

Grâce aux **fossiles**, véritables archives du passé, les géologues savent reconstituer les grandes étapes de la vie sur la Terre. C'est une très longue histoire qui débute avec l'apparition, en milieu marin, il y a **3 500 millions d'années**, d'êtres vivants très simples qui sont des **bactéries**.

Il va de soi que les élèves de cours moyen ne vont pas "inventer" cette histoire. Mais, comme nous allons le voir, ils peuvent, à partir d'informations simples et précises, être très "actifs" et dégager des notions fondamentales intéressantes à connaître et faciles à retenir.

1 INFORMATIONS UTILES POUR L'ENSEIGNANT

La diversité du monde vivant actuel est prodigieuse : des millions d'espèces animales et végétales peuplent les milieux les plus divers, depuis les profondeurs de l'océan jusqu'aux déserts les plus inhospitaliers. Pourtant, au tout début de son histoire (il y a 4 600 millions d'années...), notre planète était dépourvue de toute forme vivante. Comment, et sous quelle forme la vie s'est-elle installée ? A quel moment ? Connaît-on les étapes essentielles de la diversification du monde vivant ?

Avant de répondre à ces questions, c'est-à-dire avant de parler des "acteurs", disons quelques mots du "décor".

1 La naissance de la Terre

La Terre est une planète du système solaire qui s'est formée il y a 4 600 millions d'années par la réunion de petits corps dispersés dans la nébuleuse du système solaire et ressemblant aux météorites qui arrivent encore de nos jours sur notre planète. En même temps, d'autres planètes se formaient, dans des conditions analogues, à l'intérieur du système solaire.

La Terre a subi, pendant les premiers temps de son existence, des remaniements qui ont conduit à une distribution des éléments chimiques en **atmosphère**, **manteau** (avec une partie superficielle de la lithosphère) et **noyau**. L'atmosphère primitive, obtenue par un dégazage du manteau analogue à celui qui a lieu lors des éruptions volcaniques, était **dépourvue d'oxygène**. Elle devait être constituée de dioxyde de carbone, de méthane, d'hydrogène, d'ammoniac et de vapeur d'eau. Au cours du refroidissement, la vapeur d'eau se condensant aurait donné naissance aux océans.

Les continents vont naître à partir de matériaux expulsés du manteau mais leur géographie est alors très différente de celle des continents actuels. On sait que vers - 600 millions d'années existaient quatre masses continentales dont on retrouve des traces dans les continents actuels.

2 La distribution des océans et des continents se modifie

La distribution des océans et des continents a beaucoup évolué au cours de l'histoire de la Terre. L'expansion des fonds océaniques, (chapitre 4, p.439) est le premier facteur des modifications de cette distribution. C'est le résultat du mouvement des plaques de la lithosphère, ce qui entraîne

— **la dérive des continents** qu'elles supportent ;

— la naissance des **chaînes de montagnes** dites **de subduction** en bordure d'un continent ;

— la surrection de **chaînes de montagnes** dites **de collision**, lors de la collision entre deux continents.
Plusieurs **orogenèses** (formation de chaînes de montagnes) jalonnent ainsi l'histoire de la Terre.

3 Des modifications climatiques

En dérivant, les continents se déplacent par rapport à l'axe des pôles, les climats qui les affectent s'en trouvent modifiés.

Il y a 250 millions d'années, la France était soumise à un climat équatorial ; depuis, son territoire se rapproche du pôle, ce qui provoque un refroidissement général. Mais la dérive des continents n'explique pas toutes les fluctuations climatiques ; il faut aussi faire appel aux variations de l'éclairement solaire, conséquence de modifications de la position de la Terre dans son orbite autour du Soleil.

4 Les premiers êtres vivants : des bactéries nées dans les océans

Alors que les scientifiques ont accumulé un très grand nombre d'informations sur les grandes étapes de l'histoire de la vie, ils sont encore incapables de dire exactement comment se sont formés les premiers êtres vivants. Ils sont cependant certains que des molécules organiques sont apparues avant ces premiers êtres vivants.

Pendant des centaines de millions d'années, des synthèses de molécules organiques (sucres, acides aminés, fragments d'acides nucléiques, de protéines,...) se sont produites dans les océans, en l'absence de toute forme vivante. Comment, vers –3 500 M.A., ces molécules se sont-elles organisées pour former les premières bactéries ? C'est une des grandes énigmes de la biologie.

Ces premières bactéries (êtres vivants microscopiques) ont une organisation très simple. Ce sont des **procaryotes** formés d'une seule cellule sans noyau (la molécule d'ADN est libre dans le cytoplasme), et sans organites cellulaires limités par une membrane tels que les mitochondries. Ces bactéries se nourrissent des molécules organiques présentes dans le milieu et tirent leur énergie, en l'**absence d'oxygène**, de la dégradation incomplète de leurs aliments (**fermentation**). Pendant des centaines de millions d'années, ce seront les seuls êtres vivants de la planète (fig. 1).

5 Une deuxième étape capitale : l'apparition des cyanobactéries photosynthétiques

Vers –2 800 M.A., certaines bactéries vont réaliser une "révolution" : elles deviennent capables d'exploiter l'énergie solaire pour réaliser leurs synthèses de matière organique. Ces "photosynthèses", non seulement vont permettre une production massive de matière vivante, mais encore vont libérer de l'oxygène dans un milieu qui en est totalement dépourvu.

Ces bactéries photosynthétiques, appelées **cyanobactéries**, ont encore une organisation très simple ; ce sont des êtres unicellulaires procaryotes qui existent encore aujourd'hui. Insistons sur l'**importance capitale** de l'apparition de ces bactéries dans l'évolution.

— En produisant de l'oxygène, les cyanobactéries vont modifier progressivement l'atmosphère et permettre, un peu plus tard, l'apparition d'**êtres vivants aérobies**, c'est-à-dire capables de **respirer** (la **respiration** permet d'extraire l'énergie potentielle des molécules organiques de façon beaucoup plus efficace que la fermentation).

— La photosynthèse assure une production de plus en plus riche de matière organique qui servira de nourriture à la "3e vague" d'êtres vivants.

Sans la chlorophylle "qui permet une production colossale de matière organique" et sans l'oxygène "qui assure un approvisionnement énergétique très efficace", le monde vivant serait probablement resté bactérien. La vie est donc la source de sa propre évolution.

6 Avec l'apparition des eucaryotes, l'évolution biologique s'emballe

Vers –2 000 M.A., l'atmosphère commence à s'enrichir en oxygène et devient hostile à de nombreux procaryotes anaérobies. L'oxygène favorise au contraire l'apparition de nouveaux êtres vivants qui vont utiliser ce gaz pour dégrader de façon efficace les aliments organiques. Ce progrès métabolique considérable va s'accompagner d'une **évolution de la structure cellulaire :** les premières cellules **eucaryotes** apparaissent. Ces cellules sont pourvues non seulement d'un vrai **noyau**, mais aussi d'**organites** spécialisés, mitochondries respiratoires, chloroplastes photosynthétiques. Elles "inventent" en outre les mécanismes de reproduction sexuée qui, grâce au brassage génétique, vont multiplier les possibilités de variations des êtres vivants. Dès lors, l'évolution biologique "s'emballe". Le monde vivant se scinde désormais en un monde végétal (qui devient une gigantesque usine photosynthétique et continue d'enrichir l'atmosphère en oxygène) et un monde animal qui se complique progressivement. Ainsi, la mer se peuple d'une faune abondante

Âge absolu en millions d'années	Ère	Périodes	Événements biologiques
1,8	ÈRE QUATERNAIRE		
	ÈRE TERTIAIRE	Pliocène	• Apparition des hominidés (−3)
		Miocène	
50		Oligocène	• Épanouissement des mammifères
		Éocène	
65	ÈRE SECONDAIRE		• Extinction de nombreux reptiles
100		Crétacé	
150		Jurassique	• Premiers oiseaux (−150)
200		Trias	• Premiers mammifères (−200)
245	ÈRE PRIMAIRE		
250		Permien	
300			• Premiers reptiles (−300)
		Carbonifère	
350			• Premiers amphibiens (−350)
		Dévonien	
400			
		Silurien	• Premières plantes vasculaires terrestres
450		Ordovicier	• Premiers poissons (−450)
500			• Premiers végétaux terrestres
		Cambrien	
530	PRÉCAMBRIEN		
550			• Invertébrés à coquilles (−550)
600			
650			
			• Premiers invertébrés à corps mou (−670)
700			
1 000			
1 500			• Premières cellules eucaryotes
2 000			• Début d'atmosphère oxygénée
2 500			
3 000			• Premières cellules procaryotes photosynthétiques
3 500			• Apparition des procaryotes anaérobies
4 600	NAISSANCE DE LA TERRE		

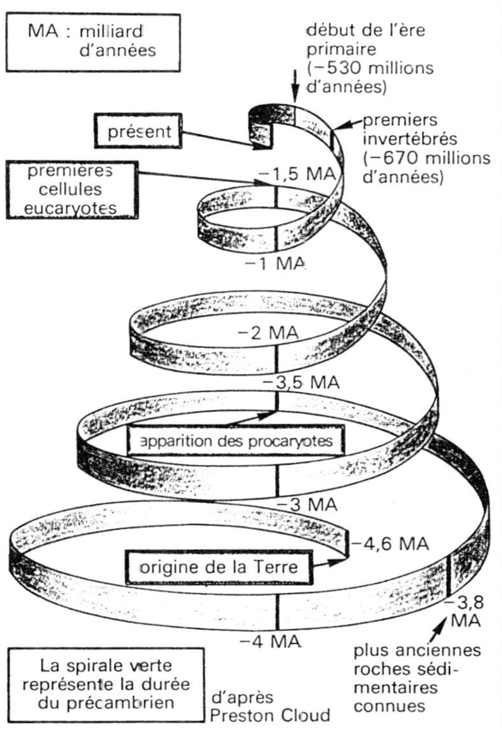

FIG. 1

Les grandes étapes de l'apparition des êtres vivants sur Terre.

Pendant 2 milliards d'années, les seuls habitants de la planète sont des cellules **procaryotes** De quoi s'agit-il ? Les procaryotes sont des êtres vivants microscopiques, unicellulaires ne possédant pas de véritable noyau (procaryote, du préfixe *pro* = avant, *karyon* = noyau). Actuellement, les procaryotes ne comprennent que deux groupes d'organismes : les **bactéries** et les **algues** bleues (aujourd'hui appelées cyanobactéries). Tous les autres êtres vivants sont des **eucaryotes** (du grec : *eu* = vrai). On sait depuis 1960 que la plus grande division dans le monde vivant ne se situe pas entre les plantes et les animaux comme on l'a longtemps cru. Elle se situe entre les organismes à cellules sans noyau (procaryotes) et les êtres vivants à cellules qui possèdent un noyau (eucaryotes). La mise en évidence de cette discontinuité est très importante pour la compréhension de l'histoire du monde vivant.

Extrait de *Biologie Terminales A et B* et *Biologie Terminale D*.

d'animaux munis d'une coquille ou d'un squelette (trilobites, mollusques, échinodermes, coraux...).

A –500 M.A., tous les grands groupes d'invertébrés sont déjà représentés parmi les fossiles. Les premiers vertébrés, des sortes de poissons, n'apparaissent que vers – 450 M.A. Plus tard, la conquête du milieu aérien, et donc des continents, va être l'occasion d'une diversification extrême des flores et des faunes.

7 Dès l'ère primaire, la vie colonise les continents

Deux orogenèses importantes ont lieu à l'ère primaire. Elles donnent naissance aux chaînes calédoniennes et hercyniennes. Ainsi les **continents s'agrandissent** autour des boucliers émergés du Précambrien.
Par ailleurs,

— l'atmosphère continue de s'enrichir en **oxygène** (elle atteindra un niveau comparable à la période actuelle vers – 400 millions d'années) ;

— un taux d'**ozone** en haute altitude, comparable au taux actuel, constitue un écran protecteur contre les rayons ultraviolets nocifs.

Ainsi, la vie animale et végétale envahit les continents, bénéficiant d'un climat chaud et humide.

— dans les milieux d'eau douce d'une part,

— sur la terre ferme d'autre part, avec l'apparition de la respiration aérienne.

Les premiers invertébrés terrestres sont des vers, des arachnides (des scorpions), des myriapodes (mille-pattes), des insectes puis des mollusques gastéropodes (les premiers escargots datent du Carbonifère).

Certains poissons à nageoires paires, munis de poumons, donnent naissance aux amphibiens. Les premiers reptiles apparaissent bientôt, se libérant encore plus du milieu aquatique (ils pondent leurs œufs sur la terre ferme). L'apparition des premiers mammifères est proche ; elle a lieu à la fin du Trias à partir d'un groupe particulier de reptiles : les reptiles mammaliens.

8 La vie à l'ère secondaire

Trois faits marquants de la vie marine peuvent être cités :

— le développement considérable des **récifs coralliens ;**

— l'abondance des **ammonites** qui apparaissent au Trias et disparaissent à la fin du Crétacé ;

— la formation de la **craie** par le développement des **coccolithophoridées**.

L'ère secondaire est aussi l'ère des **grands reptiles**, celle de l'apparition des premiers mammifères et des premiers oiseaux (archéoptéryx). Ainsi, l'ère secondaire voit l'apparition de groupes importants (mammifères, oiseaux, plantes à fleurs...), l'extinction de nombreux groupes (ammonites, dinosaures...), la mise en place d'écosystèmes complexes, la dissociation des continents.

9 La vie aux ères tertiaire et quaternaire

De grands bouleversements géologiques marquent l'ère tertiaire, en liaison avec la mobilité des plaques : orogénèse alpine, collision Inde-Asie qui donne naissance à l'Himalaya, séparation Amérique – Europe Afrique. Il en résulte des modifications brutales de climats qui bouleversent les peuplements animaux et végétaux.

Un fait marquant ne peut être oublié : l'apparition de l'homme et son évolution sur une période d'environ 3 millions d'années.

10 En résumé

La vie est apparue il y a 3 milliards 500 millions d'années, au sein des mers primitives, par combinaison de molécules chimiques et selon un processus mal connu. Les premiers êtres vivants étaient des bactéries capables de vivre dans un milieu sans oxygène en se nourrissant de la matière organique disponible dans le milieu.

Connaissez-vous

LE SENS DE CES MOTS OU EXPRESSIONS

- **fossiles**
- **atmosphère**
- **manteau**
- **noyau**
- **dérive des continents**
- **chaîne de montagnes de subduction**
- **chaîne de montagnes de collision**
- **orogenèse**
- **bactéries**
- **cyanobactérie**
- **procaryotes**
- **eucaryotes**
- **fermentation**
- **respiration**
- **aérobie**
- **anaérobie**

Il y a... 31

M.A. = million d'années

4 600 M.A. naissance de la Terre	600 M.A. premiers invertébrés	140 M.A. premiers oiseaux
200 M.A. premiers mammifères	3 M.A. premiers hommes	450 M.A. premiers poissons
390 M.A. premiers amphibiens	3 500 M.A. premières traces de vie	340 M.A. premiers reptiles

FIG. 2

Ces étiquettes sont, au cours moyen, le support de plusieurs activités qui permettent de dégager des notions fondamentales sur l'évolution des êtres vivants (la Terre n'a pas toujours existé, la vie non plus; les différents groupes ne sont pas apparus en même temps et l'ordre d'apparition n'est pas quelconque...).

Extrait de *Matrices CM, Biologie.*

1 *Les grandes étapes*

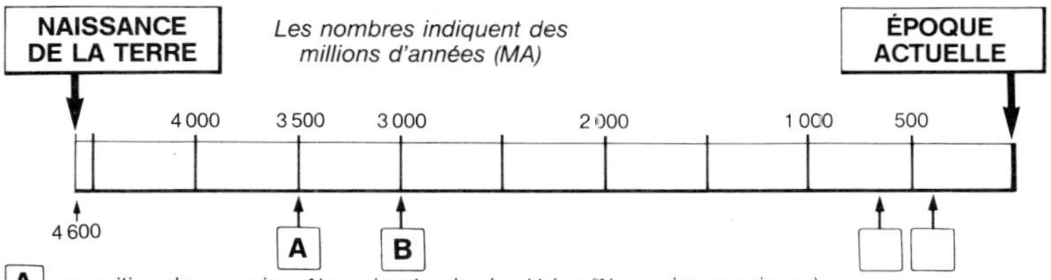

A apparition des premiers êtres vivants : des bactéries (êtres microscopiques).

B premiers végétaux marins chlorophylliens (algues microscopiques).

C premiers invertébrés (des méduses) il y a 670 MA.

D premiers vertébrés (des poissons marins) il y a 450 MA.

- Sur l'échelle des temps ci-dessus, indique à la bonne place les lettres C et D. Colorie la période pendant laquelle il n'y avait pas encore d'animaux sur la Terre. Que constates-tu ?
- Numérote les étiquettes ci-contre dans l'ordre d'apparition sur la Terre.
- Parmi ces êtres vivants, lesquels sont
  - les plus simples ? ....
  - les plus complexes ? ....

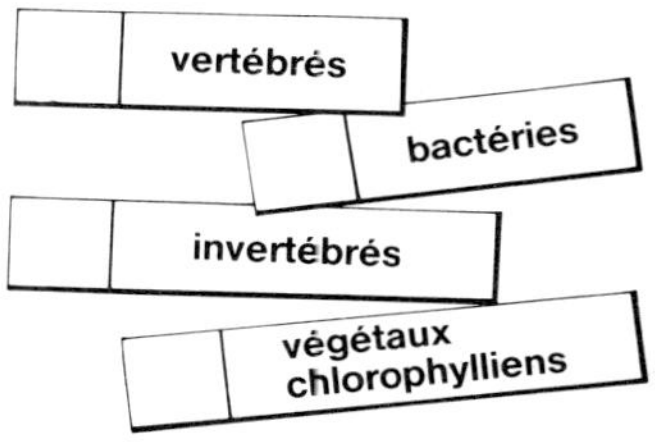

FIG. 3

Un document bilan sur lequel sont indiquées quatre étapes importantes de l'évolution des êtres vivants.

Extrait de *Cahier d'activités CM2, Biologie.*

La deuxième grande révolution biologique est l'apparition d'êtres autotrophes du groupe des algues, les cyanobactéries. Ils sont capables non seulement de fabriquer leur propre nourriture en synthétisant des matières organiques (synthèse chlorophyllienne) mais aussi, par ce même phénomène, de dégager de l'oxygène dans l'atmosphère primitive.

La présence d'ozone (un autre état de l'oxygène) dans la haute atmosphère protège des rayons ultraviolets nocifs, et de nouvelles formes de vie peuvent apparaître.

C'est le point de départ d'animaux pluricellulaires au corps mou (méduses et vers) qui se nourrissent de bactéries.

A la fin de l'ère primaire, tous les grands types d'organisations animales et végétales existent, tous les milieux sont colonisés. Mais la vie continue son évolution au cours des ères qui suivent.

2 DES ACTIVITÉS PÉDAGOGIQUES POSSIBLES

Le document de la figure 2 permet d'organiser deux séquences de classe intéressantes. Il ne présente pas, par souci de simplification, tous les grands groupes d'êtres vivants; en particulier les végétaux n'y figurent pas. On les ajoutera en fin d'étude.

Pour faire le travail qui suit, il est nécessaire que les enfants sachent ce que signifient les mots bactéries, invertébrés, amphibiens, reptiles. Il faut donc qu'ils aient, au préalable, travaillé la classification des animaux (voir les activités proposées dans le chapitre "Comment peut-on les regrouper ?").

Des étiquettes à découper

Cette activité doit être organisée par groupes de 4 enfants.

1 Consigne

Découper les étiquettes (fig. 2), les coller sur une grande feuille de papier (format 50 x 50 cm environ) pour rendre l'information la plus parlante possible. Illustrer l'affiche.

2 Affichage des diverses productions

On recherche ce qui a permis à chaque groupe d'adopter telle ou telle présentation.

Cette analyse doit permettre de faire exprimer

— l'idée qu'il s'agit d'événements successifs;

— la remarque qu'une chronologie peut se présenter de différentes manières (lectures de gauche à droite, de haut en bas, en spirale...);

— les notions présentées ci-dessus: en effet, quand on lit sur une étiquette: "premiers oiseaux", on apprend d'une part que les oiseaux n'ont pas toujours existé, d'autre part à quel moment ils sont apparus.

Une frise de 4,60 mètres

1 Activité possible

Découper les étiquettes (fig. 2). Les coller en bonne position sur une bande de papier de 4,60 m de longueur (bande de papier des caisses enregistreuses) en respectant exactement les écarts de temps (4 600 m = 4 600 millions d'années, soit 1 mm = 1 M.A.).

2 Analyse des résultats

Un cerveau humain (celui d'un adulte ou celui d'un enfant) ne peut pas se représenter une durée aussi énorme que le million d'années (il ne peut même pas se représenter 1 000 ans), et ce n'est pas l'objet de ce travail. Cependant, bien des activités de classe habituent les élèves à représenter une durée par une distance sur un axe horizontal. Ici, il ne s'agit pas d'autre chose. "Le plus ancien" sera placé à gauche, "le plus récent" à droite, comme dans une frise historique. Le collage apporte une visualisation de la durée très parlante. Les enfants sont par exemple surpris de voir que

— les premiers animaux (des invertébrés) sont apparus bien tardivement (dans les 60 derniers centimètres de la bande);

— les premiers hommes sont apparus dans les trois derniers millimètres;

— pendant très, très longtemps, les seuls êtres vivants étaient des bactéries (un règne interminable).

3 Compléments et traces écrites

Les documents des figures 3 et 4 permettent de compléter les informations précédentes et en particulier de situer l'apparition des premiers êtres vivants chlorophylliens; ils constituent en outre une trace écrite du travail réalisé.

NOTIONS VISÉES

à l'école élémentaire

- Grâce aux **fossiles,** on sait que les êtres vivants actuels n'ont pas toujours existé, et on connaît leur ordre d'apparition sur la Terre.
- La vie a débuté dans les mers, il y a 3500 millions d'années, sous des **formes très simples** (des bactéries).
- Les formes vivantes plus complexes (invertébrés puis vertébrés) sont relativement récentes.
- Parmi les mammifères, **l'homme est apparu le dernier.** Son histoire est très courte par rapport à celle de la Terre.
- Si on respecte l'échelle des temps, on constate que c'est dans la dernière partie de l'histoire de la Terre que sont apparues le plus grand nombre d'espèces nouvelles. Il y a donc **accélération** dans l'apparition de ces espèces nouvelles.
- **Mots clés**
  fossile, bactérie, invertébrés, vertébrés.

2 *L'apparition des vertébrés*

Les nombres indiquent des millions d'années (MA)

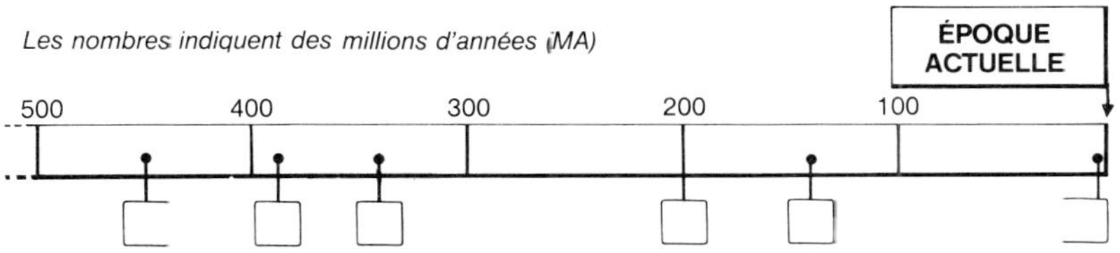

D premiers poissons (–450 MA)

E premiers amphibiens (–390 MA)

F premiers reptiles (–340 MA)

G premiers mammifères (–200 MA)

H premiers oiseaux (–140 MA)

I premiers hommes (–3 MA)

- Sur l'échelle des temps ci-dessus, indique à la bonne place les lettres D, E, F, G, H, I.
- Depuis quand y a-t-il
  – des poissons qui nagent dans les mers ? ....
  – des oiseaux qui volent dans le ciel ? ....
  – des hommes qui vivent sur la Terre ? ....
- Pourquoi peut-on dire que, à l'échelle des temps géologiques, l'histoire de l'homme a commencé depuis quelques secondes seulement ? Explique oralement.

FIG. 4

Cette frise chronologique de l'apparition des grands groupes de vertébrés permet de consolider les acquisitions réalisées avec les documents précédents.

Extrait de *Cahier d'activités CM2, Biologie.*

4 L'évolution de l'homme

Nous avons vu, dans le chapitre précédent, que l'ordre d'apparition des êtres vivants sur la Terre n'est pas quelconque : la **diversification** des formes vivantes s'est réalisée progressivement du plus simple au plus complexe, c'est-à-dire des bactéries à l'homme.

Cette notion est importante, mais n'est pas suffisante pour donner l'idée d'évolution. Il faut ajouter ceci : au cours de cette diversification, chaque espèce nouvelle est apparue par **transformation d'une espèce plus ancienne**. Voici un exemple pour mieux comprendre : les premiers hommes sont nés de l'évolution des "singes" qui sont donc nos ancêtres les plus proches. Ces singes sont eux-mêmes les descendants de primates plus anciens. On peut ainsi remonter "l'**arbre généalogique**" pour constater que nos plus lointains ancêtres sont les bactéries nées il y a 3 500 millions d'années.

Cette idée fondamentale peut sembler difficile à appréhender.

On la comprend plus facilement si on peut s'appuyer sur un exemple concret d'évolution (de transformation) pour une espèce donnée. L'**évolution de l'homme** est un exemple intéressant à la condition de rester simple dans la présentation des faits à l'école élémentaire.

1 INFORMATIONS UTILES POUR L'ENSEIGNANT

1 Tous les hommes actuels appartiennent à la même espèce

Les hommes qui vivent actuellement dans les différentes régions du globe appartiennent tous à la **même espèce : homo sapiens sapiens** (ou homme deux fois sage). Cette espèce est apparue, il y a 150 000 ans environ, en Afrique (dans la région située entre l'Afrique centrale et le Proche-Orient).

Des études génétiques récentes, auxquelles il convient d'ajouter les études archéologiques et linguistiques, montrent que l'"homme deux fois sage", parti d'Afrique il y a 100 000 ans, a colonisé la planète en quatre étapes principales (l'arrivée en Europe se situant il y a 35 000 à 40 000 ans). Ainsi toutes les populations mondiales actuelles dérivent d'une même population originelle apparue en Afrique il y a 200 000 ans environ.

2 Les parentés biologiques de l'homme

• **Les animaux qui nous ressemblent le plus sont les singes anthropomorphes** (étymologiquement "à forme humaine") : chimpanzé, gorille, orang-outan, gibbon. Du point de vue anatomique, l'homme se distingue des singes anthropomorphes par des caractères concernant surtout le squelette, les dents, le cerveau.

L'homme et les singes appartiennent à un même groupe de Mammifères, l'ordre des **Primates**, apparu au début de l'ère tertiaire, il y a 70 millions d'années environ (fig. 2).

L'évolution des Primates a conduit aux premiers Anthropomorphes (–35 millions d'années) ; plus tard encore, vers –20 millions d'années, s'est produite la bifurcation vers les singes anthropomorphes actuels d'une part, et vers l'homme d'autre part.

• **La compréhension de l'évolution humaine** a beaucoup progressé depuis une vingtaine d'années. De nombreuses disciplines (paléontologie, préhistoire, ethnologie, histoire, biologie moléculaire et même physique et chimie) ont en effet permis de formuler des

FIG. 1

Si la Terre avait un an...

Extrait de *Géologie - Biologie 4e*.

Si la terre avait un an...

Janvier	Août	Novembre	Décembre
1	7	24	30
naissance de la Terre	apparition de la vie	les premiers vertébrés	les premiers préhominiens (en fin de journée)

Voici la Saint-Sylvestre :
- 23 h : utilisation du feu.
- 23 h 59'10'' : début de l'élevage et de l'agriculture.
- 23 h 59'46'' : début de l'ère chrétienne.
- 23 h 59'58'' : mort de Louis XIV.
- 24 h : an 2000.

D'après L.-R. Nougiet, professeur d'archéologie préhistorique.

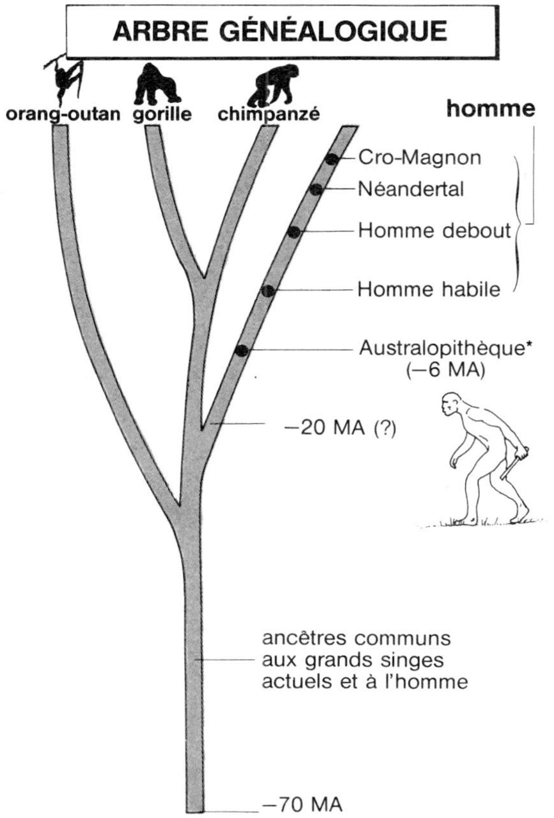

*Les australopithèques sont des sortes de singes qui marchent sur deux pieds. On ne les considère pas exactement comme des hommes car ils ne fabriquent pas d'outils. Leur taille était de 1,20 m.

FIG. 2

Lucy, le plus ancien australopithèque dont on ait retrouvé des restes fossiles, était déjà bipède. Actuellement, les chercheurs s'accordent pour penser que la bipédie a été un événement déterminant dans l'évolution humaine. Elle ne serait pas apparue pour libérer la main pour l'usage des outils car elle a précédé cet usage de plusieurs millions d'années.

Extrait de *Cahier d'activités CM2, Biologie.*

hypothèses sur la manière dont a pu s'opérer la séparation entre l'homme et les grands singes au cours de l'évolution.

• Quels caractères distinguent l'espèce humaine des autres ?

L'homme, c'est la station debout et la marche bipède, la main et l'habileté manuelle au service de l'esprit, enfin le cerveau et toute la richesse de la pensée, c'est aussi tous les aspects du comportement humain, la vie en société, le langage articulé, c'est enfin ce qu'on nomme la culture, c'est-à-dire la transmission et l'accroissement, de génération en génération, des connaissances acquises et des créations abstraites ou techniques.

3 L'aube de l'humanité : les australopithèques

Lucy

Les plus anciens hominidés ou **australopithèques** qui ont été découverts en Afrique datent de 6 millions d'années environ.

Leurs restes, rares et fragmentaires, jalonnent une longue période évaluée à 3 millions d'années. Ces hominidés sont tous de petite taille (1,20 m environ) ; ils ont un cerveau dont le volume est voisin de celui des chimpanzés, mais sont incontestablement bipèdes comme le témoignent les empreintes de pas et l'organisation du squelette du bassin. Aucun outillage ni aucune structure d'habitat n'ont été découverts à proximité de leurs restes fossilisés. Entre 3 et 1 million d'années, deux espèces d'australopithèques de plus grande taille ont été identifiées ; leur capacité crânienne est plus élevée que celle des anciens.

4 Les premiers hommes

La figure 3 présente les quatre types humains connus. Ils ne descendent probablement pas les uns des autres en ligne directe. Chacun d'eux pouvant être un rameau latéral par rapport à la succession de nos ancêtres (encore inconnus) dans une évolution "buissonnante".

• Homo habilis

Cet hominidé dont la capacité crânienne est supérieure à celle des australopithèques a des dents plus petites, adaptées à un régime omnivore. Il serait l'auteur des premières industries de galets aménagés (fig.4) Sa voûte crânienne est plus haute, son front est plus bombé et l'arrière du crâne est plus arrondi.

Ses restes fossiles n'ont été découverts que sur le continent africain.

• Homo erectus

Cet hominidé dont la capacité crânienne est proche de 1 000 cm³ a un crâne allongé, un front fuyant, un bourrelet sus-orbitaire massif, une face projetée en avant. Dérivant de formes évoluées d'Homo habilis, les Homo erectus occupent très tôt tout le territoire africain et se répandent ensuite en Europe et en Asie. Ils font la conquête des zones tempérées.

C'est l'époque des grandes inventions : la taille des bifaces, la domestication du feu, l'usage des colorants, les premières manifestations d'activité rituelle.

• Homme de Néandertal ss espèce de H. Sapiens

Le crâne de Néandertal est encore surbaissé avec des arcades sourcilières prononcées. La capacité crânienne évolue régulièrement pour atteindre celle de l'homme actuel. Cette sous-espèce de l'Homo sapiens a une très vaste répartition géographique. Selon le climat qui régnait dans leur région, les Néandertaliens construisaient des cabanes de plein air ou s'abritaient dans des grottes. Leur industrie de pierre taillée a donné une multitude d'outils aux fonctions variées.

• L'homme de Cro-Magnon.

L'homme de Cro-Magnon, de la sous-espèce Homo sapiens, apparaît au cours de la dernière glaciation. Son crâne a des caractéristiques très proches de celles de l'homme actuel.

5 Les critères d'hominisation

• **L'acquisition de la bipédie** semble être la première étape vers l'hominisation et l'événement déterminant de l'évolution humaine. La station bipède s'accompagne non seulement de diverses **modifications anatomiques** (bassin, colonne vertébrale, fixation de la tête...), mais aussi de la libération du membre antérieur ; la **main** devient alors disponible pour accomplir d'autres tâches.

• **L'évolution du cerveau** constitue une des caractéristiques fondamentales de l'hominisation. Le cerveau antérieur extraordinairement développé recouvre totalement le reste de l'encéphale. Le cortex cérébral plissé en circonvolutions contient un très grand nombre de neurones (plus de 10 milliards). Certaines zones de celui-ci diffèrent d'un hémisphère à l'autre. Leur développement, en relation avec le **développement du langage, signe une des spécialisations du cerveau humain**. Ces territoires spécifiques (centre moteur de la parole, centre de compréhension des mots écrits ou des mots parlés) peuvent être décelés sur des moulages crâniens. Il paraît actuellement certain que l'aire de Broca, centre de traitement de l'information verbale, existait déjà chez l'Homo habilis ; mais elle n'a jamais été décelée chez les australopithèques.

• **L'apparition de l'outil** est, pour un grand nombre de paléontologistes, le seuil décisif de l'hominisation. Ainsi que l'écrit H. de Lumley, " *la bipédie avait libéré la main des australopithèques mais c'est avec Homo*

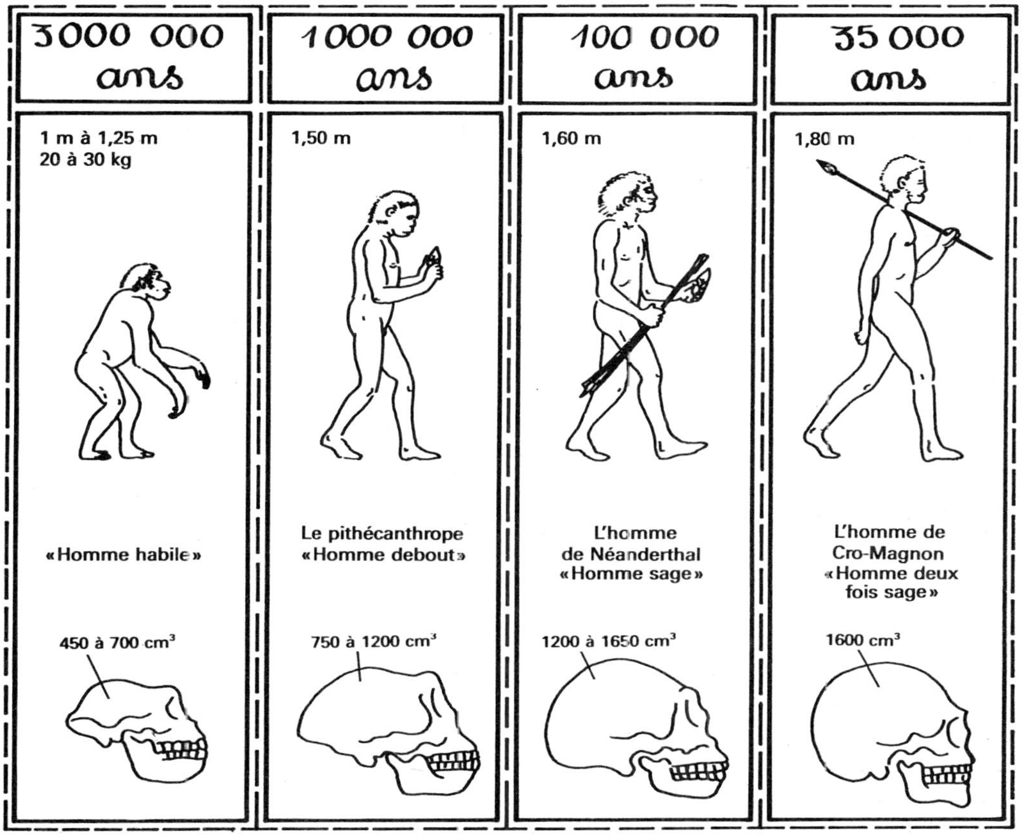

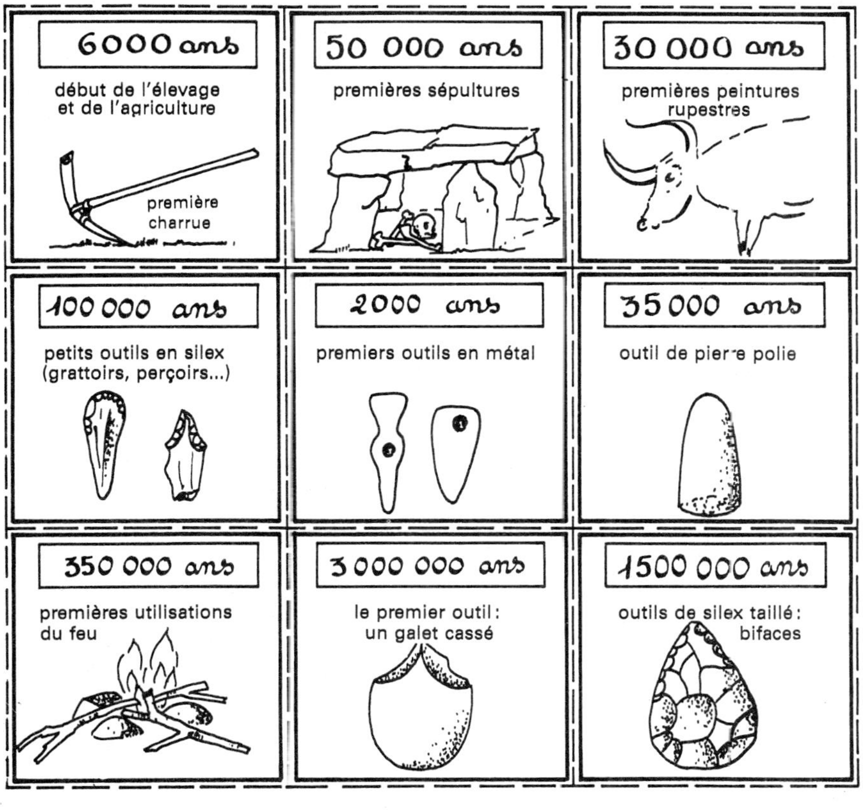

FIG. 3

Documents destinés aux élèves du Cours Moyen. Quels usages peut-on en faire ? (La réponse est dans le texte du chapitre.)

Extrait de *Matrices CM, Biologie.*

habilis qu'apparaît le premier individu capable de concevoir et de réaliser l'outil. L'augmentation du volume et de la complexité du cerveau a permis la pensée conceptuelle propre à l'homme".

L'apparition de l'outil semble être étroitement associée à l'élaboration du langage. Grâce à lui, maîtrisant maintenant la matière, l'homme peut transmettre ses acquisitions techniques aux générations ultérieures qui continueront de les faire progresser.

• **Remarque :**

La seule branche des Hominidés qui existe encore est celle qui a conduit à notre espèce. L'évolution se terminera-t-elle avec nous ? Nous l'ignorons.

Notre espèce sera une **fin de lignée évolutive** si elle disparaît, soit en se détruisant elle-même, soit en raison des conditions qu'elle aura créées sur la terre ; elle peut continuer à exister, mais cesser d'évoluer, comme l'ont fait certaines espèces animales et végétales qui sont restées stables depuis des dizaines de millions d'années ; enfin, elle peut se transformer et donner naissance à une nouvelle espèce, qui remplacera la nôtre si la sélection naturelle joue en sa faveur et qui, dans ce cas, continuera la lignée des Hominidés.

6 Histoire et préhistoire

• **L'histoire** est la période qui s'écoule de l'invention de l'écriture jusqu'à nos jours. L'invention de l'écriture s'est produite à une date variable d'une région du globe à l'autre.

En Gaule, ce sont les Romains qui ont introduit l'écriture.

• **La préhistoire** est une très longue période qui débute avec l'apparition des premiers hommes et qui se termine avec l'invention de l'écriture. La préhistoire débute donc à des dates qui varient selon les régions. Les hommes les plus anciens dont nous avons la trace, vivaient en Afrique il y a 3 millions d'années. Mais c'est seulement depuis 500 000 ans qu'ils sont apparus en France.

Le mot préhistoire est parfois employé de façon abusive ; par exemple, les dinosaures ne sont pas des animaux préhistoriques.

• **Les objets enfouis dans le sol** (ossements, outils, armes, bijoux...) sont les seuls documents permettant aux chercheurs de reconstituer la vie des hommes préhistoriques, et donc de connaître leur évolution. Relever ces "indices" est un travail long et méthodique ; dix ou vingt ans ont été nécessaires sur certains sites.

7 En résumé

• **Entre 1,6 et 1,3 million d'années**, en Afrique orientale, un autre hominidé coexiste avec l'australopithèque : l'Homo habilis. On lui attribue les premiers outils fabriqués appelés "**galets aménagés**" et on en fait la première espèce du genre Homo.

• **Entre 1 million d'années et 100 000 ans** vivent en Europe, en Afrique, en Asie et en Indonésie des hominidés rattachés à l'espèce Homo erectus. Cet "homme droit" est non seulement celui de la conquête des régions tempérées mais aussi celui des premières grandes inventions : diversification de l'outillage, découverte de la symétrie avec l'apparition des premiers **bifaces**, domestication du feu, rassemblements dans des campements souvent à l'abri de grottes, premières manifestations rituelles...

• **Entre 100 000 et 30 000 ans** apparaît en Europe le groupe des **hommes de Néandertal**. Malgré ses caractères archaïques, le crâne de ces hommes présente une capacité semblable à la nôtre ; leurs outils s'affinent et se diversifient ; les rites funéraires se manifestent. L'homme de Néandertal est déjà très proche de nous. Il constitue la sous-espèce Homo sapiens néandertalensis.

• Vers 35 000 ans, se différencie "notre" sous-espèce (Homo sapiens sapiens) représentée par **l'homme de Cro-Magnon**. La diversification des industries, la découverte des métaux, les nombreuses activités artistiques sont des jalons qui précèdent le changement de mode de vie. Bientôt les nomades chasseurs se sédentarisent avec le développement de l'agriculture et de l'élevage.

Connaissez-vous

LE SENS DE CES MOTS OU EXPRESSIONS

- **primates**
- **australopithèques**
- **histoire, préhistoire**
- **arbre généalogique**

FIG. 4

Les hommes préhistoriques ont certainement utilisé comme outils des objets trouvés dans la nature. Mais, seuls ceux qui portent manifestement des traces d'un travail sont qualifiés « d'outils ». Tel est le cas des « galets aménagés » qui sont à la fois les outils les plus anciens et les plus rudimentaires. Beaucoup de temps a été nécessaire pour arriver au biface. Puis, la technique de taille des silex s'est perfectionnée peu à peu, sans que l'outil ait été profondément modifié.

Extrait de *Cahier d'activités CM2, Biologie.*

2 *L'évolution des outils*

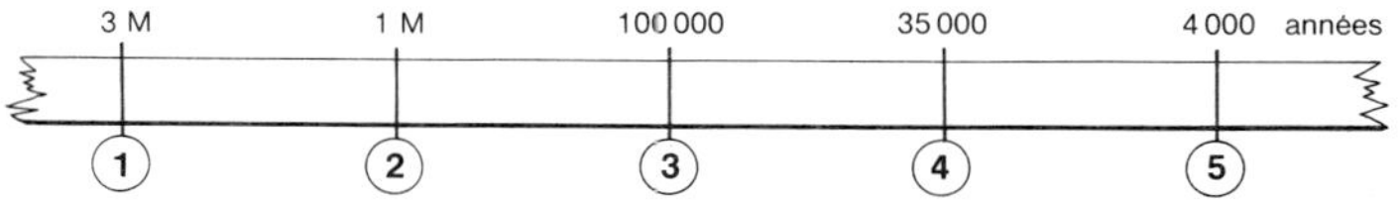

Attention : sur ce dessin, les échelles de temps ne sont pas respectées.

(1) Premier outil utilisé : un silex cassé en deux (appelé « galet aménagé »).

(2) Biface : silex taillé sur les deux faces. Ce sera l'outil « à tout faire » pendant plus de 500 000 ans.

(3) Petits outils en éclats de silex (grattoirs, perçoirs, lames...) et outils en os et bois de renne (aiguilles, harpons...).

(4) Un nouveau procédé pour travailler le silex : le polissage (haches polies).

(5) Utilisation d'un matériau nouveau : le métal (nombreux outils en cuivre, en argent puis en bronze et enfin en fer).

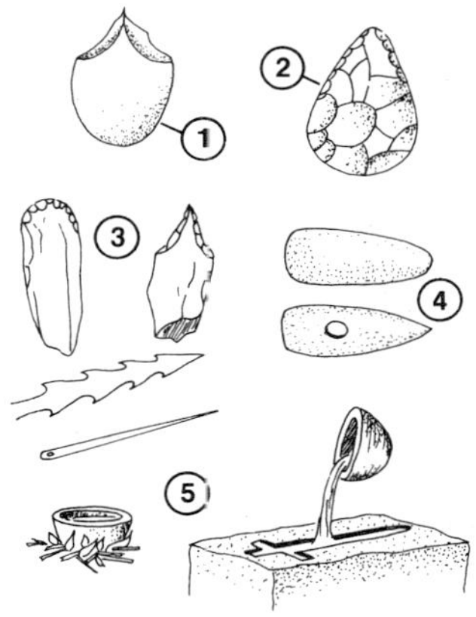

- Quels outils étaient utilisés par
  – « l'homme debout » ? ....
  – « l'homme de Néandertal » ? ...
- Cite, dans l'ordre chronologique, les matériaux utilisés par l'homme pour faire des outils. ....

Les premiers représentants de la famille du cheval vivaient il y a 60 millions d'années et le cheval tel que nous le connaissons aujourd'hui ne date que d'un million d'années.

L'évolution de ce groupe porte sur trois caractères principaux :
- la taille de l'animal,
- l'organisation du squelette de ses pattes,
- la forme des dents en relation avec le régime alimentaire.

Les ancêtres du cheval

Eohippus

taille d'un renard,
pattes à 4 doigts,
dents avec tubercules,
mangeur de feuilles,
– 60 millions d'années.

Mésohippus

taille d'un petit poney,
pattes à 3 doigts,
dents avec crêtes d'émail,
mangeur de feuilles,
– 36 millions d'années.

Pliohippus

taille d'un zèbre,
pattes à 1 doigt,
dents avec large table broyeuse,
brouteur d'herbe,
– 13 millions d'années.

FIG. 5

Les premiers chevaux avaient la taille d'un petit chien et des pattes à quatre doigts. Une lente évolution permet d'arriver aux chevaux actuels.

2 DES ACTIVITÉS PÉDAGOGIQUES POSSIBLES

1 Les premiers hommes étaient différents de nous

Le document 3 présente les quatre types humains connus.

L'analyse de ce document permet de dégager les principaux caractères des transformations subies par l'homme depuis ses origines :

— l'augmentation de la taille (depuis celle d'un pygmée, 1,20 m, à celle de l'homme actuel) ;

— les modifications de l'allure générale (redressement progressif du corps) ;

— l'accroissement de la capacité crânienne en relation avec l'augmentation du volume du cerveau ;

— le passage d'une face prognathe (front fuyant, mâchoire proéminente, menton absent) à une face quasi "verticale".

Les repères chronologiques qui figurent dans le tableau montrent que ces différentes étapes n'ont pas toute la même durée.

2 Une frise chronologique

• **Activités**

Sur une bande de papier de 3 mètres de longueur (1 mm = 1 000 ans), on peut coller les étiquettes du document 3 en respectant les écarts de temps.

• **Cette présentation est intéressante** car elle fait apparaître la lenteur de l'évolution au début avec une accélération tardive.

Par exemple : l'évolution des outils a demandé un temps très long. Pendant 1,5 million d'années, le seul outil est le silex taillé. Il faut attendre encore près d'un million d'années pour passer du biface aux éclats de silex et à la pierre polie. Les outils en métal sont apparus "très récemment".

De même l'agriculture, l'élevage sont des "inventions" récentes.

3 Réflexions sur l'utilisation du feu

L'utilisation du feu a été un des grands facteurs de transformation du mode de vie des hommes préhistoriques.

• **Faites rechercher les diverses utilisations du feu**

Le feu permet de :

— cuire les aliments,

— résister au froid,

— tenir à distance les animaux dangereux,

— débusquer le gibier,

— fabriquer de nouveaux outils,...

Le foyer devient très vite un lieu où les hommes, femmes, enfants se regroupent et échangent leurs expériences : il constitue ainsi le berceau du langage et le centre de la vie en communauté.

• **Comment l'homme préhistorique a-t-il eu l'idée de "faire du feu" ?**

Les premières utilisations du feu remonteraient à 500 000 ans.

Au début, il s'agit d'une utilisation fortuite.

Les hommes préhistoriques ont souvent été les témoins d'incendies, de forêts ou d'herbes sèches, allumés par la foudre ou par une coulée de lave volcanique. D'abord effrayés, certains ont surmonté leur terreur et se sont approchés en plongeant dans le brasier une branche qui s'est enflammée. Une fois en possession du feu, les hommes durent apprendre à le transporter (peut-être transportaient-ils des braises ou savaient-ils fabriquer des torches à combustion lente) et à le conserver en permanence. Le feu a dû mourir bien souvent avant qu'on ne découvre le moyen de garder des braises, en les recouvrant par exemple de mottes d'herbes comme le font encore diverses peuplades primitives actuelles.

Il semble que l'homme préhistorique ait mis très longtemps avant de savoir produire du feu à volonté. Cette maîtrise ne daterait que de 50 000 ans environ. Quand l'homme a su produire du feu à volonté, une étape importante de l'évolution de son mode de vie était franchie.

4 Comment les premiers hommes fabriquaient-ils leurs outils ?

Si on dispose de documents appropriés (le document 6 en propose un exemple) on peut demander aux enfants de répondre à des questions telles que :

— avec quels matériaux les hommes préhistoriques fabriquaient-ils leurs outils ?

— Quelles sont les différentes étapes de la fabrication d'un biface ?

— Quels sont les avantages d'un "biface" par rapport à un "galet éclaté" ? etc.

Vous préciserez à nouveau que les outils de pierre taillée sont les premiers outils fabriqués par des hommes. Plus tard, leurs descendants ont employé des outils plus petits, obtenus à partir d'éclats de silex ou en os et bois de renne.

2 *Comment les premiers hommes fabriquaient-ils leurs outils ?*

Pendant des millions d'années, les hommes préhistoriques n'ont utilisé qu'un seul outil : une pierre cassée en deux appelée « galet éclaté ». Au cours de périodes plus récentes, l'homme a fabriqué des outils de plus en plus perfectionnés : silex taillés, outils en os ou en bois de renne, pierres polies et enfin outils de métal.
Ici ne sont représentées que les deux premières étapes de l'histoire des outils des hommes préhistoriques.

1er stade

Le premier outil : un galet de silex éclaté.

Avec deux cailloux durs, les premiers hommes fabriquent un outil dont le tranchant permet :
- de tailler des épieux de bois pour tuer le gros gibier,
- de dépecer les animaux,
- de racler les peaux.

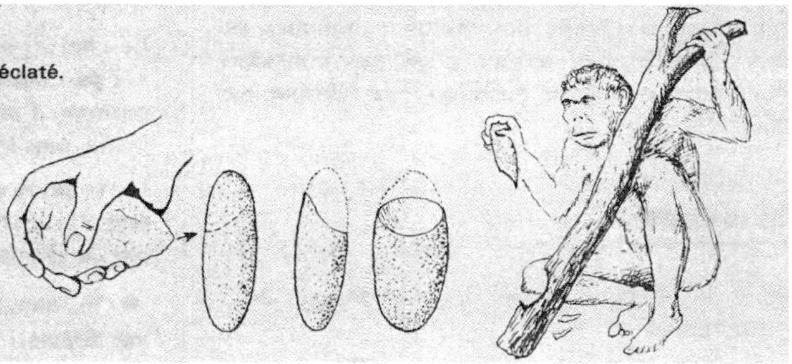

2e stade

Beaucoup plus tard, un outil à tout faire : le biface.

Les hommes préhistoriques perfectionnent la taille des silex : la longueur de tranchant s'accroît, l'outil est finement travaillé sur les deux faces. Pendant 500 000 ans le biface est l'outil à tout faire.

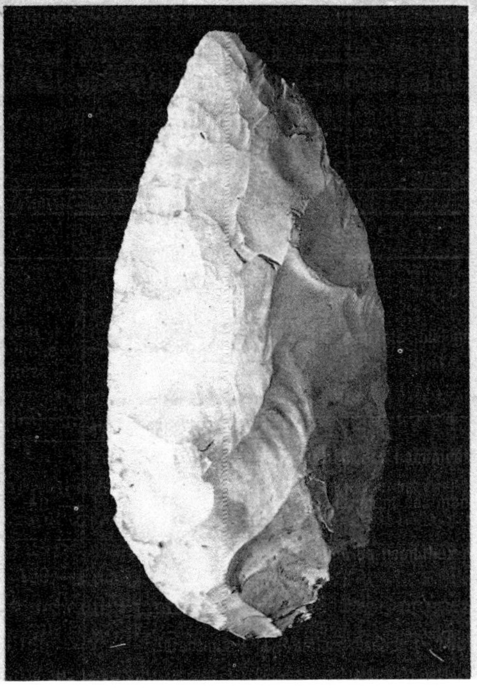

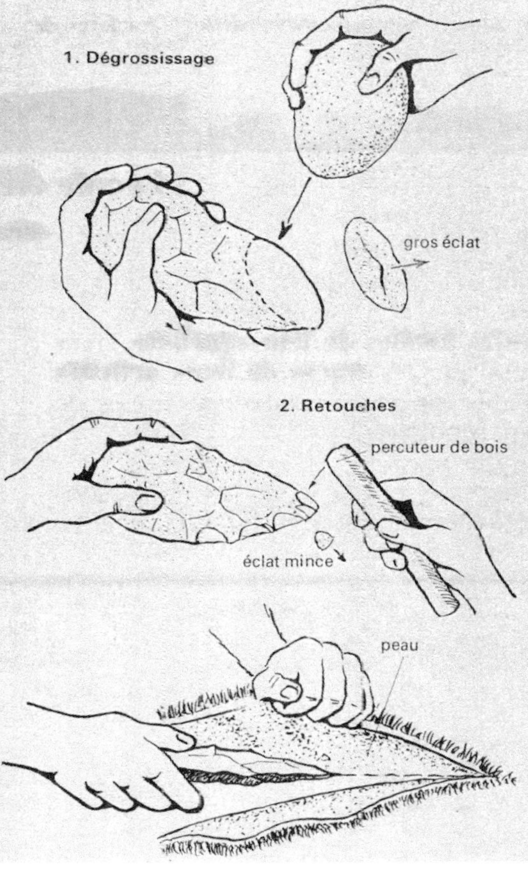

FIG. 6

Une page extraite d'un manuel destiné aux élèves du CM.

Beaucoup plus tard, la technique de polissage de la pierre puis la découverte des métaux ont permis de réaliser des outils de plus en plus perfectionnés et de plus en plus efficaces pour les travaux des champs, la chasse, la guerre...

5 L'homme descend-il du singe ?

L'homme ne descend pas des singes actuels, mais les singes actuels et l'homme ont des ancêtres communs. C'est ce que montre le document 2.

L'ancêtre le plus proche des premiers hommes est l'australopithèque. Ce dernier n'est pas considéré comme le premier homme parce qu'il ne fabrique pas d'outils.

6 En résumé

L'histoire de l'homme permet donc de dégager deux idées importantes :

— Les premiers hommes étaient différents des hommes actuels non seulement par les caractères de leur corps mais aussi par leur mode de vie. Ainsi certaines espèces se "transforment" au cours du temps ; on dit qu'elles évoluent.

— Les premiers hommes sont nés à partir d'une espèce plus ancienne qui a évolué.

7 Toutes les espèces évoluent-elles ?

• Le document 5 apporte quelques informations simples sur l'évolution du cheval.

Le cheval, tel que nous le connaissons actuellement, n'a pas toujours existé. Il est apparu il y a environ 60 millions d'années. Il avait alors la taille d'un chien et vivait dans les forêts d'Amérique du Nord.

L'évolution du cheval conduit à une meilleure adaptation à la course et à un régime alimentaire plus spécialisé (le cheval actuel est herbivore).

• On connaît par contre des espèces qui n'ont pas évolué depuis l'ère primaire, c'est-à-dire qui n'ont subi aucune transformation en plusieurs centaines de millions d'années (exemple : le nautile).

NOTIONS VISÉES

à l'école élémentaire

- Nous connaissons nos lointains ancêtres non seulement grâce aux **restes fossiles de leur squelette**, mais aussi par les **traces de leurs activités** (outils, peintures, statuettes, traces de feu, sépultures...)
- L'homme tel que nous le connaissons actuellement est le résultat d'une lente évolution au cours de laquelle on observe un important développement de **volume du cerveau**, une amélioration fantastique des **outils** utilisés accompagnant une grande transformation du mode de vie.

5 Un arbre généalogique gigantesque

L'évolution nous apprend que le chimpanzé est un lointain "cousin" de l'homme puisque l'un et l'autre "descendent" des premiers primates. Les **primates** comptent parmi leurs ancêtres des mammifères primitifs, qui vivaient il y a 300 millions d'années. Ces mammifères dérivent de reptiles, les reptiles des amphibiens, les amphibiens des poissons, etc. Et finalement l'homme est l'un des résultats de l'**évolution des êtres vivants** commencée il y a 3 500 millions d'années avec l'apparition des premiers êtres vivants.

On comprend dès lors les ressemblances entre tous les êtres vivants du globe qui peuvent se résumer ainsi : des plus simples aux plus complexes, les êtres vivants sont tous constitués d'une ou de plusieurs cellules présentant une organisation commune et une quasi-identité de fonctionnement.

La machinerie cellulaire utilise toujours les mêmes molécules de base et fait intervenir les mêmes mécanismes biochimiques fondamentaux.

L'évolution apparaît donc aujourd'hui comme le principe unificateur du monde vivant. Il n'est plus possible de penser ou de s'exprimer, en Biologie, autrement qu'en termes d'évolution. Un biologiste contemporain a légitimement pu dire "rien n'a de sens, en Biologie, si ce n'est à la lumière de l'Evolution".

1 INFORMATIONS UTILES POUR L'ENSEIGNANT

Dès le XVIIIe siècle, l'idée que le monde vivant n'est pas immuable, que les espèces vivantes peuvent se transformer et donner naissance à des espèces nouvelles, est clairement énoncée par de nombreux auteurs. Ces précurseurs, artisans d'un monde vivant qui a évolué depuis son origine, éprouvent des difficultés pour proposer une explication cohérente des faits observés. Au cours du XIXe siècle, plusieurs **théories** s'affrontent successivement. Un naturaliste anglais, **Charles Darwin**, accumulant des faits qui militent en faveur de l'évolution, propose de les expliquer par des mécanismes de **sélection naturelle**. Sa théorie fait triompher l'idée d'évolution, qui est finalement acceptée par la majorité de la communauté scientifique.

Les découvertes ultérieures, tant dans le domaine de la biologie moléculaire que dans celui de la paléontologie, ont permis à la notion d'évolution d'acquérir le statut de fait scientifique.

Comment l'explique-t-on ? Plusieurs théories ont été élaborées et font encore l'objet de discussions parmi les biologistes.

1 La querelle du transformisme

Pendant tout le XIXe siècle et même au début du XXe siècle, plusieurs théories s'affrontent au sujet de l'évolution des espèces.

- **Le lamarckisme (1809)**

Pour **Lamarck**, la vie a commencé sous la forme d'êtres extrêmement simples qui se sont progressivement compliqués au cours des temps. Si, sous l'influence de circonstances particulières, un animal est amené à solliciter fréquemment un de ses organes, ce dernier s'accroît. Ainsi s'expliquerait le long cou de la girafe. En contrepartie, un organe inemployé est amené à régresser, puis à disparaître. Cette loi est parfois contractée par la formule simpliste : "la fonction crée l'organe". Mais cette plasticité que Lamarck prête au monde vivant n'est pas évidente et suppose une hérédité des caractères acquis qui n'a jamais pu être démontrée.

- **Le darwinisme (1859)**

La théorie de **Darwin** est née non seulement des observations réalisées au cours de son voyage autour du monde mais aussi de celles portant sur les pratiques de sélection des éleveurs.

Elle prend aussi en compte certaines idées de l'époque. Ainsi, des écrits de l'économiste **Malthus**, Darwin a notamment retenu que le déséquilibre entre les populations et les ressources dont elles disposent est la cause d'une lutte pour la vie dont ne sortent vainqueurs que les plus aptes. Pour Darwin, les variations ne sont donc pas des réponses à l'action du milieu. Liées au hasard, elles font l'objet d'un tri exercé parmi les êtres les mieux adaptés aux exigences du milieu. Ainsi est né le concept de **sélection naturelle**, clé de voûte de la théorie de Darwin.

- **Le mutationisme**

Ayant suivi la descendance de plantes d'une même espèce, le botanisme hollandais Hugo De Vries avait observé des variations brusques, apparaissant chez quelques individus seulement et tout de suite héréditaires, les **mutations**. (Les mutations observées par De Vries étaient seulement morphologiques; la conception actuelle des mutations est plus large, car elle inclut des variations non visibles, soit de nature physiologique, soit moléculaires). Les mutations donnaient naissance à des formes nouvelles, stables dans leur descendance, donc à de nouvelles espèces "élémentaires". Du darwinisme, De Vries retenait la sélection naturelle, mais il pensait que les variations minimes et continuelles qui se produisent parmi tous les individus d'une population ne jouent pas le même rôle dans l'évolution. Pour lui, l'espèce est stable en dehors des mutations; celles-ci sont quelconques, c'est-à-dire favorables ou non, et la sélection intervient ensuite, conservant les mutants bien adaptés tandis que les autres disparaissent.

2 Les données actuelles

Conservé pour l'essentiel, mais revu et corrigé à la lueur de découvertes ultérieures, le darwinisme donne naissance vers les années 1930 à une théorie moderne de l'évolution : la **théorie synthétique**.

Après Darwin, l'étude de l'évolution ne repose plus seulement sur des données paléontologiques ou sur celles de l'anatomie comparée. La biologie cellulaire prend son essor. La découverte des gènes à l'échelle moléculaire permet de mettre en évidence la variabilité du génome et donne une explication aux **mutations**. Longtemps axée sur les transformations des individus, l'évolution s'intéresse maintenant à celle de **populations** tout entières. Certains mécanismes de la **spéciation** trouvent ainsi une explication (spéciation = apparition de deux espèces à partir d'une seule).

L'influence des conditions du milieu, soulignant l'importance des adaptations des organismes à leur environnement, est aussi une composante importante de l'évolution.

Les théories actuelles intègrent donc toutes les découvertes récentes et restent ouvertes aux éventuelles modifications rendues nécessaires par un enrichissement des connaissances.

Connaissez-vous

LE SENS DE CES MOTS OU EXPRESSIONS

- **primates**
- **sélection naturelle**
- **mutation**
- **forme intermédiaire**

2 DES ACTIVITÉS PÉDAGOGIQUES POSSIBLES

1 Un fossile célèbre : l'archaeopteryx

- **Le document 1** p.369 permet un moment de travail intéressant : la découverte de ce que les géologues appellent une **forme intermédiaire**. L'**archaeopteryx** est indiscutablement un **oiseau** (c'est, parmi les oiseaux, l'espèce la plus ancienne ; elle est apparue il y a 140 millions d'années). Mais l'animal possède encore des caractères de reptiles (il a des dents, une longue queue...).

Les géologues pensent donc que les oiseaux résultent de reptiles transformés. La découverte de l'archaeopteryx est d'une importance considérable puisqu'elle permet, de façon indiscutable, de rattacher le groupe des oiseaux à celui des reptiles dont ils sont directement issus.

- **D'autres fossiles** permettent d'établir des liens entre les grands groupes d'animaux. C'est le cas pour le passage de certains poissons aux amphibiens.

2 Un arbre généalogique gigantesque

Le document 1 présente les liaisons entre les grands groupes de vertébrés. On pourrait de la même manière présenter les invertébrés et les végétaux. En fait, un exemple suffit, et celui des vertébrés est à la fois le plus intéressant et le plus accessible pour les enfants.

2 *Un arbre généalogique géant*

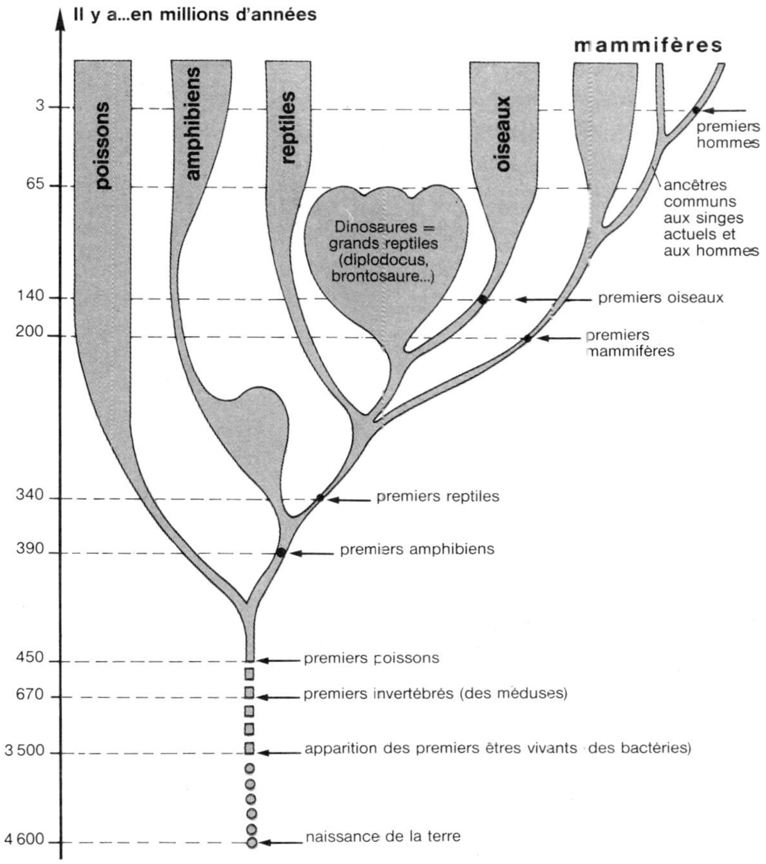

- Colorie ce dessin en utilisant des couleurs différentes pour chaque groupe de vertébrés (mammifères, oiseaux...).
- Énumère, du plus récent au plus ancien, les ancêtres de l'homme :

....

....

- Pourquoi peut-on considérer que les ancêtres les plus lointains de l'homme sont les premières bactéries, apparues il y a 3 800 millions d'années ?

....

....

FIG. 1

Les êtres vivants nouveaux qui apparaissent au fur et à mesure que se déroule l'histoire de la Terre sont nés par transformations d'êtres vivants plus anciens. Sur cet arbre généalogique, on peut colorier les branches qui correspondent aux reptiles (fossiles et actuels) en jaune. La largeur des branches donne une indication très approximative du nombre d'espèces. De la même manière, en utilisant des couleurs différentes, on peut colorier les branches oiseaux, mammifères, amphibiens, poissons...

Extrait de *Cahier d'activités CM2, Biologie.*

L'apparition des divers groupes se fait suivant un ordre qui est celui du "perfectionnement" progressif. Les invertébrés apparaissent avant les vertébrés et, parmi ces derniers, les poissons apparaissent avant les amphibiens ; ceux-ci précèdent les reptiles qui annoncent les oiseaux et les mammifères. Une remarque importante : l'évolution se fait avec une extrême lenteur. Il faut des millions d'années, parfois des dizaines ou des centaines de millions d'années pour que s'effectuent de profondes transformations, pour que se réalise le passage à d'autres espèces, le facteur temps joue un rôle capital.

3 Comment explique-t-on l'évolution ?

La question est fréquemment posée par les enfants. On peut répondre de façon simple. L'évolution peut s'expliquer par l'addition de plusieurs faits connus en biologie.

• **La diversité qui résulte de toute reproduction sexuée**. Un chêne donne des glands. Ces glands germent et redonnent des chênes. Même si on ne s'en rend pas compte, ces chênes sont **différents** les uns des autres. Certains sont vigoureux, poussent plus vite, ont un tronc plus droit...

Ces chênes sont aussi différents les uns des autres que les enfants nés du même père et de la même mère. Chaque naissance est l'apparition d'un **être nouveau**, qui n'a jamais existé encore.

• **La sélection**

On connaît les résultats de la sélection exercée par l'homme dans les élevages de chevaux, de vaches ou de n'importe quel animal d'élevage. En quelques générations, une évolution étonnante : une nette amélioration de caractères sélectionnés.

Les chevaux de course et les chevaux de labour sont issus des mêmes grands-parents !

Une sélection naturelle se réalise dans la nature : les animaux ou les végétaux les plus vulnérables se trouvent éliminés : le chêne le moins vigoureux meurt par manque de lumière, l'animal qui court moins vite est dévoré par le prédateur, etc.

La sélection naturelle est un élément explicatif important de l'évolution

• **Les changements brusques**

Il peut arriver que, par hasard, une souris présentant un caractère nouveau (absence de poils chez l'adulte par exemple) naisse dans un élevage. Si ce caractère nouveau se retrouve chez les descendants, on parle de **mutation**. Certains biologistes pensent que les mutations ont un rôle important dans l'évolution : celles qui procurent aux individus un avantage dans la concurrence vitale sont maintenues, celles qui présentent un désavantage sont éliminées.

• **Un élément doit par ailleurs être pris en compte :** en géologie, le **temps** qui sépare deux événements est énorme et représente un nombre de générations inimaginable. Le facteur temps joue un rôle capital.

NOTIONS VISÉES

à l'école élémentaire

- Une nouvelle espèce animale ou végétale est toujours le résultat de la **transformation progressive** d'une autre espèce plus ancienne.
- Ainsi le premier oiseau apparu sur Terre résulte des transformations d'un reptile qui vivait avant lui. Autre exemple : les premiers hommes résultent de la transformation de singes bipèdes, les australopithèques, qui vivaient avant l'apparition des premiers hommes.
- On peut construire, pour les divers êtres vivants, un **arbre généalogique** qui indique, d'une part les ancêtres, et d'autre part les descendants.
- **Mots clés**
arbre généalogique, ancêtres.

8 LES ROCHES ET LE SOL

1 Les roches

2 Le sol, qu'est-ce que c'est ?

1 Les roches

Le sujet: "Le monde minéral: les sols et les roches" figure au programme du cours élémentaire. Pour des raisons faciles à comprendre, il convient de rester modeste dans les objectifs visés. La géologie, au CE, ne peut être qu'une **sensibilisation**, proposée sous forme de **manipulations** convenablement choisies.

Il peut arriver que des enfants possédant une mini-collection de roches les apportent en classe en demandant "comment elles s'appellent". Cette situation possible nous conduit à développer un peu plus la partie "informations pour l'enseignant".

1 INFORMATIONS UTILES POUR L'ENSEIGNANT

1 Qu'est-ce qu'une roche ?

Le mot **roche** est un mot inconnu de la plupart des enfants. Pour eux, il y a les "cailloux", c'est-à-dire quelque chose de dur dont on ne connaît guère l'origine.

Pour les géologues, les roches désignent tout ce qui constitue le **sous-sol**, c'est-à-dire tout ce que l'on trouve sous la mince couche de terre cultivée (de 0 à 30 centimètres d'épaisseur) que les géologues appellent **sol** (fig. 1). Ainsi, le sable est une roche, le pétrole (liquide) est une roche...

2 Où voit-on des roches ?

• Les roches sont visibles en surface lorsque le sol est absent: on dit qu'elles **affleurent**. Dans d'autres cas, le creusement d'une cavité (fondations d'un immeuble, talus de route, carrière...) permet de les voir en place, sous le sol qui les recouvre normalement.

Des roches sont visibles dans le lit d'une rivière (galets, sable, graviers...) ou au bord de la mer.

• **Si un immeuble est en construction**, les maçons fabriquent du "béton" en mélangeant du ciment, du sable, des cailloux et de l'eau.

Le sable et les cailloux sont des roches. Le ciment est un produit fabriqué à partir de roches.

Ainsi, depuis des millénaires (et même des millions d'années), les hommes utilisent des roches pour fabriquer des outils (galets éclatés, silex taillés puis outils de bronze, poteries...), pour se loger (abri sous roche puis construction d'habitations)...

Actuellement, dans la construction des habitations, les roches sont encore utilisées directement (pierre de taille, ardoises, dallages, pavés...), mais elles servent le plus souvent de matières premières à la fabrication de matériaux divers: ciment, béton, briques, tuiles, plâtre, verre, fer...(fig. 2). La raffinerie de pétrole rappelle que nos ressources énergétiques "dépendent" elles aussi des roches.

3 Roches et minéraux

Dans la collection de roches des enfants, on trouve souvent des minéraux de grosse taille, achetés dans le commerce. Quelle différence y a-t-il entre une **roche** et un **minéral ?** Pour répondre, prenons l'exemple d'une roche présente dans toutes les villes de France (en bordure de trottoir, comme monument funéraire, en plaques de décoration de vitrines de magasin, comme socle de monuments...): il s'agit du **granite**.

Il existe de nombreux granites différents: des granites roses, des granites gris à patine blanche, des granites de teinte claire, des granites de teinte foncée, des granites à petits grains, des granites à gros cristaux... Mais tous sont constitués de grains soudés les uns aux autres, imbriqués les uns dans les autres comme les éléments d'un puzzle, et visibles à l'oeil nu: ce sont les

1 Sol et sous-sol

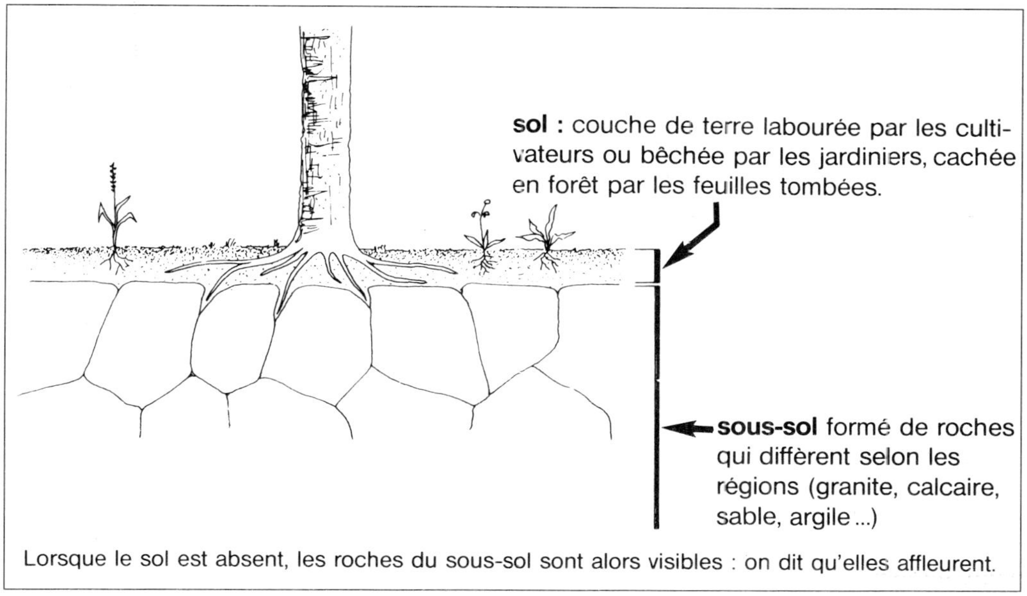

FIG. 1

Avant de commencer un travail sur les roches, il est indispensable que les enfants connaissent bien les définitions des mots : sol, sous-sol et roches.

Extrait de *Cahier d'activités CE2, Biologie.*

Un matériau exceptionnel : le ciment

« Les ciments courants sont fabriqués à partir d'un mélange d'environ 80% de calcaire et 20% d'argile. Ces deux matières premières, extraites de carrières à ciel ouvert, sont finement broyées dans un concasseur. Le mélange très fin (le grain le plus gros ne doit pas dépasser 2/10 mm) est progressivement porté à une température de 1 500 °C.
Au cours de cette cuisson, plusieurs réactions chimiques se produisent :
— d'abord une décomposition de l'argile et une décomposition du calcaire ;
— puis une recombinaison de certains éléments résultant de cette décomposition (la chaux provenant du calcaire se combine à la silice, à l'alumine et à l'oxyde de fer provenant de l'argile).
A la fin de la cuisson, le mélange transformé se présente sous forme de granules de la taille d'un pois ou d'une noix. Il est brusquement refroidi puis broyé avec un peu de gypse (3 à 5%) pour donner le ciment ordinaire. »

D'après « *L'industrie cimentière française* ».

Qu'est-ce que le béton ?

Le béton est un mélange de **granulats** (sables, gravillons et cailloux), de **ciment** et **d'eau**, qui, coulé dans un moule ou un coffrage, durcit au bout de quelques heures. Dans ce mélange, l'élément actif est le ciment qui réagit au contact de l'eau et lie fortement entre eux les divers granulats qu'il enrobe. La résistance mécanique considérable du béton, s'ajoutant à sa capacité à épouser les formes de moules les plus variées, permet à ce matériau de répondre à tous les besoins de la construction, qu'il s'agisse du bâtiment ou du génie civil.
Dans le **béton armé**, le béton supporte les efforts de compression et les barres d'acier les efforts de traction. Ce matériau aux qualités nouvelles et exceptionnelles a permis la réalisation de constructions spectaculaires (ponts, tours, immeubles...).
Des **bétons spéciaux** sont fabriqués pour répondre aux nécessités très spécifiques de telle ou telle industrie ou projet de construction (protection contre les radiations nucléaires, résistance aux très hautes températures...).

FIG. 2

Les roches servent à fabriquer de très nombreux matériaux utilisés dans la construction d'immeubles, de routes, de voies de chemin de fer...

Extrait de *Géologie - Biologie 4ᵉ*

15 kg par habitant et par jour !

Après l'air et l'eau, les granulats (sable, gravier, cailloux) constituent la ressource minérale la plus consommée : environ 15 kg par habitant et par jour !
Ces granulats sont utilisés non seulement pour la fabrication du béton, mais aussi pour la construction des routes et le ballastage des voies de chemin de fer.

minéraux du granite (fig. 3). D'après leur forme et leur couleur, on distingue aisément plusieurs sortes de minéraux : les feldspaths (blanchâtres, rosés ou jaunâtres...), les micas (le mica noir et le mica blanc), le quartz.

Ainsi la roche (le granite) est constituée de plusieurs minéraux (quartz, mica noir, mica blanc...). Ces minéraux différents ont tous une composition chimique précise. **Un minéral est donc un constituant chimique particulier**. Par exemple, le quartz est de la silice pure.

• Dans le granite, les minéraux sont de petite taille, visibles à l'oeil nu et cristallisés. On appelle **cristaux**, ces minéraux visibles sous forme de grains. Les cristaux sont parfois de très grande taille : c'est le cas des minéraux vendus dans le commerce.

• Les minéraux d'une roche ne sont pas toujours cristallisés. Dans ce cas, ils ne sont visibles ni à l'oeil, ni au microscope. La roche ne contient pas de cristaux de forme définie et cependant elle contient des minéraux.

• Il existe de nombreux minéraux différents mais les minéraux les plus courants sont peu nombreux ; ce sont :

— pour les roches magmatiques et métamorphiques, le quartz, les feldspaths, les micas, les amphiboles, les pyroxènes et l'olivine ;

— pour les roches sédimentaires, le quartz, la calcite, les minéraux argileux, le gypse...

4 Les roches se transforment

A l'échelle d'une vie humaine, la plupart des roches paraissent indestructibles. Pourtant, à l'échelle des temps géologiques, elles sont en perpétuelles transformations. Cette notion est capitale et permet de comprendre ce que les géologues appellent le **cycle des roches**.

Pour illustrer la notion de "transformation" des roches, prenons deux exemples :

— l'altération du granite,

— le métamorphisme des argiles.

• **L'altération du granite** (fig. 3)

Le granite est symbole d'éternité. Pourtant, à l'échelle du million d'années, la roche est détruite et transformée en sable, en argile, en calcaire, c'est-à-dire en d'autres roches. Comment est-ce possible ?

Un massif granitique présente toujours un important réseau de fractures, les **diaclases**, dans lesquelles les eaux de pluie s'infiltrent et stagnent. Ces eaux, souvent chargées d'acides qu'elles ont dissous en circulant dans le sol, vont lentement mais inexorablement attaquer le granite ; elles le transforment en surface en une roche friable et finissent par le réduire en un sable grossier : **l'arène granitique**. Celle-ci est ensuite progressivement déblayée par les eaux de ruissellement. Cette transformation s'explique de la façon suivante : les feldspaths et les micas subissent l'attaque de l'eau : il s'agit d'une **transformation chimique** appelée hydrolyse.

Feldspaths et micas sont transformés en d'autres minéraux :

— minéraux argileux (lamelles microscopiques visibles au microscope électronique à balayage) d'une part,

— calcaire, transporté dans l'eau à l'état dissous, d'autre part.

Les grains de quartz ne sont pas transformés : ils sont pratiquement inaltérables. Mais il est facile de comprendre que la transformation des feldspaths et des micas libère ces grains de quartz. Ils sont alors transportés par les eaux de ruissellement, se retrouvent dans le lit des rivières et des fleuves et enfin au bord de la mer. Ainsi, les grains de sable d'une plage sont les grains de quartz d'un granite :

— granite du Massif central, du Morvan, des Vosges, de Bretagne (le sable, les argiles et le calcaire sont alors transportés par les fleuves jusqu'à la mer) ;

— granites (et roches voisines) qui constituent les falaises de certaines côtes rocheuses.

• **Le métamorphisme des argiles**

Nous avons vu précédemment que les minéraux argileux résultent de l'altération des feldspaths et des micas. Ces particules microscopiques (de la taille du millième de millimètre) sont transportées par les eaux de ruissellement et se déposent dans la mer. Le dépôt argileux ainsi obtenu deviendra peu à peu une roche : l'argile.

Les argiles sont donc des roches sédimentaires (elles se forment par dépôt d'un sédiment). Resteront-elles définitivement des argiles ? La réponse est non. Si ces argiles se trouvent, quelques millions d'années après leur dépôt, dans une zone d'affrontement des plaques (voir p. 444), elles vont subir l'action conjointe d'une augmentation de température (due à l'enfouissement) et d'une augmentation considérable de pression.

— **L'augmentation de la température** est liée à l'existence du **gradient géothermique**, c'est-à-dire à une élévation de la température au fur et à mesure que l'on s'enfonce dans le globe terrestre, trois degrés tous les 100 mètres en moyenne.

— **L'augmentation de la pression** est due non seulement à l'épaisseur de l'écorce terrestre au-dessus de la roche enfouie mais également aux forces responsables de l'affrontement des plaques.

Sous l'influence des deux paramètres précédents, l'argile va complètement changer d'aspect, elle va "se métamorphoser" : tout en gardant la même composition chimique, l'argile devient du schiste (roche noire

FIG. 3

Le granite est un exemple de roches qui permet non seulement d'approcher la notion de minéral (le quartz, le feldspath et le mica sont des minéraux différents) mais aussi de comprendre comment des roches peuvent, après transformation, donner naissance à d'autres roches (l'altération des granites donne des argiles et des sables).

Extrait de *Cahier d'activités CE2, Biologie.*

DEUXIÈME DOCUMENT
La naissance d'un grain de sable

1. Le granite est une roche très dure formée de petits grains (ou cristaux) visibles à l'œil.
2. Sous l'action de l'air et de l'eau certains grains finissent par se transformer en poudre d'argile.
3. Les grains de quartz inaltérables sont alors libérés et donnent des grains de sable.

A. Granite (observé à la loupe)

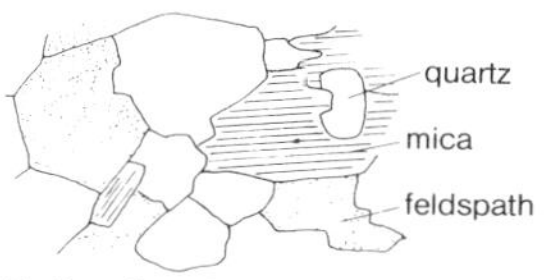

B. Granite altéré

- Quelle roche donne naissance au sable ? ....

....

- Comment le sable est-il transporté jusqu'à la mer ? ....

....

- Le granite et les roches voisines donnent naissance à d'autres roches.

  Cite d'autres roches ....

....

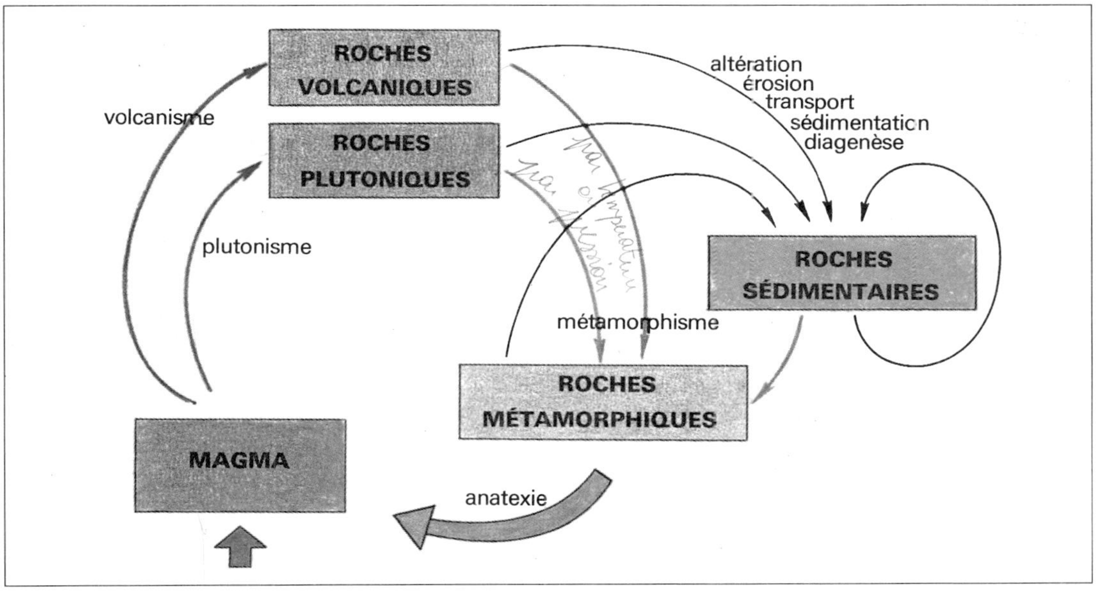

FIG. 4

Quelles notions fondamentales veut-on exprimer en représentant le «cycle des roches» ?

Extrait de *Géologie - Biologie 4*[e].

feuilletée) et même du micaschiste. Schiste et micaschiste sont appelés **roches métamorphiques** car ces roches résultent de la "métamorphose" (sous l'action de la température et de la pression) d'une autre roche. Ainsi, sous l'effet d'un **métamorphisme** d'intensité croissante, l'argile se transforme en schiste, puis en micaschiste.

5 Les trois grands groupes de roches

Les roches, matériaux constituant l'écorce terrestre, sont classées en trois grands groupes (fig. 5):

— les roches magmatiques,

— les roches sédimentaires,

— les roches métamorphiques.

• **Les roches magmatiques**

Elles résultent du refroidissement d'un magma (formé de roches fondues situées sous la croûte solide du globe terrestre). Comment ce magma devient-il une roche solide ? Deux cas peuvent se produire :

— D'énormes "bulles" de magma, parties de plus de 50 km de profondeur, s'immobilisent avant d'atteindre la surface, à des profondeurs variant entre 15 et 5 km. Là, le **magma cristallise lentement** et **totalement** pour engendrer une énorme masse granitique à laquelle on donne le nom de **pluton**. C'est pourquoi une roche qui se forme ainsi est appelée **roche plutonique**.

— Le magma migre vers les réservoirs magmatiques, puis vers la surface. il se forme alors des **roches volcaniques** dont la structure microlitique (cristaux noyés dans une pâte solide non cristallisée) rappelle le refroidissement en deux temps.

Il y a donc deux familles de roches magmatiques :

— les roches volcaniques (comme le basalte),

— les roches plutoniques (c'est-à-dire les roches de la famille des granites).

• **Les roches sédimentaires**

Lorsqu'une roche affleure sur un continent (qu'il s'agisse d'une roche plutonique, volcanique, métamorphique ou sédimentaire), elle est aussitôt soumise aux phénomènes d'altération et d'érosion (fig. 6). Les matériaux qui résultent de son démantèlement sont alors transportés et vont sédimenter plus loin (le plus souvent dans la mer). L'eau transporte les matériaux sous deux formes différentes: soit des **particules solides** de différentes grosseurs (blocs, galets, graviers...), soit des **substances dissoutes** (ou plus précisément "ioniques"). Lorsque les particules solides se déposent, elles donnent naissance à des **roches détritiques** (contenant des débris d'autres roches).

Dans certaines conditions (salinité différente, évaporation...), les substances solubles, les ions, ont un seuil de solubilité différent et précipitent : le sédiment formé est alors d'**origine chimique**.

Par ailleurs, certains êtres vivants prélèvent, dans l'eau, du calcaire ou de la silice (qui s'y trouvent sous forme ionique) pour élaborer leur squelette (coquilles, tests...). A la mort des êtres vivants, l'accumulation de ces squelettes constitue des sédiments dont l'**origine** est dite **biologique**.

Dès leur dépôt en couches plus ou moins horizontales, les sédiments commencent leur longue transformation en roches, c'est la **diagenèse :**

— l'eau est progressivement éliminée par compaction des couches ;

— les matériaux sont parfois cimentés par précipitations de substances dissoutes dans l'eau circulante ;

— des réactions chimiques variées, dues à l'augmentation de température ou à la mise en présence de certains minéraux, font apparaître des matériaux nouveaux.

En résumé, les roches sédimentaires sont des roches disposées en couches superposées, ou strates, et renferment généralement des fossiles. Leur transformation nécessite l'enchaînement des processus suivants : altération puis érosion de roches préexistantes, transport, sédimentation, diagenèse.

• **Les roches métamorphiques**

Les roches métamorphiques se forment dans les zones d'affrontement des plaques de la lithosphère, c'est-à-dire dans les zones où se forment les chaînes de montagnes.

Elles proviennent de roches préexistantes (sédimentaires ou magmatiques) qui vont se transformer, se "métamorphoser" sous l'influence de deux paramètres liés à leur enfouissement : la **température** et la **pression**.

Plusieurs caractères témoignent de leur origine :

— **Les roches métamorphiques sont plissées**. Les plis peuvent être visibles au niveau d'un affleurement ou au niveau de la roche elle-même ; certains plis peuvent avoir une amplitude de plusieurs kilomètres, voire plusieurs dizaines de kilomètres, ce qui les rend invisibles à l'affleurement (c'est l'étude de la carte géologique qui révèle leur existence).

— **Une autre caractéristique est leur aspect feuilleté ou foliation**

Celle-ci résulte de la disposition parallèle de certains minéraux.

Cette structure orientée donne à la plupart de ces roches une aptitude au clivage, ou **schistosité**, exploitée par les carriers ou les ardoisiers. Cette propriété est très développée dans les schistes et les micaschistes, comme l'indique leur nom ; elle est moins marquée dans le gneiss.

L'examen d'une carte géologique de la France montre que les roches métamorphiques affleurent largement dans les **massifs anciens** et au **coeur des montagnes jeunes**.

FIG. 5

Déterminer une roche signifie trouver à quelle grande catégorie elle appartient et pouvoir éventuellement lui donner un nom. Ce travail de spécialistes peut être réalisé de manière « approximative » en utilisant cette clé de détermination très simplifiée.

Extrait de *Géologie - Biologie 4e*

Clé simplifiée de détermination des principales roches

Les roches étant extrêmement diversifiées, ce tableau ne peut donner que des indications très approximatives.

A **Roche disposée en strates et contenant des fossiles** → **ROCHE SÉDIMENTAIRE**

1 *Roche faisant effervescence à l'acide* .... **ROCHE CALCAIRE**

- **a** tendre, friable, blanchâtre, poreuse .... CRAIE
- **b** formée de petites sphères de 1 mm de diamètre environ .... CALCAIRE OOLITHIQUE
- **c** contenant de très nombreuses coquilles .... CALCAIRE COQUILLIER
- **d** à grain plus ou moins fin, ne faisant pas pâte avec l'eau .... CALCAIRE
- **e** très poreuse à l'état sec, faisant pâte avec l'eau .... MARNE

2 *Roche ne faisant pas effervescence à l'acide* .... **ROCHE SÉDIMENTAIRE NON CALCAIRE**

- **a** rayable à l'ongle
  - très poreuse à l'état sec, faisant pâte avec l'eau .... ARGILE
  - avec cristaux visibles .... GYPSE
- **b** rayant le verre
  - roche meuble .... SABLE
  - roche consolidée formée de grains de sable soudés .... GRÈS
  - roche consolidée sans grains visibles, souvent en « rognons » .... SILEX

B **Roche non disposée en strates, sans fossiles, partiellement ou totalement formée de cristaux**

1 *Cristaux disposés en lits minces et parallèles (ou feuillets)* → **ROCHE MÉTAMORPHIQUE**

- **a** roche sombre, luisante, à feuillets plus ou moins fins, très riches en mica avec grains de quartz visibles .... MICASCHISTE
- **b** roche présentant une alternance de lits clairs (avec quartz et feldspaths) et de lits sombres (avec mica) .... GNEISS

2 *Cristaux non disposés en lits minces* → **ROCHE MAGMATIQUE**

- **a** roche entièrement formée de cristaux ayant à peu près la même dimension .... **ROCHE PLUTONIQUE**
  - cristaux de quartz visibles, souvent associés à des cristaux de feldspath et de mica .... GRANITE
  - sans quartz et sans mica avec feldspath et minéraux sombres
    - — roche sombre .... DIORITE
    - — roche très sombre .... GABBRO
- **b** roche formée de cristaux englobés dans une pâte vitreuse .... **ROCHE VOLCANIQUE**
  - pâte sombre, gros cristaux d'olivine, de pyroxène ou de feldspath .... BASALTE
  - pâte claire avec parfois cristaux de feldspath
    - — avec mica .... TRACHYTE
    - — sans mica .... ANDÉSITE

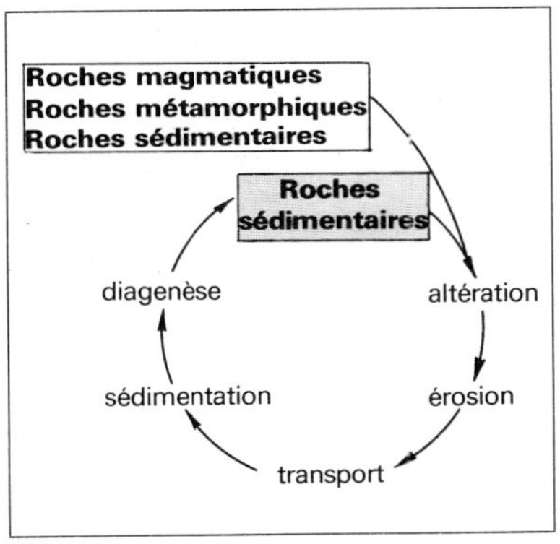

FIG. 6

Les phénomènes géologiques externes jouent un très grand rôle dans la formation des roches sédimentaires.

Extrait de *Géologie - Biologie 4e*

Des forages profonds montrent que les roches métamorphiques et les roches granitiques existent également **sous les bassins sédimentaires** (Bassin aquitain, Bassin parisien, Alsace, Bassin rhodanien...) ; elles forment **un socle**, complètement arasé par l'érosion, recouvert d'une épaisseur plus ou moins grande de roches sédimentaires à la suite des invasions marines.

6 Le cycle des roches

• D'après la façon dont elles se forment, on peut classer les roches en deux grands groupes :

— les roches qui **naissent à la surface** de l'écorce terrestre ; ce sont les roches sédimentaires ;

— les roches qui **naissent en profondeur** dans des conditions de température et de pression totalement différentes de celles que l'on connaît en surface.

Dans ce deuxième groupe, il faut distinguer deux familles différentes :

— les roches magmatiques (roches volcaniques et roches plutoniques) qui se forment par refroidissement d'un magma constitué de matériaux en fusion,

— les roches métamorphiques qui se forment en profondeur par transformation sans fusion, à l'état solide, des autres roches (sédimentaires et magmatiques), sous l'effet d'une élévation considérable de la température et de la pression (métamorphisme).

Ajoutons que le terme ultime du métamorphisme est la fusion, c'est-à-dire la formation d'un magma, qui peut redonner des roches magmatiques.

On voit immédiatement que ces divers types de roches présentent entre eux d'étroites relations, ce qui permet de décrire, à l'échelle du globe et à l'échelle des temps géologiques, le **cycle des roches** présenté sur la figure 4.

• **Une parenté chimique évidente**

Les roches possèdent entre elles une parenté chimique évidente. Voici deux exemples.

Premier exemple

Le granite :

— a la même composition chimique que certaines roches volcaniques (seul diffère leur mode de refroidissement à partir du magma) ;

— se transforme en gneiss (de même composition chimique) sous l'effet du métamorphisme ;

— donne naissance, par altération, à des roches siliceuses (sables), à de l'argile, à des substances dissoutes (calcaire notamment).

L'altération correspond donc à une séparation des constituants du granite. C'est le point de départ de la formation de plusieurs roches sédimentaires chimiquement différentes entre elles, mais dans lesquelles on retrouve les éléments chimiques des roches magmatiques et métamorphiques.

Deuxième exemple

— Sous l'effet d'un métamorphisme d'intensité croissante, l'argile se transforme en schistes, puis en micaschistes.

— Par altération superficielle, un micaschiste se décompose et redonne de l'argile.

7 Les moteurs du cycle

Quelle est la source de l'énergie qui met en action les différentes phases du cycle des roches ?

• **Pour les roches exogènes**

La formation des roches exogènes est sous la dépendance des facteurs "externes" (air, eau, variations de température, êtres vivants...).

Outre la gravité, le moteur des forces mises en jeu est ici le soleil. C'est en effet l'énergie solaire qui met en mouvement les masses d'air qui provoquent l'évaporation de l'eau et ainsi la mise en route de tout le cycle de l'eau (évaporation, précipitation, ruissellement, infiltration). C'est aussi le soleil qui fournit l'énergie nécessaire au déroulement des cycles biologiques.

Connaissez-vous

LE SENS DE CES MOTS OU EXPRESSIONS

- **roche**
- **sol**
- **sous-sol**
- **affleurement**
- **minéral**
- **cristal**
- **cycle des roches**
- **diaclase**
- **métamorphisme**
- **gradient géothermique**
- **roche magmatique**
- **roche plutonique**
- **roche volcanique**
- **roche sédimentaire**
- **roche métamorphique**
- **pluton**
- **magma**
- **diagenèse**
- **roche détritique**
- **foliation**
- **schistosité**
- **socle**
- **roche exogène**
- **roche endogène**
- **granite**
- **roche calcaire**
- **argile**
- **roche siliceuse**
- **roche saline**
- **évaporite**

• **Pour les roches endogènes**

La formation des roches endogènes est sous l'influence de facteurs "internes" dont l'origine doit être recherchée dans la dynamique interne du globe terrestre ; nous en connaissons à la surface de la terre deux manifestations, le volcanisme et les séismes (ou tremblements de terre). Ces forces internes se manifestent par des variations considérables de pression et de température qui modifient l'agencement des éléments chimiques et donc l'existence de certains minéraux.

L'énergie proviendrait non seulement de l'énergie emmagasinée lors de la formation de la Terre, mais aussi de la radioactivité de certains de ses constituants (le globe terrestre est une gigantesque centrale nucléaire).

2 QUELQUES INFORMATIONS COMPLÉMENTAIRES SUR LES ROCHES LES PLUS FREQUENTES

1 Le granite

Le granite, roche très dure qui résiste bien à l'érosion, est utilisé comme pierre de construction depuis des temps très anciens dans les régions où il affleure. C'est par exemple le cas en Bretagne où presque tous les monuments religieux sont construits en granite. Dans ces mêmes régions, on l'emploie actuellement pour produire, par concassage, des granulats (fragments de roche) utilisés par exemple dans le revêtement des routes, dans la fabrication du béton...

Le granite est non seulement une roche très résistante, mais aussi une roche très belle, aux couleurs variées. Les "marbriers" savent le découper en plaques et le polir. Ceci explique que le granite soit présent dans toutes les villes de France : bordures de trottoirs, monuments funéraires, plaques de décoration de vitrines de magasin, socles de monuments... Ainsi, le socle de l'obélisque de la Concorde, à Paris, est taillé dans du granite breton. Des milliers d'années plus tôt, les hommes préhistoriques utilisaient déjà ce granite breton pour d'autres monuments, les menhirs et les dolmens, si nombreux en Bretagne.

Le granite affleure largement dans les chaînes de montagnes jeunes ou anciennes, il forme des massifs dont le diamètre varie entre quelques kilomètres et quelques dizaines de kilomètres. Dans les bassins sédimentaires, le granite n'est pas absent, mais il a été recouvert, ainsi que les autres roches dures qui avec lui forment le socle, par une épaisse couche de roches sédimentaires (plus de 3000 mètres au centre du Bassin parisien, plus de 7000 mètres dans le sud du Bassin aquitain).

On ne voit jamais du granite se former à la surface du globe. Il se forme toujours **en profondeur** par refroidissement très lent et **cristallisation totale** d'un **pluton magmatique**. Si le granite finit par affleurer dans les montagnes jeunes ou anciennes, c'est que les terrains qui primitivement le recouvraient ont été dégagés par l'érosion.

2 Les roches calcaires

Ce sont des roches essentiellement constituées de calcaire, c'est-à-dire de carbonate de calcium. La craie en est un exemple. Une roche calcaire fait effervescence au contact d'eau contenant de l'acide chlorhydrique. C'est un moyen de l'identifier.

• **Perméabilité**

Un échantillon de craie est poreux et perméable, mais ce n'est pas le cas de toutes les roches calcaires. Un grand nombre ne sont pas perméables "en petit" mais sont "perméables en grand" grâce aux nombreuses fissures, visibles dans une carrière. On comprend ainsi pourquoi les régions calcaires ont souvent un aspect aride : l'eau n'imprègne pas la roche en surface, mais s'infiltre dans les fissures.

• **Solubilité du calcaire**

L'eau de pluie chargée de dioxyde de carbone transforme le calcaire (carbonate de calcium) insoluble en hydrogénocarbonate de calcium (appelé autrefois bicarbonate de calcium) soluble. En circulant dans les fissures, l'eau de pluie dissout peu à peu la roche. Ainsi s'explique l'existence des fissures élargies, des lapiés, des avens, des gouffres..., c'est-à-dire de toutes ces curiosités caractéristiques des régions calcaires.

• **Origine**

D'après leur origine, on peut classer les roches calcaires en quatre groupes :

— *Origine biologique*

La formation de la roche est liée à l'intervention directe des êtres vivants qui vivent dans la mer ou en eau douce.Ces êtres vivants (algues à revêtement calcaire, coraux, mollusques, foraminifères globigérines...) fixent du calcium dans leur "coquille" ou dans un "squelette" calcaire. A leur mort, l'accumulation de ces squelettes forme une boue calcaire qui se transformera en roches. Ainsi se sont formés la craie, les calcaires coquilliers...

— *Origine chimique*

De même que du calcaire peut se déposer dans les canalisations de chauffage central ou dans une grotte ("croissance" des stalactites ou des stalagmites), la précipitation de calcaire dans une eau contenant de l'hydrogénocarbonate de calcium dissous peut avoir lieu dès que le milieu s'appauvrit en dioxyde de carbone. En prélevant du dioxyde de carbone dans l'eau, les végétaux chlorophylliens interviennent indirectement dans ce processus chimique.

— *Origine biochimique*

Dans bien des cas, la roche calcaire est formée par un processus à la fois biologique et chimique. C'est le cas des calcaires récifaux formés d'une part de l'accumulation de squelettes calcaires, d'autre part de certains calcaires à ammonites.

— *Origine détritique*

La roche est constituée de débris de calcaires préexistants, c'est-à-dire formés antérieurement. C'est le cas de certains calcaires à ammonites.

• **Utilisation**

Certains calcaires résistants sont utilisés directement comme pierres de construction ou en dallage. Beaucoup sont employés pour la fabrication de la chaux ou du ciment.

3 Les roches argileuses

Ce sont les roches sédimentaires les plus abondantes à la surface du globe.

• **Nature chimique**

L'argile est une roche formée de l'accumulation de particules microscopiques disposées en lamelles empilées (de la taille du millième de millimètre). Le microscope électronique montre ces minéraux dont on ne soupçonne pas la forme en observant de l'argile à l'oeil nu.

Ces particules sont composées de silice et d'aluminium (ce sont des silicates d'alumine) et proviennent, ainsi que nous l'avons vu, de l'altération des roches magmatiques et métamorphiques.

• **Propriétés**

L'argile sèche et l'argile humide n'ont pas les mêmes propriétés.

L'argile sèche, roche rugueuse qui s'émiette, est poreuse et absorbe de l'eau. Quand elle est saturée d'eau, elle devient pratiquement imperméable. Cette propriété permet de comprendre l'existence de zones humides, voire d'étangs, sur les terrains argileux. Cette imperméabilité s'explique à l'échelle microscopique par la très petite taille des espaces séparant les lamelles de minéraux et par le gonflement de ces dernières. L'argile humide est plastique et peut se modeler. Après déshydratation, les particules perdent leur cohésion et la roche peut être écrasée et transformée en poudre. La diminution de volume qui se produit quand l'argile se dessèche explique les fentes de retrait polygonales dont la présence, par temps sec, révèle l'existence d'argile.

Les terrains argileux, facilement ravinés par l'érosion, peuvent donner naissance à des coulées boueuses et à des glissements de terrain.

• **Origine**

Les argiles sont des minéraux d'origine détritique. L'eau des rivières les transporte et prend parfois une couleur trouble par suite de l'abondance des particules argileuses. Celles-ci se déposent soit dans un lac, soit dans la mer.

La boue argileuse, très riche en eau, se transforme alors en roche par compaction : une couche de boue de dix mètres d'épaisseur donne un banc de roche épais seulement de un mètre.

• **Utilisation**

L'argile est utilisée depuis fort longtemps pour la fabrication des poteries, des tuiles, des briques... après cuisson à environ 1150 °C.

— L'argile "cuite" n'est plus de l'argile : elle a perdu de l'eau de manière irréversible. Cette terre cuite présente de nouvelles propriétés.

L'argile est également utilisée dans la fabrication du ciment.

4 Les roches siliceuses

• **Nature chimique. Propriétés. Origine**

Le constituant principal du sable est le quartz (silice pure). La silice est aussi, le constituant du grès et des silex.

Le sable est une roche meuble, perméable. Le grès, formé de grains soudés par un ciment (de nature siliceuse ou calcaire), est peu ou pas poreux, donc imperméable.

Les silex se forment en deux temps : le premier stade est biologique, le second chimique.

• **Utilisation**

Le sable entre pour une part importante dans la fabrication du verre et du cristal. Mélangé à d'autres produits (soude, chaux...), il fond à 1500 °C.

5 Les roches salines

• **Nature chimique et utilisation**

Il y a en France plusieurs types de roches salines : le sel gemme (chlorure de sodium), le gypse (sulfate de calcium hydraté), la potasse...

Les gisements de gypse sont nombreux. On en trouve dans le Bassin parisien, dans le Jura, en Lorraine, en Charente, dans les Alpes...

Chauffé à 200 °C, le gypse se transforme en plâtre. Mélangé à l'eau, le plâtre est utilisé en construction (isolation, revêtement de cloison...).

• Origine

L'eau de mer contient 35 g par litre de substances dissoutes (27 g de chlorure de sodium, 2 g de gypse, 1 g de potasse...). Quand l'eau de mer s'évapore dans une cuvette, les sels dissous se déposent. D'où le nom d'**évaporites** donné aux roches salines. La présence fréquente de fossiles marins fait penser que l'évaporation s'est produite au bord de la mer, dans les lagunes constamment alimentées par la mer, comme le sont les marais salants actuels.

Le gypse de la région parisienne a une origine différente. Il correspond à l'évaporation de l'eau d'un lac continental, alimenté par des rivières, dont l'eau, riche en gypse dissous, provient du lessivage des roches salines formées antérieurement en Lorraine.

6 Les roches métamorphiques

Il n'est pas rare de voir, dans les Alpes ou le Massif central, des constructions anciennes couvertes avec des "lauzes". Il s'agit, dans la plupart des cas, de roches métamorphiques (schistes, micaschistes) débitées en pierres plates plus ou moins épaisses. Dans d'autres cas, ce sont des dalles calcaires, parfois même des roches volcaniques.

Quels caractères permettent d'identifier une roche métamorphique ?

• Un aspect feuilleté

Une caractéristique principale des roches métamorphiques est leur aspect feuilleté ou foliation. Cette structure orientée permet de débiter certaines d'entre elles (schistes, micaschistes...) en plaques de faible épaisseur. Une telle aptitude au clivage (appelée schistosité) est exploitée par les carriers ou les ardoisiers pour la confection de dalles plus ou moins épaisses utilisées dans la construction (toitures, dallages...).

• Des minéraux orientés

L'aspect feuilleté des roches métamorphiques résulte de la disposition de certains cristaux selon des plans parallèles comme le révèle clairement l'observation au microscope des trois familles de roches métamorphiques : les ardoises, les micaschistes, les gneiss.

Les roches métamorphiques sont également appelées roches cristallophylliennes, ce qui traduit bien leurs deux caractéristiques principales :

— roches formées de cristaux,

— roches foliées ("*phullon*", en grec, signifie feuille).

3 DES ACTIVITÉS PÉDAGOGIQUES POSSIBLES

Il va de soi que les activités proposées ici ne sont pas toutes obligatoires. L'ordre de présentation n'est pas non plus un ordre chronologique imposé.

1 Veux-tu jouer au potier ?

L'argile est une roche étonnante qui n'a pas les mêmes propriétés quand elle est humide (elle est alors imperméable et plastique, on peut la modeler) ou quand elle est sèche (elle est alors rugueuse, perméable et on peut l'émietter). Ces états sont réversibles, c'est-à-dire que, en imprégnant de l'argile sèche avec de l'eau, on fait de l'argile humide, et inversement en laissant sécher de l'argile humide, on obtient de l'argile sèche.

Si on cuit de l'argile humide (poterie), la roche prend d'autres propriétés et ceci de façon irréversible.

Outre ces propriétés curieuses, l'argile est une roche très utilisée par l'homme pour la fabrication des tuiles, des briques, pour la poterie. C'est donc une roche qui mérite une étude au Cours Elémentaire : elle permet en effet de nombreuses manipulations.

• Notions visées

— L'argile humide est imperméable, l'argile sèche est perméable.

— L'argile est une roche formée de petites particules microscopiques qui glissent facilement les unes par rapport aux autres quand l'argile est humide (d'où ses propriétés plastiques permettant le modelage).

• Travaux possibles

—√*Jouer au potier*

Avec de la "terre glaise", argile impure mélangée à du sable ou sable argileux, récoltée dans une carrière ou dans un talus de route, les enfants peuvent "fabriquer" de l'argile pure et réaliser des poteries.

Deux méthodes sont possibles.

Première méthode : écraser la terre glaise avec un marteau puis au rouleau à pâtisserie. Tamiser pour séparer la poudre fine d'argile des grains de sable qui restent dans la "passoire". Humidifier légèrement la poudre fine pour obtenir une pâte facile à modeler.

Deuxième méthode : mettre de la terre glaise dans l'eau d'une bouteille en plastique coupée. Agiter et laisser reposer quelques secondes. Le sable se dépose au fond du récipient alors que les particules d'argiles restent en suspension dans l'eau. Recueillir cette eau trouble et laisser décanter pendant quelques heures.

Retirer l'eau sans agiter et laisser l'argile perdre une partie de son eau en laissant évaporer dans une assiette par exemple.

Pour modeler de l'argile, la première méthode est plus satisfaisante ; la seconde est à utiliser également, car elle permet de découvrir des propriétés intéressantes (suspension, sédimentation...).

— *Comment reconnaître une roche argileuse ?*

Il s'agit d'utiliser les propriétés précédemment mises en évidence en vue de l'identification d'une roche inconnue. On essaie d'émietter la roche, on en met un petit fragment dans un verre d'eau (on obtient de l'eau trouble : les lamelles microscopiques sont en suspension dans l'eau) ; on verse de l'eau goutte à goutte sur la roche (on obtient de la terre à modeler qui colle au doigt).

Après mise en commun des résultats, vous donnez quelques informations complémentaires. Il existe :

— des roches liquides (pétrole),

— des roches solubles (sel gemme),

—des roches avec des trous (certaines roches volcaniques)...

• **Notions visées**

—Il existe différentes sortes de roches.

—Certaines roches sont compactes, d'autres sont en grains séparés, en poudre.

—Les roches ont des propriétés différentes. Pour utiliser les roches, on tient compte de ces propriétés.

—Les différentes roches portent des noms différents.

2 Construisons une maison

• **Activités pratiques**

— Préparer du mortier dans un bol (3 cuillères à soupe de sable + 2 cuillères à soupe de ciment. Mélanger. Ajouter de l'eau pour faire un mortier assez humide mais pas trop).

On peut, dans un premier temps, faire des "mini-parpaings". Trois jours plus tard, on utilise ces parpaings pour monter un mur (maison de poupée).

— Faire des moulages en plâtre.

Mettre de l'eau dans un bol. Ajouter le plâtre en fine pluie jusqu'à ce qu'il affleure au niveau supérieur de l'eau. Remuer. Utiliser sans attendre.

• **Enquête**

Qu'est-ce que le ciment ? le plâtre ? le verre ?..

Quelles roches utilisent les maçons pour construire l'immeuble proche de l'école ? Comment fabrique-t-on les briques ? etc.

La figure 7 peut aider à trouver des réponses ou à garder des traces écrites sur le cahier.

3 L'apprenti géologue

• Avec quelques morceaux de roches convenablement choisis (du sable, du silex, du calcaire, du granite, de l'argile, de la craie par exemple) vous pouvez organiser une séquence intéressante, au cours de laquelle les enfants compareront les roches et chercheront à préciser leurs propriétés.

• Donnez à chaque groupe d'enfants quelques roches, un flacon compte-gouttes plein d'eau, une pointe (pour rayer). Demandez-leur de comparer les roches entre elles (couleur, dureté, perméabilité à l'eau, friabilité).

4 Un intrus dans la collection

• Proposez aux enfants quelques roches (granite, calcaire, sable, argile, ardoise) et un morceau de brique. Quel est l'intrus ? Dans le cas présent, il s'agit de la brique : une brique est fabriquée à partir d'une roche (l'argile) mais n'est pas une roche naturelle.

• On peut modifier la collection en proposant deux intrus, en envisageant de nombreuses variantes.

5 Un grain de sable raconte son histoire

Les grains de sable de la plage (ou du lit d'une rivière, d'un fleuve...) existent dans le granite. Ils sont libérés par altération du granite. Ce dernier donne en même temps naissance à l'argile, au calcaire dissous dans l'eau. Cette transformation des roches en d'autres roches est une notion essentielle de la géologie.

Les documents 3 et 8 permettent de découvrir cette histoire. Il est cependant très souhaitable de faire aussi observer du granite "sain", du granite "pourri", de l'arène granitique, du sable.

6 Où va l'eau quand il pleut ?

• **Que représentent les différentes flèches de la figure 8 ?**

Laissez aux enfants le temps de répondre par groupe à cette question avant de mettre en commun leurs propositions et de donner la réponse des scientifiques.

Trois idées importantes peuvent être dégagées :

— La végétation joue un rôle important dans le cycle de l'eau.

— Plus de 50 % de l'eau de pluie s'évapore sur place.

— Quand il pleut, seule une faible quantité d'eau va alimenter les nappes souterraines.

FIG. 7

Proposer à des enfants une collection d'objets et demander de les classer en trois catégories:
-ceux qui sont des roches,
-ceux qui sont fabriqués à partir de roches,
-ceux qui ne sont ni des roches ni des objets fabriqués à partir de roches.

Extrait de *Cahier d'activités CE2, Biologie.*

2 *Avec quelle roche fabrique-t-on... ?*

Matériau	Roche d'origine
le ciment	argile et calcaire broyés et cuits ensemble à 1 500° C
le verre	sable fondu à température élevée
le plâtre	gypse chauffé dans un four à plâtre
les poteries	argile cuite dans un four à poteries
les briques	argile cuite dans un four à briqueterie
les matières plastiques	pétrole, charbon
l'essence	pétrole brut
le fer	minerai* de fer
le fioul domestique	pétrole brut
le kérosène (essence des avions)	pétrole brut

*minerai : roche contenant une grande quantité de métal

- Souligne en rouge le nom des roches.
- Raye le nom des objets qui ne sont pas fabriqués à partir de roches : verre à boire, fourchette, règle en métal, règle en bois, trousse en plastique, trousse en cuir, livre, ciseaux, appareil téléphonique, chaise, bicyclette.
- **Vrai ou faux**

– le pétrole est une roche liquide .... [ ]

– le sable n'est pas une roche .... [ ]

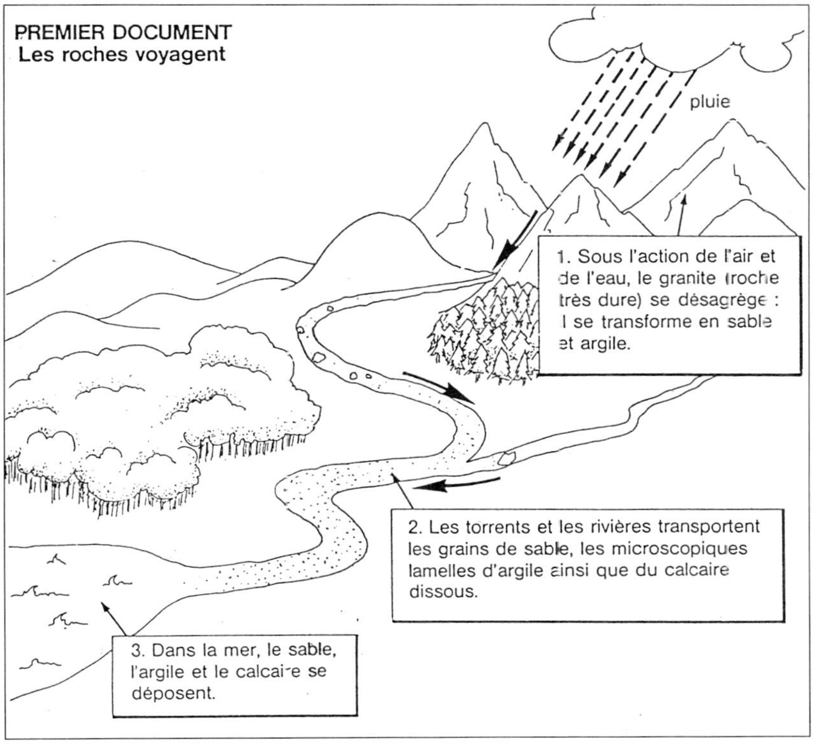

FIG. 8

Les roches se transforment et voyagent. Faire l'inventaire de toutes les informations qu'apporte ce dessin, les exprimer oralement en répondant à des questions telles que : Que devient l'eau de pluie qui tombe sur le sommet des montagnes ? Que deviennent les roches qui se détachent des sommets des montagnes ?...

Extrait de *Cahier d'activités CE2, Biologie.*

• **Qu'est-ce qu'une nappe souterraine ?**

Les enfants imaginent une sorte de lac souterrain, une poche remplie d'eau. L'idée est totalement fausse. Un montage simple permet de répondre. Remplir aux 3/4 un aquarium avec du sable. Si on verse le contenu d'une bouteille pleine d'eau, où l'eau va-t-elle aller se loger ? Demandez aux enfants de la représenter par un dessin (dessin de l'ensemble, et détail de ce qui se passe dans la zone du sable qui contient de l'eau).

Dans la nature, la couche de sable aurait une épaisseur de plusieurs mètres et le fond de l'aquarium serait remplacé par une couche imperméable (d'argile par exemple).

En conclusion : au niveau d'une nappe souterraine, la roche est imprégnée d'eau.

• **Le niveau d'une nappe souterraine varie normalement en fonction des saisons**

Il baisse en été (pluies rares, pompage important), il remonte en hiver. Ce qui est anormal, c'est la baisse prolongée, due à plusieurs années successives de sécheresse.

7 Réaliser une sortie

Sur le bord d'une route ou dans une carrière où sol et sous-sol sont bien visibles. Récolter des roches pour enrichir la collection apportée par les élèves.

8 Partir de photographies de maisons

Construites avec des matériaux différents (granite, briques, calcaire...) et chercher à comprendre pourquoi, dans une région donnée, les pierres de construction sont les mêmes.
D'où viennent ces "pierres" ?

NOTIONS VISÉES

à l'école élémentaire

- Le granite, le calcaire, l'argile, mais aussi le sable, le pétrole, sont des **roches**.
- Selon leurs propriétés, les **hommes utilisent les roches** pour la construction des habitations, des routes, des monuments et pour diverses industries.
- Certaines roches sont utilisées **directement**, d'autres sont complètement **transformées** pour fabriquer des matériaux très utiles tels que briques, ciment, essence, matière plastique...
- Certaines roches sont si dures qu'elles donnent l'impression que rien ne peut les modifier. Cependant, elles ne sont pas éternelles ; elles **se transforment très lentement** et donnent naissance à d'**autres roches**.
- **Mots clés**
roche, matériau, minerai, altération, transport, dépôt.

2 Le sol, qu'est-ce que c'est ?

Les scientifiques appellent "sol", la couche de terre brune retournée par la bêche du jardinier ou par l'agriculteur qui laboure son champ. Cette couche de terre existe également en **forêt**, cachée **sous la litière**, c'est-à-dire sous la couche de feuilles tombées. Son épaisseur varie de quelques centimètres à 30 centimètres.

Pourquoi accorder tant d'importance à une couche aussi mince ? La réponse est simple : quand il n'y a pas de sol, la roche affleure et la végétation est alors réduite à quelques lichens qui poussent directement sur le calcaire, le granite...

Le sol, très mince couche superficielle de l'écorce terrestre, fournit en effet aux végétaux le support meuble dans lequel les racines peuvent s'enfoncer ainsi que les éléments nutritifs dont ils ont besoin.

1 INFORMATIONS UTILES POUR L'ENSEIGNANT

1 Pourquoi les agronomes étudient-ils les sols ?

Une coupe de terrain fraîchement réalisée (carrière, talus, tranchée pour travaux routiers...) permet parfois d'observer directement le sol. Mais le plus souvent, il faut creuser une tranchée dont la profondeur sera fonction de l'épaisseur du sol à cet endroit.

Une observation même superficielle permet de constater, d'un lieu à un autre, de grandes variations de l'aspect et de la couleur des sols. Ceci n'est pas sans conséquences pour la fertilité des terres agricoles ou pour la végétation spontanée des terres non cultivées. C'est pourquoi les agronomes et en particulier les pédologues (scientifiques spécialisés dans l'étude des sols) réalisent des tranchées, observent le sol, effectuent des prélèvements en vue d'analyses...

Ils définissent des critères d'observation sur le terrain, valables pour tous les sols, qui rendent donc les comparaisons possibles. Ils déterminent, par analyse au laboratoire, des caractères physiques ou chimiques importants, par exemple pour la fertilité. Ils cherchent à comprendre les mécanismes de la formation et de l'évolution d'un sol, condition indispensable pour éviter sa dégradation naturelle par les agents d'érosion, ou artificielle par action de l'homme.

2 Les principaux constituants d'un sol

Une expérience simple (fig. 1) permet de mettre en évidence dans un sol :

— des **constituants minéraux** (graviers, sables) ;

— des **constituants organiques** (débris végétaux et humus qui provient de la décomposition des débris végétaux).

- **Les constituants minéraux**

on les classe en cinq catégories d'après leur taille :

— les **graviers** de plus de 2 mm de diamètre,

— les **sables grossiers** de 0,2 mm à 2 mm,

— les **sables fins** de 50 à 200 µm,

— les **limons** de 2 à 50 µm,

— les **argiles** de moins de 2 µm.

La **texture** d'un sol correspond à sa **composition granulométrique**, c'est-à-dire à la proportion de ces particules de différentes tailles.

- **Les constituants organiques**

Sur le sol et dans le sol, les feuilles des arbres, les débris végétaux de toutes sortes (branches tombées, paille, fumier...), les cadavres, les excréments d'animaux, sont décomposés (c'est-à-dire sont "mangés") par les divers décomposeurs (microorganismes, champignons...). Ils subissent une **minéralisation**, c'est-à-dire une transformation de la matière organique (cellulose, lignine, protéines...) en matière minérale (dioxyde de carbone, nitrates...) qui sert à la nutrition des végétaux chlorophylliens (c'est, nous l'avons vu dans le chapitre "La nutrition des végétaux chlorophylliens", une partie du cycle de la matière). En pratique, si une partie de la matière organique végétale est immédiatement minéralisée, une autre partie se minéralise en deux étapes. Elle est d'abord transformée en **humus**, substance organique nouvelle (composée notamment d'acides humiques) qui est ensuite lentement minéralisée dans le sol. Ainsi une partie de la matière organique végétale est momentanément soustraite aux processus de minéralisation et mise en réserve dans le sol sous forme d'**humus**.

Dans le langage courant, le mot humus désigne la matière de couleur brun foncé qui résulte de la décomposition des feuilles mortes en forêt, le terreau du jardinier, le compost de l'agriculteur. La présence d'humus dans le sol est un facteur de fertilité et nous allons voir pourquoi. Mais insistons sur ce fait: l'humus est un stade de la décomposition de la matière végétale, ce n'est pas le terme ultime de la décomposition.

3 L'association argile-humus

• **Dans le sol,** les particules minérales argileuses et les acides humiques s'associent très étroitement entre eux (les molécules d'acides humiques se fixent sur les particules argileuses. Cette fixation exige la présence d'ions calcium ou d'ions fer). Cette association (appelée le **complexe argilo-humique** par les scientifiques) a une importance capitale pour la fertilité des sols et ceci pour plusieurs raisons:

— le complexe argilo-humique sert de ciment pour les constituants minéraux plus gros que les argiles (sables et graviers) et il est responsable de la formation de petits **agrégats**, c'est-à-dire de petites mottes polyédriques (ordre de grandeur: quelques millimètres). Cette structure grumeleuse est recherchée: entre les agrégats se trouvent des vides permettant la circulation de l'air et de l'eau ainsi que la pénétration des racines.

— la structure en agrégats retient les ions calcium, potassium, magnésium... nécessaires aux plantes ainsi que certains ions fournis par les engrais (les engrais azotés, non retenus par le complexe argilo-humique, sont très rapidement lessivés en cas de pluie. D'où la pollution de l'eau de la nappe souterraine).

— la structure en agrégats évite ce qu'on appelle le **lessivage** c'est-à-dire l'entraînement vers le bas, par l'eau de pluie soit des particules argileuses, soit des acides humiques, soit de certains minéraux.

• **Le mariage argile-humus** est donc un mariage heureux: c'est un facteur de stabilité des sols agricoles. Mais on imagine aisément que ce mariage est plus ou moins solide. Le manque d'argile, la mauvaise qualité de l'humus, la pauvreté en éléments minéraux assurant l'association (calcium notamment) le mettent en danger. Le mariage argile-humus peut aussi être soumis à diverses agressions: surexploitation agricole avec apport insuffisant en débris végétaux, destruction des particules argileuses par des plantations de résineux. Dans ce dernier cas on parle de **podzolisation** des sols. De quoi s'agit-il?

Les aiguilles de résineux produisent un **humus très acide,** agressif, capable de décomposer les particules argileuses du sol et les grains minéraux altérables de la roche mère en libérant leurs éléments chimiques: potassium, aluminium, fer. Ceux-ci sont ensuite entraînés en profondeur par les eaux de pluie. Le sol présente alors un horizon cendreux, formé de grains de sable (quartz inaltérable), totalement appauvri, qui ne propose aux racines des plantes aucun élément nutritif. Ce sol infertile ne peut être colonisé que par des végétaux capables de supporter de telles conditions défavorables.

4 Un sol se forme par étapes successives

Un sol est formé:

— de constituants minéraux qui proviennent de la roche mère (c'est-à-dire de la roche que l'on verrait à la surface, si on retirait le sol);

— de constituants organiques provenant de la décomposition de la litière en humus.

La formation d'un sol ou **pédogenèse** résulte donc d'un double processus, l'un porte sur la transformation de la roche mère, l'autre concerne l'apport et la transformation des débris organiques.

• Deux mécanismes concourent à la décomposition de la roche mère:

— **une fragmentation** provoquée par des actions physiques (par exemple l'alternance du gel et du dégel) et qui aboutit à la formation de particules de tailles diverses (cailloux, graviers, sables...),

— **une altération chimique,** sous l'action de l'eau de pluie chargée d'acide carbonique, par dissolution des roches calcaires et hydrolyse des feldspaths et micas, qui engendre un complexe d'altération formé d'argiles, d'oxyde de fer, de sels divers (de calcium, magnésium, potassium...),

• **L'incorporation de la matière organique**

Les litières produites par le couvert végétal se décomposent sous l'action de la microflore et de la microfau-

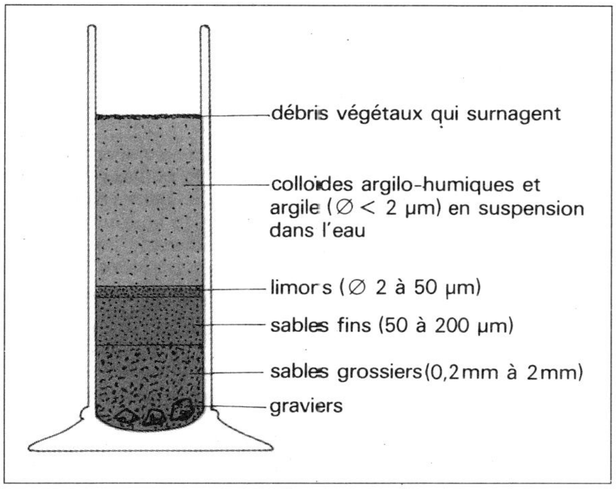

FIG. 1

Si on agite un échantillon de sol dans de l'eau et qu'on laisse décanter le mélange obtenu, en quelques heures les différents constituants sédimentent selon leur taille. On met ainsi en évidence les principaux constituants du sol.

Extrait de *Biologie 2de*.

B Pouvoir de rétention en eau de différents sols

Une même quantité d'eau est versée sur trois échantillons de terrains différents (sable, argile, terreau) parfaitement secs.

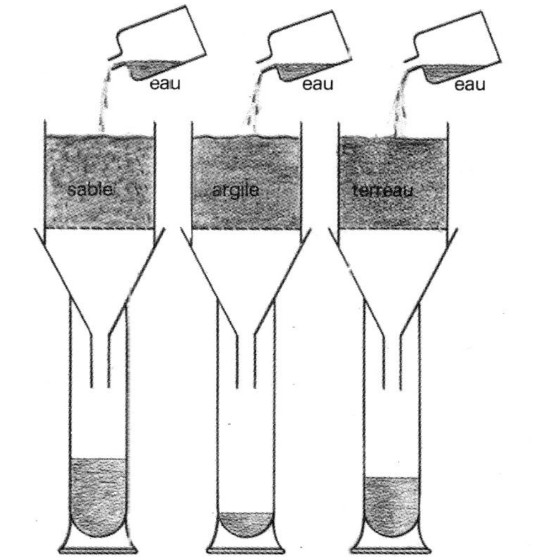

Quantité maximale d'eau retenue (en %)		
sable	argile	terreau
12 %	30 %	20 %

FIG. 2

Par des expériences réalisées au laboratoire, on peut montrer que certains sols retiennent plus d'eau que d'autres. Ainsi, un terrain argileux a un pouvoir de rétention en eau beaucoup plus élevé qu'un terrain sableux. Mais toute l'eau retenue dans le sol n'est pas disponible pour les plantes.

Extrait de *Biologie 2de*.

B L'eau utilisable diffère selon la texture du sol

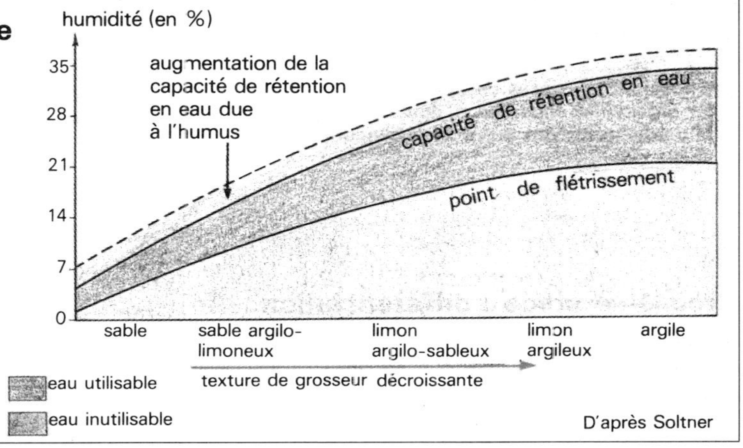

FIG. 3

La capacité de rétention en eau dépend de la texture du sol. En écologie, une notion très importante est celle d'eau utilisable. En effet, les végétaux doivent obligatoirement trouver dans le sol l'eau dont ils ont besoin et sous des formes permettant son prélèvement. Pour comprendre le graphe, il faut savoir qu'une partie de l'eau de rétention (eau retenue dans le sol) est immobilisée sous forme d'une mince pellicule autour des particules du sol. La force qui la maintient liée à ces dernières est supérieure à la force de succion des racines des plantes. Cette eau ne peut donc pas être utilisée par les végétaux.

Extrait de *Biologie 2de*.

ne du sol. On assiste, nous l'avons déjà vu, à deux phénomènes qui se produisent en parallèle :

— **la minéralisation,** c'est-à-dire la dégradation biologique des macromolécules organiques (cellulose, lignine, protéines),

— **l'humification.**

• **La différenciation des horizons du sol.**

Un sol est souvent formé de plusieurs couches superposées appelées **horizons**. Sans entrer dans le détail, on peut dire qu'ils sont la conséquence de phénomènes de migration de substances dus à la circulation de l'eau dans le sol : les eaux d'infiltration "lessivent" des éléments solubles qui vont ensuite s'accumuler en profondeur. Des migrations ascendantes ou "remontées" sont également possibles sous certains climats à forte évaporation.

Les sols peu évolués ou "jeunes" sont peu épais et non structurés en horizons. En revanche les sols évolués sont profonds et présentent une succession d'horizons.

Un sol n'est donc pas un système figé ; c'est un ensemble dynamique qui évolue sous l'influence des facteurs climatiques et biologiques.

5 La formation d'un sol met en œuvre plusieurs acteurs

• La formation d'un sol, donc les qualités qu'il peut offrir aux plantes, dépend :

— de la **nature de la roche mère** (calcaire, sable, granite...),

— du **peuplement végétal** qu'il supporte,

— du **climat de la région** (l'eau de pluie entraîne en profondeur par lessivage certains constituants de l'horizon superficiel),

— des interventions humaines éventuelles.

• Le rôle de la végétation s'explique par le fait que la qualité de l'**humus** dépend de la composition de la litière. L'humus qui provient de la décomposition des aiguilles de résineux ou d'une lande à bruyères libère des acides humiques solubles très agressifs (**humus acide appelé humus brut ou mor**). Par contre l'humus qui provient de la décomposition des feuilles d'une forêt de feuillus est un **humus doux (ou mull)** qui s'associe étroitement à l'argile et aux oxydes de fer généralement produits par la décomposition de la roche mère.

6 Action des êtres vivants sur le sol

Nous avons vu précédemment le rôle capital de la végétation sur la formation et l'évolution des sols. Voici d'autres aspects.

• **L'action des racines**

Les racines, grâce à leur considérable développement dans les diverses couches du sol, maintiennent la terre en place. Elles luttent efficacement non seulement contre l'érosion due aux eaux de ruissellement qui ravinent les sols dépourvus de végétation, mais aussi contre l'érosion éolienne qui sévit dans les régions dénudées. De plus les racines pénètrent dans les moindres fissures de la roche mère, elles agissent à la manière de coins de bûcherons en écartant les blocs de pierre. La pénétration de l'eau dans les fentes, en augmentant de volume sous l'influence du gel, accélère la désagrégation des roches.

• **L'action de la pédofaune**

Lorsque les animaux qui vivent dans le sol (ou **pédofaune**) sont en nombre important, leur activité, notamment celle des organismes fouisseurs, se traduit par la création de galeries et le transport de matériels. Les vers de terre, en ingérant le sol (on a pu dire qu'ils "avancent en avalant leur chemin"), mélangent les débris végétaux et la fraction minérale. Ils contribuent par leurs rejets ou "turricules" à créer la structure grumeleuse observée dans les humus de type mull.

• **Les modifications des caractéristiques physico-chimiques du sol**

Le fouissage, le transport et la dégradation de la matière organique contribuent à modifier la structure, la porosité et la capacité de rétention en eau du sol. Les racines mais plus encore les Nématodes et les vers de terre sont bien connus pour favoriser la formation d'agrégats et assurer ainsi une **meilleure stabilité structurale** et un bon équilibre air-eau.

En plus de leur rôle de minéralisateurs, les organismes vivants, par leurs sécrétions, leurs déjections et leurs cadavres, représentent une véritable réserve d'azote. Les vers de terre excrètent quotidiennement lorsqu'ils sont actifs, plus de 30 mg d'azote au mètre carré, soit près de 50 kg par hectare en 6 mois.

7 Les sols et l'eau

L'étude d'un sol est faite à partir de diverses observations réalisées **sur le terrain** et par des analyses effectuées **au laboratoire** sur des prélèvements. Les résultats obtenus permettent de dégager les principaux caractères qui distinguent les sols les uns des autres.

Parmi les diverses observations et analyses (dosage du calcium, mesure du pH, analyse de la matière organique, etc.), nous ne retiendrons que les caractères du sol par rapport à l'eau et le pH.

• **La porosité**

La porosité d'un sol est le volume total des espaces laissés libres entre les agrégats ou les particules solides. On l'évalue en trempant dans l'eau un échantillon de terre bien sec, d'un poids connu, en le pesant après l'avoir retiré de l'eau. L'eau a alors rempli tous les pores.

La porosité conditionne non seulement la circulation de l'air et de l'eau mais aussi celle de certains animaux dans le sol.

- **La perméabilité d'un sol et la capacité de rétention en eau**

La perméabilité d'un sol est son aptitude à laisser passer l'eau vers les couches inférieures. Elle dépend de sa structure. La capacité de rétention en eau correspond à la quantité d'eau retenue par le sol après égouttage. Une partie seulement de cette eau est utilisable par les plantes, l'autre partie étant trop fortement liée aux particules du sol par des forces physiques (fig. 2 et fig. 3).

- **Le pH du sol**

Le pH est exprimé par un nombre compris entre 0 et 14 : un pH égal à 7 indique un milieu neutre, une valeur inférieure à 7 un milieu acide et une valeur supérieure à 7 un milieu basique. Ce pH peut varier avec la nature de la roche mère, avec la nature de la couverture végétale (pH de l'humus), mais aussi selon les saisons et le climat. En été, les plantes respirent davantage, libérant une plus grande quantité de dioxyde de carbone. Ce dernier, en présence d'eau, se comporte comme un acide faible qui, en s'ajoutant aux acides humiques, tend à faire baisser le pH du sol. En hiver, on constate le phénomène inverse.

8 En résumé

Un sol résulte de la combinaison de deux processus, d'une part l'altération physico-chimique d'une roche mère et d'autre part l'apport de matières organiques (litière de feuilles, bois mort, excréments, cadavres d'animaux) transformées en humus. Un sol n'est pas un système statique, mais un ensemble évoluant en permanence sous l'influence de facteurs climatiques et biologiques. Dans ce système en évolution, le complexe argilo-humique tient une place primordiale en déterminant la structure du sol et par voie de conséquence sa fertilité.

Connaissez-vous

LE SENS DE CES MOTS OU EXPRESSIONS

- **sol, sous-sol**
- **litière, humus**
- **constituants minéraux**
- **constituants organiques**
- **complexe argilo-humique**
- **agrégat**
- **podzolisation**
- **horizon**

2 DES ACTIVITÉS PÉDAGOGIQUES POSSIBLES

1 La terre du jardin est humide

Quand il vient de pleuvoir, ou lorsqu'on vient d'arroser la terre du jardin, elle est humide. Comment peut-on connaître la quantité d'eau qu'elle contient ? Combien de temps faut-il pour qu'elle soit complètement sèche ? Retient-elle mieux l'eau que le sable ?

Les enfants doivent étudier une par une chacune de ces questions, imaginer des expériences, les réaliser, les interpréter.

On peut aussi les aider en proposant des montages à réaliser et à interpréter.

Important : ne pas perdre de vue que les plantes puisent l'eau dans le sol par leurs racines, pour mieux comprendre l'intérêt de l'étude réalisée.

2 La terre du jardin, qu'est-ce que c'est ?

- **Une expérience :** mettre une petite motte de terre sèche dans un récipient en verre rempli d'eau. Des bulles se dégagent (la terre contient de l'air). Puis on constate que la terre contient un mélange de sable, de petits cailloux (qui tombent au fond), d'argile et d'humus (l'eau est trouble), de débris végétaux.

- **Comment le jardinier fabrique-t-il du terreau ?**

Les feuilles d'arbres, les débris végétaux se transforment en humus en quelques années (le terreau est de l'humus, ce n'est pas de la terre).

Des propositions d'activités sont présentées dans le chapitre :

— La nutrition des végétaux non chlorophylliens. Que deviennent les feuilles mortes ?

- **Fabriquons de la terre**

En mélangeant soigneusement du sable, de l'argile (écrasée en poudre) et du terreau, on obtient un produit qui a les mêmes constituants que la terre de jardin. Pourtant ce n'est pas de la terre de jardin. Il n'y a pas la structure en petites mottes. Il n'y a pas l'action des êtres vivants, de la pluie, etc.

• **Quel est l'épaisseur du sol ?**

Faire des trous à divers endroits ? Mesurer. Identifier la nature du sol.

• **La vie dans le sol**

En creusant on trouve des vers de terre, certains petits animaux. Est-ce tout ?

Le sol n'est pas un milieu exclusivement minéral : c'est un milieu biologique où la variété des espèces et la masse de matière vivante (biomasse) sont très grandes.

3 Comment se forme le sol ?

Il faut envisager plusieurs cas, mais rester très simple.

• **Si la roche est du sable.** La roche est meuble. Les plantes peuvent s'installer. A leur mort, elles se sont décomposées et donnent de l'humus noirâtre. Les vers de terre réalisent le brassage.

• **Si la roche est du granite.** Il faut d'abord que se réalise (pendant des milliers d'années) l'altération du granite en sable grossier (voir chapitre précédent sur les roches).

Pendant le même temps, les végétaux s'installent (des lichens, puis des mousses, ensuite des plantes herbacées, enfin des arbres).

Le sol est constitué par les matériaux provenant de l'altération des roches mélangés à l'humus provenant de la décomposition des végétaux et des animaux.

4 La végétation protège les sols

• **Observer des photographies** qui montrent :

— le ravinement sur sol nu,

— du déboisement en montagne.

• **Verser de l'eau** sur un tas de sable avec un arrosoir et observer ce qui se passe.

NOTIONS VISÉES

à l'école élémentaire

Les scientifiques appellent "sol" la couche de terre brune cultivée par les jardiniers ou les agriculteurs. Cette couche a une épaisseur qui varie de 0 à 30 centimètres.

Le sol fournit aux plantes la terre meuble dans laquelle les racines peuvent s'enfoncer et dans laquelle elles peuvent puiser l'eau (et les sels minéraux) dont elles ont besoin. Le sol est en effet capable de retenir une partie de l'eau de pluie.

Le sol est un mélange de deux constituants :
— des matériaux qui proviennent de la roche située sous le sol (argile, sable...),
— de l'humus qui provient de la décomposition des débris végétaux (feuilles mortes en forêt, paille dans un champ, fumier dans un jardin...)
La richesse d'un sol dépend donc de la nature du sous-sol et de la nature des végétaux.

Les racines des plantes "fixent" le sol. L'absence de plantes sur un terrain en pente est souvent responsable de la disparition du sol.

Le sol est un milieu qui contient de nombreux êtres vivants.

La décomposition des cadavres (feuilles mortes, bois tombés, animaux morts...) est le résultat de l'action d'êtres vivants décomposeurs.

9 LES GRANDS PHÉNOMÈNES GÉOLOGIQUES

1 Le volcanisme terrestre

Les élèves connaissent tous l'existence des **éruptions volcaniques** grâce à la télévision, aux journaux, ou à travers les livres. Mais, si on leur demande, avant toute étude, de faire un dessin pour expliquer ce qu'est une éruption volcanique, on constate généralement qu'ils ont, à côté de notions exactes, beaucoup de représentations fausses. Les dessins de la figure 1, proposés à titre d'exemples, le montrent clairement.

L'étude du volcanisme fait partie du programme du cours moyen. Ce sujet intéresse beaucoup les enfants ; mais en raison de la richesse et de la complexité des problèmes abordés, les enfants pourraient passer à côté des notions essentielles ; c'est pourquoi celles-ci doivent être dégagées très clairement.

1 INFORMATIONS UTILES POUR L'ENSEIGNANT

1 Qu'est-ce qu'une éruption volcanique

• **Il existe différents types d'éruptions volcaniques**

Les exemples proposés sur les figures 2 et 4 montrent que toutes le éruptions volcaniques ne se ressemblent pas.

— **Certaines éruptions sont calmes :** par une fissure qui s'ouvre sur le flanc du volcan s'écoule une "rivière" de **lave** (roche fondue dont la température varie de 900 à 1200° C). La **coulée** suit la pente, brûlant les arbres sur son passage. La vitesse de la coulée varie, selon la pente, de 50 à 80 km à l'heure. Ces **éruptions effusives** (= qui coulent) engendrent parfois de **petites explosions** projetant des **bombes** (taille > 6 cm), des **lapillis** (taille 6 cm à 2 mm), des **cendres** (taille < 2 mm).

— **D'autres éruptions sont très violentes.** Ces **éruptions explosives** sont caractérisées par des émissions de cendres et parfois de **nuées ardentes** comme ce fut le cas de la montagne Pelée à la Martinique en 1902. Ces éruptions peuvent alors détruire le sommet du volcan en projetant des blocs solides (ainsi, en 1883, en Indonésie, l'île Krakatoa a été pulvérisée par une éruption volcanique).

Le terme "**nuée ardente**" a été créé pour décrire l'éruption de la montagne Pelée. C'est une avalanche de matériaux solides ou pâteux, de tous calibres (des blocs énormes, des poussières...) enveloppés dans un mélange d'air comprimé, de vapeur d'eau et de gaz toxiques à haute température (300 à 350°C). Les gaz continuent à se dégager pendant le transport et les blocs sont propulsés par effet de fusée. Au-dessus de cette **avalanche ardente**, déplacée obliquement à la vitesse de 500 km/h, un **nuage ardent** constitué de cendres brûlantes et de gaz s'élève dans le ciel.

Dans les éruptions explosives, les matériaux éjectés ont des tailles variables : **cendres** très fines, **lapilli** (taille d'un pois), **scories** (taille d'un œuf), **blocs** de forme anguleuse, **bombes** de forme arrondie ou fusiforme. Au cours d'une même éruption, plusieurs types de produits peuvent être émis en même temps, et la vitesse d'éjection dépasse souvent la vitesse du son (340 m/s). Les cendres peuvent atteindre une altitude supérieure à 15 km et sont émises parfois en quantités considérables se chiffrant en millions de mètres cubes.

• **Le cône volcanique**

Un volcan a fréquemment la forme d'un cône. Cet édifice volcanique se construit peu à peu par accumulation des coulées et des diverses projections (fig. 5).

Ainsi l'île de la Réunion (département français au large de Madagascar) est constituée de deux volcans : le Piton des neiges (3 069 m d'altitude), volcan éteint qui occupe les deux tiers nord-est de l'île, et le Piton de la Fournaise (2 631 m d'altitude), volcan actif.

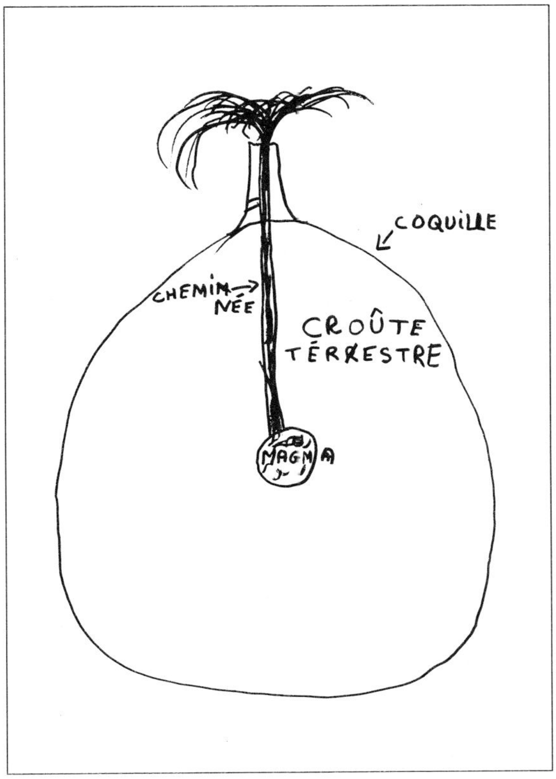

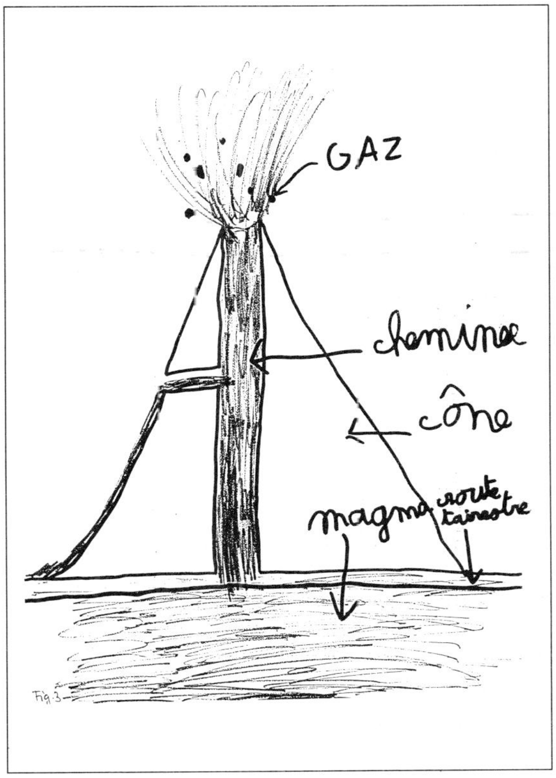

FIG. 1

Des enfants, avant toute étude sur les volcans, ont représenté ce qu'ils savaient d'une éruption volcanique. Proposer la réalisation de tels dessins permet à l'enseignant de faire le point sur les connaissances des enfants et leur représentation du phénomène.

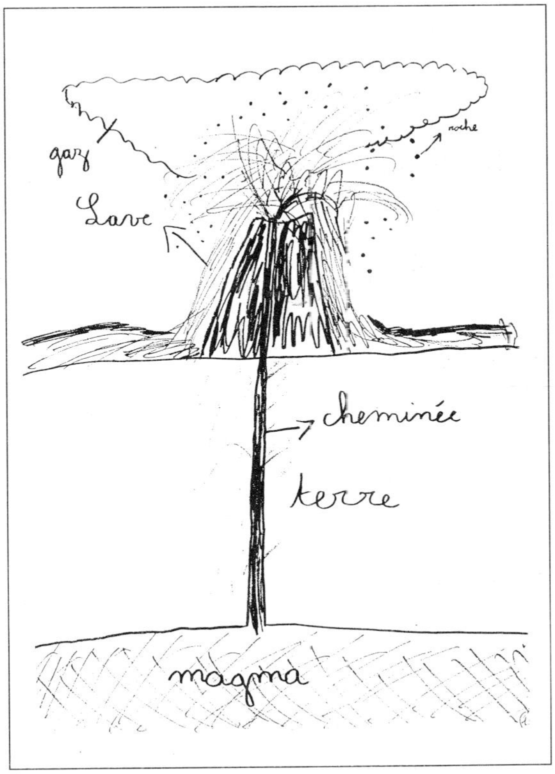

Ces deux cônes basaltiques se prolongent jusqu'au fond de l'océan à 4 000 m de profondeur. Là, le bloc basaltique atteint un diamètre de 200 km et une superficie trois fois plus grande qu'au niveau de la mer. C'est donc un volcan de plus de 7 000 m de haut qui est posé sur le plancher de l'océan indien.

De même, la montagne Pelée s'est construite par l'accumulation des roches volcaniques rejetées au cours des diverses éruptions depuis 300 000 ans (fig. 5).

Bien évidemment, tous les cônes volcaniques n'ont ni la même hauteur, ni le même volume, ni le même âge.

2 Dans tous les cas, une montée de magma

En dépit de leurs caractères différents, les éruptions volcaniques se caractérisent toujours par une **montée de magma** (roches en fusion dont la température est supérieure à 900°C) contenant des gaz dissous (vapeur d'eau, oxyde de carbone, dioxyde de soufre...).

Comment les géologues expliquent-ils les différences existant entre une éruption effusive et une éruption explosive ?

• L'arrivée du magma en surface

Lorsqu'on décapsule une bouteille d'eau gazeuse, la baisse brutale de pression entraîne un dégagement gazeux immédiat, accompagné parfois de la montée d'une partie du liquide. Il se produit un phénomène analogue quand le magma arrive en surface : par décompression les gaz se séparent de la lave et s'échappent.

— Lorsque le magma est **très fluide** (c'est le cas au Piton de la Fournaise), les gaz s'échappent facilement et en permanence ; il n'y a pratiquement pas d'activité explosive.

— Lorsque le magma est **visqueux**, les gaz ne peuvent s'échapper que si une très forte pression gazeuse est atteinte ; il y a alors explosion. Plus la viscosité est élevée, plus les explosions sont violentes et espacées. Lorsque les gaz s'échappent, ils projettent parfois à plusieurs kilomètres d'altitude, du magma ou des fragments solides de roches volcaniques anciennes pulvérisées par l'explosion. Les **projections** qui en résultent peuvent être des gouttes de lave pulvérisée (c'est l'origine des cendres), des morceaux de magma "liquide" (à partir desquels se forment les lapilli, les bombes, les blocs), des fragments solides ou semi-solides de roches anciennes arrachées au cône volcanique.

• Une éruption volcanique comprend deux phases :

— une **phase explosive** caractérisée par des projections de taille et d'origine diverses,

— une **phase effusive** caractérisée par une coulée de lave (magma = lave + gaz dissous).

L'importance relative de ces deux phases dépend essentiellement de la quantité de gaz et de la viscosité du magma.

Un magma très visqueux engendre des éruptions très explosives avec des coulées très courtes ou réduites à des dômes (fig. 6). A l'inverse, un magma très fluide engendre des éruptions peu ou pas explosives avec des coulées très longues. C'est le cas du Piton de la Fournaise dans l'île de la Réunion.

• L'eau de surface, par sa présence, peut renforcer le caractère explosif d'une éruption et transformer en éruption violemment explosive une éruption qui aurait dû normalement être calme. La montée du magma à haute température vaporise en effet l'eau qui imprègne le cône volcanique : c'est le cas des **éruptions phréatiques**.

3 D'où vient le magma ?

• La structure du globe terrestre

La structure du globe terrestre sera étudiée plus en détail à la page 441. Cependant, afin d'éviter que ne s'installent des idées fausses, il faut préciser dès maintenant que le magma prend naissance non pas au centre de la terre comme le pensent parfois les enfants (fig. 1), mais à une profondeur relativement faible par rapport au rayon du globe terrestre. Si on compare la terre à un œuf de poule (comparaison pratique pour les enfants), le magma est une goutte de blanc d'œuf, située juste sous la coquille, qui arrive en surface après avoir traversé la coquille à la faveur d'une fissure.

• Comment se forme le magma ?

Cette question recevra une réponse plus précise dans le chapitre 3. Contentons-nous pour l'instant de dire que le globe terrestre produit de la chaleur. Celle-ci provient de la désintégration progressive d'éléments radioactifs (la Terre peut donc être comparée à une centrale nucléaire géante). Quand on descend de 100 m à l'intérieur de la Terre, la température augmente de 3°C. Cette valeur constitue le **gradient géothermique**. Au fond d'une mine profonde de 1000 m, la température est de 30°C supérieur à celle de la surface ; à 15 km, elle atteindrait 500°C environ. Le magma prend naissance dans une zone plus profonde où la température est estimée à 1300°C.

• Une remontée en deux temps

Le magma remonte vers la surface sous la pression des gaz qu'il contient et grâce à des fissures (fig. 3). Sous tous les grands volcans, à une profondeur variant de 10 à 70 km, existe un **réservoir magmatique** (ou **chambre magmatique**). Le magma monte, à une

L'histoire d'une éruption effusive: celle du Piton de la Fournaise en 1977.

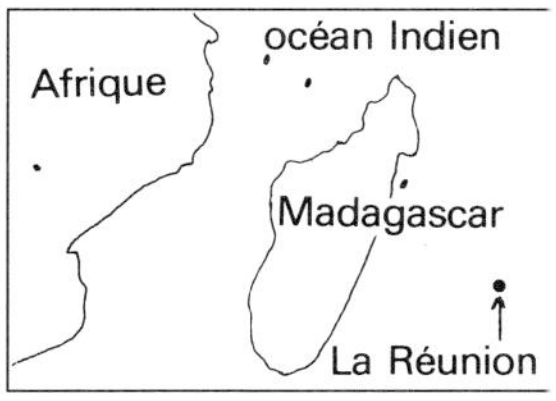

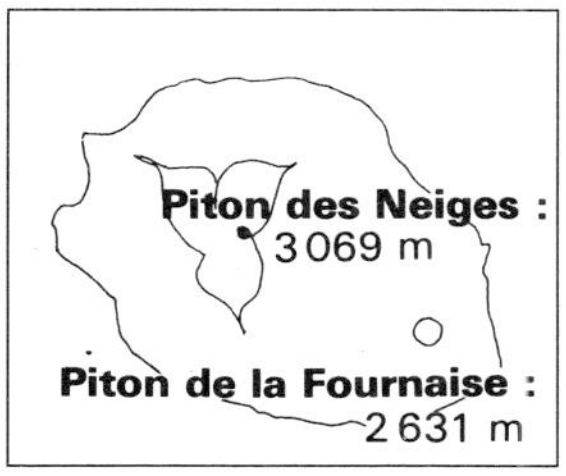

1 — *Dans la nuit du 24 au 25 mars, après un repos de 5 mois, une* ***fissure*** *s'ouvre à 2 000 m d'altitude. Pendant quelques heures, elle émet une petite quantité de* ***lave*** *très fluide sous forme de* ***projections****, puis l'activité s'arrête.*

2 — *Le 5 avril à 17 h, après une forte* ***explosion****, une* ***fissure*** *de 300 m de longueur s'ouvre à la cote 1 900. Des* ***fontaines de laves*** *jaillissent à 20 m de hauteur et une petite coulée se forme.*

3 — *Le 8 avril à 19 h, un* ***bruit sourd*** *accompagne l'ouverture d'une* ***fracture*** *de 500 m de long à 1 100 m d'altitude. Immédiatement, une très grosse* ***coulée de lave*** *fluide dévale les pentes. Aucune activité explosive n'a lieu au point d'émission. Près de 800 personnes d'un village menacé sont évacuées.*

4 — *Le 9 avril en fin de journée, une nouvelle* ***fracture*** *s'ouvre à la cote 600. Un important flot de lave descend en direction du village de Piton Sainte-Rose. Le plan ORSEC est déclenché et 2 500 personnes sont évacuées. Le 10 à 2 h 30 du matin, le fleuve de lave arrive à la mer. Dans la journée du 11 avril, le débit de lave diminue puis s'arrête. La coulée s'est avancée dans la mer et l'île s'est agrandie de 30 000 m². Le 10 avril vers 20 h, une nouvelle grosse coulée sort de la même fissure et s'arrête au cours de la nuit.*

5 — *Le 11 avril, une* ***fissure*** *s'ouvre et une petite* ***coulée*** *dévale la pente.*

6 — *Le 13 avril à 1 h 30 du matin, des* ***explosions*** *signalent l'ouverture d'une nouvelle* ***fracture*** *à la cote 700. Une coulée de lave très importante (300 m de large et 4 m d'épaisseur) s'en échappe et dévale la pente à la vitesse de 40 à 60 km/h. Une vingtaine de maisons de Piton Sainte-Rose sont détruites ; l'église est endommagée. Vers 21 h le front atteint la mer. Le 16 avril, l'émission de lave s'arrête. La coulée a un volume d'au moins 4 millions de mètres cubes. Le Piton de la Fournaise se calme jusqu'à la prochaine éruption.*

D'après Maurice Krafft, « *La Fournaise* ».

FIG. 2

Le Piton de la Fournaise, à la Réunion, est un volcan particulièrement actif : près de 80 éruptions depuis le début du siècle. Depuis 1980, ce volcan est équipé de divers appareils de surveillance. Il est donc devenu un « laboratoire volcanologique » particulièrement intéressant.

Parmi les nombreuses éruptions du Piton de la Fournaise, celle de 1977 est décrite ici en détail. Quelle fut sa durée ? D'après les textes, donnez une définition des mots et expressions : éruption, période de repos, coulée, lave, projections.

Extrait de *Géologie - Biologie 4e*.

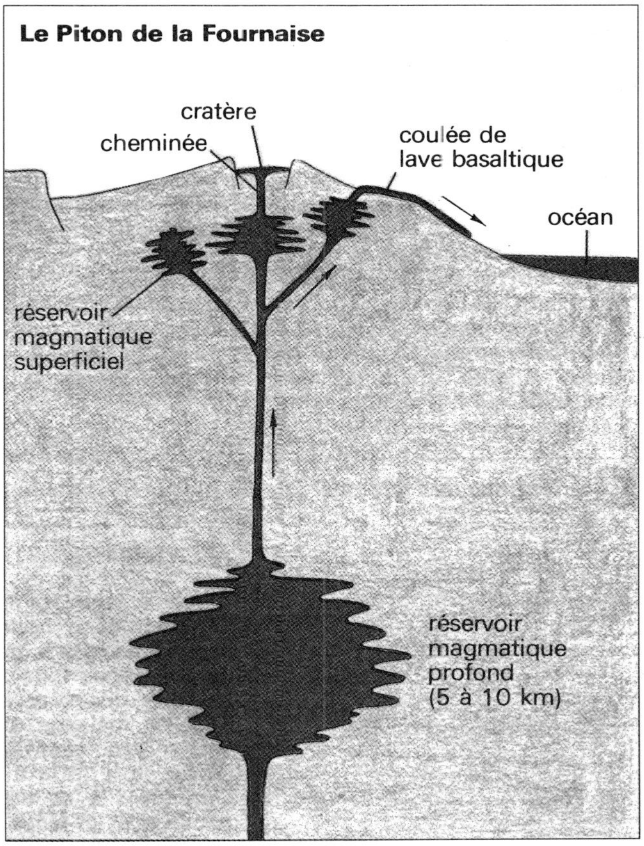

FIG. 3

Coupe schématique d'un volcan, le Piton de la Fournaise, proposée par les géologues.

Extrait de *Géologie - Biologie 4e*.

vitesse dont la valeur est estimée de 0,5 à 2 km par jour, jusqu'à ce réservoir magmatique. Il y séjourne un certain temps, parfois plusieurs années, avant le déclenchement de l'éruption. Une éruption volcanique correspond donc à la reprise de l'ascension du magma, depuis le réservoir magmatique jusqu'à la surface.

• **Nature du magma et viscosité**

La viscosité du magma dépend surtout de sa composition chimique. Elle augmente avec sa teneur en silice. Ainsi le magma du Piton de la Fournaise qui a une composition de basalte est beaucoup plus fluide que le magma de la montagne Pelée. Il existe toute une gamme de magmas de compositions chimiques différentes qui donnent, en se refroidissant, des **roches volcaniques** différentes.

4 Les roches volcaniques

• **Une structure caractéristique**

L'observation au microscope de lames minces montre que la très grande majorité des roches volcaniques a une **structure microlitique:** en plus des **phénocristaux** visibles à l'œil nu, on distingue des cristaux microscopiques en forme de baguettes (les **microlites**) séparés par un **verre** amorphe. Quelques roches volcaniques ne sont formées que d'un verre. Leur structure est dite vitreuse. A l'inverse, il arrive que le verre soit absent. Cette structure microlitique résulte d'un refroidissement du magma en deux temps:

— **refroidissement lent**, pendant plusieurs années, dans un réservoir magmatique (dont le volume peut dépasser le kilomètre cube) situé de 10 à 70 kilomètres sous le volcan;

— **refroidissement rapide** lors de l'éruption (celle-ci correspond à une reprise de l'ascension du magma).

• **Une composition chimique variable**

L'inventaire des minéraux cristallisés donne des indications sur la composition chimique de la roche, mais elle ne renseigne pas sur la composition du verre. Une analyse chimique est possible après fusion. L'étude des roches des volcans anciens, en relation avec l'allure des appareils volcaniques lorsqu'ils sont bien conservés, permet de définir la nature des activités volcaniques d'autrefois. C'est ainsi que l'on connaît le volcanisme du Massif central, volcanisme très actif qui s'est développé aux ères tertiaire et quaternaire et jusqu'à une période très récente.

5 Le volcanisme du Massif central

Le volcanisme français se localise surtout dans le Massif central où l'on compte plus de 1 000 volcans endormis ou éteints. Les plus vieux sont nés il y a 28 millions d'années. La chaîne des Puys abrite les volcans les plus jeunes de France. La dernière éruption (celle du Puy de Montcineyre) remonte seulement à 1500 ans avant J.-C. Beaucoup sont très bien conservés.

La chaîne des Puys, à proximité de Clermont-Ferrand, est un musée volcanologique unique en Europe: sur une bande de 7 km de largeur et de 55 km de longueur, de direction nord-sud, sont exposés 94 volcans de petite dimension mais très variés. Parmi ceux-ci on peut distinguer deux grandes catégories:

— **Des volcans à cratère** dont le cône est formé de coulées assez longues et de projections, bombes, scories, qui caractérisent des volcans faiblement explosifs. C'est le cas du Puy de la Nugère, des Puys de Lassolas et de la Vache...

— **Des volcans sans cratère** avec un **dôme** arrondi ou un cône à **aiguille**, flanqués d'éboulis provenant de leur démolition. Il s'agissait de volcans très explosifs avec production de nuées ardentes. C'est le cas du Grand Sarcoui, du Puy de Dôme...

6 Où sont situés les volcans actifs?

Il existe actuellement dans le monde plus de 1000 volcans en activité. Ces volcans ne sont pas répartis au hasard à la surface du globe. La figure 7, sur laquelle tous les volcans ne sont évidemment pas représentés, montre assez nettement une répartition selon certains alignements dont nous comprendrons la signification ultérieurement. Plus de la moitié des volcans (environ 62%) sont situés autour de l'océan Pacifique. Ce sont notamment les volcans du Japon, des Philippines, d'Indonésie, de la Cordillère des Andes, des montagnes Rocheuses...

A cette "**ceinture de feu**" du Pacifique, il faut ajouter les volcans des Antilles (une dizaine, parmi lesquels la montagne Pelée à la Martinique et la Soufrière à la Guadeloupe); les volcans des îles de l'Atlantique (Açores, Canaries, Madère, Islande...); les volcans du Pacifique central (Hawaii); les îles de l'océan Indien (la Réunion); les volcans du pourtour de la mer Méditerranée et d'Asie mineure.

7 Moins de victimes que les tremblements de terre

Les éruptions volcaniques font moins de victimes que les tremblements de terre, les cyclones ou les inondations. Par ailleurs, la prévention des éruptions violentes

L'histoire d'une éruption explosive : celle de la montagne Pelée en 1902.

1. Les événements précurseurs

- **Février 1902 :** des **fumerolles** apparaissent au sommet de la montagne.
- **25 avril :** à la suite d'une **explosion,** un énorme nuage de **cendres** s'échappe par un cratère proche du sommet. Les environs de Saint-Pierre sont couverts d'une poudre blanc grisâtre. Le même phénomène a lieu les jours suivants.
- **29-30 avril :** des **séismes** sont ressentis.
- **2 mai :** de violentes **explosions** réveillent la ville. Au-dessus du volcan un énorme nuage de cendres monte à plusieurs kilomètres.
- **6 et 7 mai :** le tonnerre des **détonations** s'entend jusqu'à la Guadeloupe, à 160 km. Des **blocs incandescents** sont projetés du cratère. Les chutes de **cendres** s'accroissent.

2. Le paroxysme explosif

- **8 mai, à 8 h 02 :** une **nuée ardente** dévale la pente de la montagne Pelée à la vitesse de 140 m/s, soit 500 km/h et anéantit Saint-Pierre. Les 26 000 habitants de la ville trouvent une mort instantanée.
- **20 et 26 mai, 6 juin et 9 juillet :** des **nuées ardentes** de moins en moins intenses.
- **30 août :** une **nuée ardente** qui dépasse en intensité celle du 8 mai dévaste une superficie deux fois plus importante, tue les 2 000 habitants de Morne Rouge à 6 km de Saint-Pierre.
- D'autres **nuées ardentes** se produisent pendant le reste de l'année 1902 et en 1903. On en compte au total **une soixantaine** d'intensités différentes.

3. Un dôme, puis une aiguille

- **21 mai :** on observe au niveau du cratère un **cône rocheux** clair d'une hauteur d'une centaine de mètres.
- **31 mai :** le cône a grandi et sa hauteur est estimée à 400 m : c'est une véritable **aiguille.**
- **9 juillet :** une **nuée ardente** détruit l'aiguille.
- **Mi-octobre :** une nouvelle aiguille solidifiée, de 100 à 150 m de diamètre à la base, se forme dans le cratère. A mesure qu'elle monte de gros blocs se détachent de son sommet. Mais sa croissance est si rapide (parfois 20 m par jour) qu'elle continue à grandir. Huit mois plus tard, elle culmine à 310 m. Aucun géologue n'avait vu pareil phénomène auparavant. L'aiguille finit par s'écrouler en **septembre 1903** lors de l'émission d'une nuée ardente. Sans les écroulements successifs, l'aiguille, qui n'a pas cessé de croître pendant un an et demi, aurait mesuré 850 m de haut !

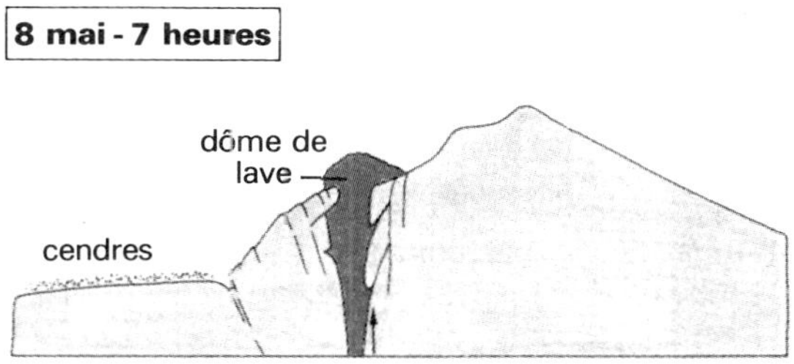

La montagne Pelée

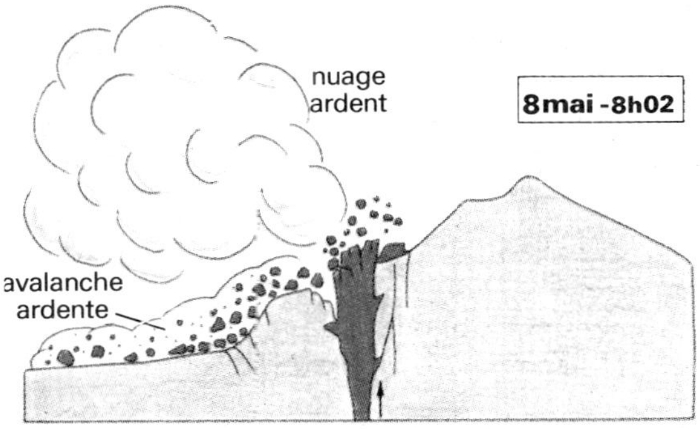

D'après *"La Recherche"*, juillet-août 1987.

FIG. 4

La montagne Pelée, seul volcan actif de la Martinique, est un cône de 1397m d'altitude qui couvre le 1/8 de l'île. En 1792, 1851 et 1889 des signes d'activité volcanique ont été observés : apparition de fumerolles et projections de cendres. Ils n'ont pas été suivis d'événements dramatiques. En 1902, l'éruption de ce volcan a provoqué la mort de 28 000 personnes. C'est la plus grande catastrophe volcanique du 20e siècle. Il est certain que la montagne Pelée se réveillera un jour. C'est pourquoi ce volcan est l'un des plus étudiés et des plus surveillés du monde.

Ce document permet de dégager les principaux caractères d'une éruption explosive. Comparer l'activité volcanique de la montagne Pelée à celle du Piton de la Fournaise (fig. 2) : caractères de l'éruption, durée, fréquence des éruptions, aspects des produits rejetés, âge du volcan,...

Extrait de *Géologie - Biologie 4e*.

a fait de grands progrès depuis quelques années, permettant d'obtenir des résultats spectaculaires. Mais de nombreux volcans ne sont pas encore équipés de laboratoires volcanologiques, et, tout en étant de mieux en mieux maîtrisé, le risque volcanique est encore une réalité.

Toutes les éruptions ne sont pas également meurtrières : depuis 500 ans, sept éruptions seulement sont responsables des quatre cinquièmes du nombre total de victimes (environ 260 000), le triste record du plus grand nombre de victimes étant détenu par l'Indonésie. Les activités volcaniques les plus meurtrières sont les coulées de boue (provoquées par la fusion de la neige et de la glace qui recouvrent le sommet de certains volcans), et les nuées ardentes. Les retombées des cendres entraînent la destruction des récoltes et des troupeaux et en conséquence la mort des habitants en raison de la famine et des épidémies qui s'ensuivent. Ainsi, en 1815, le Tambora a fait 92 000 morts dont 80 000 sont dus à la famine.

8 Peut-on prévoir les éruptions volcaniques ?

L'ascension du magma qui précède une éruption déclenche plusieurs modifications décelables en surface. Certaines peuvent être évaluées avec précision.

• **L'activité sismique :** des sismographes sont disposés autour de l'édifice volcanique et reliés en réseau à un laboratoire ; ils enregistrent les secousses qui correspondent à la montée du magma ; la localisation des épicentres donne des indications sur la situation du magma en profondeur.

• **Les déformations du sol :** la montée du magma entraîne souvent un "gonflement" de l'édifice volcanique. Cette déformation de quelques millimètres seulement peut être enregistrée grâce à des microréflecteurs placés tout autour du volcan. Des rayons laser dirigés sur eux permettent de déceler d'éventuelles déformations.

• **Les variations de la composition chimique des fumerolles :** les eaux et les gaz qui s'échappent des fissures et du cratère changent de composition en fonction de la distance du magma.

• **L'activité thermique :** elle est évaluée par photographies infrarouges et par mesures directes de la température des sources et des fumerolles. D'autres variations sont observées, mais la prévision s'appuie principalement sur les deux premières méthodes. Actuellement, celle des séismes donne les meilleurs résultats.

9 Des questions restées sans réponse

Comment les géologues expliquent-ils la répartition des volcans ? Pourquoi certains magmas sont-ils visqueux et d'autres fluides ?

Ces questions importantes recevront une réponse dans le chapitre 4, p. 439, lors de l'étude du fonctionnement global du globe terrestre.

10 En résumé

Une éruption volcanique correspond à la montée de magma venu d'une certaine profondeur et dont la température est supérieure à 900°C. Les gaz qu'il contient s'échappent plus ou moins facilement. Ceci détermine la nature de l'éruption (explosive ou effusive).

Chaque éruption apporte des échantillons de l'intérieur de la Terre. Les roches volcaniques ont une structure microlitique qui résulte du refroidissement du magma en deux temps.

Connaissez-vous

LE SENS DE CES MOTS OU EXPRESSIONS

- **éruption volcanique**
- **éruption effusive**
- **éruption explosive**
- **lave**
- **nuée ardente**
- **cendres**
- **lapilli**
- **scories**
- **bombes**
- **cône volcanique**
- **magma**
- **éruption phréatique**
- **gradient géothermique**
- **chambre magmatique**
- **roche volcanique**
- **structure microlitique**
- **microlite**
- **phénocristaux**
- **verre**
- **cratère**
- **dôme**
- **"ceinture de feu"**
- **fumerolles**

FIG. 5

Quelle est la durée de vie d'un volcan ? A quoi correspond le cône volcanique ?

Extrait de *Géologie - Biologie 4ᵉ*.

Histoire sommaire de l'île de la Réunion

« L'histoire de la Réunion commence, il y a trois millions d'années, avec l'apparition d'un volcan à 4 000 m de profondeur. Le cône volcanique se construit peu à peu. Un million d'années plus tard, le Piton des neiges émerge de l'océan. Les éruptions se succèdent à un rythme accéléré et un cône gigantesque se construit. Il y a 350 000 ans, un petit volcan fait son apparition sur le flanc sud-est du Piton des neiges : le Piton de la Fournaise qui grandit paisiblement, coulées de basalte après coulées de basalte. Depuis 20 000 ans, le Piton des neiges est en sommeil... peut-être mort... »

D'après Maurice Krafft, *« La Fournaise »*.

Histoire sommaire de la montagne Pelée

*Par différentes méthodes, les géologues ont établi que la montagne Pelée s'est édifiée au cours de **trois phases volcaniques** :*

*1 — **Construction de l'édifice ancien** par un volcan qui est né il y a 300 000 ans et a cessé son activité il y a 150 000 ans environ.*

*2 — **Activité explosive du volcan** qui construit un édifice intermédiaire après une longue période de repos, qu'on estime aux alentours de 100 000 ans environ. Les deux dernières éruptions importantes ont eu lieu il y a 26 000 ans et 22 500 ans. Le cratère de 1,5 km de diamètre est encore parfaitement reconnaissable.*

*3 — **Reprise de l'activité volcanique** il y a 13 500 ans après une période de repos de 6 000 ans. Durant ces 13 500 ans, 24 éruptions ont été individualisées (dont deux historiques). Toutes sont caractérisées par des phénomènes extrêmement ou moyennement **explosifs**.*

D'après D. Westercamp et H. Traineau. *Carte géologique de la montagne Pelée*. BRGM.

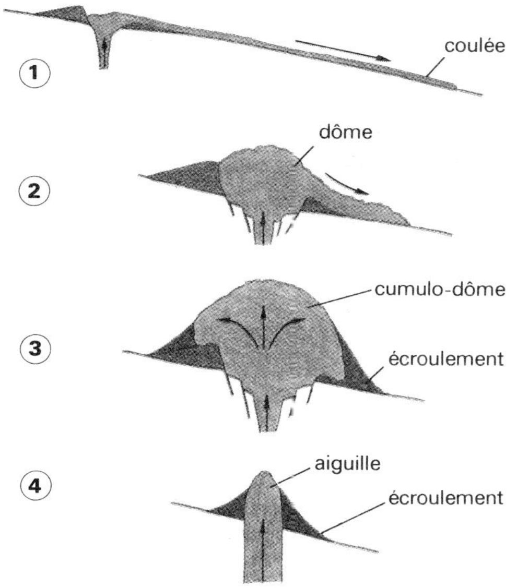

(1) **grande fluidité :** coulées longues à écoulement rapide (vitesse 80 km/h).
(2) **viscosité modérée :** dôme, coulée courte.
(3) **grande viscosité :** cumulo-dôme.
(4) **très grande viscosité :** formation d'une aiguille.

D'après A. de Goër et J.-M. Belin. *"Le volcanisme en Auvergne"*. CRDP de Clermont-Ferrand.

FIG. 6

Dans les éruptions explosives, les coulées sont généralement très courtes. Parfois, la lave est trop visqueuse pour couler, elle s'accumule et forme un dôme qui obstrue la cheminée volcanique. Ce bouchon est à l'origine d'explosions violentes dès que la pression des gaz est suffisante pour le faire sauter.
Dans le cas extrême, la lave d'une très grande viscosité est presque solide. Elle monte au-dessus de l'orifice en une aiguille rigide. C'est le cas à la montagne Pelée.

Extrait de *Géologie - Biologie 4ᵉ*.

2 DES ACTIVITÉS PÉDAGOGIQUES POSSIBLES

1 Qu'est-ce qu'une éruption volcanique ?

Voici quelques activités possibles :

— Demander à chaque enfant de faire un dessin expliquant ce qu'est, d'après lui, une éruption volcanique (il s'agit de représenter ce qu'on verrait si on coupait le volcan en deux).

— Analyser un document vidéo présentant une ou plusieurs éruptions volcaniques (avec coulée de lave, explosions...).

— Rechercher l'explication du phénomène, telle que la fournissent les géologues, en étudiant le document de la figure 8.

— Comparer une éruption calme (avec coulée de lave) à une éruption explosive (fig. 10). Pour mettre en évidence le rôle joué par les gaz dans les manifestations des éruptions, il est pratique d'employer une image telle que celle-ci : si on débouche une bouteille de Coca cola après l'avoir agitée, le liquide qu'elle contient est projeté hors de la bouteille. Par contre, si on débouche une bouteille d'eau non gazeuse après l'avoir agitée, on n'obtient pas de projection.

— Observer des photographies d'éruptions volcaniques, faire des dessins à l'aide d'un papier calque et les légender.

— Formuler des hypothèses permettant de comprendre pourquoi il existe en profondeur des roches fondues. Donner brièvement l'explication : dans toute éruption volcanique, il y a sortie de roches en fusion. Leur température est de 1000 à 1200°C. D'où vient cette chaleur ? La Terre fonctionne comme une centrale nucléaire : les éléments radioactifs qu'elle contient libèrent de la chaleur en se désintégrant.

2 La vie d'un volcan

Divers documents (la figure 10 en fournit un exemple) peuvent être utilisés pour préciser que :

— l'activité d'un volcan est discontinue (alternance entre éruptions et périodes de sommeil) ;

— la vie d'un volcan n'est pas éternelle ; un volcan naît, vit et meurt dans un intervalle de temps variant de l'ordre du siècle à celui du million d'années ;

— le cône volcanique est le résultat de l'activité du volcan. La figure 9 peut être utilisée comme document d'évaluation et figurer dans le cahier de l'élève.

3 Les volcans du Massif central

— Observer les photographies de volcans du Massif central, les comparer, les localiser sur une carte de France ou d'Auvergne.

— Examiner des roches volcaniques et en particulier des échantillons de roches alvéolaires, "bulleuses" (pouzzolane, ponce...), et rechercher l'origine des "trous".

— Analyser des textes sur les volcans du Massif central (fig. 11).

4 La répartition des volcans

Rechercher sur une carte (fig. 7) où sont situés les principaux volcans actifs peut constituer la dernière étape de cette étude (localiser les volcans sur un globe terrestre, colorier la carte...). Ce document trouvera toute son importance ultérieurement lorsqu'on comparera entre elles les cartes de répartition :

— des volcans terrestres,

— des volcans sous-marins (une des découvertes majeures de la géologie moderne est celle de l'existence d'une activité volcanique sous-marine, beaucoup plus importante que celle que l'on observe sur les continents).

— des tremblements de terre.

FIG. 7

Sur cette carte ont été représentés les principaux volcans actifs de l'ensemble du monde. Que remarque-t-on ?

Extrait de *Cahier d'activités CM1, Biologie.*

1 *Les volcans « terrestres » actifs*

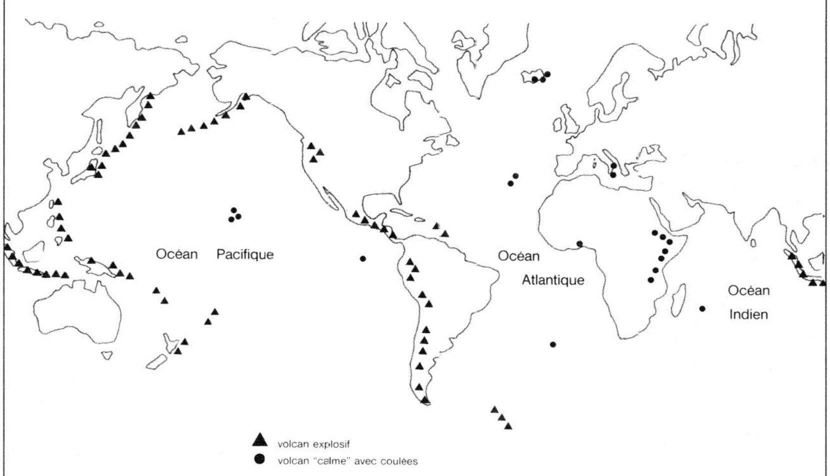

- Sur la carte, indique le nom des continents : Amérique du Nord, Amérique du Sud, Europe, Afrique, Asie, Australie.
- Près des deux-tiers des volcans actifs sont situés autour de l'océan Pacifique. Ils constituent ce qu'on appelle le « Cercle de feu » du Pacifique. Colorie ces volcans.

1 *Qu'est-ce qu'une éruption volcanique ?*

magma : roches en fusion dont la température dépasse 1 000°C. (Tu verras p. 62 quelle est l'origine du magma.) Le magma contient toujours des gaz dissous. Ceux-ci s'échappent facilement et presque sans explosion lorsque le magma est très fluide. Lorsque le magma est visqueux, les gaz ne s'échappent que lorsque la pression gazeuse est très forte. Une explosion se produit alors.

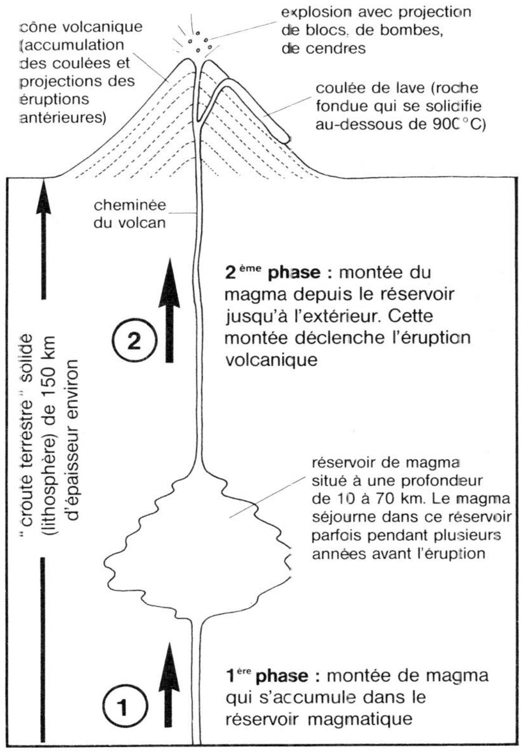

- Colorie
  – le magma et la lave en rouge,
  – le cône volcanique en jaune,
  – l'écorce terrestre en beige.

FIG. 8

Ce schéma constitue l'explication donnée par les géologues d'une éruption volcanique. Après l'avoir analysé, les enfants peuvent le confronter avec le dessin initial qu'ils ont réalisé (fig.1).

Extrait de *Cahier d'activités CM1, Biologie.*

NOTIONS VISÉES

à l'école élémentaire

- Lors d'une **éruption volcanique,** du **magma** (roches en fusion situées en profondeur) monte vers la surface sous la pression des gaz qu'il contient.

- Il existe différents types d'éruptions volcaniques : certaines sont **explosives**, d'autres ne présentent que des **coulées** de roches fondues (ou **laves**).

- Deux facteurs expliquent qu'un volcan soit explosif ou non : d'une part la **viscosité du magma**, d'autre part la quantité de **gaz** qu'il contient. Les gaz (peu abondants) s'échappent facilement des laves très fluides (d'où une éruption silencieuse, sans explosion ni projections) ; les gaz s'échappent avec beaucoup de difficultés d'un magma très visqueux (d'où éruption violente avec projection de bombes, de blocs, de cendres...). Entre les deux, tous les intermédiaires sont possibles.

- L'activité d'un volcan est **discontinue**. Des périodes de repos plus ou moins longues séparent les périodes actives. Le volcan est alors "en sommeil".

- Les volcans donnent naissance aux roches volcaniques.

- Un volcan est une montagne conique formée par l'accumulation des **coulées** de laves et des **projections** expulsées par les éruptions volcaniques successives.

- Les volcans "terrestres" sont très inégalement répartis à la surface du globe. Certaines zones ont une activité volcanique très faible (quelques volcans isolés) ; d'autres, comme la bordure du Pacifique, possèdent de très nombreux volcans.

- **Mots clés**
  éruption, magma, lave, cône volcanique.

1 ***Les étiquettes sont décollées***

cône volcanique — magma — projections — coulée de lave — explosion volcanique

	« fleuve » de roches fondues qui descend sur les pentes du volcan et se solidifie en se refroidissant.
	« montagne » formée par l'accumulation des matériaux rejetés au cours des différentes éruptions.
	matière en fusion qui monte par la cheminée du volcan.
	matériaux projetés lors d'une explosion : bombes, blocs, lapillis, cendres.
	phénomène comparable à ce qui se passe quand on débouche une bouteille de champagne préalablement agitée : la libération des gaz provoque des projections de fragments de lave plus ou moins gros.

FIG. 9

Des définitions précises des mots clés à connaître peuvent constituer le support d'un exercice d'évaluation des connaissances acquises au cours de l'étude des volcans.

Extrait de *Cahier d'activités CM1, Biologie.*

2 *La vie d'un volcan*

Carte d'identité n° 1

Nom : Piton de la Fournaise
Localisation : Ile de la Réunion*
Age : 350 000 ans
Activité : 53 éruptions depuis 1931 (en moyenne une chaque année) qui durent chacune 8 à 15 jours.
Caractère : Éruptions calmes avec coulées de lave fluide.

Carte d'identité n° 2

Nom : Montagne Pelée
Localisation : Martinique*
Age : 13 500 ans
Activité : 24 éruptions depuis 13 500 ans dont 5 depuis 1635 : en 1792, 1851, 1889, 1902 et 1929.
Caractère : Éruptions extrêmement explosives avec rejet de gaz toxiques, de poussières, de blocs énormes d'un magma visqueux. L'éruption de 1902 a provoqué la mort de 28 000 personnes.

* Cherche sur une carte la localisation de ces îles.

- L'activité d'un volcan est-elle permanente ? ....

....

- Quelle est, entre deux éruptions, la durée des périodes de repos
  - pour le Piton de la Fournaise ? ....
  - pour la Montagne Pelée ? ....
- Regroupe ces mots en deux « familles » : 1. volcan explosif, 2. volcan calme, 3. coulée, 4. lave fluide, 5. lave visqueuse, 6. cendres volcaniques, 7. projection de blocs, de cendres.

1,	2,

FIG. 10

Comparer le fonctionnement de ces deux volcans revient à dégager les caractéristiques des deux grands types d'éruptions volcaniques.

Extrait de *Cahier d'activités CM1, Biologie.*

« Le volcanisme français se localise surtout dans le Massif central. Les volcans y sont plus de 1 000, endormis ou éteints. Les plus vieux sont nés il y a 25 millions d'années ; le plus jeune, le lac cratère du Pavin, est apparu il y a 3 500 ans.

Mais 3 500 ans de sommeil pour un volcan, ce n'est même pas une nuit de la vie d'un homme.

Les vulcanologues pensent qu'une éruption se produira dans le Massif central avant 3 000 ans. Elle interviendra sans doute dans la chaîne des Puys, à l'ouest de Clermont-Ferrand. »

Maurice Krafft

FIG. 11

Y a-t-il des volcans en France ? Cette question, très souvent posée par des enfants, trouve ici des éléments précis de réponse.

Extrait de *Sciences et technologie, CM.*

2 Le volcanisme sous-marin

Pendant très longtemps, le fond des océans est resté totalement inconnu. Pourtant l'étude des fonds océaniques, commencée depuis 1960, a été le point de départ d'une nouvelle aventure scientifique dont l'importance est capitale pour la compréhension de l'activité de notre planète.

En 1973, des géologues ont pu, à travers le hublot d'un engin submersible, observer pour la première fois le fond des océans et découvrir une activité volcanique beaucoup plus importante dans les océans que sur la terre ferme.

1 INFORMATIONS UTILES POUR L'ENSEIGNANT

1 Les principales étapes d'une aventure scientifique étonnante

Pendant très longtemps l'**exploration du fond des océans** est demeurée impossible. En quelques années, grâce à l'utilisation de moyens technologiques très perfectionnés et d'outils révolutionnaires, des découvertes remarquables ont été faites. Ainsi, l'évolution des connaissances est, dans ce domaine, directement liée aux développements technologiques (fig. 1). Les recherches ont visé trois objectifs principaux :

— **Réaliser la carte topographique du fond des océans** par échosondage. Pour cela, dans les années 1960, des programmes d'exploration des différents océans ont été organisés.

— **Déterminer la nature et la structure du plancher océanique.** En 1968, un navire foreur américain, le Glomar Challenger, a été mis à la disposition de la communauté scientifique et plus de 1000 forages profonds ont été effectués dans toutes les mers du monde.

— **Observer directement le fond des océans** grâce à des submersibles de grande profondeur. A partir de 1973, les géologues ont observé à travers un hublot, les reliefs sous-marins éclairés par de puissants projecteurs. Les géologues de la mer sont ainsi devenus des géologues de "terrain".

2 Les résultats obtenus

Une chaîne de montagnes volcaniques de 65 000 km de longueur, appelée **dorsale océanique**, serpente dans les différents océans du globe. L'axe de cette dorsale, appelé **rift**, est une immense "fracture" sous-marine au niveau de laquelle sort de la lave volcanique.

Connaissez-vous

LE SENS DE CES MOTS OU EXPRESSIONS

- **plancher océanique**
- **dorsale océanique**
- **pillow-lavas**
- **volcans sous-marin**
- **rift**

FIG. 1

Les principales étapes d'une aventure scientifique étonnante : la découverte des fonds océaniques.

- **1960** : Établissement par sondage acoustique de la carte topographique des océans. Découverte d'une formidable chaîne montagneuse sous-marine.
- **1968** : Un outil révolutionnaire est mis à la disposition des scientifiques : le navire foreur américain Glomar Challenger. Il permet d'aborder la « dimension verticale » en réalisant des forages dans tous les océans du Monde.
- **1973** : Pour la première fois, des géologues observent directement le « plancher » océanique au sud des Açores, grâce à l'utilisation de submersibles.
- **1978** : Une observation inattendue dans le Pacifique, celle de cheminées hydrothermales sous-marines crachant de l'eau atteignant 370° C et chargée de métaux.
- ... et demain ? L'utilisation d'outils nouveaux apportera de nouvelles découvertes, sans aucun doute remarquables.

FIG. 2

La carte de répartition des volcans sous-marins est importante à analyser, car elle prépare l'introduction ultérieure de la présence de plaques.

Extrait de *Cahier d'activités CM1, Biologie.*

2 *65 000 kilomètres de volcans sous-marins*

Pendant très longtemps, le fond des océans est resté totalement inconnu. Divers moyens technologiques révolutionnaires ont permis aux géologues de découvrir récemment l'existence d'une ligne continue de volcans qui serpente dans tous les océans du monde sur une longueur de 65 000 km. Ces volcans sous-marins sont indiqués sur cette carte par les lignes de petits points.

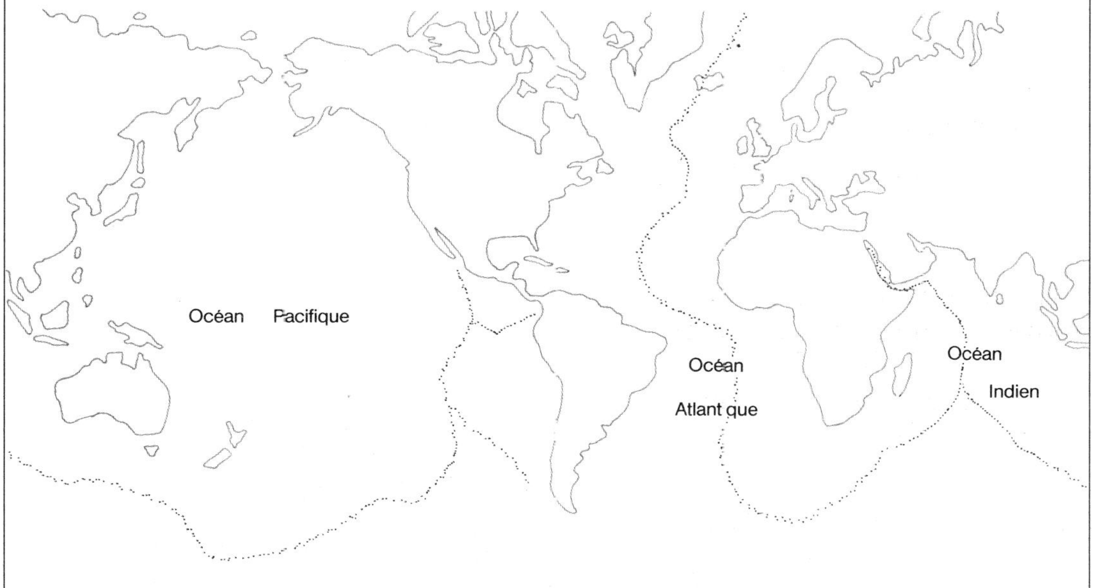

- Colorie la ligne continue des volcans sous-marins.
- Dans l'océan Atlantique, où sont situés ces volcans ?

....

Cette émission de lave est responsable de l'expansion en "tapis roulant" du **plancher océanique**. Celui-ci est formé de lave volcanique recouverte d'une couche de sédiments dont l'épaisseur croît de manière symétrique de part et d'autre de la dorsale. Ces **volcans sous-marins** sont différents des volcans terrestres. La lave est émise le long de fissures de quelques centaines de mètres de longueur et de quelques mètres de largeur, à une profondeur de 2 à 3000 mètres. Elle s'épanche dans l'eau froide sous pression en prenant un aspect caractéristique **en "oreillers"** (appelés "pillow-lavas" en langue anglaise).

2 DES ACTIVITÉS PÉDAGOGIQUES POSSIBLES

1. Analyse de photographies ou de films montrant l'exploration des fonds sous-marins (engins utilisés, manifestations du volcanisme sous-marin...

2. Découverte de l'extension du volcanisme sous-marin et de sa répartition à partir d'une carte (fig. 2).

3. Explication du phénomène et de ses résultats.

NOTIONS VISÉES

à l'école élémentaire

- Au milieu de l'océan Atlantique, dans l'océan Pacifique et dans d'autres mers, sur une ligne de 65 000 kilomètres, des laves en fusion sortent de façon continue et en quantité importante.
- **Le fond de tous les océans** du monde (ils occupent les deux tiers de la surface de la Terre) est constitué de **roches volcaniques** (de basalte surtout).
- Les volcans terrestres ou sous-marins **ne sont pas répartis au hasard**. Leur répartition coïncide avec celle des tremblements de terre.
- Les découvertes scientifiques sont souvent le résultat de progrès technologiques de plus en plus étonnants. Ainsi la fabrication de petits submersibles capables de descendre à de très grandes profondeurs a conduit à l'observation directe des **volcans sous-marins.**

3 Les tremblements de terre

De nombreux **tremblements de terre** ou **séismes** sont restés célèbres à cause de leurs effets dévastateurs, et il est rare qu'une année se passe sans que la presse se fasse l'écho d'un ou de plusieurs tremblements de terre provoquant des destructions d'immeubles et de nombreuses victimes. Deux milliards d'hommes vivent dans les régions menacées par les tremblements de terre et on estime que, depuis le début du siècle, les séismes ont tué en moyenne 15 000 personnes par an ! Ce sont, de loin, les catastrophes naturelles les plus meurtrières. Par comparaison, le volcanisme est beaucoup moins dangereux (environ 200 000 victimes au cours des cinq derniers siècles).

Les enfants connaissent tous, par la télévision et les journaux, l'existence des tremblements de terre. Les médias, qui développent largement les divers événements spectaculaires ou meurtriers qui se produisent dans le monde, ne parlent que des tremblements de terre les plus dramatiques. Parmi les documents à analyser sur ce sujet, on pourra donc mettre entre les mains des élèves des coupures de presse intéressantes. Cependant, le rôle de l'école est d'aller plus loin qu'une simple description, d'où la nécessité d'avoir recours à d'autres documents.

1 INFORMATIONS UTILES POUR L'ENSEIGNANT

Les tremblements de terre sont très fréquents : chaque année sur la Terre il se produit en moyenne un million de **séismes**, soit environ deux par minute. Certains sont très violents et peuvent avoir des conséquences dramatiques. Beaucoup sont bénins et seulement perçus par des appareils d'enregistrement perfectionnés. Tous cependant sont des manifestations brutales de l'activité du globe.

1 Un phénomène très bref

Un tremblement de terre est caractérisé par des **secousses** plus ou moins violentes dont la durée ne dépasse pas quelques secondes ou quelques minutes. Les secousses violentes peuvent avoir pour conséquence non seulement la destruction des constructions, mais aussi la déformation des voies de chemin de fer, l'apparition de fractures dans le sol... **En quelques secondes,** des paysages peuvent être modifiés.

Un séisme violent s'accompagne d'un bruit terrifiant venu des profondeurs de la terre.

Lorsque les secousses se produisent sous la mer ou le long des côtes, elles se propagent dans l'eau et provoquent des **raz de marée**. Les vagues peuvent atteindre une hauteur de plusieurs dizaines de mètres. Un séisme important est parfois précédé et presque toujours suivi de secousses de moindre amplitude. Les secousses qui précèdent sont dites **prémonitoires**, celles qui suivent sont appelées **répliques**. L'état d'agitation du sol peut se prolonger pendant des mois.

2 Un phénomène très localisé

Autrefois, pour mesurer l'intensité d'un séisme, on évaluait ses effets destructeurs sur les constructions et sur les terrains. Pour cela, on prenait pour référence l'**échelle de Mercalli** ou l'**échelle MSK** (fig. 3). En reliant, sur une carte, les points d'égale intensité, on obtient les **courbes isoséistes** (fig.4). La zone centrale où l'intensité est la plus grande est l'**épicentre**. Les courbes isoséistes sont d'autant plus resserrées que le foyer du séisme, c'est-à-dire la zone où il se produit, est plus superficiel.

3 L'enregistrement des secousses

Depuis le début du siècle, les géologues étudient les séismes à l'aide d'appareils sensibles et fidèles (les

sismographes) qui enregistrent de façon continue les ébranlements du sol appelés **ondes sismiques** (fig. 5).

• Le principe de l'enregistrement

Un sismographe comprend un bâti rigide parfaitement solidaire du sol, sur lequel est fixée une feuille d'enregistrement.

Un pendule très lourd, muni d'un stylet, est suspendu au bâti. Si le sol se déplace, le bâti suit le mouvement. Par contre, en raison de son inertie, le pendule reste pratiquement immobile.

Bien que le principe général soit le même, l'enregistrement obtenu par les sismographes modernes est réalisé autrement : le déplacement du pendule produit un courant électrique ; celui-ci est ensuite "traduit" sous forme graphique.

• Une très grande sensibilité des appareils

Les sismographes modernes sont assez sensibles pour enregistrer des mouvements du sol dont l'amplitude ne dépasse pas le cent millième de millimètre et dont l'origine peut être très lointaine. Ils perçoivent donc des tremblements de terre de très faible intensité. Grâce à leur amplification électronique, les sismographes augmentent un million de fois l'amplitude des mouvements du sol. De plus, ils transmettent leurs enregistrements par radio à une station centrale qui collecte les données en provenance de plusieurs endroits.

• La complexité des enregistrements

L'analyse d'un sismogramme est complexe. Aussi est-elle réservée aux spécialistes. La complexité tient aux inscriptions successives d'**ondes de nature différente** (**ondes P** qui arrivent les premières, **ondes S** ou secondes, **ondes L**), qui voyagent à travers le globe à des vitesses différentes et en suivant des trajectoires différentes. Alors que le choc initial qui se produit au **foyer** est très bref (de l'ordre de la seconde), l'arrivée des ondes sismiques peut s'étaler sur plusieurs dizaines de minutes au niveau des sismographes situés à plusieurs milliers de kilomètres.

• L'intérêt des enregistrements

L'analyse des tracés permet aux spécialistes de déterminer :

— la **position du foyer** et celle de l'**épicentre**,

— la **magnitude**, c'est-à-dire l'énergie libérée par le séisme au niveau du foyer ; celle-ci est liée à la force du séisme ; elle est exprimée dans l'échelle de Richter par un nombre de 0 à 9.

• L'échelle de Richter

L'échelle de Richter n'est pas linéaire ; ainsi un séisme de magnitude 9 libère 10 000 fois plus d'énergie qu'un séisme de magnitude 4.

En utilisant cette relation qui existe entre la magnitude d'un séisme et l'énergie libérée au cours de celui-ci, les géologues constatent que quelques grands séismes libèrent à eux seuls 96% de l'énergie sismique totale, soit beaucoup plus d'énergie que les 800 000 à 1 000 000 de petits séismes qui se produisent annuellement. La plupart de ceux-ci ne sont pas perçus par les populations, même au niveau de la zone épicentrale si cette dernière est habitée.

4 Quelle est la cause des séismes ?

• Une rupture brutale

Tous les séismes, qu'ils soient destructeurs ou imperceptibles, correspondent à une rupture brutale de l'écorce terrestre qui se produit à un endroit situé entre 1 et 700 km de profondeur, appelé **foyer** du séisme (fig. 6). La rupture brutale donne naissance à des vibrations, les **ondes sismiques ;** celles-ci se propagent sous forme de sphères concentriques comparables aux rides qui naissent à la surface de l'eau quand on jette un caillou. Le temps mis par les ondes pour arriver à la surface de la terre est d'autant plus court que la distance parcourue est plus petite. Elles parviennent donc d'abord à l'épicentre E situé à la verticale du foyer, puis en des lieux de plus en plus éloignés.

• Les mouvements associés aux séismes

La rupture brutale dont nous avons parlé précédemment laisse souvent, dans la zone de l'épicentre, des fissures béantes, des rajeunissements de failles..., c'est-à-dire des "déchirures" visibles en surface. On parle de **faille** lorsque deux compartiments, séparés par une fracture, se sont déplacés l'un par rapport à l'autre. Une faille non verticale provoque soit un **abaissement**, soit un **soulèvement** du compartiment voisin. Une faille est une **déformation brutale** et de **courte durée**. Les failles fonctionnent en effet par saccades brusques, mais elles le font un très grand nombre de fois sur des périodes très longues (pouvant atteindre plusieurs millions d'années). Ainsi la faille de San Andreas (Californie), à peine visible dans le paysage, a été brusquement rajeunie sur une longueur de 270 km en 1906, et se présente actuellement comme une fissure béante plus ou moins large selon les endroits.

5 La localisation des séismes

Une carte de répartition des foyers des séismes fait apparaître l'existence de zones à forte séismicité, c'est-à-dire de **zones "fragiles"**. Nous verrons dans le chapitre 4, p. 439 l'explication de cette répartition.

6 Les séismes et la structure du globe

L'étude de la propagation des ondes sismiques apporte une contribution fondamentale à la connaissance de la

1 Un phénomène très bref

IRAN : LA MINUTE INFERNALE

Le 21 juin 1990 à 0 h 31, un violent tremblement de terre ravage le nord-ouest du pays : 40 000 morts, 100 000 blessés.

J'ai vu Mexico s'écrouler

En trois minutes, le Mexique est entré dans le drame. Notre envoyé spécial a vu la ville s'effondrer.

(Le tremblement de terre de Mexico du 19 septembre 1985 : 35 000 morts, 30 000 blessés, 420 immeubles écroulés dont 8 hôpitaux, 137 écoles, 3 000 immeubles endommagés.)

EN DERNIÈRE PAGE, LES PHOTOS DE LA TRAGÉDIE DE SAN FRANCISCO

15 secondes en enfer

Dans la ville, ce fut soudain l'apocalypse : immeubles écroulés, rues affaissées. L'autoroute de la mort s'effondre : des centaines de voitures écrasées, 271 morts, 475 blessés.

Le tremblement de terre de San Francisco du 17 octobre 1989 a duré 15 secondes. Dans cette même ville, en avril 1906, un tremblement de terre détruit 28 000 maisons, tue 600 personnes.

- Quelle est approximativement la durée d'un séisme ?

....

- Pourquoi les tremblements de terre de forte intensité font-ils des victimes ?

....

....

FIG. 1

L'analyse des coupures de presse permet de dégager certaines caractéristiques des séismes (brutalité, brièveté, localisation précise, intensité des secousses, dégâts...).

Extrait de *Cahier d'activités CM1, Biologie.*

3 Quelques séismes récents

date	région	nombre de victimes	intensité*
31 mai 1970	Pérou	60 000	7,7
23 décembre 1972	Nicaragua	30 000	8
4 février 1976	Guatemala	23 000	7,3
28 juillet 1976	Chine	800 000	8
10 octobre 1980	Algérie	3 500	7,2
23 novembre 1980	Italie	4 500	7
26 mai 1983	Japon	100	7,7
19 septembre 1985	Mexique	9 000	8,2
17 octobre 1989	San Francisco	271	7,3
21 juin 1990	Iran	40 00	7,3

* d'après l'échelle de Richter

- Quel séisme a fait le plus de victimes ? ....
- Comment l'expliques-tu ? ....

....

FIG. 2

L'analyse de ce tableau de nombres peut s'accompagner d'une recherche de la localisation géographique sur un atlas.

Extrait de *Cahier d'activités CM1, Biologie.*

On peut mesurer l'intensité d'un séisme en évaluant les dégâts causés aux habitations humaines. L'échelle la plus récente dite MSK comporte 12 degrés parmi lesquels nous ne retiendrons que les plus significatifs.

- *Degré 1 :* secousse non perçue par les hommes et seulement enregistrée par les sismographes.
- *Degré 2 :* secousse ressentie par quelques personnes, surtout aux étages supérieurs des immeubles.
- *Degré 5 :* beaucoup de dormeurs s'éveillent ; les lustres se balancent fortement.
- *Degré 8 :* écroulement des constructions traditionnelles. Beaucoup de dégâts dans les maisons en briques, préfabriquées ou en bois sur semelles de briques.
- *Degré 9 :* écroulement partiel des maisons à armature en béton, fissures dans le sol pouvant atteindre le mètre, ruptures de routes, voies ferrées, barrages...
- *Degré 12 :* bouleversement total de la surface du sol ; toutes les constructions humaines sont détruites, une nouvelle morphologie du terrain apparaît.

FIG. 3

L'échelle d'intensité des séismes la plus récente est l'échelle M.S.K. (Medvedev, Sponheuer, Karnik, 1964).

Extrait de *Géologie-Biologie 4e*.

2 *L'intensité des séismes*

L'intensité d'un séisme était autrefois déterminée par l'importance des dégâts causés aux constructions (échelle de Mercalli graduée de 1 à 12).

Elle est actuellement déterminée de façon plus rigoureuse par les analyses des enregistrements obtenus avec les sismographes (échelle de Richter graduée de 1 à 9).

Intensité du séisme d'El Asnam (1980) établie d'après l'échelle de Mercalli

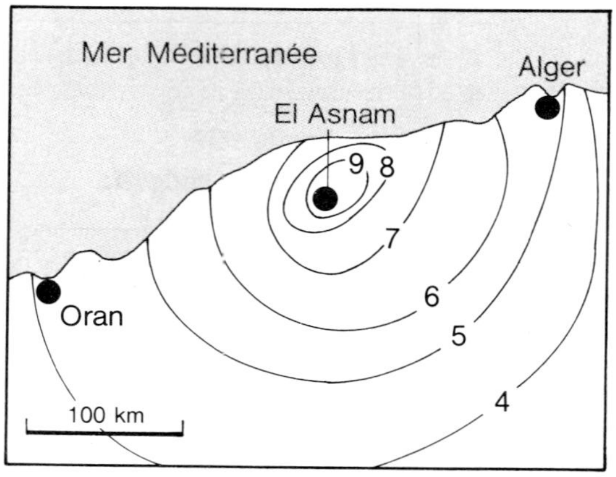

- Quelle a été l'intensité du séisme de 1980
  - à El Asnam ? ....
  - à Alger ? ....
  - à Oran ? ....
- D'après toi, où était situé le foyer du séisme ?

....

FIG. 4

En reliant sur une carte les endroits où le séisme a été perçu avec la même intensité, on trace des courbes appelées isoséistes. L'interprétation de la carte est facile pour des élèves du CM sans pour cela employer de vocabulaire scientifique.

Extrait de *Cahier d'activités CM1, Biologie.*

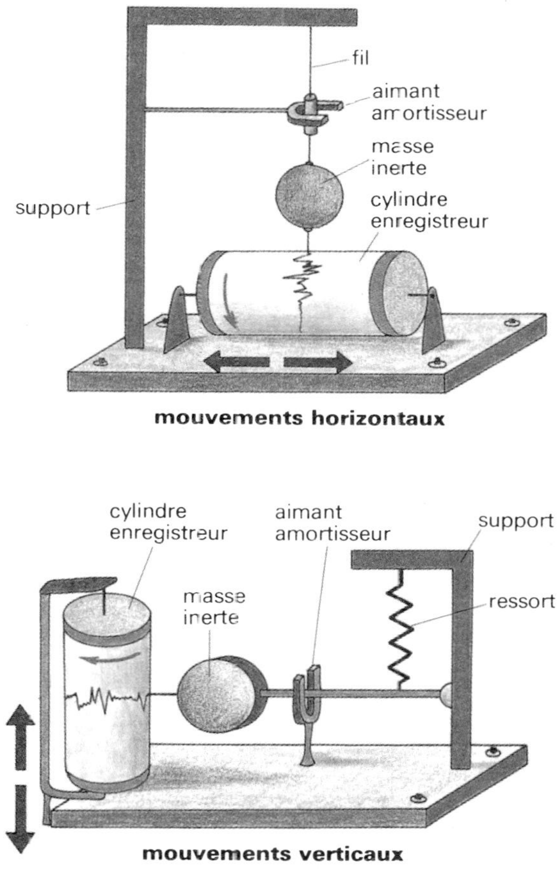

FIG. 5

Selon leur dispositif, les sismographes enregistrent des mouvements horizontaux ou des mouvements verticaux.

Extrait de *Biologie-Géologie 1ère S.*

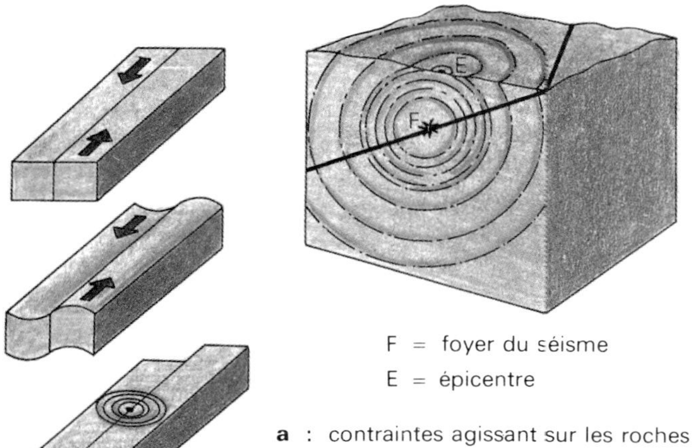

D'après *"Histoire de la Terre, notre planète"*. SGF.

FIG. 6

Quand les roches sont soumises à des contraintes, elles se déforment comme une règle en plastique que l'on tord entre les mains. Lorsque la roche casse, l'énergie est libérée brutalement sous forme de vibrations qui se propagent dans toutes les directions à partir du foyer.

Extrait de *Biologie-Géologie 1ère S.*

structure du globe, notamment dans les zones profondes impossibles à explorer par les procédés de la sismique expérimentale. Le comportement des différents types d'ondes a non seulement démontré l'hétérogénéité du globe, mais aussi permis de délimiter des **couches concentriques** d'inégales épaisseurs qui présentent une **composition chimique** et des **propriétés physiques** différentes (voir p. 441).

7 Les risques sismiques

Il est rare qu'une année s'écoule sans qu'un séisme meurtrier survienne dans un pays ou un autre. Parfois le nombre des victimes est impressionnant.

La France est beaucoup moins exposée que certains des pays qui l'entourent, l'Italie par exemple.

Les quelques séismes que nous subissons sont la conséquence de la poussée vers le Nord de la plaque africaine. Depuis le début du siècle, deux tremblements de terre (1909 à Lambesc en Provence, 1967 à Arette dans les Pyrénées) ont fait une cinquantaine de morts.

• Les mesures de protection

L'effondrement des habitations est responsable de la quasi-totalité des morts. C'est pourquoi la protection antisismique passe essentiellement par la réalisation d'ouvrages capables de résister à des séismes d'intensité connue à l'avance grâce à la carte des risques sismiques. La qualité des terrains sur lesquels on réalise la construction a une grande importance. On s'en préoccupe beaucoup actuellement.

D'autres mesures peuvent compléter efficacement les normes de constructions parasismiques :

— l'information et l'éducation de la population à qui on explique comment agir en cas de séisme ;

— l'organisation des dispositifs de secours ;

— l'organisation du réseau de surveillance.

• La prévision des séismes

La principale méthode de prévision des séismes consiste à "surveiller" en permanence la croûte terrestre. Avant la rupture brutale, il y a en effet diverses variations décelables qui correspondent aux contraintes formidables qui sont à l'origine des cassures. C'est pourquoi certains pays, notamment le Japon et la Chine, fondent de grands espoirs dans les moyens de surveillance. Quelques succès sont spectaculaires. Ainsi, en 1975, la prévision du séisme de Liao-Ning en Chine a évité de nombreuses victimes. Mais, un an plus tard, le séisme de Tang-Shan faisait 850 000 morts. La prévision est donc, et pour longtemps encore, très difficile.

8 En résumé

Un séisme a pour origine la remise en jeu d'une faille (avec fracture et déplacement brutal de deux compartiments rocheux). L'énergie libérée, qui est parfois considérable, rend les séismes très dangereux. Une faille peut "jouer" pendant des millions d'années. Ainsi se produisent, à l'échelle des temps géologiques, des déformations de très grande ampleur.

L'étude de la propagation des ondes sismiques a largement contribué à la connaissance de la structure du globe terrestre.

Connaissez-vous

LE SENS DE CES MOTS OU EXPRESSIONS

- **tremblement de terre**
- **séisme**
- **raz de marée**
- **secousses prémonitoires**
- **répliques**
- **échelle de Mercalli**
- **échelle MSK**
- **échelle de Richter**
- **foyer**

2 DES ACTIVITÉS PÉDAGOGIQUES POSSIBLES

Un phénomène brutal, très bref, très localisé

— Réunir et analyser des photographies qui montrent des immeubles détruits ou des déchirures du sol après un tremblement de terre.

— Visionner un document vidéo (destruction d'immeubles, déchirures visibles en surface...).

— Analyser des coupures de presse (fig. 1) relatant un tremblement de terre (localisation, durée, dégâts causés, nombre de victimes..).

— Comparer le nombre de victimes des tremblements de terre importants qui se sont produits depuis 15 ans (fig. 2). Peut-on expliquer ce nombre uniquement par l'intensité du séisme ? Quels autres facteurs peuvent intervenir ?

FIG. 7

Ce document permet de bien comprendre la différence entre le foyer et l'épicentre d'un séisme.

Extrait de *Cahier d'activités CM1, Biologie.*

2 *Un phénomène très localisé*

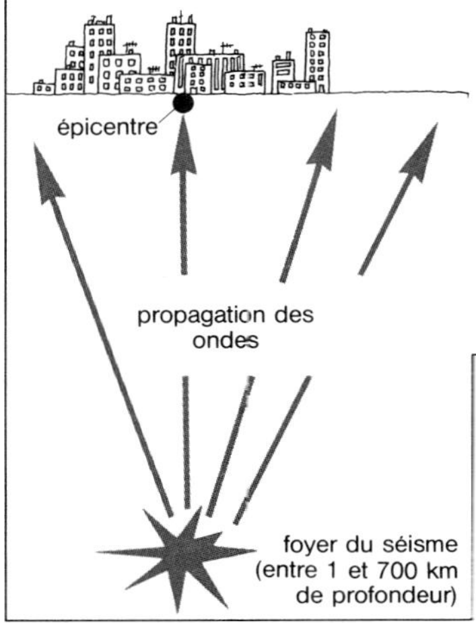

Tous les tremblements de terre, qu'ils soient destructeurs ou imperceptibles, correspondent à une rupture brutale qui se produit en profondeur dans un ensemble rocheux. Le lieu de la rupture est appelé foyer du séisme. Cette rupture donne naissance à des vibrations (ou ondes) qui se propagent dans toutes les directions. C'est à la verticale du foyer (à l'épicentre) que les secousses sont en surface les plus violentes.

19 septembre 1985 :
un séisme d'intensité 8,2 (échelle de Richter) fait 35 000 morts à Mexico

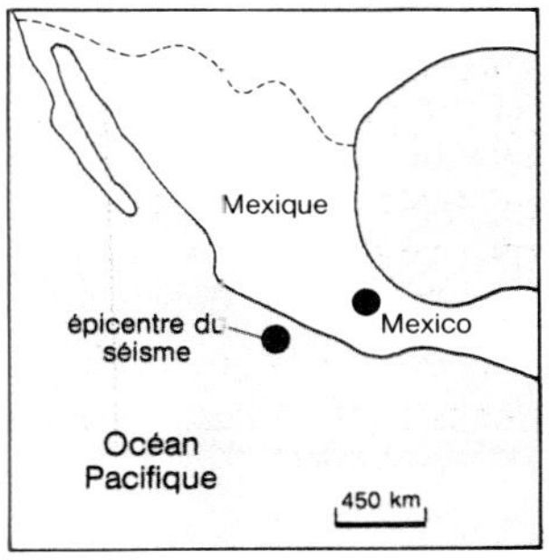

- Sur la carte ci-contre indique où se trouve le foyer du séisme.
- Comment expliques-tu que les victimes se trouvent à Mexico et non à l'épicentre du séisme ?

....

....

Carte de localisation des séismes

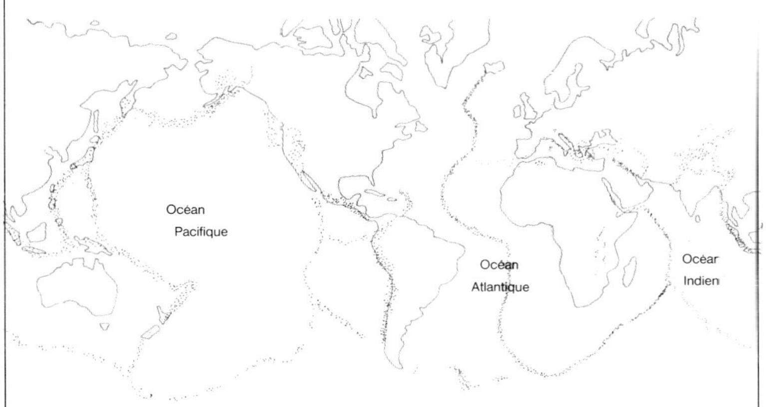

- A quoi correspondent les points de la carte ci-dessus ?

....

- D'après toi, qu'appelle-t-on « zone à risques » ?

....

- Colorie les zones à risques.

FIG. 8

Ce document fourni à des élèves de CM permet de savoir comment les scientifiques étudient les séismes, et présente quelques résultats de cette étude.

Extrait de *Cahier d'activités CM1, Biologie.*

— Rechercher dans un atlas ou dans un dictionnaire où sont situés les pays qui ont connu ces tremblements de terre meurtriers. Comparer avec la carte de la figure 8.

Ces activités ont pour objectif de dégager les principaux caractères d'un tremblement de terre (durée, intensité, effets...).

Les géologues "auscultent" la terre

• Ce thème d'étude vise **plusieurs objectifs :**

— Comment les scientifiques peuvent-ils étudier les séismes ?

— Quelle est la cause des séismes ?

— Quel est l'intérêt d'enregistrer en permanence les ébranlements de la terre ?

— Qu'appelle-t-on foyer d'un séisme ? Qu'appelle-t-on épicentre ?

• **Des documents de travail** existent. Les figures 4, 7 et 8 en proposent quelques exemples.

Où sont situées les zones à risques ?

La carte de la figure 8 qui indique la répartition des séismes donne en même temps les zones à risques. On peut alors s'interroger sur les mesures de protection qui peuvent être envisagées. La protection contre les risques sismiques présente deux aspects complémentaires

— l'évaluation des risques,

— la réalisation d'ouvrages capables de résister à un séisme pour l'intensité contre laquelle on a décidé de se protéger. Actuellement la construction de bâtiments parasismiques est correctement maîtrisée.

NOTIONS VISÉES

à l'école élémentaire

Un tremblement de terre (ou séisme) est caractérisé par des secousses plus ou moins violentes dont la durée ne dépasse pas quelques secondes ou quelques minutes.

Il est provoqué par la **rupture brutale** de roches **en profondeur**.

Des appareils très sensibles permettent de déceler des tremblements de terre très faibles qui ne sont pas perçus autrement.

L'analyse des différents enregistrements réalisés en divers points du globe terrestre fournit des informations précieuses sur **le lieu** précis où s'est produit le séisme et sur la **structure du globe terrestre**.

Un tremblement de terre est **imprévisible**. Le seul moyen d'éviter les catastrophes est de réaliser, dans les zones à risques, des constructions adaptées.

Mots clés
séisme, foyer, épicentre, rupture, faille.

4 Un modèle explicatif

Nous avons vu, dans les chapitres précédents, diverses manifestations de l'activité du globe : volcanisme continental, volcanisme sous-marin, tremblements de terre. Les causes de ces activités et les relations qui existent entre elles sont restées longtemps inexpliquées. Les découvertes prodigieuses faites au cours des dernières décennies ont permis aux géologues de proposer un modèle de fonctionnement de notre planète : **la tectonique des plaques**. Ce modèle, proposé pour la première fois en 1968, progressivement enrichi depuis, intègre dans un **ensemble cohérent** des phénomènes aussi divers que séismes, volcanisme, formation des océans, formation des chaînes de montagnes...

1 INFORMATIONS UTILES POUR L'ENSEIGNANT

Il serait très intéressant d'étudier, découverte après découverte, comment la pensée des géologues a évolué pour finalement aboutir au modèle explicatif. Pour être plus clair, nous n'adopterons pas cette présentation historique. La tectonique des plaques est en effet un sujet complexe que l'enseignant doit parfaitement maîtriser pour le rendre accessible aux élèves de cours moyen.

1 La Terre produit de la chaleur

• Certains constituants du globe terrestre sont **radioactifs**. La désintégration progressive de ces éléments radioactifs produit de la chaleur. Les scientifiques ont calculé que la Terre produit à chaque seconde une énergie égale à celle qui serait produite par 40 000 centrales nucléaires pendant le même temps.

Cette production de **chaleur** a une conséquence immédiate : quand on s'enfonce à l'intérieur du globe terrestre, la température augmente en moyenne de 10 à 30°C par kilomètre. On atteint donc 1 000°C à moins de 100 kilomètres de profondeur, puis 2 000°C, 3 000°C... et même 5 000°C (fig.1).

• Une éruption volcanique correspond à l'émission de lave, c'est-à-dire de roches en fusion. Puisque, au laboratoire, on peut faire fondre des roches à partir de 900°C, on pourrait imaginer que, sous une mince "coquille" solide (analogie avec un œuf de poule) se trouve de la roche fondue. En d'autres termes, on pourrait imaginer que l'intérieur du globe terrestre est fait de magma fondu. Comme nous allons le voir par la suite, ceci n'est pas exact.

2 La structure de la Terre

Les forages qui atteignent 10 kilomètres sont exceptionnels. Ces prouesses techniques ne sont en fait, au regard du rayon terrestre (6 400 km), que des "coups d'épingle" très superficiels qui ne renseignent pas sur la structure profonde du globe.

La connaissance de la structure de la Terre n'a été établie que par des moyens indirects, notamment par l'étude de la propagation des ondes sismiques.

La figure 1 montre que le globe terrestre est constitué de plusieurs couches concentriques, de nature et d'épaisseur différentes.

• **Au point de vue chimique,** le globe terrestre comprend **trois grandes zones concentriques :**

— **la croûte** (dont l'épaisseur varie : 5 à 10 km sous les océans, 30 km sous les continents et même 70 km sous les chaînes de montagnes) ;

— **le manteau** séparé de la croûte par la discontinuité de Mohorovicic (on dit le Moho), du nom du chercheur qui la mit en évidence ;

— **le noyau**.

La nature chimique de la **croûte** n'est pas la même au niveau des continents et sous les océans : la croûte continentale est formée essentiellement de granite, de roches métamorphiques et d'argile alors que la croûte océanique est faite de roches volcaniques (basalte).

Le **manteau** est formé d'une roche (la péridotite) constituée essentiellement d'olivine.

Le **noyau** est supposé formé de fer (98%) et de nickel.

• **Au point de vue propriétés physiques** (distinction entre roches fondues et roches solides), on définit plusieurs couches concentriques comme le montre la figure 1. Ces différences s'expliquent non par la composition chimique, mais par l'action conjointe de la **température** et de la **pression**.

Bien que les températures dépassent largement 900°C (température de fusion des roches à la pression atmosphérique), les pressions énormes qui règnent dans le globe terrestre font que seul le noyau externe semble liquide (à de telles pressions, la définition de l'état liquide s'avère très délicate).

Compte tenu de l'importance capitale de l'état physique des constituants du globe terrestre, on a pu définir de l'extérieur vers l'intérieur, les zones suivantes :

— **la lithosphère,** couche externe "froide", rigide ;

— **l'asthénosphère** qui renferme une faible proportion de roches fondues (1% de liquide et 99% de solide) par suite des conditions de température et de pression qui y règnent (cette fusion partielle modifie les propriétés : l'asthénosphère est moins rigide et des déplacements de matière y sont possibles comme nous le verrons plus loin) ;

— le **manteau inférieur** rigide ;

— le **noyau externe** "liquide" ;

— le **noyau interne** (ou graine) solide.

Deux remarques importantes :

— La lithosphère englobe la croûte terrestre et la partie supérieure du manteau.

— La distinction croûte-manteau est fondée sur des différences de composition chimique, la distinction lithosphère-asthénosphère est fondée sur des propriétés mécaniques.

3 Une douzaine de plaques

L'examen d'une carte de répartition des tremblements de terre, des volcans terrestres et des volcans sous-marins montre leur localisation dans des zones très étroites qui entourent de vastes zones tranquilles. De cette constatation est née la notion de **plaques**. De quoi s'agit-il ?

La lithosphère, couche solide qui recouvre le globe terrestre (d'une épaisseur moyenne de 150 km), est fragmentée en plusieurs **plaques rigides :** sept grandes et plusieurs petites (fig. 2). La répartition des séismes permet d'en tracer les limites.

• **Remarque importante :** Les limites des plaques lithosphériques ne coïncident pas avec les limites océans-continents. Sur la douzaine de plaques que compte le globe, trois sont entièrement constituées de lithosphère océanique, alors que les neuf autres comportent à la fois de la lithosphère océanique et de la lithosphère continentale. On constate par ailleurs que les rivages marins des continents, apparemment comparables, présentent d'importantes différences. Ainsi, la côte occidentale de l'Amérique du Sud, marquée par une activité sismique intense, est une limite de plaques. Les géologues parlent de "marges actives". Par opposition, la côte orientale, intraplaque, est une "marge inactive" ou "marge stable".

4 Les plaques se déplacent

Les plaques lithosphériques se déplacent les unes par rapport aux autres à une vitesse de quelques centimètres par an. Tout se passe comme si les plaques lithosphériques "flottaient" sur l'asthénosphère qui, partiellement fondue (1% liquide et 99% solide), a donc une certaine plasticité. Les plaques rigides, d'une centaine de kilomètres d'épaisseur en moyenne, glissent sur l'asthénosphère moins rigide. Elles peuvent s'écarter, se rapprocher ou coulisser les unes par rapport aux autres, sans se déformer. L'ensemble de ces mouvements constitue la **tectonique des plaques**.

5 Le moteur des déplacements : les mouvements de convection

Lorsqu'on chauffe de l'eau dans une casserole, on observe des déplacements d'eau appelés mouvements de convection : l'eau chaude monte, se refroidit en surface, retombe au fond et s'y réchauffe à nouveau. De même, les différences de température entre le manteau et la surface du globe créent des mouvements de convection dans l'asthénosphère. Ces mouvements se produisent à grande échelle, à la vitesse de quelques centimètres par an. Ainsi se forment de gigantesques "cellules de convection" d'un diamètre de quelques centaines de kilomètres.

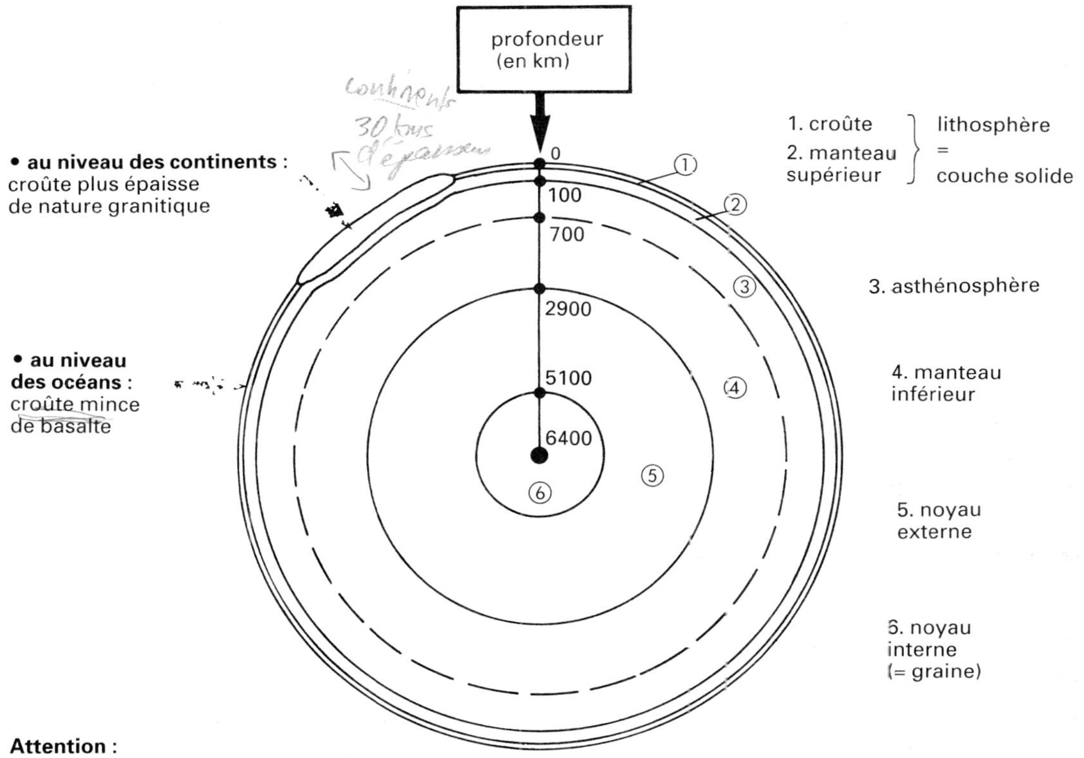

Attention :
sur ce dessin les épaisseurs relatives des couches 1, 2 et 3 sont nettement exagérées (échelle non respectée pour rendre le schéma plus lisible)

Différentes couches	Température (en °C)	Composition chimique	densité (en g/cm³)	pression (en k bar)	Propriétés physiques
① croûte	0 à 900	granite (continent) basalte (océan)	2,7 (continent) 3,0 (océan)	1 à 10	lithosphère couche solide ("coquille" de la Terre)
② manteau supérieur	900 à 4000	péridotite	3,3 à 5,5	10 à 1400	
③ asthénosphère					couche moins rigide avec déplacement de matière
④ manteau inférieur					couche rigide
⑤ noyau externe	4000 à 5000	fer (98 %) et nickel	10 à 12	1400 à 3500	couche "liquide"
⑥ noyau interne					couche solide

FIG. 1

Le globe terrestre est constitué de plusieurs couches d'épaisseur et de nature différentes.

FIG. 2

Cette carte des plaques de la lithosphère a été établie à partir de la carte de répartition des séismes.

Extrait de *Cahier d'activités CM1, Biologie.*

2 *Une douzaine de plaques*

La « coquille » de la Terre est découpée en plusieurs morceaux (appelés **plaques** par les géologues) qui se déplacent les uns par rapport aux autres en glissant sur la couche moins rigide située sous la « coquille ». Tu verras à la page suivante la conséquence de ces déplacements.

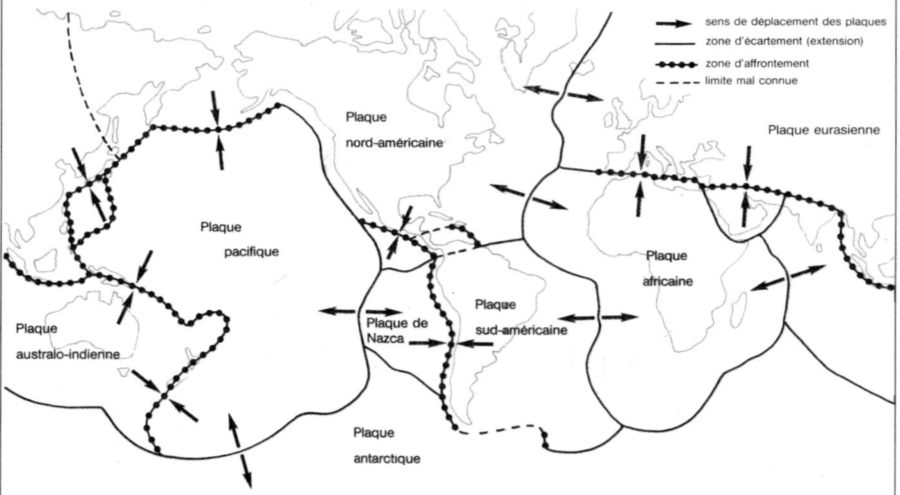

• Colorie les différentes plaques avec des couleurs différentes.

1 *Une mince coquille rigide*

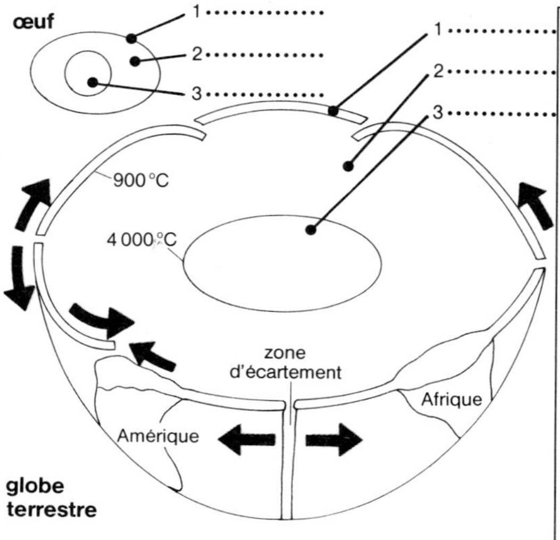

① « **Coquille** » = **lithosphère** dont la température augmente avec la profondeur de 0 à 900 °C.

② « **blanc d'œuf** » = **manteau** (900 à 4 000 °C). A cette température, les roches devraient être fondues. En réalité, compte tenu des énormes pressions, elles sont solides. Cependant, sous la « coquille », une couche de roches partiellement fondues (1 % de liquide) est moins rigide et permet le déplacement des morceaux de coquille les uns par rapport aux autres.

③ « **jaune d'œuf** » = **noyau** 4 à 5 000 °C.

• Indique en ①, ② et ③ les mots qui conviennent.
• Colorie ce dessin.

FIG. 3

L'analogie entre la Terre et un œuf de poule est très pratique pour faire comprendre à des enfants la structure de la planète.

Extrait de *Géologie-Biologie 4ᵉ.*

2 Une découverte révolutionnaire

A mi-distance entre l'Amérique et l'Europe, par 2 à 3 000 mètres de fond, on observe des milliers de volcans alignés, le long d'une zone étroite de 2 km de largeur environ. Le magma s'épanche par des fissures ouvertes. A 2 000 mètres de profondeur, la pression de l'eau de mer est si forte qu'elle empêche la libération des gaz contenus dans la lave. Les éruptions volcaniques se produisent donc dans le plus grand calme, sans projections. Par ailleurs, l'eau à 4°C refroidit les laves beaucoup plus efficacement que l'air. Elle les fige rapidement en gros oreillers de forme caractéristique.

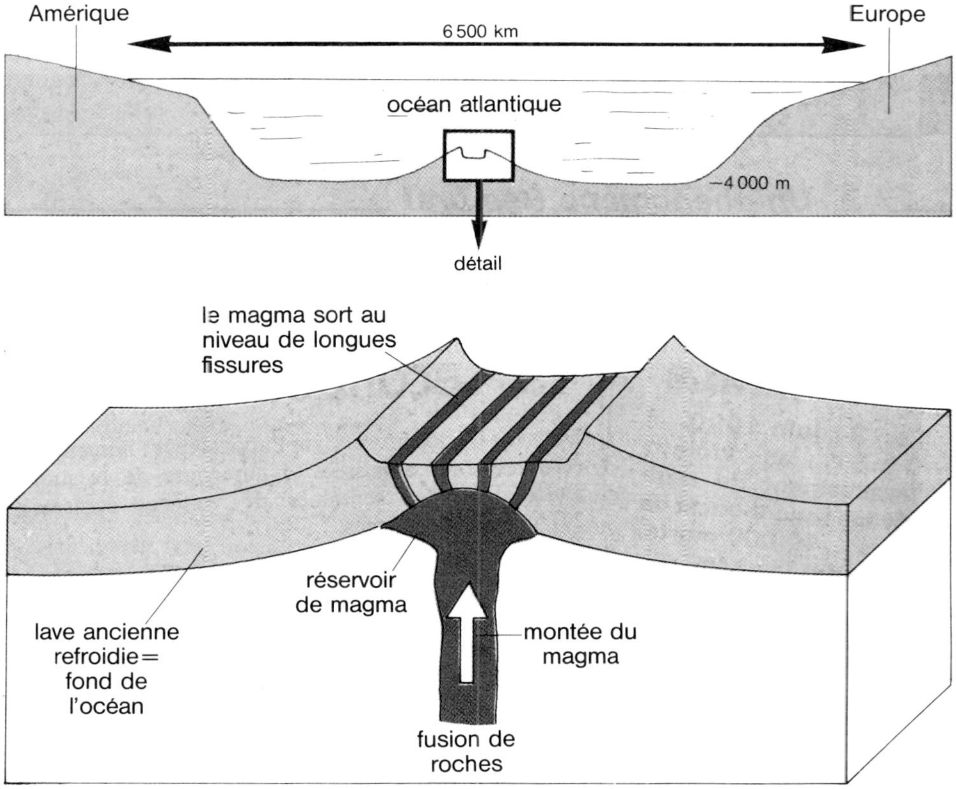

- Pourquoi les volcans sous-marins sont-ils appelés « volcans fissuraux » ?

. . . .

. . . .

FIG. 4

Une dorsale océanique au niveau de laquelle se produit le volcanisme sous-marin correspond à une zone d'écartement entre deux plaques.

Extrait de *Cahier d'activités CM1, Biologie.*

6 Lorsque deux plaques s'écartent...

Nous avons vu, à la page 428, que les dorsales océaniques (qui constituent une ligne de 65 000 km de volcans) sont des zones d'émission de laves basaltiques et de fabrication de croûte océanique. Nous avons vu aussi que l'écartement des plaques résulte des mouvements de convection dans l'asthénosphère. La partie de l'asthénosphère qui remonte subit une baisse de pression responsable d'un début de fusion de la roche à l'origine de production de magma. Ce magma basaltique (d'origine mantellique) remonte par des fissures ; il est à l'origine des **éruptions volcaniques sous-marines** et fabrique la croûte océanique (fig. 4).

Les zones d'écartement sont donc des **zones de fabrication de plancher océanique**. Ainsi les océans qui possèdent une dorsale médiane (c'est le cas de l'océan Atlantique et de l'océan Indien) s'élargissent chaque jour. L'expansion se fait en double "tapis roulant" et éloigne, à la vitesse de quelques centimètres par an, les continents américain d'une part et Europe-Asie-Afrique d'autre part. La vitesse moyenne d'expansion, qui est de 2 cm par an dans l'Atlantique (dorsale lente), est de 20 cm par an dans le Pacifique (dorsale rapide). On estime à une vingtaine le nombre des éruptions qui, chaque année, ont lieu dans ces zones d'écartement.

Lorsque la vitesse d'expansion est rapide, la chaîne de volcans est peu profonde et on observe en plusieurs endroits des **sources hydrothermales**. De quoi s'agit-il ? Des cheminées ressemblant à des termitières crachent de grosses volutes d'eau à 380°C. Il s'agit d'eau de mer qui, infiltrée dans la lave encore chaude, ressort après avoir dissous de nombreuses substances minérales. Ainsi se créent d'étonnants gîtes métallifères.

7 Les zones de subduction

La côte ouest de l'Amérique du Sud est une **zone de subduction**.

Celle-ci est caractérisée par

— de violents séismes,

— un volcanisme explosif,

— la présence de fosses océaniques très profondes, pouvant dépasser 10 000 mètres.

Comment les géologues expliquent-ils ces faits ? La lithosphère océanique est formée de roches volcaniques alors que la croûte continentale est essentiellement granitique. De ce fait, lithosphère océanique et lithosphère continentale n'ont pas la **même densité**. La première a une densité voisine de celle de l'asthénosphère, alors que la seconde est plus légère. Ces densités différentes expliquent les comportements des plaques : lorsqu'une plaque océanique et une plaque continentale s'affrontent, la première, légèrement plus dense, plonge sous la seconde et s'enfonce dans l'asthénosphère, c'est la subduction (fig. 6). Le mot subduction vient du latin ***subducere*** = "conduire dessous".

• **Le frottement entre les deux plaques** est la cause de nombreux séismes enregistrés dans cette zone. Les foyers de ces séismes disparaissent au-delà de 400 à 700 km de profondeur. A partir de ces profondeurs, la plaque océanique fond totalement. Ainsi la lithosphère océanique termine son existence dans l'asthénosphère.

• **Comment s'explique le volcanisme très explosif ?**

En s'enfonçant, la plaque océanique subit une augmentation de température et de pression. Elle libère de l'eau. Cette eau libérée abaisse la température de fusion de la plaque chevauchante. La fusion partielle de cette dernière produit un magma andésitique (magma très visqueux, à l'origine d'éruptions explosives). Les magmas andésitiques ont donc une composition chimique voisine de celle de la croûte continentale. Plus légers que les roches environnantes, ils effectuent une migration ascendante.

8 Les zones de collision

Lorsque deux continents sont portés l'un vers l'autre par les mouvements de leurs plaques respectives, ni l'un ni l'autre ne peuvent s'enfoncer dans l'asthénosphère, ce qui empêche toute subduction. La collision qui en résulte crée des reliefs et la formation de chaînes de montagnes. C'est le cas des Alpes et de l'Himalaya. Les zones de collision présentent de nombreux séismes mais peu de volcanisme associé.

9 Les zones de coulissage

Il y a coulissage lorsque deux plaques voisines se déplacent latéralement l'une par rapport à l'autre. Ainsi, la Californie, sur la côte ouest des Etats-Unis, est une zone de violents séismes dus aux frottements entre deux plaques.

10 La naissance, la vie et la mort des océans

Nous avons vu que les dorsales sont des zones de fabrication de lithosphère océanique (donc des zones au niveau desquelles les océans s'élargissent). A l'inverse, au niveau des zones de subduction, de la lithosphère océanique est détruite par enfoncement dans le manteau. La lithosphère océanique a donc une durée de vie limitée. Nous allons voir de plus que tous les océans

1 *Les plaques se déplacent*

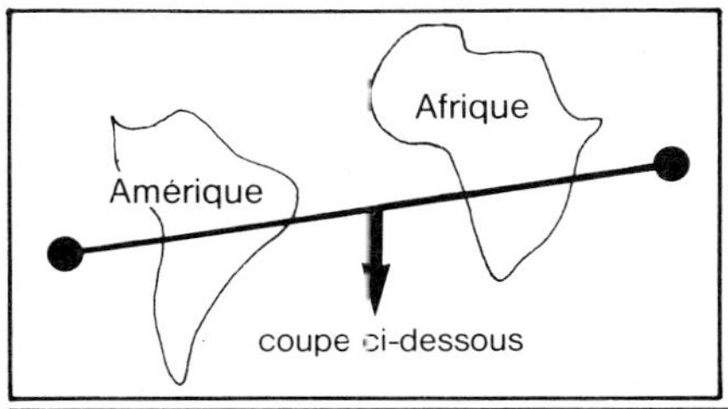

Une expérience pour comprendre les mouvements de convection qui existent dans le manteau

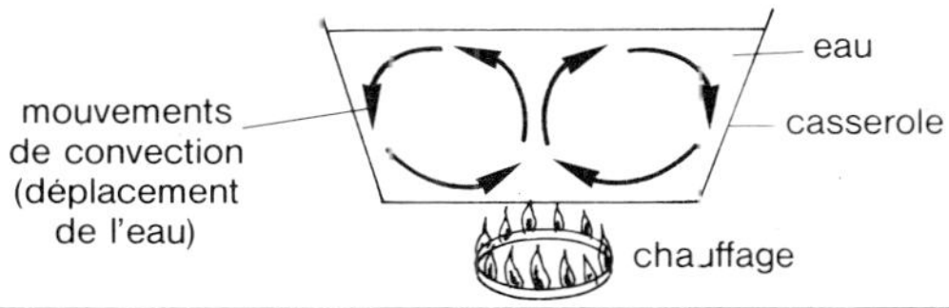

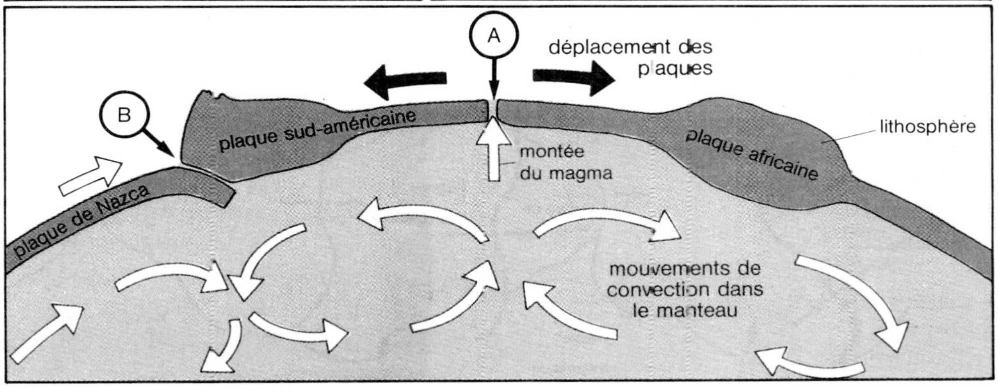

(A) Zone d'écartement

- Zone d'émission de laves (volcanisme sous-marin) qui, en se refroidissant, fabriquent une partie de la « coquille » provoquant l'élargissement de l'océan.
- L'émission de laves provoque des fractures (à l'origine de séismes).

(B) Zone où une plaque passe sous une autre plaque

- Une plaque portant un océan passe sous une plaque portant un continent.
- La plaque océanique plongeante se réchauffe. La fusion qui en résulte est à l'origine de volcans.
- Le frottement entre les deux plaques est la cause de nombreux séismes.

- Sur la carte (dessin du haut) indique la ligne de volcans sous-marins.
- Sur le schéma (dessin du bas), colorie différemment la « coquille » (lithosphère) et le « blanc d'œuf » (manteau). Colorie l'eau des océans.
- Quelle est l'origine des volcans d'Amérique du Sud ?

. . . .

- Quelle est la cause des séismes d'Amérique du Sud ?

FIG. 5

Ces différents schémas permettent de comprendre non seulement les mouvements des plaques mais aussi des phénomènes se produisant aux limites de plaques.

Extrait de *Cahier d'activités CM1, Biologie.*

actuels ne sont pas nés en même temps : il y a des nouveaux-nés, des jeunes en pleine expansion, des adultes, des moribonds... Qu'est-ce que cela signifie ?

• La naissance d'un océan

Il y a 20 millions d'années environ, l'Arabie était "collée" à l'Afrique. La mer Rouge, qui n'existait pas il y a 20 millions d'années, est donc au stade juvénile. La dorsale existe : des laves en oreillers y ont été photographiées. L'expansion de la mer Rouge entraîne le déplacement vers le nord de la péninsule arabique.

• La disparition des océans

L'océan Atlantique, né il y 200 millions d'années, est en pleine expansion. C'est aussi le cas de l'océan Indien. Par contre, l'océan Pacifique se réduit par subduction sur tous ses bords beaucoup plus vite qu'il ne s'agrandit. L'océan Pacifique a atteint sa maturité et commence à décroître. L'existence de grands océans indique que l'écartement peut se faire parfois sur plusieurs milliers de kilomètres.

11 La naissance, la vie et la mort des chaînes de montagnes

• La formation des chaînes de montagnes

Plusieurs mécanismes sont à l'origine des chaînes de montagnes. Voici les deux principaux, très sommairement énoncés.

— La Cordillère des Andes (fig. 6) qui borde sur 10 000 km de longueur la côte ouest de l'Amérique du Sud est le résultat de la subduction, c'est-à-dire de la **rencontre d'une plaque océanique et d'un continent**. Une activité volcanique intense est associée à la formation des plis.

Les géologues pensent que l'enfoncement de la plaque n'est pas régulier. A certaines périodes, le système s'accélère et "se coince". Il en résulte des compressions de la zone continentale et des plissements de celle-ci. Le système finit par se "décoincer" et l'enfoncement tranquille reprend. La chaîne de montagnes se fait donc par pulsions successives.

— Les géologues ont pu établir que la plus haute chaîne du monde, l'Himalaya, qui s'étend sur 2500 km est née de la **collision** de l'Inde et de l'Asie (fig. 7).

• De la naissance à la disparition

Certaines chaînes de montagnes actuelles ont commencé à se former il y a plusieurs dizaines de millions d'années. Leur "croissance" se poursuit (ainsi le mont Blanc continue de s'élever de 1 mm par an) en même temps que les reliefs se modifient par **érosion**. Pendant très longtemps, l'érosion est moins rapide que la croissance et il peut se former des reliefs importants (certains sommets de l'Himalaya dépassent 8000 m), mais les chaînes de montagnes finissent toujours par disparaître. On peut donc parler de la "vie" d'une chaîne de montagnes : elle naît, elle subit une évolution très longue et finit par disparaître totalement après un temps très long (souvent plus de 10 millions d'années). Ce nivellement a pour conséquence de faire parvenir en surface des roches qui se trouvaient initialement à 30 ou 40 km de profondeur.

12 Les continents, mémoire de la Terre

Nous avons vu que la croûte océanique, de nature basaltique, née de l'asthénosphère, est réintégrée dans l'asthénosphère. Une conséquence fondamentale : le plancher des océans a une durée de vie limitée. Par contre, les continents se déplacent avec les plaques qui les portent. La croûte continentale (couche supérieure de la lithosphère) est plus épaisse que la croûte océanique. Elle est formée surtout de roches granitiques (riches en silice et aluminium), de densité relativement faible. Ainsi les continents sont insubmersibles. A la différence du plancher océanique qui se renouvelle constamment, les continents s'installent définitivement à la surface du globe et constituent "la mémoire de la Terre".

13 L'énergie

L'énergie nécessaire à des mouvements aussi grandioses est considérable. Elle provient de la radioactivité de certains des constituants de la Terre. Cette énergie interne du globe se dissipe aux frontières des plaques, soit de manière mécanique (séismes, formation des chaînes de montagnes), soit de manière thermique (volcans).

14 La valeur explicative de la théorie

La tectonique des plaques est un **concept unificateur** du fonctionnement de notre planète. Les déformations importantes qui se produisent dans l'écorce terrestre ont lieu uniquement entre les plaques et la frontière des plaques. Ainsi le mouvement des plaques est l'élément moteur de l'évolution de la planète. Inversement, l'étude sur le terrain des plissements anciens fournit des informations sur l'histoire de la Terre. Les mouvements horizontaux de plaques existeraient depuis 3 800 millions d'années, avec la stabilisation de la croûte, mais les mouvements des plaques ne peuvent être reconstitués que depuis une période plus récente (600 millions d'années).

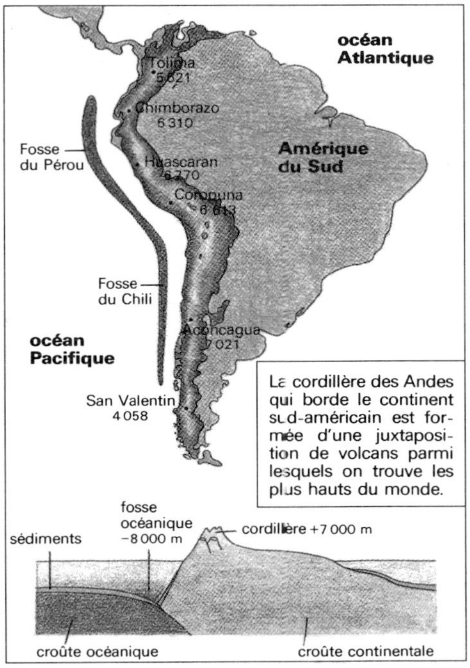

FIG. 6

Au niveau des zones de subduction se forment des chaînes de montagnes dites de subduction.

Extrait de *Géologie-Biologie 4e*.

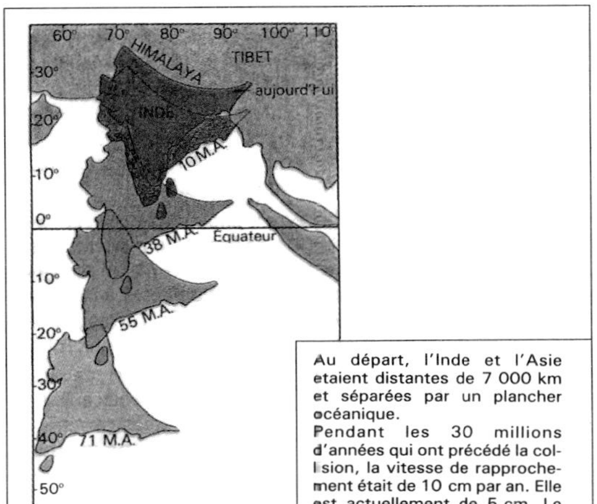

FIG. 7

L'Himalaya est né de la collision entre l'Inde et l'Asie. Le domaine océanique qui les séparait s'est trouvé progressivement rétréci; les sédiments qui s'y étaient accumulés se sont plissés, contribuant ainsi à l'édification de la chaîne de montagnes. Les Alpes se sont formées de la même façon à la suite de la collision entre la plaque africaine et la plaque eurasienne.

Extrait de *Géologie-Biologie 4e*.

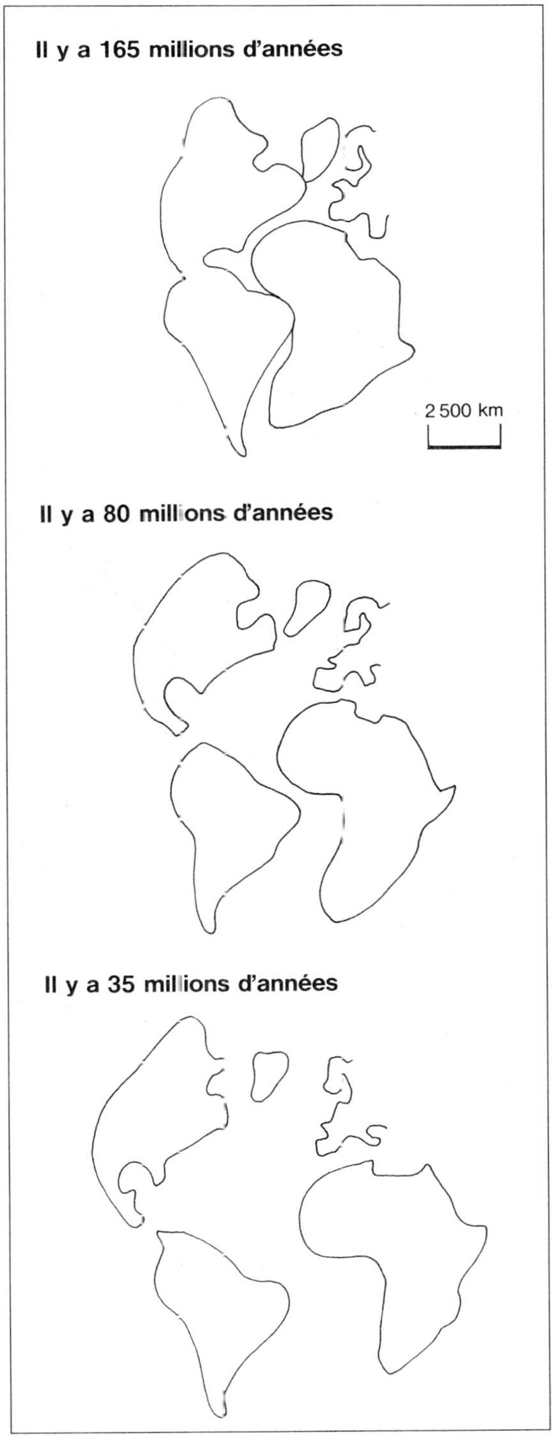

FIG. 8

Ce document permet d'évoquer avec des enfants la naissance d'un océan et de prendre conscience que le visage de la planète Terre n'a pas toujours ressemblé à celui que nous connaissons actuellement.

Extrait de *Cahier d'activités CM1, Biologe.*

15 En résumé

La tectonique des plaques est un modèle du fonctionnement de la planète. Elle permet de comprendre comment l'énergie interne de la Terre, provenant de la radioactivité des éléments qui la composent, a été utilisée au cours des temps géologiques dans des mouvements grandioses et puissants : déplacements horizontaux des plaques, dérive des continents, genèse des montagnes, volcanisme, séismes.

Connaissez-vous

LE SENS DE CES MOTS OU EXPRESSIONS

- tectonique des plaques
- croûte
- manteau
- noyau
- lithosphère
- asthénosphère
- plaque
- mouvement de convection
- source hydrothermale
- zone de subduction
- zone de collision
- érosion

2 DES ACTIVITÉS PÉDAGOGIQUES POSSIBLES

1. **Analyser un schéma** qui présente la structure de la Terre (fig.3). L'analogie avec un œuf de poule est pratique et acceptable. Elle donne une idée de la "coquille", étant entendu que le blanc d'œuf n'est pas de la roche fondue. Juste sous la coquille, le "blanc d'œuf" est partiellement fondu avec existence de mouvements de convection (on peut très facilement expliquer les mouvements de convection en faisant chauffer une casserole d'eau).

2. **Comparer la carte** de répartition des séismes, celle des volcans terrestres et celle des volcans sous-marins. Pour cela, demander aux enfants de décalquer chacune des trois cartes. Ils peuvent ensuite superposer les trois calques et comparer avec la carte des limites de plaques (fig. 2). Pour expliquer ce qu'est une plaque, reprendre l'analogie avec l'œuf de poule : une plaque est un morceau de la "coquille" solide. Pour bien comprendre ce qui se passe au niveau des limites de plaques, on peut agrandir la figure 2, puis la coller sur une lame mince de polystyrène ; il est ensuite facile de découper selon le contour des plaques et de visualiser ce qui se passe aux limites de plaques en les déplaçant les unes par rapport aux autres.

On observe ainsi en particulier :

— l'écartement au milieu de l'océan Atlantique ;

— la collision entre l'Inde et la plaque eurasienne ;

— le comportement des deux plaques qui s'affrontent sur la côte ouest de l'Amérique du Sud.

Puis on essaie de comprendre les conséquences de ces mouvements.

3. **Chercher à comprendre** pourquoi l'océan Atlantique continue de s'élargir (fig. 8). Des mesures précises, réalisées par satellite, révèlent en effet que le continent américain et l'ensemble Europe-Afrique s'éloignent l'un de l'autre à raison de deux centimètres par an en moyenne. L'analyse de la figure 4 permet de décrire les phénomènes qui se produisent au milieu de l'océan Atlantique.

4. **Chercher à comprendre** ce qui se passe sur la côte ouest de l'Amérique du Sud (fig. 5).

5. **Evoquer la formation** de l'Himalaya (collision).

NOTIONS VISÉES

à l'école élémentaire

- L'observation directe de l'intérieur de la Terre est évidemment impossible. Le sondage le plus profond ne dépasse pas 11 kilomètres. Pourtant les scientifiques font des propositions très précises sur la structure de la Terre. Ces propositions sont le résultat de **multiples interprétations** de données diverses (sismologie, astronomie...).

- Les scientifiques proposent un **modèle** qui relie des phénomènes aussi divers que séismes, volcanisme, formation des chaînes de montagnes... Ce modèle, fondé sur **l'existence des plaques**, fournit une explication cohérente de tout cet ensemble de phénomènes.

L'ÉPREUVE DE BIOLOGIE ET GÉOLOGIE AU CONCOURS DE RECRUTEMENT DES PROFESSEURS DES ÉCOLES

A. Les textes officiels

Les épreuves du concours sont précisées par :

— l'arrêté du 18 octobre 1991 (J.O. du 20 octobre 1991) fixant les modalités d'organisation du concours externe et du second concours interne ;

— la note de service du 16 novembre 1994 (B.O. n°43 du 24 novembre 1994) qui se substitue à la note de service n° 92.069 du 27 janvier 1992.

Durée de l'épreuve de Biologie et Géologie : 3 heures.

1 Recommandations relatives à l'épreuve de Biologie et Géologie du concours externe

L'épreuve permet de vérifier, d'une part, que le candidat maîtrise les connaissances scientifiques nécessaires à l'enseignement à l'école primaire et, d'autre part, qu'il apprécie correctement les approches didactiques et les démarches pédagogiques correspondantes.

L'épreuve comporte deux volets : dans le premier volet, le candidat traite des questions ou analyse une documentation qui font nécessairement référence aux contenus enseignés à l'école primaire dans le domaine choisi ; dans le second, il analyse des documents pédagogiques relatifs à l'enseignement dans ce domaine.

• **Le premier volet** (*noté sur 12 points*)

Le premier volet doit permettre de juger des compétences du candidat dans la discipline.

S'agissant du niveau scientifique de l'épreuve, on veillera à ne pas perdre de vue qu'elle s'adresse à des candidats qui, titulaires d'une licence ou d'un diplôme au moins équivalent, pourront être, ou non, spécialistes du domaine considéré. L'exercice du métier de professeur des écoles implique la polyvalence, mais il serait illégitime d'exiger des candidats qui se destinent à ce métier les mêmes compétences et connaissances dans tous les domaines.

L'épreuve doit cependant leur permettre de mettre en valeur une bonne maîtrise des contenus, c'est-à-dire une réflexion sur les concepts de la discipline et une maîtrise des méthodologies permettant l'utilisation de ces contenus disciplinaires au niveau de l'école primaire.

Deux épreuves constitueront ce premier volet :

— **Une première notée sur huit points** pour laquelle on fournira au candidat des documents (textes, schémas, tableaux, photographies,...). Un certain nombre de questions guideront sa réflexion afin de mettre en évidence sa capacité à observer, à hiérarchiser l'importance des données fournies et, d'une façon plus générale, à faire une synthèse cohérente et à exercer son esprit critique.

Compte tenu de la durée totale de l'épreuve, ce premier volet doit pouvoir être traité en une heure. Le nombre de documents fournis ne sera pas supérieur à quatre.

Une seconde notée sur quatre points qui consistera à repérer les erreurs et les qualités dans une production d'élève, à les analyser et à les commenter en référence aux objectifs et aux contenus de la discipline tels qu'ils sont définis dans les programmes et instructions de l'école primaire. Elle portera sur la biologie si la première épreuve porte sur la géologie et réciproquement.

• **Le second volet** (*noté sur 8 points*)

Le second volet de l'épreuve a pour objet l'analyse "des approches didactiques et des démarches pédagogiques correspondantes" ; il sera mis en relation avec l'une des deux épreuves du premier volet.

Le candidat doit faire preuve qu'au-delà de la maîtrise des compétences et des connaissances nécessaires pour enseigner à des élèves d'école primaire dans la discipline ou le domaine considéré, il a réfléchi aux problèmes spécifiques que pose aux enfants l'apprentissage de notions et d'éléments de méthode propres à cette discipline ou à ce domaine.

Dans la mesure où la formation professionnelle initiale n'est pas achevée, il est souhaitable d'éviter à la fois les questions trop ouvertes susceptibles d'entraîner des exposés de caractère très général et les analyses fines de progressions ou de séquences pédagogiques.

Le candidat sera placé en situation de réagir à des documents. Guidé par des questions progressives, il devra être capable de situer le niveau d'enseignement correspondant aux documents proposés par référence aux instructions et programmes officiels, de faire une analyse critique de ces documents et de les situer dans le cadre d'une progression.

Plusieurs types de documents peuvent être envisagés : outils pour le maître (extraits de guides ou de manuels, logiciels, documents audiovisuels), travaux d'élèves ou documents présentant des séquences ou des comportements d'enfants.

En fonction des documents proposés, le candidat devra montrer ses capacités à :

— repérer et analyser les contenus scientifiques sous-jacents,
— déterminer les objectifs visés,
— apprécier la part de l'activité de l'élève en donnant un avis critique sur la démarche pédagogique proposée,
— juger de l'intérêt, du moment et des conditions d'utilisation du document selon sa nature et éventuellement le transformer pour le rendre exploitable par les élèves d'un cycle donné,
— procéder à une première interprétation de productions d'élèves,
— imaginer quelques activités à proposer à la suite de la séquence présentée,
— construire les grandes étapes d'une séquence.

On veillera à ne pas alourdir le dossier remis aux candidats lors de l'épreuve (trois documents au maximum). On tiendra compte du fait que cette seconde partie de l'épreuve doit pouvoir être accomplie en une heure et demie, au maximum.

2| Recommandations relatives à l'épreuve de Biologie et de Géologie du second concours externe

Les épreuves du second concours interne ne comportent qu'une seule partie qui consiste en l'analyse de documents pédagogiques.

On se reportera aux recommandations faites au titre du second volet du concours externe, hormis la durée qui reste celle fixée par l'arrêté du 18 octobre 1991.

B. *Quelques sujets de concours à titre d'exemple*

Vous trouverez dans les pages qui suivent des sujets proposés dans diverses académies : d'une part des sujets du **concours externe** ; d'autre part des sujets du **concours interne.**

La lecture des sujets du **concours externe** montre que le second volet de ce concours présente selon les cas une grande diversité. Il nous a donc paru intéressant de fournir, en plus des sujets complets précédents, un grand nombre d'exemples de ce que peut être le second volet de l'épreuve.

Quelques sujets du concours externe

ACADÉMIE D'ORLÉANS-TOURS *(Concours externe)*

PREMIER VOLET : Maîtrise des connaissances scientifiques

■ ***Première épreuve*** *(8 points)*

A. Analyse du document 1 *(2 points)*

1° Dégagez la notion de *fossile* et celle de *reconstitution* à partir de l'exemple proposé.

2° Expliquez pourquoi l'Archéoptéryx constitue un argument important en faveur de l'évolution des êtres vivants.

B. Analyse du document 2 *(4 points)*

1° Quels caractères (morphologiques, biologiques...) présentent les premiers êtres vivants apparus sur la Terre ?

2° Pourquoi l'apparition des cyanobactéries représente-t-elle une étape capitale de l'évolution de la vie ?

3° Dans quel ordre s'est installée la vie sur les continents ? Comment s'explique cette chronologie ?

4° Quelle est l'origine de l'ozone ? Quelle est son importance dans l'évolution de la vie ?

C. Synthèse *(2 points)*

En vous aidant des deux documents précédents, dégagez en 30 lignes au maximum, les grandes caractéristiques de l'évolution de la vie.

■ ***Deuxième épreuve :***
Analyse d'une production d'élèves *(4 points)*

Le document 3 propose des phrases écrites par les élèves du cycle 3 en réponse à la question : comment naissent les animaux ?

1° Précisez pour chacun des textes ce qui est exact et, éventuellement, ce qui ne l'est pas.

2° Quelle notion importante doit être explicitée ?

3° Définissez les mots suivants : ovipare, vivipare, ovovivipare, incubation, gestation.

DEUXIÈME VOLET : Analyse des approches didactiques et des démarches pédagogiques *(8 points)*

L'étude des divers modes de reproduction animale figure au programme du cycle 3. Les documents 4, 5 et 6 sont extraits de manuels de l'Ecole élémentaire.

Précisez **pour chacun** de ces trois documents :

— en quelques phrases simples les notions scientifiques visées ;

— quelles activités peuvent être demandées (et/ou quelles questions peuvent être posées) pour assurer la meilleure exploitation possible du document ;

— quelles activités peuvent être envisagées avant l'utilisation du document ;

— quelles activités complémentaires sont éventuellement souhaitables.

Document 1

Ces documents présentent un fossile célèbre : l'archéoptéryx.
Cet animal, vieux de 150 millions d'années, possédait des ailes et des plumes. Il est donc considéré comme le **premier oiseau** actuellement connu. Mais il a aussi des dents, des griffes sur les ailes, une longue queue soutenue par des vertèbres et divers autres caractéristiques de reptile.

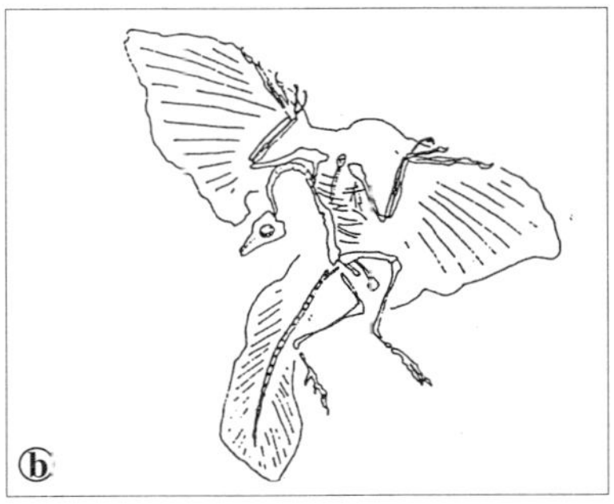

RECONSTITUTION D'UN ARCHEOPTERIX
s'apprêtant à atterrir et d'un autre grimpant sur un arbre à la recherche d'insectes.

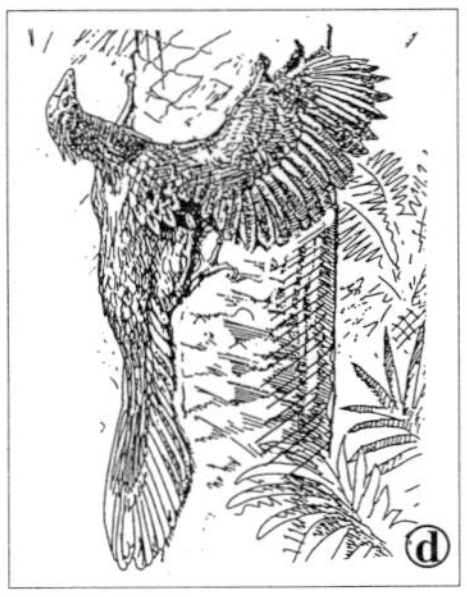

Document 2

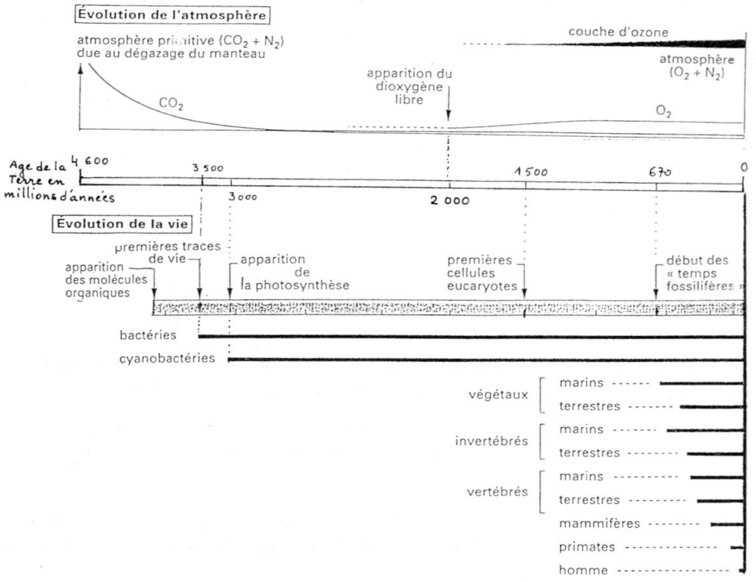

Document 3

1. Les animaux font des petits en s'accouplant. Des mammifères les font directement c'est-à-dire qu'ils sortent comme ça. Les autres animaux qui volent pondent des œufs que certains couvent sauf la chauve-souris qui est un mammifère.

2. Les animaux se reproduisent en se mettant dessus. Le mâle dépose des spermatozoïdes en mettant son sexe dans celui de la femelle.

3. Les animaux s'accouplent, le mâle fait passer son spermatozoïde dans le vagin de la femelle et les spermatozoïdes vont dans l'ovule de la femelle (en général).

Document 4

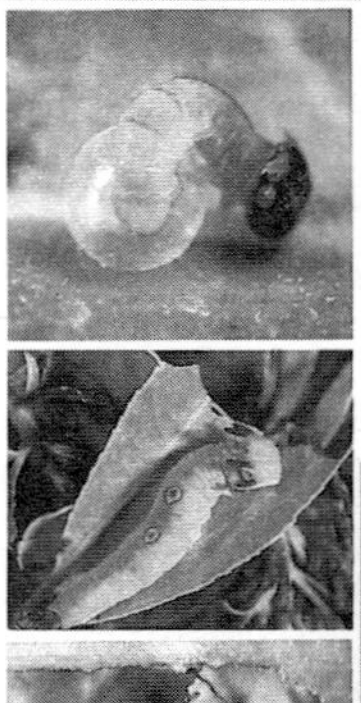

De la chenille au papillon

La femelle du jason a déposé ses **œufs** sur une feuille d'arbousier.

Une minuscule **chenille** sort bientôt de chacune des coques transparentes. Très vorace, elle grignote les feuilles.

Quelques semaines plus tard, après plusieurs mues de croissance, la chenille devient une **nymphe**, sorte de momie verte puis brune.

Un **papillon** bien vivant sort de la nymphe au bout de quelques jours.

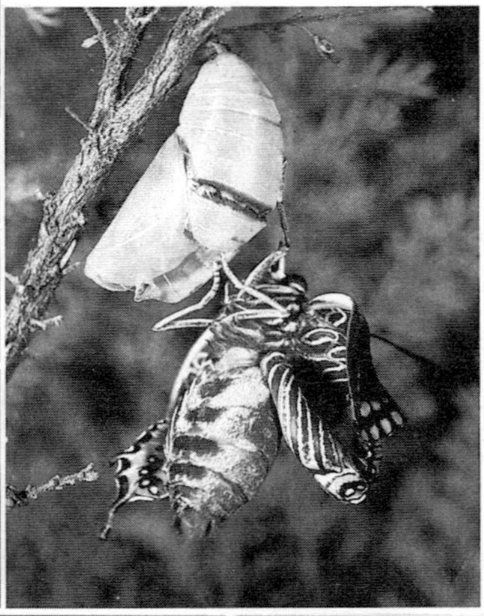

Extrait de *Sciences et Technologie* CM, Ed. Bordas, Coll. Tavernier.

Document 5

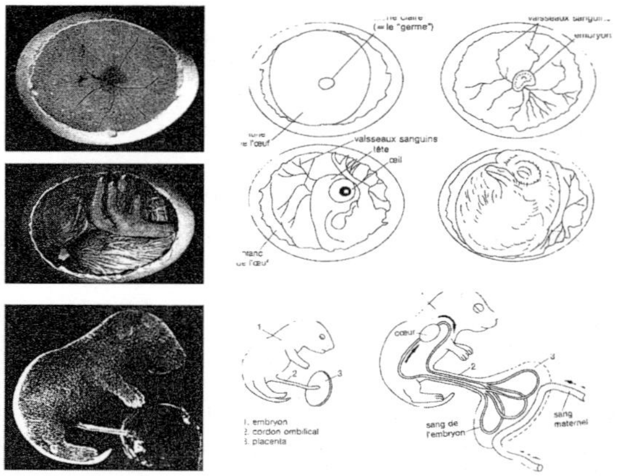

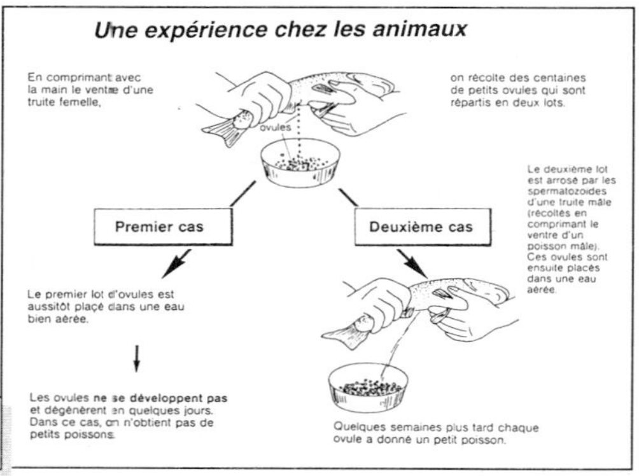

Document 6

ACADÉMIE DE MONTPELLIER *(Concours externe)*

PREMIER VOLET : compétences disciplinaires

■ Première épreuve : Biologie *(8 points)*

1° Après avoir indiqué sur votre copie les légendes de 1 à 6 du document 1a, répondez aux questions suivantes :
Qu'est-ce qu'une graine ? Quelle est son origine ?

2° Quels renseignements vous apporte l'exploitation des graphes du document 1b ?

3° Analysez et interprétez les résultats de l'expérience représentée par le document 1c.

4° Proposez un protocole expérimental permettant de tester l'influence de la température au cours de la germination. Justifiez votre choix.

5° A partir des données acquises au cours des questions précédentes et de vos connaissances, dégagez les facteurs nécessaires à la germination ; élaborez en quelques lignes une synthèse de la physiologie de la germination.

■ Deuxième épreuve : Géologie *(4 points)*

Le document 2 présente deux productions du même élève de fin de cyle 3. La première a été réalisée lors de la première séance d'étude des séismes en réponse à la question « qu'est-ce qui fait trembler la Terre ? ». La deuxième a été produite 3 mois après la dernière séance consacrée à l'étude des séismes. (Le volcanisme avait été abordé l'année précédente.)

1° Quelles sont les « erreurs » qui apparaissent dans la première production ?

2° D'après la comparaison des deux productions, dites en quoi l'élève a progressé dans son savoir.

3° Dites en quoi cette deuxième production est inexacte.

4° Quel niveau d'explication des séismes peut-on atteindre à l'école primaire ?

DEUXIÈME VOLET : analyse des approches didactiques et des démarches pédagogiques correspondantes *(8 points)*

Un professeur de cycle III décide d'aborder avec ses élèves l'étude du volcanisme.

1° Sa fiche de préparation constitue le document 3a : le texte qu'il utilise est celui du document 3b. Analyser cette fiche de préparation. Discuter des objectifs et des moyens utilisés.

2° Au cours d'une séquence dont le thème est le volcanisme, ce professeur présente, entre autres, les documents 4a à 4d.

Quelle(s) est(sont) la(les) notions(s) essentielle(s) que chacun de ces documents permet d'aborder ?

3° En évaluation finale, à la question « dessine un volcan et explique comment il fonctionne », un élève produit le document 5.

Indiquez les notions acquises ; précisez les obstacles subsistant et formulez quelques hypothèses concernant leur origine.

4° A la suite de l'étude des volcans, le professeur d'école propose à ses élèves le document 6 extrait du volume 2 d'un document du ministère de l'Education Nationale « Aide à l'évaluation des élèves ».

Quelle est la consigne à donner ?

Quelles sont les questions à poser et les réponses attendues ?

Quel est l'objectif méthodologique sous-jacent ?

Que pensez-vous de ce document ?

Document 1

ⓐ **Coupe longitudinale d'une graine de haricot : dessin d'interprétation**

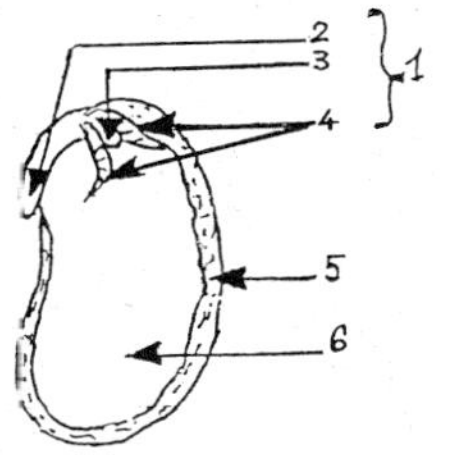

ⓑ

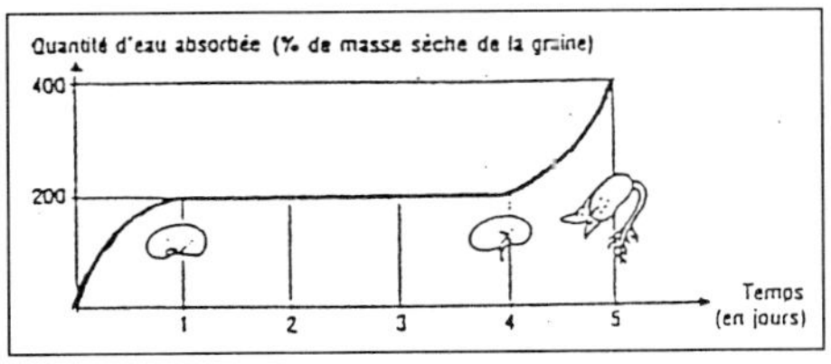

b1. Évolution de la quantité d'eau absorbée par des graines de haricot pendant la germination.

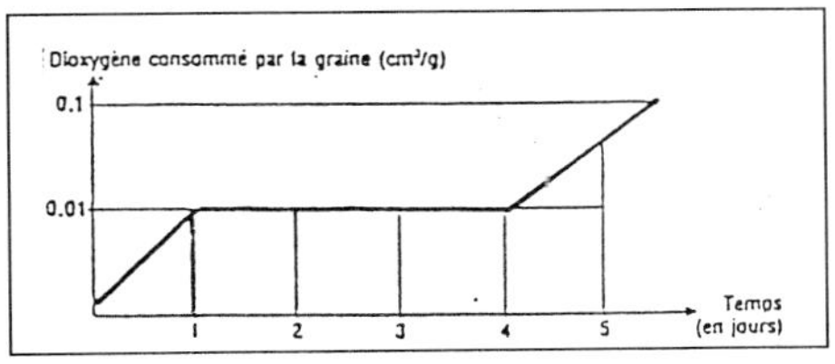

b2. Consommation de dioxygène au cours de la germination d'une graine de haricot.

ⓒ

Expérience :

Au bout de 2 heures, on enlève S et G, on sèche A.
On verse de l'eau iodée, réactif se colorant en bleu en présence d'amidon.

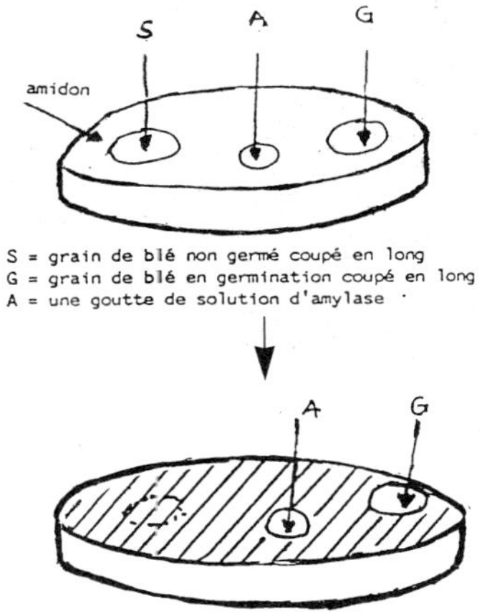

— l'ensemble se colore en bleu sauf les zones A et G.
— un test à la liqueur de Fehling en A et en G permet de mettre en évidence un ose, le maltose.

Document 2

1)

Je pense que les tremblements de terre sont provoqué par les volcans en éruption. Et aussi je crois que c'est parce que sous nos pieds il y a de l'eau qui bout et qui explose et que et sa fait trembler la terre.

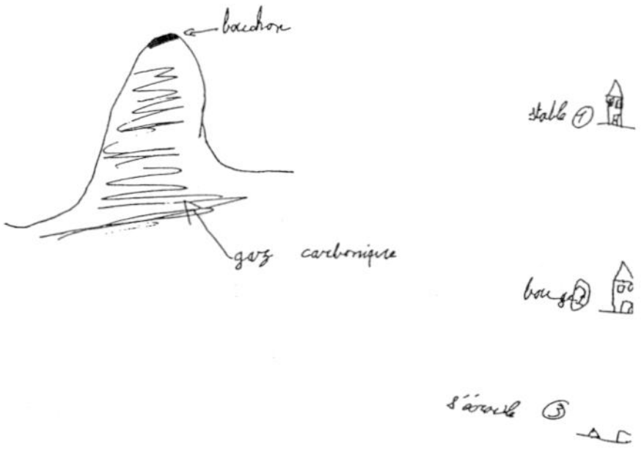

2) La terre tremble à cause des plaques terrestres qui bouge 1 à 2 cm par an mais quand elle commence à se toucher, c'est la catastrophe elles poussent très vite.

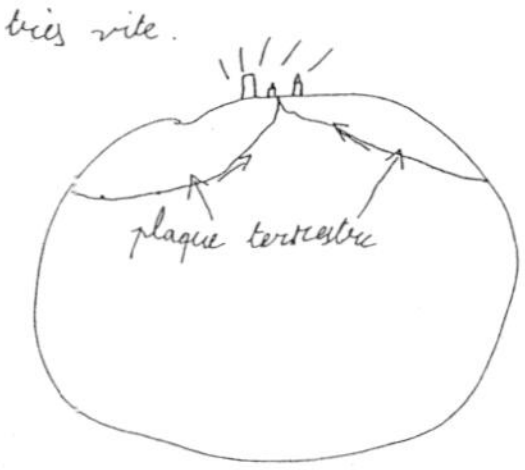

Pour que sa bouge, les plaques des fois sont plus forte que les autres donc une monte par dessus l'autre et c'est ce qui donne une montagne.

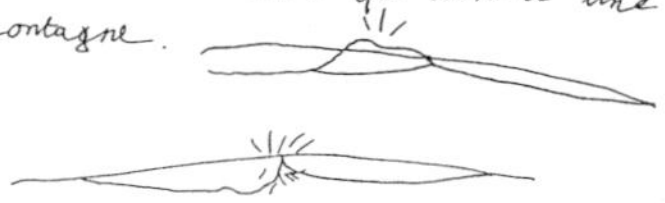

Si les deux sont aussi fortes l'une l'autre donc les plaques se poussent mais elle cassent

Document 3

(3a)

Objectifs	Activités, matériel	Bilan, observations
Rendre les élèves capables de concevoir la structure d'un volcan	Lecture individuelle du texte (document 2). Repérage des mots-clés. Mise en commun et réalisation d'un texte.	

(3b) *L'apparition d'un volcan*

Un paysan indien nommé Dioniso Pulido labourait son champ tout près du village de Paricutin. Il raconte : *« C'était un samedi après-midi et je m'apprêtais à rentrer. Mon fils accourut vers moi pour me dire qu'il avait entendu un bruit souterrain. Comme je parlais aux bœufs, je n'avais rien entendu. Puis d'entre les sillons, je vis s'élever et onduler une colonne de fumée blanche, puis une autre et encore une autre. D'en bas venait un bruit horrible comme si l'on débouchait quelque bouteille géante. Quittant tout, je m'enfuis. »*
Le lendemain matin, à la place du trou, il y avait un cône de cendres et de scories de huit mètres de haut qui continuait à grandir. A la fin de la journée, le volcan a 50 m de haut, à la fin de la semaine cent soixante cinq mètres de haut. Les explosions s'entendent à 350 km; des blocs et des cendres sont projetés à 1 000 m de hauteur. Six mois plus tard, le Paricutin avait quatre cents mètres de haut.

D'après Franck W. Lane

Document 5

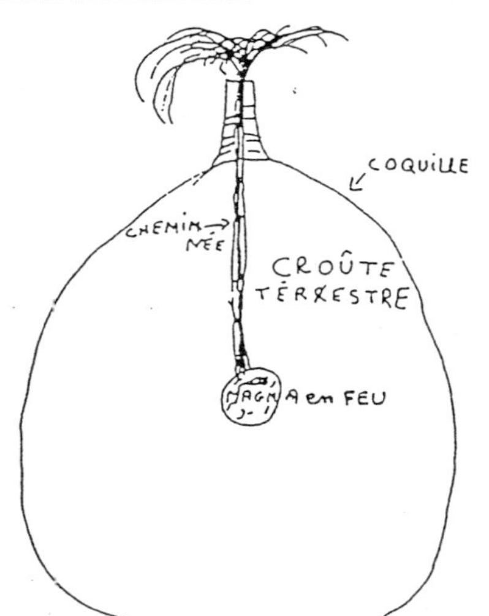

Document 4

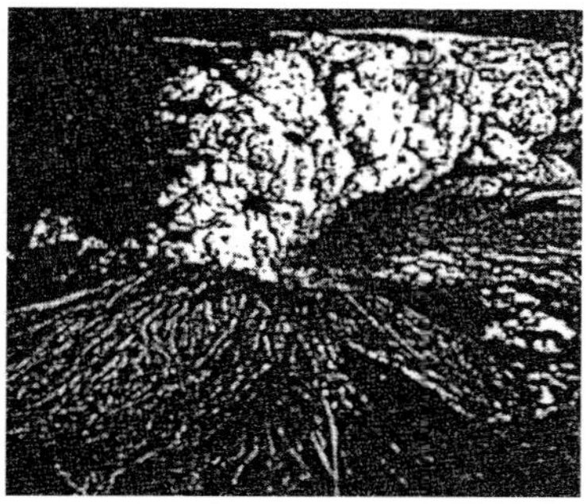

◀ **4a.** Une gigantesque explosion pulvérise le sommet du volcan en un panache de cendres. Le souffle brûlant de l'explosion (300 °C) dévale la pente à près de 1 000 km/h.

◀ **4b.** La lave fluide et brûlante jaillit du cratère du volcan. Elle est projetée en l'air en fragments incandescents ou s'échappe en coulées rougeoyantes.

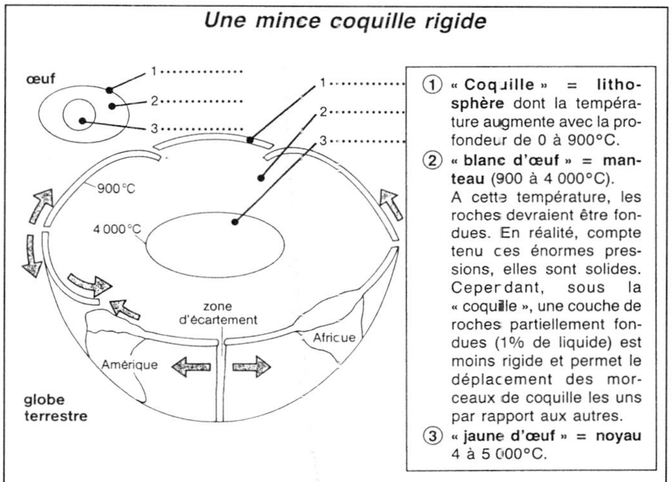

- Indique en ①, ② et ③ les mots qui conviennent.
- Colorie ce dessin.

4c ▶

un géologue a recensé 1 343 volcans terrestres capables de se réveiller.

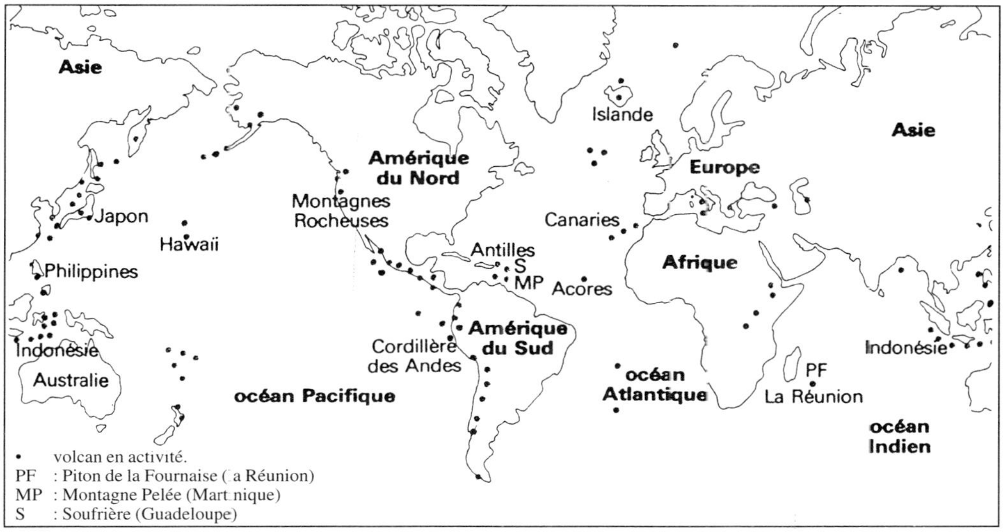

4d ▶

Document 6

Les volcans dans le monde

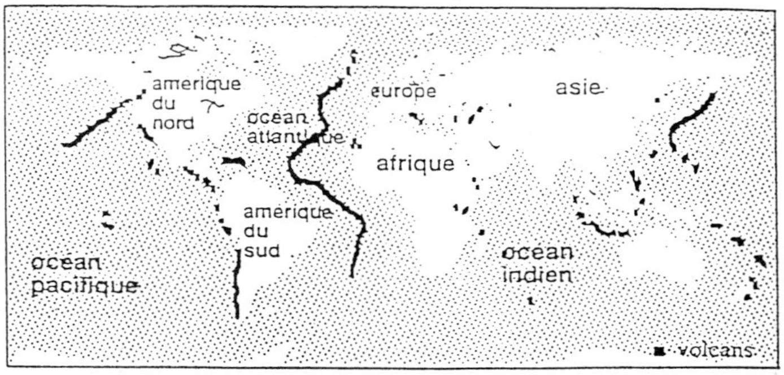

Les séismes dans le monde

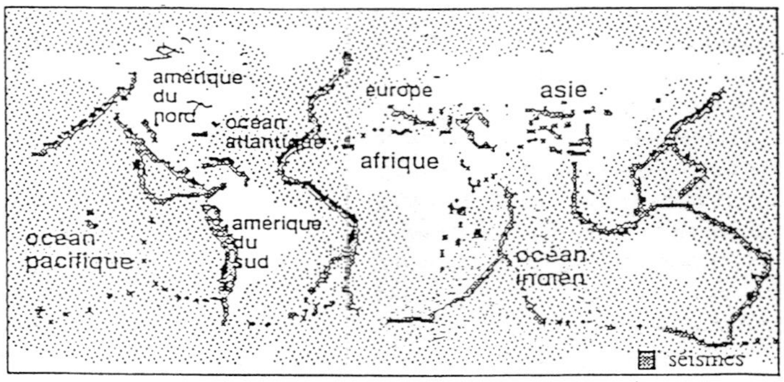

ACADÉMIE DE BORDEAUX *(Concours externe)*

PREMIER VOLET :
Compétences disciplinaires *(12 points)*

■ Première épreuve *(8 points)*

Qu'est-ce qu'un être vivant ?

Donner une définition objective de l'être vivant représente encore quelques difficultés.
Cette épreuve a pour objet de vous faire identifier un certain nombre de caractéristiques de l'être vivant.

1° Analysez les informations apportées par le document 1 :
a) Qu'est-ce qui caractérise la composition chimique d'un être vivant ?
b) Qu'est-ce qui caractérise l'organisation des êtres vivants ?

2° Analysez le document 2 :
a) Faites l'inventaire des relations exprimées par la figure a.
Quels sont les différents types d'échanges ou de transferts effectués lors des relations ainsi mises en évidence ?
b) Quels autres types d'échanges fait apparaître la deuxième partie du document (2b) ? Donnez un titre à ce document.

3° Analysez les différentes parties du document 3.
Quelles autres caractéristiques des êtres vivants font-elles apparaître ?

4° Mettez en relation, sous forme de schéma ou de trame, toutes les notions dégagées précédemment, afin de faire une synthèse concernant le concept d'être vivant.

■ Deuxième épreuve *(4 points)*

Au cours d'une étude des fossiles, des maîtres ont demandé à leurs élèves d'exprimer par écrit leurs idées concernant l'origine et l'importance scientifique des fossiles. Le document 4 résume quelques-unes des idées.
Faites-en une analyse critique en indiquant notamment les idées que se font les élèves, les erreurs et les connaissances exactes qui sont ainsi révélées.

DEUXIÈME VOLET :
Analyse des approches didactiques et des démarches pédagogiques *(8 points)*

Le document 5 présente des activités réalisées avec une classe de CM2.

1° Quel est à votre avis l'intérêt pédagogique d'une telle sortie ?

2° Quels sont les problèmes scientifiques que les élèves peuvent être amenés à se poser en ce qui concerne les fossiles ?

3° Proposez des activités qui feraient suite à cette étape du travail en précisant :

— les objectifs visés,

— la nature des tâches qui pourraient être proposées aux élèves.

Document 1

L'organisation des êtres vivants

Tous les êtres vivants sont constitués de cellules. Certains, généralement microscopiques, sont formés d'une seule cellule : ce sont les organismes unicellulaires. Les autres sont pluricellulaires et, pour certains, composés de plusieurs millions de milliards de cellules. Les grandes fonctions des organismes pluricellulaires sont réalisées par des appareils plus ou moins complexes, constitués d'organes spécialisés. Les organes sont eux-même constitués de tissus spécialisés ; on appelle tissu, un ensemble de cellules semblables qui assurent une même fonction.
L'observation au microscope optique de cellules animales et végétales chlorophylliennes montre que toutes sont construites selon un même plan d'organisation. Elles comprennent toutes un noyau, un cytoplasme avec des inclusions ; elles sont toutes entourées par une membrane cytoplasmique.
Cependant, les cellules végétales diffèrent des cellules animales sur les points suivants :
— la membrane cytoplasmique est enveloppée dans une paroi relativement rigide constituée en grande partie de cellulose ;
— le cytoplasme contient, en plus des inclusions d'une cellule animale, des chloroplastes (pour les cellules chlorophylliennes) et des vacuoles (cavités remplies de liquide).
Selon les fonctions qu'elles exercent, les cellules d'un organisme animal ou végétal présentent des caractères particuliers.
Les bactéries et les virus présentent des caractères très particuliers.

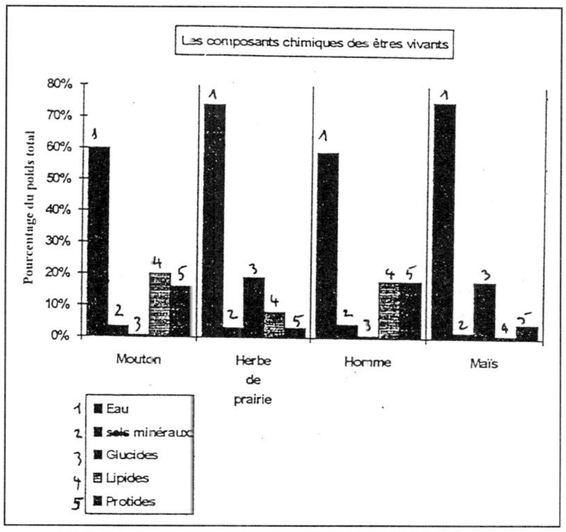

Document 2

a) Les relations et les échanges dans un milieu de type forestier

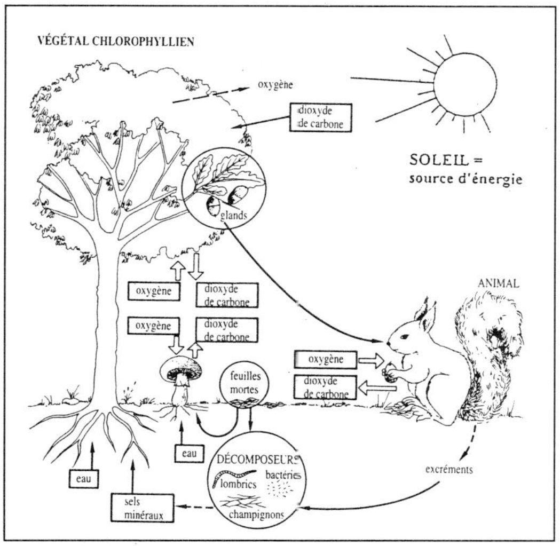

b) Un animal reçoit en permanence des stimulus variés, provenant de son environnement, qui déclenchent des réponses comportementales. Si ces stimulus sont des signaux émis par un autre animal de même espèce, ils peuvent être à l'origine d'échanges d'informations entre les deux individus ; une communication peut également s'établir entre organes, au sein d'un même organisme.
Une communication fait toujours intervenir :
— un émetteur de message,
— un message véhiculé par une voie de communication,
— un récepteur de message.
Un message provenant de l'extérieur peut être capté par un récepteur sensoriel spécialisé ; il déclenche chez l'animal receveur une réponse adaptée, grâce à la mise en jeu d'organes effecteurs.
Au sein de l'organisme receveur, une communication s'est donc établie entre organes récepteurs et effecteurs grâce à des messages transportés par voie nerveuse.
Certaines glandes peuvent également agir sur d'autres organes grâce à des messagers chimiques, les hormones.
Ainsi, les différentes populations cellulaires d'un organisme fonctionnent de manière intégrée grâce, en particulier, à la coopération du système nerveux et du système hormonal chez les animaux.
Chez les végétaux, des réseaux de canaux cytoplasmiques, appelés plasmodesmes, font communiquer toutes les cellules entre elles.

Document 3

ⓐ

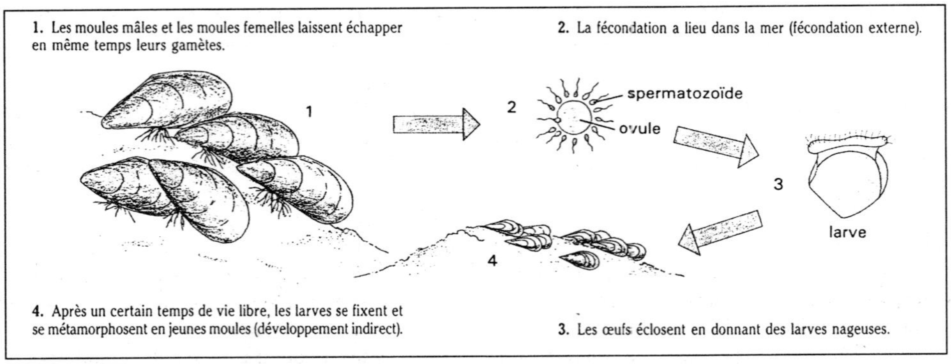

A partir de Manuel de Biologie 5[e]
Editeur : BORDAS

ⓒ

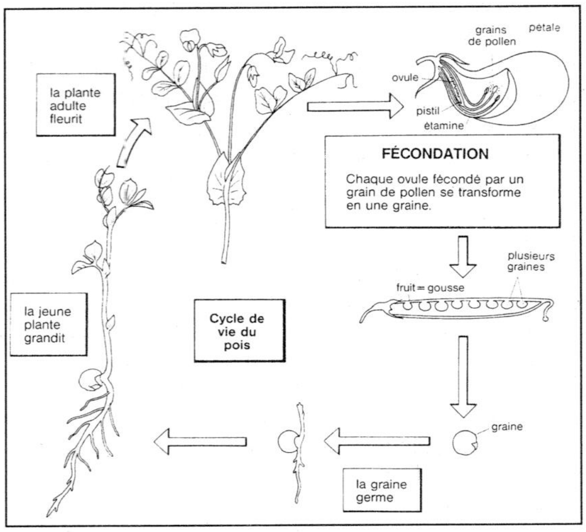

A partir de : Cahier d'activités Biologie CM2
Collection R. Tavernier
Editeur BORDAS

ⓑ

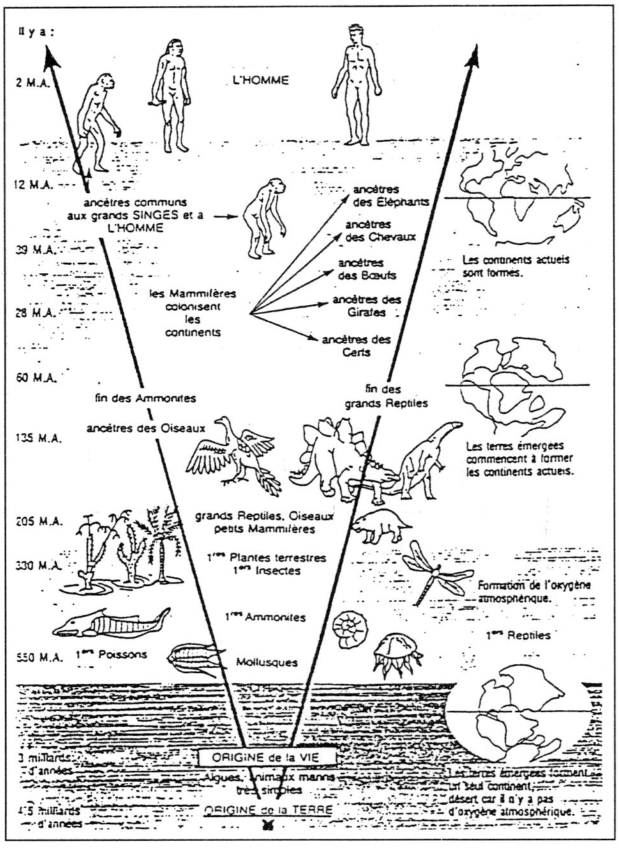

A partir de :
Manuel de CM : Pour apprendre les Sciences
Edieur : HACHETTE

Document 4

Extrait de « La Géologie » (Recherche pédagogique - Ministère de l'Education Nationale)	
QUESTION : « Un fossile qu'est-ce que c'est ? »	**QUESTION :** « Pourquoi un fossile est-il intéressant pour le géologue ? »
FORMULATIONS (par ordre de fréquence décroissante) CE2 1 – Quelque chose qui a dû laisser une trace, une empreinte... soit c'est un animal, soit c'est un bâton qui s'est collé et après des années il a laissé un « creux. » 2 – « Il faut du temps... Des siècles. » 3 – « Il faut des roches tendres pour que les empreintes se fassent ». 4 – « Quelque chose est tombé sur l'argile, et après, avec le temps et la chaleur, ça a fait une empreinte. » 5 – « Il y avait de l'argile, une roche tendre, un animal qui passait par là a été pris dans l'argile. Il est mort, sa chair a pourri, son squelette a été pris dans l'argile qui a durci avec les années. » 6 – « On peut connaître les plantes et les animaux d'il y a longtemps, qui vivaient à une certaine époque. » 7 – « Un animal qui est mort et qui s'est incrusté dans la pierre » ; 8 – « Une pierre avec un oursin dessus » ; 9 – « C'est une pierre gravée ». 10 – « Des coquillages qui se sont enfoncés dans la boue, du sable, qui sont devenus ensuite des matières solides » ; 11 – « Objet ou bête transformés en pierre » ; 12 – « C'est quelque chose qui est resté longtemps à côté d'une pierre alors ça prend la forme » ; 13 – « Il faut que la roche soit molle pour que les empreintes puissent se faire » ; 14 – « La roche doit rentrer dans le fossile ; mais ça doit être mou, et la pierre c'est trop dur ». 15 – Pierre taillée qu'on trouve à la campagne.	FORMULATIONS (par ordre de fréquence décroissante) CM1/CM2 a – « un fossile est un animal très ancien » ; b – « il sert à savoir ce qu'il s'est passé en ce temps-là » ; c – « raconter comment ça se passait il y a des dizaines et des dizaines d'années » ; d – « il y trouve des traces de notre grand passé » ; e – « plus on retrouve de fossiles vieux, plus la terre est vieille » ; f – « animal vivant il y a 15 000 ans qui s'est incrusté dans la roche et il l'empreinte ! » ; g – « parce qu'il a des bêtes imprimées » ; h – « les fossiles sont des empreintes d'animaux préhistoriques » ; i – « c'est une pierre qui a une chose passée et des milliards d'années, des os ont pris forme dans la pierre » ; j – « pour savoir de quelle époque il est venu s'introduire » ; k – « il faut des siècles » ou « des milliers d'années » ou « très longtemps ».
CM2 16 – « Le calcaire, c'est lui qui fait les fossiles » 17 – « Il y a du calcaire partout, même dans la machine à laver ».	

Document 5

Description d'activités réalisées avec une classe de CM2

Au cours d'une sortie, les élèves d'une classe ont été amenés à visiter une carrière abandonnée. Le maître leur a d'abord demandé de décrire ce qu'ils voyaient et d'imaginer comment cela s'était formé.

Voici quelques réponses et questions des enfants :
— « C'est comme un mur ; c'est tout droit » (vertical).
— « Il y a aussi des lignes droites » (joints horizontaux entre les couches).
— « et puis de la terre par endroit » (poches d'argile) « et même il y en a en haut, au-dessus » (sol visible au-dessus du front rocheux).
— « C'est la mer qui l'a fait », « c'est comme à Saint-Palais, au bord de la mer ».
— « Moi je crois que c'est une carrière ; on y a pris des pierres ».
— etc.

Au bout d'un moment un enfant annonce très fort qu'il a trouvé un coquillage.
— « C'est un fossile » dit un autre.
— « ça c'est sa coquille » ; « mais la bête elle est morte »
— « Mais quelle bête ? » — « et ben la bête du fossile ».
— « ça vit dans l'eau les fossiles ».
— « Mon frère, il a rapporté plein de fossiles ; il dit que c'est des bêtes qui n'existent plus maintenant ».

Le maître n'intervient que très peu durant cette discussion sinon pour faire préciser et reformuler les remarques ou questions. Il incite ensuite les élèves à rechercher d'autres fossiles et les enfants découvrent quelques empreintes « d'escargots », des « coquilles d'huîtres » et une « boule » dont on ne connaît pas le nom (oursin). Ces échantillons sont rapportés en classe. A partir des idées émises lors de la discussion sur le terrain, l'enseignant conduit les élèves vers la formulation des problèmes scientifiques concernant les fossiles.

ACADÉMIE DE GRENOBLE *(Concours externe)*

PREMIER VOLET *(12 points)*

■ **Première partie** *(8 points)*

Question 1 *(1 point)*
Le document 1 est extrait d'un ouvrage de Biologie de 6ᵉ.
Interpréter les résultats des expériences décrites dans ce document.

Question 2 *(3 points)*
Les tableaux des documents 2 et 3 fournissent des données illustrant les échanges gazeux chez l'Homme.

1° A partir de l'analyse des tableaux A et B du document 2, décrire et expliquer les modifications observées.

2° Le document 3 illustre la composition en gaz du sang à l'entrée et à la sortie d'un organe, en l'occurence un muscle squelettique au repos.

Décrire les modifications observées. Que mettent-elles en évidence ?

3° Elaborer un schéma fonctionnel récapitulant de façon précise la nature des échanges **air-sang** et **sang-organe**.

Question 3 *(4 points)*
Pour mesurer le volume des échanges gazeux respiratoires, on utilise l'appareil de Bénédict qui est représenté sur le document 4.
Un exemple de tracé obtenu grâce à cet appareil sur un sujet au repos est présenté dans ce document.
Interpréter ce graphique et préciser les données chiffrées que l'on peut en tirer (les calculs ne sont pas demandés).

■ **Deuxième partie** *(4 points)*
L'étude des volcans est au programme de l'école élémentaire.
Avant d'aborder ce sujet, un maître a demandé à ses élèves de cycle 3 de dessiner un volcan en éruption et d'exprimer comment ils expliquent ce phénomène.
Le document 5 présente la production d'un élève sur laquelle le maître a noté le commentaire de l'élève.

Question 1 *(2 points)*
Commenter cette production d'élève du point de vue de son exactitude scientifique.

Question 2 *(2 points)*
Proposer un schéma représentant le niveau de connaissances attendu des élèves en référence aux objectifs notionnels de fin de cycle 3.

DEUXIÈME VOLET : approche didactique *(8 points)*

Question 1 *(1 point)*
Au retour d'une séance d'éducation physique, un enseignant de cycle 3 (CM1) demande à ses élèves essouflés de mesurer leur rythme respiratoire. En introduisant cette situation, quels objectifs le maître vise-t-il ?

Question 2 *(5 points)*
Le document 5 présente trois dessins d'enfants en réponse à la consigne : « Dessinez le voyage que l'air effectue dans votre corps quand vous respirez ».

1° Préciser en quoi cette démarche présente un intérêt pour l'enseignant.

2° Analyser chacun de ces trois dessins et indiquer les informations que l'on peut en tirer.

3° Quels objectifs de connaissance un enseignant de CM1 peut-il souhaiter que ses élèves atteignent lors d'un travail sur la respiration ?

Question 3 *(2 points)*

Ce même enseignant trouve parmi ses documents pédagogiques la fiche de préparation représentée sur le document 7.

Faire une analyse critique de cette fiche.

Document 1

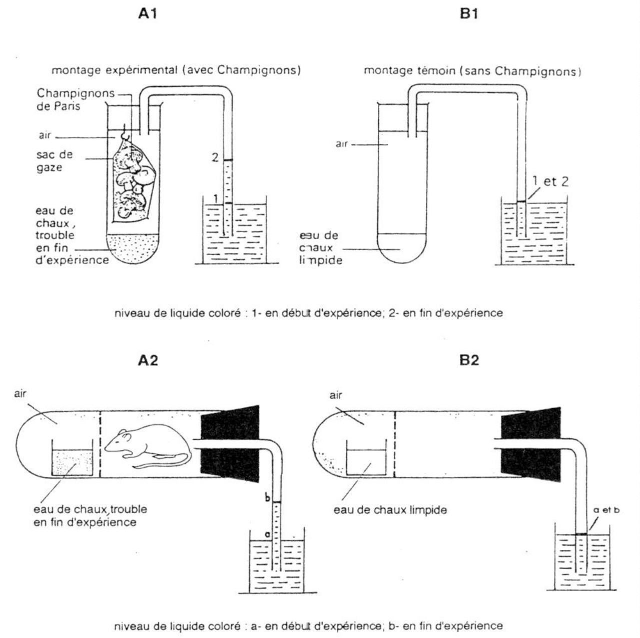

Document 4

Enregistrement obtenu avec l'appareil de Bénédict sur un sujet au repos.

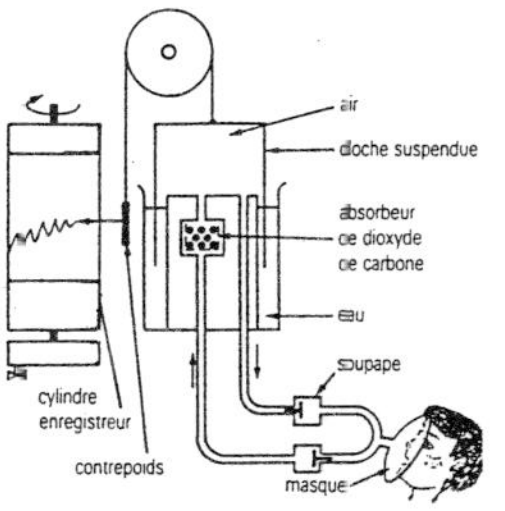

Appareil de Bénédict

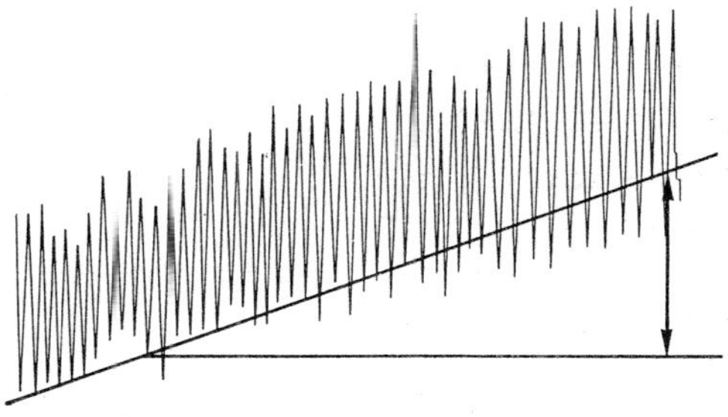

la vitesse de rotation du cylindre est de 2,5 cm/min.

Document 2

Composition de l'air	air inspiré	air expiré
% de dioxygène	21	16
% de dioxyde de carbone	0,03	4

Tableau A - *Composition en dioxygène et en dioxyde de carbone de l'air inspiré et de l'air expiré*

Volume de gaz en ml pour 100 ml de sang	sang entrant dans les poumons	sang sortant des poumons
dioxygène	15	20
dioxyde de carbone	53	48

Tableau B - *Composition en dioxygène et en dioxyde de carbone du sang entrant et sortant des poumons*

Document 3

Volume de gaz en mL pour 100 mL de sang	sang arrivant au muscle	sang sortant du muscle
dioxygène	20	15
dioxyde de carbone	48	53

Composition en dioxygène et en dioxyde de carbone du sang arrivant et sortant d'un muscle squelettique au repos

Document 5

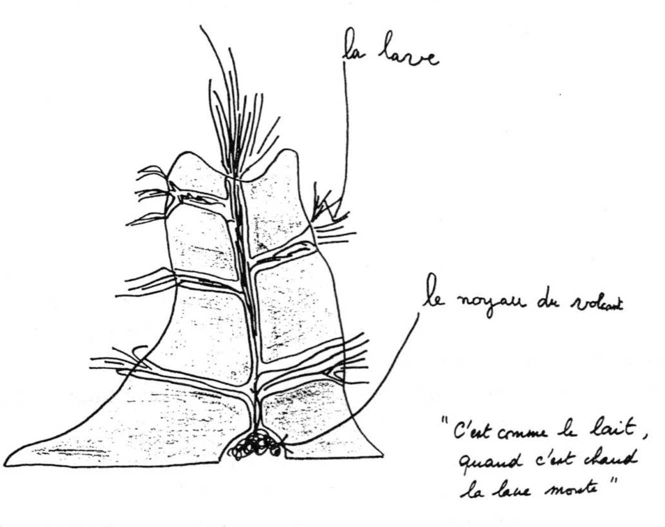

Document 6

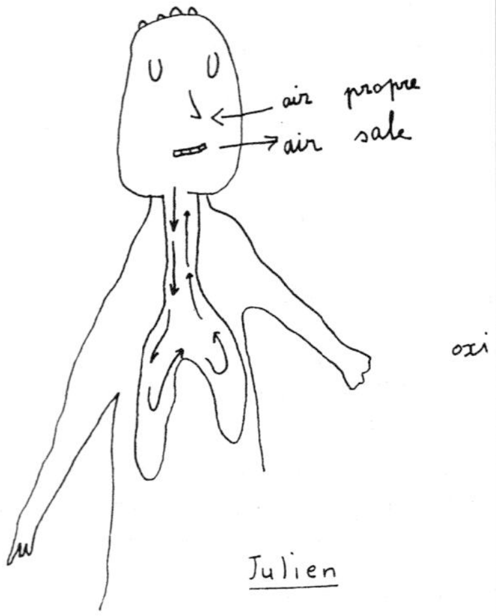

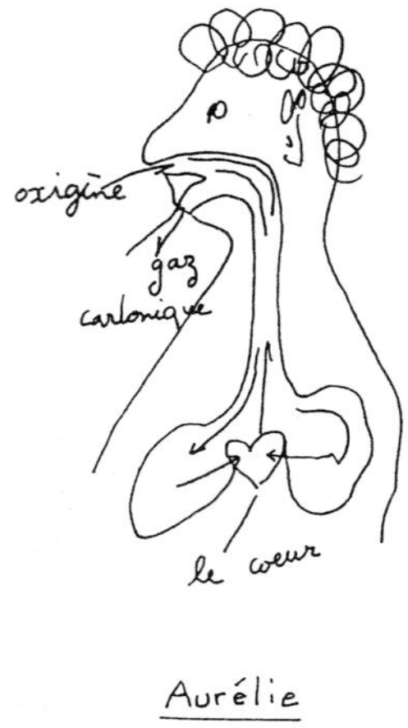

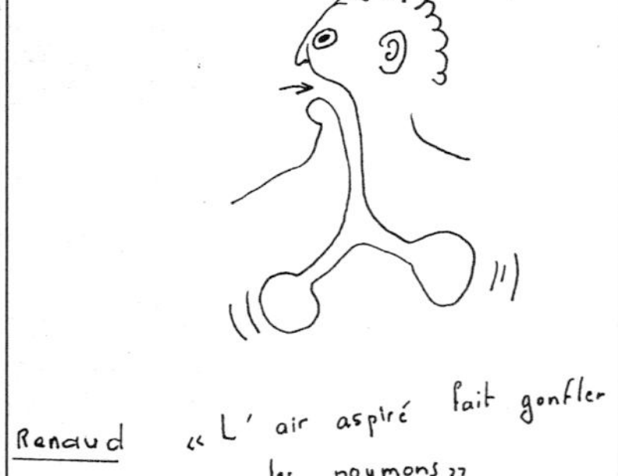

Document 7

Que devient l'oxygène absorbé, d'où vient le dioxyde de carbone rejeté au cours de la respiration ?

__Objectifs__ : Origine-devenir des gaz de la respiration.

__Activités__ :

1 - Lorsque nous respirons :
- que devient l'oxygène absorbé ?
- d'où vient le dioxyde de carbone rejeté ?

La double question est posée oralement à toute la classe, le maître collecte les réponses au tableau.

2 - Un dessin de l'appareil respiratoire avec le détail d'une alvéole pulmonaire est distribué aux élèves (voir ci-dessous). Ils sont invités à associer correctement les étiquettes aux lettres a, b, c, et d du schéma.

APPAREIL RESPIRATOIRE

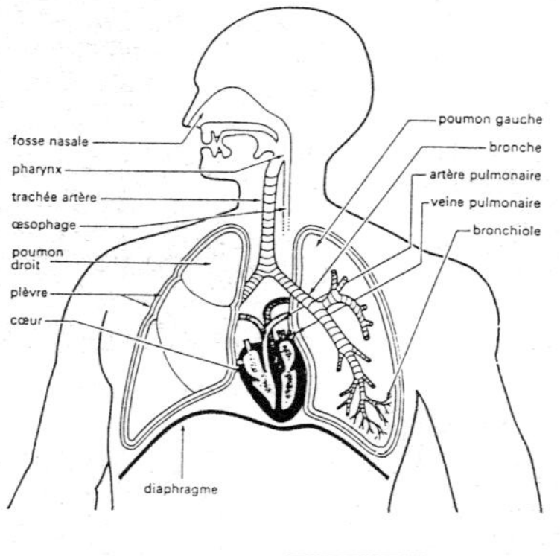

DETAIL D'UNE ALVEOLE PULMONAIRE

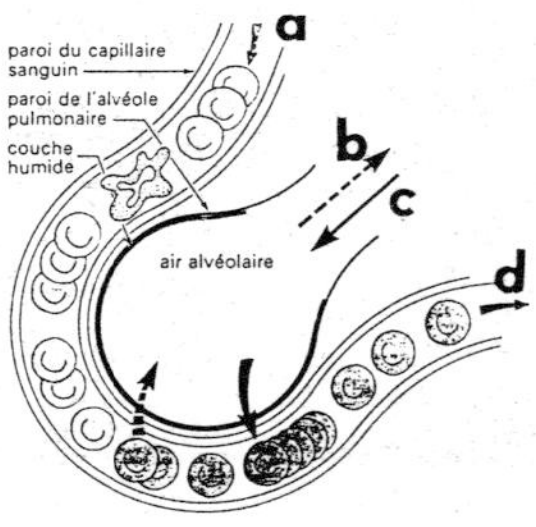

air riche en oxygène	=	☐
air riche en dioxyde de carbone	=	☐
sang riche en oxygène	=	☐
sang riche en dioxyde de carbone	=	☐

ACADÉMIE DE CORSE *(Concours externe)*

PREMIER VOLET

■ Première partie *(8 points)*

1° Le document A est un fragment de texte relatant quelques expériences de SPALLANZANI en 1775. Après avoir lu attentivement le texte :

a) indiquez quelle hypothèse cherche à tester SPALLANZANI par la première expérience ;

b) interprétez-en le résultat.

2° Observez les 4 photographies du document B. Comparez-les de façon à faire apparaître les caractéristiques de chaque cellule sexuelle.

3° Les tableaux n° 1 et n° 2 contiennent un certain nombre d'éléments concernant les deux types de cellules sexuelles ; analyser ces données et les interpréter.

4° A partir du tableau n° 3, construisez les courbes de variation du poids de l'embryon et de ses réserves en fonction du temps d'incubation.

■ Deuxième partie *(4 points)*

Le document C présente quelques dessins réalisés par des élèves d'une classe de CM ; avant la première séance de l'étude du volcanisme, en réponse à la question « qu'est-ce qu'un volcan ? ».

1° Faites une analyse critique de ces dessins.

2° Quelle formulation sur le volcanisme doit-on atteindre en CM ?

DEUXIÈME VOLET *(8 points)*

1° Le document D est une liste de réponses d'enfants d'une classe de CM à la question « comment se forme le bébé ? ». Regroupez ces phrases en fonction des représentations qu'elles manifestent.

2° Quel est l'intérêt, pour le maître, de faire émerger de telles représentations ?

3° A quel niveau de formulation du concept de reproduction souhaite-t-on arriver en CP, CE, CM ?

4° En fonction de l'analyse des représentations des enfants de cette classe, choisissez (en justifiant) *parmi* les documents proposés (doc. A, B, E, F, G et tableaux 1, 2, 3) ceux que vous utiliseriez pour dégager le concept de reproduction. Tracez brièvement les grandes lignes de votre progression.

Document B

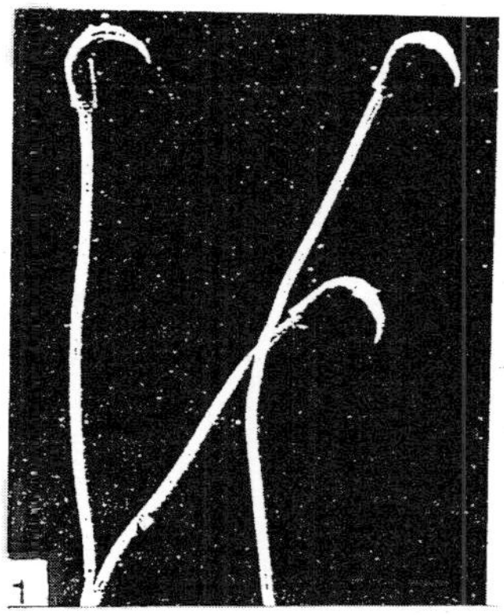

Spermatozoïdes de hamster.

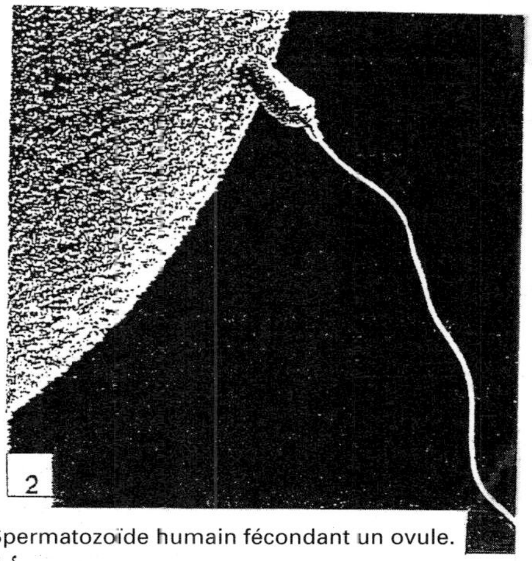

Spermatozoïde humain fécondant un ovule.

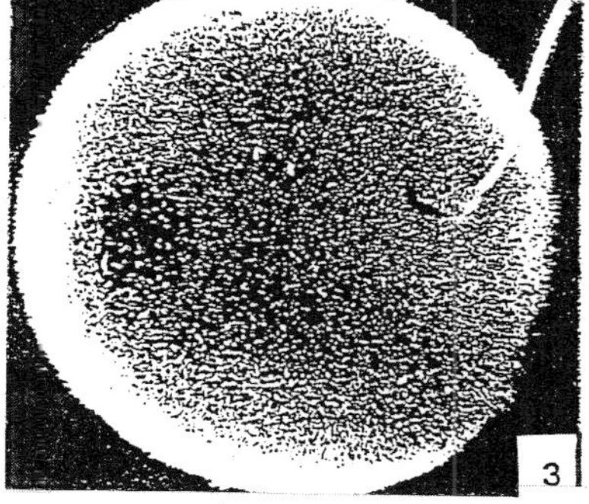

Spermatozoïde et ovule de hamster (grossis 2 000 fois).

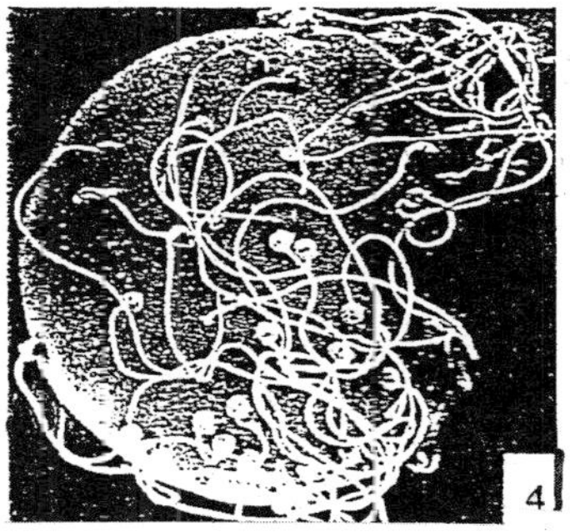

Spermatozoïdes et ovule d'Oursin.

Document A

Texte extrait de : Les origines de la biologie expérimentale et l'Abbé Spallanzani. Jean ROSTAND.

« ...Il se proposa de mettre aux grenouilles mâles de petites "culottes de vessie" bien fermées sur le derrière, et serrées par des cordons. "Si les cordons ne lâchent pas, cette expérience va m'apprendre des faits bien curieux !".

Mais l'expérience est difficile à mener à bien car les grenouilles ont tôt fait de se débarasser du vêtement. Enfin, il y réussit :

"1°) en perçant les deux trous de façon qu'il ne reste entre eux deux que la largeur du derrière ou peu davantage ;

2°) en ne donnant qu'à peu près le diamètre de la cuisse à ces trous ;

3°) en cousant quelques points sur les côtés et près des cuisses après que la culotte a été passée. Mais ce qui assure le tout, c'est que j'ai donné des bretelles à ces culottes. Je les fais passer sur les bras de la grenouille mâle, sous la tête, entre son corps, et celui de la femelle."

Les femelles ainsi accouplées à ces mâles en "caleçons" libèrent des œufs qui pourrissent mais ne se transforment pas en têtards.

...Spallanzani trouve, à l'intérieur du caleçon, quelques gouttes de liqueur transparente. Une nouvelle expérience s'impose alors. Il prélève dans le ventre d'une grenouille des œufs vierges, de ces œufs qu'il sait par expérience, ne pas pouvoir se développer spontanément, et il les baigne de la semence recueillie dans le fond des caleçons. Quelques jours après, il constate que les œufs se développent normalement, tout aussi bien que s'ils eussent été naturellement fécondés par le mâle.

C'était la première fois qu'on réalisait une expérience d'insémination artificielle. »

Tableau n° 1 : gamètes femelles.

	Taille	Réserves	Nombre	Fécon-dation	Accouple-ment
Femme	140 µm	presque absentes	1 par mois	interne	oui
Souris	80µm	presque absentes	10 à 15	interne	oui
Cane	2,5 cm	très abondantes	7 à 14	interne	oui
Grenouille	1,8 mm	assez abondantes	1500 à4000	externe	oui
Morue	2 mm	assez abondantes	3 millions	externe	rapprochement des sexes
Brochet	3 mm	assez abondantes	30 000	externe	
Oursin	100 µm	assez abondantes	400 millions	externe	non
Huitre	80 µm	assez abondantes	1,5 millions	externe	non

Tableau n° 2 : gamètes mâles.

	Longueur en µm	nombre par mm^3 d'éjaculat	Nombre total
Homme	60	100 000	350 Millions
Taureau	70	1 000 000	4 000 Millions
Coq	70	4 000 000	3 200 Millions
Brochet	50		30 millions
Oursin	50		100 000 Millions

Tableau n° 3 : œuf de poule.

Temps d'incubation	poids total moyen des oeufs	poids jaune+blanc	poids de l'embryon	poids de la coquille
0 jour	70g	62 g	0 g	8 g
7 jours	63 g	53 g	3 g	7 g
14 jours	57 g	39 g	12 g	6 g
21 jours	52 g	0 g	48 g	4 g

Document C

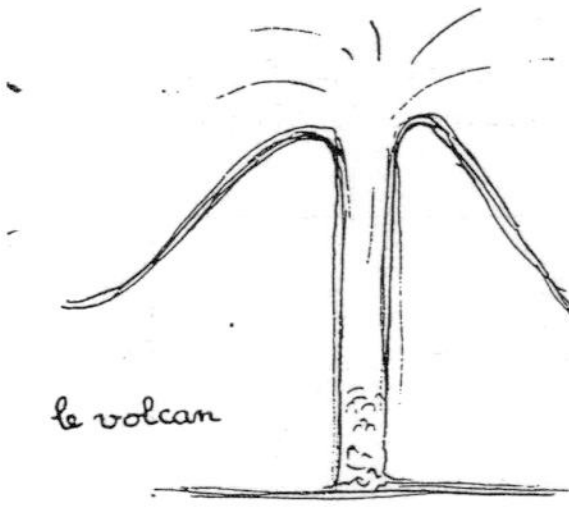

n° 1

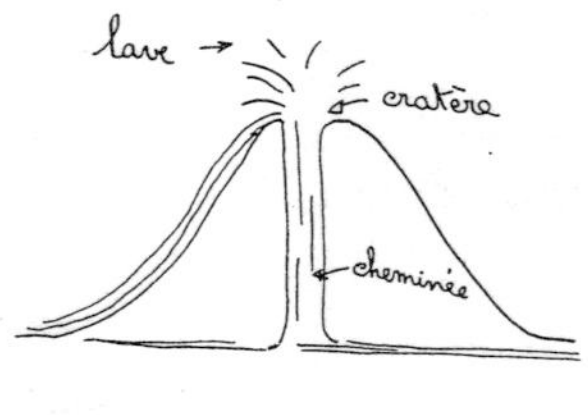

n° 2

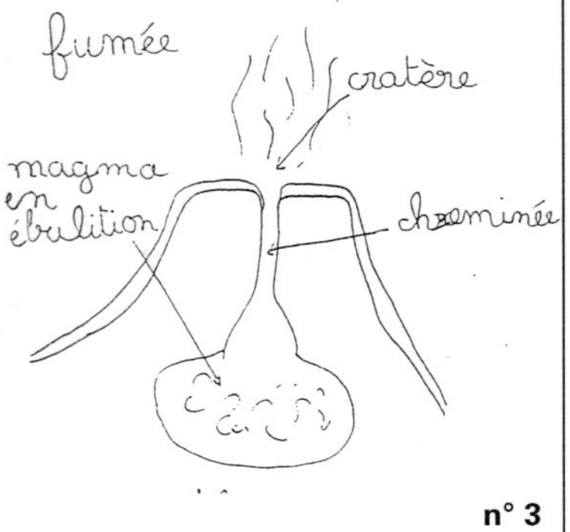

n° 3

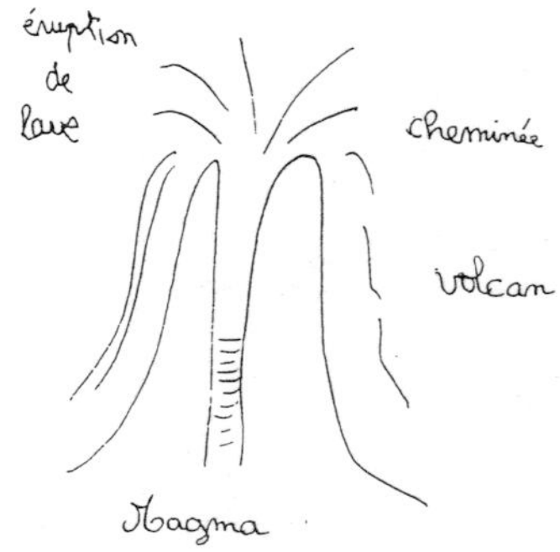

n° 4

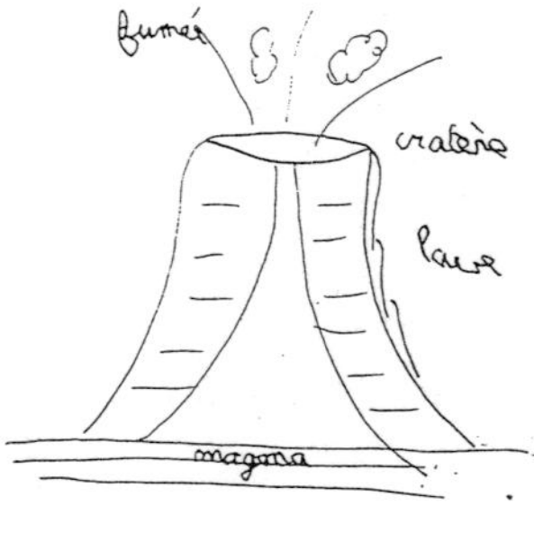

n° 5

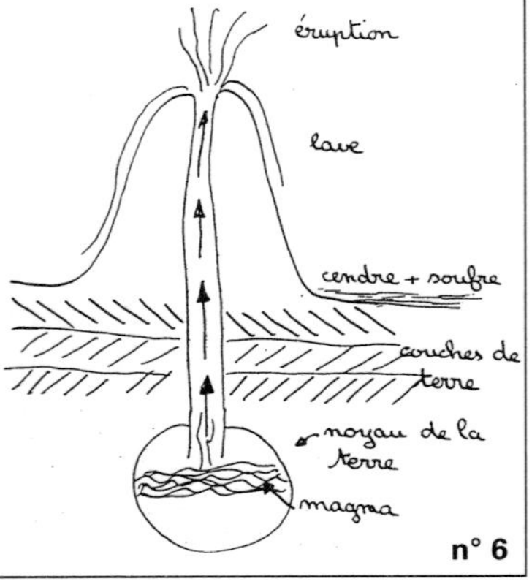

n° 6

Réponses d'enfants d'une classe de CM à la question " comment se forme le bébé ? "

Document D

1- Le bébé est déjà dans le ventre de la mère après l'accouplement il se développe.
2- Le père fournit le germe en graine dans le spermatozoïde et la mère le nourrit et le développe.
3- L'enfant est formé à l'aide du sperme et du liquide de la femelle...Les deux liquides se mélangent et donnent le bébé.
4- Le sperme contient tous les éléments du bébé, il rencontre un ovule et le bébé n'a plus qu'à grandir.
5- C'est la mère qui fabrique le bébé parce que c'est elle qui accouche et qui allaite l'enfant.
6- C'est le papa car il donne la graine à la maman ; puis la maman grossit.
7- C'est le père et la mère qui fabriquent le bébé, quand le spermatozoïde rencontre l'ovule, ça fait un bébé.
8- C'est la maman car le bébé sort du ventre de la maman.
9- C'est le papa qui fabrique le bébé,le spermatozoïde est un tout petit bébé qui rentre dans l'ovule de la maman.
10- C'est la maman car il n'y a pas d'homme enceinte.
11- Le papa a dans son corps une graine qu'il va donner à la maman, puis la maman fait le travail.
12- Le germe du bébé est dans l'ovaire... il est dans la poche... le sperme entre dansla poche et lui donne vie.
13- C'est la graine de la maman qui, avec celle du papa fait un bébé.
14- Le spermatozoïde est le sexe de l'homme,il sert à faire un bébé ; l'ovule de la maman c'est où va la graine de l'enfant.
15- C'est le papa qui a le germe et c'est la maman qui met l'enfant au monde.

Document E

Une expérience chez les animaux

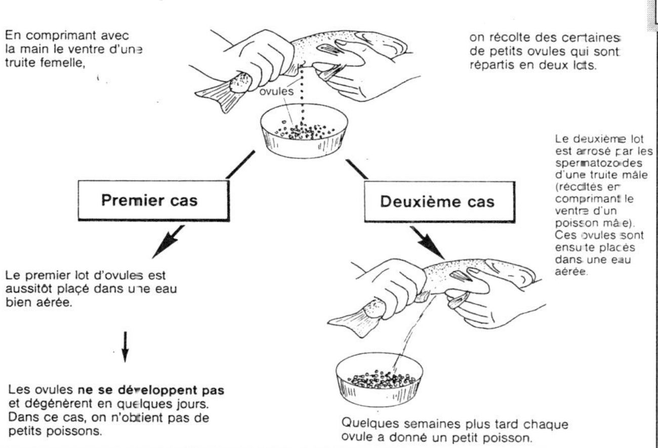

Extrait de
Cahier d'activités CM, Biologie,
Ed. Bordas, Coll. Tavernier.

Document F

Mâle et femelle

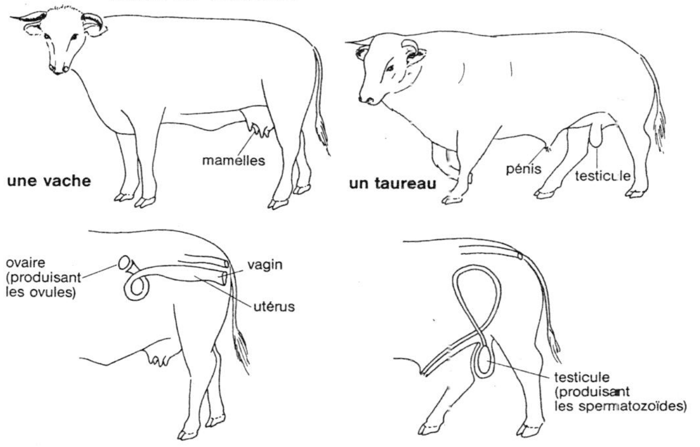

- A quels organes, visibles extérieurement, reconnaît-on
  - le taureau ? ....
  - la vache ? ....

Extrait de
Cahier d'activités CM, Biologie,
Ed. Bordas, Coll. Tavernier.

Document G

Une nouvelle vie commence

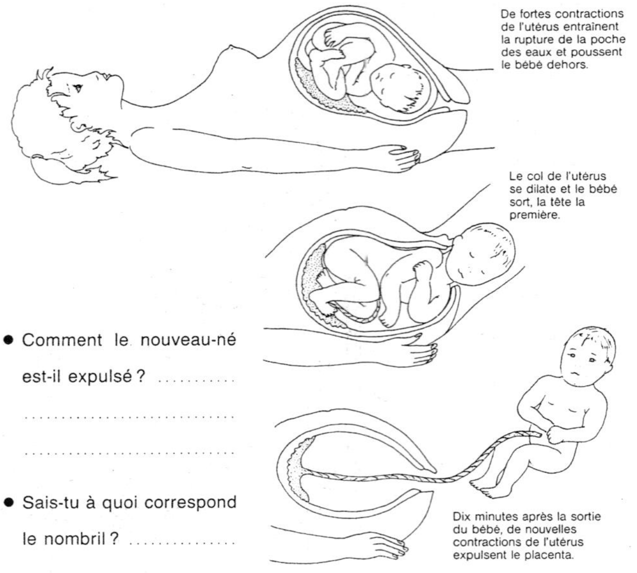

- Comment le nouveau-né est-il expulsé ? ....
....
....
- Sais-tu à quoi correspond le nombril ? ....
....

Extrait de *Cahier d'activités CM, Biologie,* Ed. Bordas, Coll. Tavernier.

Quelques exemples de sujets du Second concours interne

ACADÉMIE DE NICE *(Second concours interne)*

Les deux sujets seront obligatoirement traités.

■ **Sujet 1**

Le document 1 est extrait d'un livre destiné aux enseignants.

Question 1 :

Transformez-le en un schéma accessible aux élèves de CM2, limité à la circulation sanguine (à remettre avec la copie).

Question 2 :

Indiquez les raisons de la sélection ainsi opérée.

Question 3 :

Qu'apportent les couleurs conventionnelles rouge et bleue habituellement utilisées sur un schéma de ce type ?

Le document 2 est proposé à une classe.

Question 4 :

Indiquez de façon claire le(s) phénomène(s) observé(s) aux différents points indiqués sur la silhouette.

Question 5 :

Quelle(s) difficulté(s) voyez-vous à la réalisation de cette activité ?

Question 6 :

Dans une étude sur la circulation sanguine, à quel moment l'exploiteriez-vous ? Justifiez votre position.

■ **Sujet 2**

Une classe de cycle 3 travaille sur la germination.

Question 1 :

a) Quelles légendes et quels titres le maître peut-il attendre de ses élèves pour les documents 3 et 4 ?

b) La comparaison des légendes portées sur les dessins de ces deux documents invite à dégager une notion essentielle.

1° Indiquez-la.

2° Quel travail demanderiez-vous aux élèves sur ces deux documents, pour leur permettre de mettre en évidence cette notion ?

3° Faites-la apparaître, par un procédé de votre choix, sur ces documents 3 et 4 que vous remettrez avec la copie.

Question 2 :

Vous invitez les élèves à faire des propositions pour déterminer le rôle des cotylédons.

Un élève vous propose de peser les cotylédons (ceux du stade IV)

a) Que pensez-vous de cette idée ? Justifiez votre réponse.

b) Proposez une autre (ou d'autres) solution(s).

Document 1

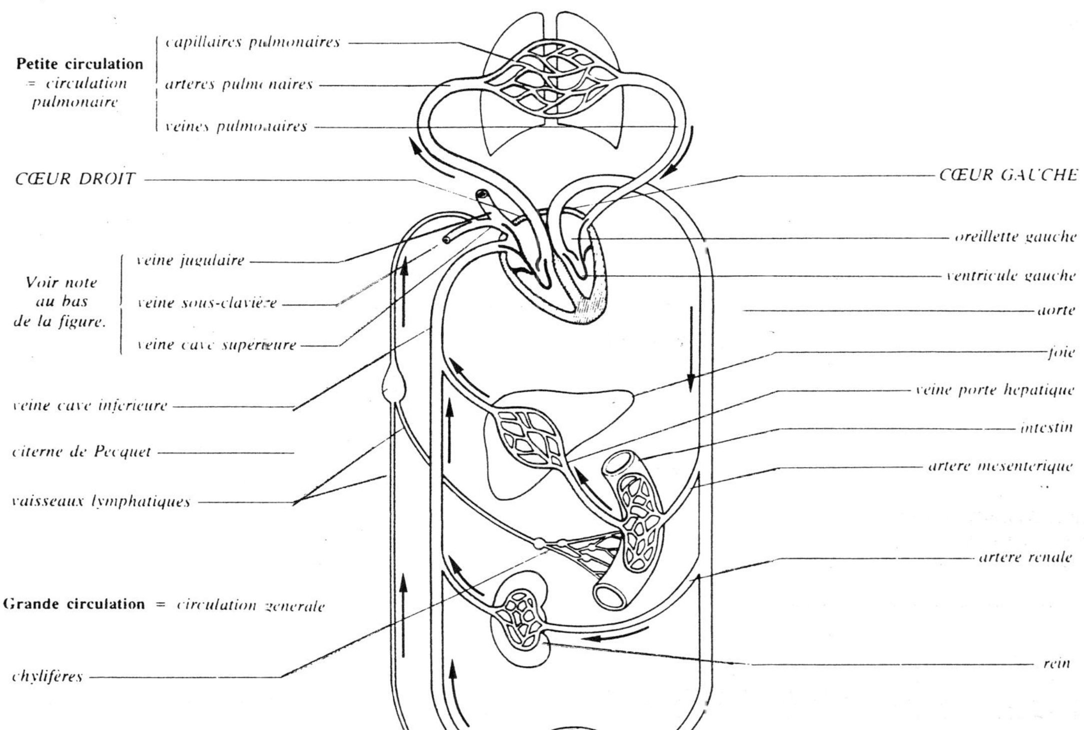

La circulation lymphatique a été simplifiée à l'extrême, puisque, en réalité, le canal thoracique (issu de la citerne de Pecquet) se jette dans la veine sous-clavière gauche, symétriquement à ce qui est représenté ici : le canal thoracique draine la majeure partie de la lymphe. Dans la veine sous-clavière droite, figurée ici, ne se jette que la grande veine lymphatique droite provenant du bras droit et de la moitié droite de la tête.

Document 2

Silhouette ; les battements du cœur

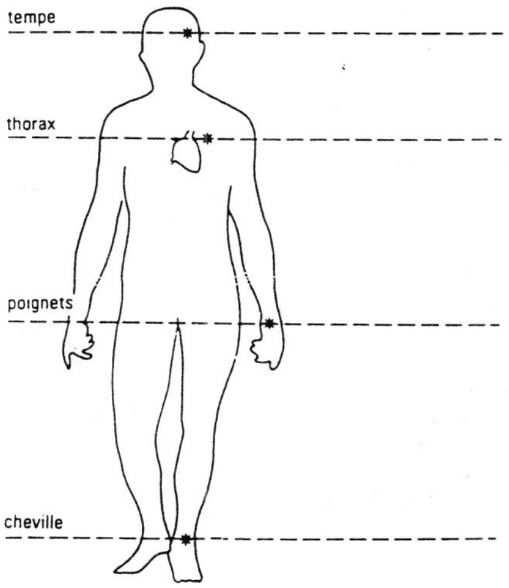

	nombre de battements	
au repos	juste après la course	5 mn après

Document 3

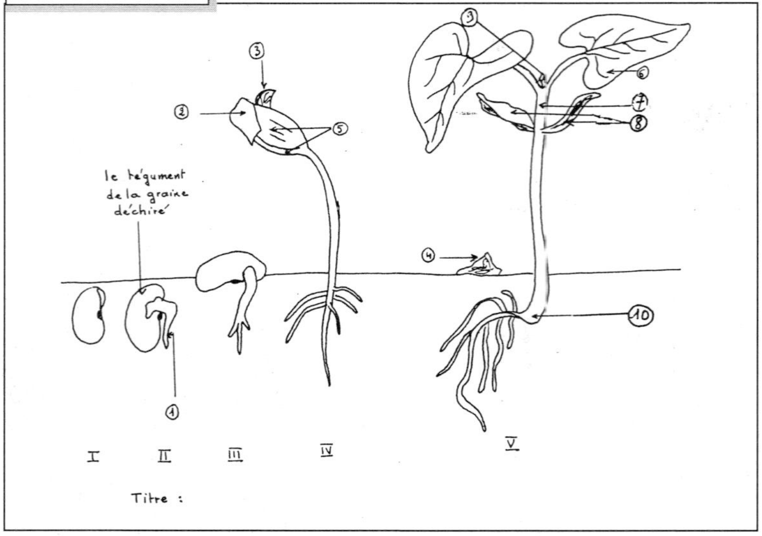

Document 4

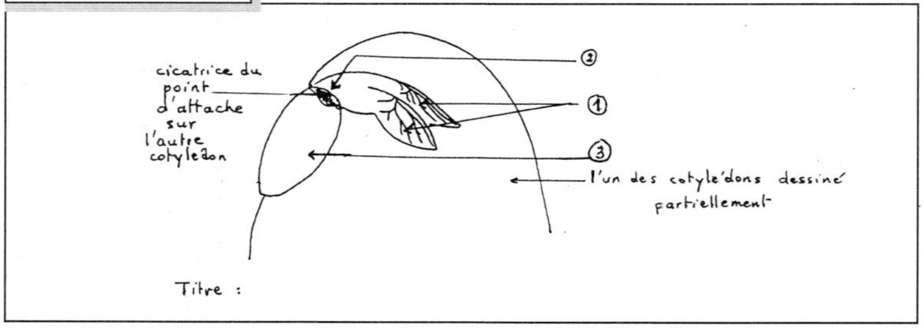

ACADÉMIE DE GRENOBLE *(Second concours interne)*

A propos de l'étude des mouvements corporels, un maître a demandé à ses élèves de représenter l'organisation du squelette à l'intérieur du corps (les documents 1 et 2 correspondent à des productions d'élèves).

Question 1 *(1 point)*

Dites à quel niveau de l'école élémentaire se situe cette activité.

Question 2 *(5 points)*

Par rapport à ce que vous savez de l'organisation du squelette, dites quels sont les éléments corrects et incorrects des documents 1 et 2.

Présentez votre analyse sous forme de tableau.

Question 3 *(4 points)*

Pour les élèves du niveau concerné, formulez les notions scientifiques relatives aux mouvements corporels réalisés lors d'un exercice physique.

Question 4 *(7 points)*

Décrivez les grandes étapes d'une série de séances ayant comme objectif de préciser le rôle des os et des muscles dans les mouvements, en prenant soin de montrer quelles activités seront proposées aux élèves à chacune de ces étapes.

Intégrez notamment l'activité de représentation (dessins des documents 1 et 2) et précisez l'intérêt de cette activité.

Question 5 *(3 points)*

Rédigez les consignes accompagnant le document 3 en vue d'élaborer un exercice permettant d'évaluer les connaissances des élèves sur le rôle des os et des muscles dans le mouvement.

Formulez les réponses correctes attendues.

Document 1

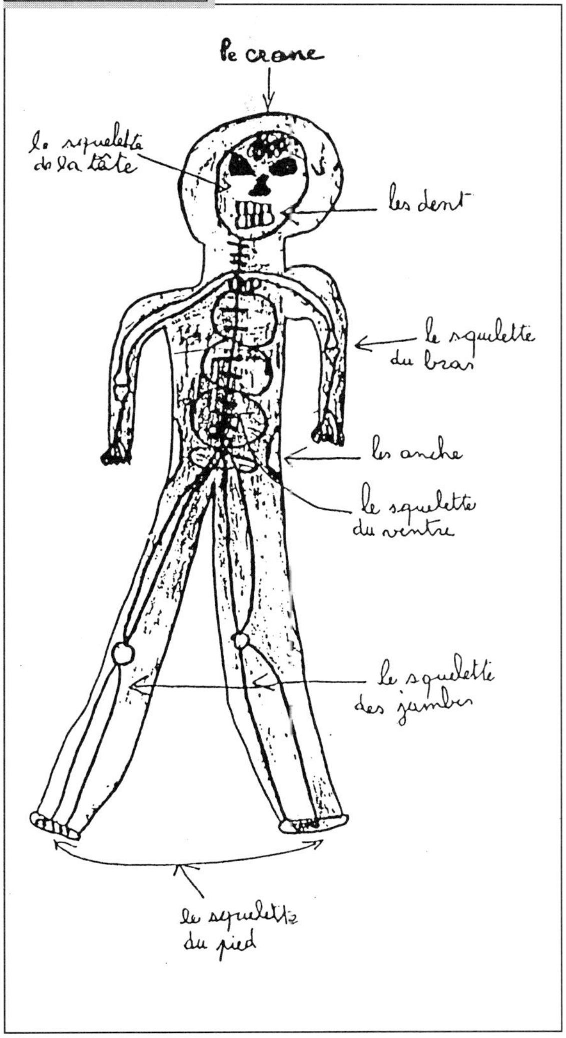

Document 2

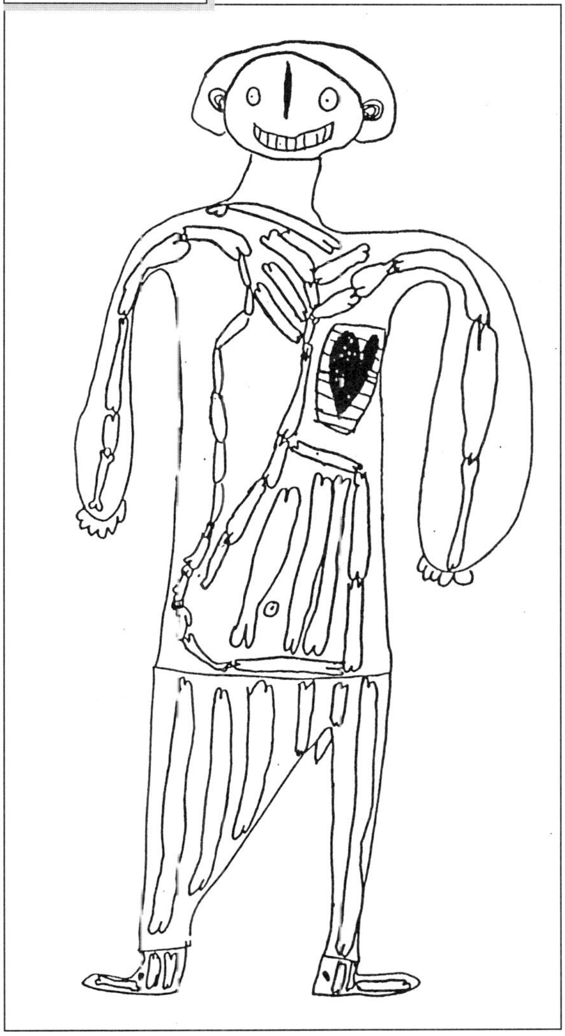

Document 3

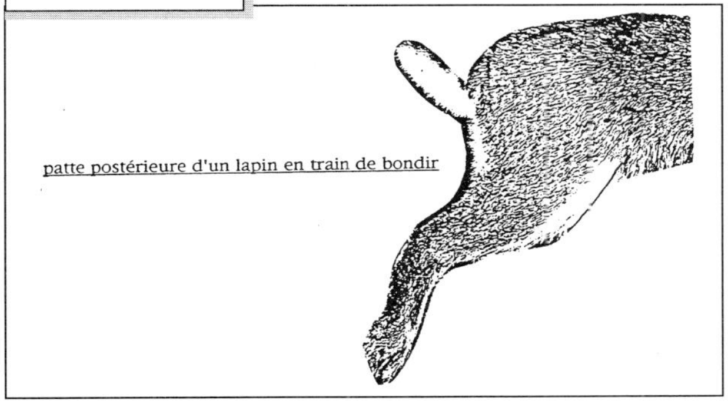

Concours externe : deuxième volet (exemples complémentaires)

(Analyse des approches didactiques et des démarches pédagogiques)

Ainsi que nous l'avons vu précédemment, la lecture des sujets posés au concours externe montre que les questions retenues dans le « second volet » sont très diverses. De ce fait, pour en donner une idée plus précise en multipliant les exemples, nous ne présentons, dans les pages suivantes, que la seconde partie des sujets proposés.

ACADÉMIE D'AMIENS

DEUXIÈME VOLET *(8 points)*

Dans un CM2, les élèves ont répondu à la question suivante :

« Qu'y avait-il au tout début de ta vie ? Tu peux le dessiner ou l'expliquer ». (*cf.* document 1)

1° Analysez les productions de 3 enfants, en mettant en évidence les représentations sous-jacentes.

Les documents 2A, 2B et 2C sont extraits de différents manuels de sciences de l'école élémentaire.

2° En vous aidant du document 2D, indiquez quels objectifs particuliers l'enseignant de CM2 peut fixer lors de l'étude de la reproduction humaine (compte-tenu des représentations précédentes).

3° Proposez des exploitations possibles de tout ou partie de ces documents, de façon à corriger les représentations erronées des élèves.

4° A quelle trace écrite aboutiriez-vous ?

Document 1

DOCUMENT 1 : Productions d'élèves de CM 2

enfant 1

(a une soeur jumelle)

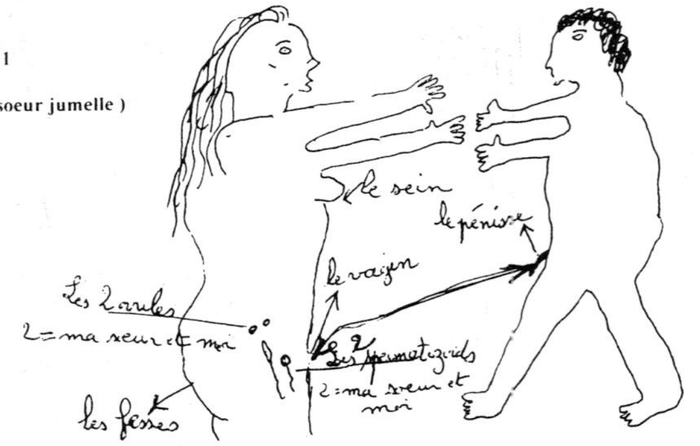

enfant 2

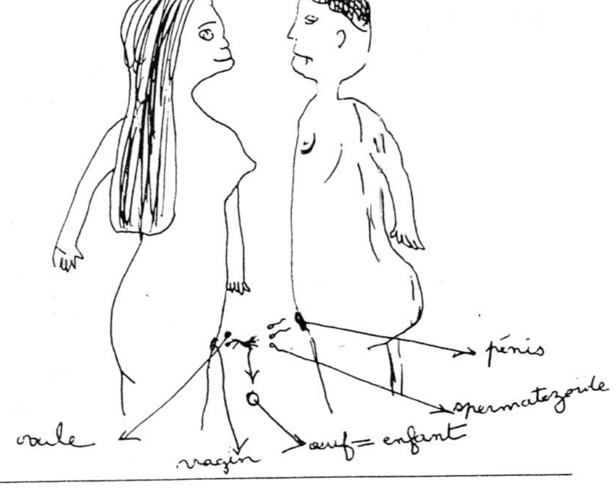

enfant 3

Mon papa a mis un spermatozoïde dans le ventre de ma maman. Ça a fait un bébé qui a grandi dans le ventre de ma maman. C'est moi.

Document 2A

Une étape indispensable : la fécondation

Chez tous les animaux, les femelles produisent des **ovules** et les mâles des **spermatozoïdes.** L'union d'un spermatozoïde et d'un ovule donne un **œuf** qui, en se développant, devient un nouvel animal.

Pour certains animaux (la truite par exemple), les ovules sont pondus dans l'eau puis arrosés par les spermatozoïdes du mâle.

Pour d'autres animaux (ce sont les plus nombreux), **l'accouplement** du mâle et de la femelle est nécessaire pour assurer la rencontre des spermatozoïdes et des ovules : la fécondation se produit alors dans le corps de la femelle.

Dans le langage courant, le mot œuf désigne aussi bien un ovule qu'un œuf fécondé.

Accouplement d'un criquet mâle et d'un criquet femelle.
Que se passe-t-il à ce stade de la reproduction de ces deux animaux ?

doryphores mâle et femelle

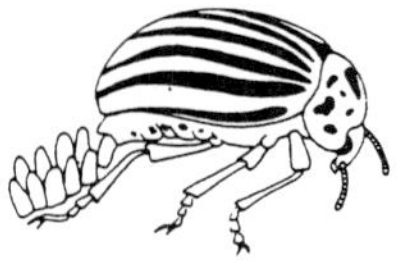

doryphore femelle

Schéma de l'appareil génital.

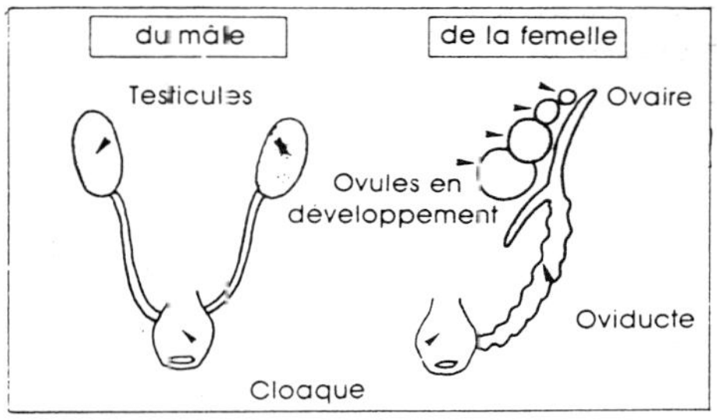

Le mâle et la femelle s'accouplent. Les spermatozoïdes, produits par les testicules du mâle, féconderont les **ovules** produits par l'ovaire de la poule. Les œufs en chapelet grossissent.

Extraits de manuels CM :
Eds BORDAS
Eds MAGNARD

Document 2C

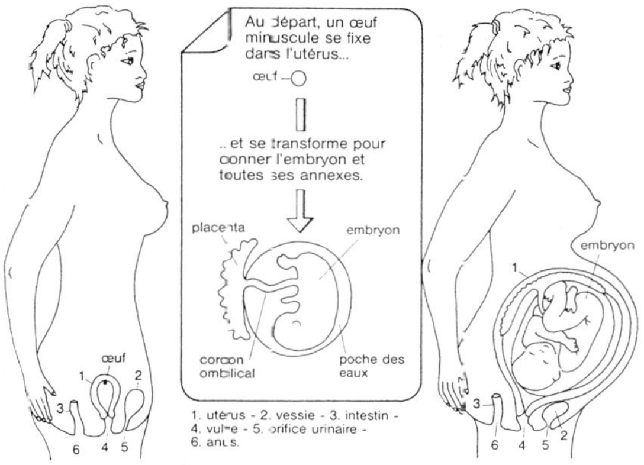

- Dans quel organe de la maman l'embryon est-il logé ? Colorie cet organe.
- En se développant, l'œuf donne naissance non seulement au bébé mais aussi à d'autres organes qui assurent sa protection, son alimentation. Cite ces organes.

BORDAS - Cahier d'activités CM2

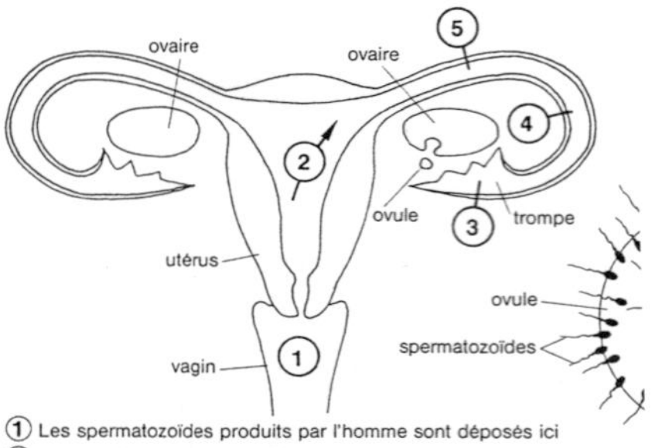

En ④ : photographie ci-dessous

un ovule
+
un spermatozoïde
=
un œuf

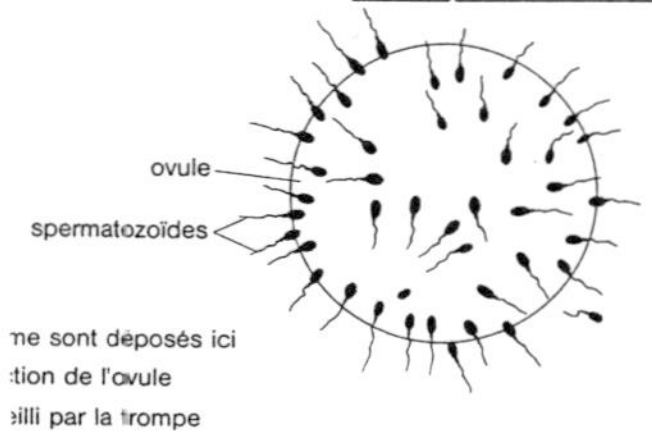

① Les spermatozoïdes produits par l'homme sont déposés ici
② Les spermatozoïdes remontent en direction de l'ovule
③ L'ovule (produit par un ovaire) est recueilli par la trompe et commence sa descente
④ La rencontre de l'ovule et des spermatozoïdes a lieu ici
⑤ L'œuf (en cours de division) descend vers l'utérus où il va se fixer jusqu'à la fin de la grossesse

BORDAS - Cahiers d'activités CM1 et CM2

Document 2B

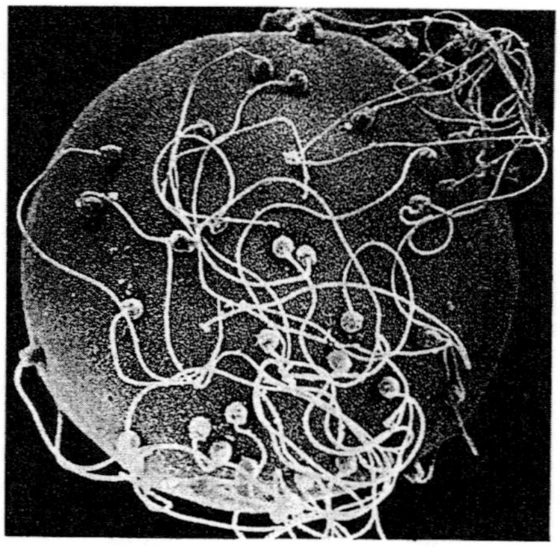

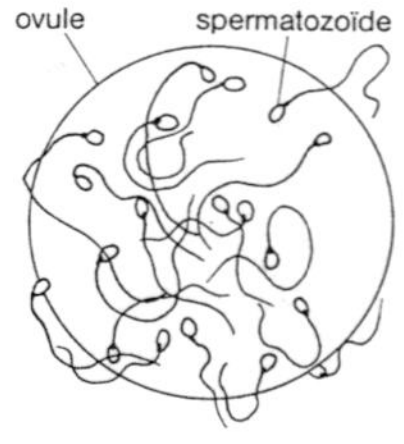

1 ovule
+ 1 spermatozoïde
= 1 œuf

1 œuf → 1 nouvel être vivant

Document 2D

(extrait des Programmes et Instructions de 1985)

C.M.	DIVERS MODES DE REPRODUCTION ANIMALE	C.M.

Objectifs de connaissances (les mots-clés sont en caractères gras)	Activités possibles pour mettre en œuvre et atteindre ces objectifs
Par reproduction sexuée, un nouvel être vivant (Homme, animal ou végétal) provient d'un **œuf**, résultat de la **fécondation**. Selon les cas, la fécondation a lieu après **accouplement** ou non. Le mâle et la femelle ont des organisations différentes, en relation avec la reproduction. La vie du bébé ou du jeune animal commence avant la naissance. Les êtres vivants grandissent et se transforment avec des modalités différentes selon les espèces. Certains animaux passent par le stade de larve. Un être vivant est unique. L'ensemble de ses caractères hérités de ses parents et de ses ancêtres, le différencie de tous les autres.	— Réaliser divers élevages (Vertébrés, Insectes...) permettant d'obtenir la reproduction d'animaux. Compléter les informations obtenues par l'analyse de documents divers (photographies, textes, dessins...). — Pour l'Homme, on abordera la vie fœtale et la naissance à partir de documents photographiques, de dessins... — On pourra élargir la notion de reproduction sexuée en montrant la généralité du phénomène de fécondation chez la plupart des êtres vivants animaux et végétaux.

ACADÉMIE DE BESANÇON *(Concours externe)*

DEUXIÈME VOLET *(8 points)*

Elaborez un canevas de séances illustrant une démarche scientifique pour faire comprendre, à des élèves du cycle III, l'idée de Terre planète active.

Utilisez le texte officiel (document D) et le document C : proposez des activités variées.

Document C

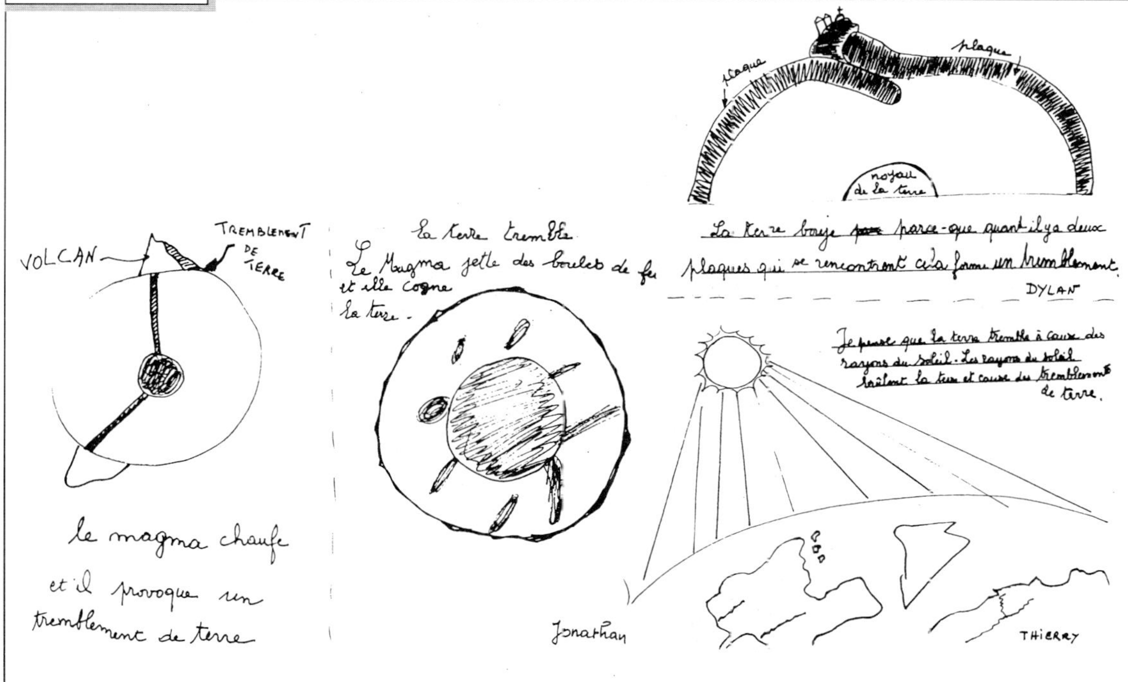

Document D

C.M.	LES GRANDS PHÉNOMÈNES GÉOLOGIQUES : VOLCANS, TREMBLEMENTS DE TERRE	C.M.

Objectifs de connaissances (les mots-clés sont en caractère gras)	Activités possibles pour mettre en œuvre et atteindre ces objectifs
La Terre est une planète active, les **volcans** et les **tremblements de terre** sont les principales manifestations de cette activité. Compte tenu de leur importance dans la vie des Hommes et des informations qu'ils fournissent sur la structure du globe terrestre, les géologues étudient ces phénomènes avec précision.	— Analyser des documents (photographies, textes...) • sur les volcans actuels et anciens (activité d'un volcan, formation de roches nouvelles...), • sur les tremblements de terre (manifestations, moyens d'étude...).
La répartition des volcans et celle des tremblements de terre s'expliquent par une structure discontinue de la croûte terrestre.	— Comparer, au niveau du globe terrestre, la répartition des volcans et celle des tremblements de terre. Faire une approche simple du modèle proposé par les géologues pour expliquer cette répartition.

ACADÉMIE DE CLERMONT-FERRAND *(Concours externe)*

DEUXIÈME VOLET *(8 points)*

Extraits des compléments aux instructions officielles du CE (mai 85).

• Les êtres vivants d'un même milieu dépendent les uns des autres. Il existe entre eux des relations alimentaires.

• Les plantes « vertes » chlorophylliennes constituent le premier maillon des chaînes alimentaires.

Questions :

1° Dégagez les notions scientifiques du document 4 *(2 points).*

2° Elaborez un projet d'activités biologiques au CE2 intégrant tout ou partie de ce document *(3 points).*

3° A l'aide de ce document construisez la progression d'une seule séance de votre choix en précisant les objectifs poursuivis, la démarche pédagogique, les outils didactiques et les moyens utilisés, et les activités des élèves *(3 points).*

Document 4

La rage dans le milieu naturel

Dans la nature la maladie joue fréquemment le rôle de régulateur des espèces aux populations excessives. Il semble que l'épidémie de rage actuelle se développe grâce à l'accroissement exagéré de la population vulpine.
Pour comprendre la CAUSE DE SA PROLIFÉRATION, situons le renard dans la chaîne alimentaire.
A partir d'une production végétale vivent un grand nombre de consommateurs primaires végétariens (oiseaux granivores, rongeurs, herbivores, insectes, poissons herbivores, ...). Ceux-ci servent de nourriture à des prédateurs carnivores (rapaces, mustélidés, renards). Autrefois et jusqu'au siècle dernier, ils étaient confrontés à d'autres espèces plus puissantes (super-prédateurs) telles que l'ours, le loup, le lynx et l'aigle.
L'extension du Renard dépend donc du nombre de super-prédateurs et de ses concurrents directs pour la nourriture tels que blaireaux, putois et rapaces nocturnes.
Les super-prédateurs ont pratiquement disparu après avoir été chassés inexorablement par l'homme pour des raisons de sécurité, par la réduction des grands espaces sauvages ou pour d'autres raisons moins impératives (chasse sportive). Mais l'homme a également contribué à une forte diminution des petits carnivores. En effet pour protéger leurs élevages et le gibier, les agriculteurs et les chasseurs croient bon de détruire un grand nombre de mustélidés (belette, putois, martre, blaireau) et de rapaces.
Avec le remembrement, l'homme a réduit considérablement les milieux nécessaires à la vie de ces animaux. Les haies ont disparu qui, avec leurs arbres creux, offraient des refuges aux petits mammifères et des possibilités de nids pour les oiseaux (buse, crécerelle, chevêche, moyen-duc). Les petits marais qu'affectionnaient les putois ont été drainés et les petits bois, lieux de nidification pour la buse, le moyen-duc, le milan royal ont souvent été supprimés.
Du fait de la diminution de ces concurrents, le Renard se trouve donc dans une situation privilégiée.

ACADÉMIE DE CRÉTEIL *(Concours externe)*

DEUXIÈME VOLET *(8 points)*

On élague les deux marronniers de la cour de récréation. Deux enseignants de CE2 décident d'exploiter cette situation en projetant d'étudier les bourgeons.
Ils définissent les mêmes objectifs généraux :

— au niveau des connaissances : idée d'adaptation de l'arbre à la mauvaise saison ;

— au niveau des compétences : initiation à la démarche expérimentale.
Mais chacun va s'y prendre à sa manière. Le document 4 résume les démarches et activités réalisées dans les deux classes.

1° Les deux maîtres ont fait des choix pédagogiques différents.

Analysez, en quelques phrases, la manière dont les deux enseignants ont mené :

a) les activités de résolution de problème(s),

b) l'approche de la construction du concept d'adaptation.

2° Que pensez-vous de la pertinence de ces deux démarches pédagogiques (texte court de 10 à 15 lignes) ?

3° De quoi faut-il tenir compte pour que l'on puisse vraiment dire que l'on « fait des sciences » à l'école ?

Document 4a

Travail réalisé dans la classe A

Titre : ***Les bourgeons des arbres en hiver***

1 - Le maître met ses élèves en petits groupes et leur fournit quelques bourgeons de marronnier.
Il leur demande d'observer la structure externe et interne de ces bourgeons (écailles brunes disposées comme les tuiles d'un toit et enduites d'une sorte de résine, duvet cotonneux, petites feuilles...).
Par une série de questions qu'il pose à l'ensemble de la classe, le maître fait trouver oralement aux élèves le rôle de protection contre la pluie (écailles) et contre le froid (poils). Il explique que ces éléments permettent à l'arbre d'être **adapté** au passage de la mauvaise saison.

2 - Le maître fait réaliser à chaque petit groupe d'élèves les expériences suivantes : sur un même rameau, on enlève les écailles d'un bourgeon, les poils d'un autre et on laisse des bourgeons intacts. Ces rameaux sont mis dans un vase rempli d'eau et placés à l'extérieur de la classe, dans un endroit non abrité. **On observe les résultats.**
Oralement, le maître fait trouver aux élèves que, si les petites feuilles sont détruites dans les bourgeons sans écailles ou sans poils et non dans ceux restés intacts, c'est bien que les écailles et les poils ont un rôle protecteur.

3 - Le maître montre des bourgeons d'autres arbres (lilas, pommier, hêtre). Quelques variations de structure sont observées.
Le maître amène les élèves à tirer une conclusion de tout cela ; il élabore avec les enfants le petit texte suivant : « Les bourgeons des arbres ont des parties qui **protègent** les futures feuilles déjà formées contre la pluie et le froid de l'hiver. C'est pour cela qu'on peut dire que les arbres sont **adaptés** au passage de la mauvaise saison ».
Ultérieurement, les élèves vérifieront les résultats des expériences qui confirmeront ou infirmeront les hypothèses émises.
Sur le classeur de sciences figurent : le schéma du bourgeon de marronnier en coupe longitudinale, le problème posé, la description des expériences faites et la conclusion finale. Une évaluation est prévue ultérieurement.
Un prolongement sur le concept d'adaptation sera fait par l'étude des organes permettant le déplacement de certains animaux qui courent, sautent, volent et nagent. Cela permettra de généraliser et de mieux construire le concept d'adaptation.

Document 4b

Travail réalisé dans la classe B

1 - Le maître amène ses élèves dans la cour « pour voir ce qu'on fait aux arbres » et les incite à s'exprimer. Entre autres remarques, un élève dit « Regarde, y a des bourgeons comme si c'était le printemps ! ».
De retour en classe, le maître demande aux élèves de dire ce qu'ils pensent de cette remarque.
Plusieurs types de réponses sont données :
— l'arbre est en avance,
— l'arbre est malade,
— les arbres peuvent avoir des bourgeons à cette saison.

2 - Le maître demande aux élèves comment on pourrait savoir qui a raison.
Les élèves, en six petits groupes, prennent une affirmation et essaient de concevoir comment ils pourraient « vérifier si c'est vrai ». Chaque affirmation est étudiée par deux groupes.
Le maître aide les groupes d'élèves à concevoir une manière de répondre à ces suppositions.
Pour chaque affirmation, les propositions sont présentées à l'ensemble de la classe et certaines sont retenues ; elles seront réalisées :
— « On demandera à des jardiniers si la saison est plus douce que d'habitude ».
— « On regardera l'autre marronnier et d'autres arbres, ce soir en sortant de l'école pour voir s'ils ont eux aussi des bourgeons ».
Après enquête, on s'aperçoit que les arbres portent tous des bourgeons, même en hiver, et que les bourgeons ne se forment pas au printemps, comme beaucoup le pensaient.

3 - Un autre problème se pose alors à la classe : « A quoi ça sert pour les arbres d'avoir des bourgeons l'hiver puisqu'ils ne s'ouvriront qu'au printemps ? »
Pour savoir à quoi peuvent servir les bourgeons l'hiver, le maître propose de chercher comment sont faits les bourgeons. On décide de « les ouvrir pour voir ce qu'il y a dedans ».
Les élèves les décrivent et tentent de nommer les différentes parties découvertes. L'ensemble de la classe consulte un livre pour vérifier leurs descriptions. On prend connaissance des termes utilisés (écailles, poils duveteux, jeunes feuilles) et on se les approprie.
Le maître demande à quoi peuvent servir les écailles et les poils ?

Réponses :
— à faire joli,
— pour que les petites feuilles soient dans un endroit douillet,
— à protéger.
Le maître propose de vérifier si les poils et les écailles protègent les petites feuilles. En petits groupes on conçoit et présente des possibilités d'expériences. Après discussion, on retiendra l'expérience suivante :
« On choisit un bourgeon sur un autre marronnier, on lui arrache les écailles et les poils, et on verra bien si les petites feuilles meurent. Cela fournira la réponse à notre question ».
L'expérience est réalisée.
Ultérieurement, le maître fait relever les résultats, ce qui permet aux élèves de conclure au rôle de protection des organes considérés. Une discussion avec l'ensemble de la classe aboutit à la prise de conscience que les bourgeons permettent aux arbres de passer l'hiver.
Le maître explique qu'ainsi les arbres sont « adaptés au passage de la mauvaise saison ».
Sur le classeur, les traces écrites correspondent à un compte-rendu de l'ensemble de la démarche suivie, erreurs des élèves comprises. Les conclusions seront rajoutées ultérieurement, après analyse des résultats.

ACADÉMIE DE NICE *(Concours externe)*

DEUXIÈME VOLET *(8 points)*

■ **Sujet 1**

Le **document 5** a été proposé aux enfants avec les consignes suivantes :

— *« Comparez ce dessin à vos propres dents, »*

— *« noircissez les cases qui correspondent à vos dents de lait qui sont tombées, »*

— *« mettez une croix sur les dents qui ne sont pas encore sorties. »*

Question 1 : Que pensez-vous des consignes données par le maître ? A quelles difficultés pourra-t-il se heurter ?

Question 2 : Dégagez les objectifs qu'il se propose d'atteindre avec sa classe lors de cet exercice ?

Question 3 : A quel stade de la progression d'une séquence placeriez-vous cet exercice ? Explicitez vos arguments.

■ **Sujet 2**

Le maître demande à ses élèves de planter, dans un coin du jardin scolaire, des tubercules de pommes de terre présentant des germes.
Deux à trois mois plus tard, les enfants déterrent soigneusement les plantes obtenues. Le **document 6** correspond à une production d'enfant représentant les résultats obtenus.

Question 1 : Analysez cette production en dégageant les qualités, les maladresses ou les erreurs.

Question 2 : Avec ce type d'expérience, quel(s) objectif(s) notionnel(s) pouvez-vous aborder ?

Document 5

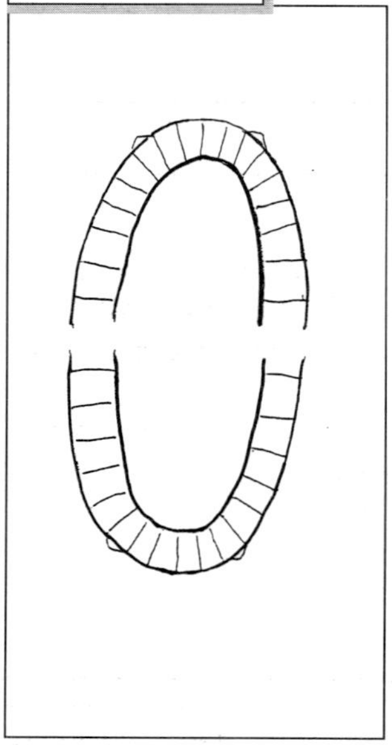

Document 6

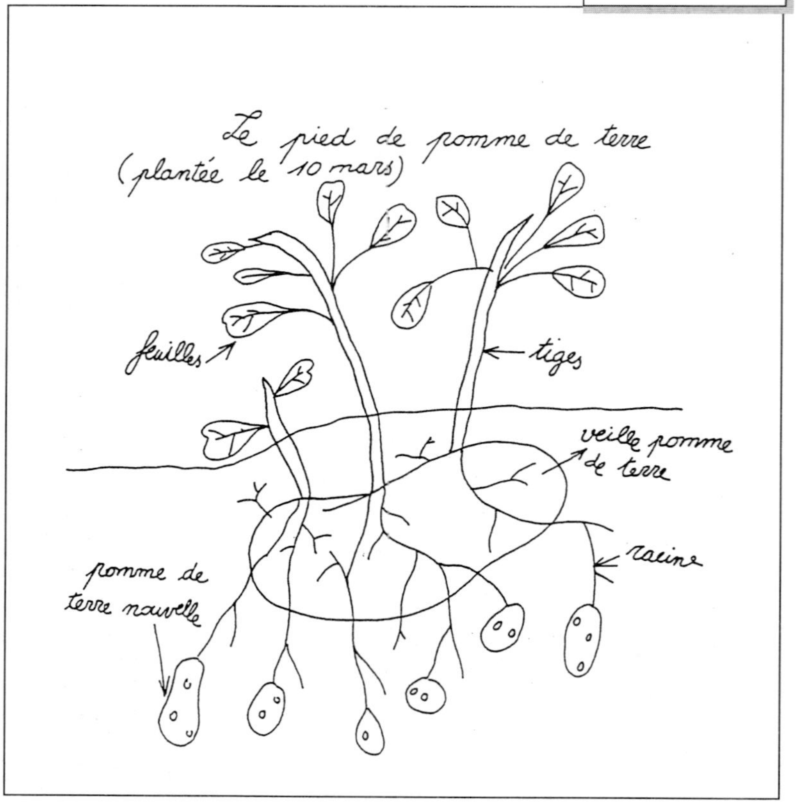

ACADÉMIE NORD - PAS-DE-CALAIS *(Concours externe)*

DEUXIÈME VOLET *(8 points)*

A – Les élèves d'un cours moyen en classe de découverte ont observé divers champignons. Ils ont formulé une question : « De quoi les champignons ont-ils besoin pour pousser? ». Après une expérimentation infructueuse faite en essayant de « repiquer » quelques champignons de Paris, une élève propose d'utiliser des moisissures qui, selon elle, sont aussi des champignons. Après vérification dans la bibliothèque documentaire de la classe, ses camarades acceptent. Une discussion s'engage alors :

— *« Dans le placard le pain moisissait. »*

— *« La moisissure poussait en rond sur la tartine. »*

— *« Il n'y a que le pain qui était moisi, le paquet de plastique et les craies ne l'étaient pas. »*

— *« Le pain sec ne moisit pas non plus. »*

— *« Dans le congélateur non plus, pourtant le pain est humide et il fait noir. »*

— *« C'est drôle, le géranium ne poussait pas dans le placard. »*

— *« Comment les moisissures sont-elles arrivées sur le pain ? »*

1° Recherchez, à partir des réflexions des enfants quels sont les facteurs physiques et biologiques qui semblent influencer le développement des moisissures.

2° Schématisez une expérience qui pourrait être faite en classe pour chercher l'influence d'un facteur (à votre choix). Comment apprécier objectivement l'influence de ce facteur sur la croissance de la moisissure.

3° Les élèves voudraient rechercher « Dans quelles conditions les moisissures se développent le mieux ? ». Dénombrez les expériences à faire pour montrer l'influence respective des différents facteurs trouvés en A - 1° dans le développement des moisissures. Un « outil mathématique » peut vous aider.

B – Sur le sujet d'étude des champignons, en vous servant des questions précédentes, donnez la trame d'une progression sur deux à trois séquences en faisant apparaître les objectifs et les activités correspondantes.

ACADÉMIE DE PARIS *(Concours externe)*

DEUXIÈME VOLET *(8 points)*

1° A quel niveau de l'Ecole Elementaire, selon vous, les dessins du document 6 ont-ils été réalisés ? Justifiez votre réponse. *(0,5 points)*

2° a) Comment le maître s'y prend-il (quelles circonstances et quelles consignes) pour faire réaliser ces dessins par les enfants ? *(1,5 points)*

b) Quel est l'intérêt de ces productions ? *(1,5 points)*

3° Quels objectifs notionnels le maître peut-il alors choisir pour orienter les activités suivantes ? *(1,5 points)*

4° Pour conduire ces activités vous disposez des documents numérotés de 7 à 12.

Lesquels choisissez-vous et comment les utilisez-vous ?

Quel moyen ou support autre que la documentation pourriez-vous également prévoir ? (3 points)

Document 6

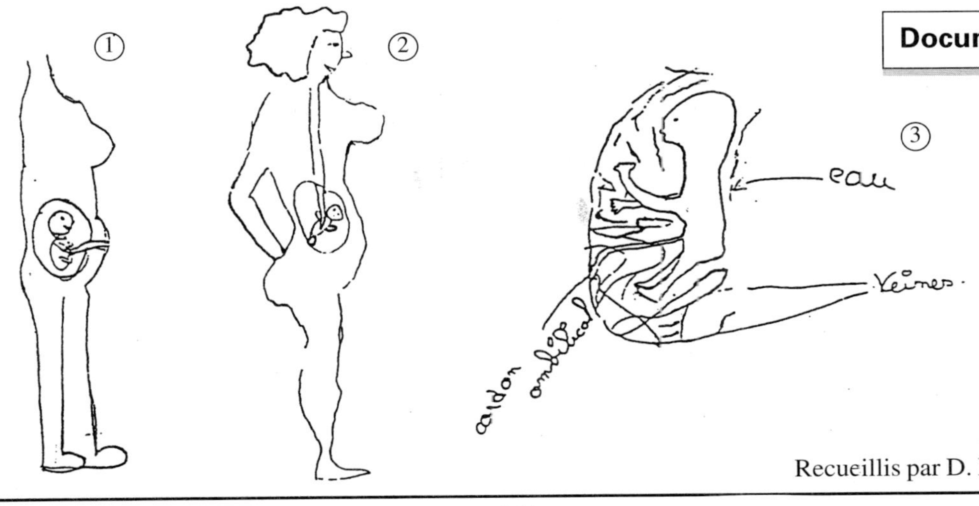

Recueillis par D. Raischwag

Document 7

Une surveillance attentive

Grâce aux techniques modernes et à des examens médicaux réguliers, on peut non seulement suivre dès les premiers jours l'évolution de l'œuf mais aussi contrôler les étapes successives de la formation du bébé.
Cette *surveillance* se prolonge encore après la naissance.

« Une femme, enceinte, s'allonge sur la table d'examen. Le médecin étale un gel transparent sur son abdomen et y promène doucement une sonde. La femme sourit et regarde l'écran de télévision sur lequel elle va découvrir pour la première fois l'enfant qu'elle porte. Une image apparaît !... Le médecin explique : « Regardez... La courbe que vous voyez là est la colonne vertébrale. Ici, vous voyez la tête... Regardez comme son cœur bat vite. »

Dr Philippe Tougourdeau

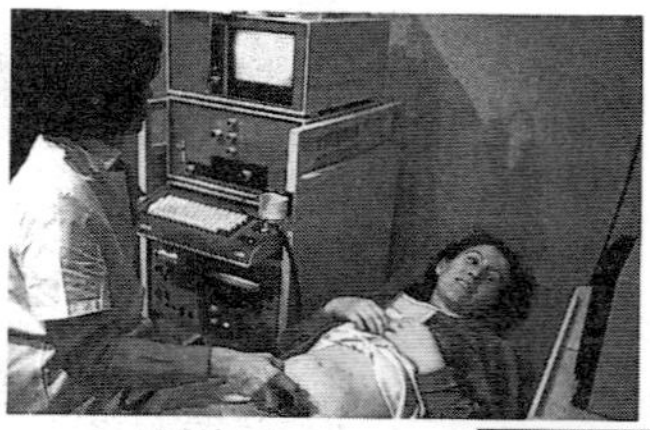

Avant la naissance

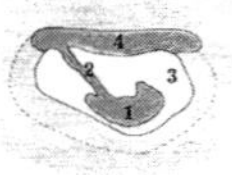

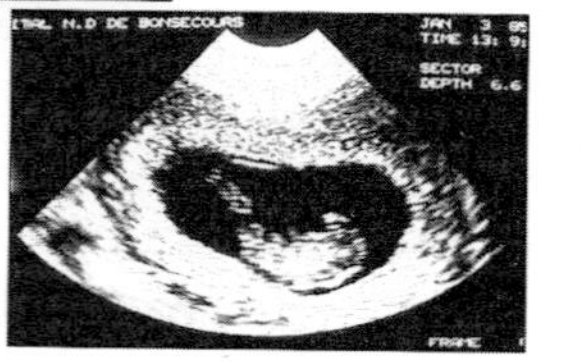

Extrait de « Sciences et Technologie CM ». Coll. R. Tavernier. Ed. Bordas.

Document 8

Avant la naissance

La vie d'un enfant ne commence pas le jour de sa naissance, mais neuf mois plus tôt.
Au début l'*œuf* est plus petit qu'une tête d'épingle.
Fixé à la paroi de l'utérus maternel, il se développe rapidement et, en neuf mois, se transforme en un enfant de 3 kg environ.

- *Compare ces deux photographies d'embryon humain : quelles sont les ressemblances ; quelles sont les différences ?*
- *Choisis l'une des deux photographies, fais un dessin et indique les légendes : embryon, placenta, cordon ombilical, liquide amniotique, sac amniotique. Une comparaison avec l'embryon de souris (page 9) peut t'aider et te permettre aussi de dégager une conclusion. Laquelle ?*
- *Quel est le rôle du liquide amniotique ? du cordon ombilical ? Comment un enfant de 3 kg peut-il se former à partir d'un œuf plus petit qu'une tête d'épingle ?*
- *Pourquoi l'homme est-il classé dans le groupe des « mammifères » ? Cite plusieurs raisons en utilisant ce que tu sais de son mode de naissance.*

À dix semaines, un embryon humain mesure cinq centimètres. À quatre mois et demi, il mesurera vingt-cinq centimètres. Les deux photographies ne sont donc pas à la même échelle.

Un embryon de dix semaines

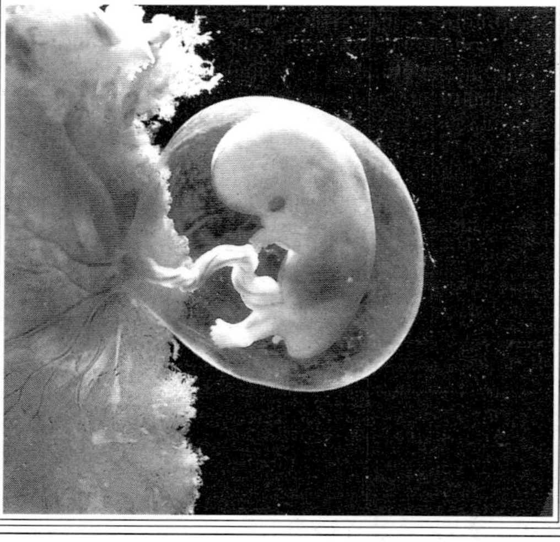

« L'analogie qui existe entre la situation d'un embryon et celle d'un astronaute a frappé les esprits.
L'habitacle de l'embryon est une sphère ronde, une poche remplie de liquide qui met l'embryon à l'abri des chocs, des bruits, des microbes...
Le cordon ombilical qui relie l'enfant au placenta assure tous les échanges entre mère et enfant... Le sang de la mère et celui de l'enfant restent séparés, les deux circulations étant indépendantes. »

Un embryon de quatre mois

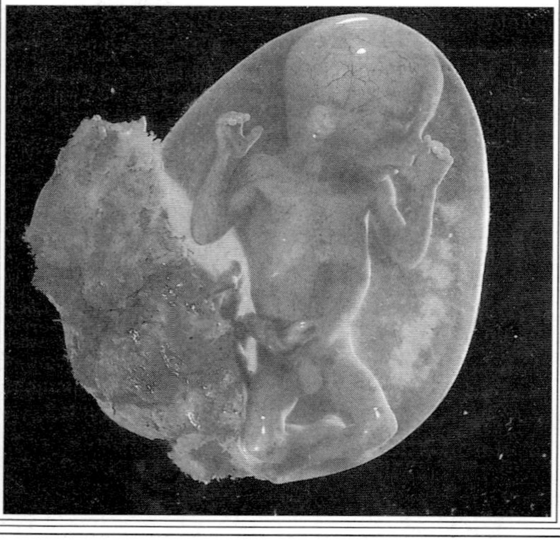

Document 9

Les petits mammifères avant leur naissance.

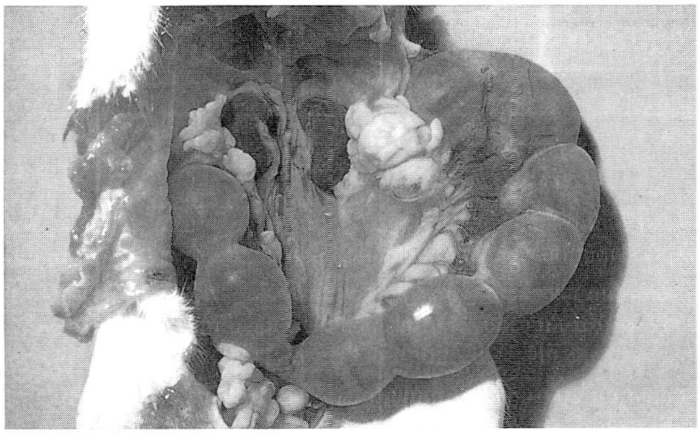

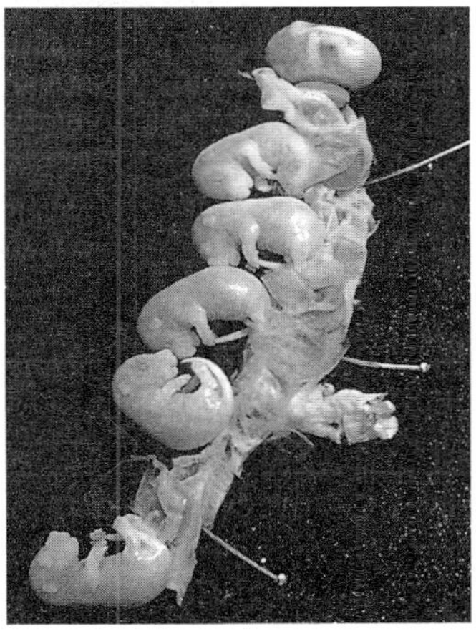

1. Combien y a-t-il d'embryons de rat dans le ventre de cette femelle.

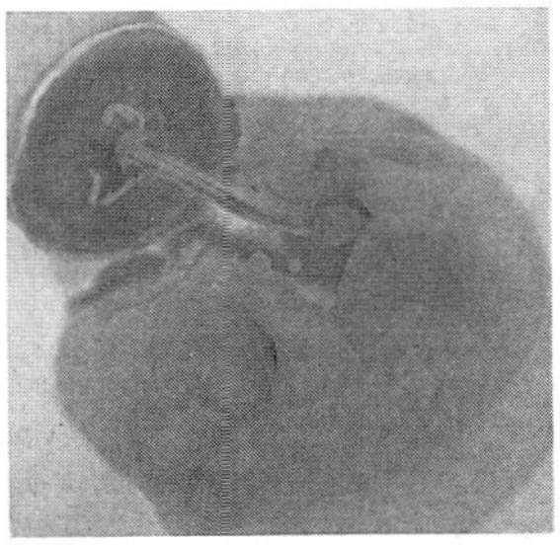

Extrait de « Pour découvrir le corps humain ». Coll. R. Tavernier. Ed. Bordas.

Document 10

- *Dessine l'embryon de la page 15. Ajoute à ce dessin les organes de la maman puis explique comment se fera l'accouchement.*
- *Quels grands changements dans la vie du bébé se produisent au moment de sa naissance ? Compare son milieu de vie, sa nutrition, sa respiration... avant et après la naissance.*
- *À quoi correspond le nombril visible sur son ventre ?*

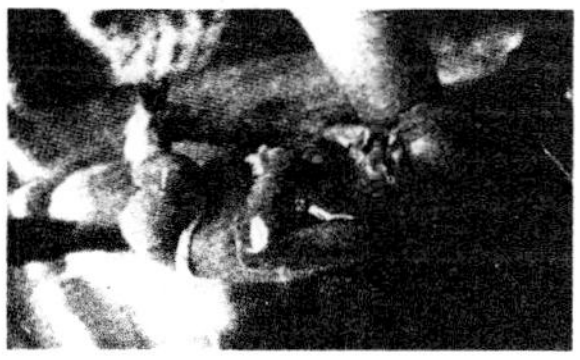

À 9 mois : l'accouchement

Ce bébé, déjà séparé de sa mère, est né depuis quelques minutes. Le médecin le plonge pour un court moment dans un bain à 37°, puis il coupera le cordon ombilical à quelques centimètres du ventre du bébé. Le petit morceau qui reste se dessèchera puis tombera, laissant une cicatrice, le nombril.

Les contractions des muscles de l'utérus poussent le bébé à l'extérieur

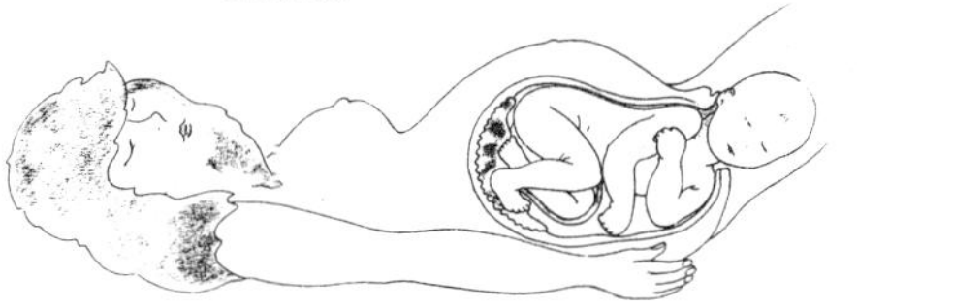

Une demi-heure après la sortie du bébé, le placenta sera expulsé à son tour

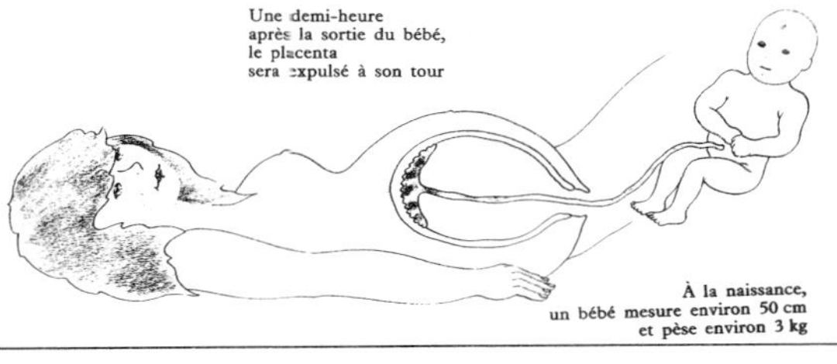

À la naissance, un bébé mesure environ 50 cm et pèse environ 3 kg

Extrait de « Sciences et Technologie CM ». Coll. R. Tavernier. Ed. Bordas.

Document 11

Poème de Blaise Cendrars

C'est mon premier domicile
il était tout arrondi
bien souvent je m'imagine
ce que je pouvais bien être
....

Document 12

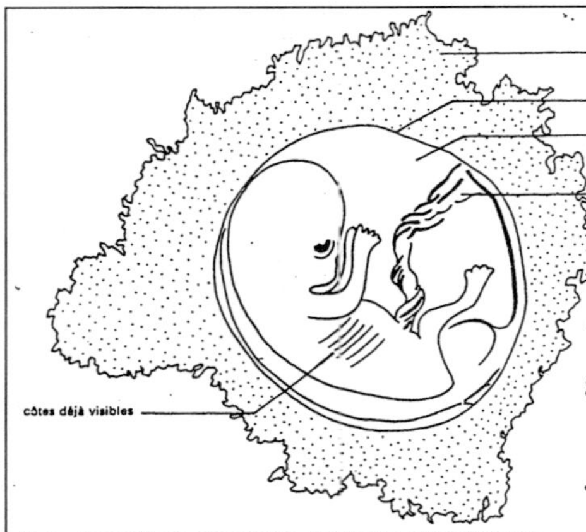

fig. 8 – Embryon humain de onze semaines, d'après la photographie du livre "*Pour découvrir le corps humain*", p. 35.

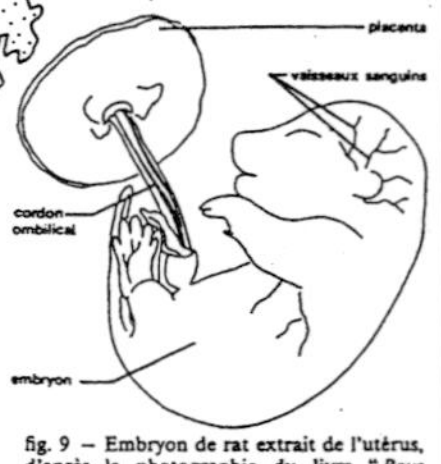

fig. 9 – Embryon de rat extrait de l'utérus, d'après la photographie du livre "*Pour découvrir le corps humain*", p. 35.

Embryon de dix semaines (fig. 6)	**Embryon de 18 semaines (4 mois 1/2)** (fig. 7)
– On reconnaît déjà une forme humaine : la tête, le tronc, les bras, les jambes sont bien distincts.	– L'aspect est très proche de celui d'un nouveau-né.
– Les oreilles, le nez, les doigts, les orteils, ..., sont à l'état d'ébauche.	– Oreilles, nez, doigts, sont bien distincts. Les organes génitaux sont formés.
– La tête est énorme, à peu près aussi grande que le tronc et plus large.	– Le tronc et les membres se sont allongés ; la tête n'a pas beaucoup grandi.
– Les yeux (ils apparaissent à la sixième semaine) ont un iris coloré. La paupière supérieure, transparente, les protège.	– Les yeux sont fermés par des paupières bien développées. Ils ne s'ouvriront qu'au septième mois.
	– Un réseau veineux parfaitement organisé est visible à travers la peau.

« A quoi sert le cordon ombilical ? »

Plusieurs photographies du livre "*Pour découvrir le corps humain*" montrent un gros cordon qui relie le nombril de l'embryon à une masse ressemblant « à de la mousse », « à de la paille », « à un disque rouge ». Des vaisseaux sanguins nettement visibles dans le cordon se prolongent dans cette masse. La comparaison des deux photos de la page 35 révèle une analogie entre l'embryon humain et l'embryon de rat (fig. 8 et 9).
A quoi sert ce cordon ? Les enfants font des suppositions, mais c'est à vous d'en préciser le rôle.
L'embryon est relié par le cordon ombilical au placenta, masse spongieuse gorgée de sang, fixée dans l'utérus maternel. Il n'y a pas de mélange entre le sang de la mère et celui de l'embryon (fig. 10), mais de nombreux échanges se font au niveau du placenta : l'oxygène et les aliments passent du sang maternel dans celui de l'embryon, les déchets de l'embryon (urée, gaz carbonique, ...) sont rejetés dans le sang maternel. Ainsi, la mère ne fournit pas seulement abri, protection, chaleur ; elle apporte aussi la nourriture, et tous les échanges de l'embryon avec le monde extérieur passent par l'organisme maternel.
Dans le cordon ombilical, il y a deux artères et une veine. La veine apporte l'oxygène et les aliments. Les artères emportent les déchets.
Les enfants posent fréquemment des questions du type : « Comment l'embryon fait-il pipi et caca ? » « Comment respire-t-il ? » « Comment mange-t-il ? »...
Ou bien ces questions ont trouvé leurs réponses dans l'analyse précédente, ou bien elles en sont le point de départ. En effet, pour répondre à l'une ou l'autre de ces

in "L'enfant s'interroge sur son corps" Guide du Maître - Tavernier - Bordas

ACADÉMIE DE POITIERS *(Concours externe)*

DEUXIÈME VOLET *(8 points)*

A – La liste de phrases ci-dessous correspond à différents niveaux de formulation du concept suivant : « la nutrition chez les plantes » pour les cycles 1, 2 et 3 de l'école élémentaire.

1 – Les végétaux verts produisent leur propre matière à partir d'eau, de sels minéraux (engrais).

2 – Les sels minéraux sont prélevés dans le sol ou l'eau pour les végétaux aquatiques.

3 – Les plantes vertes ont besoin d'eau et de lumière, sinon elles meurent.

4 – Les végétaux non verts se nourrissent à partir d'autres êtres vivants.

5 – Le dioxyde de carbone de l'air est utilisé par les végétaux verts.

6 – Les plantes ont besoin d'eau.

7 – La lumière fournit l'énergie nécessaire à la fabrication de matière végétale.

8 – L'absorption d'eau se fait par les racines.

Regrouper ces phrases selon les trois cycles de l'école élémentaire. Justifier votre choix.

B – Les moisissures sont des champignons qui se développent sur différents supports organiques.

1° En prenant l'exemple de la moisissure grise du pain, proposer des expériences concrètes permettant de dégager avec les élèves d'une classe de cycle 3, deux conditions de développement de ces végétaux.

2° Quels objectifs méthodologiques peuvent être visés à l'occasion de ces activités ?

ACADÉMIE DE RENNES *(Concours externe)*

DEUXIÈME VOLET *(8 points)*

Dans une classe CE2, un professeur des Ecoles a pour objectif d'amener ses élèves à pratiquer une démarche expérimentale pour découvrir certains besoins des plantes vertes.
Il a élaboré un projet pédagogique et a commencé à le mettre en œuvre. Il nous communique les premières phases du travail.

Point de départ :

— constater l'absence de plantes vertes dans la classe,

— proposer aux élèves de faire des plantations pour agrémenter leur cadre de vie.

Activités :

Quelles plantes choisir, comment les obtenir et les faire pousser, dans quoi, etc. ? Les enfants proposent de demander des plantes à leurs parents, de prendre des boutures ou de faire des semis. Pour commencer leurs plantations, ils obtiennent l'autorisation de couper des rejets d'un chlorophytum qui se trouve dans la cantine.
Comment procéder ? Les enfants proposent de demander « à des personnes qui savent comment faire » ou de consulter un livre de jardinage que le professeur apportera.
Par groupes, ils appliquent les consignes données dans ce livre :

— mettre les plants dans un peu d'eau ;

— attendre deux semaines pour que de jeunes racines se développent ;

— planter les jeunes pieds dans un mélange terre et terreau...

Au moment des plantations, les enfants arrosent spontanément, comportement qui amène une question de l'enseignant : « Pourquoi arrosez-vous vos plantes ? ». Chaque groupe doit écrire une réponse qui conduit unanimement les élèves à affirmer que l'eau est nécessaire.
« En êtes-vous sûrs ? ». Le professeur propose aux élèves de faire des expériences (comme les scientifiques) pour voir si cette affirmation est vraie. Mais quelle(s) expérience(s) faire ? Toujours par groupes, les élèves conçoivent une expérience.
Le document 3 présente la production du groupe Vanessa - Marie - Cédric - Mathieu.

Questions :

— Faites une étude critique de la démarche pédagogique suivie par cet enseignant.

— Commentez la réponse du groupe Vanessa - Marie - Cédric - Mathieu à la question « Pourquoi arrosez-vous vos plantes ? ».

— Que pensez-vous de leur montage expérimental ?

— Imaginez une suite à ce travail en précisant vos objectifs, les activités à mettre en place et les traces écrites individuelles que vous en attendez.

— Comment évaluer le niveau de maîtrise de la démarche expérimentale ? (réponse courte : 5 lignes au maximum).

Document 3

L'eau est nécessaire parce que l'eau est la nouriture des plantes.

L'eau est nécessaire

dans le premier pot il y a du terreau mouillé.

dans le deuxième pot il y a du terreau sec.

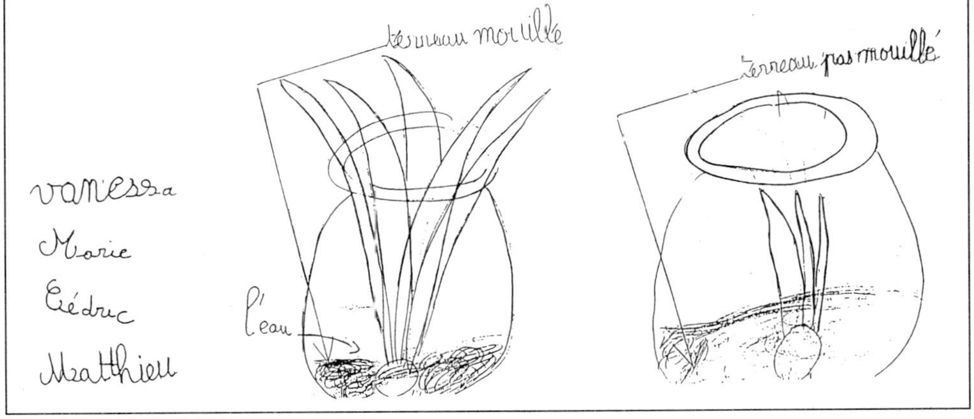

ACADÉMIE DE LA RÉUNION *(Concours externe)*

DEUXIÈME VOLET *(8 points)*

1° a) Est-ce que le texte de Spallanzani (document 6a) peut servir de base à l'élaboration du *concept* de digestion ? Si oui, pouvez-vous le transformer avec des termes scientifiques actuels. *(0,5 point)*

b) Il paraît essentiel de définir au préalable le ou les niveaux de formulation d'un concept que l'on se propose d'atteindre : ils constitueront nos objectifs conceptuels :

— qu'est-ce qu'un niveau de formulation d'un concept ?

— en vous appuyant sur les programmes officiels, proposez deux niveaux de formulation relatifs à la nutrition animale et à la digestion (pour les cycles 2 et 3). *(1,5 points)*

2° a) les préoccupations de Spallanzani dans le texte (document 6b) vous paraissent-elles s'appuyer sur une *démarche scientifique* ? si oui, laquelle ? Justifiez votre réponse en relevant les informations nécessaires du texte. *(1 point)*

b) En vous appuyant sur une démarche expérimentale et en intégrant le document 7, vous proposerez les grandes étapes d'une séquence en cycle 3 permettant d'arriver au concept de digestion (proposez des activités élèves). *(3 points)*

3° Analysez la leçon proposée par le manuel scolaire (document 8).

Comment envisagez-vous de l'utiliser et à quel niveau ? (justifiez vos réponses).

Si vous le jugez utile, proposez une activité complémentaire qui pourrait enrichir cette leçon. *(2 points)*

Document 6

Extraits de « Expériences sur la digestion de l'homme et des différentes espèces d'animaux » publié en 1787 par Spallanzani.

a - « L'opinion la plus généralement reçue en Europe par les médecins est de considérer que la digestion est l'effet à la fois de la trituration, des liqueurs dissolvantes, de la putréfaction et d'un principe de vie. »

b - « En parcourant les Médecins anciens et modernes je n'ai rien trouvé de plus commun que leurs raisonnements sur la digestion de l'homme ; mais qu'il me soit permis de le dire, ils ont plus cherché à deviner la manière dont la digestion s'opère, qu'à chercher à la découvrir. Toutes les expériences directes faites sur l'homme manquent absolument, et tout ce qu'ils ont fait se borne à des conjectures et à des hypothèses plus ou moins précaires. Si donc, dans les recherches que j'ai faites sur la digestion des animaux, j'ai été forcé de recourir à mes expériences, à plus forte raison ai-je dû le faire pour l'homme. »...

Document 7

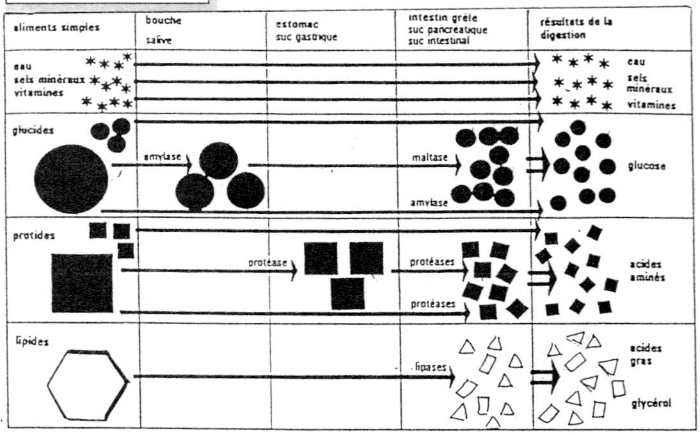

Etapes et résultats de la digestion.

Document 8

Extrait de « Sciences et Technologie CM ».
Coll. R. Tavernier. – Ed. Bordas.

Les aliments se transforment

Pourquoi fine tourterelle
si belle
dont l'œil vif regarde tout
picores-tu tant de cailloux ?
Les cailloux
c'est dur comme tout !
Les cailloux
dans mon gésier
vont broyer
tous les grains
que je picore dans ta main
car moi
mon petit enfant
au contraire du caïman
du chat et de l'éléphant
du mulot et de l'élan
du gorille, de l'éperlan
je n'ai pas de dents.

Andrée Clair

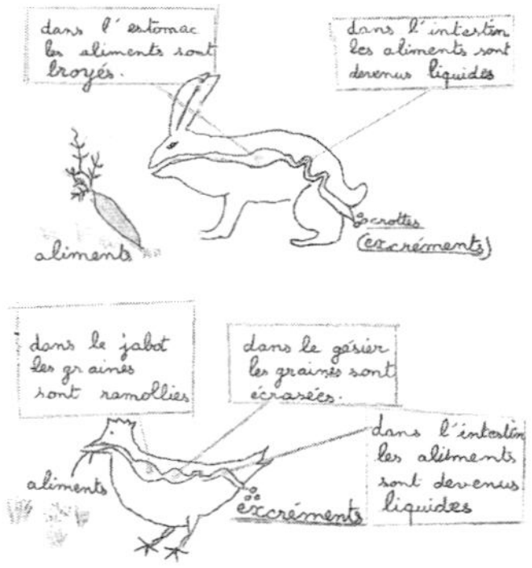

Des observations sur des animaux

Dans le tube digestif, les aliments « solides » deviennent « liquides » sous l'action des **sucs digestifs.**

Au niveau de l'intestin, les constituants nutritifs passent dans le sang alors que les déchets sont rejetés (excréments).

La **digestion** est donc la transformation des aliments en fragments microscopiques qui traversent la paroi de l'intestin.

ACADÉMIE DE STRASBOURG *(Concours externe)*

DEUXIÈME VOLET *(8 points)*

Les documents 5 et 6 vous livrent des représentations d'enfants de CM2.

1° Analysez ces représentations en notant les lacunes et les acquis. *(2 points)*

2° Quelle(s) place(s) attribueriez-vous à ces représentations dans le cadre de votre démarche pédagogique ? *(2 points)*

3° Développez les activités que vous proposeriez pour les faire évoluer. *(4 points)*

Document 5

Enfant A

Première représentation / **Deuxième représentation**

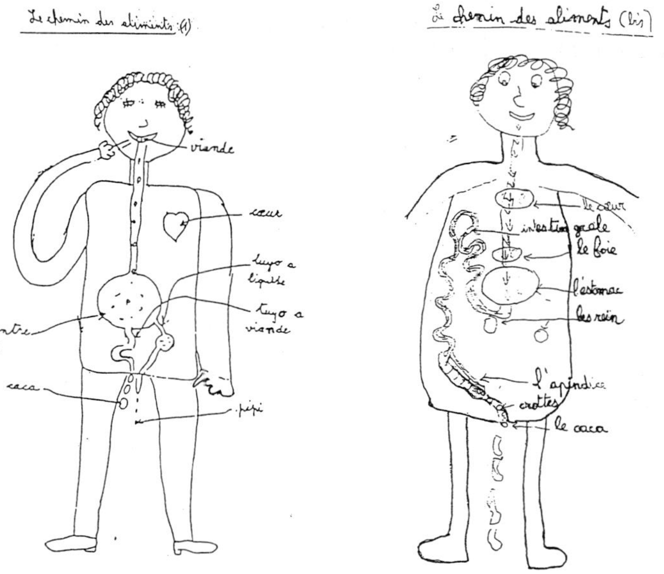

Document 6

Enfant B

Première représentation / **Deuxième représentation**

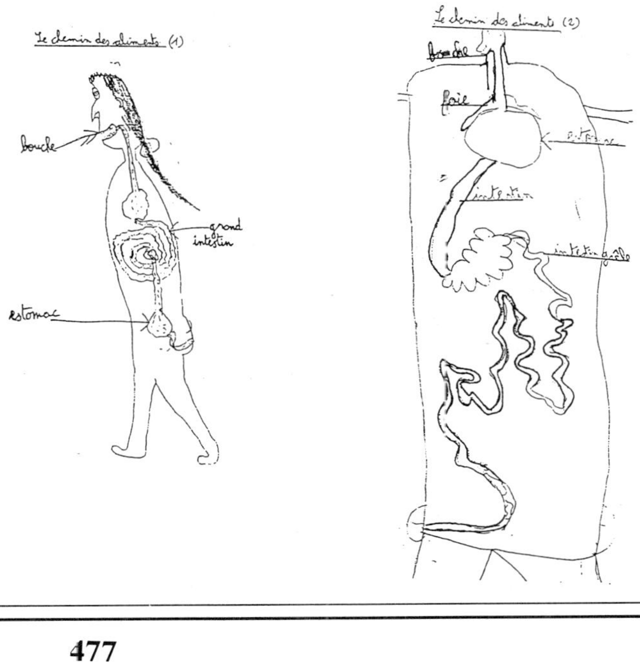

INDEX

Un index est un outil de travail très pratique qui permet de retrouver rapidement soit la définition d'un mot, soit des informations importantes à partir d'un mot.
L'index ci-dessous, particulièrement riche, n'est donc pas une liste de mots qu'il faut obligatoirement tous connaître.

BIBLIOGRAPHIE

Pour l'école élémentaire, les ouvrages de la collection Tavernier proposent sur tous les sujets du **programme 1995,** des documents soigneusement choisis facilitant l'organisation de véritables séquences de classes. Chaque exercice permet une réflexion active des élèves et donne le moyen de découvrir et d'exprimer une notion scientifique importante.

■ *Ouvrages pour les élèves de cycle 2*

- Un manuel pour les élèves :
  - **Découverte des sciences CP-CE$_1$**
- Des cahiers d'activités
  - **Biologie CP**
  - **Biologie CE 1**
  - **Physique - Technologie CP**
  - **Physique - Technologie CE 1**

■ *Ouvrages pour les élèves de cycle 3*

- Deux manuels pour les élèves :
  - **Sciences et Technologie CE 2**
  - **Sciences et Technologie CM**
- Des cahiers d'activités
  - **Biologie CE 2**
  - **Biologie CM 1**
  - **Biologie CM 2**
  - **Physique - Technologie CE 2**
  - **Physique - Technologie CM 1**
  - **Physique - Technologie CM 2**

■ *Deux ouvrages pour trouver le nom des arbres*

- Pour les élèves de cycle 2 :
  - **Arbre, quel est ton nom ?**
- Pour les élèves de cycle 3 et pour les enseignants :
  - **Quel est cet arbre ?**

Edition : Jacqueline Erb.
Fabrication : Martine Christian.
Conception de la maquette : Jeanne Courjeaud.
Montage : Ruth Ballangé et Jeanne Courjeaud.

Composition Point 12 - Photogravure Euresys 59780 Baisieux
Dépôt légal : Mai 1999 - Dépôt légal 1re édition : janvier 1993
Imprimerie I.M.E. - 25110 Baume-les-Dames
N° imprimeur : 13300
Imprimé en France
N° de projet : 10067697-(IV)-12-CSBGP-80° - Mai 1999